Cognitive-Behavioral Interventions
in Educational Settings

학교에서의 인지행동치료

Rosemary B. Mennuti · Arthur Freeman · Ray W. Christner 편저
정현희 · 신현숙 공역

학지사

Cognitive-Behavioral Interventions in Educational Settings
by Rosemary B. Mennuti, Arthur Freeman, Ray W. Christner

역자 서문

인지행동치료에 대한 관심이 날로 증가하고 있다. 특히 인지행동치료가 아동과 청소년에게도 매우 유용하게 적용될 수 있다는 경험적 증거가 늘어나고 있다. 이는 아동과 청소년에 대한 개입의 측면에서뿐만 아니라, 성인기의 다양한 심리적 문제를 예방한다는 측면에서도 매우 고무적인 현상이다.

학교는 아동과 청소년에게 매우 중요한 생활장면이다. 학교에서 아동과 청소년은 성장하고 발달하며, 배우고 익히고, 친구들과 어울리며 한 사람의 사회 구성원으로 자라난다. 그러나 일부 아동과 청소년은 학교 안에서 힘든 시간을 보내며, 외로워하고, 여러 가지 형태의 심리적 고통을 겪기도 한다. 이렇듯 학교는 아동과 청소년의 발달에 많은 영향을 미치기 때문에 학교 안에서 심리적 문제에 대한 개입과 예방 노력을 기울이는 것은 매우 필요하며 당연한 일이라 할 수 있다.

그럼에도, 학교에서 인지행동치료를 어떻게 적용할 것인지에 관한 교재나 서적은 매우 드물다. 역자들은 이러한 자료 부족으로 인지행동치료가 학교에서 다양하게 활용될 수 있다는 점이 알려지지 않아 매우 안타까웠다. 그러던 중 이 분야의 전문가인 Mennuti 박사 팀이 엮은 *Cognitive-Behavioral Interventions in Educational Settings: A Handbook for Practice*(2006)를 접하게 되었는데, 책의 내용이 학교장면에서 인지행동치료가 다양한 문제에 다양한 방식으로 활용될 수 있음을 이해하는 데 도움이 될 것으로 생각되어 번역을 시작하기로 결정했다.

이 책은 크게 세 부로 구성되어 있다. 제1부에서는 학교에서 인지행동치료를 적용할 때 필요한 이론적 기초를 다루고 있다. 제2부에서는 불안장애, 등교거부, 선택적 함묵증, 우울증, ADHD, 학습부진 영재, 괴롭힘, 공격성, 성격장애, 발달장애, 자폐 스펙트럼 장애, 섭식장애, 약물남용, 성적 정체성, 건강문제 등 아동 · 청소년기의 다양한 심리적 문제들에 인지행동치료를 어떻게 적용할 것인가를 다루고 있다. 저자들은 각 주제에 대한 체계적인 설명과 더불어 관련 연구 고찰, 평가방법,

사례개념화, 개입방법 등을 예시와 함께 구체적으로 다루고 있다. 또한 제3부에서는 학교에서 교사나 부모를 대상으로 상담을 하거나 자문을 제공할 때 적용할 수 있는 다양한 전략과 기법들을 상세하게 제시하고 있다.

번역을 하다 보니 양도 많고 또 문화의 차이로 인해 우리말로 옮기는 것이 쉽지 않았다. 가능한 한 원서에 충실하고자 노력했으나 번역이 잘못되었거나 매끄럽지 못한 부분이 많다. 부족한 부분은 앞으로 계속 보완해 나가도록 노력할 것이다. 모쪼록 이 책의 출간이 대학원 학생들뿐만 아니라 학교 현장에서 아동과 청소년을 돕는 일에 헌신하는 전문가들에게도 조금이나마 도움이 되길 바란다.

지금까지 역자들을 이끌어 주고 격려해 주신 여러 은사님과 선배, 동료 그리고 가족에게 깊은 감사의 마음을 전한다. 무엇보다도 이 책의 출판을 기꺼이 맡아 주신 학지사의 김진환 사장님과 저작권 업무를 도와주신 서한나 선생님, 그리고 책이 만들어지기까지 수고를 아끼지 않으신 이지혜 선생님을 비롯한 편집부 여러분들께 진심으로 감사드린다.

2011년

역자 씀

◈ 저자 서문

나의 아버지 Aaron Beck은 1960년대 초에 성인 우울증을 치료하기 위한 방법으로 인지치료를 개발했다. 그 당시 아버지는 이 이론이 이렇게까지 폭넓게, 심지어 아동에게까지 적용되리라곤 생각하지 못했다. 나는 유능한 인지치료자라면 상담자 역할과 교사 역할을 동시에 해야 한다고 믿는다. 왜냐하면 인지치료는 지지적이고 따뜻한 관계 속에서 역기능적 사고와 행동을 변화시키는 방법을 가르치길 요구하기 때문이다.

30년 전 내가 처음으로 선택한 직업은 학습장애 아동을 가르치는 교사였다. 그 때 나는 인지행동치료가 학교장면에 잘 맞는다는 것을 알게 되었다. 훌륭한 교사는 인지행동치료에 대한 전문적 훈련을 받지 않았더라도 학급에서(그리고 학부모를 만날 때) 본능적으로 인지행동 전략을 사용한다. 예를 들면, 교사는 학생이 목표를 세우고, 자신의 행동을 스스로 관리하며, 자신의 행동이 목표에 도달했는지 평가하도록 지도한다. 교사는 학생에게 문제해결 기술과 대인관계 기술을 가르친다. 또한 정적 강화를 이용해 기능적인 행동을 하도록 격려하여 학생이 자신의 능력에 대해 부정적인 생각을 갖지 않도록 한다. 때로는 불안이나 좌절을 이겨내는 기술을 가르치기도 한다.

이 책은 일상적 학교생활에서 일어나는 심각한 문제들을 다루는 데 적용되는 권위 있는 전략만을 제시하지는 않는다. 인지치료는 심리적 문제와 정신과적 장애로 고통받는 학생들을 지도하는 교사와 학교상담자 그리고 행정가에게 많은 것을 제공해 준다. 또한 나는 수많은 워크숍과 자문활동을 통해 인지치료가 교직원에게도 도움을 줄 수 있다는 것을 알게 되었다. 인지치료는 일상생활에 자연스럽게 적용될 수 있으며 또한 실제로도 효과를 볼 수 있는 상식적인 접근이기 때문이다.

이 책은 불안과 우울, 섭식장애, 약물남용, 주의력결핍 과잉행동 장애, 공격성, 발달장애와 같이 학교에서 아동 · 청소년이 보이는 주요 문제에 관한 내용을 담고 있다. 저자들은 각각의 문제에 대해 명쾌한 설명과 함께 인지행동치료의 다양한 경험적 증거 고찰, 평가방법, 사례개념화, 구체적인 개입방법 및 많은 예시를 제공하고 있다. 또한 책의 후반부에는 부모나 가족을 상담하거나 자문을 제공할 때, 그리고 학교에서 위기에 대응해야 할 때 적용할 수 있는 개입방법들이 제시되어 있다.

나는 교직을 떠나 심리학을, 그중에서도 인지치료를 공부하게 되었다. 그러나 언젠가는 나의 뿌리로 돌아가 인지치료를 교육에 적용하고픈 생각을 항상 마음속에 간직하고 있다. 지금까지 나는 아동을 대상으로 치료를 했으며, 학교에서 시행되는 인지행동치료 프로그램에 대한 자문도 했고, 나의 아버지와 함께 '벡 청소년 검사'를 개발하기도 했다. 나는 Mennuti 박사와 Christner 박사 그리고 Freeman 박사가 이 분야를 선도하며 이러한 훌륭한 책을 출판하게 된 것을 매우 기쁘게 생각한다. 이 세 사람은 필라델피아의 한 의과대학에 소속된 교수들이다. Mennuti 박사는 Freeman 박사가 오래전에 설립한 학교심리학 프로그램의 학과장이며, Christner 박사 역시 그 학과의 교수로 재직하고 있다. 나는 이 세 사람의 활동이 학교심리학 분야에 영향을 미쳐서 인지행동치료에 초점을 둔 대학원 프로그램이 만들어지거나 혹은 인지행동치료에 대한 관심이 더욱 확대되기를 기대한다.

벡 인지치료연구소 소장
펜실베이니아 대학교 정신과 소속 심리학 임상 부교수
Judith S. Beck, Ph.D.

◇ 감사의 글

이 책의 집필은 아동과 그의 가족을 돕는 일에 대한 우리 세 사람의 공통적 관심에서 출발했다. 학교에서 일어나는 다양한 문제들을 다루는 일은 어려웠지만 우리의 공동 작업은 매우 즐거웠다. 많은 사람의 도움과 지지가 없었다면 우리의 노력은 불가능했을 것이다. 일일이 언급할 수 없을 만큼 수많은 동료와 학생들 그리고 내담자들이 우리에게 인지행동치료를 가르쳐 주고 스승이 되어 주었다. 그들 모두에게 깊은 사랑과 감사의 마음을 전한다.

기꺼운 마음으로 이 책에 참여해 원고를 집필해 준 저자들의 노고에 진심으로 감사드린다. 또한 시간을 내어 이 책의 내용을 읽고 의견을 주었던 대학원 학생들에게 고마운 마음을 전한다. 특별히 제니퍼 브라운, 캐서린 카펜터, 앨리시아 데이비스, 숀 돌런, 미셸 다운스, 레슬리 프라이, 루시 헤르난데즈, 애슐리 케이즈, 메리 샤프-로스, 킴벌리 시머먼, 제닌 와고, 캐롤린 짐머-레빈에게 감사의 마음을 전한다.

루트리지(Routledge) 출판사의 여러 직원들에게도 감사드리며, 특히 조지 짐마와 다나 블리스에게 고마운 마음을 전한다. 그들의 인내심과 도움 덕분에 학교에서 일하는 전문가들을 위한 유용한 참고서를 출판할 수 있게 되었다고 생각한다.

마지막으로, 저자들이 학교에서 만났던 아동들과 부모, 교사, 행정가, 협조해 준 교육청 등, 이 책을 쓰는 데 영감을 준 많은 이에게 감사드린다. 우리는 가능한 한 그들의 사생활을 보호하고 개인 정보가 드러나지 않도록 노력하였다. 그들은 우리의 일을 독자와 공유할 수 있도록 소중한 기회를 제공해 주었다.

Rosemary B. Mennuti

Arthur Freeman

Ray W. Christner

차 례

PART 4 요 약

PART 1

학교기반 인지행동 개입의 기초

Chapter 1

학교기반의 인지행동 개입

최근 들어 아동 · 청소년의 정서 및 행동 문제에 인지행동 개입을 적용함에 있어서 많은 발전이 있어 왔다. 인지행동치료(cognitive-behavior therapy: CBT)는 특히 불안이나 주의력결핍 과잉행동장애, 품행장애, 우울, 섭식장애, 적대적 반항장애와 같은 임상문제에 널리 적용되어 왔다. 아동 · 청소년을 위한 CBT의 적용을 실제적 · 경험적으로 지지하는 참고 서적도 다수 출간되었다(Friedberg & McClure, 2000; Kendall, 2000; Reinecke, Dattilio, & Freeman, 2003). 그러나 아동 · 청소년을 위한 CBT 문헌이 늘어났음에도 불구하고 학교에서의 CBT 적용에 관한 자료는 여전히 부족하다. 학교 교직원들이 아동 · 청소년의 인지적 · 행동적 · 사회적 및 대인관계 발달에 큰 영향을 미친다는 점을 고려할 때, 학교에서 도움을 필요로 하는 아동 · 청소년에게 CBT를 적용하는 것은 매우 적절하다. 또한 아동 · 청소년 내담자를 위한 인지행동 개입의 적용에 관한 경험적 증거가 증가하고 있는 것을 볼 때(Kendall, 2000; Ollendick & King, 2004), 학교에서의 인지행동 개입은 전망이 밝다 할 수 있다.

Rosemary B. Mennuti, Ray W. Christner, & Arthur Freeman

학교에서 행동건강 서비스가 필요한 이유

학교에서 행동건강 서비스(behavioral health service)에 대한 요구가 그 어느 때보다 크다. 아동 · 청소년의 정서적 · 행동적 건강은 신체적 건강과 학습능력 증진의 기초가 되기 때문이다. 연구에 따르면, 학교에서 정서문제와 행동문제를 보이는 학생은 학업이나 대인관계에서도 어려움을 보인다(Anderson, 2001; Coleman & Vaughn, 2000). 뿐만 아니라, 이런 학생은 결석과 정학, 지각, 퇴학 및 관심을 끄는 행동도 자주 보이며 또래관계도 좋지 않다(Epstein & Cullinan, 1994). 전통적으로 정신장애의 발병에 대해서는 많은 관심이 기울여지지 않았기 때문에, 개입을 할 때도 일반적으로 증상치료에 초점이 맞추어져 왔다. Kessler, Berglund, Demler, Jin과 Walters(2005)는 "미국인의 절반가량이 생의 어느 시점에서 DSM-IV 장애 기준을 만족시키며, 처음 발병은 대개 아동기 혹은 청소년기에 일어난다."(p. 593)고 하였다. 이는 아동 · 청소년기의 문제가 방치되거나 효과적으로 치료되지 않을 경우 성인이 되었을 때 정신질환으로 발전할 수 있음을 시사한다. 미국보건복지부(U.S. Department of Health and Human Services, 1999, 2001)에 따르면, 미국의 아동 · 청소년 정신건강 서비스 분야는 현재 위기에 직면해 있다. 이 점을 고려할 때 "학교에서 일하는 전문가들은 아동과 가족의 삶을 힘들게 하는 고통을 감소시키고, 그들이 성인으로 발달하면서 겪게 될 어려움을 예방하는 데 적극적으로 참여해야 하지 않을까?"라고 자문해야 할 것이다.

미국의 경우 학교에서 심리서비스가 제공되기 시작한 것은 20세기 초반으로 거슬러 올라간다. 따라서 학교에서의 심리서비스 제공은 최근에 생긴 새로운 변화가 아니다(Fagan, 2000). 그 당시 미국의 모든 주에서 의무출석법(compulsary attendance laws)을 승인함에 따라 평균 수업 일수가 늘어났으며 공립학교의 등록률도 증가했다. 이러한 상황은 학업이나 행동, 건강문제 등과 관련된 의뢰(referral)를 증가시켰다. 오늘날에도 학교에서 일하는 전문가들은 이와 유사한 의뢰를 받고 있는데, 종합적인 정신건강 서비스에 대한 요구는 그 어느 때보다도 크다 할 수 있다. 최근의 보고에 따르면, 미국 아동 · 청소년의 10%가 정신장애 진단을 받는다(U.S. Department of Health and Human Services, 2000). 그리고 학교에 다니는 아동 · 청소년의 20%는 정신건강 문제로 치료를 필요로 한다(Hoagwood & Erwin, 1997). 그러나 5명당 1명도 되지 않는 아동들만이 필요한 치료를 받고 있는 것으로 추정된다(U.S. Department of Health and Human Services, 2000). 흥미롭게도, 정신건강 서비스를 받고 있는 아동들 중에서 약 70~80%만이 학교에서 서비스를 받고 있는 것으로 보고되고 있다(Burns et al., 1995).

이러한 정보와 더불어 교육이 아동 · 청소년의 삶에서 지배적인 역할을 하고 있음을 생각할 때, 학교야말로 아동과 가족의 정신건강 요구를 다루는 자연스러운 진입점이 될 수 있다. 학생에게 정서문제나 행동문제가 발생할 때, 학교에서 일하는 전문가들은 다양한 호소문제를 가진 학생들을 위해 효과적이고 효율적인 개입을 계획하고 제공해 달라는 요청을 받을 것이다. 이처럼 학교에서 아동의 학습과정에 영향을 미치는 정신건강 문제를 다루기 위한 노력이 증가하고 있다. 그러나 서비스를 제공할 때는 호소문제에 대한 지식만 필요한 것이 아니며 치료와 서비스에 사용되는 이론적 접근에 대해서도 알아야 한다. 학교에서 일하는 전문가들은 적절한 훈련을 통해 증거기반(evidence-based)의 예방과 치료 서비스를 제공하는 데 필요한 지식과 기술을 갖추어야 한다. 이러한 요구에도 불구하고 날로 증가하는 취약 아동들을 다루는 데 충분히 훈련받지 못한 교사와 전문가들이 많다. 따라서 학교에서 일하는 전문가들에게 아동을 효과적으로 돕는 데 필요한 지식과 기술을 제공하는 것이 중요하다. 증가하는 학생들의 요구와 학교에서 심리상담을 제공해야 하는 법규를 고려할 때, 인지행동치료야말로 오늘날 아동과 가족의 요구에 적합한 효과적 치료모형으로서 학교에서 일하는 전문가들에게 좋은 선택이 될 수 있다.

인지행동 모형의 서비스

CBT 사용의 증거

교육 및 정신건강 분야의 전문가들은 '증거기반 활동(evidence-based practice)'이라는 표현에 익숙해져 가고 있다. 이 용어는 현장에서 경험적 연구를 통해 검증된 개입과 탄탄한 이론적 원칙에 근거한 서비스를 제공하는 방향으로 나아가는 움직임을 대표한다. CBT가 아동 · 청소년에게 효과적이라는 것에 대한 증거는 20년 넘게 제시되어 왔다. 아동 · 청소년에게 CBT를 적용한 최근 연구들은 감동적이다(Reinecke et al., 2003). 앞에서 언급했듯이, CBT는 여러 문헌에서 긍정적인 지지를 받고 있다. 그러나 CBT를 아동 · 청소년에게 적용한 연구들은 주로 학교보다 임상장면에서 이루어지고 있다.

대부분의 연구가 임상장면에서 이루어지고는 있지만, 아동의 다양한 문제들(예: 우울, 불안, 파괴적 행동)을 감소시키는 데 효과적인 치료방법으로서 CBT에 거는 기대는 크다(Kazdin & Weisz, 1998; Kendall, 2000; Ollendick & King, 2004; Weisz & Jensen, 1999). 또한 아동 · 청소년에 대한 CBT의 가능성을 발견하기 위한 연구가 계속되고 있다. 이런 연구들은 아직 '증거기반'이라 불리지는 못한다. 섭식장애, 외상 후 스트레스 장애, 약물남용, 학교 관련 문제, 건강문제 등에 대한 CBT의 적용은 앞으로 더 많은 연구가 필요하지만 그 가능성이 엿보인다. 그러나 오늘날의 아동 · 청소년이 직면하는 다양한 문제들의 치료에 관한 연구는 여전히 부족하다. 전문가는 명확한 사례개념화, 지속적인 모니터링과 점검을 통해 CBT를 아동 · 청소년의 개별적 요구에 맞게 수정할 수 있다. 아동 · 청소년에 대한 CBT의 적용을 지지하는 증거들이 있지만, 학교에서 일하는 전문가들은 CBT를 적용하기에 앞서 먼저 CBT의 기본 원리부터 이해해야 한다.

CBT 모형

CBT의 성인 모형에서와 마찬가지로, 아동을 대상으로 하는 CBT 모형도 정서와 그에 수반되는 행동이 주어진 상황과 아동의 신념체계(이것을 통해 아동은 당면한 상황을 해석함), 그리고 일어난 사건에 대한 생각(긍정적 혹은 부정적 생각) 간의 관계에서 비롯된다고 간주된다. 중요한 점은 이러한 관계가 선형적(linear)이 아니라 다방향적(multidirectional)이라는 것이다. 즉, 이 관계는 인과관계가 아니라 상황과 인지, 정서 그리고 행동 요인 간의 역동적 상호작용 과정이다. 효과적 개입을 위해서는 학생의 신념체계를 활성화시키는 상황요인(예: 사회적 측면)을 살펴보고, 이 신념과 아동의 인지과정을 연결하며, 이러한 개념들을 명확하고 도움이 되는 전략으로 바꾸는 것이 중요하다. CBT는 아동이 자신의 경험을 어떻게 해석하며, 이러한 해석이 궁극적으로 정서 및 행동 기능에 어떤 영향을 미치는지에 초점을 맞춘다(Friedberg & McClure, 2002; Reinecke et al., 2003). 학교에서 시험을 앞두고 심각한 불안을 경험하는 9세의 테레사를 예로 들어 보자. 개입을 할 때에는 단순히 테레사의 불안과 '싸우는' 것보다 테레사가 불안을 경험하는 맥락(예: 시험을 치는 상황)을 이해하고, 테레사의 생리적 반응(예: 메스꺼움, 손에 땀이 나는 것, 어지러움)과 자동적 사고(예: "공부를 충분히 하지 못했어." "시험을 망칠 거야."), 그리고 신념(예: "만약 A를 받지 못하면 실패한 거야.")을 파악하는 것이 더 중요하다.

CBT는 상호작용하는 두 관점(인지적 관점과 행동적 관점)을 대표하며, 이 두 관점은 아동 · 청소년을 이해하고 호소문제에 개입할 때 함께 고려된다. 행동적 요소는 환경의 영향과 기술의 결함이라는 두 가지 면에서 해석된다. 전문가는 학생의 문제를 개념화하기 위해 환경의 영향과 경험(예: 교사 혹은 부모와의 상호작용, 효과적이지 않은 양육태도, 과거의 외상 등)을 살펴보아야 한다. 어떤 경우에는 학생에게 필요한 개입(예: 긍정적 지지, 토큰경제 등)이 환경변화일 수도 있다. 이와는 달리, 행동적 기술결함의 결과(예: 낮은 자기조절 능력, 잘 발달되지 않은 사회기술 등)로 학생의 문제가 일어나기도 한다. 인지적 관점에서는 인지왜곡과 인지결함의 두 요소를 고려해야 한다(Kendall & MacDonald, 1993). 인지왜곡에는 사고의 오류가 포함되는데, 이것은 개인이 상황이나 사건을 잘못 해석하거나 지각하도록 이끈다(Freeman, Pretzer, Fleming, & Simon, 2004). CBT 전문가들은 주로 성인이 경험하는 인지왜곡의 예를 제시해 왔다(Beck, 1995; Burns, 1999). 그러나 Christner와 Stewart-Allen(2004)은 학령기 아동 · 청소년이 공통적으로 보이는 일곱 가지 인지왜곡을 제시하였다(〈표 1-1〉 참조). 인지왜곡을 보이는 아동은 종종 내재화 문제(예: 불안과 우울)를 경험한다. 두 번째 인지적 요인은 Kendall과 MacDonald(1993)가 '인지결함'이라 부른 것인데, 이는 인지적 처리과정에서 보이는 결함을 말한다. 따라서 인지결함을 보이는 학생은 예측력과 문제해결 기술이 낮으며, 그에 따른 충동성과 주의집중 문제를 갖기 쉽다. 학교에서 CBT를 적용하는 전문가들은 다양한 인지 및 행동 요인의 역할을 염두에 두고, 학생이 새로운 기술을 습득하도록 도와주어야 한다. 이와 더불어 인지과정과 사고변화를 촉진하기 위한 기회를 제공해야 한다.

〈표 1-1〉 학교에서 인지행동치료를 받는 학생들이 공통적으로 나타내는 인지왜곡

1. 이분법 사고: 상황을 연속선상에서 보지 않고 두 범주로만 본다. 세상은 검정색이거나 흰색이며 회색 같은 것은 없다. 예: "나는 공부를 잘하는 학생이거나 아니면 실패자다."
2. 과잉일반화: 현재 상황을 여러 상황들 중의 하나로 보지 않고 전체 삶의 특징으로 본다. 예: "과학시험을 잘 보지 못했으니, 나는 졸업도 못하고 대학에도 가지 못할 거야."
3. 독심술: 증거도 없으면서 다른 사람이 자신에 대해 어떻게 생각하는지 알고 있다고 믿는다. 예: "나는 선생님이 나한테 화가 나 있다는 걸 알고 있어."
4. 정서적 추론: 자신의 감정 또는 정서 반응이 실제 상황을 반영한다고 믿는다. 예: "아무도 나를 좋아하지 않는 것처럼 느껴져. 따라서 아무도 나를 좋아하지 않을 거야."
5. 긍정축소: 자신의 부정적인 생각과 일치하지 않는 긍정적인 경험의 가치를 무시한다. 예: "내가 쪽지시험을 잘 본 것은 존스 선생님이 도와주셨기 때문이거나 운이 좋았기 때문이야."
6. 재앙화: 미래 상황이 부정적일 것이라 예측하며 그 상황을 참을 수 없이 끔찍한 것으로 여긴다. 예: "나는 그 과제를 어차피 망칠 것이고, 그렇게 되는 건 끔찍해. 그러니까 아예 시도도 하지 않는 게 나아."
7. 개인화: 자신이 부정적인 상황의 원인이라고 생각한다. 예: "담임선생님이 아침에 날 보고 웃지 않으셨어. 내가 시험을 잘 못 봐서 선생님 기분이 나빠진 게 틀림없어."
8. 당위적 진술: 자신이나 다른 사람이 어떻게 행동하면 좋은지를 기술할 때 ~해야만 한다(should 또는 must)는 말을 사용한다. 예: "A학점을 받아야 해. 그리고 실수를 하지 않아야 해."
9. 비교: 자신의 수행을 다른 사람의 수행과 비교한다. 때로는 자기보다 더 잘하거나 나이가 많은 사람과도 비교한다. 예: "형과 비교할 때, 내가 한 것은 마치 유치원생이 한 것 같아."
10. 선택적 추상: 사소한 것(주로 부정적인 것)에 초점을 맞추고 관련된 다른 것들은 무시한다. 예: "선생님께서 지난번 과제에 나쁜 점수를 주셨어. 이건 내가 꼴찌라는 걸 의미해."
11. 명명화: 자신의 행동을 보지 않고 자신에게 일반적인 명칭을 붙인다. 예: "어젯밤 게임에서 졌어."라고 말하지 않고 "나는 실패자야."라고 말한다.

출처: Christner & Stewart-Allen (2004).

학교에서의 인지행동치료

심리상담 서비스를 학교문화에 맞추는 게 어렵다고 생각하는 사람이 많다. 그러나 CBT의 구조와 틀은 다른 교육서비스와 잘 어울리며 교육자에게도 쉽게 받아들여진다(Christner & Allen, 2003; Christner, Stewart-Allen, & Mennuti, 2004; Mennuti & Christner, 출판 중). CBT는 단기적이고 현재지향적이며 해결중심의 접근을 하기 때문에(Reinecke et al., 2003), 구체성과 복잡성의 정도에 따라 다양한 수준의 서비스를 제공하는 서비스 전달모형에 쉽게 적용된다. 앞으로 이 책 전체를 통해 드리

나겠지만, 학교에서 일하는 전문가는 예방에서부터 조기발견, 그리고 직접적인 개인상담에 이르기까지 연속선상에서 CBT를 제공할 수 있다.

CBT의 요소와 가능한 서비스 전달방법은 시간과 자원이 한정되어 있는 학교현장의 특징과 일치한다. CBT의 해결중심 및 현재지향 접근 역시 학교현장에서 매력적인데, 특정 병리의 진단에 지나치게 의존하지 않고 학생의 문제를 다룰 수 있기 때문이다. 또한 CBT의 구조는 심리교육, 기술 증진, 상담 회기와 회기 사이의 작업('숙제'라고도 함), 안건 설정, 경과 점검 등에 초점이 맞추어져 있다. 이 역시 학교의 다른 활동들과 잘 어울린다. 이런 요소들은 상담개입을 할 때도 도움이 되지만, 학교에서 제공하는 다른 서비스와 심리상담 간의 관계를 강화시켜 준다.

학교에서 일하는 정신건강 전문가는 교사와의 상호작용, 또래의 영향, 학생 개인의 노력과 수행결과에 직접 접근할 수 있다. 이러한 이점은 학교 밖의 전문가들이 다가갈 수 없는 학생의 지각과 사고 과정에 대한 통찰을 제공해 준다(Mennuti & Christner, 출판 중). 학교는 학생이 당면하고 있는 문제에 관한 자료를 수집하고 대인관계 역동을 관찰할 수 있는 '자연스러운 실험실'이라 할 수 있다. 학교는 또한 학생이 상담회기 중에 습득한 새로운 기술을 '실험'해 볼 수 있는 '안전'하고 순수한 장소이기도 하다. 상담이나 심리치료에서 습득된 기술을 일반화할 때 생기는 어려움은 그 기술이 아동의 일상적 환경과 거리가 먼 장면에서 학습된다는 점이다. Goldstein과 Goldstein(1998)은 개입의 효과를 극대화하려면 표적행동에 근접하여 실시해야 한다고 강조했다. 학교 안에서의 서비스 제공은 상담 회기 직후 즉각적인 일반화가 가능하기 때문에 다른 장면(예: 외래 클리닉, 입원병동 등)에 비해 장점이 훨씬 많다고 할 수 있다.

인지행동 개입의 실제와 관련된 쟁점

발달적 쟁점

CBT 훈련을 받지 않은 다수의 전문가들은 CBT가 '기계적'이며 지침에 따라 접근한다고 비판한다. 그러나 CBT를 직접 적용해 본 사람은 그렇지 않다는 것을 잘 알고 있다. CBT를 적용하는 전문가는 평가를 통해 얻어진 자료와 사례개념화에 의존한다. 그 이유는 내담자에 대해 전략적으로 생각해 보고, 학생의 연령과 발달수준, 호소문제에 근거하여 효과적이고 구체적인 개입을 계획하기 위해서다. 학교에서 일하는 정신건강 전문가는 학생이 나타내는 문제와 그 문제에 대한 명확한 사례개념화를 통해서 학생에게 가장 필요한 개입을 선택하고 적용한다. 제3장에서 Murphy와 Christner는 학교 관련 사례에 대한 이해를 강조하면서 사례개념화에 대해 상세하게 고찰하고 있다.

학령기 아동을 상담할 때 중요한 한 가지 요소는 아동·청소년 발달의 원리를 종합적으로 이해하는 것이다. 아동·청소년에게 상담이나 심리치료를 제공할 때 구체적인 기법과 전략만 아는 것만으로는 충분하지 않다. 발달의 기본 원리에 대한 기초를 갖추고 있는 전문가는 아동의 기능수준에 맞춰 개입을 실행하며, '무엇이 효과적인지' 발견하기 위한 시행착오를 피하기 쉽다. 아동이 인지적 개입전략으로부터 도움을 받을 수 있으려면 정보에 주의를 집중할 수 있어야 하며, 언어를 이해하여 작동기억을 사용하며, 자신의 의사를 언어로 표현할 수 있어야 한다. 따라서 학교에서 일하는 전문가는 학생을 위한 특정 프로그램을 계획할 때 이러한 개인적 요인들을 평가하고 그에 초점을 맞추어야 한다. 전문가는 학생의 요구와 발달수준에 맞는 적절한 인지적·행동적 기법들을 선택해야 한다. 예를 들어, 인지와 언어발달이 뒤떨어진 학생은 행동요소에 초점을 맞춘 전략과 개입을 필요로 할 것이다. 이는 나이 어린 아동이나 심각한 행동문제를 보이는 아동에게 인지기법이 부적절하다고 말하려는 것이 아니다. 대신 발달수준이 낮거나 심각한 행동문제를 보이는 아동에게는 인지개입이 사용될 가능성이 적다는 것을 말하려는 것이다(Christner, Allen, & Maus, 2004; Mennuti & Christner, 출판 중). 아동의 발달수준을 살펴볼 때는 발달수준이 항상 실제 연령과 일치하는 것이 아니라는 점에 주목해야 한다.

위험과 적응유연성

위험요인, 보호요인 그리고 적응유연성 요인에 관한 발달정신병리학(developmental psychopathology) 분야의 연구는 아동·청소년에게 서비스를 제공하는 정신건강 전문가에게 유용한 정보를 제공한다(Doll & Lyons, 1998). Coie 등(1993)은 심리적 문제의 발달과 관련된 위험요인을 파악하는 데 관심을 가져왔다. 위험요인은 아동이 성인이 되었을 때 사회에 기여하고 경제활동을 하며 건강한 가정을 형성하는 데 어려움을 갖게 될 위험을 증가시키는 요인을 말한다. Coie 등은 일곱 가지 영역의 위험요인을 발견하였는데, (1) 선천적 장애, (2) 기술발달 지연, (3) 정서문제, (4) 가정 상황, (5) 대인관계 문제, (6) 학교문제, (7) 생태환경적 위험 등이다. 각 영역에는 여러 가지 일반적 위험요인들이 존재한다. 이 요인들은 아동에게서 발견되기도 하고, 혹은 몇 가지 요인들이 함께 아동에게 영향을 미치기도 한다. 빈곤과 부모의 낮은 교육수준, 부부갈등, 역기능적 가정, 비효과적 양육방식, 아동학대, 아동 혹은 부모의 건강문제, 부모의 정신질환 및 부적응, 대가족 등은 특별한 관심 대상이다(Doll & Lyons, 1998). 이 요인들 중에는 통제하기 어려운 것이 많지만, 위험에 놓여 있는 학생들을 파악하고 보호기능을 할 수 있는 개입을 계획하는 데 도움이 되는 정보를 제공해 준다.

위험요인을 지닌 아동은 '위험에 놓이게(at-risk)' 된다. 그러나 위험요인을 지니고 있다고 해서 모든 아동이 부정적인 결과를 경험하게 되는 것은 아니다. 따라서 아동 · 청소년을 보호해 주고 적응유연성(resilience)을 높이는 역할을 하는 요인들을 이해하는 것 역시 매우 중요하다. Coie 등(1993)은 이런 보호요인들이 (1) 위험을 직접적으로 감소시키고, (2) 위험요인과 상호작용하여 위험요인의 영향을 완충하는 역할을 하며, (3) 위험요인이 장애로 발전하는 연쇄반응을 막아 주고, (4) 위험요인의 발생을 예방하는 역할을 해 준다고 하였다. Rutter(1985)는 세 가지 영역의 보호요인에 대해 밝혔는데, 여기에는 개인의 특징, 환경과의 상호작용 그리고 사회의 영향(예: 학교의 질)이 포함된다.

전문가는 위험요인과 보호요인 그리고 적응유연성에 대한 지식을 활용하여 위험한 영역은 최소화시키는 반면 강점을 증가시키고 유능감을 발달시킬 수 있는 개입을 계획할 수 있다. 치료과정의 초기에 제공되는 개입은 심리교육을 통한 기술(예: 사회기술, 문제해결 기술 등) 증진에 초점을 맞출 수 있다. 이렇게 함으로써 전문가는 위험요인으로 작용하는 부적응 행동을 수정하도록 도움을 주면서, 동시에 위험을 감소시켜 주는 보호요인을 촉진하기 위한 노력(예: 교우관계 강화, 자기모니터링 기술 증진, 부모-자녀 관계 향상, 학업적 성공 증진)을 기울이게 된다. 학교에서 일하는 전문가는 아동 대상의 개입과 더불어 가정과 학교 환경에도 영향을 줌으로써 보호요인과 적응유연성 요인을 증진하기 위한 인지적 · 행동적 개입을 적용할 수 있다. Badner와 Carey-Melton(제20장), Christner, Stewart와 Lennon(제19장)은 부모와 가족들을 대상으로 CBT 전략을 적용하는 데 도움이 되는 제안을 하고 있다. 또한 Williams, Smallwood와 Molony(제21장)는 학교에서 CBT를 이용해 자문을 수행하는 방법에 대해 상세하게 설명하고 있다.

치료적 관계

아동 · 청소년에게 CBT를 적용할 때 중요한 또 다른 요소는 치료적 관계다. 흥미롭게도, CBT를 비판하는 전문가들은 CBT가 너무 기계적이며 '치료적 관계'의 중요성을 무시한다고 주장한다. CBT 훈련을 받은 전문가들은 이러한 주장이 현장의 실제 모습과 거리가 멀다는 것을 잘 알고 있다. 사실 Aaron Beck과 동료들(1979)은 치료자와 '내담자' 간에 적극적인 상호작용이 필요하다고 강조했다. 그리고 '치료적 관계를 가볍게 취급하는 것'은 치료과정에서 흔히 일어나는 실수라고 하였다(p. 27). 내담자가 자신의 사고와 감정을 탐색하여 통찰과 이해가 촉진되고 나아가 긍정적인 변화를 경험하도록 하기 위해서는 이러한 상호작용이 공감적이어야 하며, 내담자에게 권한을 부여하여 힘을 실어 줄 수 있어야 한다.

아동 · 청소년과의 치료적 관계는 친밀감과 협력의 관계이어야 한다. 긍정적이고 진정성을 가진 친밀감은 치료의 과정과 전반적 성과를 촉진한다. 아동 · 청소년을 상담할 때 치료적 관계가 임상적으로 중요함에도 불구하고 그것의 역동에 관해서는 연구가 부족하다. Shirk와 Karver(2003)는 메타분석을 이용한 연구에서 치료적 관계와 아동 · 청소년의 치료성과 간에 중간 정도의 일관된 상관관계가 있음을 발견하였다. 이 결과는 중요하게 고려되어야 한다. 그러나 '관계'와 같은 요인은 양적으로 연구하기 어려우며, 이에 대해 더 많은 연구가 이루어져야 한다는 점을 인정해야 한다. 먼저 질적인 연구를 통해 아동이 지각하고 중요하게 생각하는 치료적 관계와 그 역할에 대한 개념을 이해하여야 한다. 그런 다음 우리가 알고 있는 기존의 틀에 근거하기보다 아동이 필요로 하고 또 알고 있는 것에 근거하여 양적으로 측정할 수 있을 것이다. 아동과의 치료적 관계라는 현상을 심층적으로 살펴봄으로써 효과적인 치료를 계획할 때 중요한 치료적 관계를 더 잘 이해할 수 있을 것이다.

전문가와 내담자(아동, 청소년 또는 성인) 사이의 협력적인 치료적 관계는 그저 '잘 어울려 지내는 것'이 아니며 단순한 상호작용이나 친구관계도 아니다. 긍정적이며 치유적인 관계는 복잡하고 역동적인 과정이다. 두 사람 사이를 연결하는 끈은 서로의 친밀감과 신뢰감을 증진시킨다. 그리고 정서적 교류를 가능하게 해 주며 편안함과 개방성을 촉진하는 분위기를 만들어 준다. 일단 안전감과 신뢰감이 형성되면 아동은 자신이 어떤 사람이며 어떤 생각을 하고 있는지 개방하는 위험을 감수한다. 따라서 관계는 전략과 개입을 계획하고 성공으로 이끄는 바탕이 된다. 도움을 주고 성장을 촉진하며 치료장면과 일상생활 속에서의 기능변화를 도모하는 것은 바로 관계다. 협력이란 용어는 일반적으로 아동과 전문가 사이의 '평등한' 혹은 50:50의 참여를 의미하지만 실제의 치료에서는 그렇지 않다. 학교에서 특정 수준(연령이나 동기 등에서)의 학생을 만날 때 전문가는 품위를 유지하면서 존중하는 자세를 취해야 한다(Mennuti & Christner, 출판 중). 학생이 치료과정에 익숙해질 때까지는 학생 대 전문가의 참여 비율이 아마도 30:70이나 40:60 정도쯤 될 것이다.

전문가가 내담자와 좋은 관계를 수립하는 데 도움이 되는 몇 가지 기본적인 방법이 있다. 예를 들어, 회기 중에 내담자의 이야기를 자주 짧게 요약해 주면 초점을 유지하게 해 주며 상담자가 참여하고 있다는 것을 보여 준다. 따라서 관계를 형성하고 유지하는 데 도움이 된다. 요약은 상대방이 자신과 정서적으로 교류하고 있으며 자신의 생각과 느낌을 이해하고 있다는 것을 전달해 준다. 또한 요약은 정보나 잘못된 이해를 명료화할 때 도움을 주는 피드백을 얻을 때에도 유용하다. 내담자에게 권한을 부여하는 분위기와 자유롭게 질문하는 분위기를 만들면 함께 나누고 배우는 분위기가 형성된다. 또한 이런 분위기는 장차 발생할 갈등에 대해서도 개방적으로 토론하고 해결할 수 있는 기회를 제공한다. 마지막으로, 질문하고 검토하며 탐색하도록 허용하고 기대하는 것은 학교에서 이루어지는 대부분의 상호작용과 다른 특징이다. 이것은 아동의 성장과 변화에서 가장 중요하다. 치료 도중에 관계의 단절이 일어난다 하더라도 이러한 불화에 대해 토론함으로써 기존의 치료적 관계를 더욱 강화시킬 수 있게 된다.

학생의 동기

학교에서 일하는 전문가가 아동 · 청소년을 상담할 때 고려해야 할 마지막 요소는 학생의 동기와 태도다. 이 요인은 협력적 관계의 형성뿐만 아니라 이후의 개입 실행과 그 결과에도 영향을 미친다. 수업을 방해하는 행동 때문에 상담에 의뢰된 한 학생의 예를 들어 보자. 만약 이 학생에게 수업을 방해하면 안 되는 이유를 설명하는 직접적 접근방법을 사용하게 되면 학생의 반항에 부딪히게 되고 상담이 실패로 돌아갈 가능성이 크다. 노련한 전문가는 개입의 중단을 막고 학생과의 협력을 촉진하기 위해 학생의 동기를 이용한다(예: "어떻게 하면 담임선생님이 너에게 간섭하시지 않게 할 수 있을지 함께 방법을 찾아보자.").

변화에 대한 준비 혹은 동기라는 용어는 새로운 개념이 아니다. 그러나 학교에서 일하는 많은 전문가들에게는 새롭게 느껴질 수도 있다. 학교에서는 학생이 학업이나 행동 면에서 문제를 일으킬 때 자동적으로 그 학생이 변화에 대해 준비되어 있으며 동기를 갖고 있다고 생각한다. 따라서 성공으로 이끌기 위한 '행동'을 요구하는 계획을 세우고 그것을 실행한다. 그러나 그 계획은 종종 실패하게 되는데, 그 이유는 학생이 준비되어 있지 않거나 혹은 동기를 갖고 있지 않기 때문이다. 아동 · 청소년을 보다 잘 돕기 위해서는 '변화의 단계'에 맞추어 개입을 시작해야 한다. Prochaska와 DiClemente가 수행한 연구(Prochaska & DiClemente, 1982; Prochaska, DiClemente, & Norcross, 1992)는 이 개념에 관한 문헌에서 가장 자주 인용된다. 그러나 Prochaska와 DiClemente의 모형은 주로 성인의 심리적 · 심리사회적 · 의학적 문제에 적용되어 왔으며(Prochaska, Redding, Harlow, Rossi, & Velicer, 1994), 아동 · 청소년이나 학교에 적용된 연구는 아직 없다.

Freeman과 Dolan(2001)은 최근에 변화단계 모형을 확장하고 수정하였다. 개정된 모형은 변화과정 동안 개인이 거치게 되는 10단계, 즉 (1) 무계획(noncontemplation) 단계, (2) 반계획(anticontemplation) 단계, (3) 전계획(precontemplation) 단계, (4) 계획(contemplation) 단계, (5) 실행계획(action planning) 단계, (6) 실행(action) 단계, (7) 전쇠퇴(prelapse) 단계, (8) 쇠퇴(lapse) 단계, (9) 재발(relapse) 단계, (10) 유지(maintenance) 단계로 이루어진다. 이 10단계는 Freeman과 Dolan(2001)의 고찰논문에 상세하게 설명되어 있으므로 참고하기 바

란다. 아동 · 청소년 내담자의 변화단계 모형은 아직 확인되지 않았으나, 이 모형을 이용하면 '학생이 현재 놓여 있는 단계'에 개입을 맞추는 데 도움이 될 수 있을 것이다. 학교에서 일하는 전문가는 학교 관련 문제에 관한 변화단계 모형을 직접 사용해 보고 그 유용성을 점검해 볼 필요가 있다. 그러나 경험적 지지를 확보하기 위해서는 더 많은 연구가 필요하다.

인지행동 개입

아동 · 청소년기의 다양한 문제에 적용할 수 있는 CBT 전략은 다양하다. 사실 아동기의 특정 장애를 다루는 데 필요한 구체적 접근방법들은 꽤 있다. 이에 대해서는 제2부에서 살펴볼 것이다. 이 책에서 다루고 있지 않은 구체적인 인지적 · 행동적 기법에 대해 알고 싶다면 Friedberg와 McClure(2002)의 『아동과 청소년을 위한 인지치료의 임상적 실제(*Clinical Practice of Cognitive Therapy with Children and Adolescents*)』, Freeman 등(2004)의 『인지치료의 임상적 적용(*Clinical Applications of Cognitive Therapy*)』, 그리고 Vernon(2002)의 『아동과 청소년에게 효과적인 상담기법(*What Works When with Children and Adolescents: A Handbook of Counseling Techniques*)』을 참고하기 바란다.

학교에서 일하는 전문가는 이러한 기법들을 단순히 개별 학생에게만 적용하려 해서는 안 된다. 개입의 개념을 '도움을 필요로 하는' 학생에게만 제한하지 말고, 개입과 전략을 연속선상에서 바라봄으로써 많은 학생들에게 긍정적인 결과를 가져올 수 있도록 해야 한다. 이것은 학생들에게 개별적 서비스를 제공하지 말라고 말하는 것이 아니다. 인지적 · 행동적 개입은 전통적인 '개인상담'을 넘어 모든 학생을 위한 보편적 개입(universal interventions), 위험에 놓여 있는 학생을 위한 선택적 개입(selected interventions), 그리고 특수한 행동문제나 정서문제를 보이는 학생을 위한 표적개입(targeted interventions)을 포함한 다중수준 관점에서 제공될 수 있다. [그림 1-1]은 인지행동 개입을 적용하는 다중수준 관점과 각 수준별로 개입의 혜택을 받을 수 있는 학생들의 대략적인 비율을 보여 주고 있다.

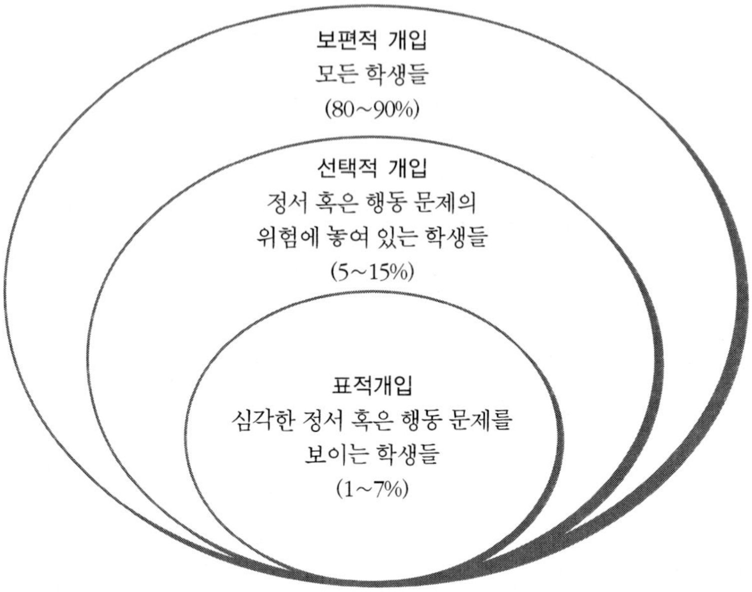

[그림 1-1] 인지행동 개입에 대한 다중수준 관점

보편적 개입

보편적 개입은 학교에서 많은 학생들에게 도움을 줄 수 있도록 설계된다. 이 수준의 개입목표는 정서, 행동 및 학습 문제의 발생을 예방하기 위해 보호요인을 증가시키고 위험요인을 감소시키는 것이다. 학생들은 모두 동일한 개입을 받으며, 전문가는 학교 전체 혹은 학급 수준에서 개입이 적용되도록 자문을 제공한다. 보편적 개입의 예로는 폭력예방, 학교환경, 약물남용, 학교중퇴, 자살, 10대 임신 예방 프로그램 등이 있다. 이 수준의 개입은 일차적 예방을 목적으로 하며, 보다 경제적이고 개별화된 개입이 적용될 수 있는 토대와 맥락을 수립하는 데 목표를 둔다. 따라서 괴롭힘(bullying) 문제가 있는 학교에서는 특수한 상황에 관련된 학생 개인에게 초점을 맞추기보다 학교 전체적으로 시행되는 괴롭힘 프로그램을 제공하는 데 초점을 맞춘다. 보편적 개입에 대한 요구는 학교의 요구에 따라 다양하다. 보편적 개입은 전체 학생의 85%에게만 효과적이라는 데 주목할 필요가 있다. 따라서 나머지 학생들을 위해서는 다른 수준의 개입이 필요하다(Walker, Ramsey, & Gresham, 2004).

보편적 개입에는 다양한 인지행동 요소들이 적용된다. 예를 들면, 폭력예방을 목적으로 설계된 프로그램은 분노조절과 갈등해결, 문제해결, 충동조절 등의 사회기술에 초점을 맞춘다. 보편적 개입에 사용될 수 있는 인지행동 프로그램의 대표적인 예로는 Shure(2001)의 '나는 문제를 해결할 수 있어(I Can Problem Solve)', Kusche와 Greenberg(1994)의 '대안적 사고전략 제공하기(Providing Alternative Thinking Strategies: PATHS)', 그리고 Olweus와 Limber(1999)의 '올베우스 괴롭힘 예방 프로그램(Olweus Bullying Prevention Program)'이 있다.

선택적 개입

선택적 개입은 종종 '조기개입' 전략으로 간주되며 고위험에 놓여 있는 학생들을 위해 설계된다. 학교에서 일하는 전문가는 이 개입을 개인에게 제공할 수도 있지만 아마도 소집단에 적용할 가능성이 클 것이다. 선택적 개입의 일차적 목표는 위험요인을 감소시키거나 혹은 위험요인에 대항할 수 있도록 대처기술 혹은 보호요인을 증진시키는 것이다. 다양한 인지행동 개입이 이 수준에서 적용될 수 있다. 선택적 개입에서는 종종 분노관리와 충동조절 등의 문제에 초점을 맞춘다.

학교에서 일하는 전문가는 학생의 요구에 맞는 프로그램을 설계하기 위해 CBT 원리에 관한 지식을 활용한다. 예를 들면, 학교불안과 등교거부의 발생률이 높은 한 초등학교에서 학년 초에 학교심리학자와 상담교사가 5회기의 집단 프로그램을 개발하였다. 이 집단은 새 학기가 시작되기 전 2주 동안 진행되었다. 학생들은 이전 학년 담임교사의 의뢰, 그리고 유치원 입학생을 위해 개발된 평가절차에 따라 선정되었다. 이 집단은 이완훈련이나 불안관리 등의 대처기술을 가르치고, 아울러 새 학년을 맞이하여 등교하기 전에 학교 자극에 노출되도록 하는 데 초점이 맞추어졌다. 선택적 개입의 또 다른 예로는 Larson과 Lochman(2002)이 개발한 '분노 대처 프로그램(Anger Coping Program)'을 들 수 있다. 이 프로그램은 분노나 공격적 행동의 위험에 놓인 아동들을 위한 구조화된 내용으로 구성되어 있다.

표적개입

표적개입은 가장 심각한 사회적 · 정서적 · 행동적 문제를 보이는 학생들을 돕기 위해 설계된다. 현재 학교기반의 정신건강 자원들이 대부분 표적개입의 요구를 갖고 있는 학생들을 위한 것이라는 사실은 놀랍지 않다. 이 수준의 서비스는 항상 필요하지만 보편적 개입과 선택적 개입을 제공하는 학교에서는 표적개입의 필요성이 현저히 감소된다. 만약 적절한 조기개입과 예방적 서비스를 제공한다면 1~7%의 학생들만이 표적개입을 필요로 할 것이다(Walker, Ramsey, & Gresham, 2004). 때로는 표적개입 서비스를 외부 기관이나 전문가에게 의뢰하는 학교도 있다. 그러나 적절한 훈련과 경험을 지닌 전문가라면 이런 학생들에게 쉽게 개입을 제공할 수 있다. 표적개입은 개별적으로 제공될 수도 있고 소집단 형태로 제공될 수도 있다.

표적개입의 수준에서 개인상담을 할 때는 학생이 가진 문제의 심각성에 관한 지식을 활용해야 한다. 또한 학생에게 필요한 인지적 · 행동적 기법을 정확히 배합하려면 학생의 발달수준에 관한 지식을 활용해야 한다. 일반적으로 학생이 어리고 심각한 문제를 갖고 있을수록 인지적 개입에 비해 행동적 개입의 비율을 높여야 한다. 반면, 학생의 발달 및 성숙 수준이 높을수록 추상적 개념을 받아들이는 능력을 갖고 있을 가능성이 크므로 인지적 기법을 더 많이 적용하는 것이 바람직하다.

일단 학생의 문제에 대한 개념화가 명확하게 이루어지면 학생의 요구에 맞는 다양한 기법을 선택해야 한다. 대부분의 문헌에서는 인지적 개입과 행동적 개입을 구분하고 있지만, 인지기법과 행동기법은 상호 보완적 역할을 한다는 점을 기억해야 한다. 예를 들면, 이완훈련과 같은 행동전략은 인지변화와 행동변화를 함께 가져올 수 있다. 마찬가지로 재귀인(reattribution)도 인지변화와 행동변화를 함께 가져올 수 있다. 구체적인 인지기법과 행동기법에 대해 기술하는 것은 이 책의 범위를 넘어서는 일이다. 〈표 1-2〉는 학교에서 일하는 전문가들이 탐색해 볼 만한 다양한 전략과 기법들을 보여 주고 있다.

〈표 1-2〉 아동 · 청소년을 위한 일반적인 인지적 및 행동적 개입

인지적 개입	행동적 개입
검증하기 또는 증거 찾기	활동계획
인지왜곡 도전하기	행동시연(역할연습)
재귀인	행동실험
탈재앙화	유관성 관리
자기교수 또는 자기말	이완훈련
문제해결 훈련	체계적 둔감법
둔감화 심상	사회기술 훈련
사고 중지	즐거움 혹은 문제 예측
재초점화	자기모니터링
장점과 단점 평가하기	토큰경제 시스템

학교기반 서비스 제공에 대한 도전

학교에서 인지행동적 정신건강 프로그램을 제공하는 것은 잠재적으로 긍정적 효과가 있다. 하지만 여기에는 많은 도전과 어려움이 있다. 미국에서는 현재 교육법령(아동낙오방지법[No Child Left Behind])의 영향으로 많은 교육자가 학교의 일차적 목적이 학업중심의 교육 제공에 있다고 본다. 국가에서 기대하는 '표준(standard)'과 학교의 운명이 달려 있는 고부담(high-stakes) 검사에 대한 요구는 일부 교육자들의 시야를 좁게 만들었으며, 학생의 정서적 · 행동적 요구에 대한 관심도 축소시켰다. 그러나 아동의 정서 · 행동 문제가 가져올 심각한 장기적 결과를 고려할 때, 학교에서 일하는 전문가들은 아동의 심리사회적 요구를 만족시킬 필요성에 관해 학교의 담당자들을 교육시켜야 한다. 또한 학생의 성공을 위해 학업 · 행동 발달을 긍정적으로 증진시켜야 한다(Mennuti & Christner, 출판 중). 그러기 위해서는 교육자들이 이미 당면하고 있는 도전을 존중하고 이해해야 하며 학생의 이익을 위해 협력해야 한다. 또한 정서 · 행동 문제로 학업기능이 심각하게 저하된 아동을 위한 정신건강 서비스가 교육 프로그램에서 두드러진 역할을 해야 할 것이다. 가장 어려운 도전 중의 하나는 학생과 매주 만나는 약속을 잡는 일이다. 따라서 학생의 교육과 관련된 여러 사람들이 서비스를 잘 조정하여 효과적, 효율적으로 문제를 해결하는 것이

중요하다.

학교에서 일하는 전문가를 위한 또 다른 도전은 학생과 협력적 관계를 맺는 일이다. 긍정적인 관계는 치료효과에 도움이 된다. 그러나 학교에서는 학생과의 상호작용이 우연하게 발생하는 일(예: 복도에서 마주치는 것)이 많다. 어떤 경우에는 이런 상황이 학생과의 협력관계를 촉진하는 데 도움이 되지만, 때로는 전문가가 적절한 한계를 유지하는 능력을 갖고 있는지를 시험하기도 한다. 아동의 비밀보장은 학교에서 정신건강 서비스를 제공할 때 또 다른 갈등을 일으킨다. 상담시간 정하기, 의뢰 과정과 절차, 의사소통의 요청(예: 의뢰한 교사, 부모 그리고 전문가 사이의 의사소통)은 전통적인 비밀보장의 기준을 위태롭게 할 수 있다.

정신건강 서비스를 제공하는 전문가는 치료를 시작할 때부터 위에서 언급한 문제들을 고려하고 처리해야 한다. 그런 상황을 처리하기 위한 구조와 계획을 미리 마련하면 시간이 지나면서 생길 수 있는 걱정거리를 예방할 수 있다. 이러한 염려에 대해 학생 및 보호자와 함께 얘기하는 것이 중요하다. 그러면 서비스가 진행되면서 생길 수 있는 혼돈과 당황스러운 상황을 피할 수 있다. 학교에서 일하는 전문가는 학교 시스템의 미묘한 특성을 이해하는 것뿐만 아니라 정부의 법규와 전문가 윤리 그리고 교육 관련법에 대해 이해하고 있어야 한다(Mennuti & Christner, 출판 중).

결 론

학교에서 단기의, 융통성 있는 정신건강 서비스가 필요하다는 점을 고려할 때 CBT 모형은 이상적이다. CBT의 구조와 틀은 학교의 기존 조직과 잘 맞으며, 아동·청소년의 문제에 내재되어 있는 상황, 인지, 행동, 정서 및 사회적 요인에 대한 개입을 가능하게 한다. CBT는 학교 정신건강 서비스 전달을 증진하고 개선해 줄 많은 가능성을 갖고 있다. 그리고 개별 학생에 대한 개입을 넘어 많은 잠재력을 가지고 있다. 학교에서 일하는 전문가는 CBT에 관한 지식뿐만 아니라 학교와 아동·청소년에 대한 이해를 갖추어야 한다. 그래야 보편적인 또는 학교 전체를 위한 프로그램으로부터 문제를 가진 개별 학생을 위한 표적개입에 이르기까지 연속선상에서 개입을 할 수 있게 된다.

아동 · 청소년에 대한 CBT의 적용은 많은 지지를 받아 왔다. 그러나 CBT를 학교에서 적용하는 데 더 많은 발전이 있으려면 몇 가지 영역에 관심을 기울일 필요가 있다. 다양한 아동 · 청소년 문제에 대한 CBT의 효과를 지지하는 증거들이 있지만, CBT로 치료할 수 있는 문제들에 대해 더욱 넓은 지식기반을 구축하기 위해서는 앞으로 더 많은 연구가 필요하다. CBT를 개입의 다중수준 관점으로 확대하여 적용하기 위해서도 더 많은 연구가 필요하다. 학교기반 정신건강 프로그램의 필요성에도 불구하고, 이런 서비스를 제공하기 위한 전문가를 훈련시키는 데는 여전히 문제가 있다. 이것은 대학의 훈련기관 그리고 전문가의 지속적인 전문성 개발을 제공하는 단체들이 당면하고 있는 도전이다. 마지막으로, CBT는 학생의 문제를 다루는 수단으로서 많은 교육자들에게 패러다임 전환을 요구한다. 현재 학교에서 제공하고 있는 대부분의 서비스에는 학생의 문제가 정서적인 것이든 행동적인 것이든 상관없이 일차적으로 행동적 개입이 포함되어 있다. 서비스 전달의 변화는 서비스의 이론적 관점에 관한 사고 변화만을 요구하는 것이 아니라, 학교와 교육자들이 CBT 원리에 근거하여 정신건강 서비스를 연속선상에서 더욱 넓게 바라보기를 요구한다.

참고문헌

Anderson, J. A. (2001). A comparison of the academic progress of students with EDB and students with LD. *Journal of Emotional and Behavioral Disorders, 9*(2), 106-116.

Beck, A. T., Rush, A. J., Shaw, B. F., & Emery, G. (1979). *Cognitive therapy for depression.* New York: Guilford Press.

Beck, J. S. (1995). *Cognitive therapy: Basics and beyond.* New York: Guilford Press.

Burns, B. J., Costello, E. J., Angold, A. Tweed, D., Strangel, D., Farmer, E. M. Z., & Erkanli, A. (1995). Data watch: Children's mental health service use across service sectors. *Health Affairs, 14*(3), 147-159.

Brrns, D. D. (1999). *Feeling good: The new mood therapy* (Rev. ed.). New York: Avon.

Christner, R. W., & Allen, J. S. (2003, Spring). Introduction to cognitive-behavioral therapy (CBT) in the schools. *Insight, 23*(3), 12-14.

Christner, R. W., Allen, J. S., & Maus, M. R. (2004, Winter). An overview for selecting CBT techniques in the treatment of youth in schools. *Insight, 24*(2), 8-10.

Christner, R. W., Mennuti, R., & Stewart-Allen, J. (2004, August). School-based Cognitive-Behavior Therapy (CBT). *Pennsylvania Psychologist Quarterly, 64*(8), 22-23.

Christner, R. W., & Stewart-Allen, J. (2004, November). Using cognitive-behavioral interventions for school related problems. Invited presentation at Intermediate Unit No. 1, Coal Center, PA.

Coie, J. D., Watt, J. F., West, S. G., Hawkins, J. D., Asarnow, J. R., Markman, H. J., Ramey, S. L. Shure, M. B., & Long, B. (1993). The science of prevention: A conceptual framework and some direction for a national research program. *American Psychologist, 48,* 1013-1022.

Coleman, M., & Vaughn, S. (2000). Reading interventions for students with emotional/behavioral disorders. *Behavioral Disorders, 25,* 93-105.

Doll, B., & Lyons, M. A. (1998). Risk and resilience: Implications for the delivery of educational and mental health services in the schools. *School Psychology Review, 27,* 348-363.

Epstein, M. H., & Cullinan, D. (1994). Characteristics of children with emotional and behavioral disorders in community-based programs designed to prevent placement in residential facilities. *Journal of Emotional and Behavioral Disorders, 2*(1), 51-58.

Fagan, T. K. (2000). Practicing school psychology: A turn-of-the century perspective. *American Psychologist, 55,* 754-757.

Freeman, A., & Dolan, M. (2001). Revisiting Prochaska and DiClemente's stages of change theory: An expansion and specification to aid in treatment planning and outcome evaluation. *Cognitive and Behavioral Practice, 8,* 224-234.

Freeman, A., Pretzer, J., Fleming, B., & Simon, K. M. (2004). *Clinical applications of cognitive therapy* (2nd ed.). New York: Kluwer Academic/Plenum Publishers.

Friedberg, R. D., & McClure, J. M. (2002). *Clinical practice of cognitive therapy with children and adolescents: The nuts and bolts.* New York: Guilford Press.

Goldstein, S., & Goldstein, M. (1998). *Managing attention deficit hyperactivity disorder in children: A guide for practitioners* (2nd ed.). New York: Wiley.

Hoagwood, K. B., & Erwin, H. D. (1997). Effectiveness of school-based mental health services. *Journal of Child and Family Studies, 6*(4), 435-451.

Kazdin, A. E., & Weisz, J. R. (1998). Identifying and developing empirically supported child and adolescent treatment. *Journal of Consulting and Clinical Psychology, 66*, 19-36.

Kendall, P. C. (Ed.). (2000). *Child and adolescent therapy: Cognitive-behavioral procedures.* New York: Guilford Press.

Kendall, P. C., & MacDonald, J. P. (1993). Cognition in the psychopathology of youth and implications for treatment. In K. S. Dobson & P. C. Kendall (Eds.), *Psychopathology and cognition* (pp. 387-430). San Diego: Academic Press.

Kessler, R. C., Berglund, P., Demler, O., Jin, R., & Walters, E. E. (2005). Lifetime prevalence and age-of-onset distributions of DSM-IV disorders in the national comorbidity survey. *Archives of General Psychiatry, 62*(6), 593-602.

Kusche, C. A., & Greenberg, M. T. (1994). *The PATHS (Promoting Alternative Thinking Strategies) curriculum.* Seattle, WA: Developmental Research and Programs.

Larson, J., & Lochman, J. E. (2002). *Helping schoolchildren cope with anger: A cognitive-behavioral intervention.* New York: Guilford Press.

Mennuti, R., & Christner, R. W. (in press). School-based cognitive-behavioral therapy (CBT). In A. Freeman (Ed.), *International Encyclopedia of Cognitive Behavior Therapy.* New York: Kluwer.

Ollendick, T. H., & King, N. J. (2004). Empirically supported treatments for children and adolescents: Advances toward evidence-based practice. In P. M. Barrett & T. H. Ollendick (Eds.), *Handbook of interventional that work with children and adolescents: Prevention and treatment* (pp. 3-25). New York: John Wiley & Sons.

Olweus, D., & Limber, S. (1999). *Blueprint for violence prevention: Book nine. Bullying Prevention Program.* Denver, CO: C & M Press.

Prochaska, J. O., & DiClemente, C. C. (1982). Transtheoretical therapy: Toward a more integrative model of change. *Psychotherapy: Theory, Research and Practice,* 276-288.

Prochaska, J. O., DiClemente, C. C., & Norcross, J. C. (1992). In search of how people change: Applications to addictive behaviors. *American Psychologist, 47,* 1102-1114.

Prochaska, J. O., Redding, C. A., Harlow, L. L., Rossi, J. S., & Velicer, W. F. (1994). The transtheoretical modal and HIV prevention: A review. *Health Education Quarterly, 21,* 471-486.

Reinecke, M. A., Dattilio, F. M., & Freeman, A. (Ed.). (2003). *Cognitive therapy with children and adolescents: A casebook for clinical practice* (2nd ed.). New York: The Guilford Press.

Rutter, M. (1985). Resilience in the face of adversity: Protective factors and resistance to psychiatric disorders. *British Journal of Psychiatry, 147,* 598-611.

Shirk, S. R., & Karver, M. (2003). Prediction of treatment outcome from relationship variable in child and adolescent therapy: A meta-analytic review. *Journal of Consulting and Clinical Psychology, 71,* 452-464.

Shure, M. B. (2001). *I can problem solve (ICPS): An interpersonal cognitive problem-solving program.* Champaign, IL: Research Press.

U.S. Department of Health and Human Services. (1999). *Mental health: A report of the Surgeon General.* Rockville, MD: U.S. Department of Health and Human Services, Substance Abuse and Mental Health Adminstration, Center for Mental Health Services, National Institutes of Health, National Institute of Mental Health.

U.S. Department of Health and Human Services. (2000). *Report of the Surgeon General's conference on children's mental health: A national action agenda.* Washington, DC: Author.

U.S. Department of Health and Human Services. (2001). *Mental health: Culture, race, and ethnicity: A supplement to the mental health: A report of the Surgeon General.* Rockville, MD: U.S. Department of Health and Human Services, Substance Abuse and Mental Health Administration, Center for Mental Health Services, National Institutes of Health, National Institute of Mental Health.

Vernon, A. (2002). *What works when with children and adolescents: A handbook of individual counseling techniques.* Champaign, IL: Research Press.

Walker, H. M., Ramsey, E., & Gresham, F. M. (2004). *Antisocial behavior in school: Evidence-based practices* (2nd ed.). Belmont, CA: Thompson Learning/Wadsworth.

Weisz, J. R., & Jensen, P. S. (1999). Efficacy and effectiveness of child and adolescent psychotherapy and pharmacotherapy. *Mental Health Services Research, 1,* 125-157.

Chapter 2

학교기반 개입의 다문화 쟁점

> 전반적으로…… 우리는 문화의 다양성을 다룰 수 있는 적절한 준비가 되어 있지 않다(Honigmann, 1963, p. 1).

1980년대 초반 대학원생 시절에 겪었던 일이 기억난다. 나는 영어와 스페인어를 구사하며 두 문화에 익숙한 이중 언어 사용자인데, 대학원 훈련 과정 중에는 나의 이러한 다문화 배경이 완전히 무시되었다. 실습을 나갔을 때 비로소 나를 지도하던 슈퍼바이저가 어느 날 갑자기 이러한 사실을 알아차렸다. 내가 스페인어를 유창하게 말할 수 있다는 것을 알게 되면, 사람들은 다음과 같이 말하곤 했다. "스페인어를 하는 내담자를 볼 수 있을 테니 너한테 참 잘된 일이야!" 그런 격려와 이해가 고맙기는 했지만, 그것은 임상심리학 프로그램에서 다문화 훈련을 받을 때뿐이었다. 내가 과거에 받은 교육이 잘못되었다고 말하려는 게 아니다. 내가 받은 교육은 모든 면에서 본보기가 될 만했지만, 심리서비스 제공과 관련해서는 다양성 이슈를 충분히 고려하지 못했다.

Samuel O. Ortiz

Honigmann은 “유아 사망을 줄이고 영양 상태를 향상시키며, 음식공급을 증가시키는 데 필요한 기술과 자격을 갖춘 전문가가 해외출장을 갔는데, 정작 자신이 해결해야 할 문제가 어떻게 그 나라의 독특한 생활방식에 근거하고 있는지를 이해하지 못했다.”(1963, p. 1)고 지적했다. 학교에서 일하는 전문가들은 학습장애를 확인하고 교수전략을 수정하며 치료개입을 제공할 수 있는 기술과 자격을 갖추고 있다. 그렇지만 자신이 해결해야 할 문제가 과학과 법칙에 의해서 뿐만 아니라 문화의 독특함과 특수성에 의해서 어떻게 규정되는지를 이해하는 데 필요한 훈련을 받지 못했고 이해할 준비도 되어 있지 않다. 아동과 가족에게 심리서비스와 개입을 제공하는 학교야말로 다문화 훈련과 역량을 필요로 하는 가장 중요한 장면인데도 말이다.

미국의 학생인구는 계속해서 매년 더욱 다양해지고 있다. 그에 따른 체제개혁이 필요하게 되었고, 단순한 ‘포함의 언어(language of inclusion)’에 그치지 않고, ‘비판의 언어(language of critique)’를 지향하는 움직임도 급증하고 있다(Giroux, 1985). 마찬가지로 심리학자, 사회복지사, 교사, 행정가 등 학교에서 일하는 전문가들도 자신의 문화나 언어와는 다른 문화와 언어 배경을 가진 아동과 가족에게 서비스를 제공할 수 있는 역량을 갖추어야 한다. 문화와 언어의 배경이 다른 아동과 가족의 수가 증가하는 만큼, 학교에서 일하는 전문가가 문화적 역량을 갖추어야 할 필요성은 앞으로도 계속 증가할 것이다. 그리고 그런 역량을 갖춘 전문가가 제공하는 심리서비스와 개입은 더 큰 영향력을 발휘할 것이다.

다문화적 역량

학교에서 다문화 집단을 대상으로 심리서비스를 제공하는 일은 특정 문화에 특수한 처방이나 지침에 좌우되지 않는다. 또한 다문화적 역량의 기반이 되는 기술과 지식들을 개발하고 적용하는 것에 좌우되는 것도 아니다. 성공적이고 효과적으로 심리서비스를 전달하기 위해서 새로운 평가도구나 개입방법을 습득하는 데 유능한 전문가가 필요한 것도 아니다. 그보다는 문화적 차이를 이해하고 다루는 데 유능한 전문가가 필요하다. ‘특수교육의 무엇이 그렇게 특수한가?’와 같은 의문처럼, 인지행동 개입의 기초가 되는 방법과 기법 그리고 일반집단에 효과적인 방법과 기법이 다문화 아동과 가족에게도 잘 적용될 것이다. 단, 그러한 방법과 기법이 문화에 존재하는 차이와 상호작용한다는 것을 인정하며 받아들일 때 비로소 다문화 아동과 가족 집단에 잘 적용될 수 있다.

다문화적 역량의 발달 또는 심지어 단일 문화적 역량의 발달은 어떤 다른 유능성의 발달보다 많이 뒤처져 있지만, 교육훈련 시스템에 의해 전적으로 무시되지는 않았다. 미국심리학회(American Psychological Association: APA)와 미국학교심리학자협회(National Association of School Psychologists: NASP)가 제정한 훈련 지침에는 전문가의 역량을 개발하기 위한 수단으로 다문화 교육과 훈련의 목표가 명시되어 있다. 불행하게도, 다문화 교육과 역량개발의 수준 및 강도는 훈련기관마다 크게 다르다. 다양한 훈련요건을 해석하고 응용하기가 모호하고, 또한 그에 따라 차이를 허용하는 폭이 커서 여러 훈련 프로그램들 간에 상당한 차이가 있다. 마찬가지로 단순히 문화적 인식을 갖는 수준부터 시작해 전문적 활동을 할 때 문화적 통합을 이루는 수준에 이르기까지 문화적 역량의 발달 정도는 다르다. 어떤 유형의 훈련을 제공받으며 어떤 지식과 기술을 숙달하는지에 관계없이, 학교에서는 아직도 다문화적 역량이 일상적인 업무에서 활용되지 못하고 있는 실정이다(Halsell Miranda, 2002; Ortiz & Flanagan, 2002).

앞에서도 언급했듯이, 대학원생 훈련과정과 대학원생들이 갖추게 될 다문화적 역량에서 나타나는 차이는 단순히 문화를 고려하는 것과 문화적 역량을 갖추는 것 간의 차이에서 초래된다. 대학원생 훈련과정에서는 문화를 고려하는 것과 관련된 이슈들만을 다루지만, 전문적 문헌에서는 그보다 훨씬 더 많은 이슈들을 다룬다. 훈련과정 중에 문화를 고려하는 활동과 관련된 이슈들만을 다루는 이유는 단순히 특정 문화에 대한 사실과 지식을 습득하면 그 문화에서 표현되는 의미를 이해하는 능력을 자동적으로 갖추게 되고, 이로써 다양한 집단을 대상으로 일하는 전문가를 준비시키는 데 충분할 것이라고 가정하기 때문이다. 그러나 이러한 가정은 이치에 맞지 않는다. 마치 어떤 외국어의 특정 소리나 말 패턴에 대한 지식을 갖추면 말로 전달된 표현을 이해할 수 있을 것이라는 생각이 이치에 맞지 않는 것과 같다. 문화를 알거나 외국어를 아는 것이 물론 도움이 되기는 하지만, 그것만으로는 절대로 충분하지 않다. 이와 달리, 문화적 역량이야말로 전문가가 궁극적으로 달성해야 할 목표다. 왜냐하면 전문가가 어떤 기법, 개입 및 기술을 갖추고 있든지 문화적 역량은 그가 만나게 될 특정 문화와 상호작용하는 방식을 이해할 수 있는 능력이기 때문이다. 문화적 역량은 전문가가 제공하려는 서비스와 개입을 규정하는 문화적 요소에 대한 훈련을 통해서, 그리고 그런 서비스와 개입이 제공될 집단에 관한 기술과 지식을 개발하고 습득하는 과정을 통해서 발달한다. 특정 문화에 관한 사실은 다양한 배경의 아동이나 가족을 대상으로 일하는 데 필요한 지침과 조력활동의 일부만을 알려 줄 뿐이다. 문화적 역량이야말로 다문화 집단에게 성공적인 개입을 제공하는 길을 열어 줄 것이다.

문화적으로 유능한 개입활동

개요

이 장은 이 책의 다른 장들과는 다른 초점과 목적을 가지고 있다. 앞에서 제시한 기본 전제는 다문화 집단에 실제로 적용되고 있는 개입과 다문화 집단을 대상으로 활동할 때 갖추어야 하는 역량 간에 차이가 있다는 점에 근거한다. 이 장에서는 다문화 집단을 대상으로 활동하는 데 필요한 역량에 대해 중점적으로 논할 것이다. 다문화 집단을 대상으로 어떤 개입을 사용할 것인지에 대해서는 앞으로 각 장에서 논할 것이다.

지금부터 심리서비스가 전달되는 문화적 배경과 소수민족 아동 및 가족의 문화적 배경 간의 상호작용에 관련된 이슈를 개략적으로 살펴보고자 한다. 이는 학교 관련 문헌(Flanagan & Halsell Miranda, 1995; Halsell Miranda, 2002; Ortiz & Flanagan, 2002)에서 이미 확인되었다. 학교에서 일하는 전문가는 먼저 이런 역동적 관계의 본질을 파악해야 다양한 문화적 배경을 지닌 아동과 가족에게 적절하고도 윤리적인 심리서비스를 제공할 수 있다. 기본적인 쟁점은 '지식' '의사소통' 그리고 '기술' 영역으로 구분된다. 이는 Ortiz와 Flanagan(2002)의 연구를 주로 인용한 것이다. Ortiz와 Flanagan은 학교에서 인지행동 개입 및 기타 개입을 제공하는 데 필요한 다문화적 역량의 개발에 실제적이고 효과적인 틀을 제시했다.

지식 영역

가족문화. 전문가가 어떤 개입이 적절하고 유용할지를 이해하려면 가장 먼저 그 가족을 살펴보아야 한다. 직접적인 가족환경은 그 자체가 독특한 문화를 유지하는 풍토를 가지고 있다. 또한 가족환경이야말로 개인의 전체적인 발달에 가장 강력한 영향을 미친다. 그러므로 전문가는 가족문화 시스템이 미치는 중요하고도 전반적인 영향에 관한 지식기반을 갖추어야 한다. 가족 시스템은 아동과 가족이 어떤 신념을 가지고 있으며, 어떤 행동을 하며, 어떻게 서로를 존중하고 상호작용하며, 학교에 무엇을 기대하며, 치료와 개입 서비스를 어떻게 지각하는지를 규정한다. 학교에서 다양한 인지행동 개입을 실시하는 학교심리학자나 기타 전문가들은 가장 적절한 기법을 선정하고 설계하기 위해 이런 문화적 역동을 파악해야 한다(Helms & Cook, 1999; Leigh, 1998). 가족문화의 폭이 워낙 넓어서 여기에서 상세하게 다룰 수는 없지만, 이 장에서 제시하는 가족문화의 구성요소와 가족 시스템의 기능방식을 이해하면 개입서비스의 제공에 관한 기초적인 안내를 받을 수 있다.

Tseng과 Hsu는 가족을 "기본적인 사회문화적 단위…… 개인의 성장을 위한 보금자리, 사회적 지지를 위한 자원, 그리고 문화를 전수하는 기관"(1991, p. 1)이라고 정의했다. 물론 가족만이 여러 세대를 거쳐 문화를 전달하는 유일한 방법은 아니다. 그러나 가족이야말로 가족 구성원들의 성장과 발달 그리고 안녕에 가장 큰 영향을 미친다(Lewis, Beavers, Gossett, & Phillips, 1976). 학령기 자녀가 있는 가족은 자녀를 형식적 교육기관인 학교에 입학시킬 때 비로소 학교문화와 직접 접촉하게 된다. 가족이나 가족 구성원의 특징과 요구에 따라서 학교심리학자나 학교상담자 등 학교에서 일하는 다양한 전문가를 만나기도 한다. 이때 가족의 문화와 학교의 문화가 충돌할 수 있는데, 가장 흔한 이유는 저조한 학업성취, 학습장애, 행동문제, 정서혼란 때문이다. 가족문화와 학교문화의 상호작용이 공식적으로 발생하든 비공식적으로 발생하든, 가족과 학교의 접촉이 긍정적으로 인식될 것인지 부정적으로 인식될 것인지는 주로 가족의 배경, 경험, 가치관 및 태도에 좌우된다. 가족문화와 학교문화의 상호작용 중에서 일부는 호의적이며 환영받을 만하지만, 반면에 위협적이거나 당혹스럽기도 하고 심지어 모욕적인 상호작용이 발생하기도 한다(Hanson, 1992). 예를 들면, 아시아계 가족 중에서 특히 중국계나 일본계 가족은 공동체, 조화, '어울림(fitting in)'에 상당한 가치를 부여한다(Tseng & Hsu, 1991). 가족 중 한 사람이 장애를 가지고 있다는 말을 듣는 것은 불명예스럽고 가족과 가족의 문화공동체 안에서 견더 낼 수 없는 약점으로 간주된다. 한편 스페인계와 라틴계 가족은 자녀가 입학을 하면 학교가 자녀교육의 모든 것을 전적으로 책임진다고 믿는다. 사실상 그들은 학교를 대단히 많이 존중하므로 학교의 어떤 결정에도 의문을 제기하지 않으며, 학교로부터 연락을 받는 것은 자녀가 잘못을 저질렀을 때뿐이라고 믿는다(Dana, 1993). 스페인계 가족은 학교에서 일하는 전문가를 대단히 존경하며, 학교전문가들이 자녀에 대해 갖는 의견이나 결정에 감히 이의를 제기하거나 반박하지 않는다. 불행하게도, 이러한 가족은 학교만이 개입서비스의 제공에 대한 권한을 가지고 있다고 여기고 자신을 개입서비스 제공과정의 협력자나 파트너로 간주하지 않는다. 그러므로 학교에서 일하는 전문가는 개입을 실시하는 과정에서뿐만 아니라 개입을 선정할 때도 가족 역동을 살필 필요가 있다. 가족의 문화적 가치관과 신념에 따라 그 가족은 개입에 대해 수동적일 수도 적극적일 수도 있고, 부정적이거나 긍정적인 태도를 가질 수도 있다. 그러므로 학교에서 일하는 전문가는 가족의 역동을 확인하고 그에 맞는 적절한 개입계획을 세울 수 있을 때 비로소 효과적인 개입을 실시할 수 있게 된다(Dana, 1993).

예를 들면, 아프리카계 미국인 가족은 확대가족 구성원들과 복잡한 관계를 정기적으로 맺는다. 그러므로 학교에서 일하는 전문가는 아프리카계 미국인 아동과 가족이 그들의 확대가족이나 친척과 어떤 관계를 맺고 있는지를 파악하는 데 시간을 들여야 효과적으로 개입을 할 수 있다(Boyd-Franklin, 1989). 또한 스페인계와 라틴계 가족은 'padrino' 또는 대부(godfather)라고 부르는 사람과도 친족관계를 맺는다. 이러한 관계는 상당히 공식적인 것이며, 법적이거나 생물학적 근거가 아닌 종교적인 근거에서 형성된다. 스페인계와 라틴계 핵가족의 범위는 상당히 확대되어 있어서, 심리서비스를 전달할 때도 먼저 가족의 영향력을 반드시 고려해야 한다(Padilla, 1980; Ruiz & Padilla, 1979). 이 외에도 가족문화 시스템의 여러 다른 측면들이 인지행동 개입의 제공과 중요하게 관련된다. 전문가가 고려해야 할 가장 두드러진 측면은 가족구조, 친족관계, 권력(힘), 역할에 관한 것이다(Tseng & Hsu, 1991).

가족의 특별한 요구에 맞는 개입을 개발하여 적절하고도 개별화된 서비스를 전달하는 것은 중요한 일이므로 가족문화를 중요하게 여기는 자세는 기본이다. 단순히 어떤 개입이 편리하거나 보통 다들 그렇게 하기 때문에 그 개입을 실시하는 것은 바람직하지 못하다. 현재 어떤 개입을 실시하려고 고려하고 있든 간에, 전문가는 개입의 선정, 시행, 궁극적인 효과에 영향을 미칠 가족문화의 다양한 역동을 이해해야 한다. 학교에서 전문가가 가족문화와 학교문화의 중요한 요소들을 통합할 수 있게 되면, 학교에서 만나게 될 아동과 가족이 어떤 문화적 배경을 지니고 있든지 적절한 수준의 민감성을 가지고 그들에게 반응할 수 있을 것이다.

학교문화. 개입서비스의 제공은 문화 간 상호작용에 좌우된다. 그러므로 학교에서 일하는 전문가는 학교가, 좀 더 구체적으로는 학교에서 제공되는 심리서비스와 개입이, 그 자체의 독특한 문화 시스템을 구성한다는 것을 인정해야 한다. 학교에서 일하는 전문가는 그 시스템에 내재된, 특정 문화에 관련된 지식과 관습의 다양한 측면들을 너무나 쉽게 당연시하는 경향이 있다. 특수교육 대상 학생을 위한 개별화교육 프로그램(Individualized Education Program: IEP), 제2외국어로서의 영어 프로그램(ESL), 차별화된 수업(differentiated instruction), 균형 잡힌 문해력(balanced literacy), 협력적 자문(collaborative consultation), 기능적 행동분석(functional behavioral analysis) 등 학교에서 사용되고 있는 언어를 생각해 보자. 학교 시스템과 학교문화를 접해 보지 못했거나 그것에 익숙하지 않은 사람들은 이러한 용어나 문구의 의미를 잘 이해하지 못한다. 이미 미국의 학교는 미국 주류사회의 이념과 가치관을 반영하는 문화의 한 유형을 대표한다. 학교가 운영되는 방식과 그 시스템 안에 있는 개인들이 상호작용하는 방식은 규칙의 지배를 받으며, 규범에 의해 조성되며, 가치관에 기초한다. 더구나 학교 안에서 발생하는 모든 행동, 용어, 철학, 관습은 학교문화가 포함되어 있는 더 큰 사회의 영향을 받는다. Samuda, Kong, Cummins, Pascual-Leone과 Lewis는 다음과 같이 말했다.

> 우리는 또한 [백인, 앵글로색슨 청교도(WASP)] 주류사회의 문화지향성을 당연하게 받아들여 왔다. 사실 학교는 중산층 사회의 규범을 반영하고 있고, 교사는 소수민족의 사회문화적 입장을 거의 전적으로 무시하는 집단주의 마음자세를 가진 정보 전달자였다(1991, p. vii).

다양한 인지행동 개입을 설계하고 시행하려면 한 문화의 가치가 다른 문화에 도입될 때 발생할 수 있는 갈등과 역동을 당연히 고려해야 한다. 예를 들면, 학교심리학자가 어떤 학생의 문제행동 때문에 학교와 가정에서 행동수정을 실시해야 한다고 믿는 상황을 상상해 보자. 그리고 행동계획을 세우기 위해 1시간 간격으로 어떤 행동을 측정해야 한다고 생각해 보자. 학교문화와 심리학에 따르면, 1시간은 정확하게 바로 1시간을 의미한다. 그러나 가정의 문화적 맥락에서 본 1시간은 정확하게 60분을 의미하지 않을 수도 있다. 이는 시간을 기록하는 방식에서 실제로 차이가 나기 때문이 아니라 시간을 바라보는 방식이 다르기 때문이다. 학교에서 시간은 귀중한 일용품이고, 심리개입에서 시간은 표집과정에서 엄격성과 정확성을 지켜야 하는 심리측정의 의미를 지닌다. 따라서 60분 간격으로 관찰을 할 때 가능한 한 그 간격에 가깝게 관찰이 이루어질 것을 기대한다. 비슷하게, 오전 8시에 회의를 한다면 그 회의는 정확히 그 시간에 시작되어야 한다고 기대한다.

그러나 모든 문화가 시간을 똑같은 방식으로 보지 않는다. 앞의 예시처럼, 그리고 "시간은 돈이다." "시간이 다 되어 가고 있다." 또는 "시간이 흐르고 있다."라는 표현에서 볼 수 있듯이, 미국에서는 시간의 경과란 '한시라도 낭비하지' 않기 위해 성실하게 주의를 기울이고 있는 그 무엇이다. 그러나 스페인계와 라틴계 문화에서 시간의 경과는 흐르는(run) 것이 아니라 걷는(walk 또는 andar) 것이다. 즉, 시간은 '걷는다(Time walks.)'. 이러한 단어 사용의 차이는 시간에 대한 인식, 시간의 사용, 시간의 의미에 존재하는 더 큰 문화적 가치의 차이에 포함되어 있다. 따라서 스페인계나 라틴계 학생의 부모가 일정 간격으로 관찰해야 할 것 중 몇 번을 놓쳤거나 약속시간에 15분 늦게 나타났다면, 이는 다른 사람의 스케줄을 무시했다거나 개입을 중요하지 않게 생각한다는 것을 의미하지 않는다. 그것은 단순히 그 부모의 문화적 입장이 시간에 대한 학교의 견해와 다르거나 개입의 근거가 되는 문화적 견해와 다르다는 것을 뜻한다. 이 예는 이러한 사건이 실제로 무엇 때문에 발생했는지를 파악하고 문화적 차이를 인식하는 능력의 개발이 중요함을 강조한다. 그러나 전문가가 모든 문화들이 제각기 어떻게 시간을 인식하는지를 알 필요는 없다. 사실 그것은 불가능한 일이다. 그렇지만 문화적 차이가 어떻게 반영되어 있는지를 가장 먼저 검토하고 해결해야 한다.

또한 학교에서 일하는 전문가는 학교의 문화를 학교에 있는 문화 그 자체로서가 아니라 학교 안에서 교육을 받고 있는 아동의 발달에 큰 영향을 미치는 문화로 파악해야 한다. 아동은 학교에 있는 동안 읽기, 쓰기, 셈하기만을 배우는 게 아니다. 사실상 학교가 지니고 있는 가치, 즉 주류사회의 신념과 관습으로부터 도출된 가치가 아동에게 서서히 주입되고 있는 것이다. 이런 가치와 관습은 꽤 정치적이고, 논란의 소지가 있으며, 사회에 만연한 시대정신의 변화에 좌우된다. 예를 들면, 생명의 기원에 관한 수업을 할 때 신화론에 대한 대안으로 과학적 설명을 하거나 진화론을 정면에서 대체하는 '창조론'을 가르치는 경우를 생각해 보자. 그리고 최근 몇 개 주(캘리포니아, 애리조나, 콜로라도, 텍사스, 매사추세츠)에서 이중언어 교육을 폐지하려는 시도를 고려해 보자. 이러한 쟁점과 시도는 사회에 만연해 있는 공적인 가치, 사고, 견해를 학교가 어떻게 반영하고 있는지를 잘 보여 준다.

학교에서 일하는 전문가에게 문제가 되는 것은 지배적인 문화가 학교의 문화적 내용을 규정한다는 데 있지 않다. 대신 아동과 가족이 지배적인 문화에 의해 규정된 학교의 문화적 내용을 어느 정도는 흡수하고 있다는 것이 문제다(물론 가족은 아동보다 영향을 적게 받는다.). 동화(assimilation)의 과정은 제2세대(외국 태생 부모를 둔 본국 태생의) 학생에게 갈등을 불러일으킬 수 있다. 왜냐하면 그들은 종종 새로운 세계의 가치와 '예전 세계'의 가치 사이에서 균형을 잡아야 하는 당사자이기 때문이다. 문화적, 민족적 배경이 다른 아동이 가족의 오래된 가치와 심하게 충돌할 수도 있는 새로운 가치를 주입받을 경우에 학업 수행과 가족기능의 측면에서 광범위하게 영향을 받을 수도 있다. 이에 따라 종종 부정적인 결과가 나타나기도 한다. 학교에서 전달되는 가치의 본질에 관한 다음의 예를 생각해 보자.

> 우스갯소리이기는 하지만 인종차별주의는 종종 유전병의 특징을 지닌다. 당신이 부모로부터 인종차별주의를 물려받는다는 점에서 그렇다. 나는 부모로부터 인종차별주의를 물려받지 않았기에 다행이라고 생각한다. 그러나 처음에는 이 질병이 의심되지 않았던 수많은 다른 아동들과 마찬가지로, 나도 학교에 입학하면서 인종차별주의라는 병에 걸렸다. ……내가 속한 민족의 사람들은 사회가 기대하는 사람들과 달랐기 때문에, 곧바로 나는 내가 속해 있는 민족의 사람들을 미워하라고 가르치는 잠행성 병에 감염되었다. 학교에서는 스페인어 사용을 허용하지 않았다. 이중언어 교육은 먼 나라 얘기였다. 나

> 는 유치원에 들어가자마자 곧바로 영어를 배워야 했다. 부모가 영어를 잘하지 못한다는 것은 신경도 쓰지 않았다. ……2학년이 되자 선생님은 나를 교실 밖 소집단에 배치했고, 그곳에서 나는 스페인어를 말하는 다른 아이들에게 영어로 읽는 법을 가르쳤다. 나만큼 영어에 능숙해지기를 바라는 그 아이들보다 내가 우월하다고 느꼈던 것을 나는 기억한다. ……그렇지만 어느 누구도 내게 이것을 분명히 말해 준 것은 결코 아니었다. 내 부모가 자신의 문화와 언어를 가치 있게 여기지 않았던 것도 결코 아니었다. 그럼에도 불구하고 영어가 스페인어보다 더 좋다, 하얀 것이 갈색보다 더 좋다는 식의 분명한 불문율적 규범이 항상 존재했던 것 같다. 그건 단순한 차이의 문제가 아닌 가치의 문제였다. 내 문화를 포함해서 어떤 다른 문화보다도 백인문화가 우월했다(Ortiz, 1999, p. 10, 고딕체는 원전에서 강조한 것임).

문화와 언어의 배경이 다양한 아동들이 학교에서 흡수하고 있는 가치가 이처럼 극적이고 부정적인 효과를 갖지 않을 때조차도, 개입을 할 때는 여전히 문제가 될 수 있다. 학생은 학교문화가 지지하는 가치를 받아들이면서 학교가 제안한 개입을 수용하고 그 개입을 받아야 하는 이유를 쉽게 수긍할지도 모른다. 이런 개입은 그 학생에게 상당히 효과적일 수 있다. 그러나 만일 개입의 일부에 가족이 포함된다면 문제가 발생할 수도 있다. 왜냐하면 가족은 학생만큼 주류사회 문화에 동화되어 있지 않을 수 있고, 학교가 제안한 개입을 수용하기를 훨씬 더 꺼리며, 개입의 필요성, 합리적 근거 및 목적에 대해 잘 이해하지 못할 수도 있기 때문이다. 어떤 식이든지 전문가가 성공적으로 개입을 실시하려면 가족문화와 학교문화의 상호작용은 피할 수 없는 영역이다. 학교에서 일하는 전문가는 학교에서 만나는 학생과 가족 모두의 발달을 조성하며, 그들에게 영향을 미치는 문화적 역동을 철저하게 평가해야 한다. 개입 그 자체의 특징과 무관하게, 개입의 성공은 전문가가 학교문화와 가족문화의 상호작용에 관련된 중요한 역동을 확인하는 데 성공했는지에 좌우된다.

의사소통 영역

시간을 어떻게 생각하는지에 관해 앞에서 든 예는 언어와 문화가 분리될 수 없음을 증명한다. 전문가가 학교에서 서비스를 제공할 때는 언어를 통한 협상이 반드시 이루어진다. 그러나 학교나 전문가의 언어가 서비스를 제공받는 학생이나 가족의 언어와 같지 않거나 심지어는 비슷하지도 않을 수 있다. 학교와 가정에서 쓰는 언어에 존재하는 차이가 의사소통에 영향을 미치며, 이때 상당히 의미 있는 역동이 형성된다. 그러므로 적절하고 효과적인 개입서비스의 제공은 전문가가 문화적 차이에 관련된 언어적 쟁점을 인식할 수 있는 능력을 갖추었는지에 좌우된다.

만일 서비스 제공자가 서비스를 받는 학생이나 가족의 언어와 같은 언어를 사용한다면 분명히 서비스 제공의 과정이 촉진될 것이다. 학교전문가와 의사소통할 때 부모가 자신의 모국어를 사용할 수 있다면 더 많이 편안하고, 학교전문가와 부모가 라포(rapport)를 더 잘 형성할 수 있다(Helms & Cook, 1999). 학생이나 가족이 쓰는 언어를 전문가가 말하고 사용할 수 있는 능력을 갖추었다면, 이것은 확실히 중요한 이점이기는 하다. 하지만 여러 언어들이 모두 같지는 않기 때문에 이러한 능력이 개입의 성공을 반드시 보장하는 만병통치약은 아니다. 예를 들면, 스페인, 콜롬비아, 멕시코, 쿠바 등지에서 스페인어를 쓰는 사람들은 서로 알아들을 수는 있을지라도 그들이 쓰는 스페인어가 모두 똑같지는 않다. 그들이 모두 스페인어를 쓰더라도, 언어는 의미론, 화용론, 문법, 발음 등 여러 측면에서 상당히 특수하다. 또한 그들은 문화마다 매우 다른 방언, 관용어, 지방어를 만들어 내기도 한다. 더구나 의사소통은 언어적 표현보다 훨씬 더 다양하다. 언어적 표현에 더하여 몸짓이나 비언어적 표현이 의사소통의 상당 부분을 매개하기 때문이다.

언어적 역동. 언어적 의사소통과 비언어적 의사소통이 얼마나 균형을 이루는지, 그리고 각각의 양식 또는 채널을 통해 얼마나 많은 정보가 전달되는지에는 문화적 차이가 존재한다(Hall, 1976). 아시아 문화, 미국 원주민 문화, 아프리카계 미국 문화, 스페인 문화, 기타 여러 문화는 주로 '고맥락 의사소통(high-context communication)'에 의존한다. 고맥락 의사소통을 할 때, 사람들은 서로 공유하는 경험, 역사, 암묵적 메시지로부터 상당한 분량의 의미를 도출한다. 이러한 문화에서는 어휘의 수가 훨씬 적다. 왜냐하면 의미가 근접 맥락에서 상당히 벗어나 확대 해석되므로 언어적 정밀성을 그다지 우려하지 않기 때문이다. 반면, 앵글로 유럽계 미국, 스위스, 독일, 스칸디나비아 등에서는 언어적 교류를 통해 정확하고 논리적이며 직접 의미를 전달하는 '저맥락 의사소통(low-context communication)'에 의존하는 경향이 있다(Dana, 1993). 학교는 지배적인 문화를 반영하며 또한 더 큰 사회의 가치를 반영한다. 따라서 학교에서 행해지는 대부분의 의사소통은 주로 저맥락 유형에 해당된다. 가족의 언어와 문화가 학교에서 사용되는 언어와 문화, 그리고 학교에서 서비스를 제공하는 전문가의 언어와 문화에 일치하지 않을 때 갈등과 오해는 불가피하다. 예를 들면, 어떤 학생과 가족이 고맥락 언어를 사용한다면, 구체적인 지시, 상세한 예, 정교한 표현을 포함하는 언어적 교류가 사람들 사이에서 이루어질 때 그 학생과 가족은 그것을 매우 무감각하고 기계적인 것으로 인식할 수 있다. 반대로 저맥락 언어인 영어를 사용하는 전문가는 개인적인 문제, 오랜 침묵, 모호한 어구, 친숙하지 않은 몸짓을 사용하면서 의사소통을 하는 학생이나 가족과 함께 있는 상황에서 불편함을 느낄 수도 있다. 학교에서 일하는 전문가는 이러한 맥락적 양식, 그리고 개입 대상인 학생과 가족의 의사소통 양식을 파악해야 적절한 개입을 제안하고 또 성공적으로 실시할 수 있다(Hanson, Lynch, & Wayman, 1990; Lynch, 1992).

언어적 역동에 존재하는 차이를 다루기 위해 학교에서는 흔히 통역서비스를 활용한다. 많은 경우에 통역가는 학교와 가족의 성공적인 상호작용을 이루어 내기도 하고, 발생할 수도 있는 오해와 갈등을 잠재우는 데 중요한 역할을 한다. 그러므로 통역가는 수행해야 할 특정 과제에 대한 훈련을 잘 받은 사람이어야 한다. 일반적으로 학교 회의에 제공되는 통역서비스는 개입 제안서나 자료를 번역하는 것과는 다르다. 통역가를 임시변통으로 회의에 호출할 경우, 특히 그들이 통역서비스 이외의 다른 주 업무를 맡은 사람들이라면, 그들은 준비가 되지 않은 비전문가처럼 보일 수 있으며 상대방을 존중하지 않는다는 인상을 줄 수도 있다. 또한 아동이나 가족이 쓰는 모국어의 변이 언어가 아니라, 확실히 그들의 모국어를 실제로 쓰는 통역가를 선발해야 한다. 앞에서도 논했듯이, 비록 여러 민족집단이 스페인어를 쓴다고 할지라도, 어느 한 민족집단(예: 푸에르토리코인, 쿠바인)이 사용하는 언어적 표현은 다른 민족집단(예: 멕시코인)이 사용하는 언어적 표현과 상당히 다를 수 있다. 단순한 어휘의 사용, 특정 단어의 정서적 요소, 공식어와 비공식어에 존재하는 모든 차이는 수많은 방언과 지방어의 예에 해당된다. 이는 대화를 하는 중에 발생할 수 있으며, 대화를 하는 사람들이 얼마나 편안해할 것인지 혹은 어색해할 것인지에 영향을 미친다.

또한 학교에서 일하는 전문가는 통역가를 어떻게 활용할 것인가에 대해 심사숙고해야 한다. 예를 들면, 좌석 배치를 사전에 계획해서 모든 회의에서 부모나 아동과 의사소통을 원활히 할 수 있는 위치에 통역가와 참석자들을 배치해야 한다. 종종 통역가가 부모 옆에 앉아서 회의가 진행되는 과정 중에 회의록을 부모의 귀에 속삭이며 전달해 주기만 하는 경우가 있다. 이는 받아들일 수 없는 관행이다. 이러한 경우에 학생과 부모는 온전하게 회의에 참여하지 못하며, 회의의 중요한 부분이라고 느끼지 못한다. 또한 학교 전문가는 통역가가 학교나 전문가의 의견을 대표할 것이라고 가정하거나 기대해서는 안 된다. 통역가는 학교의 대표가 될 수 없으며, 부모의 권익을 옹호하는 사람이 될 수도 없다. 통역가는 의견을 제시하는 사람이 아니라 회의에서 제시된 의견을 통역하는 사람으로 훈련받은 사람이다. 부모가 모국어로 통역가와 의사소통할 수 있을 때 결속과 라포를 형성할 수 있기 때문에 통역가를 활용한다. 종종 부모는 조언과 지도를 얻기 위해 통역가에게 의지하기도 하며, 통역가가 잘 알고 있다고 믿기 때문에 그들의 판단에 의존하는 경향이 있다. 그러나 통역가는 통역만 하고 회의 참석자들의 의사소통을 촉진하는 역할을 맡는 사람이다. 회의에서 토론을 하고 있는 사람은 통역가가 아니라 부모 자신이라는 점을 분명히 해야 한다. 통역가는 배경에 있는 인물이지 회의의 중심에 있지 않다는 것을 명심해야 한다.

비언어적 역동. 언어적 역동과 달리, 비언어적 의사소통에 영향을 미치는 잠재적인 차이와 갈등은 분명하지도 않고 잘 알려져 있지도 않다. 그러나 비언어적 역동이 관심 밖에 있다거나 의사소통에 영향을 덜 미친다는 것을 의미하지는 않는다. 언어가 매개하는 대화와 마찬가지로 비언어적 교류도 전문가와 학생 및 가족 간 상호작용에 극적인 효과를 낳는다. 의사소통에 영향을 미치기도 하는 비언어적 측면들 가운데 중요한 한 예는 눈맞춤이다. 스페인계와 라틴계 문화에서는 오랜 눈맞춤을 불경하다고 여기고 시선을 떨어뜨려 공손함을 보인다. 특히 학생과 교사 또는 자녀와 부모의 관계에서처럼 지위나 힘이 중시되는 상호작용에서 더욱 그렇다. 일부 아시아 문화권에서는 처음 보는 낯선 두 사람의 눈맞춤을 수치스러운 것으로 간주하고 오랜 눈맞춤을 친밀한 행동으로 해석한다(Randall-David, 1989: Lynch, 1992에서 인용).

전문가는 다양한 배경 출신의 아동 및 가족과 상호작용할 때 영향을 미치는 비언어적 의사소통의 다양한 요소를 이해하려고 노력해야 한다. 비언어적 의사소통의 요소들 가운데 눈에 띄는 요소로는 얼굴 표정, 서로 간의 거리(스페인계와 아시아계 문화에서는 거리가 가깝고, 앵글로 문화에서는 거리가 더 멀다), 허용되는 신체적 접촉의 유형(예: 악수, 포옹, 등 두드리기), 존경을 표하는 몸짓이나 호칭(아시아계 문화에서 절하기, 스페인계 문화에서 이름을 부르지 않고 성만을 사용해서 또는 직위를 사용해서 다른 사람을 부르기), 맞이하고 배웅하는 의례적인 방법이 있다(Dana, 1993; Lynch, 1992). 이런 몸짓 언어의 의미와 방법은 연령, 성별, 종교, 개인적 선호, 전문적 지위, 경제적 배경에 의해서도 영향을 받는다.

다양한 배경 출신의 아동 및 가족과 일하는 전문가가 문화적으로 매개된 비언어적 의사소통 전부를 배울 수는 없다. 그렇지만 전문가는 문화에 근거한 언어적 차이를 반영하는 문제를 (그것이 실재하든 잠재적이든) 찾아내려는 노력을 기울여야 한다. 언어적 차이에 따른 갈등을 확인하면 그것이 효과적인 개입과 서비스 전달을 방해하는 걸림돌이 되지 않게 즉시 해소해야 한다. 전문가는 의사소통의 비언어적 쟁점을 알아차리고 규명하려면 자신의 문화적 표현도 잘 이해해야 한다.

미국에서는 회의를 할 때 '바로 본론으로 들어가는' 방식을 가치 있게 여긴다. 이것은 정시 근무에 가치를 두는 것과 관련될지 모르지만 보편적인 규범은 아니다. 다른 문화 출신의 부모, 예를 들어 스페인계나 라틴계 부모는 그런 딱딱하고 공식적인 개회 절차에 불편을 느낄 수 있다. 대신 그들은 회의 안건에 관심을 돌리기에 앞서 개인의 건강이나 가족의 안부, 직장 일, 회의목적에 직접 관련되지 않은 다른 주제에 대해 공손하게 대화를 나누는 것으로 회의 시작을 기대할지도 모른다. 그런데 이는 비교적 공식적인 업무 위주의 주제를 다루는 학교에서는 잘 발생하지 않는 상황이다. 심지어 개인 정보나 사적인 주제에 대해 논의하는 경우에도 이러한 상황은 최소한으로 제한된다. 사실 그런 개인적 문제가 있음을 알아차린 전문가는 개인적 문제를 다루기에 불편해하고 어색함을 느끼게 된다. 다양한 배경의 아동과 가족을 회의에 참여시키고 계획된 개입을 확실하게 성공시키려면 전문가는 인내해야 한다. 또한 전문가는 효과적 경청기술을 활용해야 하며, 목표수립에 필요한 시간을 기꺼이 내려는 마음자세를 가져야 하며, 협력적인 노력을 기울어야 한다. 일부 전문가는 그런 노력을 기울이는 데 불편함을 느낄 수도 있으며, 그런 노력이 서비스나 개입의 제공과 무슨 관계가 있는지를 이해하지 못할 수도 있다. 그러나 적절한 공손함, 존경, 친절을 보이려는 노력을 기울이면, 의심할 여지없이 부모와 아동은 그런 노력에 대해 감사할 것이고 전문가가 제안한 개입을 수용하는 마음을 갖게 될 것이다.

기술 영역

지식 영역이나 의사소통 영역과 마찬가지로, 문화적 역량에 관련된 기술 영역은 별개의 기법이나 사실들의 집합이 아니라 문화가 언제 어떻게 다르고 갈등을 일으키는지를 인식하는 능력이다. 이런 능력의 발달은 문화적 자기인식, 즉 자신의 문화적 조망에 대한 인식 위에서 이루어진다(Helms & Cook, 1999; Leigh, 1998; Lynch, 1992). 앞에서 지식에 관해 논할 때, 학교문화는 전문가가 영향을 주기도 하고 받기도 하는 문화임을 지적했다. 전문가는 단지 자신의 서비스 전달에 영향을 미치는 학교문화를 이해하거나, 다양한 배경을 지닌 아동이나 가족과 학교문화가 상호작용하는 방식을 이해하는 것을 뛰어넘어야 한다. 또한 전문가는 자신이 처한 문화가 그 안팎에서 자신과 타인을 바라보는 시각에 미치는 영향력을 이해해야만 한다. 학교에서 성공적으로 서비스를 제공할 수 있는지 여부는 전문가가 자신의 가치, 신념, 경험, 태도, 언어 및 관습에 대한 개인적 통찰을 얼마나 잘 발달시켰는지에 좌우된다. 이런 가치, 신념, 경험, 태도, 언어 및 관습이 자신의 문화 밖 타인들에게도 똑같이 존재한다는 것을 알아차릴 때 통찰이 가능해진다. Shweder(1986)가 언급했듯이, "당신 자신 안으로 들어가는 최선의 방법은 당신 밖으로 나가는 것이다. 훌륭한 전기작가라면 누구나 알고 있듯이, 만일 다른 사람 안에서 당신 자신을 발견할 수 없다면 당신은 절대로 자신을 발견하지 못할 것이다" (p. 38).

자기인식. 미국에 거주하는 대부분의 사람은 문화변용(acculturation)[1)]의 각기 다른 단계에 놓여 있다. 즉, 그들은 문화적으로 매개된 정보, 신념, 가치, 지배적인 문화에 의해 수립된 규범을 획득하는 과정에서 서로 다른 단계에 놓여 있다. 외국에서 출생한 사람이나 모국문화가 부모나 형제자매에게 유지되고 있는 가정에 사는 사람은 동화(assimilation)의 과정에 있다고 본다. 동화는 문화변용과 유사하지만 모국문화의 영향을 받는 과정을 말한다. 미국에서 수용되는 주류사회의 가치를 동일시하는 사람은 자신을 문화적으로나 인종적으로 '미국인'으로 간주한다. 비록 이 용어 자체가 암묵적으로 경멸적인 의미를 내포할지라도 그렇게 한다. 그러나 미국 주류사회 문화 중에는 서양이나 앵글로 유럽의 영향에서 벗어난 것도 있다. 미국 문화를 대표하는 다양한 문화적 지표들이 아직까지도 분명히 남아 있다. 예를 들면, 개인주의의 강조, 독립심의 존중, 자율지향성, 경쟁, 숙달, 평등, 시간 엄수, 물질주의, 진보, 미래지향성이 바로 그러한 지표들이다. 또한 미국문화는 형식적이거나 엄격한 것과는 반대되는 경향이 있다. 즉, 좀 더 비공식적인 인간 간의 상호작용을 가치 있게 여긴다. 그리고 매우 직접적이며 주장적인 의사소통 양식을 인정하고, 대부분의 기능 영역과 사회적 역할에서 개인적 성취를 높이 평가한다(Helms & Cook, 1999; Leigh, 1998). 학교에서 일하는 전문가는 이런 가치를 확인해야 하며, 이러한 가치를 얼마나 확인했는지가 서비스 전달과 개입 절차에 영향을 미친다는 점을 깨달아야 한다(Leigh, 1998; Lynch, 1992).

자신의 세계관과 타인의 세계관에 존재하는 특정 문화의 고유한 차이를 인정하는 것은 문화적 자기인식의 기초가 된다. 예를 들면, 적어도 고등학교 교육은 이 나라 아동·청소년의 학업성취와 관련하여 통용되고 있는 규범이다. 일부 사람들은 아마도 대학교육이 표준이라고 말할지도 모른다. 물론 이것은 산업과 과학기술의 혁신에 근거한 현대적인 가치다. 산업과 과학기술의 혁신은 이렇게 신념의 전환을 필요로 했다. 그리 오래지 않은 과거에는 중학교 3학년 또는 심지어 초등학교 6학년 교육이 상당한 상급수준으로 간주된 적이 있었다. 그러나 오늘날 16세 자녀가 곧장 직업세계로 뛰어들기 위해 더 이상 교육받기를 포기하고 고등학교를 중퇴하

1) 역자 주: acculturation은 문화변용, 새로운 문화의 이식과 적응, 문화접변 등 다양한 용어로 번역되며, 새로운 외부 문화를 접하면서 가치관, 관습, 태도가 변화하는 과정 또는 그러한 변화가 초래한 결과를 의미한다.

겠다고 선언한다면, 어떤 부모가 그런 요청을 받아들이겠는가? 그렇지만 자녀가 학교에서 이루는 성취에 대해 느슨한 태도를 가지고 있다고 비난받는 일부 미국 원주민 부모와 스페인계 미국인 부모에게서 이러한 현상이 종종 관찰된다(Huang, 1989; Huang & Gibbs, 1992). 오늘날 학교를 다니는 아동들 가운데 다른 문화적 배경 출신 아동의 부모가 교육수준이 매우 낮거나 전혀 교육을 받지 않았다고 생각해 보자. 그들의 자녀가 8~10년을 계속해서 공식적인 공교육을 받기 위해 학교에 다니는 것은 만일 그들이 모국에 살고 있다면 그 자신이나 자녀가 상상도 할 수 없는 축복과 꿈이다. 어떤 면에서 보면 공식적인 학교교육이 최소한의 기대를 반영하는 것이 아닐 수도 있다. 그런데 다른 면에서 보면 공식적인 학교교육은 평생교육을 의미한다. 어떤 가치라도 다른 가치보다 우수한 것은 아니다. 다른 문화적 배경 출신의 가족과 함께 일하는 전문가는 이러한 가치 차이를 인식해야 한다. 또한 이러한 차이가 학교에서 제공되는 정신건강 서비스와 개입에 어떤 영향을 미치며 어떻게 상호작용하는지를 이해해야 한다.

이렇게 가치가 충돌하는 또 다른 영역들이 있는데, 이러한 영역들은 (1) 어린 아동에게 독립심과 자율성을 강조하는 미국 주류사회의 가치(다른 문화권에서는 가족의 조화와 응집성을 강조하는 것과 대조적임), (2) 발달 이정표의 적극적 촉진과 달성에 대한, 문화마다 상당히 다른 신념, (3) 규범에서 벗어난 근소한 이탈에 대한 관심과 우려(차이에 대해 더 관용하거나 덜 관용하는 것), (4) 개인적 성취와 개인 간의 경쟁에 관한 가치(개인 간 결연, 협력, 호혜를 강조하는 문화와 대조적임) 등이다. 또한 학교에서 일하는 전문가의 가장 개인적인 신념조차 아동과 가족이 고수하는 가치와 충돌할 수 있다. 예를 들면, 장애가 아동 내부에 있는 것으로 간주하는 신념은 장애의 근원을 생리적 결함과 신체구조적 결함에서 찾는 의학적 모형에 철학적 뿌리를 둔다. 그런데 아동과 가족이 (만일 장애가 있다면) 장애의 본질, 더 중요하게는 장애의 치료와 개입의 본질이 순전히 영적인 형태라고 생각하는 문화(예: 일부 동남아시아 집단)의 출신이라면, 학교의 주류문화와 갈등을 겪을 수 있다. 미국 사회의 일부 주류 종교에서조차 영적 관습(예: 안수치료, 침례, 도유, 뱀 잡고 있기; Chan, 1986; Harry, 1992)을 포함하는데, 이 경우에도 가치관의 갈등이 예견된다.

개입에 대한 여러 접근들은 분명히 그 자체의 문화적 시사점을 가진다. 개입의 가치나 신념이 개입 대상인 아동과 가족이 지닌 가치나 신념과 충돌한다면 어떤 치료건 간에 그 효과성은 심각하게 위태로워질 수 있다. 학교에서 일하는 전문가가 자신을 이해하려는 건강하고 진솔한 노력을 기울일 수 있을 때 비로소 다문화적 역량의 기제가 활성화된다. 그리고 이런 역량이 제대로 자리 잡힐 때 비로소 심리서비스와 개입의 제공이 성공적일 수 있고, 문화적 배경과 언어가 다양한 아동과 가족의 요구를 충족시킬 가능성도 증가할 것이다.

자료수집. 자료의 수집은 치료와 개입에 관한 의사결정의 기초를 이룬다. 일단 관련 정보를 축적하면, 전문가는 어떤 치료 또는 개입이 더 적절하고 더 효과적인지에 관한 결정을 내린다. 학교에서 일하는 전문가는 자신이 시도하려는 개입 노력의 방향을 알려 주는 자료를 수집해야 하기 때문에 수집된 정보의 문화적 시사점을 반드시 이해해야 한다.

자료는 진공 상태에서 수집되지 않는다. 자료수집의 과정 바로 그 자체가 정보수집의 방식뿐만 아니라 수집되는 정보의 종류나 수집된 정보의 차후 해석방법에도 영향을 미치는 핵심 가치를 반영한다. 종종 전문가들은 확인편향(confirmatory bias)의 영향을 받는다(Sandoval, 1998). 확인편향이란 수집되는 정보의 종류와 정보를 해석하는 방식에 선입관이 영향을 미치는 것을 말한다. 예를 들어, 학생이 정서문제 때문에 학업문제를 겪고 있다고 여기는 전문가는 자신이 이미 설정한 가설을 지지할 가능성이 높은 방향으로 면접 질문을 하고 평정척도를 선택하며 관찰을 기록하고 수집 · 기록된 자료의 의미를 해석한다. 평가와 개입이 이루어지는 전통적인 문화는 그 학생의 행동을 이해하는 데 관련된 문화적 요인들을 수용하지 않거나 수용하지 못할 수 있다. Ortiz와 Flanagan(2002)은 전문가가 그런 오류를 피할 수 있게 돕는 다양한 원칙을 다음과 같이 제안했다.

1. 라포와 신뢰를 수립하라. 존경의 표시에 관한 지식기반을 쌓고 활용하며, 맞이하고 배웅하는 적절한 행동을 하라. 가족이 편안함과 존중받는다는 느낌을 갖도록 돕고, 서비스 전달과정에 가족이 완전히 참여하고 기여할 기회를 제공하라. 필요하다면 통역서비스를 활용하라. 그러나 적절한 훈련을 받은 통역가를 구해야 하며, 서비스 전달의 목적에 적합한 문화와 언어에 익숙한 사람의 자문을 받아야 한다.

2. **호소문제를 확인하라.** 학교에서 일하는 전문가는 의심쩍은 문제를 가족이 어떻게 지각하고 있는지를 주의 깊게 경청해야 하고, 가족의 입장에서 그 문제를 이해하려는 노력을 기울여야 한다. 가족은 문제가 전혀 없다고 여길지도 모르지만 문제를 해결하려고 가족이 과거에 기울인 노력을 찾아보고, 새로운 전략과 목표를 가족이 이해하도록 격려해야 한다. 일단 이런 문제가 명료화되면, 학교전문가는 개입 전략을 협의할 수 있는 유리한 위치를 점하게 될 것이다.
3. **가족 시스템을 파악하라.** 가족 시스템의 구조를 최대한 평가하고 결정해야 한다. 가족의 구성, 가족 구성원의 역할과 책임, 가족의 상호작용 패턴, 가족의 지지체계, 가족의 자녀양육 방식, 학생의 장애조건과 그 근원에 대한 가족의 신념을 평가하는 것이 특히 중요하다. 가족 시스템의 구조적 측면을 이해하면 가족의 특수한 요구와 자원에 개별적으로 잘 맞춘 적절한 개입의 기초를 제공할 수 있다(p. 354).

결론

이 장에서는 문화와 언어의 배경이 다양한 아동과 가족을 위해 학교에서 제공하는 심리서비스와 개입에 내재된 다양한 문화적 역동을 기술하였다. 학교가 제공하는 서비스를 받는 아동과 가족의 다양성이 급속하게 확대되면서, 문화적 역량은 반드시 필요한 현실이 되었다. 이제 문화적 역량은 더 이상 대학원 수업에서 읽고 난 후에 잊어버리는 한 부분이 아니다. 이 장에서는 학교에서 다양한 배경 출신의 학생과 가족에게 효과적으로 인지행동 개입을 적용하기 위해서 전문가가 특정 문화에 관해 전적으로 새로운 레퍼토리의 기술과 지식을 갖추거나 개발할 필요는 없다고 전제하였다. 그러나 학교에서 일하는 전문가는 문화적 요인이나 문화적 차이가 치료와 개입에 언제 영향을 미치며 작용하는지를 알아차릴 능력을 갖추어야 한다. 이것은 학교에서 일하는 전문가가 달성해야 할 합당하고도 적절한 목표다. 왜냐하면 전문가가 아동과 가족의 문화적 배경에 매우 익숙하지 않더라도 문화적 역량은 그들과 함께 일하는 데 도움이 되기 때문이다.

서비스 전달에서 다문화적 역량을 지식, 의사소통, 기술의 세 가지 주요 영역으로 구분하여 설명하였다. 이들 광범위한 영역은 잠재적인 문화적 갈등과 상이한 문화들 간의 역동적 상호작용의 견지에서 논의되었다. 또한 전문가가 문화적 배경이 다양한 집단과 일할 때 개입과 치료의 노력을 이끌어 낼 수 있고 성공의 확률을 높일 수 있는 예시를 제시하였다.

문화 및 언어 배경이 다양한 아동과 가족에게 인지행동 개입이나 기타 개입을 제공하는 데 필요한 훈련과 지도감독이 아직은 상당히 부족한 실정이다. 그렇기에 이 분야에서 활동하고 있는 전문가들은 스스로 문화적 역량을 개발해야 하는 무거운 짐을 지고 있다. 그러므로 이 장에서는 특정 개입과 무관하게 두루 손쉽게 사용할 수 있는 전략과 정보를 전문가들에게 제공하고자 하였다. 그러나 문화적 역량의 개발은 그렇게 쉬운 과제가 아니다. 매일의 업무와 활동에 일상적으로 적용할 수 있는 기술들로 문화적 역량을 연마하기 위해 전문가 스스로가 상당한 심사숙고와 노력을 기울어야 한다. 전문가는 융통성 있고, 개방적이며, 새로운 아이디어를 기꺼이 수용하여 실행하며, 훈련 프로그램에서 실연되거나 가르치지 않은 새로운 행동을 기꺼이 시도할 의향을 가질 필요가 있다. 이러한 시도는 학교에서 심리서비스를 제공하는 전문가가 다양한 문화적 배경을 지닌 가족과 효과적으로 일하며 민감하게 반응하는 데 중요하다. 또한 이러한 시도는 가족이 서비스 제공자와 상호작용할 때 더욱 편안함을 느끼는 데 도움이 될 것이다. 학교에서 일하는 전문가가 아동과 가족의 세계관을 이해하고 존중하려는 성실한 노력을 보인다면, 전문가가 상대방의 문화를 존중하며 문화적으로 적절한 방식으로 의사소통하고 개입하려는 시도는 어느 정도의 성공을 거둘 수 있을 것이다. Ortiz와 Flanagan (2002)은 다음과 같이 강조하면서 이 점을 분명히 밝혔다.

> 학생과 가족을 위한 효과적인 개입은 어떤 말이나 행동보다도 학생과 가족이 원래 가지고 있는 가치, 신념 및 태도에 대한 진솔한 존중에서 시작된다. 그렇게 애정을 가지고 있는 전문가의 신념이 학생이나 가족의 견해와 대립될 때 특히 그럴 것이다. 학교심리학자는 자기 자신을 위해서 개입을 설계하는 사람이 아니라는 점을 명심해야 한다. 개입은 다른 사람을 위한 것이고, 아동과 가족의 문화에 적절한 정도만큼 성공할 것이다(p. 353).

참고문헌

Boyd-Franklin, N. (1989). *Black families in therapy: A multisystem approach.* New York: Guilford.

Chan, S. Q. (1986). Parents of exceptional Asian children. In M. K. Kitano & P. C. Chinn (Eds.), *Exceptional Asian children and youth* (pp. 36-53). Reston, VA: Council for Exceptional Children.

Dana, R. H. (1993). *Multicultural assessment perspectives for professional psychology.* Boston: Allyn & Bacon.

Flangan, D. P., & Halsell Miranda, A. (1995). Best Practices in working with culturally different families. In A. Thomas & J. Grimes (Eds.), *Best practices in school psychology, III* (pp. 1049-1060). Washington, DC: National Association of School Psychologists.

Frisby, C. L. (1998). Culture and cultural differences. In J. Sandoval, C. L. Frisby, K. F. Geisinger, J. D. Scheuneman, & J. R. Grenier (Eds.), *Test interpretation and diversity: Achieving equity in assessment* (pp. 51-73). Washington, DC: American Psychological Association.

Giroux, H. (1985). Introduction. In P. Freire (Ed.), *The politics of education.* South Hadley, MA: Bergin & Garvey.

Hall, E. T. (1976). *Beyond culture.* Garden City, NY: Anchor.

Halsell, Miranda, A. (2002). Best practices in increasing cross-cultural competence. In A. Thomas & J. Grimes (Eds.), *Best practices in school psychology, IV* (pp. 353-362). Washington, DC: National Association of School Psychologists.

Hanson, M. J. (1992). Ethnic, cultural, and language diversity in intervention settings. In E. W. Lynch & M. J. Hanson (Eds.), *Developing cross-cultural competence* (pp. 3-18). Baltimore: Brookes.

Hanson, M. J., & Lynch, E. W. (1992). Family diversity: Implications for policy and practice. *Topics in Early Childhood Special Education, 12*(3), 283-306.

Hanson, M. J., Lynch, E. W., & Wayman, K. I. (1990). Honoring the cultural diversity of families when gathering data. *Topics in Early Childhood Special Education, 10*(1), 112-131.

Harry, B. (1992). Developing cultural self-awareness: The first step in values clarification for early interventionists. *Topics in Early Childhood Special Education, 12*(3), 333-350.

Helms, J. E., & Cook, D. A. (1999). *Using race and culture in counseling and psychotherapy*. Boston, MA: Allyn & Bacon.

Honigmann, J. J. (1963). *Understanding culture*. New York: Harper & Row.

Huang, L. N. (1989). Southeast Asian refugee children and adolescents. In J. T. Gibbs & L. N. Huang (Eds.), *Children of color: Psychological interventions with minority youth* (pp. 278-321). San Francisco: Jossey-Bass.

Huang, L. N., & Gibbs, J. T. (1992). Partners or adversaries? Home-school collaboration across culture, race, and ethnicity. In S. L. Christenson & J. C. Conoley (Eds.), *Home-school collaboration* (pp. 81-109). Bethesda, MD: National Association of School Psychologists.

Leigh, J. W. (1998). *Communication for cultural competence*. Boston: Allyn & Bacon.

Lewis, J. M., Beavers, W. R., Gossett, J. T., & Phillips, V. A. (1976). *No signal thread: Psychological health in family systems*. New York: Brunner/Mazel.

Lynch, E. W. (1992). Developing cross-cultural competence. In E. W. Lynch & M. J. Hanson (Eds.), *Developing cross-cultural competence* (pp. 35-61). Baltimore: Brookes.

Oritz, S. O. (1999). You'd never know how racist I was, if you met me on the street. *Journal of Counseling and Development, 77*(1), 9-12.

Ortiz, S. O., & Flanagan, D. P. (2002). Best practices in working with culturally diverse children and families. In A. Thomas & J. Grimes (Eds.), *Best practices in school psychology, IV* (pp. 337-352). Washington, DC: National Association of School Psychologists.

Padilla, A. M. (1980). The role of cultural awareness and ethnic loyalty in acculturation. In A. M. Padilla (Ed.), *Acculturation: Theory, models and some new findings* (pp. 47-84). Boulder, CO: Westview.

Randall-David, E. (1989). *Strategies for working with culturally diverse communities and clients*. Washington, DC: Association for the Care of Children's Health.

Ruiz, R. A., & Padilla, A. M. (1979). Counseling Latinos. In D. R. Atkinson, G. Morten, & D. W. Sue (Eds.), *Counseling American minorities: A cross cultural perspective* (2nd ed., pp. 213-231). Dubuque, IA: Wm. C. Brown.

Samuda, R. J., Kong, S. L., Cummins, J., Pascual-Leone, J., & Lewis, J. (1991). *Assessment and placement of minority students*. New York: C. J. Hogrefe/Intercultural Social Sciences.

Sandoval, J. (1998a). Test interpretation in a diverse future. In J. Sandoval, C. L. Frisby,

K. F. Geisinger, J. D. Scheuneman, & J. R. Grenier (Eds.), *Test interpretation and diversity: Achieving equity in assessment* (pp. 387-401). Washington, DC: American Psychological Association.

Shweder, R. A. (1986, September 21). Storytelling among the anthropologists. *New York Times Book Review, 7*(1), 38-39.

Tseng, W. S., & Hsu, J. (1991). *Culture and family: Problems and therapy.* New York: Haworth.

Chapter 3

아동 · 청소년을 위한 인지행동 사례개념화 접근

아동 · 청소년에게 심리상담 서비스를 제공하는 것은 일련의 기법들에 대해 알거나 시행하는 것처럼 단순한 일이 아니다. 서비스 제공을 위해 개입전략에 대해 폭넓은 지식기반을 갖추는 것도 중요하지만 언제, 누구를 위해, 얼마나 자주 구체적인 기법들을 적용할 것인지 아는 것 또한 중요하다. 전문가는 사례개념화 접근을 통해 문헌에서 얻은 보편적 정보에서 시작하여 상담장면이라는 특수한 상황으로 나아간다. 이 과정은 문제해결 접근을 따르는데, 이때 개별적이고 구체적인 계획을 추구해야 하며 모든 사례에 동일하게 접근하는 '프리사이즈(one-size-fits-all)' 식 서비스 제공을 하지 않도록 해야 한다. 사례개념화 모형은 개인의 호소문제에 관한 잠정적 기술(descriptions)을 포함한다. 또한 호소문제가 자리를 잡고 지속하게 된 원인과 유지요인에 관한 일련의 추론(inferences)을 포함한다. 개인이 처해 있는 특수한 상황에 대한 이해는 전략을 선택하고 시행할 때 안내자 역할을 하며 변화와 진전을 점검하는 수단을 제공한다.

사례개념화의 접근방식에는 여러 가지가 있다(Messer & Wolitzky, 1997;

Virginia B. Murphy & Ray W. Christner

Needleman, 1999; Persons, 1989, 1993). 그러나 이 장에서 소개할 사례개념화 모형은 기존의 사례개념화가 대부분 성인 내담자에 초점을 맞추고 있다는 어려움에서 비롯되었다. 조사해 본 결과, 아동에게 맞게 설계된 사례개념화 모형은 몇 가지밖에 없었다(Friedberg & McClure, 2002; O'Connor, 2000). 이 모형들은 아동이 경험하는 심리적 문제의 특징을 이해하는 데는 도움을 주지만, 학교장면에서 발생하는 아동기의 일반적인 문제들을 개념화하는 데 필요한 다양한 요소들은 충분히 포착하지 못하고 있다. 다음에 소개할 모형은 기존의 몇몇 사례개념화 접근에서 가져온 요소들을 포함하고 있다. 그러나 이 모형은 아동 · 청소년을 효과적으로 그리고 효율적으로 치료하는 데 도움이 되는 맥락요인과 발달요인도 함께 다루고 있다.

사례개념화 접근을 왜 사용하는가

사례개념화는 아동 · 청소년이 나타내는 문제의 다면성을 파악하기 위한 역동적이고 효율적인 방법이다. 이 과정을 통해 아동의 인지적 · 정서적 · 행동적 기능에 대한 설명과 함께 발달수준과 문화, 가정환경을 고려하는 개별화된 개입 또는 치료계획이 자연스럽게 도출된다. 정확한 사례개념화는 아동의 과거 행동에 관한 상세 정보를 제공해 주며, 현재의 행동을 설명해 줄 뿐만 아니라 앞으로의 행동을 예측하는 데도 도움을 준다(Needleman, 1999).

사례개념화 접근을 사용하는 가장 큰 이유는 다음의 예에서 잘 드러난다. 10세 소년이 상담을 받기 위해 당신을 찾아왔다고 가정해 보자. 이 소년은 교실에서 예측할 수 없는 분노폭발을 지속적으로 보였다. 유능한 전문가로서 당신은 부모와 교사로부터 여러 가지 배경 정보를 수집할 것이다. 그리고 소년의 폭발적 행동의 원인을 찾고 아동이 스스로 분노를 일으키는 상황적 요인과 인지적 요인을 파악하도록 도울 것이다. 당신은 소년의 교사에게는 행동전략을 알려 주고, 아동에게는 대처기법과 이완훈련을 가르칠 것이다. 그러나 머지않아 당신은 이러한 개입이 효과적이지 않음을 발견하게 될 것이다. 아동 정신건강 분야에서 일하는 전문가들은 대부분 이와 유사한 사례를 경험한다. 다양한 개입에도 불구하고 아동은 달라지지 않고 아동은 물론 그 아동을 염려하고 지성하는 어른들도 좌절을 경험한다. 사례개념화 접근은 문제를 일으키고 지속시키는 이면기제를 명확히 이해하는 데 도움을 준다. 따라서 부적절한 개입을 선택할 가능성을 줄여 주고 증상이 일어날 때마다 '불을 끄기만' 할 가능성을 최소화시켜 준다.

다양한 아동기 장애에 대해 치료효과가 경험적으로 입증된 프로그램들이 있다(예: March & Mulle, 1998; Stark, Sander, Yancy, Bronik, & Hoke, 2000). 그러나 아동은 모두 고유한 특성을 지니기 때문에 개별 아동의 고유한 인지적 · 정서적 · 행동적 반응에 대한 정확한 이해는 효과적인 개입을 설계할 때 매우 중요하다. 경험적으로 입증되고 '매뉴얼을 가진' 치료 프로그램이 어떤 학생에게는 완벽하게 맞을 수 있다. 그러나 이러한 매뉴얼을 사용할 때는 개별 아동 · 청소년의 개인적 특성과 요구를 고려해야 한다(Persons, 1989). 사례개념화 접근을 사용하게 되면 이러한 개별화가 가능해진다.

아동 · 청소년을 상담할 때 특히 고려해야 할 점은 발달수준이 사례개념화와 치료계획에 영향을 미친다는 것이다. 여러 영역의 발달수준에 대한 정확한 이해는 전문가가 개입전략을 계획할 때 반드시 해야 할 가장 중요한 일이다. 발달수준에 대한 평가는 인지적 · 도덕적 · 사회적 · 정서적 발달 등 정상발달에 관한 철저한 이해를 요구한다. 사례개념화에 발달수준을 포함시키면 발달적으로 적합한 개입을 할 수 있게 되며 특수한 호소문제에 대해서도 효과적으로 개입할 수 있게 된다. 예를 들어, 위에서 언급한 10세 소년이 사회적 · 정서적 발달 면에서 5세 수준으로 기능하고 있다고 해 보자. 이 지식은 전략의 선택, 치료의 속도 그리고 회기 중에 사용되는 언어에 큰 영향을 미칠 것이다.

포괄적인 사례개념화에 따라 치료를 공식화하면 효과적이고 효율적인 개입을 선택할 수 있다는 것 외에도 여러 가지 장점이 있다. 사례개념화는 개인의 호소문제를 파생시킨 이면기제를 이해하는 데 도움이 되는 정보를 제공한다. Jacqueline B. Persons와 동료들은 사례개념화가 하나의 '우산'과 같다고 하였다. 이 우산 속에서 호소문제들은 동일한 이면기제로부터 파생되는 것으로 간주된다(Persons, 1989; Persons & Tompkins, 1997). 어떤 경우에는 이러한 이면기제가 사랑스럽지 않음, 신뢰, 낮은 자기효능감 등과 관련된 핵심 신념일 수 있으며, 양극성장애나 정신분열증과 같은 기질적 장애가 이면기제로 작용할 수도 있다. 또는 학대를 받거나 심하게 방치되어 있는 상황처럼 개인이 처해 있는 환경이나 맥락이 이면기제인 경우도 있다.

아동 · 청소년의 경우 하나의 근원으로부터 문제가 발생하는 일은 극히 드물다. 문제는 대부분 다양하며 상호작용하는 요인들로 이루어진다([그림 3-1] 참조). 따라서 주의력결핍 과잉행동장애(attention-deficit/hyperactivity disorder: ADHD)로 진단된 아동은 높은 수준의 충동성을 보이고 이러한 충동성은 다시 다양한 외현화 행동을 자극하는 요인으로 작용한다. 한편, 아동의 행동은 환경변화를 초래하기도 한다. 즉, 교사나 부모는 아동의 부적절한 행동을 더 자주 나무라게 된다. 이러한 상호작용은 부정적 정서를 일으키고 아동의 폭발적 행동과 좌절감을 증폭시킨다. 이와 같은 역동을 이해하게 되면 모든 요소들을 개별적으로 다루기보다 함께 고려하여 치료할 수 있게 된다. 호소문제의 요소들을 하나씩 순차적으로 치료하면 '큰 그림'을 그리지 못하게 되어 결국 각각의 요소들을 독립적으로 다루게 될 것이다. 이것은 의도와 달리 개입의 효과를 떨어뜨리게 된다.

정신건강 전문가 중에는 진단중심의 치료모형에 따라 상담하는 사람들이 많다. 특수교육 서비스도 이와 유사한 분류체계에 따라 제공된다. 진단이나 분류는 여러 증상들을 하나의 명칭으로 단순히 요약하는 것이다. 따라서 전문가에게 전체적인 개입계획을 세우는 데 필요한 의미 있는 구체적인 정보를 제공해 주지 못한다. Freidberg와 McClure(2002)는 진단적 분류가 비논리적이라고 하였다. 반면, 사례

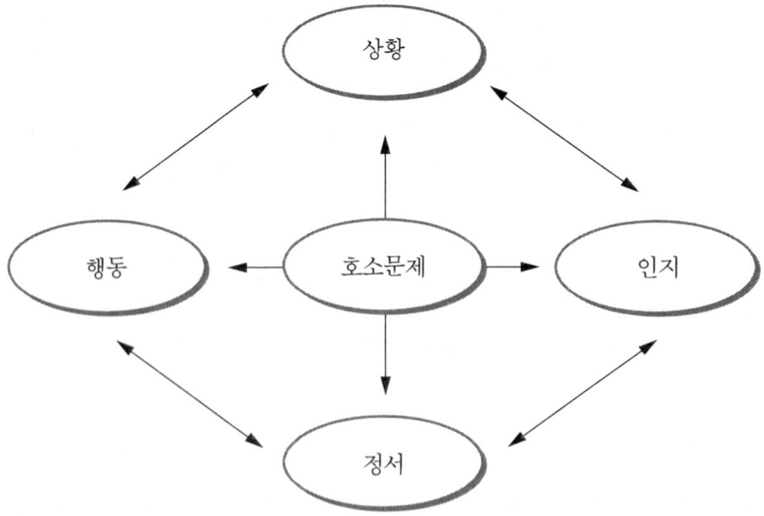

[그림 3-1] 나방향석 상호삭용

개념화는 임상가의 이론적 관점으로부터 형성된다. 이론중심의 사례개념화란 충분히 연구되고 경험적으로 타당한 이론에 근거한 사례개념화를 말한다. Bieling과 Kuyken(2003)은 인지적 사례개념화 접근에 대한 최근의 분석에서 인지이론의 많은 요소들이 깊이 연구되고 타당화되었다고 주장했다. 그러나 사례개념화에 통합된 인지적 요소들을 경험적으로 타당화하기 위해서는 앞으로 더 많은 연구가 필요하다. 우리는 진단이 사례개념화 모형에서 제외되어야 한다고 주장하는 것이 아니다. 대신 진단이 정확한 사례개념화로부터 자연스럽게 도출되어야 한다고 제안하는 것이다. 진단이나 분류는 철저한 사례개념화에서 빠질 수 없는 핵심적 요소이지만 사례개념화를 추진하는 힘은 아니다.

아동 · 청소년을 정확하게 진단하는 것은 성인의 경우보다 훨씬 복잡한 과정이다. 아동의 문제행동은 몇 가지 진단 범주로 고려될 수 있다. 아동은 통찰능력이 없을 뿐만 아니라 자신의 문제를 정확히 표현할 수 있는 언어능력도 갖고 있지 않다. 이런 이유 때문에 사례개념화는 아동의 문제를 이해하면서 동시에 개별화된 프로그램을 계획할 수 있는 면밀한 수단을 제공한다. 앞서 언급한 10세 소년의 예로 돌아가 보자. 그의 '분노발작'은 분노의 문제인가(간헐적 폭발장애 또는 적대적 반항장애) 혹은 투쟁반응(fight response, 불안장애 아동에게서 나타나는 투쟁반응)인가? 아니면 아동기에 발병한 양극성장애와 같은 기질적 장애로 설명될 수 있는가? 분노발작의 이면기제에 따라 치료는 매우 달라질 것이다. 아동의 분노폭발에 대한 기능적 행동분석도 귀중한 정보를 제공할 수 있다. 그러나 이 정보만으로는 사회적 · 정서적 · 환경적 · 인지적 · 정서적 요인을 정확하게 파악하기 어렵다.

사례개념화 접근을 하는 마지막 이유는 사례개념화 자체가 개입의 도구 역할을 하기 때문이다. 호소문제에 대한 개념화는 아동과 그의 가족들이 문제를 새로운 방식으로 보도록 돕는다. 이것은 문제해결을 위한 새로운 통로가 되어 준다(Bergner, 1998). 아동이나 그의 가족과 사례개념화를 공유하면 통찰의 순간으로 이끌어 주는 경우가 많다. 아동의 가족은 그 순간을 통해 문제행동이나 정서 상태를 유지시켜 온 요인들을 인식하고 수정하기 시작한다. 강박장애(obsessive compulsive disorder: OCD)를 가진 10세 소년의 가족과 사례개념화를 공유했다고 가정해 보자. 상담자가 사례개념화를 공유하자, 아동의 어머니는 자신이 무의식중에 자녀의 회피전략에 영향을 미치고 있음을 깨닫게 되었다. 즉, 어머니는 강박증의 핵심 원인을 자녀가 '단지 생각을 하지 않을 뿐'이라고 믿고 있었던 것이다. 정확한 사례개념화를 통해 이 어머니는 아동의 증상에 대한 접근방법을 바꾸는 것에 마음을 열게 되었다. 그리고 이것은 가정에서도 치료가 효율적으로 진행되도록 도와주었다.

기존의 사례개념화 접근모형

앞에서 언급했듯이, 사례개념화 모형에는 여러 가지가 있다. 여기서는 기존의 주요 접근모형들을 살펴볼 것이다. 각 모형이 사례개념화 분야에 어떻게 기여했는지 논의하고 학교에서 아동 · 청소년에게 적용될 때 어떤 문제점이 있는지 알아볼 것이다. 사례개념화 모형들은 몇 가지 공통점을 갖고 있다. 각 모형에서는 호소문제를 조작적으로 정의하고 호소문제의 원인에 관한 가설을 생성한다. 또한 모형은 치료를 계획하고 개입을 선택하기 위한 틀로 사용되거나 혹은 그 과정을 안내해 준다.

J. B. Persons(1989, 1993)는 가장 일찍이 그리고 가장 훌륭한 인지적 사례개념화 모형을 개발하였다. 그녀의 모형은 두 가지 차원에 초점을 맞춘다. 첫 번째 차원은 외현적 증상/문제이며, 두 번째 차원은 증상을 자리 잡게 하고 유지하게 만드는 이면의 인지적 기제다. 이 모형의 중요한 요소는 핵심 신념/인지도식을 강조한다는 것인데 이것은 대개 호소문제의 원인인 이면기제를 구성한다. 이 모형은 호소문제의 인지적 · 정서적 · 행동적 요소와 이면기제의 기원에 대해 설명하고 치료과정의 가장 중요한 순간을 안내하는 역할을 한다. Persons의 모형은 개념화의 모든 요소들을 간략한 형태로 기록하게 해 주는 귀중한 임상적 도구다. 그러나 이 모형은 성인 내담자를 위해 개발되었기 때문에 아동의 정신건강 치료에서 중요한 발달적 · 맥락적 변인들을 고려하지 않는다. 따라서 아동 내담자에 대한 유용성은 다소 제한적이라 할 수 있다.

J. S. Beck(1995)도 Persons의 모형과 여러 면에서 유사한 사례개념화 모형을 개발하였다. 이 모형은 내담자의 발달력이 중요하다는 것을 분명하게 강조한다. J. S. Beck의 접근은 발달과정에서의 경험과 핵심 신념, 조건적 가정, 보상전략 등을 통합하여 하나의 응집된 형태로 개념화하고 있다. 그리고 Persons의 모형처럼 개념

화의 전 과정을 포함하고 있는 한쪽짜리 기록용지를 제공하고 있다. J. S. Beck의 모형은 부적응적 인지도식이 형성될 때 초기발달의 역할이 중요하다는 것을 강조한다. 그러나 이 모형 역시 성인을 대상으로 만들어진 모형이다. 따라서 발달과정에서의 경험과 발달수준을 함께 고려하기보다는 초기의 경험에만 초점을 맞추고 있다.

Needleman(1999)도 Persons나 J. S. Beck과 마찬가지로 인지적 관점에서 또 다른 사례개념화 모형을 제시하고 있다. Needleman의 체계화된 사례개념화 모형은 앞의 두 모형과 매우 유사하지만, 사례개념화 접근을 우울과 여러 유형의 불안장애 등 다양한 문제에 적용하는 데 초점을 맞추고 있다는 점에서 한층 향상된 모형이라 할 수 있다. Needleman은 현재 가장 연구가 많이 이루어진 인지적 개입에 대해 고찰하고 그것을 사례개념화에 잘 연결시키고 있다. 그의 연구는 인지적 사례개념화를 탄탄하게 뒷받침해 주고 있다. 사례개념화 적용의 실제적 측면에 대해 알고 싶은 독자는 Needleman(1999)의 책을 참고하기 바란다. 그러나 Needleman의 접근도 아동 · 청소년에게 적용될 때는 제한점이 있다. 아동 · 청소년은 생각하고 추론하며 문제를 해결하고, 사회적 관계를 맺고 행동하는 방식에서 성인과 질적으로 다르다. 따라서 성인을 위한 사례개념화 모형을 아동의 문제에 '맞추려고' 하는 것은 매우 부적절한 행위다.

아동 · 청소년의 문제에 적용하기 위해 개발된 사례개념화 모형으로는 두 가지가 있다. 그중 하나는 Friedberg와 McClure(2002)가 개발한 모형으로, 단순하고 직접적인 방식으로 대인관계와 인지, 행동, 기분 및 생리적 호소문제를 파악한다. 또한 호소문제의 발생과 유지에 영향을 미치는 맥락변인과 문화적 변인의 역할을 강조한다. 이 모형은 발달력을 중시하지만 생물학적 연령에 비해 발달수준을 크게 강조하지 않는 제한점을 갖고 있다. 사례개념화 접근의 가장 중요한 측면 중의 하나는 치료계획을 위한 정보를 제공하는 것이다. Freidberg와 McClure 모형은 자료를 수집하고 조직하는 데는 유용하지만, 사례개념화와 효과적인 치료계획 및 개입 간의 연결에 대해서는 명확하게 설명하지 못하고 있다.

또 다른 아동중심의 사례개념화 모형은 놀이치료 문헌으로부터 나온 것이다(O'Connor, 2000). 이 모형은 사회적 · 정서적 · 인지적 · 신체적 기능 면에서 발달수준을 강조하는 3단계 사례개념화 접근이다. 서비스 종결은 아동의 기능이 발달적으로 그리고 연령에 적합할 때만 고려된다. 이 모형도 문제를 유지시키는 맥락 혹은 가족요인, 환경에 대한 아동의 반응성 그리고 아동의 잘못된 신념(즉, 부적응적 인지도식)을 고려한다. 그러나 잘못된 신념을 아동이 경험하는 문제의 주요 원인으로 간주하지는 않는다. 이 모형의 핵심은 아동의 정서적 · 사회적 기능을 발달수준 관점에서 바라보는 데 있다. 그러나 이 모형도 사례개념화와 개입 간의 연결에 있어서는 약하다 할 수 있다.

인지행동적 사례개념화 모형의 구성요소

이 절에서는 앞에서 언급한 모형들의 요소들에 근거하여 아동 · 청소년에게 특별히 적용할 수 있는 인지행동적 사례개념화 모형을 소개하고자 한다. 이 모형은 아

아동 · 청소년을 위한 인지행동 사례개념화 기록지

이름: ____________________ 생년월일: ____________________

인종: ____________________ 성별: ____________ 연령: ______

학교/학군: ______________

문제목록

1. ____________________
2. ____________________
3. ____________________
4. ____________________

평가자료(예: 인지기능, 자기보고, 부모/교사 평정)

____

____

발달적 고려 사항

____

____

작업가설(인지적, 행동적)

____

____

작업가설의 기원

____

____

선행사건/촉발요인

____

____

유지요인/변화의 장애요인

____

____

개인:

____

교사/학급:

____

가족:

____

시스템:

____

보호 및 적응유연성 요인

____

____

진단적 인상/교육적 분류

____

____

개입계획

목표:

1. ______________________________

2. ______________________________

3. ______________________________

양식: ______________ 빈도: ______________

개입수준: ______________________________

가족참여 수준 ______________________________

보조적 개입 ______________________________

____

치료의 방해요인 ______________________________

____

출처: Christner & Murphy (2004). 저자들의 허가하에 게재함.

[그림 3-2] 아동 · 청소년을 위한 인지행동 사례개념화 기록지

동 · 청소년과 일하는 전문가들을 위해 개발되었다. 특히 학교장면에서 평가와 정신건강 서비스를 제공하는 전문가들이 유용하게 적용할 수 있도록 개발되었다. 다른 모형들과 마찬가지로 이 모형에서도 아동 · 청소년의 문제와 심리장애의 발생과 유지를 인지행동 관점에서 바라본다. 그러나 이 모형은 사례개념화를 하고 효과적인 치료계획을 세울 때 발달이론과 발달적 측면, 맥락요인, 이전의 행동, 변화에 대한 장애요인 등을 통합할 것을 강조한다([그림 3-2] 참조).

문제목록

사례개념화의 첫 단계는 아동 · 청소년의 문제에 대해 포괄적인 목록을 작성하는 것이다. 문제는 구체적이며 행동적인 용어로 작성되어야 한다. 아동 · 청소년의 경우에는 학교, 가정, 대인관계, 지역사회, 의학적, 심리적, 법적 영역 등 다양한 영역에 걸쳐 문제를 나열하는 것이 도움이 된다. 포괄적인 문제목록의 유용성과 필요성은 여러 문헌에서 확인되었으며, 포괄적으로 작성된 문제목록은 다음의 몇 가지 장점을 갖고 있다(Nezu & Nezu, 1993; Persons & Davidson, 2001). 첫째, 아동의 문제를 여러 영역에 걸쳐 포괄적으로 나열하면 아동의 행동 속에 담겨 있는 '주제'를 파악하는 데 필요한 정보를 얻을 수 있다. 한 영역에만 초점을 맞추면 다른 영역의 문제는 고려하지 않게 되며 아동이 갖고 있는 문제의 이면기제를 이해할 때 중요한 요인들을 간과하기 쉽다. 시작할 때부터 모든 문제에 대한 목록을 만들면 치료기간 동안 아동과 부모, 교사가 서로 다른 문제를 거론할 가능성을 감소시킨다. 임상가는 이 목록을 아동 및 그의 중요한 타인들과 함께 검토한 후 목록에 있는 문제들을 효과적으로 설명해 주는 이면기제를 파악할 수 있다. 우리는 문제가 되는 영역들을 측정과 관찰 가능한 또는 기능적인 용어로 기술할 것을 제안한다(예: '학교에서 어려움을 갖고 있음' 대신 '수학, 국어, 과학에서 낙제점수를 받음'). 포괄적인 문제목록을 만드는 것이 항상 쉬운 일은 아니다. 때로는 행동이 중복되기 때문에 명확하지 않을 때도 있다. 이 문제를 해결하기 위해서는 문제 영역에 관해 학생이나 다른 사람들에게 물어볼 수 있다. 이에 덧붙여 여러 검사도구들을 이용해 문제목록을 늘릴 수도 있다. 부모와 교사를 면접하는 것도 문제목록을 만들 때 도움이 된다.

평가자료

일반적인 문제목록을 만든 후에는 다양한 평가도구를 선정해 문제목록을 명확하게 하거나 확대할 수 있다. 평가는 아동에 관한 상세한 정보를 제공함으로써 사례개념화에 도움을 주며 궁극적으로 치료를 계획하고 개입을 선택하는 데 도움을 준다. 평가자료는 면접, 객관적 자기보고 척도, 부모용 및 교사용 체크리스트, 관찰, 심리교육적 평가(예: 인지적 기능, 학업기술 평가 등) 등 여러 방법을 통해 얻을 수 있다. 이런 방법들 각각에 대해서는 나중에 상세히 기술할 것이다. 각각의 도구에 대한 철저한 고찰은 이 장의 범위를 넘어서는 일이다. 어떤 임상가는 위에서 언급된 평가도구와 더불어 로르샤흐 잉크반점검사(Rorschach Inkblot Test; Exner, 1993), 주제통각검사(Thematic Apperception Test: TAT; Murray, 1943), 로버츠 아동용 통각검사(Roberts Apperception Test for Children: RATC; McArthur & Roberts, 1982) 등과 같은 투사적 도구를 사용한다. 이런 검사들은 일부 임상적 사례에서는 유용하지만 심리상담이 필요한 학교장면에서 항상 유용하지는 않다. 따라서 여기서는 추가 정보를 제공하지 않을 것이다.

면접. 구조화된 면접과 반구조화된 면접이 널리 사용되며 모든 연령의 개인을 대상으로 진단할 만한 조건이 존재하는지를 확인할 때 유용한 방법이다. 면접도구는 표준적인 평가자료(예: 진단기준)를 수집하는 기회를 제공한다. 구조화된 면접과 반구조화된 면접은 모두 자료수집을 위한 지침을 제공하고 있다. 구조화된 면접은 아동이 놓여 있는 상황을 탐색할 때 융통성과 임상적 판단이 끼어들 기회가 적다. 이런 면접은 진단과 선별에 필요한 자료를 수집하는 데 도움을 주며 또한 증상과 우려되는 영역, 상담이 필요한 표적행동 등에 관한 정보를 제공해 준다. 아동 · 청소년 대상의 진단과 자료수집을 위한 면접을 다루고 있는 참고문헌들이 있다(Hersen & Turner, 2003; Sattler, 1998).

자기보고 척도. 아동 · 청소년에게 사용할 수 있는 다양한 자기보고 척도들이 있다. 가장 빈번하게 사용되는 것으로는 Kovacs(1992)의 아동 우울검사(Child Depression Inventory: CDI), Reynolds와 Richmond(1985)의 아동 발현 불안척도

(Revised Children's Manifest Anxiety Scale: RCMAS), Achenbach(2001)의 청소년 자기보고척도(Youth Self-Report: YSR), Beck(1996)의 벡 우울검사－II(Beck Depression Inventory-II: BDI-II), 그리고 Beck(1992)의 벡 불안검사(Beck Anxiety Inventory: BAI) 등이 있다. 어떤 임상가는 아동 · 청소년의 성격요인을 평가하기 위해 미네소타 다면적 인성검사－청소년용(Minnesota multiphasic Personality Inventory-Adolescent: MMPI-A; Butcher et al. 1992)을 사용하기도 한다. 학교장면에서 특히 유용한 자기보고 척도로는 Reynolds와 Kamphaus(2004)가 개발한 아동 행동문제 평가척도 제2판(Behavior System for Children-Second Edition)과 자기보고 성격검사(Self-Report of Personality), Beck(2001) 등이 개발한 청소년 사회적 및 정서적 적응검사(Beck Youth Inventories of Social and Emotional Adjustment: BYI; Beck, Beck, & Jolly, 2001)가 있다.

Reynolds와 Kamphaus(2004)가 개발한 아동 행동문제 평가척도 제2판(BASC-2)과 자기보고 성격검사는 아동 · 청소년이 자신의 행동을 어떻게 지각하는지를 포괄적으로 측정한다. 여기에서 평가되는 행동은 적응행동과 DSM-IV-TR 진단기준과 일치하는 행동이다. BASC-2는 다양한 연령수준(예: 8~11세, 12~21세, 21~25세)의 학생들에게 사용할 수 있도록 여러 형태로 개발되어 있다. BASC-2로 측정할 수 있는 영역은(학생의 연령에 따라 다르기는 하지만) 불안, 주의집중 문제, 학교에 대한 태도, 교사에 대한 태도, 비전형성(atypicality), 우울, 과잉행동, 대인관계, 통제소재, 부모와의 관계, 학교 부적응, 자기존중감, 자기신뢰, 감각추구, 부적절감, 사회적 스트레스, 신체화 등이다. BASC-2와 자기보고 성격검사는 개입 초기에 사용하기에 좋은 척도이다. 그러나 너무 길어서 정기적으로 실시하면 벅차게 느껴질 수 있다는 단점이 있다. 그러나 문제를 명료화할 필요가 있을 때 특히 첫 회기에 매우 유용하게 활용될 수 있다.

또 다른 흥미로운 자기보고 평가도구로는 최근에 개발된 벡 청소년 사회적 및 정서적 적응검사(BYI; Beck, Beck, & Jolly, 2001)가 있다. BYI는 개별 구입이 가능한 5개의 척도로 구성되어 있다. 이 검사는 임상가의 필요에 따라 종합적 형태로 실시될 수도 있고 개별검사로 실시될 수도 있다. 이 검사는 원래 7~14세의 학생들을 위한 규준만 개발되었으나, 2005년에 7~18세로 규준이 확대되어 발간되었다(J. S. Beck, 개인적 교신, 2005. 6. 14). 이 검사는 우울, 불안, 분노, 파괴적 행동, 자기개념 등의 증상을 평가한다. BYI를 구성하고 있는 5개의 척도는 벡 청소년 우울검사(BDI-Y), 벡 청소년 불안검사(BAI-Y), 벡 청소년 분노검사(BANI-Y), 벡 청소년 파괴적 행동검사(BDBI-Y), 그리고 벡 청소년 자기개념검사(BSC-Y)이다. BYI의 고유한 특성은 첫 번째 평가 시 5개 척도를 모두 실시한 후에 내담자의 진전과 변화를 점검할 때마다 필요한 척도를 선택하여 사용할 수 있다는 점이다. 각각의 개별 척도를 작성하는 데는 5~10분 정도밖에 걸리지 않는다.

부모용 및 교사용 체크리스트. 자기보고 척도와 더불어 교사와 부모에게 사용할 수 있는 다양한 척도들이 개발되어 있다. 전반적인 문제를 평가하는 데 가장 빈번하게 사용되는 척도로 아켄바크 척도(Achenbach Scales; Achenbach, 2001)와 아동 행동문제 평가척도 제2판(BASC-2; Reynolds & Kamphaus, 2004)이 있다.

아켄바크 척도는 아동 행동평가척도(CBCL)와 교사보고척도(TRF)로 구성되어 있다. 이 검사들은 외현화 증상과 내재화 증상을 평가한다. 여기에 포함되는 일반적인 문제 영역은 공격적 행동, 불안 및 우울 증상, 주의집중 문제, 규칙을 어기는 행동, 대인관계 문제, 신체화 문제, 사고문제, 위축 등이다. 이 문제 영역들은 진단을 돕기 위해 DSM에 맞추어진 6개의 척도로 다시 분류되는데, 이 6개 척도는 정서문제, 불안문제, 신체화 문제, 주의집중 과잉행동 문제, 반항적 행동문제, 품행문제이다.

BASC-2 역시 부모용 평정척도와 교사용 평정척도로 나뉜다. 이 검사는 일반적인 임상 및 적응 영역을 평가한다. 임상척도는 공격성, 불안, 주의집중 문제, 비전형성, 품행문제, 우울증, 과잉행동, 학습문제, 위축 등의 영역을 포함하고 있다. 임상척도는 증상을 파악하는 데 뿐만 아니라 진단을 명확히 하는 데도 도움을 준다. 적응척도 역시 상담에 유용한 정보를 제공하며 기능적 의사소통, 리더십, 사회적 기술, 학습기술, 적응성 등의 영역으로 이루어져 있다. 이 검사는 교정이 필요한 결함 영역뿐만 아니라 학생의 장점도 파악하게 하기 때문에 치료계획을 세울 때 유용하다.

관찰. 자연스러운 상황에서의 행동관찰은 임상적인 혹은 심리교육적인 목적으로 아동·청소년을 평가할 때 중요한 도구다. 관찰에서 나온 정보를 면접과 체크리스트, 그 밖의 다른 척도들과 더불어 사용하면 평가에 개인적 요소가 더해진다.

관찰은 교실과 가정, 혹은 상담 중에 학생이 보이는 자발적 행동과 반응을 파악할 수 있는 기회를 제공한다. 학교장면은 대인관계의 역동을 관찰할 수 있는 '자연스러운 실험실'이다. 학교에서 일하는 정신건강 전문가는 문제행동의 선행사건, 행동에 수반되는 결과, 일반적인 기능수준 등 학생이 당면하고 있는 문제에 관해 정보를 수집한다(Mennuti & Christner, 출판 중). Freeman, Pretzer, Fleming과 Simon (2004)은 실제면접(in vivo interview)의 사용에 대해 기술하고 있다. 이 면접에서 임상가는 학생과 함께 문제 상황으로 가서 학생의 생각과 감정 등에 대해 면접을 실시한다. 관찰과 실제 면접에서 얻은 정보는 매우 풍부하며 임상적으로도 유용한 자료다.

심리교육적 평가. 아동 · 청소년을 상담할 때, 특히 학교장면에서 CBT를 적용할 때 심리교육적 평가가 어떻게 활용되는지에 관한 자료는 많지 않다. 그러나 심리교육적 평가절차를 통해 수집된 자료는 개입과정에서 매우 귀중하게 사용된다. 지능검사나 성취검사와 같은 전통적 심리검사는 학생의 일반적인 인지적 · 학업적 기술수준에 관한 정보를 제공한다. 이 정보는 적절한 개입전략을 선택하는 데 도움을 준다. 예를 들면, 경계선 수준의 지능을 지닌 학생에게는 임상가가 인지적 개입보다 행동적 개입을 더 많이 실시할 가능성이 크다. 또한 읽기나 쓰기 등의 학업문제를 보이는 아동에게 개입할 때는 일기쓰기나 사고기록지 작성, 독서치료 등의 기법을 최소한으로 사용할 것이다. 전통적인 평가기법에 덧붙여, 교육과정 기반 평가(curriculum-based assessment: CBA)나 기능적 행동평가(functional behavior assessment: FBA)도 매우 유용한 도구로 활용될 수 있다. 심리교육검사는 치료방법을 선택하는 데 유용한 정보를 제공할 뿐만 아니라 아동의 문제(예: 학습장애, 정신지체 등)에 기여하는 다른 잠재적 요인들을 배제하는 데도 도움을 준다. 처음에는 행동문제로 의뢰된 학생이 면밀한 평가를 통해 학업적 결함을 갖고 있는 것으로 밝혀지는 경우를 자주 볼 수 있다. 이런 경우 학업적 결함을 적절하게 다루면 대부분 행동문제도 눈에 띄게 달라진다.

발달적 고려 사항

행동에 영향을 미치고 매개하는 많은 요인들이 있지만, 아동 · 청소년과 일하는 전문가는 발달의 기본 원리에 대해 이해하고 있어야 한다(Mennuti & Christner, 출판 중). 발달적 이슈에 관한 이해는 사례개념화뿐만 아니라 치료계획에도 도움을 준다. 발달이론의 기초가 다져진 임상가는 아동의 기능수준에 맞지 않는 개입을 시도하지 않을 것이다. 모든 발달이론에 대한 고찰은 이 장의 범위를 벗어나는 일이다. 따라서 여기서는 아동 · 청소년을 상담할 때 직접적인 영향을 미칠 수 있는 몇 가지 이론들에 대해서만 살펴볼 것이다. 아동 · 청소년의 발달에 관한 논의를 위해서는 일반적인 발달심리학 교재(예: Feldman, 2002; Keenan, 2002)를 참고할 것을 권한다.

인지기능과 발달에 대한 이해는 아동 · 청소년에게 심리치료를 제공할 때, 특히 인지행동 관점에서 심리치료를 제공할 때 필수적이다(Knell & Ruma, 2003). 효과적인 인지적 개입을 위해서는 아동 · 청소년이 정보에 주의를 기울이고, 언어를 이해하며, 작동기억을 사용하고, 자신을 언어로 표현할 수 있는 능력을 갖추고 있어야 한다(Christner, Allen, & Maus, 2004; Mennuti & Christner, 출판 중; Reinecke, Datillio, & Freeman, 2003). 어린 아동은 인지적 발달요인에 의해 "자신의 경험을 기술하고, 정서에 이름을 붙이며, 생각과 감정 간의 관계를 파악"(Knell & Ruma, 2003, p. 339)하는 데 어려움을 갖는다. 따라서 임상가는 아동의 발달수준에 맞게 인지전략을 수정해야 한다. 발달수준은 실제 연령과 항상 일치하지는 않는다는 것에 주목하는 것도 중요하다.

언어 습득이나 운동발달 등의 발달과정에 대한 이해도 중요하지만, 치료적 목적으로 아동 · 청소년의 발달을 이해하는 데 도움이 되는 몇 가지 전통적 발달이론이 있다. Jean Piaget(1926, 1930)의 연구는 아동의 인지발달을 이해하는 데 크게 기여했다. 학령기 아동을 상담할 때 임상가는 전조작기부터 형식적 조작기까지 다양한 단계에 놓여 있는 아동들과 만나게 된다(〈표 3-1〉 참조). 전조작기(2~7세)의 아동은 사고가 구체적이며 자기중심적이다. Knell과 Ruma(2003)에 따르면, 이 단계의 아동은 언어로 하는 상담의 혜택을 충분히 누리지 못한다. 구체적 조작기(7~12세)의 경우에는 자기중심적 경향성이 감소하고 추론하는 능력이 증가한다. 12세 무렵에

〈표 3-1〉 학령기 아동 · 청소년에 대한 Jean Piaget의 인지발달 단계

전조작기(2~6세)	
물활론/환상	자기중심성이 절정에 달하다가 감소함
상징적 놀이	조망하기
표상적 사고	보존과 역전(reversal), 일반화 능력의 결여
구체적 조작기(7~12세)	
도와주면 구체적이고 만질 수 있는 대상에 대해 추론할 수 있음	추상적 사고가 아직 어려움
보존, 역전 등이 가능함	전체 혹은 부분을 이용해 추론함
형식적 조작기(12세 이상)	
이상주의적, 추상적 사고	전체 상황을 이해할 수 있음
문제를 여러 각도에서 볼 수 있음	높은 수준에서 추론할 수 있음

시작되는 형식적 조작기에는 사고와 추론 기술과 추상적 개념을 다루는 능력이 발달한다. Piaget는 인지발달의 개념을 단계적으로 제시했지만, 우리의 경험으로 볼 때 이 단계들은 연속선상에 있는 것으로 보인다. 이 연속선상에서 아동의 기능수준은 정적이기보다 유동적이다. 즉, 한때는 형식적 조작기에 해당되는 능력을 보였던 14세 아동이 일련의 어려운 사건을 경험한 후에 전조작기나 구체적 조작기에 해당하는 더 낮은 수준의 기능으로 퇴행할 수도 있다는 것이다.

Albert Bandura의 사회학습이론(1969, 1997) 역시 발달에 관한 중요한 정보를 제공한다. 사회학습이론에서는 다른 사람의 행동과 그에 따르는 결과를 관찰하는 것만으로도 학습이 일어난다고 본다. Bandura는 아동이 환경을 탐색하고 자신이 할 수 있는 것과 성취할 수 없는 것이 무엇인지 학습해 나갈 때 다른 사람의 지도를 필요로 한다고 주장한다. 스트레스 상황에 놓여 있는 학생은 그 상황을 해석하기 위해 다른 사람의 반응을 관찰하는 경향이 있다. 아동과 청소년은 흔히 생활 속에서 어른의 행동을 관찰함으로써 대처전략을 학습한다. 따라서 아동과 청소년을 상담할 때 가족의 대처양식에 관한 정보는 매우 중요하다. 사회학습이론은 특정 행동에 대한 설명을 통해 임상가에게 도움을 줄 뿐만 아니라 치료계획을 세우는 데 필요한 정보를 제공하기도 한다. 예를 들면, 효과적인 대처기술을 가르치고 촉진하고자 할 때 대처전략에 도움이 되는 사회학습이론을 사용하면 된다.

심리치료(특히 CBT) 분야에서 종종 간과되는 발달이론 중의 하나는 Erik

Erickson의 심리사회적 발달이론이다. Erickson의 이론은 사회 구성원으로서의 자신에 대한 이해와 지식을 포함하고 있을 뿐만 아니라 다른 사람들에 대한 이해와 상호작용의 발달에 관한 내용도 포함하고 있다(Erickson, 1963). Erickson은 발달적 변화가 8단계로 일어나며 각 단계는 개인이 해결해야 할 위기와 갈등을 나타낸다고 제안하였다. Erickson의 이론에서는 심리사회적 발달이 단계적으로, 고정된 양식으로 일어난다고 본다. 그러나 우리는 Erickson의 이론이 유동적이며 연령이나 단계 자체보다 모든 연령의 사람들이 해결해야 할 갈등에 초점을 맞추고 있다고 본다. 궁극적으로 이러한 갈등해결은 개인의 지각과 사고방식에 영향을 미친다. 이러한 갈등을 다루는 것이 중요하지만 갈등이 항상 특정 순서에 따라 해결되는 것은 아니다. 또한 어떠한 갈등도 완벽하게 해결될 수는 없으며 높은 수준의 스트레스나 갈등에 직면했을 때 전 단계로 후퇴하는 사람들도 있다. 예를 들어, 근면 대 열등감의 갈등을 해결해야 할 10세의 학생이 있다고 하자. 이 학생은 갈등을 적절히 해결하고 유능성을 발달시킬 수도 있지만, 부모의 이혼 같은 스트레스 상황이 아동을 신뢰 대 불신의 갈등을 해결해야 하는 단계로 퇴행하게 할 수도 있다. 전 단계의 갈등을 적절하게 해결한 아동에게는 이러한 퇴행이 일시적이며 그 갈등을 다시 해결하게 된다. 그러나 전 단계의 갈등을 해결할 때 어려움을 겪었던 아동은 퇴행 시에 더 큰 어려움을 갖게 된다. 개인의 갈등해결 방식은 그들의 사고방식을 개념화하는 데도 도움을 준다. [그림 3-3]은 개인이 발달시킬 수 있는 사고 특징에 관한 정보를 제공하고 있다. 그러나 개인의 사고방식은 긍정적일 수도 있고 부정적일 수도 있음에 유의해야 한다. 예를 들면, 신뢰 대 불신의 해결은 미래에 대한 현실적인 희망을 촉진하는 사고방식을 발달시킬 수도 있지만 어떤 경우에는 무망감(hopelessness) 같은 생각을 초래하기도 한다.

마지막으로 소개할 이론은 인간의 동기에 관한 Maslow(1968)의 이론이다. Maslow는 개인이 성취하거나 만족시켜야 할 다섯 수준의 욕구를 제안하고 이를 욕구위계라 하였다. 사람은 낮은 단계의 욕구를 만족시키지 않고는 높은 수준의 욕구를 만족시킬 수 없다. Maslow의 위계는 생리적 욕구로부터 시작되는데, 여기에는 음식과 물, 집, 의복 등이 포함된다. 또한 아동·청소년이 소중하게 여기는 개인적 물품들도 포함된다. 다음 단계의 욕구는 안전 및 안정감의 욕구이며, 사랑과 소속의 욕구, 그리고 자존감과 의미, 자아실현 같은 높은 수준의 욕구로 이어진다.

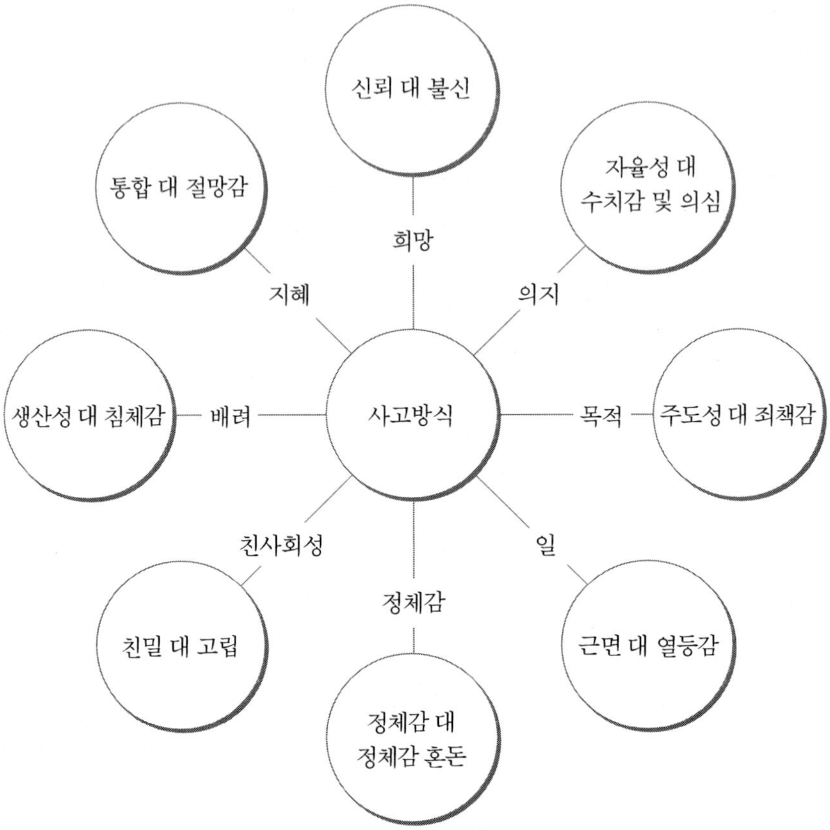

[그림 3-3] 심리사회적 갈등과 사고방식

Maslow는 높은 수준의 성장 욕구로 나아가기에 앞서 먼저 낮은 수준의 욕구를 만족시켜야 한다고 믿었다. 그러나 이 이론 역시 유동적이라고 보아야 한다. 따라서 낮은 수준의 욕구가 성취되어야 높은 수준의 성장 욕구가 만족될 가능성이 높아진다. 그러나 낮은 수준의 욕구가 만족되지 않더라도 높은 수준의 목표를 향해 노력할 수 있는 사람들도 많다. 예를 들면, 신체적 학대 때문에 가정으로부터 분리된 14세의 학생을 상담한다고 해 보자. 상담을 처음 시작할 때는 물리적 안전과 안정감의 불확실성 때문에 안전과 안정감 문제에 일차적으로 초점을 맞추어 진행하게 될 것이다. 그러나 처음에는 상대적으로 덜 중요할지라도 사랑, 소속감 그리고 자존감의 욕구도 갖고 있을 것이다. 따라서 상담 초기에는 학생의 안전감을 증가시키기 위해 지지체계를 구축하는 전략이 개입에 가장 큰 도움을 줄 것이다. 가정에서 생리적 욕구(예: 식사, 수면 등)가 충족되지 않는 학생의 경우에도 마찬가지다. 빈새도록 계속되는 부모의 싸움 때문에 잠을 자지 못하는 아동은 숙제 완성하기 등의 개입에는 관심을 보이지 않을 것이다. 이는 상담자가 이해해야 할 중요한 요인이며 교사나 부모에게 자문을 제공할 때 반드시 다뤄 주어야 한다.

앞서 언급했듯이, 여기서 소개한 이론들은 충분하지도 않고 또 상세하지도 않다. 아동 · 청소년을 돕는 전문가들은 개입의 계획과 시행뿐만 아니라 사례개념화에 도움이 되는 발달이론과 요인들에 친숙해져야 한다.

작업가설

Persons와 Davidson(2001)은 작업가설(working hypothesis)을 "사례개념화의 심장"이라고 묘사하였다. 작업가설이란 상담자가 인지행동이론을 내담자 개인에게 적용하는 것을 말한다. 작업가설은 아동이 갖고 있는 여러 문제들이 상호작용하여 영향을 미친다는 것을 이해하게 하는 수단을 제공한다. 따라서 아동의 호소문제에 대한 '핵심적(core)' 원인 파악을 목표로 한다. 예를 들면, 시험에 대해 불안해하는 학생은 '완벽해지고 싶다'는 인지도식 때문에 불안한 것이 아니다. 이 학생의 불안은 다른 활동을 하느라 공부를 못한 데 대한 스트레스 때문에 일어난 것이며, 이 때문에 시험에 대해 지나치게 스트레스를 느끼는 것이다. 아동 · 청소년을 상담할 때는 그들의 행동을 인지적 관점(예: J. Beck, 1995)과 행동적 관점(예: Haynes & O'Brien) 둘 다에서 살펴보는 것이 도움이 된다.

작업가설의 기원

Jacqueline Persons(1989, 1993)와 같이, 우리도 여러 상황을 역사적으로 살펴볼 필요가 있음을 지지한다. 이것은 학생이 어떻게 특정 인지도식이나 행동을 학습했는지를 보여 준다. 여기에는 관찰학습이나 모방학습 및 기술 부족의 구체적인 예가 포함되며 환경요인이 포함되기도 한다. 이러한 정보는 앞서 소개한 발달이론으로부터 직접 도출될 수도 있다. 학업을 더 이상 열심히 하지 않는 영재학생의 예를 들어 보자. 이 학생의 인지도식에는 '사랑받기 위해서는 완벽해야 해.'라는 신념이 들어 있다. 학생과 부모를 상담하던 중 부모가 '완벽함'(예: 시험에서 100점을 받을 때)에 대해서는 보상을 해 준 반면 기대에 미치지 못하는 수행(예: 93점을 받을 때)에 대해서는 실망을 표현했던 수많은 예들이 발견되었다.

선행사건/촉발요인

아동 · 청소년의 특정 생각이나 감정, 행동 패턴에 대한 이면의 이유를 이해하는 것도 중요하지만, 그러한 인지도식과 행동을 '활성화시키는' 사건이나 요인에 대한 이해도 중요하다. 선행사건이나 촉발요인은 학생의 행동을 일으키는 '방아쇠' 역할을 한다. 선행사건은 학생에게 직접적인 영향을 미치며 행동이 일어나도록 준비시키는 역할을 한다(Freidberg & McClure, 2002). 선행사건이나 촉발사건은 사고기록지 또는 사고일기의 '사건' 혹은 '상황' 란에 기입된다.

선행사건과 행동 간의 직접적인 관계에 대한 예로 조니라는 학생의 사례를 들어보자. 조니는 교실에 들어가려고 복도를 걷고 있을 때 다른 학생과 우연히 부딪혔다. 이때 조니는 공격을 받았다고 느꼈고 그 결과로 공격적인 반응을 보였다. 반면, 피터의 경우처럼 그 관계가 덜 직접적일 때도 있다. 피터는 공격적인 학생이지만 그의 공격적 행동과 상황 간에는 직접적인 관련성이 거의 없다. 자세히 검토해 본 결과 피터의 공격적 행동은 대체로 아침에 어머니와 말다툼을 한 날에만 일어나는 양상을 보였다. 결국 이러한 일이 나중의 공격적 행동을 유발시켰던 것이다.

유지요인/변화의 장애요인

아동 · 청소년을 상담할 때 상담자는 학생의 문제를 유지시키는 요인, 문제의 향상을 방해하는 요인이 무엇인지도 생각해 보아야 한다. 학교에서 일하는 전문가는 학생이 진전을 보이지 않을 때 그것을 단순히 '학생의 잘못'으로 보는 경우가 많다. 어떤 때는 학생이 문제해결에서 주도적인 역할을 하지 못하기도 한다. 전문가는 유지요인 혹은 변화의 장애요인을 평가할 때 다음의 네 가지 영역을 살펴보아야 한다.

1. 개인요인. 학생의 향상을 방해하는 개인적 특성으로, 낮은 준비도 또는 변화에

대한 동기, 부정적인 생각이나 감정, 기술발달(예: 문제해결)의 부족 등이 포함된다.

2. 가족요인: 가정 안에서 경험하고 있는 문제 또는 가정-학교 협력과 관련된 문제로, 양육자의 협조, 교육과 상담에 대한 가족의 신념, 학교와의 협력관계, 가정의 스트레스 및 불화(예: 정신건강 문제 등) 등이 포함된다.
3. 시스템 요인: 학생의 성취를 방해하는 학교환경 요인으로, 비효과적인 훈육방식(예: 정학 등), 학교 규칙, 부정적인 학교풍토, 안전문제 등이 포함된다. 또한 학교가 학생의 욕구를 충족시키기 위해 적절한 교육 프로그램이나 서비스를 제공하지 못하는 것도 이 범주에 들어간다.
4. 교사/학급 요인: 학생의 향상에 방해가 되는 교사의 특성이나 행동, 학급의 절차에 관한 요인으로, 비효과적인 행동관리, 계획 부족, 훈련 부족, 교사의 부정적인 생각과 지각(예: 학생에 관한 혹은 자신의 직업이나 능력에 대한) 등이 포함된다.

보호 및 적응유연성 요인

학교에서 일하는 전문가는 위험요인, 적응유연성 요인, 보호요인과 같은 발달정신병리학의 최근 연구결과에 대해서도 알고 있어야 한다(Coie et al., 1993; Doll & Lyons, 1998; Rutter, 1985). Coie 등(1993)은 경험적으로 도출된 위험요인들을 (1) 선천적 장애, (2) 기술발달 지연, (3) 정서 문제, (4) 가정 상황, (5) 대인관계 문제, (6) 학교문제, (7) 생태환경적 위험의 7개 영역으로 구분하였다. Rutter(1985)도 이와 유사하게 보호요인들을 개인의 특성, 환경과의 상호작용, 사회의 영향(예: 좋은 학교) 영역으로 구분하였다. Coie 등(1993)은 보호요인이 다음의 방식으로 작용한다고 하였다. 첫째, 위험을 직접적으로 감소시킨다. 둘째, 위험요인과의 상호작용을 통해 완충 역할을 한다. 셋째, 위험요인이 장애에 미치는 영향을 방해한다. 넷째, 위험요인의 최초 발생을 예방한다.

전문가는 이러한 지식을 활용하여 사례개념화와 개입설계를 할 수 있어야 한다. 개입을 할 때는 먼저 위험요인을 최소화시키고 보호요인을 촉진하기 위해(예: 또래관계 증진, 자기모니터링 능력 증진, 부모-자녀 관계 향상, 학업성취 증진) 사회기술과 문제해결 기술을 지도한다. 예를 들면, 화를 잘 내고 공격적인 아동에게 사회인지 기술을 지도하는 것은 분노와 공격성 폭발의 감소에 효과적인 매개변인으로 밝혀졌다(Kazdin & Weisz, 1998).

진단적 인상/교육적 분류

학교장면에서 진단을 적용하는 것은 논란의 여지가 있다. 학교에서의 진단명 사용을 지지하는 전문가들이 있기는 하다. 그러나 진단을 학생이 계속해서 짊어지고 가야 할 부정적인 '낙인'으로 보는 전문가도 많다. 물론 진단에는 단점이 있지만, 우리는 사례를 개념화하고 개입을 설계할 때 진단이 유용한 도구가 될 수 있다고 믿는다. 이 장의 앞부분에서 진단중심의 접근이 갖는 제한점에 대해 논의하였다. 진단과 분류의 일차적 장점은 경험적으로 도출된 정보를 개입설계의 출발점으로 활용하는 것이다. 범불안장애의 진단기준을 만족시키는 학생이 있을 경우, 이 학생을 위한 효과적인 개입 프로그램을 설계할 때 경험적 근거에 기초하여 만들어진 치료 절차를 활용하는 것이다. 진단에 근거하여 무선적(randomized) 실행이 이루어진 경우라면, 전문가는 그 진단에 대해 경험적으로 지지된 치료법에 관한 정보를 얻을 수 있다. 그리고 개별 학생의 욕구를 만족시키기 위해 이 정보를 융통성 있게 적용할 수 있다.

개입계획

사례개념화를 포괄적으로 하게 되면 이 정보에 근거하여 치료 또는 개입을 계획해 나갈 수 있다. 개입계획은 사례개념화의 일부는 아니지만 사례개념화로부터 자연스럽게 얻어진다. 사례개념화를 가지고 개입계획을 이끌어 감으로써 전문가는 개별 학생의 고유한 특성을 고려하게 된다. 예를 들어, 등교거부 문제로 상담을 받게 된 2명의 학생이 있을 때 그들의 고유한 상황에 따라 개입계획은 매우 다르게 만들어질 수 있다.

다른 곳에서와 같이 학교에서도 개입을 계획할 때는 개입의 목표, 양식, 빈도, 개입수준, 가족참여 수준, 보조적 개입, 치료의 장애요인 등을 고려해야 한다. 목표는 이면기제로부터 나오며 이면기제는 문제의 존재 여부와 그 문제가 유지되는 이유를 설명해 준다. 전문가가 목표에 접근하는 방식은 다양하다. 목표는 특정 증상이 다른 증상보다 얼마나 더 심각한지에 의해 결정된다. 문제목록과 마찬가지로 목표는 측정 가능한 용어로 진술되어야 한다. 구체적이고 측정 가능한 목표는 전문가로 하여금 상담의 진전을 구체적으로 그리고 정확하게 추적할 수 있게 해 준다.

전문가는 개입양식(예: 인지행동치료, 행동치료 등)과 개입수준(예: 개인, 집단, 자문 등), 그리고 빈도(예: 주당 1회)에도 주의를 기울여야 한다. 학생들의 경우에는 대부분 가족을 참여시켜야 하는데 이때 학생 개개인에 대해 평가를 해야 한다. 전문가는 이전의 개입경험뿐만 아니라 필요한 보조적 개입에 대해서도 기록해야 한다. 여기에는 사회기술 집단, 튜터링, 기타 특수한 서비스(예: 작업치료, 언어치료 등) 등이 포함된다.

개입을 계획할 때 전문가가 고려해야 할 마지막 요소는 개입의 방해요인이다. 이것은 학생이나 그의 가족들이 당면하게 될 어려움에 대비할 수 있도록 도와준다. 또한 그러한 방해요인을 극복하기 위한 방법들을 처음부터 생각해 보도록 해 준다. 잠재적인 어려움을 처음부터 인식하면 전문가와 학생이 그러한 어려움을 보다 효과적으로 다룰 수 있게 된다. 학교에서 개입을 할 때 고려해야 할 몇 가지 방해요인들이 있다. 즉, 시간 약속 정하기의 어려움, 회기와 회기 사이에 해야 되는 숙제, 내담자를 다른 장면(예: 복도, 학교식당 등)에서도 보게 되는 문제, 가족들의 저항 등이다.

학교에서의 사례개념화 접근에 대한 일반적 고려 사항

전문가들이 이 장에 제시된 개념들을 적용하여 개입의 효과를 극대화시킬 수 있도록 돕기 위해 다음의 몇 가지 제안을 하고자 한다. 첫째, 단순하고 직접적인 사례개념화는 치료를 성공으로 이끌 가능성이 크다. 가장 간명한 사례개념화가 가장 정확한 것이라는 점을 기억하라. 복잡한 사례개념화는 치료자가 이면기제를 제대로 파악했을 가능성을 감소시키며 사례개념화를 개입계획으로 연결시킬 가능성도 감소시킨다. 의학에 관한 속담 중에 “말발굽 소리가 들리면 얼룩말이 아니라 말을 떠올려라."는 것이 있다. 상담자는 항상 아동의 심리 및 학업 문제에 대해 가장 공통된 이유를 먼저 고려해야 한다. 가정의 위험요인, 선천적 위험요인, 교육적 및 심리적 위험요인을 잘 이해하면 사례개념화 접근에 매우 유익할 것이다. Doll과 Lyons(1998)는 이에 대해 훌륭한 고찰논문을 제공하고 있다.

둘째, 인지행동적 사례개념화는 유동적인 문서이며 가설 검증에 근거함을 기억해야 한다(J. S. Beck, 1995). 사례개념화는 한 번에 완성되어 파일 속에 보관되는 정지된 문서가 아니다. 전문가는 때때로 사례개념화를 다시 검토하고 정확한지 판단한 후 새로운 정보와 학생이 보이는 진전에 근거하여 수정해야 한다. 전문가는 평가와 사례개념화, 개입계획의 순서를 따라 움직이는 모형을 활용함으로써 개별 내담자에 맞게 개입을 선택할 수 있고 또한 진전 여부를 관찰하기 위한 방법을 찾을 수 있다([그림 3-4 참조]). 이러한 방식으로 학생의 진전을 점검하는 것은 특수교육 서비스 같은 교육 영역에서 진전을 점검하기 위해 사용하는 방식과도 잘 맞는다. 만약 학생이 일정 기간의 침체기를 거쳐 더 이상 진전을 보이지 않는다면, 비판적 관점에서 사례개념화를 다시 세밀하게 검토해 보고 새로운 가설과 개입목표의 가능성을 탐색해 보아야 한다.

셋째, 전문가는 확인편향(confirmation bias)에 유의해야 한다. 확인편향이란 상반되는 증거가 있음에도 자기가 원래 세웠던 개념화에 집착하는 경향을 말한다. 앞서 언급했듯이, 문제목록을 포괄적으로 작성하면 거기에는 상담자의 '가설에 맞는' 문제뿐만 아니라 모든 문제들이 포함되어 있기 때문에 확인편향을 상당히 제한할 수 있다. 확인편향을 줄일 수 있는 또 다른 방법은 동료들의 자문을 구하거나 슈

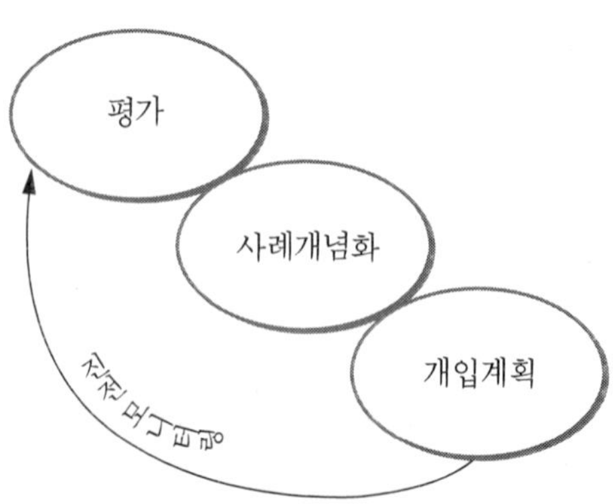

[그림 3-4] 평가, 사례개념화, 개입의 순환

퍼비전을 통해 자신의 사례개념화를 공유하는 것이다. 힘들거나 복잡한 사례일 경우에는 더욱 도움이 된다. 이것은 특히 학교장면에 첫발을 내딛은 전문가에게 필요한 방법이다. 동료들이 이면기제에 대해 대안적 가설을 제안하면 그에 따라 사례개념화가 좀 더 정확하고 신뢰할 수 있는 가능성이 높아진다. 연구결과에 따르면, 호소문제의 확인에 관해서는 평정자 간 신뢰도가 상대적으로 양호하다. 그러나 이면기제의 확인에서는 평정자 간 신뢰도가 높지 않으며, 훈련과 경험 수준이 평정자 간 신뢰도를 좌우하는 주요 요소인 것으로 보인다(Eells, Kendjelic, & Lucas, 1998; Persons, Mooney, & Padesky, 1995). 따라서 사례개념화의 정확도와 신뢰도를 높이기 위해서는 앞서 언급한 방식의 체계적 접근을 적용해야 한다. 그리고 사례개념화에 관해 공식적인 훈련과 슈퍼비전, 자문 등을 받아야 한다(Bieling & Kuyken, 2003).

사례연구: 나탈리

다음 사례는 학교에서 아동·청소년을 위한 인지행동 사례개념화 기록지([그림 3-2 참조])를 어떻게 적용하는지 그 방법을 보여 주고 있다.

배경 정보 및 의뢰 사유

16세의 소녀 나탈리는 10학년을 두 번 다닌 후 학교심리학자에게 의뢰되었다. 그녀는 아버지, 대학에 다니는 언니와 함께 살고 있다. 나탈리는 자녀양육을 거부한 어머니와 소원하고 껄끄러운 관계에 있다. 어머니와의 만남은 일관성이 없으며 매우 드물게 이루어지고 있다. 학교에서 정서 및 행동 문제를 보이는 나탈리에게 심리상담 서비스가 필요한지 결정하기 위해 평가와 자문이 요청되었다. 몇 가지 문제들이 이러한 요청을 하도록 이끌었다. 이러한 문제에는 학업을 따라가지 못하고 위축되어 있으며, 학업 동기도 낮고, 또래나 교사들과 어울리지 못하고, 자신을 고립시키는 경향 등이 포함되었다. 최근의 학업문제를 보이기 전에 나탈리는 평균 또는 평균 이하 정도의 학생이었으며, 때로는 다음 학년으로 진급하기 위해 여름학기

보충수업을 듣기도 했다.

문제 목록

나탈리, 아버지 및 교사의 면접을 통해 다음의 문제들이 확인되었다.

1. 학교에서 주의가 산만하며 선생님 말씀에 집중하지 못한다.
2. 10학년을 두 번 다녔으며 지난 5년 동안 매년 여름학기 보충수업을 받았다.
3. 어른이 곁에서 감독을 해도 과제를 하는 데 오래 걸린다.
4. 잘 잊어버리고 정리정돈을 하지 못한다(예: 교과목 이외의 활동이나 약속 등을 잘 기억하지 못함 등).
5. 항상 또래들보다 뒤처진다고 느끼며 공부문제로 아버지를 실망시킬까 봐 걱정한다.

평가자료

학교심리학자는 심리교육적 평가를 실시했다. 사용된 검사는 우드콕-존슨 인지평가(Woodcock-Johnson Cognitive Assessment), 우드콕-존슨 성취평가(Woodcock-Johnson Achievement Assessment), 위스콘신 카드분류검사(Wisconsin Card-Sorting Test), 시각 및 청각 통합 연속수행검사(Integrated Visual and Auditory Continuous Performance Test: IVA-CPT) 등이었다. 그 밖에 나탈리, 아버지 및 교사를 대상으로 아동 행동문제 평가척도 제2판(BASC-2), 집행기능 행동평정검사(Behavior Rating Inventory of Executive Function: BRIEF) 등의 행동평정 척도도 실시하였다.

검사 결과, 나탈리의 전반적 인지능력은 보통 수준이었으나 수학 유창성과 이해에서 현저한 어려움이 있는 것으로 나타났다. 또한 만성적인 집중문제, 자기관리 능력, 추론능력, 주의산만 등의 문제도 드러났다. BASC-2 자기보고형 검사에서는 우울증 하위척도에서 임상적으로 유의미한 점수를 나타냈으며, 그 후 이루어진 구조화된 임상면접 결과에서도 경증~중증 정도의 우울증을 갖고 있는 것으로 드러났다. 나탈리의 우울증에 대한 추가 분석 결과, 우울증이 8학년부터 지속되어 만성적인 것으로 확인되었다.

발달적 고려 사항

자신의 연령에도 불구하고 유동적이고 추상적인 추론과 수단–목적 사고를 요구하는 과제를 어려워하는 것으로 미루어, 나탈리는 후기 구체적 조작기에 해당되는 것으로 보인다. 사회 · 정서적 측면에서 나탈리는 현재 정체감 대 정체감 혼란의 문제와 싸우고 있지만 이전 발달단계의 갈등도 해결하지 못한 것으로 보인다. 이전 발달단계의 과업을 성공적으로 완수하지 못한 것이 나탈리의 정상적 정체감 형성에 방해가 되고 있는 것으로 보인다. 면접 시에도 나탈리는 정체감 혼란에 빠져 있는 것으로 보였고, 연령에 적합한 책임감을 받아들이는 것에 저항을 나타냈다.

나탈리는 초등학교 때 주의산만과 집중 문제가 커지면서 그 시기의 발달과업인 근면 대 열등감에 관한 갈등을 해결하지 못했다. 나탈리가 항상 명랑하고 예의 바른 학생으로 보였기 때문에 교사들은 그녀의 주의집중 문제를 간과하곤 했다. 잘 잊어버리고 주의산만하며 과제를 완성하지 못하는 것에 대한 좌절은 나탈리로 하여금 열등감과 만성적으로 낮은 자기개념을 갖도록 만들었다. 사회 · 정서적 발달면에서 나탈리는 열등감을 자기개념 안에 통합하기 시작하고 있었다.

작업가설

나탈리는 부적절함과 무능의 인지도식을 갖고 있는데, 이는 '나는 다른 애들만큼 똑똑하지 않아.' '나는 이것을 할 수 없어. 나는 바보야.'와 같은 신념과 자동적 사고를 유발시키고 있다. 이러한 인지도식은 앞에서 언급했던 발달적 경험에서 비롯된 것이다. 우울 증상은 나탈리의 부정적 인지도식과 자기지각의 결과다. 나탈리는 추상적 사고와 추론에 어려움을 갖고 있으며 아직도 구체적으로 사고한다. 이러한 어려움은 자신에 대한 부정적인 지각과 열등감을 더욱 가속화시키고 있다.

작업가설의 기원

오랫동안 지속되어 온 나탈리의 주의산만과 집중곤란 문제는 일부 집행기능의 부족(예: 직접적 추론의 어려움과 낮은 수준의 자기모니터링 능력)과 함께 원인 역할을 하고 있다. 이에 따른 나탈리의 경험과 실패가 현재의 문제를 더욱 악화시키고 있다.

선행사건/촉발요인

10학년에서의 실패경험은 나탈리의 학업문제에 관해 도움을 구하게 만드는 계기가 되었다. 그러나 이 상황은 또한 나탈리의 우울감과 자신이 열등하다는 신념을 강화시키는 데 직접적인 영향을 미쳤다.

유지요인/변화의 장애요인

개인요인. 나탈리의 집행기능 결함과 만성적 주의집중 문제는 부정적 사고, 기분문제와 더불어 학업문제에서 지속적으로 중요한 역할을 했다.

교사/학급 요인. 나탈리는 학급에서 행동문제를 보이지 않았다. 따라서 담임교사는 나탈리에게 문제가 있다는 것을 간과했다. 즉, 나탈리가 수업을 방해하는 행동을 하지 않았기 때문에 언제 주의집중 곤란을 보이는지를 파악하기 힘들었다. 담임교사는 또한 나탈리를 '조금 느린' 학생으로 보았다. 따라서 학업문제에 대해 나탈리에게 더 이상 요구하지 않았다. 나탈리는 평균수준의 지능을 갖고 있으므로 좀 더 집중적인 치료적 접근이 적절할 것으로 보인다.

가족요인. 나탈리의 언니는 학업 면에서 매우 우수했으며 좋은 의과대학에 들어가기 위해 준비하고 있었다. 아버지는 공부에 대한 나탈리의 동기를 유발시키기 위해 나탈리를 언니와 비교하였다. 그러나 이러한 비교는 결국 나탈리의 부정적 자기개념을 강화하고 유지시키고 있었다. 교육을 중시하는 문화적 배경을 갖고 있는 나탈리의 아버지는 나탈리의 언니를 '세상에서 앞서가는' 한 예로 들곤 했다.

보호 및 적응유연성 요인

나탈리는 아버지와 친밀한 관계를 갖고 있었으며 다른 사람들로부터 기꺼이 도움을 받고자 하였다. 나탈리의 사회기술은 적절하며 평균수준의 지능도 장점으로 보인다.

진단적 인상/교육적 분류

나탈리는 주의력결핍 과잉행동장애(ADHD), 주의력결핍 우세형 그리고 기분부전장애(dysthymic disorder)로 진단을 받았다. 또한 산수장애(교육적 분류–산수에서의 특수 학습장애)의 진단기준에도 해당되었다.

개입계획

목표. 임상가는 앞서 제시한 사례개념화에 근거하여 나탈리와 합의하에 다음의 치료목표를 설정했다.

1. ADHD-I, 학습장애, 만성적 기분장애에 대한 나탈리의 이해를 높인다.
2. 나탈리의 정서수준을 고양시킨다. 즉, 좀 더 밝은 정서를 갖도록 하며, 피로감을 감소시키고, 에너지 수준을 증가시키며, 과제 완성에 대한 동기를 증가시킨다.
3. 수업 중에 그리고 숙제를 하는 동안 주의를 집중하고 초점을 맞추는 능력을 증진한다.
4. 교사들에게 나탈리의 주의집중 문제에 관해 알려 주어 나탈리에 대한 이해를 증진한다.

개입수준. 앞서 제시한 사례개념화에 근거하여 학교상담이 권고되었다. 시작점의 개입수준으로는 회기당 30분씩 매주 1회의 개인상담이 적절한 것으로 보인다.

가족참여 수준. 나탈리의 아버지에게 최소 매달 1회의 자문을 제공한다.

보조적 개입. 나탈리의 주의집중 문제를 다루기 위한 약물처방에 관해 정신과 의사의 자문을 받도록 하였다. 나탈리의 담임 교사에게 격주로 자문을 제공하기로 하였다. 또한 나탈리의 학습문제를 다루기 위해 학습지원 서비스를 제공하였다.

치료의 방해요인. 나탈리의 주의집중 문제를 치료하기 위한 약물개입에 대해 나탈리의 아버지는 반대 의사를 보였다. 약물치료는 ADHD로 진단받은 아동에게 효과적인 치료방법이기 때문에(Barkley, 1998), 아버지의 이러한 태도는 치료를 시작하는 데 가장 큰 방해요인으로 작용하였다. 이러한 장애를 극복하기 위해 치료의 초기 단계에서 나탈리의 아버지에게 충분한 교육과 지지를 제공하는 데 초점이 맞추어졌다. 그렇게 해야 나탈리의 아버지가 나탈리를 위한 다양한 개입방법 중에서 현명한 선택을 할 수 있기 때문이다.

결 론

이 장 전체를 통해서 그리고 앞서 살펴본 사례에서 잘 드러났듯이, 사례개념화는 호소문제의 원인을 파악하는 데 도움이 되는 중요한 도구다. 설사 호소문제가 매우 '간단해' 보이는 경우에도 그러하다. 학교에서 일하는 전문가들 중에는 증상 또는 교육적 분류에 대해 잘 알고 있는 사람들도 많다. 그러나 '개입을 이끌어 가고' 진전 여부를 자주 확인하는 기회를 갖는 접근으로 나아갈 필요가 있다. 또한 전문가는 사례개념화 모형을 이용함으로써 문제를 파악하는 데서 머물지 않고 목표를 향한 진전을 방해하는 요인들을 파악하며, 그러한 방해요인들을 피해 개입의 성과를 향상시킬 수 있는 장치를 갖게 된다.

참고문헌

Achenbach, T. M. (2001). *Manual for the ASEBA school-age forms and profiles.* Burlington: University of Vermont.

Bandura, A. (1969). *Principles of behavior modification.* New York: Holt, Rinehart, & Winston.

Bandura, A. (1997). *Self-efficacy: The exercise of control.* New York: Freeman.

Barkley, R. A. (1998). *Attention-deficit hyperactivity disorder: A handbook for diagnosis and treatment* (2nd ed.). New York: Guilford Press.

Beck, A. T. (1992). *Beck Anxiety Scale.* San Antonio, TX: Psychological Corporation.

Beck, A. T. (1996). *Beck Depression Inventory* (2nd ed.). San Antonio, TX: Psychological Corporation.

Beck, J. S. (1995). *Cognitive therapy: Basics and beyond.* New York: Guilford Press.

Beck, J. S., Beck, A. T., & Jolly, J. (2001). *Manual for the Beck Youth Inventories of Emotional and Social Adjustment.* San Antonio, TX: The Psychological Corporation.

Bergner, R. M. (1998). Characteristics of optimal case formulation: The linchpin concept. *American Journal of Psychotherapy, 52*(3), 287-300.

Bieling, P. J., & Kuyken, W. (2003). Is cognitive case formulation science or science fiction? *Clinical Psychology: Science and Practice, 10*(1), 52-69.

Butcher, J. N., Williams, C. L., Graham, J. R., Archer, R. P., Tellegen, A., Ben-Porath, J. S., & Kaemmer, B. (1992). *MMPI-A: Manual for administration, scoring, and interpretation.* Minneapolis, MN: University of Minnesota Press.

Christner, R. W. (2004). *The development and validation of the Impediments to Change Scale-Education Version: A study of children and adolescents with emotional disturbance.* Unpublished doctoral dissertation, Philadelphia College of Osteopathic Medicine, Pennsylvania.

Christner, R. W., Allen, J. S., & Maus, M. R. (2004, Winter). An overview for selecting CBT techniques in the treatment of youth in schools. *Insight, 24*(2), 8-10.

Coie, J. D., Watt, N. F., West, S. G., Hawkins, D., Asarnow, J. R., Markman, H. J., Ramey, S. L., Shure, M. B., & Long, B. (1993). The science of prevention: A conceptual framework and some directions for a national research program. *American Psychologist, 48,* 1013-1022.

Doll, B., & Lyon, M. A. (1998). Risk and resilience: Implications for the delivery of educational and mental health services in schools. *School Psychology Review, 27,* 348-363.

Eells, T. D., Kenjelic, E. M., & Lucas, C. P. (1998). What's in case formulation? Development and use of a content coding manual. *Journal of Psychotherapy Practice and Research, 7,* 144-153.

Erikson, E. H. (1963). *Childhood and society.* New York: Norton.

Exner, J. E. (1993). *The Rorschach: A comprehensive system: Volume 1: Basic foundations* (3rd ed.). New York: Wiley & Sons.

Feldman, R. S. (2002). *Development across the life span* (3rd ed.). Upper Saddle River, NJ: Prentice Hall.

Freeman, A., Pretzer, J., Fleming, B., & Simon, K. M. (2004). *Clinical applications of cognitive therapy* (2nd ed.). New York: Kluwer Academic/Plenum Publishers.

Friedberg, R. D., & McClure, J. M. (2002). *Clinical practice of cognitive therapy with children and adolescents: The nuts and bolts.* New York: Guilford Press.

Haynes, S. N., & O'Brien, W. H. (2000). *Principles and practice of behavioral assessment.* New York: Kluwer Academic/Plenum Publihsers.

Hersen, M., & Turner, S. M. (Eds.). (2003). *Diagnostic interviewing* (3rd ed.). New York: Kluwer Academic/Plenum Publishing.

Kazdin, A. E., & Weisz, J. R. (1998). Identifying and developing empirically supported child and adolescent treatments. *Journal of Consulting and Clinical Psychology, 66,* 19-36.

Keenan, T. (2002). *An introduction to child development.* Thousand Oaks, CA: Sage Publications.

Knell, S. M., & Ruma, C. D. (2003). Play therapy with a sexually abused child. In M. A. Reinecke, F. M. Dattilio, & A. Freeman (Eds.), *Cognitive therapy with children and adolescents: A casebook for clinical practice* (pp. 338-368). New York: Guilford Press.

Kovacs, M. (1992). *Children's Depression Inventory.* North Tonawanda, NY: Multi-Health Systems.

March, J. S., & Mulle, K. (1998). *OCD in children and adolescents: A cognitive-behavioral treatment manual.* New York: Guilford Press.

Maslow, A. H. (1968). *Toward a psychology of being.* Princeton, NJ: Van Nostrand.

McArthur, D. S., & Roberts, G. E. (1982). *Roberts Apperception Test for Children Manual.* Los Angeles: Western Psychological Services.

Mennuti, R., & Christner, R. W. (in press). School-based cognitive-behavioral therapy (CBT). In A. Freeman (Ed.), *International Encyclopedia of Cognitive Behavior Therapy.* New York: Kluwer Academic/Plenum Publishers.

Messer, S. B., & Welitsky, D. L. (1997). The traditional psychoanalytic approach to case formulation. In T. Eells (Ed.), *Handbook of psychotherapy case formulation* (pp. 26-55). New York: Guilford Press.

Murray, H. (1943). *Thematic Apperception Test.* Cambridge, MA: Harvard University Press.

Needleman, L. D. (1999). *Cognitive case conceptualization: A guidebook for practitioners.* Mahwah, NJ: Lawrence Erlbaum Associates, Inc.

Nezu, A. M., & Nezu, C. M. (1993). Identifying and selecting target problems for clinical interventions: A problem-solving model. *Psychological Assessment, 5,* 254-263.

O'Connor, K. J. (2000). *The play therapy primer* (2nd ed.). New York: Wiley and Sons.

Persons, J. B. (1989). *Cognitive therapy in practice: A case formulation approach.* New York: Norton.

Persons, J. B. (1993). Case conceptualization in cognitive behavior therapy. In K. T. Kuelwein & H. Rosen (Eds.), *Cognitive therapy in action: Evolving innovative practice* (pp. 33-53). San Francisco: Jossey-Bass.

Persons, J. B., Mooney, K. A., & Padesky, C. A. (1995). Inter-rater reliability of cognitive behavioral case formulations. *Cognitive Therapy and Research, 19,* 21-34.

Persons, J. B., & Tompkins, M. A. (1997). Cognitive behavioral case formulation. In T. Eells (Ed.), *Handbook of psychotherapy case formulation* (pp. 314-399). New York: Guilford Press.

Persons, J. B., & Davidson, J. (2001). Cognitive-behavioral case conceptualization. In K. S. Dobson (Ed.), *Handbook of cognitive-behavioral therapies* (2nd ed., pp. 86-110). New York: Guilford Press.

Piaget, J. (1926). *The language and thoughts of the child.* London: Routledge & Kegan Paul.

Piaget, J. (1930). *The child's conception of physical causality.* New York: Harcourt-Brace.

Reinecke, M. A., Dattilio, F. M., & Freeman, A. (Eds.). (2003). *Cognitive therapy with children and adolescents: A casebook for clinical practice* (2nd ed.). New

York: The Guilford Press.

Reynolds, C. R., & Kamphaus, R. W. (2004). *Behavior Assessment System for Children* (2nd ed.). Circle Pines, MN: American Guidance Service.

Reynolds, C. R., & Richmond, B. O. (1985). *Revised Children's Manifest Anxiety Scale.* Los Angeles: Western Psychological Services.

Rutter, M. (1985). Resilience in the face of adversity: Protective factors and resistance to psychiatric disorders. *British Journal of Psychiatry, 147,* 598-611.

Sattler, J. M. (1998). *Clinical and forensic interviewing of children and families: Guidelines for the mental health, education, pediatric, and child maltreatment fields.* San Diego, CA: Jerome M. Sattler Publishing, Inc.

Stark, K. D., Sander, J. B., Yancy, M. G., Bronik, M. D., & Hoke, J. A. (2000). Treatment of depression in childhood and adolescence. In P. C. Kendall (Ed.), *Child and adolescent therapy: Cognitive-behavioral procedures* (pp. 173-234). New York: Guilford.

PART 2

학교기반 인지행동 개입의 문제별 적용

Chapter 4

불안장애에 대한 인지행동 개입

불안장애는 아동 · 청소년이 가장 많이 경험하는 정신건강 문제다. 그럼에도, 주로 주의력결핍 과잉행동장애(ADHD)와 같은 파괴적 외현화 문제를 가진 아동들이 교사의 관심을 끈다. 불안장애의 내재화된 증상은 알아차리기가 어렵고, 사람들은 내재화 문제의 진단준거에 익숙하지 않기 때문이다. 또한 내재화 문제가 초래하는 부정적 결과에 대한 오해 때문에 불안장애를 가진 아동들이 간과되고 있다. 미국 아동 10명 중 1명은 불안장애를 겪고 있으며, 역학조사에서 아동 · 청소년의 유병률은 12~20%로 추정되었다(Achenbach, Howell, McConaughy, & Stanger, 1995; Gurley, Cohen, Pin, & Brook, 1996; Shaffer et al., 1996). 이러한 통계를 접한 대부분의 교사는 경악을 금치 못한다. 치료를 받지 못한 불안장애는 사회적, 정서적 발달에 장기적인 영향을 미친다. 아동 · 청소년의 불안장애와 관련된 부정적인 결과에는 저조한 학업성취, 취업의 어려움, 약물사용, 사회적 지지의 결여, 다른 정신장애의 공존이 포함된다(Velting, Setzer, & Albano, 2004). 더구나 종종 성인기까지 지속되는 만성적인 불안장애의 경로를 증명한 연구도 있다(Rapee &

Elizabeth A. Gosch & Ellen Flannery-Schroeder

Barlow, 1993).

고통스러울 정도로 수줍어하고, 교실에서 질문에 대답하는 것조차 회피하며, 과제를 혼동하고 있음에도 불구하고 교사에게 질문을 하지 않으며, 다른 아동들과 말을 잘 하지 않는 11세 남자 아동 크리스의 예를 들어 보자. 개입을 하지 않는다면 크리스는 성적이 더 떨어질 것이고, 수업에 많이 빠질 것이며, 또래들로부터도 고립될 것이다. 따라서 불안한 아동은 주요 발달과업을 성취하지 못할 위험에 놓이게 된다. 연구에 따르면, 이런 아동은 우울하고(Biederman, Faraone, Mick, & Lelon, 1995; Brady & Kendall, 1992), 불안에 대처할 목적으로 알코올과 약물을 남용할 위험에 놓일 수 있다(Compton, Burns, Egger, & Robertson, 2002; Deas-Nesmith, Brady, & Campbell, 1998). 그러나 만일 이런 아동들이 학령기 초기에 발견되어 적절한 개입을 받는다면 이런 부정적 궤도를 피할 수 있다. 이 장의 목적은 불안장애의 위험에 놓인 아동을 확인하고 개입하려는 학교전문가들에게 도움이 될 만한 정보를 제공하는 데 있다.

불안장애의 이해

DSM-IV-TR(American Psychiatric Association, 2000)에서 불안장애는 여덟 가지 유형으로 구분된다. 여기서는 불안장애의 가장 흔한 세 가지 하위 유형인 범불안장애(generalized anxiety disorder: GAD), 사회공포증(social phobia: SP), 분리불안장애(separation anxiety disorder: SAD)에 대해 논할 것이다. 이 세 가지 장애는 공존하는 경향이 있고, 이들 장애를 치료하기 위한 인지행동 개입은 학교에서 시행하기 쉬운 비슷한 프로토콜을 따라 진행된다. 그러나 공황장애, 강박장애, 외상후 스트레스 장애와 같은 다른 불안장애는 또 다른 독특한 치료요소(예: March, 1995)를 필요로 한다.

범불안장애의 대표적인 특징은 아동 스스로가 통제하기 어렵다고 여기는 과도한 불안과 수많은 사건이나 활동(예: 학교성적이나 안전 문제)에 대한 걱정을 적어도 6개월 동안 경험하는 것이다(American Psychiatric Association, 2000). 범불안장애 아동의 걱정은 일상적인 걱정에 비해 더 광범위하고 더 고통스럽고 더 오래 지속된다. 중대한 촉발요인이 없음에도 종종 이런 걱정이 발생한다. 더구나 이런 걱정은 일상적인 생활을 방해하며, 안절부절못함, 과민함, 쉽게 피로함, 집중의 어려움, 멍함, 짜증, 근육긴장, 수면의 어려움과 같은 신체 증상을 동반한다.

사회공포증은 당황스러울 수도 있는 사회적 상황이나 과제 수행 상황과 같은 특수한 상황에 대해 눈에 띌 정도의 두려움을 지속적으로 느끼는 장애이며, 범불안장애와 다르다(American Psychiatric Association, 2000). 사회공포증을 겪는 아동이 그런 상황에 직면하면 공황발작(예: 심한 심장박동, 땀 흘림, 이인화)과 같은 강렬한 불안반응을 경험한다. 어떤 아동은 강렬한 고통을 경험하면서도 이런 상황을 참아내지만, 사회공포증을 겪는 아동은 사회적 상황이나 과제 수행 상황을 회피하는 경향이 있다. 사회적 상황이나 과제 수행 상황의 회피, 두려움, 불안한 예상은 아동 · 청소년의 기능에 심각한 장애를 일으키거나 현저한 고통을 유발한다. 사회공포증을 겪는 아동 · 청소년은 불안하기 때문에 학급에서 발표를 하기, 앞에 나가서 판서하기, 공공장소에서 식사를 하기, 또래와 어울리기, 교사와 이야기하기를 꺼린다.

분리불안장애는 집이나 애착 대상으로부터 격리되는 것에 대해 과도한 불안을 4주 이상 느끼는 것이 특징이다(American Psychiatric Association, 2000). 불안은 아동의 발달수준에 비추어 예상되는 정도를 넘어서며, 18세 이전에 발병하고, 심각한 고통이나 손상을 초래한다. 분리불안장애를 가진 아동은 격리가 예상되거나 실제로 발생할 때 과도한 고통을 반복적으로 경험할 수 있고, 다른 사람에게 상해가 일어나는 것에 대해 걱정하거나 불운한 사건이 일어나 격리될지도 모른다고 걱정한다. 이런 아동은 학교나 기타 장소에 가기를 거부할 수도 있다. 집이나 다른 장소에 혼자 있는 것을 두려워하거나 혼자 있기를 거부하며, 잠을 잘 때도 애착 대상과 떨어지기를 거부할 수도 있다. 격리가 발생하거나 예상될 때, 많은 아동들은 격리에 관련된 악몽을 꾸거나 신체 증상(예: 두통, 메스꺼움)을 반복적으로 경험한다.

수많은 임상시험을 통해 인지행동치료가 아동의 불안장애를 치료하는 데 효과적임이 증명되었다(Dadds, Spence, Holland, Barrett, & Laurens, 1997; Kendall, 1994; Kendall et al., 1997; Short, Barrett, & Fox, 2001; Silverman et al., 1999). CBT 접근은 단기간 진행되며, 다양한 인지적 기법과 행동적 기법을 통합하는 다면적 경향을 보인다. CBT 발전의 초기에는 치료의 초점을 주로 아동에게 맞추었다. 그러나 최근 연구에서는 불안한 아동의 사회적 맥락, 특히 부모와 학교를 CBT 치료에 통합하는 방법의 효과를 지지하고 있다. 수많은 요소를 공유하는 여러 치료 매뉴얼이 불안장애 집단을 위해 개발되어 왔는데, Kendall(2000)의 코핑 캣(Coping Cat) 프로그램이 가장 잘 알려져 있다.

경험적 지지

개인 및 가족 대상의 임상기반 인지행동치료

Kendall(1994)은 불안장애 아동 47명을 인지행동치료 집단과 대기자 통제집단에 무선 배정하는 무작위 임상 시험(randomized clinical trial)을 실시하였다. 그 결과, 치료조건에 배정된 아동들의 64%가 치료 이후에 일차적 불안장애를 더 이상 보이지 않는 것으로 밝혀졌다. 또한 아동의 자기보고, 부모보고, 교사보고의 평정에서도 행동이 향상된 것으로 나타났다. 1년 후 추수조사(Kendall, 1994)와 3년 후 추수조사(Kendall & Southam-Gerow, 1996)에서도 치료효과가 유지되었다. Kendall 등(1997)은 두 번째 무작위 임상 시험에서 불안장애 아동 94명을 인지행동치료와 대기자 조건에 무선 배정하였다. 자기보고와 부모보고의 방법으로 불안을 평가했을 때, 인지행동치료를 받은 아동들의 불안이 유의하게 감소하였다. 치료효과는 1년 후 추수조사와 7년 후 추수조사에서도 유지되었다(Kendall et al., 1997; Kendall, Safford, Flannery-Schroeder, & Webb, 2004). Barrett, Dadds, Rapee와 Ryan(1996)은 Kendall의 코핑 캣 프로그램을 호주 아동들에게 실시하기 위하여 수정을 했고, 인지행동치료에 가족관리 요소를 추가하였다. 그리고 79명의 불안장애 아동들을 다음의 세 가지 조건 중 하나에 무선 배정하였다. 하나는 CBT 집단이며, 또 하나는 CBT와 가족관리(family management: FAM)를 병행한 집단이고, 마지막은 대기자 통제집단이었다. 치료를 받은 아동들 중 대략 70%와 대기자 조건의 아동들 중 26%가 치료 이후에 불안장애의 준거를 더 이상 충족시키지 않았다. 또한 어린 아동들은 FAM 조건보다 CBT 조건에서 더 나은 결과를 보인 반면, 나이가 든 아동들은 두 치료조건 간에 차별적 효과를 보이지 않았다. 1년 후 추수조사와 6년 후 추수조사에서도 치료효과가 유지되었음이 밝혀졌다(Barrett et al.,

1996; Barrett, Duffy, Dadds, & Rapee, 2001). 다른 연구자들도 CBT가 아동기 불안을 감소시키는 데 효과적이라는 증거를 제시했다(예: Silverman et al., 1999; Spence, Donovan, & Brechman-Toussaint, 2000).

집단 대상의 임상기반 인지행동치료

몇몇 연구자들은 Kendall의 프로토콜을 수정하여 임상장면에서 불안장애 아동의 치료에 적용하였다(예: Barrett, 1998; Flannery-Schroeder & Kendall, 2000; Mendlowitz et al., 1999; Silverman et al., 1999). Silverman 등(1999)과 Barrett (1998)는 CBT 집단과 대기자 통제집단을 비교한 결과, CBT 집단의 64%와 75%가 각각 일차적 불안장애의 준거를 더 이상 충족시키지 않음을 발견하였다. 자기보고에 의한 평가에서도 치료조건과 통제조건 간의 차이가 증명되었고, 이러한 결과는 1년 후 추수조사에서도 유지되었다. 한편, Flannery-Schroeder와 Kendall(2000)은 개인치료와 집단치료 조건을 대기자 통제조건과 비교하였다. 그 결과, 개인치료 참여자들의 73%와 집단치료 참여자들의 50%가 치료 이후에 일차적 불안장애의 진단준거를 충족시키지 않은 반면, 대기자 조건의 참여자들은 8%에 그쳤다. 자기보고의 방법으로 적응적 기능을 평가한 결과 역시 치료조건이 적응적 기능의 향상에 우수하다는 것을 증명하였다. 치료에 의한 기능의 향상이 3개월 이후 추수조사에서도 유지되었다. Mendlowitz 등(1999)도 CBT 집단개입이 불안장애 아동의 불안과 우울 증상을 감소시킨다는 것을 발견하였다. 집단개입이 효과적이며 비용과 시간의 측면에서 효율적이라는 이유 때문에 일부 연구자들은 불안장애 치료를 위한 학교기반의 개입을 개발할 때 집단양식을 적용하였다.

집단 대상의 학교기반 인지행동 개입

불안장애를 가진 아프리카계 미국 청소년들을 위한 학교기반 CBT의 효과에 관한 연구(Ginsburg & Drake, 2002)에서는 청소년 12명을 10회기의 CBT 집단과 10회기의 관심/지지 집단(attention and support group)에 무선 배정하였다. CBT 집단에는 이완, 사회기술 훈련(social skills training), 인지적 재구성(cognitive-restructuring), 노출(exposure)을 실시하였다. 치료를 모두 마친 참여자들(총 9명, CBT 4명, 관심/지지 집단 5명) 가운데 CBT 집단 청소년의 75%와 관심/지지 집단 청소년의 20%가 일차적 불안장애 진단에 더 이상 해당되지 않았다. 그리고 치료 이후에 임상가가 평가한 손상의 정도와 청소년 자기보고로 평가한 전반적 불안수준에서 CBT 집단은 유의한 감소를 보였다.

사회공포증 청소년을 대상으로 실시한 CBT 효과에 관한 연구에서는 청소년 6명이 14회기로 구성된 CBT를 받았다(Masia, Klein, Storch, & Corda, 2001). 치료요소로는 사회공포증 진단에 관한 교육, 인지적 재구성, 사회기술 훈련, 노출이 포함되었다. 치료 이후에 6명의 청소년들 모두가 기능과 심각성 평정에서 중간 정도 내지는 현저한 향상을 보였다. 6명 가운데 3명은 더 이상 사회공포증 진단에 해당되지 않았다. 그들은 임상가가 평정한 사회불안 척도에서도 유의한 감소를 보였다. 그러나 자기보고에 의한 사회불안 수준은 치료 이후에 유의하게 감소하지 않았다. 요약하면, 이 연구는 불안한 아동과 청소년을 위한 학교기반의 집단치료 프로그램이 효과적이라는 증거를 제시한다.

최근 몇 년 동안 연구의 관심이 심리장애의 사후치료에서 사전예방으로 바뀌었다. Dadds, Holland, Barrett, Laurens와 Spence(1997)는 불안장애의 위험에 놓인 아동을 위한 치료효과를 검토하고자, 학교기반의 예방 및 조기개입 연구 '퀸즐랜드 불안 조기개입 및 예방 프로젝트(Queensland Early Intervention and Prevention of Anxiety Project)'를 수행하였다. 불안장애의 위험에 놓인 아동 128명을 나누어 CBT 조건과 통제조건에 각각 배정하였다. Kendall의 코핑 캣 불안 프로그램을 수정하여 10회기의 집단개입으로 실시하였다. 아동들은 5~12명으로 구성된 집단에 배정되어 학교에서 한두 시간 동안 매주 모임을 가졌다. 진단 상태와 기타 종속변인을 측정한 결과, 개입 직후에는 두 집단 모두 유의한 향상을 보였으나, 6개월 후 추수조사에서는 개입집단만이 향상된 효과를 유지하였다. 1년 후 추수조사에서는 두 조건에서 유의한 차이가 없었으나, 2년 후 추수조사에서는 다시 개입조건이 유의하게 더 많은 향상을 보였다(Dadds, Holland, Laurens, Mullins, Barrett, & Spence, 1999). 종합하면, 불안장애 아동과 청소년을 위한 학교기반의 CBT는 실시 가능할 뿐만 아니라 양호한 치료효과를 가진 것으로 보인다.

평 가

CBT는 경험적 근거를 지향하는 치료모형이다. 이러한 치료모형에서는 CBT를 실시하는 내내 사례개념화, 치료계획, 시간 경과에 따른 변화를 점검하는 데 필요한 정보를 수집하기 위한 평가를 실시해야 한다. 평가에 대한 일반적인 접근은 종합적 기능평가에 근거하여, 개별 기술적이며(idiographic) 발달적으로 민감한 사례개념화를 하기 위해 다중방법(예: 면접, 검사, 행동관찰)과 다중 정보제공자(예: 아동, 교사, 부모)를 통합한다. Lang(1968)의 3원 모형(tripartite model)에 기초하여 불안의 인지적, 행동적, 심리적 요소들을 모두 평가해야 한다. 또한 불안 증상의 시작과 발달, 불안 증상이 발달해 온 과거와 현재의 사회화 맥락(예: 가정, 학교) 등을 강조한다.

불안의 인지행동이론은 특정 유형의 학습경험을 평가해야 한다고 지적한다. 예를 들면, 아동의 학습사를 평가하면 소거시행을 설계해야 할지도 모르는 조건화 경험을 파악할 수 있게 된다. 특정 선행사건과 후속결과는 아동의 부적응적 반응과 적응적 반응에 연합될 수 있다. 기술결함이 불안문제의 근원이므로, 아동이 정서조절과 사회적 상호작용의 기술을 가지고 있는지 고려하는 것도 중요하다. 자기효능감, 위협받을 확률, 위험성 및 통제는 다양한 상황에서 평가해야 하는 중요한 변인이다. 만일 가족을 일차적 사회화 대리인으로 간주한다면, 불안할 때 아동이 보이는 행동에 대한 부모의 반응뿐만 아니라 부모의 정신병리, 양육방식, 모델링도 반드시 살펴보아야 한다.

이러한 변인들로 이루어진 맥락 안에서 진단을 분명히 하면 효과적인 치료의 기틀을 마련할 수 있다. DSM-IV를 위한 불안장애 면접 일람표 부모용과 아동용(Anxiety Disorders Interview Schedule for DSM-IV, Parent and Child Versions: ADIS-IV; Silverman & Albano, 1996)을 활용한 구조화 및 반구조화 진단면접은 정신장애를 철저하게 평가할 수 있게 한다. 또한 ADIS-IV는 DSM-IV 불안장애, 기분장애, 외현화 장애의 증상과 심각성을 평가하는 틀을 제공한다. 뿐만 아니라 ADIS-IV는 학습장애, 발달장애, 약물남용, 섭식장애, 정신장애 증상, 신체형 장애를 선별하는 질문들을 포함한다. 시간 제약 때문에 학교에서는 ADIS-IV 전체를 실시할 수 없지만, 불안 증상을 확인하고 진단에 관한 명료한 결정을 내리기 위해 ADIS-IV

에 있는 질문들을 일반적인 임상면접에 통합할 수 있다(Velting et al., 2004).

진단은 평가과정의 첫 단계일 뿐이다. 장애가 발현되는 양상은 아동과 청소년 개인마다 매우 다르다. 예를 들면, 학교공포증을 겪는 어떤 아동은 시험을 두려워하고 수행불안을 느낄 수 있다. 그러나 다른 아동은 지나치게 수줍어하고 사회적 상황에 대해 걱정을 한다. 또 다른 아동은 어머니와 떨어지는 것을 두려워할지도 모른다. 더구나 많은 아동들이 여러 유형의 불안장애의 진단기준에 동시에 해당되기도 한다. 일부 전문가들은 여러 내재화 증상으로 이루어진 연속선상에서 평가하는 것이 아동의 어려움을 이해하고 치료하는 데 더욱 유용하다고 믿는다(Achenbach & Edelbrock, 1978). 일부 아동은 어느 한 유형의 불안장애에 해당하는 준거들을 모두 충족시키지는 않지만, 관심을 끌 만한 불안문제를 보이는 경우도 있다. 보고형 검사는 특정 불안 증상뿐만 아니라 광대역(broadband) 불안 증상에 관한 정보를 제공한다.

수많은 보고형 검사가 있지만, 여기에서는 심리측정의 측면에서 양호하며 많이 알려져 있는 표준화된 검사 몇 가지만 소개한다(더 많은 검사를 검토하려면 Velting et al., 2004 참조). 이러한 검사에는 규준자료가 제시되어 있기 때문에 한 아동의 불안 수준이 평균에 해당되는지 혹은 문제수준에 해당되는지를 결정할 수 있다. 대부분의 검사는 초등학교 2학년 내지 3학년의 읽기능력을 요구한다. 이러한 검사들은 짧은 시간 안에 작성하고 채점할 수 있어서 학교와 임상 장면에서 매우 유용하다. 특히 자기보고형 검사는 불안한 아동들이 자신의 불안을 다른 사람들에게 알릴 수 있는 덜 위협적인 수단이다.

많은 검사들은 아동이 겪는 불안의 총체적 구인(global construct)을 평가한다. 아동 발현 불안척도 개정판(Revised Children's Manifest Anxiety Scale: RCMAS; Reynolds & Richmond, 1978)과 아동 상태-특성 불안검사(State-Trait Anxiety Inventory for Children: STATIC; Spielberger, 1973)는 임상장면에서가 아니라 오랫동안 연구에서 사용되었다. 이 검사에서 얻은 점수는 다른 내재화 증상(예: 우울)과 상관을 이루기에 아동의 불안장애를 예측하는 데 그다지 유용하지 않은 것으로 밝혀졌다(March & Albano, 2002; Perrin & Last, 1992; Velting et al., 2004). 반면, 아동 다차원 불안척도(Multidimensional Anxiety Scale for Children: MASC; March, Parker, Sullivan, Stallings, & Connors, 1997)는 불안장애를 가진 아동 · 청소년을 우

울장애나 여타의 장애를 가진 아동 · 청소년과 변별하는 데 유용하다(Dierker et al., 2001). 또한 MASC는 신체 증상(긴장/안절부절못함, 신체/자율신경계 하위요인), 사회불안(모욕/거부, 대중 앞에서의 수행과 관련된 하위요인), 손상회피(불안한 대처, 완벽주의 하위요인), 분리불안 및 공황불안 등 불안에 해당하는 요인에 관한 정보를 제공한다(Velting et al., 2004). 불안 및 관련 정서장애 선별검사(Screen for Anxiety and Related Emotional Disorders: SCARED; Birmaher et al., 1997)는 DSM-IV 불안장애와 등교거부의 증상을 평가하는 데 유용한 검사다. 이 검사에는 아동보고형과 부모보고형이 있다.

보고형 검사를 실시하여 불안의 총체적 구인을 평가하는 것에 추가하여 불안의 구체적 양상을 평가하는 것도 유익하다. 이를 위해 다음의 측정도구를 주목해 볼 만하다.

- 아동 공포조사 일람표 개정판-아동용 및 부모용(Revised Fear Survey Schedule for Children-Child and Parent Versions: FSSC-R; Ollendick, 1983)
- 아동 사회공포증 및 불안 검사(Social Phobia and Anxiety Inventory for Children; Beidel, Turner, & Morris, 1995)
- 아동 사회불안척도 개정판-아동용 및 부모용(Revised Social Anxiety Scale for Children-Child and Parent Versions: SASC-R; La Greca, Dandes, Wick, Shaw, & Stone, 1988)
- 펜 아동 상태걱정 질문지(Penn State Worry Questionnaire for Children; Chorpita, Tracey, Brown, Collica, & Barlow, 1997)
- 아동 불안예민성 지표(Children's Anxiety Sensitivity Index; Silverman, Fleisig, Rabian, & Peterson, 1991).
- 등교거부 평가척도(School Refusal Assessment Scale: SRAS; Kearney & Silverman, 1993)

이와 같은 측정도구 중 특히 등교거부 평가척도는 학교에서 교사가 관심을 가지고 사용할 만한 측정도구이다. 이 척도는 등교거부 행동을 유발하고 지속시키는 데 관여하는 불안변인들을 평가한다(Velting et al., 2004).

아동의 불안에 대한 교사의 견해가 중요함에도 아동 불안을 평가하는 교사보고형 검사가 별로 없다는 것은 흥미롭다. 내재화 차원과 외현화 차원에서 아동의 행동을 평가하는 유용한 검사에는 부모보고형 척도인 아동 행동평가척도(Child Behavior Checklist: CBCL; Achenbach & Edelbrock, 1983)가 있다. 교사보고형(Teacher Report Form: TRF; Achenbach, 1991)도 몇 개의 개방형 질문들을 포함한다. 학업, 개인, 사회관계에서 문제를 겪고 있는 아동을 관찰할 기회를 갖는 사람이 교사라는 점에서 볼 때, 교사보고형은 특히 유용한 척도다.

불안장애를 가진 아동을 평가한 결과를 가지고 불안 유발 상황의 위계를 수립할 수 있다. 각각의 위계 항목에서 아동의 불안과 회피에 대한 표준화된 평정을 하고, 이를 치료 이후 증상의 호전 정도와 비교하여 아동의 진전을 점검할 수 있다. 불안 위계에 포함시켜야 할 두려움의 정확한 특징과 적합한 항목들을 가려내기 위해 종종 더욱 정밀한 평가를 해야 할 필요가 있다. 예를 들면, 어떤 아동이 수행과 관련된 여러 문제를 겪고 있을 때 정밀한 조사를 하면, 대부분의 문제는 아동의 수행에 대한 아버지의 반응을 아동이 지각한 것과 관련이 있음을 알 수도 있다. 그럴 경우에는 아동의 불안 위계를 수립하고 아동을 치료하는 과정에 아버지의 반응을 포함시켜야 한다.

문제에 대한 인지행동적 개념화

인지행동 접근은 불안을 생리적 · 인지적 · 행동적 요소들로 구성된 적응적 정서반응으로 간주한다. 불안은 다가올 위험을 경고하는 단서로 기능하기 때문이다. 즉, 불안은 스트레스나 부정적 경험을 피하기 위해 아동이 적응적 행동을 시작하도록 경각심을 불러일으키거나, 신체가 '투쟁 혹은 도피(fight or flight)' 반응을 하도록 만든다(Albano & Kendall, 2002). 불안반응은 종종 자율신경계의 각성을 증가시켜서, 발한, 사지로 향한 혈류의 증가, 두통, 복통, 근육긴장과 같은 생리적 반응을 일으킨다. 아동의 인지는 위협이 얼마나 위험한지에 대한 평가와 자신의 대처능력에 대한 평가에 관련된다. 불안에 대한 행동적 반응은 아동마다 다르지만, 일반적으로 불안을 유발하는 상황이나 활동을 피하려는 노력, 울음, 안절부절못함으로 표현된다. 불안반응이 적응적일지라도 일부 아동은 위험하다고 여겨지지 않는 수많은 상황에서조차 부적응적일 정도로 불안을 경험한다. 이런 아동은 불안장애를 겪을 수 있다.

3중 취약성 모형(triple vulnerability model; Barlow, 2000)은 불안장애가 3가지 취약성에서 초래된다고 가정한다. 첫째, 일반적인 유전적 취약성에 의해 불안장애가 발생한다. 둘째, 통제와 예측을 할 수 없는 위협이 다가온다고 느끼는 일반적인 심리적 취약성에 의해 불안장애가 발생한다. 셋째, 특수한 심리적 취약성이 특정 상황에서 불안을 경험하게 하는 초기의 학습경험을 초래한다.

연구에 따르면, 환경적 촉발요인에 대해 흥분과 불안 반응을 더 많이 경험하는 소인을 가진 사람들이 있다(Manassis, Hudson, Webb, & Albano, 2004). 예를 들면, Kagan, Reznick과 Gibbons(1989)는 행동적으로 억제된 아동들 가운데 놀람반응을 보이며, 진정시키기가 어렵고, 새로운 자극에 대해 크게 반응을 하는 집단을 찾아냈다. 가족연구와 쌍생아연구를 통해서도 불안장애의 일부 유형은 유전이 가능하다는 것이 밝혀졌다(Manassis et al., 2004). 매우 반응적인 각성체계, 빈번한 부정적 정서 상태, 사회적 상호작용 이해의 어려움을 유전적 소인으로 가진 아동은 자신의 정서 상태, 환경, 사회적 세계에 대한 저조한 통제감을 경험할지도 모른다.

Chorpita와 Barlow(1998)에 따르면, 초기 발달시기에는 통제감의 감소가 스트레스성 생활사건과 불안의 관계를 매개하며, 이후 발달시기에는 이러한 관계를 조절한다. 아동은 자신이 가진 소인 때문에, 그리고 예측할 수 없고 통제할 수 없는 생활사건을 경험하면서 통제감을 상실하게 된다. Barlow(2000)는 조기의 자녀양육이 아동의 통제감에 영향을 미치는 하나의 요인이라는 가설을 설정했다. 지나치게 통제적이거나 예측하기 어렵거나 반응적이지 않은 가정환경은 통제 불능감과 외적 통제소재의 형성에 기여한다. 일단 통제감이 감소하면, 아동은 통제할 수 있는 사건조차 통제할 수 없는 사건으로 지각한다. 불안한 아동의 인지는 상황의 위험성을 과대평가하고(예: 교사와 대화할 때조차 결국에는 야단을 맞거나 모욕을 당할 것이라고 예측함), 자신이 극복할 수 있는 능력을 과소평가하는(예: 교사와 어떻게 대화를 나누어야 할지 모른다고 생각하거나, 누군가 자신에게 화를 내면 그것을 다룰 수 없다고 믿음) 특징을 보인다.

특수한 심리적 취약성에 대해 말하자면, 초기의 사회화 경험(특히 가족과 학교에서 이루어지는 사회화 경험)은 특정 영역에서 불안을 경험하게 만든다. 사회학습이론(Bandura, 1977)에서처럼, 아동은 모델링을 통해서 또는 잠재적 위험에 관한 정보의 전달을 통해서 특수한 불안반응을 학습한다. 어떤 아동은 높은 수준의 불안을 경험하거나, 자신의 자기효능감을 과소평가하거나, 잠재적 손상에 대해 과도하게 경고하는 성인을 관찰함으로써 불안을 학습할지도 모른다. 또한 과잉일반화된 조건형성의 경험 때문에 아동의 불안반응이 고조될 수도 있다. 예를 들면, 어떤 아동은 교실 앞에서 부정적 경험을 할 수 있는데(예: 불안이 엄습하거나, 불쾌한 비난을 받거나, 또래로부터 놀림을 당하는 등), 이렇게 조건화된 불안반응은 여러 사회적 상황으로 일반화되기도 한다. 또한 아동은 불안을 일으키는 상황을 회피함으로써 불안 경험을 일부 피하기도 한다. Mowrer의 2요인이론(two-factor theory, 1960)에 따르면, 불안이 감소하면서 부적 강화를 받게 되고, 이로써 아동의 회피반응 빈도는 증가한다. 불안한 아동의 삶에 있는 성인들이 무심코 아동의 회피행동이나 의존행동을 강화할지도 모른다.

Lang(1968)의 3원모형에 따르면, 아동의 특수한 취약성을 고려하여 치료의 초점을 맞출 수 있다. 일차적으로 아동이 환경에 대한 통제를 행사하고, 숙달경험을 하며 연령에 적합한 독립심을 가지고 세상을 탐색하며, 기술을 발달시키고 대처반응을 개발할 기회를 제공하는 개입을 통해 아동의 통제감을 증가시킬 수 있다(Barlow, 2000). 기술훈련, 모델링, 유관성 관리(contingency management) 및 노출연습을 통해 더욱 적응적인 사고와 행동 패턴을 실행한다. 학교에서는 개입을 개별적으로나 집단적으로 실시할 수 있다. 또한 부모와 개별회의나 집단모임을 갖는 것이 치료에서 종종 중요한 요소가 된다. 학교와 가족에서 실시되는 개입은 일관성, 반응적 교수/자녀양육, 적응적 모델링 및 잠재적 위협에 대한 적절하고 적응적인 메시지의 전달을 장려한다. 아동이 자기효능감을 증가시키고 다가올 위협에 대한 지각을 감소시키도록 돕기 위하여, 대부분의 CBT 치료는 기술증진(skill-building) 훈련과 불안 유발 상황에 대한 점진적 노출의 병행을 권장한다.

개입 전략 및 기법

불안한 아동 · 청소년을 위한 대부분의 인지행동치료에는 핵심적인 기법 몇 가지가 포함된다. 인지행동치료는 불안한 아동이 두려움의 대상, 상황, 사건에 반복적이며 지속적으로 노출되고, 대처기술을 습득하고, 향후에 그것을 사용하는 것이 유익하리라는 가정에 근거한다. 다양한 CBT 프로토콜은 가르치는 대처기술의 수와 계열성, 훈련에 배정된 시간 면에서 각기 다르다. 그러나 대부분의 치료 패키지는 네 가지 영역, 즉 신체 증상 관리, 인지적 재구성, 문제해결, 유관성 관리 훈련을 포함한다.

신체 증상 관리

불안장애를 가진 아동 · 청소년은 불안하지 않은 아동 · 청소년에 비하여 자신의 정서적 경험을 바꿀 수 있는 방법에 대한 이해가 부족하다. 불안할 때 자신에게 나타나는 신체반응을 확인하도록 학습시키는 것이 불안반응을 수정하는 기술을 가장 잘 발달시킬 수 있는 방법이다. 아동 각자에게 독특한 반응(예: 귀가 빨개짐, 목소리가 떨림, 화장실에 가고 싶어짐, 메스꺼움, 두통)은 아동이 자신의 반응을 '불안'이라고 명명하게 하는 단서가 된다. 일단 자신의 신체반응을 명명하면, 아동은 이를 감소시키기 위한 다양한 인지적 및 행동적 전략을 학습할 수 있게 된다. 특히 이완훈련은 다양한 상황에서 신체적 흥분을 감소시키는 강력한 도구다.

인지적 재구성

아동의 불안 치료에 인지치료 기법을 적용하는 것은 불안이 비합리적이거나 부적응적인 사고, 신념, 자기말(self-talk)에서 유래된다는 생각에 기초한다. 연구에 따르면, 불안한 아동은 왜곡된 정보처리, 고통스러운 사건에 대한 기억편향, 위협단서에 대한 지나친 민감성, 모호한 상황을 위협적인 것으로 해석하는 편향을 지니고 있다(Vasey & MacLeod, 2001). 따라서 불안한 자기말이 갖는 부적응적 특징을 바꾸기 위해 인지적 기법을 활용해야 한다.

불안을 유발하는 상황에서 아동들이 자신의 인지를 확인하도록 돕는 다양한 기법이 개발되었다. Kendall(2001)의 '생각 풍선'을 한 예로 들 수 있다. 사람의 머리 위에 풍선을, 그리고 풍선 안에 그 사람의 생각이나 말을 쓴 만화를 아동에게 보여준다. 그러고 나서 아동에게 "너의 생각 풍선 안에는 무엇이 있지?"라고 질문한다. 일단 아동이 자기말을 확인하는 데 익숙해지면, 그다음에는 사고가 합리적인지를 분석하라는 지시를 받는다("그 사람이 한 예측이 실제로 일어날 것 같니?" "그런 예측이 전에도 일어난 적이 있니?" "만일 그 예측대로 일이 일어난다면 정말로 나쁠 것 같니?" "그 상황을 다른 방식으로 볼 수 있니?"). 이런 분석을 한 후에 아동은 자신이 처음에 가졌던 불안한 사고(anxious thought)에 반대되는 대처하는 사고(coping thought)를 할 수 있다. 나이가 어린 아동이 자기말을 확인하고 수정하는 방법을 배우기는 어려울 수 있다. 그들은 자신의 불안반응을 관리하기 위해 인지적 재구성과는 다른, 자기교수 훈련(Meichenbaum, 1985)을 통해 대처하는 사고를 배울 수 있다.

문제해결

문제해결에서는 아동이 내면적 사고과정을 매개로 하여 원하지 않는 행동을 통제하거나 대처행동을 시작하도록 돕는 구두전략 또는 지필식 전략을 제공한다. Urbain과 Kendall(1980)은 "그러나 문제해결 개입은 다양한 상황에 대한 별개의 행동반응(예: 이완반응, 주도적 반응, 관계적 반응 등)을 좀 더 구체적으로 훈련하기 위해 설계된 개입방법과는 대조적으로, 내면적 사고과정 자체(예: 문제의 확인, 대안적인 해결방안의 생성, 결과의 평가 등)의 훈련을 더욱 강조한다."(p. 110)고 하였다. 따라서 문제해결 개입은 유능성을 매개하고 다양한 상황에 일반화되는 인지적 과정을 목표로 한다.

D'Zurilla와 Goldfried(1971)는 문제해결을 위한 일련의 단계를 가르치는 문제해결 기술을 개발하였다. D'Zurilla와 Goldfried의 연구는 최근의 연구(예: Bedell & Lennox, 1997; Nezu & D'Zurilla, 1989; Nezu, Nezu, & Perri, 1989)에 많은 영향을 미쳤다. 이 접근은 개별적인 문제들에 대한 일련의 해결책들을 찾아내는 것에 반대한다. 그 대신, 문제해결의 기법을 현존하는 다른 문제 영역들과 미래에 생길 문제 영

역들에 일반화하도록 돕는 데 초점을 둔다. Bedell과 Lennox(1997)는 원래의 문제해결 모형을 수정하여 문제해결 과정의 일곱 단계를 제안하였다: (1) 문제의 존재 확인하기, (2) 자신과 타인의 충족되지 않은 소원을 확인할 수 있도록 목표지향적인 방식으로 문제 정의하기, (3) 해결방안의 효과성에 대한 평가를 하지 않은 채 가능한 한 많은 해결방안 브레인스토밍하기, (4) 생성된 대안의 잠재적 효과성 평가하기, (5) 최선의 대안 또는 대안들의 조합 선택하기, (6) 선택된 해결방안 시행하기, (7) 선택된 해결방안의 효과성 검증하기.

문제해결에 대해 인지행동 접근을 취하는 치료자는 협력적 경험주의(collaborative empiricism)의 원리에 따라서 불안한 아동이 7단계를 순서대로 거쳐 나가도록 지도한다. 어떤 대안이 유용할지에 관계없이, 모든 대안이 제안될 때까지 치료자와 아동은 함께 많은 대안들을 제안한다. 일단 아동이 문제해결에 도움이 될 것 같은 대안들을 확인하면 우수한 문제해결 전략을 개발한 셈이다.

유관성 관리

행동치료의 기본 원리들 가운데 하나는 행동의 후속결과를 강조하는 것이다. 결과가 혐오스러운지 좋은지에 따라서 행동은 감소하거나 증가한다. 따라서 행동수정은 효과적인 유관성 관리(contingency management, 수반성 관리라고도 함)를 통해서 이루어진다. 불안한 아동을 대상으로 용감한 행동(즉, 회피전략보다는 접근전략)을 증가시키기 위해, CBT 프로토콜에서는 아동에게 보상을 획득할 기회를 제공한다. 보상체계는 아동이 숙제, 노출과제, 자기평가(self-evaluation) 등 치료전략에 좀 더 적극적으로 참여하게 하므로 불안을 감소시키는 데 유익하다. 보상은 행동을 증가 또는 유지시키기 위하여 사용되지만, 보상이 아동의 소망이나 선호를 충족시키는 정도만큼만 효과적이다. 즉, 보상은 사람이 그것을 원하는 경우에만 보상적이다. 따라서 유관성 관리를 성공적으로 적용하려면 그 아동에게 적절한 보상을 잘 선택해야 한다. 보상은 작은 장난감, 게임, 스포츠 카드 등 물건일 수도 있고, 부모와 미니 골프 치기, 친구와 영화 보기 등 사회적인 것일 수도 있다. 치료가 시작될 때는 물질적 보상을 제공하고, 치료의 중반 이후부터는 사회적 보상을 제공할 것이 권장된다. 이런 식으로 하면 부모는 궁극적으로 치료효과를 더 잘 유지할 수 있게 하는 즉각적이면서도 덜 비싼 보상을 제공할 수 있다.

노출

기술획득 단계 다음에는 새로 습득한 대처기술의 사용을 연습할 수 있도록 점진적 노출과제(두려움을 느끼게 하는 상황, 사물, 사건에 점진적으로 노출됨)가 활용된다. 두려움을 느끼는 자극에 노출시키는 개입은 행동과 그에 따른 결과 간의 연합관계를 끊는 절차를 포함한다. 이러한 차단은 역조건형성(counterconditioning)을 포함한다. 역조건형성이란 불안과 양립될 수 없는 반응(예: 이완)을 하는 동안에 두려운 상황에 직접 또는 상상하면서 직면하는 기법이다. 이에 대한 대안인 소거는 불안을 유발하는 자극을 그 사람에게 제시하고, 인지적 및 행동적 전략(즉, 대처기술)을 사용해서 다룰 수 있는 수준으로 불안이 감소할 때까지 그 상황에 남아 있는 기법이다. 또한 기초적인 인지적 변인(예: 평가, 기대, 자기효능감)에서의 변화야말로 노출치료의 효능에 매우 중요하다. 노출은 실제노출(in vivo exposure)이나 상상노출(imaginal exposure)로 또는 치료환경 안과 밖에서 이루어질 수 있다.

노출기법은 점진적 조성(shaping)의 과정을 활용한다. 먼저, 불안을 유발하는 사물과 사건을 위계화한다. 그리고 치료자는 더욱 복잡한 상황, 사건, 상호작용으로 이동하기 이전에 우선 기본적인 요소기술을 다루어야 한다. 예를 들면, '새로운 사람을 만나는 것'이 위계에서 어떤 한 지점에 해당될지라도, 요소기술(예: 눈맞춤)을 가장 먼저 다루어야 한다. 그런 다음 노출과정이 점진적으로 증가하는 방식으로 진행된다. 두려움의 위계는 노출과제를 '실험'으로 간주하는 협력적 경험주의의 정신에서 수립된다. '실험'을 한 이후, 아동과 치료자는 모두 노출 절차의 효과성을 평가하기 위해 '자료'(예: 노출 이전, 도중, 이후에 산출된 주관적 고통점수, Subjective Units of Distress: SUDs)를 평가한다(아동의 불안 치료에서 노출을 적용한 활동에 대한 설명은 Kendall, Robin, Hedtke, Suveg, Flannery-Schroeder, & Gosch, 2005 참조).

학교장면에서의 적용

이 장의 서두에서 언급했듯이, 불안장애는 아동 · 청소년에게 나타나는 가장 일반적인 정신병리 가운데 하나다. 유병률이 21%나 되며(Kashani & Orvaschel, 1990) 불안장애와 관련된 문제(예: 사회적 관계와 또래관계의 문제, 학업성취의 어려움, 정신건강 문제)를 감안하면, 불안장애의 예방과 치료는 반드시 필요하다.

불안장애를 위한 학교기반의 인지행동 개입은 다음의 몇 가지 이유 때문에 반드시 실시되어야 한다. 첫째, 불안은 학교에서 학교와 관련된 문제로 종종 나타난다. 예를 들면, 불안한 아동이 숙제를 하거나 시험을 칠 때 완벽주의적인 모습이나 수행불안 또는 등교거부 행동을 보이거나, 보건실에 자주 들락거리거나, 학교에서 집으로 전화를 자주 걸거나, 학교에서 발표나 소리 내어 읽기를 꺼리거나, 사회적 상호작용의 어려움을 겪거나, 새로운 것의 시도를 주저하는 경우를 흔히 볼 수 있다. 이런 행동들은 학교에서 주로 관찰된다. 그러므로 인지행동치료를 계획할 때, 불안을 유발하는 상황에 아동이 대처하는 연습을 하게 해야 한다. 마찬가지로 학교와 관련된 사건이 불안 상황의 목록에 포함될 때도 학교에서 대처기술을 연습하거나 노출과제를 수행하는 전략을 활용해야 한다. 이런 노력이 실현되는 정도만큼 치료효과는 향상될 것이다. 외래환자를 치료하거나 클리닉에서 치료가 이루어지는 경우, 학교에서 사용되는 노출을 적절히 변경하여 실시하려는 특별한 노력을 기울여야 한다. 치료자는 종종 학교와 유사한 모의 상황을 만들어 노출과제를 실시한다(예: 시험불안이 있는 아동에게 치료회기 중에 모의시험을 치게 하거나, 사회불안이 있는 아동에게 치료자 앞에서 소리 내어 책을 읽도록 함). 그러나 이런 모의시행은 실제 학교현장에서 실시하는 노출만큼 강력하지 않다. 따라서 학교기반의 개입은 자연적인 환경으로의 기술 전이를 더욱 가능하게 할 것이다. 특히 학교에서 나타나는 분리불안이나 사회불안 같은 문제를 다루어야 할 경우에는 학교기반의 개입이 더욱 효과적이다.

둘째, 학교기반의 개입은 집단이나 교실에 적용하기가 쉽다. 학교기반의 개입을 교실에서 실시하면 특정 개입을 실시하려고 대상 아동을 나머지 아동과 분리시킬 때 생길 수도 있는 낙인효과를 피할 수 있다. CBT에서 초점을 두는 대처기술의 획득과 연습은 불안한 아동에게 특히 적절하지만, 불안하지 않은 아동이나 임상적이지 않은 정도로 경미한 불안을 느끼는 아동에게도 유익하다. 교실에서 실시하는 개입은 학급에 소속된 아동들을 대상으로 하며, 그들은 이미 학교에서 가르치는 학습기술에 익숙하다. 긍정적인 건강행동을 전통적인 건강 수업시간에 가르치듯이, 정서적 건강을 위한 기술도 그렇게 가르칠 수 있다. CBT에서는 치료 충실성(treatment integrity)을 확보하기 위해 표준화된 절차대로 실시하지만, 융통성 있게 적용하면 최상의 개입을 실시할 수도 있다(아동기 불안장애에 대한 CBT의 융통성 있는 적용은 Kendall, Chu, Gifford, Hayes, & Nauta, 1998 참조). 전체 학급을 대상으로 실시하기에 편리하고, 융통성 있게 실시할 수 있으며, 모든 학생들에게 유익한 일반적인 기술훈련을 제공한다는 점에서 학교에서 아동기 불안장애를 다루는 개입은 꽤 매력적이다.

불안장애를 치료하기 위해 학교에서 실시하는 개입은 그 치료적 특징이나 기법들을 쉽게 얻을 수 있고 사용할 수 있는 것이어야 한다. 학교는 또래, 학교, 가족, 지역사회 등 여러 시스템을 포함하며, 학령기 아동에게 영향을 미치는 수많은 시스템들 간의 소통을 확보해야 한다. 이렇게 시스템에 초점을 두면 치료효과에 긍정적인 영향을 미칠 수 있다. 또한 학교에서 쉽게 얻을 수 있고 자연스럽게 발견되는 자원과 상황은 창의적이고 효과적인 노출기법을 개발하기에 훌륭한 소재다. 예를 들어, 치료자가 또래, 학교직원, 교장, 교사 등 현실 그대로의 수행활동에 접근하면 아동이 느끼는 두려움, 걱정, 공포의 핵심에 다가가는 매우 효과적인 노출을 설계할 수 있다. 심각한 사회불안을 겪고 있는 한 아동의 예를 들어 보자. 또래개입(예: 또래와 짝 이루기, 또래 돕기)은 학교에서 시행하기 쉬운 치료적 요소다. 실제 노출연습을 통한 반복 학습이 이루어지면서 아동의 독특한 불안행동에 대한 치료효과가 향상될 것이다. 마찬가지로 학교에서는 교사나 또래로부터 즉시 지지를 얻을 수 있으므로, 불안한 아동이 배운 불안 대처기술을 효과적으로 사용하는 데 필요한 지도를 받을 수도 있다.

또한 학교에는 교사가 가까이 있다는 점 자체가 여러 이유 때문에 중요한 치료적 특징을 지닌다. 교사는 아동의 행동에 관해 중요한 의견을 갖는다. 학교에서 교사는 학교 밖에서는 발생할 가능성이 적은 상황(예: 많은 사람 앞에서 말하기)에서 아동을 관찰할 수 있는 유일한 기회를 얻는다. 따라서 교사는 치료계획에 매우 유용하며 아동의 불안에 관한 중요한 정보를 제공할 수 있는 위치에 있다. 그런 정보를 더 잘 활용할 수 있으려면, 교실 안에서 불안행동을 확인하고 변화시키는 방법에 관한 교사훈련을 더 자주 실시해야 한다. 교사는 상당 시간(매일 대략 6~7시간)을 아동과 함께 보내며, 매우 영향력 있는 역할모델이다. 그러므로 교사는 아동의 불안에 대응하는 데 중요한 여러 개념(예: 불안을 유발하는 사건에 대한 접근행동의 증가, 긍정적인 자기말의 사용)에 익숙해야 한다. 교직원들이 반응적 전략보다는 예방적 전략을 효과적으로 사용하도록 훈련시켜서 현재 발생하고 있는 불안장애의 높은 비율을 낮출 수 있다. 아동기 불안장애의 성공적인 치료를 좀 더 보완하기 위해 근래에는 아동기 불안장애의 예방을 강조한다. 다음은 아동의 불안문제가 학교에서 성공적으로 치료된 사례를 보여 준다.

사례연구: 크리스

앞에서 11세 남자 아동 크리스가 겪는 몇 가지 어려움을 언급했다. 크리스의 사례는 최근의 학업문제가 학습과 관련된 것인지, 아니면 불안 때문에 유발된 것인지를 결정하기 위해 학교심리학자에게 평가가 의뢰된 것이다. 크리스는 학교에서 행동문제를 보이지는 않았지만, 구두발표를 해야 하는 독서보고서 몇 개를 끝마치지 못했다. 어떤 경우에는 시험이나 숙제를 일찌감치 포기해 버리고, 때로는 울거나 교실 밖으로 나가려고 애쓰면서 '완전히 무너져 버렸다'. 교사는 이러한 문제에 대해 크리스와 대화를 나누려고 노력했지만, 크리스는 제 할 일을 끝마치지 않은 이유에 대해 별 말을 하지 않았다. 후에 교사는 크리스의 부모와 면담을 했다. 부모는 크리스가 독서보고서를 작성하지 않은 것을 알고는 놀랐으며, 크리스의 완벽주의와 수줍음으로 인해 스포츠나 삶의 여러 영역에서 일어나는 문제에 대해 상의했다. 예를 들면, 크리스는 축구를 즐겨 했지만 작년에 작은 실수를 몇 번 한 후에 그리고 막상막하의 경기 도중에 여러 번 축구장을 뛰쳐나가서 축구를 하지 않으려 했다. 부모의 격려에도 불구하고 금년에 크리스는 축구를 전혀 하지 않았다. 부모에 따르면, 크리스의 이런 문제를 설명할 만한 스트레스 사건이나 변화가 최근에 전혀 없었다. 크리스는 다른 학급과제들을 잘 수행하는 편이어서, 그의 부모는 오래 지속되어 온 수줍음과 사회적 상황을 회피하는 성향이 현재 크리스의 학교문제와 관련된다는 것을 의아하게 여겼다.

아동에 따라 학습문제에 의해 이차적으로 불안문제를 겪을 수 있음을 명심하는 게 중요하다. 이런 아동에게는 학습문제와 불안문제 둘 다를 표적으로 하는 개입을 실시하는 게 유익하다. 그러나 학업성취와 인지기술을 평가했을 때, 크리스가 현재 겪는 어려움을 설명할 만한 인지적 손상이나 학업손상을 발견하지 못했다. 학교심리학자는 일반적인 심리사회적 면접과 함께 크리스와 부모에게 ADIS의 일부를 실시하였다. 학교심리학자는 크리스가 사회공포증 일반화형(심각성 8점 척도에서 6점)과 범불안장애(심각성 8점 척도에서 5점)의 여러 준거를 충족시킨다는 것을 발견했다. 크리스는 많은 증상을 스스로 보고하지는 않았지만, 어떤 사회불안에 대해서는 시인했다. 부모와 교사가 가장 많은 정보를 제공한 영역은 회피수준에 관한 것이었다. 크리스는 대부분의 사회적 상황을 불편해했고, 유치원 시절부터 알고 지내는 두세 명의 가까운 친구나 가족을 제외한 다른 사람들과는 대화를 피했다. 크리스는 혼자 지내거나 자신에게 직접적으로 대화하려고 하는 교사하고만 이야기를 했다. STAIC과 MASC에서 크리스가 얻은 점수는 임상범위에 해당되었고, 면접에서는 얘기하지 않았던 많은 항목에 대해 그렇다고 시인했다. 크리스의 진전 정도를 점검하기 위하여 치료의 중간과 종결 시점에 이 측정도구들을 다시 실시하였다.

치료의 경과

크리스가 학교에서 겪는 문제를 해결하기 위하여, 불안문제를 가진 아동을 위해 Kendall과 동료들이 개발한 코핑 캣 프로그램을 기초로 제작된 학교기반의 집단치료 18회기를 매주 실시하였다. 워크북 출판사(Workbook Publishing)를 통해 집단치료 매뉴얼과 개별치료 매뉴얼을 구입할 수 있다. 이 개입은 이보다 적은 수의 회기로 단축하여 실시할 수도 있으며, 특정 아동의 요구에 맞도록 수정하여 실시할 수도 있다.

크리스는 자신과 비슷한 문제에 더하여 몇 가지 독특한 문제를 가진 2명의 남자 아동과 함께 소집단치료에 배정되었다. 이 중에 톰은 어머니와 떨어지는 것을 두려워해서 등교하기가 어렵고, 결식을 자주 하고, 보건실에 자주 들락거리며, 매일 집에 전화를 걸고, 교실에서 울음을 터뜨리는 아동이다. '걱정쟁이'로 묘사되는 프레디는 학교과제나 스포츠, 부모의 재정 상태, 가족과 자신의 건강, 심지어 애완견의 건강을 포함해서 많은 것들에 대해 걱정을 한다. 또한 시간 엄수를 고집하며, 지나치게 꼼꼼하고, 멍청해 보일까 염려한다.

집단개입의 양식이 본래 교육활동일지라도 아동의 참여를 장려하기 위해 질문, 게임, 유머를 활용했다. 다양한 연습과 활동(Flannery-Schroeder & Kendall, 2000), 그리고 재미있는 활동을 통해서 집단의 결속을 강조했다. 거의 모든 회기의 끝날 무렵에는 젠가(Jenga)[2]나 너프(Nerf)[3] 등의 게임을 했다. 아동은 새로운 기술을 연습하고, 치료효과의 일반화를 증진하기 위해 회기와 회기 사이에 '내가 할 수 있다는 걸 보여 줘(Show That I Can: STIC).' 숙제를 한 것에 대한 보상을 받았다. 각 치료회기의 도입부에서는 이전 회기에 제시된 과제를 검토하고, 이번 회기의 내용이 아동의 현재 경험에 맞도록 개별화하였다. 정보를 수집하고, 아동의 진전에 대해 부모에게 공지하고, 집이나 학교에서 불안을 유발하는 상황에 대한 치료적 노출을 할 수 있도록 돕기 위해서 치료가 진행되는 여러 시점에서 치료자와 부모가 만나 상의도 했다. 또한 교사들도 개입과정에 참여했다. 교사들은 대상 아동에 관한 정보를 학교심리학자에게 제공하고, 아동이 교실 안에서 불안 유발 상황에 노출되는 과정을 점검하며, 적응적인 행동을 하는 아동을 칭찬하였다.

1회기에서는 라포 수립, 프로그램 소개, 집단 구성원의 참여 격려에 초점을 두었다. 크리스는 대부분의 질문에 대해 단답형으로 조용하게 대답했다. 집단의 상호작용을 촉진하기 위해 참여 아동들은 진실게임을 했고, 자신의 프로그램 워크북을 장식했으며, 원하는 보상목록을 작성했다. 크리스는 단지 두 개의 보상(야구 카드, 레고)을 제시했다. 따라서 치료자는 크리스에게 다음 주에는 다른 보상들을 목록에 추가할 것을 제안했다. 활동(예: 영화 비디오 빌려 보기), 사회적 사건(예: 어머니와 함께 게임하기), 물리적 보상(예: 장난감)을 포함하는 풍부하고 의미 있는 보상목록을 만들라고 격려했다.

2회기에서 5회기까지는 정서에 대한 학습과 불안에 대한 신체반응의 관리에 초

2) 역자 주: 젠가(Jenga)란 가지런히 쌓아 올린 블럭을 하나씩 빼서 위로 다시 쌓아 올리는 게임이다.
3) 역자 주: 너프(Nerf)란 말랑말랑한 재질로 만든 공을 농구골대에 집어넣는 실내 게임이다.

점을 두었다. 2회기에서 집단은 각기 다른 정서가 다양한 신체적 표현과 어떻게 관련되는지, 그리고 이런 신체적 표현이 어떤 감정을 느끼는지를 알아내는 단서로 어떻게 사용되는지에 대해 토론했다. 집단 구성원들은 다양한 감정을 표현하는 여러 아동의 사진을 보면서, 사진이 나타내는 감정을 추측하고 얼굴 표정과 몸짓 언어의 단서를 알아맞혔다. '감정 그림자놀이'도 했고, '감정 콜라주'도 만들었다. 또한 불안이 낮은 수준(0)부터 높은 수준(8)까지의 평정척도를 온도계로 그린 '감정 온도계'도 사용하였다. 감정 온도계는 크리스가 불안수준의 차이를 알아차리고, 정서경험을 다른 사람에게 묘사할 때 사용하는 언어의 차이를 인식하는 수단으로 활용되었다. 따라서 여러 상황에서 자신이 얼마나 불안한지를 확인하는 데 도움이 되었다. 그러고 나서 아동들은 낮은 수준, 중간 수준, 높은 수준에 이르기까지 불안을 유발하는 다양한 상황을 기록했다. 처음에 크리스는 한두 개의 상황만으로 자신의 위계를 작성할 뿐이었다. 그러나 교사와 부모의 도움을 받아 회기가 끝날 무렵에는 불안 유발 상황을 많이 찾아낼 수 있게 되었다.

3회기에서 아동들은 불안을 느낄 때 사람들이 어떻게 다양한 신체반응을 경험하는지 토론했다. 예를 들면, 유명한 농구선수가 양 팀이 동점을 이루고 있는 게임의 마지막 순간에 자유투를 해야 하는 상황을 소개했다. 그런 다음 그 선수가 몸 안에서 불안을 어떻게 경험할지에 대해 이야기를 나누었다(예: 손바닥에 땀이 남, 복통). 아동들은 특정 상황에 대해 자신의 몸이 어떻게 반응하는지, 어떻게 그런 반응이 자신이 불안을 느끼고 있음을 알려 주는 단서가 되는지에 대해 말했다. 그들은 자신의 신체반응을 확인할 수 있도록 자신을 불안하게 만든 상황에 있는 것처럼 상상을 했다. 크리스는 교실에서 정답을 모를 때 교사가 자신을 호명하는 것을 상상했다. 뱃속이 불편해지고 다리가 안절부절못하게 떨리는 것을 경험했다고 말했다. 아동들은 교실 바닥에 놓인 큰 종이에 자기 몸의 윤곽을 그린 다음, 불안할 때 자기의 몸이 어떻게 반응하는지를 그렸다(예: 뱃속이 불편한 것을 나타내기 위해 위장 안에 나비 그리기, 두통을 나타내기 위해 머리 주변에 여러 개의 빨간 선을 그리기, 긴장된 근육을 나타내기 위해 어깨를 진한 색으로 칠하기).

4회기에서는 불안이 누구나 정상적으로 경험할 수 있는 것이라고 알려 주고, 각자 불안 위계를 작성하고, 집단 결속을 증진시키는 데 초점을 두었다. 그리고 아동들에게 불안반응의 정상적이고 적응적인 속성에 대한 정보를 주었다. 크리스는 아동 10명 중 1명은 불안을 경험하며, 모든 사람이 정상적인 삶의 한 부분으로 어느 정도는 불안을 경험한다는 것을 알게 되면서 안심하는 것처럼 보였다. 치료자는 자신을 불안하게 만드는 상황(예: 다른 사람 앞에서 말하기)을 예로 들었고, 프로그램의 각 단계가 불안을 극복하는 데 어떻게 도움이 되었는지에 대해 설명했다. 이후에 크리스는 이 프로그램의 목적이 불안을 완전히 없애는 것이 아니라 가볍게 하는 데 있다는 설명을 들었기 때문에 도움을 받았다고 말했다.

5회기에서 집단은 이완을 배우기 시작했다. 불안을 느끼고 걱정을 할 때 긴장이 되는 신체의 특정 부위에 대해 토론했다. 만일 긴장된 신체 부위를 편하게 만들 수 있다면, 불안에 대처하는 첫 번째 단계를 밟은 것이다. 아동은 주먹을 쥐어서 팔을 긴장시켰고, 팔을 이완했을 때와 긴장했을 때 느껴지는 감각의 차이를 차례대로 기록했다. 자원자 1명은 긴장된 근육을 보여 주기 위해서 로봇처럼 행동했고, 다른 자원자는 이완된 근육을 보여 주기 위해서 삶은 국수처럼 행동했다. 아동들은 누워서 눈을 감고 점진적 이완훈련을 한두 번 해 보기도 했다. 이완훈련을 연습할 때 이완 상태를 만들기 위해 여러 근육을 긴장하고 이완하기를 반복했다. 어린 아동을 위한 이완각본을 보려면 Koeppen(1974)을, 연령이 높은 아동을 위한 이완각본을 보려면 Ollendick과 Cerny(1981)를 참고하라. 치료가 진행되는 내내, 아동들은 치료자가 읽어 주는 이완각본을 녹음해서 집으로 가지고 가서 들으며 이완연습을 했다. 또한 여러 번의 집단회기 중에 이완이 잘되고 있는지를 검토하고 반복연습을 했다.

6회기에는 아동들이 불안한 상황에서 자신에게 떠오르는 생각을 확인하고, 불안을 높이는 사고의 유형을 이해하는 데 목적을 두었다. 이 회기는 빈 생각 풍선이 그려진 만화를 아동에게 보여 주고, 만화 속 주인공이 어떤 생각을 하고 있는지를 생각 풍선 안에 쓰는 활동으로 시작되었다. 그런 다음 주인공이 느끼는 감정과 행동을 연결 짓는 활동이 이루어졌다. 다른 사람은 동일한 상황에 대해서 다른 생각과 반응을 할 수 있다는 것을 아동이 볼 수 있도록 동일한 상황에서 서로 다른 생각들을 제안하도록 격려했다. 이런 활동을 통해서 아동은 불안이란 뭔가 나쁜 일이 생길 것 같다는 염려와 관련된 생각을 수반한다는 것을 배웠다. 한 사람이 어떤 한 가지 유형의 사고(예: 뭔가 나쁜 일이 생길 것이라는 염려)를 하면 그런 방식으로 느끼지만, 만일 그 사람이 다른 유형의 사고(뭔가 좋은 일이 생길 것이라는 기대)를 하면 다른 방식으로 느낄 수도 있다는 것을 알게 되었다. 다른 만화와 시나리오가 제시되었고, 계속해서 아동들은 질문에 대답하는 과정을 거쳤다. 회기 중에 크리스는 여전히 조용했지만 가끔 질문에 대답을 했고, 다른 사람이 말을 할 때는 듣고 있는 것처럼 보였다. 그다음 치료자는 경미한 불안을 유발하는 상황(예: 한 아동이 복도에서 책을 떨어뜨리는 상황)에 관한 이야기를 들려주었고, 주인공 아동이 대처할 수 있게 하는(즉, 고통을 줄일 수 있게 하는) 생각들이 무엇인지, 그리고 각각의 생각에 뒤이어 어떤 행동이 나타날지에 대해 물었다. 연습을 통해 아동은 불안해하는 자기말을 대처하는 자기말로 바꾸는 법을 배울 수 있었다. 이것으로 아동들은 좀 더 편안한 기분을 느낄 수 있게 되었다. 이어서 치료자는 아동이 불안한 감정을 갖게 하는 '생각의 덫(thinking traps)'에서 벗어나도록 돕기 위해서 일련의 질문을 던졌다.

그러고 나서 아동들은 몇 번의 역할연습을 했다. 이는 불안에 대처하기 위한 처음 두 단계의 시행을 시작하는 것이다. 치료자는 크리스에게 교실에서 질문을 받는 상상을 해 보라고 요구했다. 크리스는 불안에 대처하는 첫 번째 단계인 'F(feeling)' 단계를 따르라는 지시를 받았다. 자신이 불안을 느끼고 있는지, 자기 몸이 불안하다고 알려 주는 신호(예: 손바닥에 땀이 남)를 보내는지를 스스로에게 물어보는 연습을 했다. 크리스는 '뱃속이 불편하고' 약간 불안했다고 대답했다. 크리스는 두 번째 단계인 'E(expecting)' 단계를 따르라는 지시를 받고, 뭔가 나쁜 일이 생길 것 같다는 염려를 하고 있는지를 자신에게 물었다. 이런 경우에 크리스는 자신이 멍청이 같고, 다른 아이들이 자신을 놀릴 것이며, 모든 사람이 자신을 이상한 아이로 여길 것이라는 생각을 했다. 치료자는 '상황' '자신의 감정(1단계)' '자신의 생각(2단계)'으로 이루어진 3칸짜리 표를 칠판에 제시하고는 크리스에게 그 표를 채우라고 했다. 크리스는 자기말이 가진 특징을 띤 '생각의 덫' 몇 개를 확인했다. 이어서 집단은 크리스의 부정적인 기대를 지지하거나 반대하는 증거를 수집했다. 크리스는 "내가 정답을 몰라도 이 집단에 있는 아이들은 나를 멍청이라고 생각하지 않을 거야. 그러니까 아마 우리 반 아이들도 나를 멍청이라고 생각하지 않을 거야." "아이들이 나를 비웃기는 하지만, 인기가 많은 아이도 때로는 조롱거리가 되니까 나를 이상한 아이라고 생각하지는 않을 거야." "아이들이 나를 비웃는다면, 나는 아마도 20분 정도만(크리스가 추측한 시간임) 기분이 나쁠 거야. 영원히 기분이 나쁘지는 않을 거야." "다른 아이들은 내가 어떻게 질문에 대답하는지에 대해 신경을 별로 안

쓸지도 몰라." "한 번 해 보자."와 같은 대처하는 생각을 썼다.

이런 활동을 할 때 치료자가 협력적 경험주의의 자세를 취하는 것이 매우 중요하다. 때로 치료자가 너무 일찍 뛰어들어 잠재적으로 해롭거나 비참한 사회적 결과가 발생할 것 같다는 아동의 생각을 반박하는 개입을 하면, 아동은 말로만 치료자의 제안에 동의할 수도 있고, 부정적인 가정을 실제로는 의문시하지 않은 채 계속 믿을 수도 있다. 이런 아동들은 자신이 느끼는 두려움에 대해 부모나 교사가 어리석고 사실이 아니라고 말하는 것을 들어 왔다. 또한 자신이 예측하는 부정적 사건이 실제로는 발생하지 않을 것이라고 안심시키는 말도 들어 왔다. 때로는 이런 정보가 아동에게 유익할지라도, 치료자는 아동의 걱정을 심각하게 받아들여야 한다. 아동에게 그런 비현실적인 생각을 입증하거나 반증하는 실제 자료를 수집해 보라고 하면, 아동은 부정적인 가정에 대해 의문을 제기하는 데 좀 더 개방적이 된다. 아동이 인지적 재구성을 연습하는 동안 자신의 사고방식을 완전히 변경시키는 경우는 별로 없다. 오히려 이런 연습은 변화의 문을 여는 시작일 뿐이다. 아동의 실제 경험만이 새로운 신념의 채택을 확실하게 해 준다.

7회기에서 집단은 문제해결 접근, 즉 불안에 대처하기 위한 계획의 세 번째 단계를 학습하는 데 초점을 맞추었다. 언제 자신이 불안한지를 파악하고 자기말을 변화시키는 것에 더하여, 치료자는 아동들에게 불안에 대처하는 조치를 취하거나 계획을 따르는 것이 유용하다는 것을 설명하였다. 치료자는 약간의 불안을 유발하는 상황(예: 학교에 갈 시간이 다 되었을 때 운동화를 찾지 못하는 상황)을 제시하고 문제해결의 과정을 도입했다. 어리석은 방안(예: 엄마 신발 신기), 도움이 되지 않는 방안(예: 짜증 내기), 적응적인 방안(예: 그 신발을 마지막으로 신었을 때로 단계를 거슬러 올라가기)을 포함해 가능한 한 많은 해결방안을 브레인스토밍하라는 지시를 하였다. 처음에는 한두 개의 해결방안만이 제안되었지만, 치료자가 아이디어 한두 개를 추가하라고 계속 격려하자 점점 더 많은 대안들이 제안되었다. 제안된 대안의 질을 따지지 말고, 머릿속에 떠오르는 생각이라면 무엇이든지 말하게 하였다. 많은 해결방안들이 제안된 후, 각 해결방안의 좋은 점과 나쁜 점을 살펴보면서 평가하였다. 마지막으로, 집단이 투표를 해서 가능성이 가장 높은 해결방안을 결정하였다. 그다음 치료자는 집단에게 불안을 유발하는 상황이 적힌 카드를 뽑으라고 했다. 그 카드에 적힌 내용을 큰 소리로 읽게 하고, 아동에게 개별적으로 1분 이내에 가능한 한 많은 해결방안을 작성하게 했다. 아동은 각자의 목록을 서로 비교하고, 다른 아동이 쓰지 않은 해결방안을 썼을 경우에 점수를 얻었다. 그러고 나서 각 아동은 대처계획의 처음 세 단계를 불안 유발 상황에 적용하는 연습을 했다.

8회기에서 집단은 불안에 대처하기 위한 계획의 마지막 단계를 연습했다. 즉, 불안에 대처하려고 노력하는 자신을 평가하고 자신에게 보상을 주었다. 먼저 사람들이 보상을 받기 위해 어떤 일을 하는지에 대해 집단이 함께 토론을 했다. 예를 들면, 개는 과자를 먹기 위해 앞발을 드는 법을 배울 것이고, 아동은 용돈을 얻기 위해 집안일을 할 수도 있다. 그다음 아동은 활동, 장난감, 간식을 포함한 긴 보상목록을 작성하고, 이름을 붙일 수 있는 보상 각각에 대해 사탕 하나씩을 받는 게임을 하였다. 치료자는 보상을 받는 것이 재미있는 일이고, 남으로부터 보상을 받거나 자신을 스스로 보상할 때 기분이 좋아진다는 점을 주지시켰다. 이어서 심지어 자신도 알지 못한 채 어떻게 자기말로 자신을 벌하거나 보상하는지에 관해 토론했다. 다양한 긍정적인 시나리오(예: 어떤 아동이 야구시합에서 홈런을 친다)와 부정적인 시나리오(예: 수학시험에서 낙제점수를 받는다)를 제시받은 후, 아동집단은 시나리오 속 주인공이 어떤 감정을 느끼는지, 주인공이 어떤 자기말을 할지, 각각의 상황에서 주인공이 어떤 행동을 할지에 관해 토론했다. 만일 주인공이 부정적인 자기말을 하면서 자신을 벌한다면(예: 반 친구에게 '안녕' 하고 인사한 후에 자신이 멍청하다는 자기말을 한다. 앞으로 다시는 인사를 하지 않을 것이라고 생각한다), 그 주인공이 뭔가 행동을 덜 하게 될 것 같다고 아동들에게 알려 준다. 또한 치료자는 스스로에게 동기를 부여하며 새로운 것을 시행하게 하는 보상을 사용하는 대처모델(coping model)을 제시했다.

9회기에서 집단은 불안에 대처하는 4단계, 즉 FEAR 계획을 검토했다.

1단계. F(Feeling) 단계: "내가 불안을 느끼고 있는가? 내 몸이 나에게 무엇을 말하고 있는가?"

2단계. E(Expecting) 단계: "나는 어떤 일이 일어날 것이라고 기대하고 있는가? 나의 자기말은 무엇인가?"

3단계. A(Actions & Attitudes) 단계: "이 상황에서 어떤 행동과 태도가 나에게 가장 도움이 되는가?"

4단계. R(Ratings & Rewards) 단계: "대처하려고 노력한 것에 대해 나는 자신을 어떻게 평가하고 보상하는가?"

아동집단은 각자가 겪은 실제 상황(예: 학급에서 발표를 하거나 시험을 치르는 상황)에 계획의 각 단계를 적용하여 연습했다. 치료의 전반부가 끝날 무렵, 집단 구성원의 결속을 향상시키기 위한 피자 파티를 했다.

치료의 후반부에는 새로 획득한 기술을 불안 유발 상황에 점진적으로 노출시키는 다양한 방식을 응용해 보았다. 이 국면에서 이루어지는 치료는 집단 협력을 필요로 한다. 불안 유발 상황이 집단마다 다르기 때문에 불안 유발 상황을 아동의 개별적인 두려움에 맞게 재구성해야 한다. 또한 치료자는 집단노출을 발전시켜서 집단 구성원들이 공유하는 걱정과 관심거리를 다루려고 노력했다. 상상에 의한 노출을 집단에게 실시하는 것부터 훈련을 시작했고, 이어서 집단 전체를 대상으로 실제 노출을 실시했으며, 마지막에는 개별적인 실제노출을 실시했다.

초기의 노출은 상상을 통해 이루어졌다. 세 명의 남자 아동이 공통으로 두려움을 느끼는 영역을 표적으로 삼았다. 아동이 이전에 기대했던 것과 달리, 초기에도 성공경험을 할 수 있게 하였다. 초기의 성공경험은 점진적으로 이루어졌다. 처음에는 집단 안에 있는 다른 사람을 만나는 상황에 노출되는 역할연습을 했다. 예를 들면, 마치 처음으로 혼자서 미지의 장소로 여행을 하거나, 사회적 관계에서 실수를 저지르거나 과제 수행과 관련된 실수를 저지르거나, 중요한 행사(예: 학교, 생일파티)에 늦게 도착하는 것을 상상하게 하였다.

집단은 상상노출에서 시작하여 실제노출로 이동하는 방식으로 진행되었다. 이 국면에서 집단 구성원들은 상위의 목표들을 함께 성취했다. 예를 들면, 실제노출을 위해서 집단이 함께 축구를 하러 가까운 공원으로 나갔다. 분리불안장애를 가진 톰은 최소한의 지시문을 가지고 집단을 공원으로 이끌어 갈 책임을 맡았고, 크리스는 모의 경기에서 의도적으로 실수를 저질렀다. 시간 엄수와 지나친 꼼꼼함의 문제를 겪고 있는 프레디는 지정된 시간보다 늦게 축구공을 체육교사에게 반납했다. 따라서 아동 개인의 독특한 불안은 집단 구성원의 협동과 용기 있는 행동 없이는 수행할 수 없는 과제에 연결되었다. 어떤 노출을 할 때는 비슷한 두려움을 겪는 집단 구성원과 짝을 이루어 다양한 과제를 수행하였다. 또 다른 노출을 할 때는 크리스와 프레디가 서로 번갈아 가며 매우 멍청하고 우스꽝스러운 행동을 하고, 다른 사람의 반응을 살피는 활동도 했다. 크리스와 프레디는 다른 사람들이 자기를 비웃을 것이라고 기대했지만, 비웃음보다는 다른 사람들이 오히려 함께 즐거워하는 모습을 발견하고는 놀랐다. 그 밖에 또 다른 사람들은 우스꽝스러운 행동을 못 본 척 그냥 무시했다.

노출의 마지막 국면에서 집단 구성원들은 개별적으로 실제노출을 실행했다. 크리스는 학교에서 새 친구를 사귀며, 교실에서 질문을 하거나 질문에 대답을 하고, 수학시험에서 의도적으로 실수를 저지르거나, 어려운 발표를 많이 해야 하는 과제를 수행했다. 노출에 앞서 준비를 하는 동안에 그리고 노출을 하는 도중에 집단 구성원들은 창의적인 아이디어와 지지를 해 주었으며, 성공적으로 끝냈을 때 진심으로 축하해 주었다.

이러한 집단개입은 불안에 대처하는 학습에 관한 광고용 비디오테이프를 찍는 것으로 종결되었다. 이 광고활동은 협동, 문제해결, 집단 결속을 증진시키는 기회를 한 번 더 가져볼 의도로 집단이 스스로 제안한 것이었다. 추가로 이 광고는 치료과정에서 학습한 정보를 굳건하게 만들고, 집단 내에서 아동 개인의 역할과 참여를 강화했다. 이 광고를 복사한 비디오테이프를 각 집단 구성원에게 나누어 주고 집으로 가져가게 했다. 치료가 종결될 때, 크리스는 여전히 범불안장애와 사회불안의 몇몇 증상을 겪고 있었지만 두 장애의 진단준거를 충족시키지는 않았다. 크리스가 MASC와 STATIC에서 얻은 점수는 더 이상 임상 범위에 해당되지 않았다. 크리스는 급우들과 더 많이 어울려 지내게 되었고, 교사와 정기적으로 대화를 나누었으며, 필요할 때 도움 요청하기를 더 이상 두려워하지 않았다. 보이스카우트에 가입해서 집단 캠핑에도 참여했다. 부모는 크리스가 더 이상 실수를 심각하게 여기지 않고 완벽한 수행을 하지 못할 때도 계속해서 활동을 즐길 수 있게 되어 매우 기뻐했다.

결 론

이 장에서 논의한 집단치료의 사례는 인지행동 접근이 학교에서 아동의 불안을 치료하는 데 어떤 도움을 주는지를 보여 주는 한 예일 뿐이다. 이렇게 종합적인 치료 패키지 안에 있는 많은 요소들의 일부를 활용하여 단축형 치료 프로토콜을 구안할 수도 있다. 학교에서 다양한 연령의 집단이나 개인을 대상으로 실시하기 위해 단축형 치료 프로토콜을 수정할 수도 있다. 또한 불안장애의 위험에 놓인 아동을 학교에서 예방하고 조기 개입할 수 있는 가능성도 증가하고 있다. 이 장에서 우리는 아동기 불안문제의 발생, 만성적 경과, 치료에 관한 정보를 제공하고자 하였다. 이러한 정보를 통해, 불안문제를 가진 아동이 학교에서 예방과 치료 서비스를 받을 수 있는 더 많은 기회를 얻을 수 있기를 바란다.

참고문헌

Achenbach, T. (1991). *Manual for the Teacher's Report Form and 1991 Profile.* Burlington, University of Vermont, Department of Psychiatry.

Achenbach, T. M., & Edelbrock, C. S. (1978). The classification of child psychology: A review and analysis of empirical efforts. *Psychological Bulletin, 85,* 1275-1301.

Achenbach, T. M., & Edelbrock, C. S. (1983). *Manual for the Child Behavior Checklist and Revised Child Behavior Profile.* Burlington: University of Vermont, Associates in Psychiatry.

Achenbach, T. M., Howell, C. T., McConaughy, S. H., & Stanger, C. (1995). Six-year predictors of problems in a national sample of children and youth: I. Cross-informant syndromes. *Journal of the American Academy of Child and Adolescent Psychiatry, 34,* 336-347.

Albano, A. M., & Kendall, P. C. (2002). Cognitive behavioural therapy for children and adolescents with anxiety disorders: clinical research advances. *International Review of Psychiatry, 14,* 129-134.

American Psychiatric Association. (2000). *Diagnostic and statistical manual of mental disorders* (4th ed., text revision). Washington, DC: Author.

Bandura, A. (1977). *Social learning theory.* Englewood Cliffs, NJ: Prentice Hall.

Barlow, D. H. (2000). Unraveling the mysteries of anxiety and its disorders from the perspective of emotion theory. *American Psychologist, 55*(11), 1245-1263.

Barrett, P. M. (1998). Evaluation of cognitive-behavioral group treatments for childhood anxiety disorders. *Journal of Clinical Child Psychology, 27,* 459-468.

Barrett, P. M., Dadds, M. R., Rapee, R. M., & Ryan, S. M. (1996). Family enhancement of cognitive style in anxious and aggressive children. *Journal of Abnormal Child Psychology, 24,* 187-203.

Barrett, P. M., Duffy, A. L., Dadds, M. R., & Rapee, R. M. (2001). Cognitive-behavioral treatment of anxiety disorders in children: Long-term (6-year) follow-up. *Journal of Consulting and Clinical Psychology, 69,* 135-141.

Bedell, J. R., & Lennox, S. S. (1997). *Handbook for communication and problem-solving skills training: A cognitive-behavioral approach.* New York: Wiley.

Beidel, D., Turner, S., & Morris, T. (1995). A new inventory to assess childhood social anxiety and phobia: The Social Phobia and Anxiety Inventory for Children. *Psychological Assessment, 7,* 70-79.

Biederman, J., Faraone, S., Mick, E., & Lelon, E. (1995). Psychiatric comorbidity among referred juveniles with major depression: Fact or artifact? *Journal of the American Academy of Child and Adolescent Psychiatry, 34,* 579-590.

Birmaher, B., Khetarpal, S., Brent, D., Cully, M., Balach, L., Kaufman, J., & McKenzie Neer, S. (1997). The Screen for Child Anxiety Related Emotional Disorder (SCARED): Scale construction and psychometric characteristics. *Journal of the American Academy of Child and Adolescent Psychiatry, 36,* 545-553.

Brady, E., & Kendall, P. C. (1992). Comorbidity of anxiety and depression in children and adolescents. *Psychological Bulletin, 111,* 244-255.

Chorpita, B. F., Tracey, S., Brown, T., Collica, T., Barlow, D. (1997). Assessment of worry in children and adolescents: An adaptation of the Penn State Worry Questionnaire. *Behavior Research & Therapy, 35,* 569-581.

Compton, S. N., Burns, B. J., Egger, H. L., & Robertson, E. (2002). Review of the evidence base for treatment of childhood psychopathology: Internalizing disorders. *Journal of Consulting and Clinical Psychology, 70,* 1240-1266.

Dadds, M. R., Holland, D. E., Barrett, P. M., Laurens, K. R., & Spence, S. H. (1997). Prevention and early intervention for anxiety disorders: A controlled trial. *Journal of Consulting and Clinical Psychology, 65,* 627-635.

Dadds, M. R., Holland, D. E., Laurens, K. R., Mullins, K. R., Barrett, P. M., & Spence, S. H. (1999). Early intervention and prevention of anxiety disorders in children: Results at 2-year follow-up. *Journal of Consulting and Clinical Psychology, 67,* 145-150.

Dadds, M. R., Spence, S. H., Holland, D. E., Barrett, P. M., & Laurens, K. R. (1997). Prevention and early intervention for anxiety disorders: A controlled trial. *Journal of Consulting and Clinical Psychology, 65,* 627-634.

Deas-Nesmith, D., Brady, K. T., & Campbell, S. (1998). Comorbid substance use and anxiety disorders in adolescents. *Journal of Psychopathology and Behavioral Assessment, 20,* 139-148.

Dierker, L., Albano, A. M., Clarke, G. M., Heimberg, R. G., Kendall, P. C., Merikangas, K. R., et al. (2001). Screening for anxiety and depression in early adolescence. *Journal of the American Academy of Child and Adolescent Psychiatry, 40,* 929-936.

D'Zurilla, T. J., & Goldfried, M. R. (1971). Problem solving and behavior modification. *Journal of Abnormal Psychology, 78,* 107-126.

Flannery-Schroeder, E. C., & Kendall, P. C. (2000). Group and individual cognitive-behavioral treatments for youth with anxiety disorders: A randomized clinical trial. *Cognitive Therapy and Research, 24,* 251-278.

Ginsburg, G. S., & Drake, K. L. (2002). School-based treatment for anxious African-American adolescents: A controlled pilot study. *Journal of the American of Child and Adolescent Psychiatry, 41,* 768-775.

Gurley, D., Cohen, P., Pine, D. S., & Brook, J. (1996). Discriminating anxiety and depression in youth: A role for diagnostic criteria. *Journal of Affective Disorders, 39,* 191-200.

Kagan, J., Reznick, J. S., & Gibbons, J. (1989). Inhibited and uninhibited types of children. *Child Development, 60,* 838-845.

Kashani, J. H., & Orvaschel, H. (1990). A community study of anxiety in children and adolescents. *American Journal of Psychiatry, 147,* 313-318.

Kearney, C., & Silverman, W. (1993). Measuring the function of school refusal behavior: The Social Assessment Scale. *Journal of Clinical Child Psychology, 22,* 85-96.

Kendall, P. C. (1994). Treating anxiety disorders in children: Results of a randomized clinical trial. *Journal of Consulting and Clinical Psychology, 62,* 100-110.

Kendall, P. C. (2000). *Cognitive-behavioral therapy for anxious children: Therapist manual* (2nd ed.). Ardmore, PA: Workbook Publishing.

Kendall, P. C. (2001). Flexibility within fidelity. *Child and Adolescent Psychology Newsletter, 16*(2), 1-5.

Kendall, P. C., Chu, B., Gifford, A., Hayes, C., & Nauta, M. (1998). Breathing life into a manual. *Cognitive and Behavioral Practice, 5,* 177-198.

Kendall, P. C., Flannery-Schroeder, E., Panichelli-Mindel, S. M., Southam-Gerow, M., Henin, A., & Warman, M. (1997). Therapy for youths with anxiety disorders: A second randomized clinical trial. *Journal of Consulting and Clinical Psychology, 6,* 366-380.

Kendall, P. C., Robin, J., Hedke, K., Suveg, C., Flannery-Schroeder, E., & Gosch, E. (2005). Considering CBT with anxious youth? Think exposures. *Cognitive and Behavioral Practice, 12,* 136-150.

Kendall, P. C., Safford, S., Flannery-Schroeder, E., & Webb, A. (2004). Child anxiety treatment: Outcomes in adolescence and impact on substance use and depression at 7.4 year follow-up. *Journal of Consulting and Clinical Psychology, 72*(2), 276-287.

Kendall, P. C., & Southam-Gerow, M. (1996). Long-term follow-up of a cognitive-behavioral therapy for anxiety-disordered youth. *Journal of Consulting and Clinical Psychology, 64,* 724-730.

Koeppen, A. S. (1974). Relaxation training for children. *Elementary School Guidance and Counseling, 9,* 12-21.

La Greca, A., Dandes, S., Wick, P., Shaw, K., & Stone, W. (1988). Development of the Social Anxiety Scale for Children: Reliability and concurrent validity. *Journal of Clinical Child Psychology, 17,* 84-91.

Lang, P. J. (1968). Fear reduction and fear behavior: Problems in treating a construct. In J. M. Shlien (Ed.), *Research in psychotherapy.* Washington, DC: American Psychological Association.

Manassis, K., Hudson, J. L., Webb, A., & Albano, A. M. (2004). Beyond behavioral inhibition: Ethological factors in childhood anxiety. *Cognitive and Behavioral Practice, 11,* 3-12.

March, J. S. (1995). Cognitive-behavioral psychotherapy for children and adolescents with OCD: a review and recommendations for treatment. *Journal of the American Academy of Child and Adolescent Psychiatry, 34,* 7-14.

March, J. S., & Albano, A. M. (2002). Anxiety disorders in children and adolescents. In D. Stein & E. Hollander (Eds.), *Textbook of anxiety disorders* (pp. 415-427). Washington, DC: American Psychological Association.

March, J. S., Parker, J. D. A., Sullivan, K., Stallings, P., & Connors, K. (1997). The

Multidimensional Anxiety Scale for Children (MASC): Factor structure, reliability, and validity. *Journal of American Academy of Child and Adolescent Psychiatry, 36,* 554-565.

Masia, C. L., Klein, R. G., Storch, E. A., & Corda, B. (2001). School-based behavioral treatment for social anxiety disorder in adolescents: Results of pilot study. *Journal of the American Academy of Child and Adolescent Psychiatry, 40,* 780-786.

Meichenbaum, D. H. (1985). *Stress inoculation training.* New York: Pergamon Press.

Mendlowitz, S. L., Manassis, K., Bradley, S., Scapillato, D., Miezitis, S., & Shaw, B. F. (1999). Cognitive-behavioral group treatments in childhood anxiety disorders: The role of parental involvement. *Journal of the American Academy of Child and Adolescent Psychiatry, 38,* 1223-1229.

Mowrer, O. H. (1960). *Learning theory and behavior.* New York: Wiley.

Nezu, A. M., & D'Zurilla, T. J. (1989). Social problem solving and negative affective conditions. In P. C. Kendall & D. Watson (Eds.), *Anxiety and depression: Distinctive and overlapping features* (pp. 285-315). New York: Academic Press.

Nezu, A. M., Nezu, C. M., & Perri, M. G. (1989). *Problem-solving therapy for depression: Theory, research, and clinical guidelines.* New York: Wiley.

Ollendick, T. H. (1983). Reliability and validity of the Revised Fear Survey Schedule for Children (FSSC-R). *Behaviour Research and Therapy, 21,* 685-692.

Ollendick, T. H., & Cerny, J. A. (1981). *Clinical behavior therapy with children.* New York: Plenum Press.

Perrin, S., & Last, C. G. (1992). Do childhood anxiety measures measure anxiety? *Journal of Abnormal Child Psychology, 20,* 567-578.

Rapee, R. M., & Barlow, D. H. (1993). Generalized anxiety disorder, panic disorder and the phobias. In P. B. Suther & H. E. Adams (Eds.), *Comprehensive handbook of psychopathology* (2nd ed.). New York: Plenum.

Reynolds, C. R., & Richmond, B. O. (1978). What I Think and Feel: A revised measure of children's manifest anxiety. *Journal of Abnormal Psychology, 6,* 271-280.

Shaffer, D., Fisher, P., Dulcan, M. K., Davis, D., Piacentini, J., Schwab-Stone, M., et al. (1996). The NIMH Diagnostic Interview Schedule for Children, Version 2.3 (DISC 2.3): Description, acceptability, prevalence rates, and performance in the MECA study. *Journal of the American Academy of Child and Adolescent Psychiatry, 49,* 865-877.

Short, A. L., Barrett, P. M., & Fox, T. L. (2001). Evaluating the FRIENDS program: A cognitive-behavioral group treatment for anxious children and their parents. *Journal of Clinical Child Psychology, 30,* 525-535.

Silverman, W. K., & Albano, A. M. (1997). *The Anxiety Disorders Interview Schedule for Children (DSM-IV).* San Antonio, TX: Psychological Corporation.

Silverman, W. K., Fleisig, W., Rabian, B., & Peterson, R. A. (1991). Childhood anxiety sensitivity index. *Journal of Clinical Child Psychology, 20,* 162-168.

Silverman, W. K., Kurtines, W. M., Ginsburg, G. S., Weems, C. F., Lumpkin, P. W., & Carmichael, D. H. (1999). Treating anxiety disorders in children with group cognitive-behavioral therapy: A randomized clinical trial. *Journal of Consulting and Clinical Psychology, 67,* 995-1003.

Silverman, W. K., Kurtines, W. M., Ginsburg, G. S., Weems, C. F., Rabian, B., & Serafini, L. T. (1999). Contingency management, self-control, and education support in the treatment of childhood phobic disorders: A randomized clinical trial. *Journal of Consulting and Clinical Psychology, 67,* 675-687.

Spence, S. H., Donovan, C., & Brechman-Toussaint, M. (2000). The treatment of childhood social phobia: The effectiveness of a social skills training-based, cognitive-behavioral intervention with and without parental involvement. *Journal of Child Psychology and Psychiatry, 41,* 713-726.

Spielberger, C. (1973). *Preliminary manual for the State-Trait Anxiety Inventory for Children ("How I Feel Questionnaire").* Palo Alto, CA: Consulting Psychologists Press.

Urbain, E. S., & Kendall, P. C. (1980). Review of social-cognitive problem-solving interventions with children. *Psychological Bulletin, 88,* 109-143.

Vasey, M. W., & MacLeod, C. (2001). Information-processing factors in childhood anxiety: A review and developmental perspective. In M. W. Vasey & M. R. Dadds (Eds.), *The developmental psychopathology of anxiety* (pp. 253-277). New York: Oxford University Press.

Velting, O. N., Setzer, N. J., & Albano, A. M. (2004). Update on and advances in assessment and cognitive-behavioral treatment of anxiety disorders in children and adolescents. *Professional Psychology: Research and Practice, 35*(1), 42-54.

Chapter 5

등교거부 행동에 대한 인지행동 개입

역사적 배경

아동심리학은 부분적으로 20세기 초 아동 · 청소년의 학교 관련 문제를 다루기 위해 심리학과 교육을 결합시킨 데서 탄생되었다. 그 후 집중적인 관심을 받아온 한 가지 문제는 학교에 출석하지 않는 문제다. 처음에는 심각한 결석(absenteeism)이 법적인 문제로 간주되었는데, 그 당시에는 학교출석이 의무 사항이었기 때문이다. 그리고 무단결석자(truant)라는 용어가 사전 허락 없이 결석하는 아동 · 청소년을 묘사하기 위해 널리 사용되었다(Broadwin, 1932). 무단결석이 여러 종류의 비행행동과 관련 있기 때문에, 이 용어는 부모 모르게 결석하는 바람직하지 않은 결석과 동의어로 사용되었다(Berg et al., 1985). 오늘날에도 무단결석은 일차적으로는 법률 용어로 사용되며 품행장애 진단기준에도 포함되어 있다(American Psychiatric Association, 2000).

1930년과 1940년대의 일부 연구자들은 학교에서 심각한 수준의 심리적 어려움

Christopher A. Kearney, Amie Lemos, & Jenna Silverman

이나 관련 문제를 겪는 아동 · 청소년이 많다는 데 주목하고, 전통적인 무단결석 문제를 보이는 아동 · 청소년의 한 가지 특수한 하위 유형에 관심을 갖게 되었다. 이 유형은 불안에 근거한 무단결석으로 신경증적 무단결석, 등교거부, 학교공포증, 분리불안 등 여러 방식으로 표현되었다. 신경증적 무단결석(psychoneurotic truancy)이란 수줍음과 불안, 죄책감, 관심 끌기 같은 내재화 증상을 동반한 무단결석을 말한다(Patridge, 1939). 등교거부(school refusal)란 불안에 근거한 무단결석을 의미하며 신경증적 무단결석과 유사한 개념이다. 학교공포증(school phobia)은 심각한 분리불안과 어머니에 대한 과도한 의존성으로 특징되는 무단결석을 말한다(Johnson, Falstein, Szurek, & Svendsen, 1941). 분리불안(separation anxiety)은 연령에 비해 집이나 보호자로부터 떨어지는 것을 과도하게 걱정하는 것을 의미하며, 일반적으로 무단결석의 주요 원인으로 알려져 왔다(Estes, Haylett, & Johnson, 1956).

1950년대에는 학교공포증(school phobia)의 개념이 기존의 신경증적 무단결석, 등교거부와 유사한 개념으로 폭넓게 사용되었으며 다양한 하위 유형들이 소개되었다. 예를 들어, Coolidge 등(1957)은 신경증적 무단결석의 하위 유형으로 (1) 무단결석이 급작스럽게 시작되는 유형, (2) 무단결석이 우울, 망상과 더불어 서서히 시작되는 유형이 있다고 했다. 마찬가지로 학교공포증도 급성과 만성으로 구분되었다(Kennedy, 1965). 그러나 학교공포증은 1960년대에 들어 학교 관련 자극에 대해 구체적인 공포를 보이는 아동 · 청소년에게 초점을 맞춘 좁은 의미의 개념으로 재정의되었다(Lazarus, Davison, & Polefka, 1965).

최근에는 경험적 · 진단적 접근으로 무단결석 문제를 보이는 아동 · 청소년들을 분류하는 방법이 인기를 얻게 되었다. 경험적 · 통계적 접근에서는 무단결석 문제를 보이는 아동 · 청소년들을 내재화 문제를 보이는 집단과 외현화 행동문제를 보이는 집단으로 분류한다(Young, Brasic, Kisnadwala, & Leven, 1990). 다른 접근에서는 요인분석을 이용하여 불안에 근거한 결석과 무단결석을 구분하였는데, 이는 전통적인 개념과 비슷한 하위 유형들이다(Atkinson, Quarrington, Cyr, & Atkinson, 1989; Berg et al., 1985). 그러나 불행하게도 이러한 구분은 상당히 중복된다. 다른 연구자들도 이러한 문제를 보이는 아동 · 청소년 집단을 진단적으로 변별하기 위해 노력해 왔지만, 이러한 노력도 집단의 이질성에 의해 문제가 되었다(Bernstein & Garfinkel, 1986; Last, Francis, Hersen, Kazdin, & Strauss, 1987; Last & Strauss, 1990).

지금까지 사용되어 온 다양한 용어들을 통일하기 위해 등교거부 행동(school refusal behavior)이라는 용어가 제안되었다(Kearney & Silverman, 1996). 이 용어는 학교에 출석하기를 거부하거나 학교 일과 동안 학급에 머무르는 데 어려움을 보이는 아동 · 청소년들에게 적용된다. 이 용어는 학교 일과 중에 긴 시간을 빠지거나, 부분적 결석을 하거나(예: 특정 수업이나 일정 시간을 빠지는 경우), 학교에 지각하거나, 학교에 가지 않으려고 아침마다 심각한 행동을 보이거나, 공포감을 갖고 등교하거나, 학교에 가지 않겠다고 호소하는 아동 · 청소년들을 모두 포함한다(Kearney, 2001). 이 장에서는 이런 모든 아동 · 청소년들을 기술하기 위해 '등교거부 행동'이란 용어를 사용할 것이다.

등교거부 행동을 보이는 아동 · 청소년의 특징

여기서는 등교거부 행동을 보이는 아동 · 청소년의 주요 특징, 즉 유병률, 인구학적 정보, 증상, 공존장애 진단, 촉발요인, 등교거부 행동의 장기적 및 단기적 결과, 가족 역동 등에 대해 살펴보고자 한다.

유병률 및 인구학적 정보

정확하게 계산하기는 불가능하지만 등교거부 행동의 유병률은 대략 학교에 다니는 아동 · 청소년의 5~28% 정도로 추산된다(Kearney, 2001). 이 행동은 대개 10~13세 아동에게서 나타나는데 중학교에 입학하면서 나타나는 경우도 있다. 등교거부가 나타나는 연령은 정해져 있지 않으며 새로운 학교에 처음 등교할 때 특히 문제가 되곤 한다. 따라서 등교거부 행동은 항상 그런 것은 아니지만 미국의 경우 새 학년이 시작되는 가을에 보다 빈번하게 나타나는 경향이 있다. 등교거부 행동과 성별, 인종 혹은 사회경제적 지위와의 관련성은 그리 높지 않다. 등교거부 행동을 보이는 아동 · 청소년의 상당수(42.1%)는 2년 이상 학교에 가지 않으며 대부분은 학교관계자에 의해 치료에 의뢰된다(Bernstein, Svingen, & Garfinkel, 1990; Stickney & Miltenberger, 1998).

증상 및 공존장애 진단

등교거부 행동을 보이는 아동 · 청소년은 매우 다양한 유형의 행동을 보인다. 이 가운데는 중복되는 증상도 많다. 공통적인 내재화 증상으로는 일반화된 불안과 사회불안, 학교 관련 자극에 대한 공포, 우울, 자살, 피로, 걱정, 신체화 증상, 자의식, 분리에 대한 걱정 등이 있다(Kearney, 2003). 공통된 외현화 증상으로는 반항, 공격성, 떼쓰기, 회피, 학교에서의 무단이탈, 가출, 지시에 따르지 않거나 다른 사람에게 매달리는 행동 등이 있다(Kearney, 2001). 이러한 내재화 및 외현화 증상들은 대부분 함께 일어나는데, 이는 등교거부 행동을 보이는 아동 · 청소년의 모습을 한 가지로 표현하기 어려움을 의미한다.

등교거부 행동을 보이는 아동 · 청소년의 공통적인 두려움으로는 학업 실패, 또래로부터의 놀림이나 학대, 교사, 시험, 꾸중, 발표, 질병, 이동수업, 집 또는 보호자로부터의 분리 등이 있다(Granell de Aldaz, Feldman, Vivas, & Gelfand, 1987; Granell de Aldaz, Vivas, Gelfand, & Feldman, 1984). 그러나 등교거부 행동을 보이는 아동 · 청소년의 대다수는 구체적인 두려움을 보고하지 않으며 학교에 대해서도 특별한 공포를 갖고 있지 않다. 이런 아동 · 청소년 중에서 특히 정서적 어려움을 보이는 아동 · 청소년이 가지는 신체화 증상으로는 위장장애, 복통, 두통, 현기증, 구역질, 구토, 땀흘림, 손떨림, 숨가쁨, 천식 등이 대표적이다(Bernstein et al., 1997; Stickney & Miltenberger, 1998). 우울 증상도 이 집단의 아동 · 청소년에게 공통적으로 나타나며, 간혹 불안 증상과 교차하면서 강한 부정적 정서를 유발하기도 한다(Kearney & Silverman, 1996).

등교거부 행동을 보이는 아동 · 청소년은 외현화 증상을 나타내기도 하는데 이러한 증상은 몇 가지 목적을 갖는다. 등교거부 아동 · 청소년의 다수는 학교에 가지 말고 집에 있으라는 부모의 승인을 얻기 위해, 불편감을 과장하기 위해, 불안을 유발하는 상황을 회피하기 위해, 학교에서 정학을 받도록 유도하기 위해, 중요한 타인들로부터 관심이나 실제적인 보상을 받기 위해, 다른 사람들과의 만남을 회피하기 위해 외현화 행동문제를 나타낸다(Kearney, 2001). 또한 무단결석은 싸움, 기물 파손, 파괴적 행동, 약물남용 등과도 관련이 있다(Berg et al., 1993; Charlton & Blair, 1989; Pritchard, Cotton, & Cox, 1992).

Kearny와 Albano(2004)는 등교거부 행동을 보이는 아동 · 청소년에게 가장 공통적으로 해당되는 진단에 대해 알아보았다. 이러한 진단에는 분리불안장애(22.4%), 범불안장애(10.5%), 적대적 반항장애(8.4%), 주요우울장애(4.9%), 특수공포증(4.2%), 사회불안장애(3.5%), 품행장애(2.8%), 주의력결핍 과잉행동장애(1.4%), 공황장애(1.4%) 등이 포함되었다. 그러나 이 집단의 32.9%는 어떤 진단기준도 만족시키지 않는 것으로 나타났다. 이는 등교거부 행동을 보이는 아동 · 청소년의 다수가 임상수준에 미치지 못하는 문제를 보이고 있거나 공존장애 없이 등교거부만 보이고 있음을 시사한다. 불안 및 우울과 관련된 공존장애를 발견한 연구자들도 있다. 그러나 등교거부와 함께 발생하는 진단에 대해서는 구체적으로 밝혀지지 않았다(Bernstein et al., 1997; Bernstein & Garfinkel, 1986; Last et al., 1987; Last & Strauss, 1990).

등교거부 행동의 촉발요인

연구자들은 등교거부 행동의 공통된 촉발요인을 파악하기 위해 노력해 왔다. 지금까지 파악된 요인으로는 가정의 변화와 스트레스 요인, 아동 또는 부모의 질병, 학교와 관련된 변화(예: 학급, 교사), 학교에서 위협을 당하거나 놀랄 만한 사건의 발생, 부모로부터의 분리, 합법적 결석 일수의 연장, 등교 첫날 등이 있다(Smith, 1970; Waldron, Shrier, Stone, & Tobin, 1975). 그러나 등교거부 행동을 보이는 아동 · 청소년 중에는 명확한 촉발요인을 갖고 있지 않는 경우가 많으며, 촉발요인을 찾고자 노력을 해도 성과를 거두기가 어렵다(Kearney, 2001; Timberlake, 1984).

등교거부 행동의 단기적 · 장기적 결과

등교거부 행동이 지속될 경우, 단기적으로는 성적 하락, 가족갈등, 법적 문제, 아동과 부모의 심리적 고통, 또래로부터의 소외, 아동에 대한 보호 및 감독의 어려움 등의 결과를 초래할 수 있다(Kearney, 2001). 장기적 종단연구 결과, 만성적 등교거부 행동을 보이는 아동 · 청소년의 1/3 정도는 성인이 되었을 때 심각한 사회적/직업적 적응문제와 정신과적 문제를 경험하며, 다른 1/3은 약간의 사회적/직업적 적응문제와 정신과적 문제를 경험하는 것으로 나타났다(Berg & Jackson, 1985; Flakierska, Lindstrom, & Gillberg, 1988; Hibbett & Fogelman, 1990; Hibbett, Fogelman, & Manor, 1990). 무단결석을 조기에 발견하여 치료할수록, 아동과 부모의 정신병리 및 가족 역동의 심각성 수준이 낮을수록 예후는 좋은 것으로 보인다(Kearney, 2001).

가족 역동

지난 수십 년에 걸쳐 등교거부 행동과 관련된 가족 역동에 대한 연구가 이루어져 왔다. Kearney와 Silverman(1995)은 등교거부 행동을 보이는 아동 · 청소년 집단의 주요한 다섯 가지 가족 양상을 발견했다. 그것은 건강한 가족, 분리된 가족, 경계 없는 가족, 고립된 가족 그리고 갈등이 있는 가족을 말한다. 건강한 가족은 일반적으로 양호한 의사소통 기술과 문제해결 기술을 갖고 있지만 자녀가 등교와 관련된 정서적 문제와 어려움을 갖고 있다. 분리된 가족은 서로의 일에 특별히 개입하지 않기 때문에 지나친 허용과 보호감독의 부재가 특징이다. 반면, 경계 없는 가족은 서로의 일에 지나치게 관여하기 때문에 분리불안이 생기기 쉽고 지나치게 엄격한 양육을 하기 쉽다. 고립된 가족은 가족 외의 다른 사람들과 거의 교류를 하지 않기 때문에 무단결석 문제를 다룰 때 교직원들과 협력적 관계를 맺는 데 방해가 된다. 마지막으로, 갈등이 있는 가족은 언어적 · 신체적 공격성, 등교거부 행동 같은 당면한 문제를 해결하는 능력의 부재로 특징된다. 물론 이러한 역동의 요소를 여러 가지 갖고 있는 가족도 있다.

등교거부 행동의 평가

여기에서는 면접, 질문지, 관찰, 일지 등을 포함하여 등교거부 행동을 보이는 아동 · 청소년을 평가하는 데 사용되는 주요 방법들에 대해 살펴보고자 한다.

면접

등교거부 행동을 보이는 아동·청소년과 그의 가족에 대한 면접은 비구조화된 형식 또는 구조화된 형식으로 이루어질 수 있다. 구조화된 면접을 사용하는 연구자들은 일반적으로 등교거부 행동의 역사와 성격, 무단결석을 부모가 알고 있는지의 여부, 공존 증상 및 촉발요인 등에 초점을 맞춘다(Huffington & Sevitt, 1989). 기타 관련 정보로는 인구학적 특징, 아동의 등교거부 행동이 가정의 일상기능에 미치는 영향, 지속되는 생활 스트레스, 사회적·학업적 유능성 수준, 위기문제, 아동의 무단결석에 관한 가족 구성원의 관점, 문화적 요인 등이 포함된다(Kearney, 2005). 치료에 관한 정보도 중요하다. 여기에는 특정 시간에 치료를 받고자 하는 이유, 의뢰 주체(예: 가족, 학교, 법원), 치료를 방해하는 요인, 치료에 대한 기대와 동기 등이 포함된다.

구조화된 면접은 등교거부 행동을 보이는 아동·청소년을 진단하기 위해 사용된다. 대표적인 것으로는 Silverman과 Albano(1996)의 아동용 불안장애 면접: DSM-IV–아동 및 부모용(Anxiety Disorders Schedule for Children: DSM-IV-Child and Parent Versions)이 있다. 이 면접은 다양한 내재화·외현화 문제에 관한 내용으로 구성되어 있으며, 그 밖에도 발달사와 증상, 아동과 부모의 관점, 아동이 회피하려는 상황, 추론 수준, 아동의 등교거부 행동과 관련된 매개요인 등에 관한 내용도 포함되어 있다. 이 면접은 양호한 신뢰도와 타당도를 갖고 있으며, 주로 연구용으로 사용되지만 정신건강 기관에 의뢰된 사례에도 유용하게 활용할 수 있다(Silverman, Saavedra, & Pana, 2001; Wood, Piacentini, Bergman, McCracken, & Barrios, 2002).

면접은 주로 부모와 아동을 대상으로 이루어지지만 치료를 위한 중요한 정보를 얻기 위해 학교교직원을 면접하기도 한다. 이때 공통적으로 다루어지는 영역으로는 앞서 언급한 것과 함께 학생의 학업 상태, 보충해야 할 것, 아동이 학교에 다시 등교할 때 예상되는 방해요인과 지침, 학교 규칙과 대안교육 프로그램, 과거 및 현재의 출석 양상 등이 있다(Kearney & Albano, 2000). 상담교사, 담임교사, 출석관리 담당자, 학교심리학자 및 기타 전문가들도 이와 관련해 도움을 줄 수 있다.

질문지

아동의 자기보고 질문지, 부모용 질문지, 교사용 질문지도 등교거부 행동을 보이는 아동 · 청소년을 평가하기 위해 자주 사용된다. 그러나 이러한 질문지들은 주로 내재화 증상에 초점을 맞추고 있다. 등교거부 행동을 보이는 아동 · 청소년에게 가장 적합한 자기보고 측정도구로는 Kovacs(1992)의 아동 우울검사(Children's Depression Inventory), Kearney, Drabman과 Beasley(1993)의 일상생활 스트레스 척도(Daily Life Stressors Scale), Ollendick(1983)의 아동용 불안검사-개정판(Fear Survey Schedule for Children-Revised), March, Sullivan과 Parker(1999)의 아동 다차원 불안척도(Multidimensional Anxiety Scale for Children), Ronan, Kendall과 Rowe(1994)의 부정적 정서 자기진술검사(Negative Affect Self-Statement Questionnaire), Reynolds와 Richmond(1985)의 아동 발현불안 척도 개정판(Revised Children's Manifest Anxiety Scale), Birmaher 등(1997)의 아동 불안관련 장애 선별검사(Screen for Child Anxiety-Related Disorders), La Greca와 Lopez (1998), La Greca와 Stone(1993)의 아동용 사회불안검사-개정판(Social Anxiety Scale for Children-Revised), Beidel, Turner와 Morris(1995)의 아동용 사회공포증 및 불안 검사(Social Phobia and Anxiety Inventory for Children), Spielberger(1993)의 아동 상태-특성 불안검사-개정판(State-Trait Anxiety Inventory for Children-Revised), Achenbach와 Rescorla(2001)의 청소년 자기보고척도(Youth Self-Report Scale) 등이 있다.

등교거부 행동을 보이는 아동 · 청소년 집단에 가장 적합한 부모용 및 교사용 측정도구로는 Achenbach와 Rescorla(2001)의 아동 행동평가척도(Child Behavior Checklist)와 교사보고양식(Teacher Report Form), Sprafkin, Gadow, Salisbury, Schneider와 Loney(2002)의 아동증상검사-4(Child Symptom Inventory-4), Conners(1997)의 부모용 및 교사용 코너스 평가척도(Conners Rating Scales for parents and teachers) 등이 있다. 연구자들은 간혹 부모에게 가족 역동 문제에 관한 질문지를 작성하게 하기도 한다. 가장 빈번하게 사용되는 척도로는 Moos와 Moos (1986)의 가정환경척도(Family Environment Scale), Olson, Portner와 Lavee(1987)의 가족 적응성 및 응집력 평가척도(Family Adaptability and Cohesion Evaluation

Scale), Skinner, Steinhauer와 Santa-Barbara(1995)의 가족 평가척도(Family Assessment Measure) 등이 있다.

아동용 자기보고 질문지, 부모용 질문지 및 교사용 질문지는 일반적으로 아동이 나타내는 문제행동의 형태에 초점을 두고 있다. 그러나 등교거부 행동의 기능도 평가할 필요가 있다. 이것은 Kearney(2002)의 등교거부 평가척도-개정판(School Refusal Assessment Scale-Revised: SRAS-R)으로 신뢰성 있게 측정할 수 있다. SRAS-R은 24개의 문항으로 구성되어 있으며 등교거부 행동의 네 가지 기능조건의 상대적인 강도를 평가하기 위해 제작되었다. 이 척도는 아동용과 부모용이 있으며, 각 기능조건마다 6문항이다. 아동과 부모의 보고를 합하여 기능조건별 평균을 산출하며, 치료는 가장 강한 기능을 바탕으로 이루어진다. 또한 이 척도는 특정 사례에 영향을 미칠 수 있는 2차적 기능에 대한 프로파일을 검토할 수 있게 해 준다. 그러나 이 프로파일은 직접관찰을 통해 확인되어야 한다.

관찰 및 일지

관찰은 아동의 등교거부 행동의 형태와 기능에 관한 가설을 확인할 때 매우 중요하다. 특히 가정에서 등교하기 전 아침시간이나 학교에서 일과 중에 아동이 움직이는 경로를 직접 관찰하는 것은 매우 도움이 된다. 그러나 불행히도 직접관찰은 시간이 걸리기 때문에 임상가나 교육자에게 어려운 일이다. 따라서 임상장면에서 아동을 직접 관찰함으로써 아동의 불안반응, 회피, 매달리거나 저항하는 행동 등을 파악한다. 또한 부모의 반응과 가족의 역동을 파악하기도 한다(Kearney, 2005; Kearney & Albano, 2000). 교사, 학교상담자, 그 밖의 다른 교직원의 보고도 아동의 행동을 생생하게 알아보는 데 도움이 된다. 또한 일지나 일기도 그날그날의 출석, 문제행동, 불안이나 우울 등의 정서 상태, 가족갈등의 일화 등을 알아보는 데 도움이 된다.

그 밖의 평가방법

지금까지 설명한 평가방법 외에 의료 검진, 학업과 관련된 기록, 공식적 검사 등도 등교거부 행동에 대한 경쟁적 가설을 배제하고 개입이 필요한 문제를 파악하는 데 사용될 수 있다. 예를 들어, 지능검사와 성취검사는 학습장애 여부와 관심을 기울여야 할 학업 영역을 파악하는 데 사용될 수 있다.

등교거부 행동에 대한 인지행동적 관점

앞서 언급하였듯이, 등교거부 행동을 보이는 아동 · 청소년의 증상은 매우 다양하며 이질적이다. 따라서 이 집단을 행동 형태에 근거하여 개념화하고 분류하는 것은 별로 성공적이지 못하다(Kearney & Silverman, 1996). 최근 들어 등교거부 행동을 보이는 아동 · 청소년을 분류하는 대안적 방법으로 기능모델(functional model)이 제안되었다. 이 모델은 등교거부 행동을 보이는 아동 · 청소년들을 학교에 가지 않으려고 하는 이유에 따라 분류한다. 기능모델은 인지행동 기제에 근거하고 있다. 인지행동이론은 아동 · 청소년의 등교거부 이유에 대해 (1) 일반적인 부정적 정서를 유발하는 자극을 회피하기 위해, (2) 혐오적이거나 불편한 대인관계 혹은 평가를 받는 상황으로부터 벗어나기 위해, (3) 중요한 타인들로부터 관심을 끌기 위해, (4) 학교 밖에서 얻을 수 있는 보상을 위해서라고 설명한다.

전자의 두 가지 기능조건은 부적 강화를 위해 혹은 불쾌한 학교 관련 상황으로부터 도망치기 위해 등교하지 않는 아동 · 청소년에게 해당된다. 후자의 두 가지 기능조건은 정적 강화를 위해 혹은 등교하는 것보다 더 강력한 강화를 위해 등교하지 않는 아동 · 청소년에게 해당된다. 물론 부적 강화와 정적 강화가 모두 포함된 복합적 이유 때문에 등교하지 않는 아동 · 청소년도 있다.

일반적인 부정적 정서를 유발하는 자극을 회피하기 위해 등교를 거부하는 아동 · 청소년은 연령이 낮은 경향이 있으며, 학교에 빠지고 싶은 마음을 갖게 만드는 자극을 구체적으로 파악하기 어려운 경우가 많다. 이런 아동은 학교에 가야 할 때 일반적인 두려움이나 긴장, 슬픔을 느낀다고 보고한다. 그리고 간혹 신체화 증상을 보이며 그 증상은 과장될 수도 있고 그렇지 않을 수도 있다. 이런 아동은 부모의 강압에 의해 등교를 하면서도 학교에 가지 않겠다고 부모에게 항변한다. 그러나 이런 아동들 중 다수는 아침마다 꾸물내며 지각하거나 아예 학교에 가지 않거나 한다. 어떤 경우에는 학교와 관련된 촉발인자가 확인되는데 이것이 실제로 위협을 느끼게 만들 수도 있다. 그러나 대부분의 경우에는 촉발인자가 분명하지 않다.

혐오적인 사회적 상황이나 평가와 관련된 상황을 회피하기 위해 등교를 거부하는 아동·청소년은 나이가 많은 경향이 있으며, 대개 무단결석을 촉발하는 자극이나 구체적 상황을 확인할 수 있다. 이런 아동·청소년이 공통적으로 싫어하는 상황으로는 친구들에게 말 걸고 대화하기(자연스럽게 이루어지는 소소한 대화도 포함됨), 복도 걸어가기, 학생들로 가득 찬 교실에 들어가기, 친구들로부터 놀림을 당하거나 무시당하기, 다른 사람들 앞에서 옷 갈아입기, 집단활동에 참여하기, 친구들과 게임하기 등이 있다. 그리고 그들이 싫어하는 평가 상황으로는 시험이나 발표, 다른 사람들 앞에서 글씨를 쓰거나 음식을 먹거나 옷 갈아입기, 다른 사람들 앞에서 노래를 하거나 체육 실기하기, 수업 중에 답변하기 등이 있다. 이런 아동·청소년은 간혹 점심시간이나 체육시간, 수학시간, 시험 등과 같은 특정 시간을 빼먹기도 한다. 이런 상황을 회피하는 것은 눈에 띌 수도 있지만 은밀하게 나타날 수도 있다. 예를 들어 어떤 아동·청소년은 점심시간 동안 화장실에 숨어 있거나 눈에 띄지 않도록 교실 뒤쪽이나 출구 근처에 앉아 있기도 한다.

중요한 타인들로부터 관심을 받기 위해 등교를 거부하는 아동·청소년은 나이가 어린 경향이 있으며, 일반적으로 학교에 가지 않고 집에 머무르기 위해 다양한 행동을 한다. 이러한 기능조건에는 분리불안이 핵심 요인인 경우도 있지만, 부모와의 접촉과 관심을 유지하기 위해 바람직하지 않은 행동을 하는 아동·청소년도 폭넓게 포함되어 있다. 이런 아동·청소년의 다수는 부모 중 누군가가 하루 종일 함께 있어 준다면 학교에 출석할 것이다. 그러나 부모와 집에 있겠다고 하거나 부모의 직장에 따라가겠다고 하는 아동·청소년도 있다. 이런 아동·청소년의 다수는 학교에 간다 하더라도 부모에게 자주 전화를 걸거나, 집에 가기 위해 학교 밖으로 나가려고 하거나, 집에 가라는 말을 듣기 위해 좋지 않은 행동을 하기도 한다. 그들은 간혹 학교에 가지 않고 집에 있으려고 아침마다 심각하게 부적절한 행동을 나타내기도 한다. 이러한 등교거부 행동을 부모가 묵인할 경우 만성적인 행동으로 자리잡을 수도 있다.

실제적인 보상을 받기 위해 등교를 거부하는 아동·청소년은 일반적으로 학교 일과 중에 학교 밖에서 할 수 있는 재미있는 활동을 추구한다. 그들은 대부분 부모와 함께 있거나 집에 있으려는 욕구를 갖고 있지 않다. 이 유형은 전통적인 무단결석과 가장 유사하다. 이런 아동 · 청소년은 친구와 놀거나, TV를 보거나, 늦잠을 자거나, 자전거를 타거나, 비행을 저지르기 위해 학교에 가지 않는다. 그들은 연령이 높은 경향이 있으며, 학교 일과의 많은 시간을 빠지거나(예: 오후 수업을 모두 빠짐) 하루 전체를 빠지는 경우도 많다. 그들의 등교거부 행동은 부모의 눈에 띄거나 띄지 않을 수도 있다. 이 기능은 종종 역기능적 가족 역동과 관련된다.

등교거부 아동 · 청소년 중에는 이와 같은 이유들이 함께 작용하여 학교를 빠지는 경우도 있다. 예를 들어, 처음에는 부정적 정서를 유발하는 자극을 회피하기 위해 등교를 거부한다. 그러나 부모의 묵인으로 집에 머무는 것이 좋다는 것을 알게 되고, 학교 밖에서 정적 강화를 받기 위해 이차적으로 등교를 거부하게 된다. 결국 아동 · 청소년은 실제적인 강화를 위해 장기간 학교에 빠지게 되고 결국 학급으로 되돌아가는 것을 불안해한다. 복합적인 이유로 등교를 거부하는 아동 · 청소년은 단기간 치료가 어려우며 또한 한 가지 이유로 등교를 거부하는 아동 · 청소년에 비해 치료가 더 어렵다. 그러나 그들의 기능 프로파일에 대해 잘 알게 되면 효과적으로 개입하는 데 도움이 된다.

등교거부 행동에 대한 개입

등교거부 행동을 보이는 아동 · 청소년을 위한 개입은 일반적으로 아동중심, 부모중심 그리고 가족중심 개입으로 나뉜다. 교사들을 위한 제안은 나중에 할 것이다.

아동중심 개입

등교거부 행동에 대한 아동중심 치료기법은 심리교육과 자기모니터링(self-monitoring), 신체조절 훈련(somatic control excercise), 인지치료, 노출기반 개입 등으로 이루어진다. 여기서는 이 기법들에 대해 살펴보고자 한다. 심리교육이란 아동이나 그의 가족을 대상으로 등교거부 행동의 성격, 그리고 불안 및 우울증에 수반되는 증상에 대해 가르치는 것을 말한다. 이 교육에서는 주로 무단결석의 형태와 기능, 그리고 아동이 느끼는 정서 상태의 생리적 · 인지적 · 행동적 측면에 관한 내용에 초점을 맞춘다. 또한 아동이 스스로 자신의 정서 상태와 치료의 경과를 파악할 수 있도록 지속적인 자기모니터링을 하게 한다.

아동이 느끼는 증상요소들의 순서도 파악할 필요가 있다. 예를 들어, 어떤 아동은 아침에 눈을 뜨자마자 신체화 증상과 근육긴장(생리적 요소)을 느끼며, 이것이 학교와 관련된 불안과 위험을 일으키는 생각을 가져온다(인지적 요소). 이것은 다시 짜증, 회피, 등교거부를 가져온다(행동적 요소). 따라서 아동의 최근 경험으로부터 구체적인 예를 끌어내는 것이 도움이 된다(Kearney & Albano, 2000).

등교에 대해 심각한 생리적 불안을 느끼는 아동 · 청소년에게는 신체조절 훈련을 통해 각성을 감소시키고 회복을 촉진시킬 수 있다. 근육이완 훈련은 이런 아동 · 청소년에게 가장 공통적으로 사용되는 기법으로 여러 근육을 연속적으로 긴장시켰다 이완시켰다 하는 형태로 진행된다(Ollendick & Cerny, 1981). 신체조절 훈련 중 또 다른 인기 있는 기법은 호흡훈련이다. 이 훈련은 코를 통해 천천히 숨을 들이마시면서 횡격막을 눌러 호흡을 깊게 한 후 입으로 천천히 숨을 내쉬도록 아동을 가르치는 것이다(Kearney & Albano, 2000). 나이가 어린 아동의 경우에는 풍선이나 타이어를 부풀린 후 공기를 빼는 이미지를 이용하면 도움이 된다. 이 기법을 이용하는 아동 · 청소년은 보통 그것을 규칙적으로 연습한다. 그리고 스트레스 상황에 대한 노출기반 훈련에 적용하기도 한다.

인지치료 또한 등교거부 행동을 보이는 아동 · 청소년에게 유용하다. 특히 등교나 또래 그리고 발표에 대해 비합리적 사고를 가진 아동 · 청소년에게 도움이 된다. 이런 아동 · 청소년을 위한 인지치료는 대개 왜곡된 생각 확인하기, 자기성찰(self-reflection)과 질문을 통해 왜곡된 생각 평가하기, 왜곡된 생각을 보다 현실적인 생각으로 바꾸는 전략 사용하기, 스스로 강화하기 등의 내용으로 이루어진다. 여러 가지 인지기법들이 공통적으로 적용되지만, 대표적으로 아동 자신의 생각을 지지하는 혹은 반대하는 증거 찾기, '최악의 상황'에서 일어날 수 있는 실제적(대개는 감당할 수 있는) 결과 탐색하기, 부정적인 사건에 대해 다른 원인들을 생각해 보기, 문제를 좀 더 긍정적으로 혹은 현실적으로 재구성하기, 부정적 사건이 일어날 실제적 가능성을 검증하기 위해 행동실험 해 보기 등을 시도할 수 있다(Reinecke, Dattilio, & Freeman, 2003).

마지막으로, 노출기반 훈련은 등교거부 행동을 보이는 아동·청소년을 위한 치료요소 중에서 가장 핵심적이라 할 수 있다. 이 훈련은 조성(shaping)을 통해 아동을 점진적으로 학교에 데리고 가는 것이다. 아동을 학교에 데리고 갈 때 간혹 하루 일과 중 특정 수업시간에만 부분적으로 참석하게 한다. 예를 들어, 첫째 날에는 한 시간만 학교에 머물도록 하고 그다음부터 한 시간씩 늘려 나간다. 노출기반 훈련은 습관화, 정서적 정보처리 및 고양된 자기효능감을 기초로 한다. 아동은 궁극적으로 자신을 둘러싼 주위 환경에 보다 익숙해지며, 주위 환경이 위험하지 않다는 것을 알게 되고, 자신의 주위 환경을 통제할 수 있다고 느끼게 된다(Kearney, 2005). 노출은 대부분 이 장에서 논의하는 다른 치료기법들과 함께 사용된다.

부모중심 개입

등교거부 행동을 보이는 아동·청소년을 위한 부모중심 개입에는 유관성 관리(contingency management), 일과 짜기, 지시방법 개선, 그리고 일부 사례의 경우 강제적 등교 등이 포함된다. 유관성 관리란 집에서 지켜야 할 규칙을 만들도록 돕는 것을 말한다. 이러한 규칙은 등교하기 전의 행동, 등교할 때 받게 되는 강화, 결석할 때 받게 될 벌 등에 관한 것이다. 어린 아동에게는 토큰경제를 적용할 수도 있다. 그러나 더 큰 아동은 칭찬이나 좀 더 직접적인 강화에 잘 반응한다.

이런 식으로 유관성을 적용하면 아동이 아침의 일과를 따를 수 있게 되고 등교 준비를 하는 데도 충분한 시간을 갖게 된다. 아동이 등교 전 90~120분 정도 일찍 일어나도록 하는 것이 좋다. 그리고 씻기, 옷 입기, 아침식사, 양치질, 최종 준비(예: 가방 챙기기, 겉옷 입기)를 하기 위한 시간을 갖게 해야 한다. 일과를 짤 때는 약간 늦어지는 것에 대비해 융통성 있게 짜야 한다. 그러나 정해진 순서를 따르지 않을 때는 벌을 줄 수 있을 만큼 엄격하게 짜야 한다. 부모의 지시방법은 간단하고 명료한 방향으로 수정될 필요가 있다.

어떤 경우에는 강제적 등교가 적용된다. 이때 두 명의 성인 또는 부모가 아동을 학교에 데리고 가서 교사에게 인계한다. 교사는 아동을 학급으로 데리고 가서 지속적으로 아동을 주의 깊게 살펴보며 지도한다. 그러나 강제적 등교는 필요한 경우에만 사용해야 한다. 특히 이 절차는 아동이 결석한 날보다 등교한 날이 더 많을 때,

아동이 등교에 대해 불안을 느끼지 않을 때, 그리고 부모와 교사가 이 절차를 시행하는 동안 협조할 수 있을 때 최후의 수단으로 사용할 것을 권고한다(Kearney & Albano, 2000). 이상적이기는 하지만 상벌은 가정 내 규칙에 따라 일관성 있게 사용되어야 한다.

가족중심 개입

등교거부 행동을 보이는 아동 · 청소년을 위한 가족중심 개입에는 유관성 계약과 의사소통 기술훈련이 포함된다. 유관성 계약을 적용할 때는 부모와 자녀가 함께 동의서를 쓴다. 이 동의서는 등교할 때 받는 보상과 결석할 때 받는 벌에 관한 내용을 담고 있다. 계약서는 가족의 문제해결 과정을 향상시키고 갈등을 감소시킬 수 있는 좋은 방법이다. 그러나 모든 당사자들이 자발적으로 동의할 때만 실시될 수 있다. 계약서는 의사소통기술 훈련과 연계하여 시행될 수 있다. 이때 가족 구성원들은 경청하기, 다른 말로 바꾸어 말하기(paraphrasing), 다른 가족의 진술에 반응하기 등과 같은 적절한 의사소통 방법을 연습하게 된다.

계약의 성공은 아동이 실제로 등교하는지에 달려 있다. 따라서 처음에는 아동 · 청소년이 계약서에 적힌 보상을 받을 수 있도록 직접 학교에 데리고 가서 수업에 참여하도록 할 필요가 있다. 이와 더불어 학교에 빠지자는 친구의 권유를 받아들이지 않도록 하기 위해 또래거절 기술훈련을 실시할 수도 있다. 이 훈련에서 아동 · 청소년은 역할연습을 통해 학교에 빠지지 않으면서도 친구관계를 잃지 않도록 하는 말과 행동을 배우게 된다.

등교거부 행동에 대한 기능모델의 처방적 치료

지금까지 소개된 치료기법들은 등교거부 행동에 대한 기능모델에서도 활용된다. 특히 다양한 기능조건을 보이는 아동들을 위한 치료 패키지가 개발되어 사용되고 있다. 아동 · 청소년이 부정적 정서를 일으키는 자극을 회피하기 위해, 또는 사회적 상황이나 평가를 받아야 하는 상황을 회피하기 위해 등교를 거부할 때는 치료에 대개 아동 대상의 심리교육, 신체조절 훈련, 인지치료, 노출기반 훈련 등이 포함된다.

관심을 끌기 위해 등교를 거부하는 아동 · 청소년의 경우에는 부모 대상의 유관성 관리 및 이와 관련된 훈련이 포함된다. 학교 밖에서 받을 수 있는 보상 때문에 등교를 거부하는 아동 · 청소년을 위한 치료에는 가족중심의 유관성 계약 및 관련 기술 훈련이 포함된다.

학교장면에서의 적용

지금까지 기술된 기법들은 그대로 혹은 축약된 형태로 학교장면에서 적용될 수 있다. 가령 학교심리학자, 상담교사, 기타 관련 전문가가 아동 · 청소년에게 기본적인 불안관리 기술훈련을 실시하고, 부모에게 후속결과 전략(consequence strategy)을 권고할 수 있다. 사실 지금까지 기술한 여러 치료기법들은 학교장면에서 실시될 때 가장 효과적이다. 학교에서 실시하면 학교장면에 대한 노출이 증대되고 아동에 대한 감독이 증진되며, 다양한 전문가들(예: 정신건강 전문가 및 교직원)이 치료에 참여할 수 있다. 그러나 이런 공식적 치료기법과는 별도로 최전선에 있는 교직원들이 아동 · 청소년의 출석을 증가시키기 위해 다른 노력을 할 수 있다. Kearney와 Bates(출판 중)가 제안한 최전선 접근(frontline approaches)을 간략하게 요약하면 다음과 같다.

최전선 접근 중의 하나는 학교 일과 중에 아동을 감독하는 것이다. 감독을 하면 수업 빠지기, 전화 걸기, 회피하기 등의 과도한 행동을 줄이는 데 도움이 된다. 교직원이 이러한 감독을 하는 것이 바람직하지만, '버디(buddy)'로 불리는 특수보조원이 학교 일과 중에 아동 · 청소년을 모니터할 수도 있다. 이것이 불가능하다면 아동이 교실을 옮길 때마다 교사가 동행하면 도움이 된다. 아동에게 출석일지를 쓰도록 하는 것도 좋다.

또 다른 중요한 접근은 아동의 출석에 방해가 되는 요인을 적극적으로 제거하는 것이다. 예를 들어, 아동의 학업발달 추이를 정기적으로 살펴보고, 필요하다면 아동의 시간표를 변경하거나 보충수업을 제공하는 것이다. 또한 많은 아동들은 교육과정이 자신의 요구에 맞지 않아서 등교를 거부하기 때문에 아동의 요구에 적합한 수업을 제공하는 것도 중요하다. 뿐만 아니라 만약 아동이 교사나 다른 교직원과 갈등을 겪고 있다면 이를 신속하게 해결해 주어야 한다. 이러한 방해요인을 제거하는 것과 더불어 출석할 때마다 학교에서 보상을 제공하는 것도 좋은 방법이다. 보상은 학생과의 서면계약 형태로 제공될 수 있으며, 또는 학생이 좋아하는 수업 외 활동이나 집단, 칭찬, 친사회적 행동을 증진하기 위한 전략(예: 토큰경제) 형태로 제공될 수도 있다.

학교에서의 개입은 부모의 행동과 밀접한 관련성을 갖고 시행해야 한다. 예를 들어, 아동이 결석하거나 결석이 예상될 때는 부모가 즉시 학교에 보고하도록 하고, 아동이 학교 일과 도중에 집으로 돌아왔을 때는 학업과 관련된 활동만 하도록 제한하며, 출석에 관해 구체적인 목표를 세우고 필요할 경우 심리치료를 받도록 하는 것이다. 이것은 아동의 출석을 위해 세워진 계획에 문제가 발생할 때 특히 중요하다. 그리고 아동이 장기적으로 비협조적 행동을 하지 않도록 하기 위해서는 부모와 학교 간의 만남이 자주 이루어져야 한다.

아동이 비협조적 행동을 할 때는 재빨리 그 이유를 찾아야 한다. 비협조적 행동은 많은 이유에 의해 일어난다. 그중 몇 가지 예를 들면, 지나치게 거창하고 복잡한 치료계획, 만족스럽게 처리되지 않은 치료의 방해요인, 아동에 대한 보호감독의 부족, 상황변화에 대한 부모나 아동의 저항, 가족갈등의 문제 및 심각한 정신병리 등을 들 수 있다(Kearney & Bates, 2004). 비협조적 행동은 지속적으로 관리되어야 한다. 이는 가족 구성원들과의 잦은 만남을 통해 치료참여에 대한 강화를 제공하고, 치료계획을 단순화시키고, 교통 및 편의를 제공하고, 가족의 사회지지 체계를 동원하고, 사회복지 서비스기관과 학교담당자가 협력함으로써 개선될 수 있다.

사례연구

사례 1: 타일러

타일러는 다문화 배경을 가진 13세 남아로, 최근에 발생한 등교거부 행동문제로 클리닉에 의뢰되었다. 타일러는 4개월 전 중학교로 진학하면서부터 학교출석 문제를 보이기 시작했다. 특히 그는 새로운 교사들과 새로운 과목, 다양한 교우들과 숙제를 벅차게 느꼈다. 상황을 더욱 나쁘게 만든 것은 이웃의 친한 친구들이 모두 다른 학교에 배정되어 시간을 맞출 수가 없었던 것이다. 이것은 타일러를 외롭고 우울하게 만들었다.

타일러는 상담교사와 부모에 의해 치료에 의뢰되었다. 그들은 타일러의 출결석 문제와 기분변화에 대해 우려하고 있었다. 상담교사는 타일러가 지난 4개월 동안 30번의 결석과 22번의 조퇴를 했으며 때때로 학교에서 울음을 터뜨리거나 집에 가고 싶어 했다고 보고했다. 타일러의 부모 역시 같은 내용을 보고 했다. 그리고 타일러가 초등학생이었을 때 모범생이긴 했지만 항상 예민하고 수줍음이 많았다고 했다. 부모는 보통 타일러가 친구들이 먼저 놀자고 요청할 때까지 기다린다고 했다. 그리고 중학교로 진학한 후로는 친구들이 줄어들었다고 했다. 학교에 빠지고 집에 있을 때 타일러는 숙제를 하거나 어머니의 집안일을 돕곤 했다.

치료자는 매우 상세한 평가를 실시했다. 평가는 면접과 자기보고 질문지, 부모용 질문지, 일상생활 중의 기분 상태와 문제행동(예: 매달리기, 떼쓰기), 출결석 등이 자세히 기록된 일지 등으로 이루어졌다. 평가 결과, 타일러는 사회불안장애의 진단기준에 해당되었으며 우울 증상도 약간 갖고 있는 것으로 나타났다. 또한 기능분석을 실시한 결과, 타일러는 일차적으로 혐오적인 사회적 상황, 평가와 관련된 상황, 새로운 친구들과의 상호작용, 다른 사람들 앞에서 수행해야 하는 상황 등을 회피하기 위해 등교를 거부하는 것으로 나타났다.

치료자는 타일러와 부모를 위해 치료계획을 세웠다. 치료계획은 사회적 상황과 평가 관련 상황에 대한 불안관리와 함께 점진적으로 학교에 가도록 하는 계획이 포함되었다. 치료계획의 초반은 사회불안에 관한 심리교육을 제공하는 것으로 구성되었다. 이것은 불안과 관련된 여러 가지 신체적 · 인지적 · 행동적 증상을 보이는 타일러에게 매우 적절한 것이었다. 예를 들어, 타일러는 아침마다 거의 매일 복통과 구역질을 하곤 했다. 이것은 학교에서 바보처럼 보일까 봐 걱정하게 만들고 결국 학교에 가는 것을 피하도록 이끌었다. 치료자는 타일러가 경험하는 구체적인 상황의 사례들을 활용하였다.

타일러는 영리한 학생이었으므로 치료자는 불안을 유발시키는 상황에서 비합리적 사고를 수정하는 데 도움이 되는 인지치료 기법을 소개하였다. 이때 다양한 상황에서 겪는 수치감과 관련된 사고를 지지하는 증거와 지지하지 않는 증거를 검토하고, 그러한 사건에 관한 가설을 검증하는 데 초점이 맞추어졌다. 타일러의 사회기술을 증진하기 위한 노력도 이루어졌다. 타일러와 치료자는 여러 회기에 걸쳐 사회기술을 연습하였다. 특히 또래와 어울리거나 발표하는 것에 초점을 맞추어 진행하였다.

치료의 마지막 단계에서는 노출기반 훈련이 실시되었다. 처음에는 타일러가 가장 좋아하는 수업에만 참여하도록 하였다. 학교장면에 대한 이러한 초기 노출은 나중에 점차적으로 다른 수업에도 참여하는 것으로 확대되었다. 나아가 교우들과 어울리고 다른 사람들 앞에서 수행하는 것이 포함된 숙제를 완성하도록 하였다. 또한 타일러가 새로운 친구를 사귈 수 있도록 도움을 주기 위해 방과 후 활동을 두 가지 하게 하였다. 그리고 타일러가 가장 힘들어하는 과목을 같은 초등학교 출신의 친구들과 같은 시간에 들을 수 있도록 시간표를 조정해 주었다. 10주 동안의 상담을 받고난 후, 타일러는 여전히 또래와 어울리는 것을 불안해했지만 학교에는 종일 출석할 수 있게 되었다.

사례 2: 칼리

16세 된 백인 여학생 칼리는 매우 심각한 등교거부 행동문제로 클리닉에 의뢰되었다. 칼리는 지난 몇 달 동안 학교에 가지 않았다. 칼리는 오래전부터 간헐적으로 등교거부 문제를 보여 왔다. 상담교사는 칼리가 모든 과목에서 상당히 뒤처져 있으며 아마도 학교를 중퇴할 것으로 보인다는 것 외에는 특별한 정보를 제공하지 못했다. 칼리의 부모는 딸의 행동 때문에 매우 힘들어하였으며 중도탈락에 대해서도 아예 단념하고 있는 듯 보였다. 면접 시 칼리는 협조적이었지만 학교가 싫고 다닐 필요를 느끼지 않는다고 분명하게 말했다. 고등학교를 마치지 않고도 직업을 구한 친구들이 있으며 자신도 같은 길을 갈 수 있을 거라고 하였다.

치료자는 타일러와 유사한 방법으로 평가를 실시하였다. 그러나 칼리의 가족들은 일상생활 기록지 작성에 협조적이지 않았다. 평가 결과, 칼리는 등교거부라는 분명한 문제를 나타내고 있었음에도 그 어떤 정신장애에도 해당되지 않았다. 기능분석을 실시한 결과, 칼리는 학교 밖에서 얻을 수 있는 실제적인 보상 때문에 등교를 거부하는 것으로 드러났다. 구체적으로, 칼리는 집에 있으면서 친구들과 TV를 보거나 잠을 자고 때로는 가까운 쇼핑센터에 놀러 가는 것을 즐겼다.

칼리와 부모는 치료에 가끔씩만 참여했다. 치료자는 등교 준비와 출석행동을 향상시키기 위해 유관성 계약을 시도하였다. 칼리와 부모는 치료회기 중에 계약을 맺는 데는 동의했지만 실천은 오래가지 못했다. 치료자는 계약을 이행하도록 돕기 위해 칼리의 부모에게 딸을 학교에 데려다 주도록 요청했다. 그러나 이 상황은 결국 불가능한 것으로 확인되었다.

따라서 치료자는 칼리에게 적합한 대안교육 프로그램이 있는지 알아보기 위해 상담교사에게 자문을 구했다. 상담자는 칼리와 부모에게 몇 가지 선택을 제안하였고, 칼리는 부분점수(partial credit)를 받는 3시간짜리 늦은 오후/저녁 시간 프로그램이 가장 적합하다는 데 동의했다. 이 시간표는 칼리에게 친구들과 지낼 수 있는 시간을 허용해 주었고 또한 칼리가 힘들어할 만큼 그렇게 엄격하지도 않았다. 칼리의 부모도 칼리가 숙제를 하고 프로그램에 출석을 하도록 좀 더 주의를 기울여 지도하는 데 동의했다. 그리고 출석에 관해 다시 계약을 맺었다. 칼리는 성공적으로 이 프로그램에 출석했다. 여름방학이 되자 가족은 치료를 종결했다.

결 론

등교거부 행동은 복합적이고 이질적이며 널리 퍼져 있는 문제로, 철저한 평가와 처방적 치료, 학생과 부모, 학교 안팎의 다양한 전문가들 간의 협조를 요구한다. 많은 경우 특별하게 고안된 창의적 치료계획을 필요로 하며, 다양한 공존행동과 가족역동 문제에 초점을 맞추어야 한다. 완전한 출석이 아닌 조정된 계획을 고려해야 하는 경우도 있다. 등교거부 문제를 평가하고 치료하는 정신건강 및 학교 전문가들은 이 분야의 빠른 발전에 뒤지지 않도록 노력해야 할 것이다.

참고문헌

Achenbach, T. M., & Rescorla, L. A. (2001). *Manual for the ASEBA school-age forms & profiles.* Burlington: University of Vermont Research Center for Children, Youth, & Families.

American Psychiatric Association. (2000). *Diagnostic and statistical manual of mental disorders* (4th ed., text revision). Washington, DC: Author.

Atkinson, L., Quarrington, B., Cyr, J. J., & Atkinson, F. V. (1989). Differential classification in school refusal. *British Journal of Psychiatry, 155,* 191-195.

Beidel, D. C,. Turner, S. M., & Morris, T. L. (1995). A new inventory to assess childhood social anxiety and phobia: The Social Phobia and Anxiety Inventory for Children. *Psychological Assessment, 7,* 73-79.

Berg, I., Butler, A., Franklin, J., Hayes, H., Lucas, C., & Sims, R. (1993). DSM-III-R disorders, social factors and management of school attendance problems in the normal population. *Journal of Child Psychology and Psychiatry, 34,* 1187-1203.

Berg, I., Casswell, G., Goodwin, A., Hullin, R., McGuire, R., & Tagg, G. (1985). Classification of serve school attendance problems. *Psychological Medicine, 15,* 157-165.

Berg, I., & Jackson, A. (1985). Teenage school refusers grow up: A follow-up study of 168 subjects, ten years on average after inpatient treatment. *British Journal of Psychiatry, 147,* 366-370.

Bernstein, G. A., & Garfinkel, B. D. (1986). School phobia: The overlap of affective and anxiety disorders. *Journal of the American Academy of Child and Adolescent Psychiatry, 25,* 235-241.

Bernstein, G. A., Massie, E. D., Thuras, P. D., Perwien, A. R., Borchardt, C. M., & Crosby, R. D. (1997). Somatic symptoms in anxious-depressed school refusers. *Journal of the American Academy of Child and Adolescent Psychiatry, 36,* 661-668.

Bernstein, G. A., Svingen, P. H., & Garfinkel, B. D. (1990). School phobia: Patterns of family functioning. *Journal of the American Academy of Child and Adolescent Psychiatry, 29,* 24-30.

Birmaher, B., Khetarpal, S., Brent, D., Cully, M., Balach, L., Kaufman, J., & Neer, S. M. (1997). The Screen for Child Anxiety Related Emotional Disorders (SCARED): Scale construction and psychometric characteristics. *Journal of the American*

Academy of Child and Adolescent Psychiatry, 36, 545-553.

Broadwin, I. T. (1932). A contribution to the study of truancy. *American Journal of Orthopsychiatry, 2,* 253-259.

Charlton, A., & Blair, V. (1989). Absence from school related to children's and parental smoking habits. *British Medical Journal, 298,* 90-92.

Conners, C. K. (1997). *Conners Rating Scales-Revised.* North Tonawanda, NY: Multi-Health Systems.

Coolidge, J. C., Hahn, P. B., & Peck, A. L. (1957). School phobia: Neurotic crisis or way of life? *American Journal of Othropsychiatry, 27,* 296-306.

Estes, H. R., Haylett, C. H., & Johnson, A. M. (1956). Separation anxiety. *American Journal of Orthopsychiatry, 26,* 682-695.

Flakierska, N., Lindstrom, M., & Gillberg, C. (1988). School refusal: A 15-20-year follow-up study of 35 Swedish urban children. *British Journal of Psychiatry, 152,* 834-837.

Granell de Aldaz, E., Feldman, L., Vivas, E., & Gelfand, D. M. (1987). Characteristics of Venezualan school refusers: Toward the development of a high-risk profile. *Journal of Nervous and Mental Disease, 175,* 402-407.

Granell de Aldaz, E., Vivas, E., Gelfand, D. M., & Feldman, L. (1984). Estimating the prevalence of school refusal and school-related fears. *Journal of Nervous and Mental Disease, 172,* 722-729.

Hibbett, A., & Fogelman, K. (1990). Future lives of truants: Family formation and health-related behaviour. *British Journal of Educational Psychology, 60,* 171-179.

Hibbett, A., Fogelman, K., & Manor, O. (1990). Occupational outcomes of truancy. *British Journal of Educational Psychology, 60,* 23-36.

Huffington, C. M., & Sevitt, M. A. (1989). Family interaction in adolescent school phobia. *Journal of Family Therapy, 11,* 353-375.

Johnson, A. M., Falstein, E. I., Szurek, S. A., & Svendsen, M. (1941). School phobia. *American Journal of Orthopsychiatry, 11,* 702-711.

Kearney, C. A. (2001). *School refusal behavior in youth: A functional approach to assessment and treatment.* Washington, DC: American Psychological Association.

Kearney, C. A. (2002). Identifying the function of school refusal behavior: A revision of the School Refusal Assessment Scale. *Journal of Psychopathology and Behavioral Assessment, 24,* 235-245.

Kearney, C. A. (2003). Bridging the gap among professionals who address youth with school absenteeism: Overview and suggestions for consensus. *Professional Psychology: Research and Practice, 34,* 57-65.

Kearney, C. A. (2005). *Social anxiety and social phobia in youth: Characteristics, assessment, and psychological treatment.* New York: Kluwer Academic/Plenum.

Kearney, C. A., & Albano, A. M. (2000). *When children refuse school: A cognitive-behavioral therapy approach/therapist's guide.* San Antonio, TX: The Psychological Corporation.

Kearney, C. A., & Albano, A. M. (2004). The functional profiles of school refusal behavior: Diagnostic aspects. *Behavior Modification, 28,* 147-161.

Kearney, C. A., & Bates, M. (in press). Addressing youth with school refusal behavior: Suggestions for front-line professionals. *Children and Schools.*

Kearney, C. A., Drabman, R. S., & Beasley, J. F. (1993). The trials of childhood: The development, reliability, and validity of the Daily Life Stressors Scale. *Journal of Child and Family Studies, 2,* 371-388.

Kearney, C. A., & Silverman, W. K. (1995). Family environment of youngsters with school refusal behavior: A synopsis with implications for assessment and treatment. *American Journal of Family Therapy, 23,* 59-72.

Kearney, C. A., & Silverman, W. K. (1996). The evolution and reconciliation of taxonomic strategies for school refusal behavior. *Clinical Psychology: Science and Practice, 3,* 339-354.

Kennedy, W. A. (1965). School phobia: Rapid treatment of 50 cases. *Journal of Abnormal Psychology, 70,* 285-289.

Kovacs, M. (1992). *Children's Depression Inventory manual.* North Tonawanda, NY: Multi-Health Systems.

La Greca, A. M., & Lopez, N. (1998). Social anxiety among adolescents: Linkages with peer relations and friendships. *Journal of Abnormal Child Psychology, 26,* 83-94.

La Greca, A. M., & Stone, W. L. (1993). Social Anxiety Scale for Children-Revised: Factor structure and concurrent validity. *Journal of Clinical Child Psychology, 22,* 17-27.

Last, C. G., Francis, G., Hersen, M., Kazdin, A. E., & Strauss, C. C. (1987). Separation anxiety and school phobia: A comparison using DSM-III crieeria. *American Journal of Psychiatry, 144,* 653-657.

Last, C. G., & Strauss, C. C. (1990). School refusal in anxiety-disordered children and adolescents. *Journal of the American Academy of Child and Adolescent Psychiatry, 29,* 31-35.

Lazarus, A. A., Davison, G. C., & Polefka, D. A. (1965). Classical and operant factors in the treatment of a school phobia. *Journal of Abnormal Psychology, 70,* 225-229.

March, J. S., Sullivan, K., & Parker, J. (1999). Test-retest reliability of the Multidimensional Anxiety Scale for Children. *Journal of Anxiety Disorders, 13,* 349-358.

Moos, R. H., & Moos, B. S. (1986). *Family Environment Scale manual* (2nd ed.). Palo Alto, CA: Consulting Psychologists Press.

Ollendick, T. H. (1983). Reliability and validity of the Revised Fear Survey Schedule for Children (FSSC-R). *Behavior Research and Therapy, 21,* 685-692.

Ollendick, T. H., & Cerny, J. A. (1981). *Clinical behavior therapy with children.* New York: Plenum.

Olson, D. H., Portner, J., & Lavee, Y. (1987). Family Adaptability and Cohesion Evaluation Scales (FACES III). In N. Fredman & R. Sherman (Eds.), *Handbook of measurements for marriage and family therapy* (pp. 180-185). New York: Brunner Mazel.

Partrdige, J. M. (1939). Truancy. *Journal of Mental Science, 85,* 45-81.

Pritchard, C., Cotton, A., & Cox, M. (1992). Truancy and illegal drug use, and knowledge of HIV infection in 932 14-16-year-old adolescents. *Journal of Adolescence, 15,* 1-17.

Reinecke, M. A., Dattilio, F. M., & Freeman, A. (2003). *Cognitive therapy with children and adolescents: A casebook for clinical practice* (2nd ed.). New York: Guilford.

Reynolds, C. R., & Richmond, B. O. (1985). *Revised Children's Manifest Anxiety Scale manual.* Los Angeles, CA: Western Psychological Services.

Ronan, K. R., Kendall, P. C., & Rowe, M. (1994). Negative affectivity in children: Development and validation of a self-statement questionnaire. *Cognitive Therapy and Research, 18,* 509-528.

Silverman, W. K., & Albano, A. M. (1996). *The Anxiety Disorders Interview Schedule for Children for DSM-IV, child and parent versions.* San Antonio, TX: Psychological Corporation.

Silverman, W. K., Saavedra, L. M., & Pina, A. A. (2001). Test-retest reliability of anxiety symptoms and diagnoses with the Anxiety Disorders Interview Schedule for DSM-IV: Child and Parent Versions. *Journal of the American of Child and Adolescent Psychiatry, 40,* 937-944.

Skinner, H. A., Steinhuer, P. D., & Santa-Barbara, J. (1995). *Family Assessment Measure, Version III (FAM-III)*. North Tonawanda, NY: Multi-Health Systems.

Smith, S. L. (1970). School refusal with anxiety: A review of sixty-three cases. *Canadian Psychiatric Association Journal, 15,* 257-264.

Spielberger, C. D. (1973). *Manual for the State-Trait Anxiety Inventory for Children.* Palo Alto, CA: Consulting Psychologists Press.

Sprafkin, J., Gadow, K. D., Salisbury, H., Schneider, J., & Loney, J. (2002). Further evidence of reliability and validity of the Child Symptom Inventory-4: Parent checklist in clinically referred boys. *Journal of Clinical Child and Adolescent psychology, 31,* 513-524.

Stickney, M. I., & Miltenberger, R. G. (1998). School refusal behavior: prevalence, characteristics, and the schools' response. *Education and Treatment of Children, 21,* 160-170.

Timberlake, E. M. (1984). Psychosocial functioning of school phobics at follow-up. *Social Work Research and Abstracts, 20,* 13-18.

Waldron, S., Shrier, D. K., Stone, B., & Tobin, F. (1975). School phobia and other childhood neuroses: A systematic study of the children and their families. *American Journal of Psychiatry, 132,* 802-808.

Wood, J. J., Piacentini, J. C., Bergman, L., McCracken, J., & Barrios, V. (2002). Concurrent validity of the anxiety disorders section of the Anxiety Disorders Interview Schedule for DSM-IV: Child and Parent Versions. *Journal of Clinical Child and Adolescents Psychology, 31,* 335-342.

Young, J. G., Brasic, J. R., Kisnadwala, H., & Leven, L. (1990). Strategies for research on school refusal and related nonattendance at school. In C. Chiland & J. G. Young (Eds.), *Why children reject school: Views from seven countries* (pp. 199-223). New Haven, CT: Yale University Press.

Chapter 6

선택적 함묵증에 대한 인지행동 개입

정신건강 전문가, 학교에서 일하는 전문가 및 교사들을 괴롭히는 아동기 장애는 관찰과 치료가 어려운 장애다. 이 가운데 선택적 함묵증(selective mutism: SM)은 아동이 학교와 같은 사회적 상황에 들어갈 때가 돼서야 비로소 확인된다. 집 밖에서 말을 해야 하는 요구가 입학한 이후에 부과되기 때문이다. 따라서 유치원과 초등학교는 선택적 함묵증이 발견되는 대표적인 장소다.

이 장에서는 선택적 함묵증의 평가와 치료에 관한 이해와 전략을 제공하고자 한다. 인지행동치료와 마찬가지로, 아동기 문제와 장애를 치료하기 위한 증거기반 치료에 관한 문헌이 많이 발표되었다. 그럼에도, 선택적 함묵증의 평가와 치료에 특별히 초점을 맞춘 연구는 그다지 많지 않다. 따라서 정신건강 전문가와 학교에서 일하는 전문가(예: 학교심리학자, 상담교사, 학교사회복지사 등)는 어떤 치료가 선택적 함묵증에 가장 효과적인지, 선택적 함묵증을 어떻게 진단 내려야 할지를 몰라서 곤경에 빠진다. 선택적 함묵증을 가진 아동이 적대적이라거나 그 아동의 행동문제가 행동장애(예: 적대적 반항장애)에 의한 결과라고 보는 것은 오해다. 왜냐하면 선택적

Christy A. Mulligan & Ray W. Christner

함묵증을 지닌 아동이 불안하지 않은 상태에서 외현화 장애나 행동장애를 보인다는 것을 시사하는 결과가 없기 때문이다(Dummit et al., 1996).

선택적 함묵증이란

19세기 말경, Kussmaul(1877)은 말을 할 수 있는 능력을 가지고 있는 사람이 특정 상황에서 말을 하지 않는 장애를 기술했다. Kussmaul은 이런 사람들이 말을 하지 않으려고 자발적으로 결정한다는 점을 강조하며 그런 장애를 자발적 실어증(aphasia voluntaria)이라고 명명했다. 1934년에 Tramer도 똑같은 증상을 연구했다. Tramer는 이런 아동들이 말을 하지 않기를 선택한다고 믿었기 때문에 이를 선별적 함묵증(elective mutism; Dow, Sonies, Scheib, Moss, & Leonard, 1995에서 인용)이라고 불렀다. 선택적 함묵증(selective mutism)이라는 새로운 용어는 DSM-IV (American Psychiatric Association, 1994)에서 채택되었고, 본문 개정판인 DSM-IV-TR(American Psychiatric Association, 2000)에도 제시되어 있다. 이 새로운 용어는 이런 아동들이 일부 상황에서만 선택적으로 말을 하지 않는다는 것을 시사한다. 또한 이 용어는 불안문제에 초점을 두는 새로운 원인론과 일치하는 것처럼 보인다(Dow et al., 1995). DSM-IV-TR에 따르면, 선택적 함묵증의 핵심적인 특징은 다른 상황에서는 말을 할 수 있음에도 불구하고 말할 것이 기대되는 특정한 사회적 상황에서는 말을 하지 못하는 문제를 지속적으로 보인다는 데 있다. 예를 들면, 선택적 함묵증을 가진 아동은 집에서는 쉽게 말을 하지만, 학교나 기타 사회적 상황에 있을 때는 말을 하지 않는다.

다른 장애와 마찬가지로, 이런 문제는 교육적 및 직업적 성취나 사회적 기능을 방해한다. 선택적 함묵증의 문제는 학급활동에 잘 참여하지 않거나, 급우들과 사회적 상호작용을 잘 하지 않는 것으로 관찰된다. 이 장애는 적어도 1개월 동안 지속되어야 하지만 입학 후 처음 1개월은 이에 해당되지 않는다. 사회적 상황에서 요구되는 말에 대한 지식이 부족하거나 그 말을 하기가 불편하기 때문에 말을 하지 못한다면 선택적 함묵증으로 진단하지 않는다. 예를 들면, 의사소통장애(예: 말더듬증, 음운장애)에 의한 창피함 때문에 말을 하지 않는 아동을 선택적 함묵증으로 진단하지는 않는다. 또한 전반적 발달장애(PDD), 정신분열증, 기타 정신병적 장애를 배제해야 한다. 선택적 함묵증을 겪는 아동은 표준적 발성을 쓰는 의사소통을 하는 대신, 몸짓이나 끄덕임, 머리 흔들기, 밀고 당기기로 의사소통을 할 수도 있다. 어떤 경우에 그들의 의사소통은 단음절의 짧은 단조로운 발성이나 변조된 목소리로 이루어지기도 한다(American Psychiatric Association, 2000).

문헌고찰

선택적 함묵증은 인구의 1% 이하에서 발견되며, 남아보다 여아에게서 좀 더 많이 발견되는 경향이 있다. 선택적 함묵증은 수개월 내지 수년 동안 지속되는 다양한 경로를 거친다(Krysanski, 2003). 현재까지 수행된 연구에 따르면, 사회불안이 선택적 함묵증의 원인이라는 이론이 지지되고 있으며, 선택적 함묵증을 사회공포증의 한 유형으로 보기도 한다(Black & Uhde, 1995). 이러한 추론은 사회불안장애 아동과 선택적 함묵증 아동이 모두 사회적 회피, 사회적 상황에서 느끼는 고통, 낯선 사람에게 말하는 것에 대한 두려움을 보인다는 사실에 기초한다(Beidel & Turner, 1998). 선택적 함묵증 아동들의 진단에 관한 연구(예: Black & Uhde, 1995; Dummit et al., 1997)에서 선택적 함묵증을 가진 모든 아동들이 DSM-IV의 사회공포증 진단 준거를 충족시켰다. 또한 선택적 함묵증과 사회공포증의 발병 연령이 같다는 증거도 있다(Dummit et al., 1997). 선택적 함묵증과 사회공포증을 함께 나타내는 공존비율이 90~100%에 달한다는 사실과 이 두 장애의 공유변량 때문에, 일부 연구자와 임상가들은 선택적 함묵증은 별도의 장애이지만 사회공포증의 한 유형으로 개념화되어야 한다고 제안했다(Black & Uhde, 1995; Kristensen, 2000). 이런 경우 선택적 함묵증 아동은 불안 스펙트럼에서도 '매우 불안한' 극단에 놓인다.

그러나 선택적 함묵증 아동이 사회불안을 재는 여러 측정도구에서 '극단적인 범위에 속하는' 점수를 얻는다는 가설을 지지한 연구는 별로 없다. Dummit 등(1997)은 라이보비츠 사회불안척도(Liebowitz Social Anxiety Scale: Dummit et al., 1997에서 인용)를 사용하여 사회불안을 평정했을 때, 선택적 함묵증 아동의 점수가 중간 범위에 속한다는 것을 발견했다. Bergman 등(2002)의 연구에서도 선택적 함묵증 아동에 대한 교사평정 점수가 비교집단보다 높기는 하지만, 대체로 '임상적으로 유의한' 수준(T점수 70 이상)에는 속하지 않았다. 이러한 결과는 선택적 함묵증을 겪는 아동이 '두려움으로 얼어붙었다(frozen with fear)'는 결론과 일치하지 않는다(Anstendig, 1999). 실제로 선택적 함묵증을 가진 아동의 불안수준이 높을지라도 여러 인지적 및 행동적 요인들이 선택적 함묵증에 관여하며 선택적 함묵증을 매개한다.

선택적 함묵증 평가를 받은 아동들의 행동적 특징은 하버드 유아 연구(Harvard Infant Study; Kagan et al., 1988)에서 보고된 '행동 억제(behavioral inhibition)'와 놀랄 만큼 비슷하다. 하버드 유아연구에 따르면, 유아기에 새로운 자극이나 낯선 사람에 대해 위축되는 경향을 보였던 정상 아동은 새로운 상황에 접근하고 탐색하며 말을 많이 했던 아동에 비해 부모에게 매달리고 놀이를 잘 하지 않으며 발성이 억제되었다. 또한 억제된 아동의 심장박동률이 더 높았고, 심장박동률이 높은 아동은 후에 많은 것에 대해 두려워하며 악몽을 꾸거나, 어머니들의 보고에 따르면 수줍어하고 학교를 두려워한다(Ballenger, 1990). 반면에 억제가 감소된 아동의 심장박동률은 시간이 흐르면서 낮아지는 경향을 보였다.

Yeganeh, Beidel, Turner, Pina와 Silverman(2003)은 사회공포증 진단을 받은 아동과 사회공포증에 더하여 선택적 함묵증을 함께 진단받은 아동을 비교하는 연구를 수행했다. 자기보고, 부모보고 및 행동평가 과제를 포함한 여러 측정도구를 사용해서 두 집단을 비교했다. 이 연구는 선택적 함묵증 아동을 사회공포증 진단을 받은 아동과 비교한 최초의 연구다. Yeganeh 등은 이 두 장애가 어느 정도는 유사할지라도 몇 가지 차이점이 존재한다는 결론을 내렸다. 이 연구에 참여했던 모든 아동들은 사회공포증 진단준거를 충족시켰기 때문에 그들 모두가 사회불안을 경험했다고 볼 수 있다. 사회공포증에 더해 선택적 함묵증을 가진 아동이 사회공포증만 가진 아동에 비해 더 많은 사회불안을 가지고 있는지에 대해서는 상반된 결과가 발표되었다. 서로 다른 여러 가지 측정도구를 활용하여 임상가와 (누가 선택적 함묵증을 가진 아동인지를 모르는) 관찰자들은 선택적 함묵증 아동의 사회불안 수준이 사회공포증만 가진 아동보다 유의하게 높음을 확인했다. 반면, 일반적인 사회불안 수준이나 역할연습 과제 동안에 느낀 특수불안 수준에 대한 아동의 자기보고에서는 유의한 차이가 없었다.

Yeganeh와 동료들(2003)은 이에 대해 다음과 같이 설명했다. 첫째, 선택적 함묵증을 가진 아동이 성공적인 회피전략을 발견했을지도 모른다. 이런 전략은 후에 자신의 사회불안을 감소시키는 네 도움이 되었을 수도 있다. 이 설명에 따르면, 선택적 함묵증을 가진 아동은 더 이상 말을 하지 않음으로써 두려움을 감소시킨다고 가정할 수 있다. 이런 형태의 회피는 스트레스를 단지 중간 수준으로 감소시킬 뿐이다. 둘째, 성인이 아동의 행동을 확대 해석하기 때문일 수 있다. 성인은 아동에게 보여 준 배려에 대해 반응하지 않는 아동을 '두려움으로 얼어붙은' 아동이라고 여길지도 모른다. 이런 아동은 말을 별로 하지 않기 때문에 실제로 겪고 있는 것보다 더 심한 고통을 겪고 있다는 평가를 받기도 한다. 선택적 함묵증을 가진 아동은 비언어적으로 사회적 관계를 이루며, 비언어적 제스처에 대해서는 사회적으로 적절하게 반응하는 경우가 많다. 만일 선택적 함묵증 아동이 사회적 상황에서 두려움을 느낀다면 비언어적 반응에까지 일반화되지는 않을 것으로 보인다. 그러나 사회공포증을 가진 아동은 다른 아동이나 성인과의 모든 상호작용을 회피하는 경우가 많다.

연구에 따르면, 선택적 함묵증 아동은 종종 말과 언어의 지체, 배설장애, 불안장애, 신체운동 기술의 지체 등 다른 장애의 증상들을 함께 보인다. 예를 들면, 언어장애는 선택적 함묵증 아동에서 꽤 빈번하게 발견된다. 선택적 함묵증을 가진 아동들 가운데 30~65%가 언어장애나 언어지체를 보인다(Kolvin & Fundudis, 1981; Steinhausen & Juzi, 1996; Wilkens, 1985). 또한 선택적 함묵증 아동은 화장실에 가고 싶다는 말을 하지 않기 때문에 요도감염에 걸릴 위험에 놓인다. 이런 아동은 목소리를 사용하지 않기 위해서 하루 종일 소변을 참기도 한다. 유뇨증을 겪는 선택적 함묵증 아동의 유병률은 4~42%로 그 폭이 꽤 넓다(Black & Uhde, 1995; Dummit et al., 1997; Kolvin & Fundudis, 1981; Steinhausen & Juzi, 1996). 선택적 함묵증 아동들 가운데 18~65%는 신체운동 기술의 지체를 보이기도 한다(Steinhausen & Juzi, 1996).

선택적 함묵증 아동의 평가

선택적 함묵증 아동이 의사소통의 목적으로 음성 언어를 사용하는 경우는 드물기 때문에 이런 아동을 평가하기란 특히 어렵다. 언어적 능력이 선택적 함묵증 진단에서 중요하지만, 언어적 비정상성이 선택적 함묵증 증상에 미치는 효과에 관한 보고는 아직 없다(Tancer, 1992). 만일 어떤 아동이 다른 국가 출신이고 현재 살고 있는 국가의 언어를 쓰지 않는다면 진단과정은 더욱 어려워진다. 현재 살고 있는 국가의 언어에 유창하지 않은 아동들은 선택적 함묵증 때문이 아니라 자신의 발음이나 억양이 다른 사람에게 비웃음거리가 되는 것을 원하지 않기 때문에 말을 하지 않는다.

행동평정 척도는 아동의 불안수준을 평가하기에 유용한 도구다. 이 척도는 원래 자기보고형인데, 비언어적 반응(예: 대답을 손으로 지적하기, 응답 선택지에 해당하는 숫자를 손가락으로 지적하기)을 하는 아동에게는 문항을 읽어 주어야 한다. 아동의 불안을 평가하는 데 사용하는 협대역(narrow-band) 척도에는 아동 발현 불안척도 개정판(Revised Children's Manifest Anxiety Scale: RCMAS; Reynolds & Richmond, 1985)과 아동 · 청소년용 벡 불안검사(Beck Anxiety Inventory for Youth: BAI-Y; Beck, Beck, & Jolly, 2001) 등 여러 가지가 있다. 부모와 교사도 아동의 불안수준을 평가하기 위해서 그리고 공존장애를 배제하기 위해서 행동평정 척도를 작성해야 한다. 이런 목적을 위해서 아동 행동문제 평가척도 제2판(Behavior Assessment System for Children-Second Edition: BASC-2; Reynolds & Kamphaus, 2004)과 같은 광대역(broad-band) 척도를 실시하기도 한다. 부모와 교사로부터 수집한 정보는 다중장면의 평가를 가능하게 한다. 또한 구조화된 부모면접과 아동면접은 불안과 불안의 공존장애를 평가하기 위해 실시된다. 선택적 함묵증 아동을 평가할 때는 불안장애 면접 일람표 부모용과 아동용(Anxiety Disorder Interview Schedules, Child and Parent Versions: ADIS; Silverman & Albano, 1996)이 유용하다. 추가로, 전통적인 평가도구의 보조 수단으로 관찰을 실시할 수도 있다. 특히 학교(예: 교실, 운동장, 교내식당) 안에서의 관찰은 귀중한 자료를 제공한다. 만일 부모가 자연스러운 가정환경 안에서 아동을 촬영할 의향이 있다면, 아동의 언어기술을 평가하고 아동의 비정상적 언어발달을 들어 볼 수 있는 자료의 수집이 가능하다.

표준화 검사를 사용해서 선택적 함묵증 아동의 지능을 평가하려고 할 때, 비언어적 측정도구를 실시하면 좀 더 정확한 결과를 얻을 수 있다. 보편적 비언어성 지능검사(Universal Nonverbal Intelligence Test: UNIT; Bracken & McCallum, 1998)와 종합적 비언어성 지능검사(Comprehensive Test of Nonverbal Intelligence: CTONI; Hammill, Pearson, & Wiederholt, 1996) 둘 다 좋은 평가도구다. 전통적인 언어성 척도와 비언어성 척도는 선택적 함묵증 아동의 실제 지능보다 낮은 IQ 점수를 산출할 수도 있다. IQ와 상당히 높은 상관을 이루는 능력을 측정하는 브래큰 기본개념척도(Bracken Basic Concepts Scale; Bracken, 1998)는 어린 아동을 대상으로 실시하기에 유용한 도구다(Shipon-Blum, 2002). 또 다른 대안으로는 웩슬러 아동용 지능검사 제4판(Wechsler Intelligence Scale for Children, Fourth Edition: WISC-IV; Wechsler, 2003)에서 지각추론(perceptual reasoning)을 재는 소검사를 선별적으로 실시할 수 있다.

어떤 검사 상황에서든지 검사를 시작하기 전에 아동과 라포를 수립하는 것이 중요하다. 특히 선택적 함묵증을 가진 아동을 평가할 때 더욱 그렇다. 검사에 앞서 선택적 함묵증 아동이 검사환경에 익숙해지도록 하면 나머지 평가과정에 큰 도움이 된다. 만일 평가가 이루어지는 동안에 아동이 눈에 띄게 불안해한다면 즉시 검사를 종료해야 한다. 현저하게 나타나는 불안 증상에는 주저함, 시작의 어려움, 마음이나 말문을 닫아 버리기가 있다(Shipon-Blum, 2002).

선택적 함묵증 아동을 도울 때 관련서비스의 평가 또한 중요하다. 언어장애와 신체운동장애는 선택적 함묵증의 공존장애로 발생하는 경우가 많다. 따라서 말과 언어의 평가를 통해 청각적 처리와 수용성 언어를 평가하고, 작업치료 평가를 통해 시각-신체운동 기술의 발달과 감각통합 능력을 평가한다.

마지막으로, 선택적 함묵증 아동의 가족사를 철저히 확인하는 것이 매우 중요하다. Black과 Uhde(1995)는 가까운 가족 중에 선택적 함묵증과 사회공포증의 발병률이 높다는 것을 발견했다. 가족 배경에 관한 정보를 수집하면, 향후 치료성과에 영향을 미칠지도 모르는 요인을 확인할 수 있고 사례개념화에 유용한 통찰을 얻을 수도 있다. 가족에 관한 정보 중에서도 아동과 가족의 병력, 과거에 겪은 외상사건, 선택적 함묵증 증상이 시작된 시기, 가족의 불안이나 정신건강 문제의 과거력을 반드시 평가해야 한다. 평가 대상 아동의 신체적 측면에 관한 정보를 수집할 필요도 있다. 이런 정보는 부모를 통해서, 또는 보건교사가 기록한 건강 관련 발달력(예: 최근의 건강검진 결과, 아동이 복용하는 약물, 질병이나 알레르기의 과거력, 시각 및 청각 선별검사 결과)를 통해서 수집될 수 있다. 한편, 어떤 아동이 선택적 함묵증을 가지고 있는지를 결정하기에 앞서, 그 아동이 말을 하지 않는 원인으로 의학적 조건(예: 청각손실)을 배제해야 한다.

선택적 함묵증의 개념화

임상가가 CBT의 관점에서 선택적 함묵증을 개념화하기란 어려운 일이다. 왜냐하면 선택적 함묵증 아동은 자신의 인지과정을 남에게 드러내지 않기 때문이다. 그렇지만 다른 아동들과 마찬가지로, 선택적 함묵증 아동의 인지능력도 아동기를 거쳐 청소년기까지 계속 발달하며, 그들의 인지발달도 많은 맥락적 요인들(예: 가족, 또래, 학교)의 영향을 받는다. Mennuti와 Christner(출판 중)가 언급했듯이, CBT는 아동의 발달수준에 적합해야 한다. 인지적 전략들을 어린 아동에게 사용하기 위해 변경할 수는 있지만(Friedberg & McClure, 2002), 어린 아동을 위한 개입에서는 순수하게 언어적 전략들보다는 행동적 개입과 심상을 더 많이 사용하는 경향이 있다(Christner, Allen, & Maus, 2003; Drinkwater & Stewart, 2002). 더구나 선택적 함묵증 아동은 가까운 가족 외에는 말을 하려 하지 않기 때문에 행동적 개입이 특히 유용하다.

선택적 함묵증 진단을 받은 아동에게 CBT를 적용한 연구는 별로 없지만, CBT가 다른 장애에 일반적으로 미치는 효과에 관한 문헌은 많다(Kendall, 2000). 최근 연구에서 불안장애를 가진 아동과 청소년을 위한 단기 CBT 치료의 효과가 지지되었다(Zaider & Heimberg, 2003). 사회공포증 등 기타 불안장애를 가진 아동들에게서 발견된 결과를 살펴보면 선택적 함묵증 아동에게 효과적인 인지행동치료의 기법을 찾을 수도 있다.

인지행동 접근에서 선택적 함묵증을 개념화하려는 시도는 불안 스펙트럼상에서 선택적 함묵증을 이해하는 데 목표를 둔다. 그러므로 치료는 '그 아동이 말을 하게 만드는 것'이 아니라 불안을 인정하고 더욱 효과적인 방식으로 불안을 다루는 것이다. 그러나 궁극적으로 치료는 불안 감소뿐만 아니라 다른 사람과의 의사소통을 격려하고 긍정적으로 강화해야 한다. 치료 초반에는 선택적 함묵증 아동집단에게 인지적 재구성을 실시하기가 어려우므로 행동적 개입이 더욱 유용하다. 그러나 치료가 진행되면 인지기반 개입의 사용이 점차 더 중요해진다.

앞서 강조했듯이, 선택적 함묵증 아동을 위한 치료과정의 초반에는 CBT의 인지적 측면을 덜 사용한다. 그렇지만 인지적 요소와 전략들은 치료의 다른 영역에서, 특히 부모와 함께 일을 할 때는 필수적이다. 부모자문을 할 때 임상가는 부적응적 사고를 다루기 위해 부모의 신념과 사고를 평가하고 인지적 재구성을 활용한다. 예를 들면, 선택적 함묵증 아동의 부모는 보통 '아이가 학교에서 말을 하게 만들어야 해. 그렇지 않으면 학교 선생님들은 나를 나쁜 부모로 여길 거야.'라고 생각한다. 흥미롭게도, 발달연구를 통해 부모의 인지와 자녀의 인지 간에 관련성이 있는 것으로 확인되었다(Garber & Robinson, 1997). 특히 아동의 문제에 기여할 수도 있는 불안이 가족력에 존재하거나 유선적으로 관련되어 있을 경우, 부모는 자기 탓을 많이 한다. 이런 이유에서 선택적 함묵증 아동의 부모나 보호자에게 심리교육 훈련을 실시하는 것은 가치 있는 일이다. 심리교육 훈련을 통해 부모는 선택적 함묵증, 평가과정, 증상의 치료, 가정에서 부모나 보호자가 사용할 수 있는 개입에 대해 이해하게 된다.

행동적 접근에만 근거하여 선택적 함묵증을 개념화하는 전문가들은 선택적 함묵증을 일련의 부적 강화를 오랫동안 받아 온 학습의 산물로 간주한다(Leonard & Topol, 1993). 이와 달리, Pordes(1992)는 선택적 함묵증을 "환경을 조작하기 위하여 말하기를 거부하는 방법을 쓰는 학습된 반응"(p. 369)이라고 보았다. 몇몇 행동주의 연구자들은 선택적 함묵증 아동의 침묵하는 행동이 모종의 기능을 갖는다는 점을 언급했고, 환경이 이러한 상호작용 방식을 유지시킨다고 주장했다(Anstendig, 1998). 이러한 주장은 선택적 함묵증 아동의 일부 행동을 설명하며, 불안에 대한 일반적인 견해와 대체로 일치한다. 그렇지만 선택적 함묵증 아동이 경험하는 인지적 요소를 임상가가 무시하는 것은 무책임한 일이다. 한편, 행동적 또는 '기능적' 입장에서 사례개념화를 하는 전문가는 부모와 교사에게 어떤 행동을 병리적이라기보다는 적응적인 것으로 설명할 수도 있다(Powell & Dailey, 1995). 선택적 함묵증에 대한 관점이 무엇이든지 말하지 않는 것은 아동에게 2차적 변화를 초래하며, 나아가 그런 행동을 유지시킨다(Anstendig, 1998). 즉, 사람들은 선택적 함묵증 아동이 언어적 표현 이외의 다른 방식으로 의사소통하는 것을 허용하거나 말을 하라는 요청을 중지하여 이후에 함묵증이나 함묵행동을 더욱 강화하게 된다.

개입 전략 및 기법

오늘날 선택적 함묵증 치료에 성공적인 개입은 대부분 강화, 자극 소거, 토큰 경제 조성, 유관성 관리, 자기모델링, 반응개시(response initiation) 등의 행동적 요소를 포함한다(Giddan, Ross, Sechler, & Becker, 1997; Kehle, Madaus, Baratta, & Bray, 1998). 이런 개입전략들은 가정, 학교, 지역사회를 포함한 여러 장면에서 사용될 수 있다는 장점을 지닌다.

앞서 언급했듯이, 선택적 함묵증 아동이 말을 하지 않는 것은 불안에 대한 학습된 행동으로 간주된다. 그러므로 선택적 함묵증 아동이 말을 하지 않는 것 이외의 다른 방식으로 불안에 대처하는 방법을 배울 수 있도록 조기개입을 통해 대처전략을 가르치는 것이 중요하다. Shipon-Blum(2002)은 선택적 함묵증 아동을 위한 치료의 주요 목적으로 불안 감소, 자기존중감 증진, 사회적 장면에서의 자신감 증가를 제시하였다. 다시 말해, '아동이 말을 하게 만드는 것'을 강조해서는 안 된다는 것이다. Shipon-Blum은 불안이 낮아지고 자신감이 증가하면 결국 아동의 언어적 표현이 뒤따라 나타날 것이라고 주장했다.

정적 강화와 둔감화 기법은 선택적 함묵증 치료에 핵심적인 행동적 전략이다. 또한 말하기를 강조하지 않는 것도 치료에 유용한 방법이다(Shipon-Blum, 발행연도 미상). 전문가는 이를 염두에 두고 아동을 이해하고 아동이 자신의 불안을 인정하게 하는 입장을 유지하면서 치료에 임해야 한다. 이런 관점에서 사용할 수 있는 인지행동 도구로는 불안을 평가하는 '감정 온도계(feeling thermometer)'가 있다. 감정 온도계는 아동이 자신의 정서적 강도를 확인할 수 있도록 돕기 위해 널리 사용된다(Castro-Blanco, 1999; Silverman & Kurtines, 1996). 대부분의 아동들은 온도계의 개념을 이해하며, 자신이 느끼고 있는 감정의 강도를 온도로 표현하는 것을 재미있어 한다. 더구나 감정 온도계는 시각적인 방식이므로 비언어적 방식으로 반응하는 선택적 함묵증 아동들에게 적절하다. 예를 들면, 전문가는 선택적 함묵증 아동에게 온도계를 손가락으로 지적하게 하거나 종이에 그린 온도계에 아동이 색칠을 하게 할 수 있다.

아동이 느끼는 불안의 기초선을 수립하기 위해, 임상가는 불안을 유발하는 실제 상황이나 상상의 상황에 아동을 몰입시키기 전에 먼저 아동 스스로 자신의 감정을 평가하게 한다. 기초선 자료를 수집한 후, 임상가는 아동이 사회적 상황(예: 급우들 앞에 서기, 질문 받기)에서 자신이 느낄 수 있는 불안수준을 예측하게 한다. 그런 다음 불안을 유발하는 상황에서 상상실험이나 실제실험을 하고, 다시 아동으로 하여금 감정 온도계를 이용해 자신의 불안수준을 평가하게 한다. 이 활동은 아동이 경험하는 불안에 관한 증거를 검토하는 방식으로 활용될 수 있다. 아동이 실제로 느끼는 불안수준이 아동이 예측한 불안수준보다 낮은 경우도 있다. 이런 경우에 아동은 불안한 감정을 예측하고 실제로 경험했을지라도, 어쨌든 자신이 과제에 접근할 수 있다는 것을 배울 수 있을지도 모른다(Friedberg & McClure, 2002).

정적 강화가 중요한 요소이기는 하지만, 아동의 불안이 낮아지기 전이나 아동이 미세한 격려를 기꺼이 수용하기 전에는 정적 강화를 조심스럽게 제시해야 한다. 지나친 정적 강화는 일부 아동을 당혹스럽게 할 수 있고, 결국 치료를 방해할 수도 있기 때문이다. 아동에게 짤막한 글 써 주기, 아동이 스티커 책자를 가지고 있도록 허락하기, 전문가(예: 임상가, 교사)와 아동이 특별한 신호 주고받기 등의 가벼운 정적 강화가 오히려 더 강력할 수 있다.

수많은 개입기법이 선택적 함묵증 아동에게 효과적일지라도, 말로 표현하라는 압력이 남아 있다면 어떤 개입기법도 효과적일 수 없음을 임상가는 명심해야 한다. 앞서 언급했듯이, 선택적 함묵증 아동을 대상으로 개입을 실시할 때는 먼저 아동이 편안한 감정을 갖도록 하여 불안을 감소시켜야 한다. 놀이나 그림 활동을 통해 불안을 표출할 수 있는 비언어적 출구를 마련해 줄 수도 있다.

CBT는 선택적 함묵증 아동을 돕기 위한 하나의 접근방법으로, 심리교육을 통해 아동이 자신의 선택적 함묵증을 인식하고 인정하도록 돕는 데 초점을 둔다. 또한 사회적 상황에서 유발되는 불안과 걱정을 감소시키고 자신감을 갖도록 돕기 위해 아동이 스스로 사고와 행동을 바꾸도록 격려해야 한다. CBT에서는 치료가 필요한 영역을 다루는 것에 더하여 아동의 긍정적 자질을 강조한다. 일부 임상가들은 CBT 기법이 언어적 표현을 필요로 하는 기법이라고 생각한다. 그러나 선택적 함묵증 아동을 위해 이런 기법을 변경한 방법들이 많이 있다. 예를 들면, Knell(1993)은 CBT와 놀이치료의 전통적 요소들을 통합하여 인지행동 놀이치료(Cognitive-Behavioral Play Therapy)를 개발하였다. 이 접근은 어린 아동에게 사용할 수 있을 뿐만 아니라 선택적 함묵증 아동에게도 적용될 수 있다.

CBT의 또 다른 중요한 측면으로는 부모참여와 또래 사회화가 있다. 치료기법을 선택적 함묵증 아동에게 맞추어 조정해야 할 필요가 있을 때 이러한 측면을 고려하는 것이 효과적이다. Rapee(1997)는 부모의 양육방식이 아동의 불안장애와 관련된다고 주장했다. 따라서 아동의 강점을 지지하고 긍정적으로 강화하는 방법을 찾아내도록 부모훈련을 하는 것도 필요하다. 이런 경우에는 행동수정에서 자주 사용하는 토큰경제가 효과적이다. O'Leary와 Drabman(1971)은 이 방법이 다음의 세 가지 기본 특징을 갖는다고 제안했다. 그것은 (1) 강화되어야 하는 행동의 분명한 진술, (2) 표적행동이 발생할 때 강화물을 제공하는 절차의 설계, (3) 토큰을 강화물이나 강화사건으로 교환하는 규칙의 개발이다.

선택적 함묵증 아동에게 노출기법을 적용하는 과정에 부모를 포함시킬 수도 있다. 선택적 함묵증 아동에게 노출기법을 사용할 때는 점진적 노출이 가장 바람직하므로 임상가와 부모는 실제 경험을 활용하여 되도록 노출을 현실적으로 유지해야 한다(Turk, Heimberg, & Hope, 2001). 부모는 대상 아동을 그 상황으로 억지로 끌어들이지 않으면서 노출의 기회를 제공하는 것이 바람직하다.

자넷에게 실시한 노출은 부모의 지도하에 노출을 실시한 사례다. 자넷은 불안감소 기법(예: 이완훈련, 상상노출)과 사회기술 훈련에 초점을 둔 상담회기에 네 차례 참석했다. 회기와 회기 사이에 실시하는 실험으로, 자넷의 부모는 가정에서 사회적 상황에 대한 점진적 노출을 실시했다. 자넷의 부모는 친구 한 명을 초대하여 자넷과 놀이시간을 갖도록 함으로써 노출을 시작했다. 놀이 첫째 날에 친구 한 명을 집으로 초대하여 노출을 했다. 집을 안전지대로 활용하여 노출을 실시하여 자넷이 대화에 참여할 기회를 증가시키려 하였다. 첫 번째 놀이시간에는 자넷이 말을 하지 않을 수도 있다고 부모에게 알려 주는 것이 중요하다. 자넷은 대부분 조용히 있었지만, 인형이 서로 이야기하는 놀이를 할 때는 자신의 목소리를 내기 시작했다. 두 번째 놀이시간이 되자 자넷은 친구와 대화를 하기 시작했고, 이런 행동은 학교와 지역사회 등 다른 장면에 점차 일반화되었다. 놀이를 통한 이러한 연습은 자넷에게 노출경험을 제공했을 뿐만 아니라 또래의 긍정적 사회기술을 관찰할 수 있는 경험을 갖게 했다.

학교장면에 대한 시사점과 적용

선택적 함묵증은 아동이 입학할 때까지 관찰되지 않는 경우가 많기 때문에 학교의 지지가 치료에 필수적이다. 선택적 함묵증을 일종의 불안장애로 보도록 학교를 설득하면, 전형적인 특수교육이나 치료 서비스보다 더욱 유익한 지지를 이끌어 낼 수 있다(Shipon-Blum, 2002). 선택적 함묵증을 가진 학생은 학교에서 조정(accommodations)[4]을 필요로 할 것이다. 이런 조치의 대부분은 특수교육 서비스보다는 504 서비스 협약(504 Service Agreement)[5]을 통해 제공될 수 있다. 학교는 선택적 함묵증 아동의 특수한 요구를 다루기 위해 종합적 평가를 실시해야 하며, 이를 위해 학교의 자원을 활용하는 것이 중요하다.

선택적 함묵증 학생이 교실에서 좀 더 편안하게 느끼도록 담임교사가 활용할 수 있는 몇 가지 방법들이 제안되어 왔다. 가정방문을 해서 아동이 편안하고 친숙한 곳에서 새로운 교사에 대해 불편해하지 않고 이완될 수 있도록 도울 수 있다. 또 어떤 교사는 선택적 함묵증 아동의 불안수준을 낮추기 위해 등교하는 아동을 정문에서 맞이해 주기도 하였다. 어떤 사례에서는 선택적 함묵증 학생이 상담회기 중에 배운 이완기법을 조회시간에 담임교사에게 가르치게도 했다. 교실에서는 쉬는 시간과 점심시간에 선택적 함묵증 아동을 친한 친구와 짝지어 주어 사회적 상호작용

4) 역자 주: 조정(accommodations)이란 장애 학생이 장애로 인해 교육적 혜택을 받지 못하거나, 능력과 인성에 대한 정확한 평가를 받지 못하거나, 불이익을 당하게 될 가능성을 줄이기 위해 교육방법, 평가방법, 시간, 장소, 자료 등을 바꾸는 절차를 말한다.

5) 역자 주: 504 서비스 협약(504 Service Agreement)은 특수교육 대상자는 아니지만 학교에서 일반교육을 받기 어렵게 만드는 의료문제나 건강문제 등을 겪고 있는 학생들이 차별받지 않고 학교교육 프로그램에 참여할 수 있는 동등한 기회를 보장하기 위해 필요한 관련서비스(related services)와 조정을 제공하는 미국의 법 조항이다.

을 증가시킬 수도 있다. 또한 교사들은 처음에는 아동의 비언어적 반응방식을 허용하고 심지어 장려할 수도 있다. 선택적 함묵증 아동은 쉽게 창피함을 느낀다는 것을 교사가 이해하는 것이 중요하다. 교사는 선택적 함묵증 아동과 대화를 할 때 그 아동에게 주의를 기울이지 말고 눈맞춤도 최소화해야 한다. 마지막으로, 선택적 함묵증 학생을 도울 때 교사는 학교 밖에서 일하는 전문가들(의사, 심리사, 기타 치료전문가)과도 협력해야 한다(Shipon-Blum, 2002).

선택적 함묵증 아동이 특수교육 서비스 수혜자격을 충족시킨다면 다음의 몇 가지 사항을 고려해야 한다. Shipon-Blum(2002)은 선택적 함묵증 아동이 소집단 또는 단짝친구와 활동하는 것을 허용하거나, 학교에 부모가 참여하도록 격려하거나, 아동 혼자만 친구와 함께 지내는 시간을 갖게 하는 등의 조정 절차를 적용할 수 있다고 제안했다. 숙제나 시험에 필요한 시간을 연장해 주거나, 언어로 보고해야 할 과제를 녹음하거나 글로 쓰게 하고, 비언어적 의사소통을 허용하거나, 의례적인 일상에서 일어날 변화를 사전에 공지하여 대비하게 하거나, 교사와 일대일로 만나는 시간을 갖게 하거나, 창의적인 학습환경을 제공하는 개입(예: 시각적 활동이나 공간적 활동을 교과과정에 통합하기) 등이 유용하다. 말/언어 서비스, 작업치료, 심리상담 등 관련서비스를 학교에서 제공하여 선택적 함묵증 학생에게 필요한 지원을 한다.

학교에서 일하는 전문가들은 시간이 지나면서 선택적 함묵증 아동의 행동이 향상되는 것을 알아차리게 될 것이다. 언어적 표현은 더 많아지고, 불안도 눈에 띄게 줄어들 것이다. 아동이 더 많이 미소 짓고, 눈맞춤도 더 자주 하고, 자세가 더 많이 이완되고, 힘들여 노력하지 않아도 자연스럽게 대화를 시작하고, 질문에 신속하게 대답하는 것을 더 자주 관찰할 수 있을 것이다. 선택적 함묵증 아동이 다른 사람들과 말로 의사소통하는 것을 듣는 일이야말로 선택적 함묵증 아동을 돕는 사람에게는 가장 큰 보람이다.

사례연구: 토미

6세의 토미는 러시아인 부모와 함께 살고 있는 외동아이다. 토미는 미국에서 태어났지만, 그의 부모는 러시아에서 태어나 성장했기 때문에 문화와 관련된 이슈들이 많다. 토미의 부모는 집에서 러시아어와 영어를 번갈아 쓴다. 부모는 토미가 러시아어도 배우길 원하지만, 미국에서 사니까 영어를 할 줄 아는 게 중요하다고 생각한다.

토미는 대체로 조용하고 수줍어하며 다소 소심하다. 가족 이외의 사람이 말을 걸면 부모 뒤에 숨곤 한다. 집에서는 말을 하지만 그리 많이 하지는 않는다. 공룡 등 자기가 좋아하는 주제가 아니라면 대화를 시작하지 않는 편이다. 그는 특히 티라노사우루스 렉스를 좋아했고, '폭군 도마뱀 왕'이라고 불렀다. 토미는 혼자 노는 것에 만족했지만, 가까이 사는 동갑내기 사촌과 함께 놀기도 했다.

토미가 유아원에 들어갔을 때, 부모는 교사에게 토미가 매우 수줍어하고 말을 많이 하지 않는다고 말했다. 유아원 교사는 나성한 사람이었고, 토미에게 말을 하라고 요구하지 않았으며, 토미를 '너무 약한' 아이라고 느껴서 많이 보호해 주었다. 그러나 새로 온 교사는 토미를 매우 다르게 대했다. 그 교사는 토미에게 말하기를 요구했고, 말을 하지 않을 경우에는 벌(쉬는 시간 박탈, 타임아웃)을 주었다. 토미가 교사의 질문에 대답하지 않으면, 교사는 토미를 노려보았고 특혜를 세거했다. 그 결과, 토미의 행동은 극단적으로 변했고, 학교와 집에서 행동으로 표출되기 시작했다. 새 학년이 시작되고 몇 주가 지나자, 토미는 학교에서 말을 하지 않았고 교사의 요구를 무시했다. 또한 토미는 매우 반항적으로 행동하며, 크레용을 집어던지거나 줍기를 거부했고, 구조화된 활동에 참여하지 않으려 했다. 이야기 시간에는 교사를 마주 보지 않으려고 되도록 멀리 떨어져 등을 돌려 앉았다.

부모는 토미의 교육에 문제가 있음을 알아차렸고 더 나빠질까 봐 두려워했다. 도움이 필요하다고 생각한 부모는 아동정신과 의사를 통해 도움을 받으려고 했다. 아동정신과 의사는 토미를 선택적 함묵증과 사회공포증으로 진단하였고, 선택적 세로토닌 재흡수 억제제(SSRI)의 일종인 프로작(Prozac)의 복용을 권했다. 부모는 약물치료를 매우 꺼렸지만, 정신과 의사의 자문을 받아 시험적으로 약물치료를 받아보기로 결정했다.

약물치료에 더하여, 토미의 부모는 학교에서 학교심리학자가 제공하는 심리상담 서비스를 요청했다. 심리상담 서비스는 3주 동안 회기당 30분씩 9회의 모임을 갖는 것으로 구성되었다. 학교심리학자는 토미에게 CBT를 실시했는데, 몇 가지 전략들을 변경할 필요가 있었다. 토미는 초기에 말을 하지 않았다. 그러나 학교심리학자가 인형을 사용하자, 토미는 인형을 가지고 말을 하기 시작했다. 심리상담 회기 동안 토미는 이완전략을 배웠고, 자신감 증진을 위한 사회기술도 배웠다. 회기와 회기 사이에는 '행동실험'도 실시되었다. 예를 들면, 토미가 상담회기 동안에 시도했던 이완훈련을 집에서 부모에게 가르치거나, 학교심리학자와 함께 학교의 다른 장소(예: 교내식당, 교무실)에서 인사하거나 눈맞춤을 하는 연습을 했다.

또한 담임교사에게는 행동자문을 제공했다. 토미의 교사에게 선택적 함묵증에 관한 교육을 제공했고, 토미의 반항적인 행동이 불안반응과 관계가 있다는 것을 교사가 이해하도록 도와주었다. 또한 교실 안에서 활용할 수 있는 행동계획도 수립하였다. 교사가 책을 읽거나 뒷정리를 하거나 학급활동을 마무리할 때, 토미가 교사를 마주 보는 행동을 하면 강화를 주는 것부터 시작했다. 행동계획의 일차적 목적은 토미에게 좀 더 긍정적인 학급환경을 조성해 주는 것이었다. 토미가 점차 나아지면서 비언어적 반응에 대한 강화를 언어적 반응에 대한 강화로 바꾸어 나갔다. 그런데 토미에게 주는 강화는 엄지손가락을 세우는 신호를 보내거나, 5분 동안 공룡 색칠하기를 허용하거나, 손에 별 스티커를 붙여 주는 등 다른 사람의 눈에 잘 띄지 않는 것이어야 했다.

토미의 부모는 2주 만에 토미가 달라지기 시작했음을 알아차렸다. 토미는 훨씬 행복해했고, 이전에 부모가 듣지 못했던 언어표현을 사용했다. 학교에서 교사는 더 이상 토미에게 말을 하라고 강요하지 않았다. 그 대신 토미가 하는 모든 시도에 대해 칭찬을 해 주었다. 이런 노력과 함께 토미에게 큰 변화가 나타났다. 환경이 덜 위협적일 때는 토미의 반항적 행동이 매우 빠르게 감소했다. 토미가 학교에서 말을 하게 되었을 때, 교사가 그의 학업능력에 감탄할 정도로 토미는 모든 교과 영역에서 제 학년 수준에 해당되거나 그 이상에 이르렀다.

학교에서 사회기술이 향상되자, 토미는 새 친구를 사귀기 시작했다. 토미는 7세 생일에 다섯 명의 친구와 사촌을 생일파티에 초대했다. 그는 아직 약물치료를 받고 있고, 정신과 의사가 치료과정과 효과를 계속해서 점검하고 있다. 학교심리학자도 토미를 계속 관찰하고 있다. 그러나 이런 관찰과 점검은 1년 동안 두세 번 연락을 취하는 정도로만 진행되었다. 학교에서는 계속해서 행동지원계획을 실시했다. 매년 토미를 맡는 교사들에게 선택적 함묵증에 관한 일반적인 정보와 더불어 행동지원계획이 제공되었다.

결론

선택적 함묵증은 아동이 입학하면서 관찰되는 희귀한 장애다. 많은 경우에 교사는 선택적 함묵증 증상을 가진 아동에 대해 좌절감을 느끼고, 결국 이런 아동은 반항적인 아동으로 간주된다. 학교에서 일하는 전문가는 선택적 함묵증에 관한 기본적인 사항, 즉 선택적 함묵증이 불안장애 스펙트럼에 속하는 하나의 장애임을 유념해야 한다. 선택적 함묵증을 가진 아동의 치료에 관한 연구는 아직 미흡하다. 그렇지만 불안한 아동을 대상으로 해서 개발된 CBT의 실시에 관해 현재까지 알려진 지식을 선택적 함묵증 아동을 위한 치료전략의 개발에 적용할 수 있다. 전문가가 치료개입을 실시하는 동안에는 언어적 상호작용에만 의존하지 말고, CBT 기법을 창의적으로 바꾸어 실시하는 것이 중요하다.

참고문헌

American Psychiatry Association. (1994). *Diagnostic and statistical manual of mental disorders* (4th ed.). Washington, DC: Author.

American Psychiatry Association. (2000). *Diagnostic and statistical manual of mental disorders* (4th ed., text revision). Washington, DC: Author.

Anstendig, K. (1998). Selective mutism: A review of treatment literature by modality from 1980-1996. *Psychotherapy, 35,* 381-390.

Anstendig, K. (1999). Is selective mutism an anxiety disorder? Rethinking its DSM-IV classification. *Journal of Anxiety Disorder, 13,* 417-434.

Ballenger, J. (Ed.). (1990). *Neurobiology of Panic Disorder.* New York: Wiley & Liss.

Beck, J. S., Beck, A. T., & Jolly, J. (2001). *Manual for the Beck Youth Inventories of Emotional and Social Adjustment.* San Antonio, TX: The Psychological Corporation.

Beidel, D. C., & Turner, S. M. (1998). *Shy children, phobic adults: nature and treatment of social phobia.* Washington, DC: American Psychological Association.

Bergman, R. L., Piacentini, J., & McKracken, J. T. (2002). Prevalence and description of selective mutism in a school-based sample. *Journal of American Academy of Child and Adolescent Psychiatry, 41,* 938-946.

Black, B. B., & Uhde, T. W. (1995). Psychiatric characteristics of children with selective mutism: A pilot study. *Journal of the American Academy of Child and Adolescent Psychiatry, 34,* 847-855.

Bracken, B. A. (1998). *Bracken Basic Concepts Scale-Revised.* San Antonio, TX: Psychological Corporation.

Bracken, B. A., & McCallum, R. S. (1998). *Universal Nonverbal Intelligence Test (UNIT).* Chicago: Riverside Publishing.

Castro-Blanco, D. (1999, November). STAND-UP: Cognitive-behavioral intervention for high-risk adolescents. Workshop presented at the annual meeting of the Association for Advancement of Behavior Therapy, Toronto, Canada.

Christner, R. W., Allen, J. S., & Maus, M. R. (2004, Winter). An Overview for selecting SBT techniques in the treatment of youth in schools. *Insight, 24*(2), 8-10.

Dow, S. P., Sonies, B. C., Scheib, D., Moss, S. E., & Leonard, H. L. (1995). Practical guidelines for the assessment and treatment of selective mutism. *Journal of the American Academy of Child and Adolescent Psychiatry, 34,* 836-845.

Drinkwater, J., & Stewart, A. (2002). Cognitive behaviour therapy for young people. *Current Opinion in Psychiatry, 15,* 377-381.

Dummit, E. S., III, Klein, R. G., Tancer, N. K., Asche, B., Martin, J., & Fairbanks, J. (1997). Systematic assessment of 50 children with selective mutism. *Journal of the American Academy of Child & Adolescent Psychiatry, 36,* 653-660.

Friedberg, R. D., & McClure, J. M. (2002). *Clinical practice of cognitive therapy with children and adolescents: The nuts and bolts.* New York: Guilford Press.

Garber, J., & Robinson, N. S. (1997). Cognitive vulnerability in children at risk for depression. *Cognitive Emotion, 11,* 619-635.

Giddan, J. J., Ross, G. J., Sechler, L. L., & Becker, B. R. (1997). Selective mutism in elementary school: Multidisciplinary interventions. *Language, Speech, and Hearing Services in Schools, 28,* 127-133.

Hammill, D. D., Pearson, N. A., & Wiederholt, J. L. (1996). *Comprehensive Test of Nonverbal Intelligence (C-TONI).* Minnesota: AGS Publishing.

Kagan, J., Reznick, J. S., & Snidman, N. (1988). Biological bases of childhood shyness. *Science, 240,* 171-176.

Kehle, T. J., Madaus, M. R., Baratta, V. S., & Bray, M. A. (1998). Augmented self-modeling as a treatment for children with selective mutism. *Journal of Psychology, 36,* 247-260.

Kendall, P. C. (Ed.). (2000). *Child and adolescent therapy: Cognitive-behavior procedures* (2nd ed.). New York: Guilford Press.

Knell, S. M. (1993). *Cognitive-behavioral play therapy.* New York: Guilford Press.

Kolvin, I., & Fundudis, T. (1981). Elective mute children: Psychological development and background factors. *Journal of Child Psychology and Psychiatry, 22,* 219-232.

Kristensen, H. (2000). Selective mutism and comorbidity with developmental disorder/delay, anxiety disorder, and elimination disorder. *Journal of the American Academy of Child and Adolescent Psychiatry, 39,* 249-256.

Krysanski, V. (2003). A brief of selective mutism literature. *The Journal of Psychology, 137*(1), 29-40.

Kussmaul, A. (1877). *Die Stoerungen der Sprache* (1st ed.) [Disturbances in linguistic function]. Basel, Switerland: Benno Schwabe.

Leonard, H. L., & Topol, D. A. (1993). Elective mutism. *Child and Adolescent Psychiatry Clinics of North America, 2*(4), 695-707.

Mennuti, R., & Christner, R. W. (in press). School-based cognitive-behavioral therapy (CBT). In A. Freeman (Ed.), *International Encyclopedia of Cognitive Behavior Therapy.* New York: Kluwer Academic/Plenum Publishers.

O'Leary, K. D., & Drabman, R. (1971). Token reinforcement in the classroom: A review. *Psychological Bulletin, 75,* 379-398.

Pordes, M. D. (1992). Intervention with the selectively mute child. *Psychology in the Schools, 29,* 367-376.

Powell, S., & Dailey, M. (1995). When to intervene in selective mutism: The multimodal treatment of a case of persistent selective mutism. *Psychology in Schools, 32,* 114-123.

Rapee, R. M. (1997). Potential role of childrearing practices in the development of anxiety and depression. *Clinical Psychology Review, 17,* 47-67.

Reynolds, C. R., & Kamphaus, R. W. (2004). *Behavior Assessment System for Children* (2nd ed.). Circle Pines, MN: American Guidance Service.

Reynolds, C. R., & Richmond, B. O. (1985). *Revised Children's Manifest Anxiety Scale.* Los Angeles: Western Psychological Services.

Shipon-Blum, E. (2002). When the words just won't come out: Understanding selective mutism. *Communiqué, 30*(5), 2-4(Insert).

Shipon-Blum, E. (2002, March). Selective Mutism. Workshop presented at the 22nd annual spring conference for the Association of School Psychologists of Pennsylvania (ASPP), Harrisburg, PA.

Shipon-Blum, E. (n.d.). "When the Words Just Won't Come Out" Understanding Selective Mutism. Retrieved January 6, 2005, from http://www. selectivemutison.org

Silverman, W. K., & Albano, A. M. (1996). *The Anxiety Disorders Interview Schedule for children for DSM-IV, child and parent versions.* San Antonio, TX: The Psychological Corporation.

Silverman, W. K., & Kurtines, W. M. (1996). *Anxiety and phobic disorders: A pragmatic approach.* New York: Plenum Press.

Steinhausen, H. C., & Juzi, C. (1996). Elective mutism: an analysis of 100 cases. *Journal of the American Academy of Adolescent Psychiatry, 28,* 279-281.

Tancer, N. K. (1992). Elective mutism: A review of the literature. In B. B. Lahey & A. E. Kazdin (Eds.), *Advances in clinical psychology* (Vol. 14, pp. 265-288). New York: Plenum.

Turk, C. L., Heimberg, R. G., & Hope, D. A. (2001). Social anxiety disorder. In D. H. Barlow (Ed.), *Clinical handbook of psychological disorders* (3rd ed., pp. 99-136). New York: Guilford Press.

Wechsler, D. (2003). *Wechsler Scale for Children* (4th ed.). San Antonio, TX: Psychological Corporation.

Wilkens, R. (1985). A comparison of elective mutism and emotional disorders in children. *British Journal of Psychiatry, 146,* 198-203.

Yeganeh, R., Beidel, D. C., Turner, S. M., Pina, A. A., & Silverman, W. K. (2003). Clinical distinctions between selective mutism and social phobia: An investigation of childhood psychopathology. *Journal of the American Academy of Child & Adolescent Psychiatry, 42,* 1069-1075.

Zaider, T. I., & Heimberg, R. G. (2003). Non-pharmacologic treatment for social anxiety disorder. *Munksgaard International Publishers Ltd., 108,* 72-84.

Chapter 7

아동 · 청소년기 우울증에 대한 인지행동 개입

청소년과 성인기 장애의 대표적 원인으로 알려져 있는 우울증은 대개 아동기 또는 청소년기에 시작된다. 따라서 증상의 조기발견과 치료는 이 장애에 따른 손상을 감소시키는 데 매우 중요하다(Costello et al., 2002). 청소년기는 우울증의 위험이 가장 높은 시기라 할 수 있다. 청소년기 우울증의 지역사회 유병률은 2.9~8%에 이르며, 2.5%의 청소년들은 후기 청소년기 이전에 주요우울장애 진단기준을 충족시키는 것으로 보고되고 있다(Kashani, Reid, & Rosenberg, 1989; Lewinsohn, Hops, Roberts, Seely, & Andrews, 1993). 청소년 전기의 아동이 우울증 진단을 받을 가능성은 적은 편이나, 4세밖에 되지 않은 아동이 우울 증상을 나타내기도 한다. 우울한 아동 · 청소년은 청소년기를 거쳐 성인기까지 지속적으로 우울증을 보일 가능성이 크다(Costello et al., 2002; Lewinsohn, Solomon, Seeley, & Zeiss, 2000). 아동 · 청소년기 우울증은 여러 영역에서의 손상(예: 학업 수행, 가족관계, 또래관계)뿐만 아니라 장기적인 건강문제(예: 약물남용, 자살)와도 관련이 있다. 이런 점을 고려할 때 학교에서 개입을 실시하는 것은 당연하다 할 수 있다.

A. Renee Donoghue, Aaron R. Wheeler, Maurice F. Prout, Helen W. Wilson, & Mark A. Reinecke

아동 · 청소년기의 주요우울장애 및 기분부전장애 증상

아동 · 청소년기의 우울 증상은 성인이 나타내는 증상과 유사하다(Lewinsohn, Pettit, Jonier, & Seeley, 2003). 우울 증상에는 우울 또는 짜증의 기분, 쾌감상실(예: 흥미 또는 활동에 대한 즐거움 상실), 사고 및 집중 문제, 식욕 및 체중 문제, 수면문제, 심리운동 흥분 또는 지체, 피로감 또는 에너지 부족, 무가치감 또는 과도한 죄책감, 그리고 죽음에 대한 생각이 포함된다(American Psychiatric Association, 2000). 연구에 따르면, 청소년들은 우울한 기분, 수면장애, 주의집중 문제, 체중 또는 식욕 문제 그리고 쾌감상실을 보고하는 경향이 있다(Roberts, Lewinsohn, & Seeley, 1995). 우울한 아동 · 청소년은 슬퍼하기보다 짜증을 내거나 화를 내기 쉬우며 이 때문에 우울증과는 거리가 먼 것으로 잘못 해석될 수 있다. 주요우울장애(major depressive disorder: MDD) 진단을 충족하기 위해서는 앞서 언급한 우울 증상 중 다섯 가지 이상을 적어도 2주 이상 나타내야 한다(American Psychiatric Association, 2000). 기분부전장애(dysthymic disorder: DD)는 훨씬 약하고 만성적인 형태의 우울증으로, 우울 또는 짜증의 기분과 두 가지 이상의 다른 증상을 적어도 1년 이상 나타내야 한다. 기분부전장애는 주요우울장애로 발전될 가능성이 크며, DD와 MDD 진단을 함께 받는 아동 · 청소년들도 많다.

전역치 아동 · 청소년의 조기발견

미국정신건강연구원 심리사회적 개입 개발위원회(National Institute of Mental Health Psychosocial Intervention Development Workgroup)는 우울증의 위험에 놓인 사람들의 임상적 우울증 발생과 재발을 예방하기 위한 개입 프로그램의 개발을 지지해 왔다(Hollon et al., 2002). 조기평가와 모니터링, 전역치(subthreshold)[6] 우

6) 역자 주: 전역치(subthreshold)란 증상이 나타나기는 하지만 그 정도가 특정 진단기준에 해당될 정도로 심각하지는 않은 상태를 말한다.

울 증상에 대한 개입은 아동 · 청소년 집단에서 임상적 우울증이 더 심각해지지 않게 하는 데 도움이 된다(Costello et al., 2002; Lewinsohn et al., 2000). 따라서 학교는 이러한 초기의 전역치 증상을 평가하고 치료하기에 이상적인 장면이라 할 수 있다. 학교에서 실시하는 인지행동 개입은 고위험 청소년(Clarke et al., 1995)과 학령기 아동(Gillham, Reivich, Jaycox, & Seligman, 1995; Jaycox, Reivich, Gillham, & Selligman, 1994; Roberts, Kane, Thomson, Bishop, & Hart, 2003)의 우울장애 발생을 감소시키는 데 효과적인 것으로 밝혀졌다. 비록 일부 종단연구들은 청소년 전기의 아동에게 이러한 개입이 장기적으로 효과적인지에 의문을 제기해 왔지만(Gillham, Reivich, 1999; C. Roberts et al., 2003), 적어도 우울장애로 진전되는 것을 지연시키는 데는 효과가 있는 것으로 보인다. 또한 Gillham과 Reivich(1999)는 조기개입이 아동 · 청소년의 적응적 귀인양식을 촉진함으로써 우울장애에 대한 취약성을 감소시킬 수 있다고 하였다.

아동 · 청소년의 우울증 치료를 위한 인지행동 개입의 증거기반

개별적 인지행동 개입

아동 · 청소년 우울증의 인지행동치료(CBT)에 대한 연구들은 대부분 긍정적인 결과를 보고해 왔다. 이에 대한 고찰을 위해서는 Curry(2001), Reinecke, Ryan과 Dubois(1998)의 논문을 참고하기 바란다. Reinecke 등(1998)이 수행한 메타분석에 따르면, CBT는 청소년기 우울증의 단기 및 장기 치료에 효과적이다. 아동집단에 적용된 CBT에 대한 양적 평가는 미흡하지만 대체로 긍정적인 결과를 보고하고 있다(Curry, 2001).

CBT가 사춘기 이전의 아동에게 미치는 효과를 알아본 연구들은 주로 학교장면에서 이루어졌다. 이 연구들은 CBT 프로그램이 초등학교와 중학교 아동 · 청소년의 우울 증상 감소에 효과가 있다고 보고했다(Butler, Miezitis, Freidman, & Cole, 1980; Kahn, Kehle, Jenson, & Clarke, 1990; Weisz, Thurber, Sweeney, Proffitt, & LeGafnoux, 1997). Stark, Reynolds와 Kaslow(1987)는 학령기 아동의 우울증 치

료를 위한 CBT에 관해 소규모이기는 하지만 혁신적인 연구를 수행하였다. 이 연구에서는 지속적으로 높은 우울 증상을 보이는 29명의 학령기 아동을 선별한 후, 12회기에 걸쳐 실시되는 CBT 집단과 대기자 통제집단에 각각 배치했다. CBT 집단은 다시 인지집단과 행동집단으로 구분되었다. 프로그램 시행 후 사후검사와 5주 후의 추수검사를 실시한 결과, 두 종류의 CBT 집단이 통제집단에 비해 유의한 효과를 보였다. 5주 후에 실시된 추수검사에서는 인지집단이 행동집단에 비해 우수한 효과를 보였다. Stark, Rouse와 Livingston(1991)은 후속연구에서 CBT를 전통적 학교상담과 비교했다. 연구 결과, CBT가 증상을 호전시키기는 했으나 7개월 후에 이루어진 추수검사에서는 유의한 차이가 없는 것으로 나타났다.

Brent 등(1997)은 우울증에 대한 CBT, 지지적 행동 가족치료(Supportive Behavior Family Therapy), 비지시적 지지치료(Nondirective Supportive Therapy)의 효과를 비교하였다. 연구 대상은 주요우울장애 진단을 받은 13~18세 청소년 78명이었다. 연구 결과, CBT 집단은 치료에 대해 보다 신속한 반응을 보였다. 또한 치료에 대한 전반적 반응도 우수하고 부모의 신뢰를 증가시키며 우울 증상의 재발을 감소시키는 데도 효과적인 것으로 나타났다.

집단적 인지행동 개입

오리건에서 실시된 일련의 무선통제 성과연구들은 CBT가 임상장면과 학교장면 모두에서 청소년기 우울증을 치료하는 데 효과적이라고 보고했다. 이 연구들에서 사용한 개입은 청소년용 우울증 대처 코스(Adolescent Coping With Depression Course: CWD-A)였다. 이 프로그램은 기분변화 관찰, 사회기술, 유쾌한 활동 증가, 불안 감소, 우울한 기분을 유발하는 인지 감소, 의사소통 개선, 갈등해결 등에 초점을 맞추고 있다(Clarke, Lewinsohn, & Hops, 1990; Lewinsohn, Clarke, Rohde, Hops, & Seeley, 1996). Lewinsohn, Clarke, Hops와 Andrews(1990)가 실시한 첫 번째 종단적 성과연구에는 59명의 우울한 청소년이 참여했다. 그들은 14회기로 구성된 CBT 집단, CBT 집단과 더불어 7회기의 부모집단이 병행된 집단, 대기자 통제집단에 각각 무선 배정되었다. 2년 후에 실시된 추수검사 결과, 청소년만 참여한 집단, 청소년과 부모가 함께 참여한 집단의 우울증상이 통제집단에 비해 더 많이 호전된 것으로 나타났다.

전역치 집단개입

Clark와 동료들(1995)은 임상장면에서 드러난 희망적인 결과에 기초하여 임상수준에 미치지 않는 우울증을 보이는 아동 · 청소년을 위한 개입을 실시했다. 그들은 CWD-A 프로그램을 학교장면에 맞게 수정하여 일차적 예방 프로그램으로 만들었다. 연구자들은 주요우울장애나 기분부전장애 진단에는 해당되지 않으나 우울 증상을 보이는 150명의 9~10학년 청소년들을 CBT 프로그램 조건과 '일상적 관리' 조건 중 하나에 무선 할당했다. CBT 집단은 방과 후에 45분 동안 실시되었고 프로그램은 5주 동안 15회기에 걸쳐 진행되었다. 프로그램은 학교심리학자와 상담교사에 의해 실시되었다. 1년 후의 추수검사에서 치료집단은 통제집단에 비해 우울장애로 발전된 경우가 훨씬 적은 것으로 나타났다.

공존장애의 인지행동치료

최근의 몇몇 연구에서는 CBT가 다른 정신과 증상이 수반된 우울증을 치료하는 데 효과적인지 살펴보았다. CWD-A 프로그램을 적용한 한 연구(Rhode, Clarke, Lewinsohn, Seeley, & Kaufman, 2001)에서는 약물남용장애의 공존이 청소년의 우울 증상 회복을 지연시키고, 파괴적 행동장애가 우울 증상의 재발을 촉진하는 것으로 나타났다. 그러나 불안과 파괴적 행동장애, 약물남용 등의 공존장애 여부가 2년에 걸쳐 이루어진 치료의 효과에는 거의 영향을 미치지 않았다. 호주에서 수행된 일련의 연구에서는 1년 후에 추수조사를 실시하였는데, 학교에서 시행된 CBT 집단치료가 불안을 동반한 아동의 우울증을 감소시키는 데 효과적이라고 보고했다(Lowry-Webster, Barrett, & Dadds, 2001; Lowry-Webster, Barrett, & Lock, 2003). 또한 라틴계 초등학교 및 중학교 학생들을 대상으로 한 연구에서는 학교에서 시행된 CBT가 외상(trauma)을 동반한 우울증을 감소시킨 것으로 나타났다(Kataoka et al., 2003; Stein et al., 2003).

CBT 기반의 집단 프로그램이 아동 · 청소년의 우울증 치료에 효과적이라는 것을 지지하는 많은 증거가 있다. 뿐만 아니라 CBT 기반의 치료가 초등학교부터 고등학교에 이르는 다양한 학교장면에 적용될 때 실시하기 편하고 효과적이라고 제안하는 문헌들이 많다. 아동 · 청소년 대상의 연구는 CBT가 임상적으로 유의미한 우울 증상뿐만 아니라 전역치 우울 증상을 감소시키는 데도 도움이 되는 치료임을 입증하고 있다. 또한 CBT는 다른 정신과적 문제가 동반되는 경우에도 아동 · 청소년의 우울 증상을 감소시키는 데 효과적인 것으로 보인다.

평 가

학교장면에서 우울증을 평가하는 일은 중요하면서도 도전적인 과제다. 적절한 평가 절차는 고위험 아동 · 청소년을 파악하고 감별진단을 하며 치료방법을 선택하고 계획하는 데 도움을 준다. 여기서는 초기선별부터 치료 후의 변화측정까지 적용되는 포괄적인 평가전략에 대해 알아보고자 한다.

Merrell(2001)은 평가를 문제해결 과정으로 보는 모형을 제시했다. 이 모형은 I단계 확인 및 명료화, II단계 자료수집, III단계 분석, IV단계 해결 및 평가의 단계로 이루어져 있다. I단계에서는 내담자의 인적 사항, 평가의 목적, 평가될 문제 등 의뢰문제의 모호한 부분을 점검한다. II단계에서는 의뢰 사유에 어떤 평가방법이 가장 적절한지 결정한 후 그 평가방법들을 실시한다. III단계에서는 자료를 검토한 후 추가의 검사나 정보가 필요한지 결정한다. 그런 다음 의뢰문제에 대한 답변을 위해 분석을 시작한다. 마지막 단계인 IV단계에서는 수집된 자료를 이용해 해결책을 마련하고 선택된 해결책의 효과를 모니터링한다. 학교에서 일하는 정신건강 전문가는 이러한 틀을 적용함으로써 행동의 진정한 원인이 무엇인지 결정하는 평가의 사고방식을 갖게 된다. 예를 들어, 주의집중 곤란 같은 문제는 ADHD의 결과로 볼 수 있다. 그러나 철저한 평가와 개념화를 통해 우울, 학습장애 또는 청각장애 같은 다른 이유를 발견할 수도 있다.

Merrell(2001)은 포괄적인 평가 절차의 중요성을 강조하기 위해 다중방법(multimethod), 다중정보원(multisource), 다중장면(multisetting) 평가설계를 강조했다. 이 설계를 이용해 평가를 수행하는 전문가는 다양한 정보원으로부터 자료를 수집하고 다양한 측정치를 사용하게 된다. 이 정도의 설명에만 주의를 기울여도 평가 절차가 중요하며 더 나은 치료계획을 세울 수 있게 해 준다는 것을 확신할 수 있을 것이다.

의뢰

우울장애를 파악하기 위한 첫걸음은 의뢰인을 교육시키는 것이다. 의뢰는 부모나 교사를 포함한 다양한 사람들에 의해 이루어진다. 의뢰 사유의 질을 높이기 위해서는 우울과 같은 내재화 장애의 성격에 관해 교사나 학교 내의 다른 의뢰자들을 교육시키는 데 주의를 기울여야 한다. 즉, 다양한 증상표현, 장애의 발달과정, 발생 연령 등에 관한 정보를 제공함으로써 문제행동에 대한 교사의 관심을 이끌어내며 문제의 조기발견을 촉진한다.

선별검사

우울장애가 의심되는 학생이 확인되면 선별검사(screening)를 시작한다. Beck, Steer와 Brown(1996)이 개발한 벡 우울검사(Beck Depression Inventory: BDI-II)는 21개의 문항으로 구성되어 있으며 13세 이상의 청소년 및 성인이 나타내는 우울 증상의 정도를 평가한다. BDI-II를 완성하는 데는 5~10분 정도 걸린다(Nezu, Ronan, Meadows, & McClure, 2000). 점수가 높을수록 우울증의 정도가 심각하다는 것을 의미한다. 14~19점은 약한 우울증을, 20~28점은 중간 정도의 우울증을, 그리고 28점 이상은 심각한 수준의 우울증을 의미한다. 최근에 Beck, Beck과 Jolly(2001)는 정서적 · 사회적 손상을 측정하기 위한 벡 청소년검사(Beck Youth Inventory: BYI)를 개발했다. 이 검사는 7~14세의 학생들에게 사용할 수 있다. BYI는 개별적으로 사용될 수 있는 5개의 하위척도로 이루어져 있다. 그 중 하나인 청소년용 벡 우울검사(Beck Depression Inventory for Youth: BDI-Y)는 우울증과 관련된 생각과 감정, 행동에 관한 20개 문항으로 구성되어 있다. 아동은 각 질문(초등학교 2학년 수준으로 작성됨)을 읽고 자신에게 해당되는 것에 4점 척도로 응답한다. 검사를 완성하는 데는 5~10분 정도 걸린다. 원점수는 T점수로 환산되며

55~59점은 약간 우울함을, 60~69점은 중간 정도의 우울함을, 70점 이상은 매우 우울함을 의미한다.

또 하나의 유용한 도구로 Kovacs(1992)가 개발한 아동용 우울검사(Children's Depression Inventory: CDI)가 있다. CDI는 BDI의 아동용 판으로, 성인기 우울증과는 다른 아동기 우울 증상을 반영하여 일부 문항을 수정했다(Nezu et al., 2000). CDI의 연령 범위는 7~17세이며 검사에 걸리는 시간은 10~15분이다. CDI도 T점수를 제공하는데, 65점 이상은 임상적으로 유의한 수준으로 해석된다. 65점보다 낮은 점수는 선별목적으로 사용된다(Nezu et al., 2000). BDI-II, BDI-Y, CDI는 개인검사 혹은 집단검사로 사용될 수 있다. 글을 읽을 수 없다면 검사자가 문항을 소리 내어 읽어 주고 응답하게 할 수 있다. Merrell(2001)은 아동 · 청소년을 검사할 때 나타날 수 있는 반응편향(response biases)을 고려해야 한다고 경고했다. 반응편향이란 사회적으로 바람직한 방식으로 응답하거나, 지나치게 협조적이거나 일부러 나쁘게 보이는 반응을 나타내는 것을 말한다. 우울증이 의심된다면 아동의 과거력에 대해 자세히 살펴보고, 형식적이고 심층적인 평가 절차와 더불어 기능적 행동평가(functional behavioral assessment)도 고려해야 한다.

임상면접

Merrell(2001)은 아동을 대상으로 임상면접을 실시할 때 두 가지 유형의 반구조화 면접을 사용할 것을 권고했다. 첫 번째 유형은 정보수집을 목적으로 하며 아동의 다섯 가지 심리사회적 영역에 초점을 맞춘다. 면접에는 대인관계 기능, 가족관계, 또래관계, 학교적응 및 지역사회 참여에 관한 문항들이 포함된다. 이와 아울러 행동면접도 실시한다. 이 유형의 목표는 아동의 문제행동에 관한 정보를 얻는 것이다. 면접의 초점은 선행사건과 문제행동의 후속결과에 관한 정보를 수집하는 데 맞추어진다. 이 정보는 기능적 행동평가와 함께 사용될 수도 있다. 그렇게 함으로써 평가 절차의 구체성 수준을 높이고 행동계획을 위한 기초를 마련할 수 있게 된다.

이와 같은 비형식적 반구조화 면접과 아울러 좀 더 형식적인 평가의 실시도 도움이 된다. 학령기 아동의 정서장애 및 정신분열증을 위한 면접검사-현재 및 평생 버전(Kiddie-Schedule for Affective Disorders and Schizophrenia for School-Age

Children-Present and Lifetime Version: K-SADS-PL)은 DSM-IV 진단기준에 근거한 반구조화 임상면접 도구다(Nezu et al., 2000). 면접은 아동과 부모를 대상으로 실시되며 학교에서 실시하는 데 걸리는 시간은 대략 35~45분 정도다. 이 척도는 6~17세의 아동에게 사용될 수 있다. 점수는 장애별로 제시되며 전반적 손상에 대한 점수도 제시된다. 진단에 대해 전문적 훈련을 받은 전문가만이 이 도구를 실시할 수 있다.

기타 평가도구

청소년용 미네소타 다면적 인성검사(Minnesota Multiphasic Personality Inventory-Adolescent: MMPI-A)는 14~18세의 청소년에게 사용되는 광대역 성격검사다(Butcher, 2002). 이 검사는 자기보고 형식이며 한 시간 정도 소요된다. 평가에 대해 공식훈련을 받지 않은 사람도 검사를 실시할 수 있고, 해석은 컴퓨터로 이루어지기도 한다.

행동평가 척도를 함께 사용하면 여러 검사결과를 수렴할 때 도움이 되며 추가의 통찰을 제공할 수 있다. Achenbach(2001)의 아동 행동평가척도(Child Behavior Checklist: CBCL)와 Reynolds와 Kamphaus(2004)의 아동 행동문제 평가척도 제2판(Behavior Assessment System for Children-Second Edition: BASC-2)은 부모와 교사 및 아동 등 다양한 관찰자를 활용할 수 있는 지필검사다. 자기보고형 BASC-2의 연령 범위는 8~21세이며, 임상척도뿐만 아니라 학교 부적응과 개인적 부적응에 대한 정보도 제공한다. CBCL의 자기보고형인 청소년 자기보고척도(Youth Self-Report: YSR)는 내재화, 외현화, 유능감 행동척도를 제공하며 11~18세의 아동·청소년에게 사용된다. CBCL과 BASC-2의 교사용 및 부모용 척도는 4~18세 아동·청소년에게 적용된다.

종합하면, 지금까지 소개된 도구들은 학교에서 수행되는 평가와 치료개입의 토대가 된다. BDI-II, BDI-Y, CDI는 치료계획이 수립된 이후 치료성과를 측정하는 데도 유용하다. 평가 도구와 전략에 관한 좀 더 상세한 정보는 Nezu 등(2000), Kamphaus와 Frick(2002)의 논문을 참고하기 바란다.

다양한 인지행동 모형을 이용한 우울증의 개념화

인지모형으로 우울증을 이해하려면 먼저 이 모형의 사용자와 관련 모형들을 살펴봐야 한다. 인지치료는 개인의 행동과 감정이 지각(perception)에 의해 결정된다는 가정에 기초하므로 지각수준에서 작용하는 기법을 제공한다(J. Beck, 1995). 따라서 상황에 대한 감정은 대부분 경험에 관한 해석에 달려 있다. 즉, 지각이 정서를 매개한다. 지각은 부분적으로 자동적 사고를 통해 형성되며, 자동적 사고는 이성적이거나 신중한 사고와는 상관없는 평가적 사고로 정의된다. 자동적 사고는 순간적으로 일어나기 때문에 그것이 발생할 때 거의 의식되지 않는다. 오히려 자동적 사고에 수반되는 정서반응을 더 쉽게 인식된다.

인지치료의 또 다른 중요한 특징은 신념이다. 신념은 아동기에 일찍 형성되기 시작하며 자신과 다른 사람 혹은 세상에 관한 개념들을 포함한다. 이런 개념들은 흔히 문헌에서 '인지삼제(cognitive triad)'로 묘사된다. Beck, Rush, Shaw와 Emery(1979)는 우울한 사람의 인지가 자신을 비난하고 깎아내리는 내용으로 이루어져 있다고 하면서 이것을 '부정적 인지삼제'라 불렀다. 부정적 인지삼제는 자신과 세상 그리고 미래에 관한 부정적 생각으로 이루어져 있다.

개인이 갖고 있는 신념 중 가장 중심에 있는 것을 '핵심 신념(core beliefs)'이라고 한다. 이것은 너무도 뿌리가 깊어서 쉽게 명료화하기 어렵다. 특히 아동과 청소년의 경우에는 더 그렇다. 이러한 핵심 신념에는 절대적 명제와 명확한 규칙들이 들어 있다(J. Beck, 1995). 핵심 신념은 완고하고 포괄적이며 지나치게 일반화되어 있다. 핵심 신념은 개인이 환경을 이해하기 위해 사용하는 중간 신념(예: 규칙, 가정, 태도 등)의 발달에도 영향을 미친다. 이러한 가정과 태도를 통해 자동적 사고가 발달하는데, 자동적 사고는 상황에 대해 매우 구체적이며 인지의 가장 표면에 있는 것으로 간주된다. Beck 등(1979)은 우울한 사람의 부정적인 생각이 세상에 대한 우울한 인지도식으로 통합된다고 보았다. 이러한 인지도식은 현실을 왜곡하게 만들며, 생활 속에서 긍정적인 경험에 대한 객관적 증거가 있음에도 불구하고 부정적인 사고를 유지하게 만든다.

우울증의 자기도식(self-schema) 모형에 따르면, 개인이 경험하는 우울증 수준은

"자기도식의 내용과 자기참조적 정보처리의 효율성을 매개한다"(Stark, Best, & Sellstrom, 1989). 이 모형은 Beck의 우울증 인지모형을 확장한 것으로, 우울증의 다양한 수준이 개인의 정보평가에 영향을 미친다고 본다. 우울증의 자기도식 모형은 개인의 자기도식이 선택적 정보처리를 이끈다고 예측한다. 즉, 인지도식과 일치하는 자료는 평가하지만 일치하지 않는 자료는 무시한다. 일반적으로 우울한 사람일수록 이러한 선택적 정보처리를 더 많이 하는 경향이 있다.

우울증에 대한 학습된 무력감 모형(learned helplessness model)은 우울 삽화(depressive episodes)와 관련된 정서변화를 설명한다. 이 모형은 개인의 행동에 관계없이 좋지 않은 결과의 발생에 대한 기대가 정서변화를 가져온다고 가정한다. 이 가설에 따르면, 인지는 '우울한 귀인양식(depressive attributional style)'의 발달에서 일차적 역할을 한다. 일반적으로 우울한 귀인양식이란 부정적인 결과나 사건을 외부의, 구체적인, 불안정한 요인 때문이라고 귀인하는 경향성을 말한다. Lewinsohn(1974)의 행동모형(behavioral model)은 우울한 사람의 행동적 측면을 설명하고 있다. 이 모형에서는 우울한 행동이 반응에 대한 긍정적 강화의 감소와 관련이 있다고 본다.

우울증의 원인과 관련 요인

우울증의 원인과 관련 요인에 관한 연구는 매우 방대하다. 우울 증상의 유지 및 증가와 관련된 인지적·행동적 요인들은 앞서 우울증에 관한 다양한 모형을 고찰할 때 논의되었다. 문헌에서 깊이 논의되어 온 우울증의 관련 요인으로는 학업 관련 요인, 가족 관련 요인, 유전적 요인 등이 있다. 학업 관련 요인에 대한 이해는 학교에서 치료 프로그램을 실시할 때 필수적이다. 또래보다 낮은 학업성취를 보이는 학생은 낮은 수준의 학업적 자기개념, 부정적 자기지각, 학교와 자신의 능력에 대한 부정적 인지를 갖기 쉽다. Elbaum과 Vaughn(2001)은 학교경험이 학생의 자기지각 형성에 영향을 미치기 때문에, 학교에서 심각한 어려움을 보이는 학생은 자기개념이 낮을 가능성이 크다는 것을 고려해야 한다고 하였다. 이런 학생은 낮은 자기개념, 즉 부정적 자기상 때문에 부정적 결과를 경험하기 쉽다. 학교는 학생의 일상적 경험에서 두드러진 역할을 한다. 따라서 부정적인 학업 정체감은 아동의 유능감을 낮추고 아동의 자기지각을 변화시킬 수 있다는 것을 쉽게 예상할 수 있다.

일반적으로 문헌에서는 가족 및 유전 관련 요인을 유전 대 환경 변인으로 나누고 있는데, 이는 유전과 환경 모두 우울 증상 발달에 영향을 미친다고 보기 때문이다(Mash & Barkley, 2003). 이런 문헌들을 간략히 요약하면, 우울증은 유전되며 부모 중 한 사람이 주요우울장애 진단을 받았는지의 여부가 아동 · 청소년의 우울증을 예측해 주는 가장 강력한 요인이다. 또한 부적절한 양육과 지속적인 부모-자녀 갈등도 아동 · 청소년의 우울증 발달에 영향을 미친다. 이런 변인들은 가족체계 안에서 유지되는 세대 순환(generational cycles)과 관련된 심리사회적 요인에 해당된다. 그리고 아동 · 청소년을 가족이라는 맥락 안에서 이해하는 것이 중요하다는 것을 보여 준다.

학교장면에서의 인지치료 적용

우울증 진단을 받았거나 혹은 학습문제로 인해 우울 증상을 보일 위험에 놓인 학생들을 이해하고 치료할 때 CBT의 원리를 적용할 수 있다. 연구에 의하면, 우울증은 학생들의 낮은 인지적 유능감, 학업에 관한 부정적 자기개념과 관련이 있다고 한다(Asarnow, Carlson, & Gurthrie, 1987). 학습장애 진단을 받은 학생을 포함하여 또래보다 학업성취가 떨어지는 학생은 자신에 대해 부정적인 핵심 신념(예: "나는 멍청해.")을 갖고 있을 가능성이 크다. 이러한 핵심 신념은 학교에 대한 가정과 기대, 태도를 형성한다(예: "나는 실패할 거야." "노력해도 소용없을 거야."). 이는 다시 학업과 관련된 상황에서 부정적인 심상과 부정적인 자동적 사고를 갖게 한다. 이러한 신념을 갖고 있는 학생은 학업과 관련된 상황에서 부정적 정서를 갖게 되며, 그런 정서는 상황이 종결된 후에도 지속된다. 이 모델에 근거할 때(J. Beck, 1995), 학업에 관한 부정적 자기개념은 결국 자신과 학교에 대한 부정적 연상, 가정, 신념 등을 통해 형성된다는 것을 쉽게 이해할 수 있다. 귀인오류는 학습장애 학생과 우울한 학생에게서 지속적으로 발견된다. 따라서 인지적 개입을 할 때는 부정적 자기지각의 수정이 매우 중요하다(Abramson, Seligman, & Teasdale, 1978; Chapman, 1988).

학생이 학업과 관련된 부정적 자기지각과 신념을 갖고 있을 때, 인지치료 전문가는 먼저 학생이 자신의 자동적 사고를 의식하도록 돕는다. 이어서 학교와 관련된 신념들을 발견하도록 돕는다. 이 과정을 통해 학업과 관련된 자기개념 형성의 문제를 직접 다루고 정확하지 않은 자기개념을 수정하는 작업을 하게 된다. 이 과정은 학생으로 하여금 미래에 대한 자신의 신념과 학업 수행에 대한 부정적 태도를 의식하게 함으로써 성과를 거둔다. 이러한 성과는 학생이 자신의 성공적 수행을 방해하는 핵심 신념을 인식하고 나아가 행동과 정서에 변화가 생길 때 일어난다. 요약하면, 결국 자기지각을 변화시킬 때 그와 관련된 정서요인(예: 낮은 자존감, 우울 증상)의 변화를 가져올 수 있다는 것이다.

우울한 아동 · 청소년을 위한 집단적 · 개별적 개입

집단적 개입

청소년용 우울증 대처 코스(CWD-A). 앞서 언급했듯이, 청소년용 우울증 대처 코스는 우울 증상을 유의하게 감소시키는 것으로 알려져 있다(Lewinsohn et al., 1990; Clarke, Rohde, Lewinsohn, Hops, & Seeley, 1999). CWD-A는 14~18세 청소년에게 사용되는 집단치료다. 치료는 한 회기당 2시간씩 실시되며 매주 2회씩 총 8주에 걸쳐 진행된다. CWD-A는 매우 구조화된 개입이기 때문에 치료자 매뉴얼과 학생용 워크북, 부모용 간편형 워크북을 사용한다. 각 회기에는 직접교수, 모델링, 개별과제, 숙제 등이 포함되며, 전반적으로 우울증의 예방과 대처에 도움이 되는 기술 습득에 초점을 맞추고 있다.

CWD-A는 일련의 기술들을 가르치는 회기들을 통해 진행된다. 치료자 매뉴얼과 학생용 워크북은 Clarke, Lewinsohn과 Hops의 웹사이트(http://kpchr.org/public/acwd/acwd.html)에서 무료로 다운받을 수 있다. 이것이 치료 패키지를 실시할 때 필요한 매뉴얼을 구하는 유일한 방법이다. CWD-A는 각 회기를 진행하는 동안 여러 가지 구체적 전략들과 각본을 사용한다. CWD-A를 개인에게 맞춰 수정해서 사용할 수도 있다. 개인에게 사용할 때는 집단치료 활동을 역할연습으로 대신한다.

각 회기는 대개 숙제 점검으로 시작되며, 그런 다음 학생들에게 기술을 가르치고 연습시킨다. 각 회기는 숙제를 내주는 것으로 마무리되며, 회기 중에 배운 기술을 복습시키기 위해 간단한 퀴즈를 실시하기도 한다.

1회기는 우울증과 사회학습에 초점을 맞춘다. 이 회기에서는 학생들에게 기분질문지를 작성하게 하고, 수업방식을 안내하며, 학생들이 서로에 대해 알게 하고, 인지행동 모형에 대한 교육을 제공하고, 기분일기를 소개하고 숙제를 내준다. 숙제는 학생용 워크북의 일부를 완성하고 기분일기를 쓰게 하는 것이다. 회기 마지막에는 학습을 강화하기 위해 짧은 퀴즈를 실시하고 답을 맞추어 본다. 일기는 학생이 느꼈던 감정을 1~7점의 리커트(Likert) 척도로 평가하는 것이다. 1점은 지금까지 느꼈던 감정 중에서 가장 나쁜 기분을, 7점은 가장 좋은 감정을 나타낸다.

2회기의 초점은 자기관찰과 변화에 있다. 먼저 숙제를 점검하고 나서 학생들에게 대화 시작하기 활동을 시킨다. 그런 다음 학생들에게 '기초선 만들기'와 특정 행동의 발생 횟수를 어떻게 측정하는지 가르친다. 이어서 즐거운 활동의 '기초선'을 수립하기 위한 활동을 하고 기분일기를 쓰게 하고, 숙제로 즐거운 활동들에 대한 '기초선' 만들기와 기분일기 쓰기를 내준다. 마지막으로 이 시간에 배운 기술을 복습하기 위한 퀴즈를 실시한다.

3회기는 긴장이완에 초점을 맞춘다. 새로운 사람들을 만나는 활동을 소개하고 연습시킨다. 이어서 긴장에 대한 심리교육을 제공하고 긴장이완 활동을 실시한다. 이 활동은 점진적 근육이완을 변형시킨 것으로, Jacobson의 이완기법으로 알려져 있다. 그런 다음 질의응답 시간을 가진 후 숙제를 내주고 퀴즈를 실시한다.

4회기는 변화하는 방법을 배우는 시간으로, 앞에서 배웠던 기초선 만들기 기술을 신장시킨다. 학생들은 지속적으로 관찰해 온 정보를 어떻게 차트로 만들 수 있는지 배운다. 그런 다음 유쾌한 활동을 위한 목표 세우기를 습득한다. 마지막으로, 행동계약을 맺고 강화를 제공하는 방법에 대해 배운다.

5회기의 초점은 생각 바꾸기에 있다. 학생들은 계획을 세우고 대화기술을 신장시키는 방법에 대해 배운다. 우울증의 인지적 요소와 지금까지 배운 행동기술을 연결시키기 위해 '나의 생각 조절하기' 활동을 한다.

6회기는 긍정적인 생각의 힘에 대해 알아보는 시간으로 인지에 초점을 맞추어 진행한다. 긍정적인 생각을 증진하고 부정적인 생각을 확인하는 활동을 실시한다.

학생들은 부정적인 생각과 싸울 때 '긍정적인 대안적 생각'을 어떻게 사용할 수 있는지 배운다. 이 회기는 부정적인 생각을 이겨낼 때 받게 되는 보상에 대한 계획을 세우는 것으로 마무리된다.

7회기에는 '비합리적 생각 논박하기'에 관해 배운다. 비합리적 생각을 확인하는 활동을 먼저 한다. 그런 다음 밖으로 표현된 부정적 신념이 어떻게 개인의 신념에 영향을 미치는지 보여 준다. 이어 A−B−C 모델(A: 선행사건, B: 신념, C: 결과)을 제시하면서 상황이나 사건이 어떻게 신념에 영향을 미치고 결과를 이끌어 내는지 알려 준다. 마지막으로, 선행사건을 다루는 다른 전략들에 대해 살펴본다.

8회기는 이완에 초점이 맞춰진다. 먼저 지난 시간에 배운 A−B−C 모형을 연습한다. 그런 다음 학생들에게 '친절기술'을 향상시키기 위한 활동을 시킨다. 친절기술에는 대화할 때 바라보기와 긍정적인 상태 유지하기 등이 포함된다. 이어서 벤슨 이완기법(Benson Relaxation Technigue)을 가르친다. 이 기법은 한 단어에 집중하며 조용한 곳에서 혼자 그 단어를 반복하는 것이다. 이때 학생은 호흡하고, 단어를 소리 내어 말하고, 이완하는 데 주의를 집중한다.

9회기는 의사소통을 다루는 두 회기 중의 첫째 시간이다. 먼저 부정적인 생각을 중지시키는 기술을 가르친다. 의사소통에 관한 교육을 실시한 후 적극적 경청을 강조하는 듣기연습을 실시한다. 상대방에게 반응할 때 판단하기보다 이해하는 것이 중요함을 교육시킨다.

10회기에는 앞 시간에 이어 의사소통을 다루며 말로 감정을 표현하는 것에 초점을 맞춘다. 회기 전반부는 긍정적인 감정과 자기개방을 적절하게 말로 표현하는 활동으로 이루어진다. 긍정적인 감정을 말로 표현할 때는 감정과 선행사건을 연결시키는 데 주의를 기울이도록 한다. 회기 후반부는 부정적인 감정을 적절하게 말로 표현하는 데 초점을 맞춘다. 이때 선행사건을 확인하고 그 사건과 관련된 신념을 이해하며, 그에 따라 생긴 감정과 그 감정을 적절하게 표현하는 것을 강조한다.

11회기는 4시간에 걸쳐 이루어지는 협상과 문제해결의 첫 번째 시간이다. 먼저 자기주장 심상(assertive imagery)을 가르친다. 이때 학생으로 하여금 자신의 감정을 다른 사람에게 개방했을 때 어떤 일이 벌어질지 상상해 보게 한다. 그런 다음 문제해결과 협상의 원리에 대해 설명한다. 문제를 정의하는 방법과 함께 불일치를 극복하기 위한 의사결정의 기본 규칙들을 제시한다. 앞 시간과 마찬가지로 이번 시간에 배운 기술을 연습하는 것으로 회기를 마친다.

12회기는 협상과 문제해결의 두 번째 시간이다. 먼저 도입부에서 브레인스토밍 전략과 해결책 선택방법을 가르친다. 그런 다음 계약을 실행하는 방법과 계약을 끝까지 이행하는 방법 등 계약에 관한 기술을 가르친다. 회기 후반부에는 학생들이 학습한 문제해결 전략을 연습할 수 있는 시간을 준다.

13회기는 문제해결과 협상에 대한 추가지도를 하는 시간이다. 학생들에게 문제해결 단계를 설명한 다음 부모와의 관계에서 생긴 문제를 해결하는 방법을 소개한다.

14회기는 협상과 문제해결을 다루는 마지막 회기로, 부모와의 문제해결이 어떻게 진행되었는지 자세하게 살펴보는 것으로 시작한다. 아울러 문제해결 기술을 연습하기 위한 시간을 충분히 제공한다.

15회기는 생애목표에 초점이 맞춰진다. 학생들에게 생애설계를 해 보도록 한 후, 자신의 생애목표에 방해가 될 만한 요인들을 생각해 보고 앞으로 어떻게 할 것인지 계획을 세우도록 충분한 시간을 준다.

마지막 시간인 16회기는 예방, 계획 세우기, 마무리로 구성된다. 기분질문지를 실시한 후, 프로그램 후의 변화를 유지하는 것과 비상시에 어떻게 할 것인지 계획을 세우는 것에 대해 논의한다. 마지막으로, 문제를 조기에 파악하는 것에 대해 살펴보고 프로그램을 요약하고 마친다.

ACTION 프로그램. 1996년 Stark와 Kendall이 개발한 ACTION 프로그램은 또 하나의 인지행동 집단개입 프로그램이다(Merrell, 2001). ACTION 프로그램은 어린 아동부터 청소년까지 적용할 수 있다. 치료는 30회기에 걸쳐 이루어지며 각 회기는 1시간 동안 진행된다. 이 프로그램은 인지 · 행동 · 정서 파악하기뿐만 아니라 이완기술, 사회기술, 문제해결 등을 가르치는 내용을 포함하고 있다. 치료자용 지침서와 학생용 워크북이 사용되나 각 회기는 각본 없이 진행된다. 또한 치료자는 집단으로 진행하는 동안에도 학생들과 개별적으로 많은 시간을 갖는다.

ACTION 치료 패키지는 회기 단위로 진행하도록 만들어져 있다. 이 치료 프로그램의 주요 목표와 기법을 간략히 소개하면 다음과 같다. 1회기에서는 프로그램을 소개하고 학생들이 프로그램에 대해 적절한 기대를 갖도록 돕는다. 2~8회기의 일차적 치료목표는 정서교육(affective education)이다. 정서교육은 학생들이 자신의 정서를 파악하고 명명하며, 정서와 관련된 단서(내부 단서와 외부 단서 모두)를 알아차리며, 정서를 생각 및 행동과 연결시키고, 불쾌한 정서에 대처하는 기술을 학습하도록 지도하는 것이다. 2회기에는 집단에서 사용할 수 있는 보상체계를 만들고 학생들에게 유쾌한 정서를 스스로 관찰하는 방법을 지도한다. 3회기에는 적극적 대처방법에 대해 소개하고 학생들이 계속해서 유쾌한 정서를 스스로 관찰하도록 한다. 4회기에는 학생들이 앞 시간에 배운 대처방법과 유쾌한 정서 관찰하기 등의 기법을 계속 사용하도록 하면서 유쾌한 사건 계획하기를 소개한다. 5회기에는 문제해결에 대해 소개하고 유쾌한 정서 관찰하기를 회기의 초점으로 두고 이어간다. 6회기에는 유쾌한 사건 계획하기와 유쾌한 정서 관찰하기를 연습하면서 문제해결 게임을 한다. 7회기에는 유쾌한 사건 관찰하기를 제외한 모든 기법을 연습한다. 8회기에는 학생들이 불편한 기분을 느꼈던 자신의 경험에 문제해결 기술을 적용해 보도록 한다.

9회기에서 학생들은 문제해결 기술을 자신의 기분문제에 다시 적용해 보며 놓쳐버린 해결책 활동(missing solution activity)에 참여한다. 10회기에는 이완기법을 소개한다. 11회기에는 문제해결 기술을 대인관계 상황에 적용해 본다. 또한 이 회기 동안 유쾌한 사건 계획하기를 다시 적용해 보며 이완을 대처전략의 하나로 사용하는 것에 대해 토론한다. 12회기에 학생들은 계속해서 문제해결 기술을 대인관계 상황에 적용하고 이완을 대처전략의 하나로 살펴본다. 그리고 해결책 실천에 대한 자기평가에 초점을 두고 진행한다. 13회기는 이완기법과 문제해결의 자발적 사용에 초점을 두고 진행한다. 14회기에는 인지적 재구성을 소개하고 우울을 유발하는 생각을 확인하는 데 초점을 맞춘다. 15회기에는 부정적인 생각을 파악하는 연습과 인지적 재구성을 계속한다. 16회기에는 부정적인 생각을 파악하고, 부정적 생각을 지지하는 증거를 찾고, 부정적인 생각이 사실일 때 어떻게 할 것인지 토론하는 연습을 계속함으로써 인지적 재구성에 대한 이해를 증진시킨다. 17, 18회기는 부정적 생각에 맞서는 대안적 생각을 생성하는 데 초점을 맞춘다. 특히 18회기에는 자신의 부정적 기대를 확인해 보도록 하며 '만약에(What If)' 기법을 소개한다. '만약에' 기법은 19회기에도 사용되며, 20회기에는 인지적 재구성을 살펴본다. 20회기에는 자기주장 훈련을 소개하며 대처진술을 만들고 반복하는 연습을 한다.

21회기에는 긍정적인 자기주장의 개념에 초점을 맞추고 대처진술 만들기를 계속한다. 자기주장 훈련과 대처진술 만들기는 22회기까지 계속된다. 23회기에는 개인적 목표수준과 향상이 필요한 영역을 확인한다. 또한 이 회기 동안 자기평가 훈련을 소개한다. 24회기에는 자기향상을 위한 목표와 하위목표 수립하기를 한다. 25~28회기는 자기평가 훈련에 초점을 맞추고 자기향상의 목표를 향해 노력하도록 한다. 집단의 마무리는 29, 30회기에 이루어지며 종결문제와 일반화(집단에서 배운 기술을 다른 영역에 적용할 수 있도록 함)를 위한 계획을 다룬다.

개별적 개입

다양한 연구에서 CBT의 개별적 개입이 우울한 아동 · 청소년에게 효과적인 치료방법으로 확인되었다(Reinecke et al., 1998; Lewinsohn & Clarke, 1999). Reinecke 등(1998)은 CBT를 "아동에게 사고와 사고과정을 변화시키는 방법을 개방적이고 적극적이며 문제중심의 방식으로 가르침으로써 정서 · 행동 변화를 도모하는 개입"(p. 27)으로 정의하였다. 따라서 이런 특징을 가진 CBT 접근은 아동 · 청소년의 우울증 치료에 효과적인 방법으로 간주된다.

Vostanis와 Harrington(1994)은 개별적 CBT 치료 패키지를 간략하게 제시했다(Feehan & Vostanis, 1996에서 인용). 이 개입 패키지는 정서, 귀인 및 사회 기술을 다룬다. 이 개입은 8~16세 아동에게 적용된다. 치료는 9회기로 구성되어 있으며 각 회기는 1시간 동안 진행된다. 1, 2회기는 정서 인식에 초점을 맞춘다. 1회기의 목표는 정서를 정의하고 기술하는 데 있다. 첫 번째 숙제는 기분과 일어난 일, 생각을 일기장에 기록하는 것이다. 2회기의 초점은 첫 회기의 초점과 유사하며 아동에게 자신이 느낀 기분의 이유를 찾아보도록 요구한다. 3회기의 초점은 자기강화다. 이 회기 동안 아동은 바람직한 행동에 대해 보상을 얻게 된다.

4, 5회기는 사회적 문제해결에 초점을 맞추고 있다. 4회기에는 아동에게 최근에 겪었던 문제 상황을 떠올린 후 대안적 해결책을 찾기 위한 브레인스토밍을 하도록 한다. 5회기는 사회적 문제해결 기술을 적용하고 역할연습 기법을 사용하는 데 초점을 맞춘다.

6, 7회기는 인지적 재구성을 포함하고 있다. 6회기에는 아동에게 자기관찰 기술을 가르치고 부정적 사고와 귀인에 관한 증거를 제공하라고 요구한다. 7회기 초반

에는 부정적 귀인에 도전한다. 아동에게 행동의 원인과 결과를 구분하도록 지도한다. 8회기에는 치료계획을 다시 살펴보고 치료의 목표와 치료에서 배운 기술 간의 관련성을 알아본다. 마지막 시간인 9회기에는 아동에게 그동안 배웠던 것을 계속 사용하도록 격려하며, 필요할 경우 추가의 만남을 계획한다.

결론

아동 · 청소년의 우울증은 모든 기능 영역에 영향을 미치며 이후의 삶에도 영향을 미칠 수 있는 장애다. 우울증을 보이는 아동 · 청소년은 이 장애를 유지시키는 인지와 행동에 초점을 맞춘 개입을 필요로 한다. Merrill(2001)은 우울증을 진단할 때 평가과정에 포함된 주요 요소들을 이해하기 위한 연구를 수행했다. 우울한 아동 · 청소년은 우울한 성인과는 다른 정서문제를 나타낸다. 따라서 개입을 할 때 아동 · 청소년의 경험과 일치하는 방식으로 치료를 계획해야 한다. CBT의 기본석인 틀은 성인기 우울증을 치료하는 데 효과가 있음을 보여 주고 있다. 그리고 약간의 수정을 하면 아동 · 청소년의 우울 증상을 성공적으로 치료할 수 있다는 것도 보여 주고 있다. 개별적 개입과 집단적 개입에는 우울한 기분을 유발하는 사고변화를 목표로 하는 기법들(예: 문제해결, 자기모니터링 훈련)과 행동변화를 목표로 하는 기법들(예: 대처기술 증진, 내재적 모델링)이 포함되어 있다. 이런 기법들은 부정적 정서와 관련된 요인들을 변화시키는 데 도움을 줄 수 있다. 아동 · 청소년은 학교에서 많은 시간을 보내기 때문에, 학교기반의 개입은 우울 증상을 보이는 학생들을 치료하는 데 실제적이이면서도 효과적인 선택이라 할 수 있다.

이 장에서는 우울한 아동 · 청소년을 위한 인지행동 개입이 어떻게 이루어지는지에 대한 이해를 돕기 위해 CWD-A와 ACTION 집단치료를 살펴보았다. 우울한 아동 · 청소년을 치료할 때 다양한 인지행동 기법들이 어떻게 통합적으로 적용되는지 보여 주기 위해 개별적 접근의 간략한 예도 제시했다. 개별적 개입이나 집단적 개입 모두 왜곡된 인지를 변화시키기 위한 인지적 재구성 기법과 증상을 감소시키고 우울 증상에 대한 대처기술을 증진하기 위한 행동기법을 통합적으로 적용한다.

참고문헌

Abramson, L. Y., Seligman, M. E. P., & Teasdale, J. (1978). Learned helplessness in humans: Critique and reformulation. *Journal of Abnormal Psychology, 87,* 49-74.

Achenbach, T. M. (2001). *Manual for the ASEBA school-age forms and profiles.* Burlington: University of Vermont.

American Psychiatric Association. (2000). *Diagnostic and statistical manual of mental disorders* (4th ed., text revision). Washington, DC: Author.

Asarnow, J. R., Carlson, G. A., & Guthrie, D. (1987). Coping strategies, self-perceptions, hopelessness, and perceived family environments in depressed and suicidal children. *Journal of Consulting and Clinical Psychology, 55,* 361-366.

Beck, A. T., Rush, A. G., Shaw, B. F., & Emery, G. (1979). *Cognitive therapy of depression.* New York: Guilford Press.

Beck, A. T., Steer, R. A., & Brown, G. K. (1996). *Manual for the BDI-II.* San Antonio, TX: The Psychological Corporation.

Beck, J. S. (1995). *Cognitive Therapy.* New York: Guilford Press.

Beck, J. S., Beck, A. T., & Jolly, J. (2001). *Manual for the Beck Youth Inventories of Emotional and Social Adjustment.* San Antonio, TX: The Psychological Corporation.

Butcher, J. N. (2002). *Clinical personality assessment practical approaches* (2nd ed.). New York: Oxford University Press.

Butler, L., Miezitis, S., Friedman, R., & Cole, E. (1980). The effect of two school-based intervention programs on depressive symptoms in preadolescents. *Journal of American Educational Research, 17,* 111-119.

Chapman, J. W. (1988). Cognitive motivational characteristics and academic achievement of learning disabled children: A longitudinal study. *Journal of Educational Psychology, 80,* 357-365.

Clarke, G. N., Hawkins, W., Murphy, M., Sheeber, L. B., Lewinsohn, P. M., & Seeley, J. R. (1995). Targeted prevention of unipolar depressive disorders in an at-risk sample of high-school adolescents: A randomized trial of a group cognitive intervention. *Journal of the American Academy of Child and Adolescent Psychiatry, 34,* 312-321.

Clarke, G. N., Lewinsohn, P. M., & Hops, H. (1990). *Instructor's manual for the adolescent coping with depression course.* Eugene, OR: Castalia Press.

Clarke, G. N., Rohde, P., Lewinsohn, P. M., Hops, H., & Seeley, J. R. (1999). Cognitive-behavioral treatment of adolescent depression: Efficacy of acute group treatment and booster sessions. *Journal of the American Academy of Child and Adolescents Psychiatry, 38,* 272-279.

Costello, E. J., Pine, D. S., Hammen, C., March, J. S., Plotsky, P. M., Weissman, M. M., et al. (2002). Development and Natural History of Mood Disorders. *Biological Psychiatry, 52,* 529-542.

Curry, J. (2001). Specific psychotherapies for childhood and adolescent depression. *Biological Psychiatry, 49,* 1091-1100.

Elbaum, B., & Vaughn, S. (2001). School-based interventions to enhance the self-concept of students with learning disabilities: A meta-analysis. *The Elementary School Journal, 101,* 303-331.

Feehan, C. J., & Vostanis, P. (1996). Cognitive-behavioural therapy for depressed children: Children's and therapists' impressions. *Behavioural and Cognitive Psychotherapy, 24,* 171-183.

Gillham, J. E., & Reivich, K. J. (1999). Prevention of depressive symptoms in schoolchildren: A research update. *Psychological Science, 10,* 461-462.

Gillham, J. E., Reivich, K. J., Jaycox, L. H., & Seligman, M. E. (1995). Prevention of depressive symptoms in schoolchildren: Two-year follow up. *Psychological Science, 6,* 343-351.

Hollon, S. D., Munoz, R. F., Barlow, D. H., Beardslee, W. R., Bell, C. B., Bernal, G., et al. (2002). Psychological intervention development for prevention and treatment of depression: Promoting Innovation and increasing access. *Biological Psychiatry, 52,* 610-630.

Jaycox, L. H., Reivich, K. J., Gillham, J., & Seligman, M. E. (1994). Prevention of depressive symptoms in school children. *Behaviour Research and Therapy, 32,* 801-816.

Kahn, J. S., Kehle, T. J., Jenson, W. R., & Clark, E. (1990). Comparison of cognitive-behavioral, relaxation, and self-modeling interventions for depression among middle-school students. *School Psychology Review, 19,* 196-211.

Kamphaus, R. W., & Frick, P. J. (2002). *Clinical assessment of child and adolescent personality and behaviour* (2nd ed.). MA: Allyn & Bacon.

Kashani, J. H., Reid, J. C., & Rosenberg, T. K. (1989). Levels of hopelessness in children and adolescents: A developmental perspective. *Journal of Consulting and Clinical Psychology, 57,* 496-499.

Katoaka, S. H., Stein, B. D., Jaycox, L. H., Wong, M., Escudero, P., Tu, W. (2003). A school-based mental health program for traumatized Latino immigrant children. *Journal of the American Academy of Child and Adolescent Psychiatry, 42,* 311-318.

Kovacs, M. (1982). *Children's Depression Inventory manual.* North Tonawanda, NY: Multi-Health Systems.

Lewinsohn, P. M. (1974). A behavioral approach to depression. In R. M. Friedman & M. M. Katz (Eds.), *The psychology of depression: Contemporary theory and research* (pp. 157-185). New York: Wiley.

Lewinsohn, P. M., & Clarke, G. N. (1999). Psychosocial treatments for adolescent depression. *Clinical Psychology Review, 19,* 329-342.

Lewinsohn, P. M., Clarke, G. N., Hops, H., & Andrews, J. (1990). Cognitive-behavioral group treatment of depression in adolescents. *Behavior Therapy, 21,* 285-401.

Lewinsohn, P. M., Clarke, G. N., Rohde, P., Hops, H., & Seeley, J. R. (1996). A course in coping: a cognitive-behavioral approach to the treatment of adolescent depression. In E. D. Hibbs & P. S. Jensen (Eds.), *Psychosocial Treatments for Child and Adolescent Disorders: Empirically Based Strategies for Clinical Practice* (pp. 109-135). Washington, DC: American Psychological Association.

Lewinsohn, P. M., Hops, H., Roberts, R. E., Seeley, J. R., & Andrews, J. A. (1993). Adolescent psychopathology: I. Prevalence and incidence of depression and other DSM-III-R related disorders in high school students. *Journal of Abnormal Psychology, 102,* 133-144.

Lewinsohn, P. M., Pettit, J. W., Joiner, T. E., & Seeley, J. R. (2003). The symptomatic expression of major depressive disorder in adolescents and young adults. *Journal of Abnormal Psychology, 112,* 244-252.

Lewinsohn, P. M., Solomon, A., Seeley, J. R., & Zeiss, A. (2000). Clinical implications of "subthreshold" depressive symptoms. *Journal of Abnormal Psychology, 109,* 345-351.

Lowry-Webster, H. M., Barrett, P. M., & Dadds, M. R. (2001). A univesal prevention trial of anxiety and depressive symptomatology in childhood: Preliminary data from an Australian study.

Lowry-Webster, H. M., Barrett, P. M., & Locsk, S. (2003). A universal prevention trial of anxiety symptomology during childhood: Results at 1-year follow-up. *Behavior Change, 20,* 25-43.

Mash, E. J., & Barkley, R. B. (2003). *Child psychopathology* (2nd ed.). New York: Guilford Press.

Merrell, K. W. (2001). *Helping students overcome depression and anxiety: A practical guide.* New York: Guilford Press.

Nezu, A. M., Ronan, G. F., Meadows, E. A., & McClure, K. S. (2000). *Practitioner's guide to empirically based measures of depression.* New York: Kluwer Academic/Publishers.

Reinecke, M. A., Ryan, N. E., & Dubois, D. L. (1998). Cognitive-behavioral therapy of depression and depressive symptoms during adolescence: A review and meta-analysis. *Journal of the American Academy of Child and Adolescent Psychiatry, 37,* 26-34.

Reynolds, C. R., & Kamphaus, R. W. (2004). *Behavior Assessment System for Children* (2nd ed.). Circle Pines, MN: American Guidance Service.

Roberts, C., Kane, R., Thomson, H., Bishop, B., & Hart, B. (2003). The prevention of depressive symptoms in rural school children: A randomized controlled trial. *Journal of Consulting and Clinical Psychology, 71,* 622-628.

Roberts, R. E., Lewinsohn, P. M., & Seeley, J. R. (1995). Symptoms of DSM-III-R major depression in adolescence: Evidence from an epidemiological survey. *Journal of the American Academy of Child and Adolescent Psychiatry, 34,* 1608-1617.

Rohde, P., Clarke, G. N., Lewinsohn, P. M., Seeley, J. R., & Kaufman, N. K. (2001). Impact of comorbidity on a cognitive-behavioral group treatment for adolescent depression. *Journal of the American Academy of Child and Adolescent Psychiatry, 40,* 795-802.

Stark, K. D., Best, L. R., & Sellstrom, E. A. (1989). A cognitive-behavioral approach to the treatment of childhood depression. In J. N. Hughes & R. J. Hall (Eds.), *Cognitive-behavioral psychology in the schools: A comprehensive handbook* (pp. 389-433). New York: Guilford Press.

Stark, K. D., Reynolds, W. M., & Kaslow, N. J. (1987). A comparison of the relative efficacy of self-control therapy and a behavioral problem-solving therapy for depression in children. *Journal of Abnormal Child Psychology, 15,* 91-113.

Stark, K. D., Rouse, L., & Livingston, R. (1991). Treatment of depression during childhood and adolescence: Cognitive-behavioral procedures for the individual and the family. In P. C. Kendall (Ed.), *Child and Adolescent Therapy* (pp. 165-206). New York: Guilford Press.

Stein, B. D., Jaycox, L. H., Kataoka, S. H., Wong, M., Tu, W., Elliott, M. N. et al. (2003). A mental health intervention for schoolchildren exposed to violence: A randomized clinical controlled trial. *Journal of the American Medical Association, 290,* 603-611.

Weisz, J. R., Thurber, C. A., Sweeney, L., Proffitt, V. D., & LeGagnoux, G. L. (1997). Brief treatment of mild to moderate child depression using primary and secondary control enhancement training. *Journal of Consulting and Clinical Psychology, 65,* 703-707.

Chapter 8

주의력결핍 과잉행동장애에 대한 인지행동 개입

주의력결핍 과잉행동장애(attention-deficit/hyperactivity disorder: ADHD)는 파괴적 행동장애의 하나로, 발달적으로 부적절한 수준의 부주의와 충동성 또는 과잉행동을 보이는 아동을 묘사하는 장애다(American Psychiatric Association, 2000). 미국에서는 대략 3~7%의 아동들이 ADHD 진단을 받는다(American Psychiatric Association, 2000; Barkley, 출판 중; DuPaul & Stoner, 2003). ADHD는 2:1 내지 6:1의 비율로 여아집단보다 남아집단에서 더 많이 발병한다(Barkley, 출판 중). ADHD는 보통 성인기까지 지속되는 만성적 장애다(Barkley, Fischer, Smallish, & Fletcher, 2002).

ADHD 진단기준을 충족시키려면 아동이 부주의 증상(예: 산만함, 주어진 과제를 완수하는 데 어려움을 보임)과 과잉행동/충동성 증상(예: 다른 사람을 방해함, 안절부절못함) 중 한 가지 또는 두 가지 증상을 적어도 6개월 이상 보여야 한다(American Psychiatric Association, 2000). 또한 이러한 증상들은 2개 또는 그 이상의 장면에 걸쳐서 학업, 사회성, 직업 등의 기능손상과 관련되어야 하며, 보통 만 7세 이전에

George J. DuPaul, Rosemary E. Vile Junod, & Lizette Marie Flammer

나타난다. ADHD는 부주의 우세형(부주의 증상만 보이는 유형), 과잉행동/충동성 우세형(과잉행동, 충동성 증상만 보이는 유형), 복합형(두 가지 유형의 증상을 모두 보이는 유형)의 세 가지 하위 유형으로 구분된다.

ADHD는 단독으로 발생하는 경우는 드물고 보통 다른 행동, 정서 및 학습 문제와 함께 나타난다(Barkley, 출판 중). 가장 흔한 공존장애로는 적대적 반항장애(oppositional-defiant disorder: ODD)와 품행장애(conduct disorder: CD) 같은 파괴적 행동장애다(American Psychiatric Association, 2000). 사실상 ADHD 남아 가운데 50% 이상이 ODD나 CD를 가지고 있다(Barkley, 출판 중). ADHD와 기타 파괴적 행동장애의 공존은 청소년기와 성인기의 공격성, 비행, 반사회적 결과를 매우 잘 예측한다(Barkley et al., 2002; Weiss & Hechtman, 1993). 또한 ADHD 아동들 가운데 대략 30%는 읽기, 수학, 기타 교과목에서 특정학습장애(specific learning disability)를 겪는다(DuPaul & Stoner, 2003). ADHD와 LD의 공존은 저조한 학업 수행과 학습부진을 예측하는 강력한 변인이다. 마지막으로, ADHD 아동은 불안, 우울 등 정서장애를 겪을 위험이 평균보다 높다(Barkley, 출판 중). ADHD 여아가 내재화 장애를 겪을 위험은 ADHD 남아에 비해 훨씬 높다(Biederman et al., 2002).

단독으로 발병하든 공존장애와 함께 발병하든 간에 ADHD 아동은 학교에서 중대한 문제를 많이 보인다. ADHD 아동이 교실에서 파괴적 행동을 일관성 있게 많이 보이는 것에 대한 우려가 매우 크다(Abikoff et al., 2002; Barkley, 출판 중; DuPaul & Stoner, 2003; Vile Junod et al., 2005). 예를 들면, Vile Junod 등(2005)은 ADHD를 가진 초등학생이 ADHD가 없는 같은 학급 또래들에 비해 과제에서 벗어난 운동성 행동(예: 자리 이탈하기), 언어적 행동(예: 허락받지 않고 말하기), 수동적 행동(예: 과제활동에서 시선을 떼고 멍하게 있기)을 2.5~3배나 더 많이 한다고 보고했다. 이런 과제이탈 행동은 ADHD 아동의 학습뿐만 아니라 급우들의 학습도 방해할 수 있다.

학업부진은 ADHD와 관련된 가장 큰 위험 가운데 하나다(Barkley, 출판 중; DuPaul & Stoner, 2003). 실제로 ADHD 아동의 90%가 한 가지 또는 그 이상의 학업문제를 경험한다(Cantwell & Baker, 1991). ADHD 아동의 학업성적과 성취도검사 점수는 평균 이하의 범위에 속하며, 또래보다 1.5~2 표준편차 정도로 차이가 날 만큼 과제 수행에서도 크게 뒤져 있다(DuPaul et al., 2004). 불행하게도, ADHD 아동의 학업문제는 학령기 내내 계속되어 유급을 당하거나 학교를 중퇴할 위험이 평균보다 높다(Mannuzza, Gittelman-Klein, Bessler, Malloy, & LaPadula, 1993).

ADHD 아동은 친구를 새로 사귀고 친구관계를 유지하는 데도 어려움을 겪는다(Barkley, 출판 중). 또한 ADHD 아동은 충동적이고 공격적인 행동 때문에 ADHD를 가지지 않은 또래로부터 거부당하며, 친사회적 기술을 배울 기회도 평균보다 낮다. 시간이 지나면서 ADHD 또는 ADHD와 관련된 행동장애를 가진 아동들끼리 친구관계를 이루게 되고, 따라서 더욱 심각하며 반사회적이고 이탈된 행동으로 발전할 가능성이 증가한다(Patterson, Reid, & Dishion, 1992).

이 장에서는 ADHD 아동 · 청소년에게 도움이 될 인지행동치료를 살펴보고자 한다. ADHD 아동은 많은 문제를 겪기 때문에 자극제 투약과 같은 강력한 치료로 개입해도 다른 개입이나 치료가 없다면 모든 기능 영역을 충분히 개선시킬 수 없다. 따라서 ADHD 아동에게 성공적인 여러 가지 치료를 CBT와 병행하여 실시하는 것에 대해 논할 것이다. 첫째, CBT가 ADHD 아동에게 미치는 효과에 관한 최근 문헌을 검토할 것이다. 둘째, 진단을 내리고 개입효과를 평가하는 데 사용할 수 있는 평가기법에 대해 논할 것이다. 셋째, 개입 프로그램을 개발하기 위한 맥락으로 인지행동적 관점에서 ADHD를 개념화하고자 한다. 넷째, 학교에서 적용할 수 있는 개입전략을 소개할 것이다. 마지막으로, 개인의 특수한 요구를 충족시키기 위해 개입을 개별화하는 방법을 보여 주는 두 가지 사례를 제시할 것이다.

문헌고찰

인지행동 접근을 적용하면 지속적인 행동변화를 이룰 가능성이 높다. 따라서 지난 10여 년에 걸쳐 인지행동 접근은 임상적, 경험적 주목을 상당히 많이 받아 왔다(Carr, 2000; Friedberg & McClure, 2002; Graham, 1998; Hibbs & Jensen, 1996; Kendall, 2000). 인지행동 개입의 근거가 되는 기본 가정 가운데 하나는 인지가 정서와 행동에 영향을 미친다는 것이다. 아동 · 청소년은 사건 그 자체에 대해 반응하기보다는 사건의 인지적 표상에 반응한다. 이에 비추어 볼 때, 인지변화는 행동과 정서의 향상을 위한 선수조건이다. 이 절에서는 인지행동 접근을 인지행동치료와 자기관리의 두 가지 범주로 구분하여 살펴볼 것이다.

인지행동치료

인지행동치료(CBT)는 부적응적 사고나 인지와 행동을 변화시키는 심리치료다(Graham, 1998; Kendall, 2000). 지난 20년 이상 동안 CBT가 아동 · 청소년의 행동문제와 정서문제에 미친 효과에 관한 연구는 많지 않지만, 효과에 대한 의문의 여지는 없다. CBT는 우울(Curry & Reinecke, 2003), 강박장애(Pediatric OCD Treatment Study Team, 2004), 섭식장애(Bowers, Evans, & Andersen, 1997), 외상후 스트레스 장애(Phillips, 2000), 사회공포증(Spence, Donovan, & Brechman-Toussaint, 2000)을 치료하는 데 위약조건이나 무처치조건에 비해 우수한 것으로 보고되었다. 이들 연구에서 보고된 효과 크기는 성인 대상 연구에서 관찰된 효과 크기에 필적할 만하고, 치료효과도 오래 유지된 것으로 나타났다(Reinecke, Ryan, & DuBois, 1998; Weisz & Weiss, 1993).

일부 문헌에서 긍정적인 결과가 발표되었음에도 불구하고, ADHD 아동 · 청소년을 위한 CBT의 활용에 대한 경험적 지지는 부족하다(Abikoff, 1985; Braswell & Bloomquist, 1991; Kendall & Braswell, 1993). 이는 CBT가 종종 문제행동이 발생하는 상황에서 멀리 떨어진 장소에서 이루어지기 때문인 듯하다. 개입전략이 최적의 효과를 가지려면 표적행동에 근접한 곳에서 실시되어야 한다(Goldstein & Goldstein, 1998). 표적행동에서 멀리 떨어진 시간과 장소에서 실시되는 개입은 특히 ADHD 증상(예: 부주의, 충동성, 과잉행동)에 덜 효과적일 가능성이 있다.

자기교수(self-instruction)는 CBT의 범주에 속하며, 문제행동이 발생하는 바로 그 시간과 맥락 안에서 실시할 목적으로 설계된다. 자기교수는 행동에 대한 자기통제를 발달시킬 목적으로 자기진술을 내면화하는 데 초점을 맞춘다(De La Paz, 1999). 자기교수 훈련은 자신에게 행동을 지시하는 구체적인 언어표현을 아동에게 가르치는 활동으로 이루어진다.

자기교수 훈련은 과제집중 행동, 주어진 과제의 독립적 완수 등 학업적 행동을 증가시키고(De La Paz, 1999), 과제 수행의 정확성을 높이며(Miller & Brewster, 1992), 파괴적 행동을 감소시키는 데(De La Paz, 1999) 효과적으로 활용되어 왔다. 그러나 자기교수 훈련이 항상 긍정적인 효과를 보이는 것만은 아니다. ADHD 학생이 겪는 문제에 자기교수를 적용했을 때, 그 결과는 모호했고 일반화도 저조했다. 사실

정확하게 말하면, 자기교수 절차를 통해 얻은 긍정적 결과는 자기교수 이외의 변인들(예: 수업내용을 암기한 것에 대해 제공된 강화, 과제를 정확하게 완성한 것에 대해 제공된 강화)에 기인한다고 추정한 연구자들도 있다(Abikoff, 1985; Kendall & Braswell, 1993; Pfiffner & Barkley, 1990).

자기교수 훈련 및 이와 관련된 CBT가 유망함에도 불구하고, 현존하는 자료는 이들 방법이 ADHD를 치료하는 데 효과적임을 지지하지 않는다. 강화와 같은 행동적 요소들을 제외한 자기교수 전략이나 CBT의 실시가 ADHD 아동에게 효과적이라고 할 수가 없기 때문이다(Ervin, Bankert, & DuPaul, 1996; Hinshaw, 2000).

자기관리 개입

최근에는 독립성 등 특수한 기술을 학생에게 가르치는 개입의 설계를 강조하고 있다. 학업 및 행동 문제를 보이는 학생들에게 독립성을 향상시키는 한 가지 방법으로 자기관리(self-management) 개입이 있다. 일반적으로 자기관리 개입은 자신의 행동을 스스로 변화시키거나 유지하는 전략을 포함한다(Shapiro & Cole, 1994). 적절한 학업적 및 사회적 행동을 증가시키거나 교실 안에서의 부적절한 행동을 감소시키는 전략을 학생이 스스로 사용할 수 있도록 가르친다. 또한 자기관리 개입은 여러 행동과 상황에 전이될 수 있는 대처전략을 가르치기 때문에 행동에 나타나는 성과가 지속적이고 일반화될 가능성이 있다(Shapiro & Cole, 1994).

자기관리는 자신의 행동을 변화시키거나 유지하기 위하여 고안된 행위를 의미한다. 교실에서 자기관리 개입을 실시하여 아동이 자기모니터링, 자기평가, 자기강화를 하도록 가르친다. 자기모니터링은 자신의 행동을 체계적으로 관찰하고 기록하는 행위를 말한다. 자기모니터링은 학생이 자신의 행동에 대해 더 많이 인식하고, 독립적으로 기능하도록 돕기 위한 전략이다. 자기평가와 자기강화는 자신이 관찰한 행동을 정해진 바람직한 기준에 비교하고, 목표를 달성했을 경우에 자신에게 스스로 보상을 주는 것을 말한다.

교실에서 학생에게 자기관리를 가르치는 개입은 지난 30년 동안 꾸준히 실시되어 왔다. 자기관리 개입은 모든 연령과 장애 범주에 해당하는 학생들이 보이는 다양한 학업적 및 비학업적 문제를 효과적으로 해결할 수 있다. 이 개입은 초등학교와 중학교 시기에 일반 학생과 특수교육 학생의 숙제완수 행동을 증가시키고(Carrington, Lehrer, & Wittenstrom, 1997; McDougall, 1998), ADHD 학생과 학습장애 학생의 과제집중 행동을 증가시키며(Davies & Witte, 2000; Hoff & DuPaul, 1998), 학습장애 학생의 읽기 이해와 산수 문제해결의 학업 수행을 향상시키는(McDougall & Brady, 1998; Miller & Brewster, 1992; Miranda, Villaescusa, & Vidal-Abarca, 1997) 등 다양한 영역에서 유용하다.

자기관리 개입은 다양한 학업문제와 행동문제를 치료할 목적으로 모든 연령층 아동들에게 활용되어 온 여러 가지 절차를 포괄한다. 이 모든 전략은 교사가 관리하는 전통적인 행동수정 접근에 대한 대안을 제시한다. 기술훈련에 초점을 두는 자기관리 개입전략은 학생이 더욱 독립적이 되고 자신의 행동에 스스로 책임을 지도록 가르친다.

평가 도구 및 기법

ADHD 증상에 대해 신뢰할 수 있고 타당한 평가를 하려면 다양한 방법과 정보제공자를 이용해 평가를 실시해야 한다. 그렇게 함으로써 ADHD 증상이 나타나는 정도를 발달적 기대에 비추어 결정할 수 있다(Barkley, 출판 중). 부모, 교사 및 아동 대상의 진단면접, 행동관찰, 교사나 부모가 작성하는 평정척도, 결함 영역(예: 학업성취)을 측정하는 도구, 자기보고식 평정척도가 사용된다. 아동을 ADHD로 진단하려면, 평가자료를 통해 그 아동이 자신의 연령과 성별에서 기대되는 것보다 훨씬 더 자주 ADHD 증상을 보인다는 것을 증명해야 한다. 또한 그러한 증상이 적어도 2개 장면에서 적어도 6개월 이상 나타나야 하며, 사회적 또는 학업적 기능에 손상을 초래해야 한다(American Psychiatric Association, 2000). 정신과 진단이 내려진 다른 사례에서와 같이, 임상가는 그 증상을 더 잘 설명할 수도 있는 다른 가설(예: 다른 장애나 환경조건)을 고려하고 그런 가설을 배제해야 한다. 마지막으로, ADHD 평가는 진단으로 종료되어서는 안 된다. 치료효과를 증명하고 개입설계를 지원하기 위하여 계속적인 자료수집이 이루어져야 한다(DuPaul & Stoner, 2003).

여기서는 직접관찰, 행동평정 척도, 치료성과 측정도구 그리고 자기보고 측정도구를 사용하여 학교에서 ADHD를 평가하는 방법에 관해 설명할 것이다. ADHD 진단평가에 대한 더욱 종합적인 논의는 다른 문헌에서 찾을 수 있다(Anastopoulos & Shelton, 2001; Barkley, 출판 중; DuPaul & Stoner, 2003).

직접관찰

ADHD와 관련된 행동(예: 과제이탈 행동)의 빈도와 그 행동이 발생하는 맥락을 결정하기 위한 가장 좋은 방법 중의 하나는 학생의 행동을 교실과 운동장에서 직접 관찰하는 것이다. 관찰은 보통 반복적으로 이루어지며, 부자연스럽거나 강제적이지 않으면서도 객관적인 방식으로 자료를 수집하려는 관찰자 1인에 의해 수행된다(행동 빈도의 일관된 추정치를 얻으려는 목적으로 반복관찰을 한다). 관찰회기의 길이는 다양할 수 있지만, 보통 10~30분 정도다. (놀이터에서의) 사회적 상호작용뿐만 아니라 (교실 안에서의) ADHD 증상과 소란스러운 행동에 관한 자료를 수집할 수 있는 코딩체계를 고안해 사용한다.

교실. 교실에서 과제를 수행하는 동안 드러나는 다양한 ADHD 관련 행동의 발생 빈도를 측정하는 여러 종류의 행동관찰 코딩체계가 개발되었다(이에 대해서는 Barkley, 출판 중; Platzman et al., 1992 참조). ADHD 행동 코딩체계(ADHD Behavior Coding System; Barkley, Fischer, Newby, & Breen, 1988), 과잉행동 코드(Hyperactive Behavior Code; Jacob, O'Leary, & Rosenblad, 1978), 교실관찰 코드(Classroom Observation Code; Abikoff, Gittelman-Klein, & Klein, 1977), 학교에서의 학생 행동관찰(Behavior Observation of Students in Schools: BOSS; Shapiro, 2003), ADHD 학교관찰 코드(ADHD School Observation Code: ADHD SOC; Gadow, Sprafkin, & Nolan, 1996)가 그것이다. 이들은 관찰자가 간격기록 절차를 활용하여 다양한 범주의 행동(예: 과제이탈, 안절부절못함)을 관찰 · 기록하는 방법이다. 이런 관찰 코드에는 전체집단을 대표하는 대규모 표집에서 산출된 규준자료가 없기 때문에, 학급교사가 '전형적인' 또는 '평균적인' 행동을 하는 한두 명의 또래를 선정하여 의뢰 학생과 비교해야 한다. 이런 방식으로 각 아동을 학급기반의 행동기준에 비추어 평가할 수 있다.

Platzman과 동료들(1992)은 ADHD 평가를 위한 다양한 관찰방법을 검토했다. 그들은 교실에서 실시하는 관찰이 임상장면에서 실시하는 관찰보다 ADHD 아동과 통제집단 아동을 변별하기에 더 적합하다는 결론을 내렸다. 이는 ADHD 평가에 교사와 교직원이 포함되어야 한다는 주장을 지지한다. 또한 과제이탈 행동, 과도한 대근육운동, 부적절한 음성표현(예: 허락 없이 말하기)이 ADHD 표본과 ADHD가 아닌 표본을 일관성 있게 변별하는 세 가지 범주의 행동이다. 그러므로 이러한 행동 범주를 포함하는 관찰체계를 사용하면 진단에 민감한 자료를 수집할 수 있을 것이다.

과제가 주어졌을 때 아동이 보이는 행동을 부호화하는 것에 더하여, 추가적인 관찰자료의 수집이 유용할 때도 있다. 예를 들면, 교사의 행동(예: 프롬프트[prompt],[7] 꾸중, 피드백)은 아동의 행동에 선행하는 사건이나 후속하는 결과다(Whalen, Henker, & Dotemoto, 1981). 이런 자료는 문제행동의 기능을 결정하는 데 중요하므로 치료계획에도 활용될 수 있다.

운동장. 아동의 사회적 상호작용을 관찰하는 것은 평가의 필수적인 요소다. 특히 교사나 부모가 아동에 대해 가지고 있는 호소문제가 사회적 관계에 관한 것이라면 더욱 그렇다. 관찰체계는 보통 친사회적 행동과 부정적(예: 공격적) 행동의 범주를 모두 포함한다. ADHD 학교관찰 코드(ADHD SOC; Gadow et al., 1996)는 교내 식당과 운동장에서 아동이 보이는 사회적 행동에 관한 자료를 수집하는 데 유용한 관찰체계다. 일반적으로 ADHD 아동은 공격적이고 부정적인 행동을 평균보다 많이 한다(Barkley, 출판 중). 반면, 대부분의 경우 ADHD 아동이 긍정적인 사회적 행동을 하는 빈도는 정상집단과 크게 다르지 않다(Stormont, 2001). 이런 관찰의 결과는 ADHD 아동이 보이는 사회적 관계문제의 유형과 심각성을 나타낼 뿐만 아니라 어떤 행동을 개입의 표적으로 정할지를 고려할 때도 활용될 수 있다.

7) 역자 주: 프롬프트(prompt)란 교사가 학생의 주의를 환기시키거나 조언을 하기 위해서 제공하는 자극단서를 말한다.

행동평정 척도

ADHD 증상이 임상적으로 유의하려면, 대상 아동이 동일한 연령과 성별에 속하는 보통의 다른 아동들보다 ADHD 증상을 더 자주 나타낸다는 증거를 확보해야 한다(American Psychiatric Association, 2000). 행동평정 척도는 ADHD와 관련된 행동의 규준자료를 제공하기 때문에 그 행동이 발달수준에서 얼마나 이탈되었는지를 결정하는 최적의 방법이다. 아동이 겪는 어려움의 종류와 심각성에 응답자들이 동의하는 정도를 추정하고 ADHD 증상이 여러 상황에서 얼마나 일관성 있게 나타나는지를 평가하려면 교사와 부모가 각각 행동평정 척도를 작성해야 한다.

부모. 문제행동이 여러 상황에 걸쳐 전반적으로 나타나는지 확인하고 ADHD 관련 행동의 발달적 이탈을 결정하려면 부모 둘 다 또는 어느 한쪽이 질문지를 작성해야 한다. 적절한 규준자료를 가지고 있으며 심리측정의 측면에서 양호한 특징을 지닌 광대역(broad-band) 행동평정 척도가 이 목적을 달성할 수 있다(Anastopoulos & Shelton, 2001; Barkley, 출판 중 참조). 이러한 행동평정 척도에는 Achenbach 아동 행동평가척도(Child Behavior Checklist: CBCL; Achenbach, 2001a), 아동 행동문제 평가척도 제2판(Behavior Assessment System for Children-Second Edition: BASC-2; Reynolds & Kamphaus, 2004) 부모보고형, 코너스 부모평정척도(Conners Parent Rating Scale: CPRS; Conners, 1997)가 있다. 광대역 평정척도는 ADHD 증상의 발현에 관련된 경쟁가설(예: 다른 장애)을 탐색할 수 있게 하므로 감별진단을 용이하게 한다.

광대역 평정척도에 더하여, 부모는 ADHD 관련 행동을 묘사하는 좀 더 특수한 문항들을 포함한 협대역(narrow-band) 질문지 2개를 작성해야 한다. 하나는 ADHD 평정척도 제4판(ADHD Rating Scale-IV; DuPaul, Power, Anastopoulos, & Reid, 1998)이고, 다른 하나는 가정상황 질문지(Home Situations Questionnaire: HSQ; Barkley, 1990)다. ADHD 평정척도 제4판은 ADHD의 18개 증상 각각이 가정에서 발생하는 빈도에 관한 정보를 제공한다. ADHD 증상의 발달적 이탈을 결정하기 위해, 부주의 요인 점수와 과잉행동/충동성 요인 점수를 규준자료와 비교한다. HSQ는 가정에서 발생하는 행동문제의 심각성을 1(경미한)에서 9(심각한)에 이르는 리커트 척도로 평가한다. HSQ에 대한 부모의 응답은 얼마나 많은 가정상황에서 아동이 행동문제를 보이는지를 결정하게 해 준다. 또한 HSQ 개정판(HSQ-R; DuPaul & Barkley, 1992)은 주의집중 문제가 여러 가정상황에 걸쳐 전반적인 정도에 대한 정보도 제공한다.

아동의 ADHD 증상이 기능을 손상시키는 정도를 알기 위해, 부모가 손상평정척도(Impairment Rating Scale: IRS; Fabiano et al., 1999)를 작성하는 것도 유익하다. IRS는 ADHD 증상의 영향을 받을 수 있는 다양한 기능 영역(예: 형제자매와의 관계)에 관한 문항 7개로 구성된다.

교사. 부모평정과 마찬가지로 표준화된 광대역 교사평정 척도도 많이 있다. 가장 잘 알려진 질문지로는 Achenbach 교사보고양식(Teacher Report Form: TRF; Achenbach, 2001b), 아동 행동문제 평가척도 제2판(BASC-2; Reynolds & Kamphaus, 2004) 교사보고형, 코너스 교사평정척도(Conners Teacher Rating Scale; Conners, 1997) 등이 있다. 앞서 언급했듯이, 광대역 측정도구는 문제가 될 만한 여러 영역들을 포함하며, 성별과 연령에 따라서 규준과 비교할 수 있게 한다는 장점을 지닌다.

이러한 광대역 평정척도 1개와 함께 적어도 2개의 측정도구를 병행 실시해야 한다. 첫째, 교사의 입장에서 ADHD 관련 행동의 빈도를 결정하려면, ADHD 평정척도 제4판(DuPaul et al., 1998) 등 ADHD 증상을 재는 협대역 측정도구를 실시해야 한다. 둘째, 학교상황 질문지(School Situations Questionnaire: SSQ; Barkley, 1990)나 학교상황 질문지 개정판(School Situations Questionnaire-Revised: SSQ-R; DuPaul & Barkley, 1992)을 작성해야 한다. SSQ와 SSQ-R은 품행문제와 주의문제가 여러 상황에 걸쳐 전반적으로 발생하는 정도와 심각성 수준을 알려 준다.

대부분의 경우, ADHD 진단평가에 의뢰된 아동은 사회적 관계와 학업 수행에서 어려움을 보인다. 따라서 이러한 영역에서 학생이 어느 정도 기능하고 있는지에 대한 교사의 지각을 평가해야 한다. 심리측정의 측면에서 양호한 사회기술 질문지가 많이 개발되어 있다. 사회기술 평정체계(Social Skills Rating System: SSRS; Gresham & Elliott, 1990)와 워커-맥커넬 사회적 유능성 및 학교적응 척도(Walker-McConnell Scale of Social Competence and School Adjustment; Walker & McConnell, 1988)를 예로 들 수 있다. 학업성취 문제에 대한 교사의 평정은 학업수행 평정척도(Academic

Performance Rating Scale: APRS; DuPaul, Rapport, & Perriello, 1991)나 학업적 유능성 평가척도(Academic Competency Evaluation Scale: ACES; DiPerna & Elliott, 2000)를 실시하여 수집할 수 있다. 이 가운데 하나의 평정척도를 실시하여 학업기술 결핍에 대한 추수평가가 필요한지를 알 수 있다. 마지막으로, 손상평정척도(IRS; Fabiano et al., 1999) 교사용은 ADHD 증상이 기능을 손상시키는 정도에 대한 교사의 지각을 결정할 목적으로 실시한다. IRS는 학교에서의 기능손상을 나타내는 영역에 관련된 6개 문항을 포함한다.

치료성과 측정도구

ADHD 치료는 증상의 감소뿐만 아니라 기능의 향상, 특히 학업적 영역과 사회적 영역에서 기능의 향상을 목표로 한다. 따라서 학업적 기능과 사회적 기능을 개입 이전(개입 이전의 평가는 기초선을 수립할 목적으로 실시됨)과 개입 이후에 직접 평가해야 한다. 예를 들면, 교육과정중심 측정(curriculum-based measurement: CBM)을 사용하면 읽기와 수학에서의 학업성취를 위한 치료효과를 검증할 수 있다. 학업 수행에 대한 교사의 평정(APRS 또는 ACES)도 치료에 대한 반응으로 나타나는 학업 수행을 점검하는데 도움이 된다. 앞서 언급했듯이, 교사평정(SSRS)과 직접관찰(ADHD-SOC)을 사용하여 사회적 기능을 평가할 수도 있다. 어떤 경우에는 또래평정이나 사회측정법 자료를 수집하여 사회적 기능 영역에서 나타나는 치료성과를 평가하기도 한다.

자기보고 측정도구

대부분의 경우, ADHD 아동은 자신이 겪고 있는 학업적, 사회적 어려움과 ADHD 증상의 정도에 대해 신뢰롭고 타당한 자료를 제공하지 못한다(Anastopoulos & Shelton, 2001). 사실 ADHD 아동은 부모와 교사가 문제를 발견한 영역에서 자신의 수행을 과대평가하는 경향이 있다(Hoza et al., 2004). 그러나 다음과 같은 몇 가지 이유 때문에 ADHD 아동·청소년을 평가할 때 자기보고 측정도구를 실시하는 것이 중요하다. 첫째, ADHD 증상에 대한 자기보고와 부모보고의 상관이 여러 연구에서 일관성 없게 나타났지만(Barkley et al., 2002 참조), 일부 연구(예: Gittelman et al., 1985)에서는 높은 상관이 보고되었다. 둘째, 자기보고와 기타 측정 간에 관계가 있든 없든 자기보고는 다른 정보 제공자에게서 얻을 수 없는 중요한 정보(예: 우울 증상의 여부)를 제공한다. 뿐만 아니라 아동·청소년은 자신의 의견에 관심을 보여 주는 평가결과에 더 많이 동의하며, 그렇게 되면 처방된 치료에 더 많이 참여하게 된다(Barkley, 출판 중). 이런 이유 때문에 치료성과를 평가하는 동안 아동의 자기보고 자료와 치료에 대한 아동의 만족도 자료를 수집할 필요가 있다.

ADHD에 대한 인지행동 개념화

ADHD가 장애로 개념화된 이래, ADHD에 근본적인 핵심적 결핍을 어떻게 설명할 것인지가 논쟁 주제로 자리 매김해 왔다. 과잉행동(Chess, 1960), 주의집중 능력의 부족, 저조한 충동통제(Douglas, 1972)가 ADHD의 근본적인 이면기제로 제안되었다. 그중에서 충동통제는 자기조절의 전반적인 손상(Douglas, 1983), 동기과정의 결함(Glow & Glow, 1979), 자극통제의 결함, 강화에 대한 민감성 감퇴, 규칙통제 행동(rule-governed behavior)의 결여(Barkley, 1981, 1989; Haenlein & Caul, 1987)를 포함하면서 개념의 범위가 좀 더 확대되었다. ADHD에 대한 최근의 개념화는 지연반응(delayed responding)의 손상, 즉 행동억제(behavioral inhibition)의 손상을 장애의 핵심 요소로 강조한다. Barkley(1997)의 이론에 따르면, ADHD는 환경에 대한 지연반응의 손상이 네 가지 결정적 집행기능(예: 작동기억, 정서·동기·각성의 자기조절, 언어의 내면화, 행동의 분석과 종합)의 발달을 위태롭게 하는 행동억제의 장애다. 이와 같은 집행기능의 손상은 운동통제의 결함, 언어적 유창성과 구문에서의 문제와 관련된다. 또한 이러한 결함은 과제와 무관한 반응의 억제 부족, 반응 피드백에 대한 둔감성, 목표지향적인 반응이나 새롭거나 복잡한 반응의 실행능력 결여, 방해를 받은 이후에 과제에 다시 집중하는 능력의 손상으로 드러난다. ADHD 관련 문헌(Barkley, 1997 참조)과 전문가로서의 직관에 비추어 Barkley의 이론을 이해할 수는 있지만, 이 이론의 완전한 가치와 응용 가능성을 밝히려면 더 많은 경험적 검증을 거쳐야 한다.

더 많은 연구가 수행되어야 하지만, ADHD에 대한 이런 개념화는 분명한 시사점을 제공한다. ADHD와 관련된 핵심 문제와 증상은 기술결핍의 결과가 아니라 적절한 행동반응 수행의 결핍이라는 것이다(DuPaul & Stoner, 2003). 구체적으로, ADHD를 가진 사람은 특정 장면에서 해야 할 반응을 알려 주는 환경단서가 주어졌을 때 이미 가지고 있는 적절한 행동 레퍼토리조차 사용하지 못하거나, 일단 행동 레퍼토리의 사용을 시작했더라도 지속하지 못한다. 또한 ADHD를 가진 사람은 행동이 초래하는 사회적 결과에 비교적 둔감한 것처럼 보인다. 그들의 행동반응은 사회적 규범의 영향을 받거나 현재의 행동반응과 그 행동이 초래할 미래의 결과 간 관계에 의해 영향을 받기보다는 그 순간의 환경적 선행사건에 의해 좌우된다(DuPaul & Stoner, 2003).

인지행동이론은 행동반응을 조절하는 인지과정의 손상으로 ADHD를 보는 현재의 입장과 일치한다. 인지행동이론은 자신의 행동반응을 조절하고 지연하는 능력에 영향을 미치는 장애와 관련된 인지적 및 행동적 요인을 규명하는 데 초점을 둔다. 인지행동주의자가 발견한 인지적 요인에는 지속적 주의집중의 어려움, 충동적 인지 속도, 대인관계 문제해결의 결함, 수단–목표 사고의 결함, 의도에 대한 잘못된 귀인이나 정보처리 오류, 행동 · 정서 · 인지의 조정 결함 등이 포함된다(Anastopoulos & Gerrard, 2003; Braswell & Bloomquist, 1991; Yeschin, 2000). ADHD에 대한 인지행동 개념화는 이러한 인지적 요인들뿐만 아니라 기능을 손상시키는 행동적 요인들도 포함하고 있다. 행동적 요인들에는 과제이탈 행동, 불순종, 사회기술의 응용과 수행의 결함, 공격적 행동, 반사회적 행동이 포함된다(Anastopoulos & Gerrard, 2003; Braswell & Bloomquist, 1991; Yeschin, 2000).

인지행동 관점에서 볼 때, 인지적 및 행동적 요인들의 상호작용이야말로 ADHD의 특징인 일차적 증상(주의집중 곤란의 정도가 평균 이상이거나 과잉행동/충동성의 정도가 높은 것)에 기여한다. ADHD와 관련된 행동조절 문제가 심각한 정도는 개인의 대인관계 특징과 그 사람이 기능해야 하는 환경구조가 부조화를 이룬 데 따른 직접적인 결과다. ADHD를 가진 아동이 경험하는 어려움은 여러 영역(예: 학업, 대인관계, 가정 · 학교 · 지역사회에서의 행동)에 걸쳐 퍼져 있다. 따라서 ADHD 아동이 겪는 다양한 인지적 및 행동적 어려움을 해결할 뿐만 아니라 행동변화가 여러 영역으로 일반화될 수 있도록 해 주는 종합적인 치료 프로그램이 필요하다. 인지행동 개입은

ADHD와 관련된 인지적 및 행동적 기술 수행의 결핍을 다루는 기제로 제안되어 왔다. 이러한 기술 수행의 결핍은 여러 영역에 걸친 행동변화의 일반화에 초점을 맞추는 관점에서 다루어진다.

개입 전략 및 기법

인지중심의 개입

인지중심의 개입을 강조하는 입장은 행동반응에 선행하는 사고과정을 검토하는 데 주목한다(Shapiro, DuPaul, & Bradley-Klug, 1998). ADHD 아동은 또래관계, 공격성, 학업적 기능, 조직화를 포함한 다양한 영역에서 손상을 나타낸다. 이 가운데 많은 문제가 주의집중 곤란, 과잉행동, 충동성 등 ADHD의 특징적 증상과 직접 관련된다. 최근의 문헌은 행동억제라는 근본적인 어려움 때문에 이들 증상이 초래된다고 주장한다(Barkley, 1998; Hinshaw, 2000). 그러므로 행동반응과 관련된 인지의 발달과 내용을 변경시키려는 개입이 설득력을 갖는다. 구체적인 개입기법으로는 자기교수, 사회적 문제해결, 귀인 재훈련, 스트레스 면역 등이 있다. 여기서는 이러한 개입에 대해 살펴볼 것이다. 그러나 ADHD 아동 · 청소년이 경험하는 문제를 다루기 위해 수정 없이 순전히 인지중심의 개입만을 적용하거나 다른 개입과 병행하여 적용된 인지중심의 개입에 대한 경험적 지지는 부족하다.

자기교수. 자기교수는 자기통제 기술을 격려하고 강화하려는 시도이며, 문제 상황에 직면할 때 자기진술을 하도록 훈련하는 데 초점을 둔다(Meichenbaum & Goodman, 1971). ADHD 아동은 환경사건에 즉각적으로 반응하며, 상황을 고려하는 생각을 하지 않은 채 우선 행동부터 하고 본다. 자기교수는 이러한 결함을 교정하고 자기통제 기술을 보강하기 위한 시도다. 이 방법은 충동통제, 수단-목표 사고, 문제해결, 지속적 주의집중 등 주요 문제 영역을 다룬다(Braswell & Bloomquist, 1991). 자기교수는 문제해결의 5단계(문제정의, 문제접근, 주의집중, 대안선정, 평가)를 거치면서 자기에게 말을 하는 과정을 포함한다(Nolan & Carr, 2000). 각 단계에 대해 살펴보면 다음과 같다.

자기교수의 궁극적인 목적은 문제해결의 단계를 내면화하도록 도와 행동을 이끌어 가는 데 있다. 이 목적을 달성하기 위해 다음의 단계들을 거친다. 첫째, 교사가 과제를 수행하면서 자기진술을 소리 내어 모델링한다. 둘째, 아동이 동일한 과제를 교사의 지도를 받으며 수행한다. 셋째, 아동이 스스로 소리 내어 가며 과제를 수행한다. 넷째, 과제를 수행하면서 작은 목소리로 속삭인다. 다섯째, 과제를 수행하면서 내면적으로 자기진술을 한다(Ervin, Bankert, & DuPaul, 1996). 앞서 언급했듯이, 이 방법은 직관적으로 흥미를 끌기는 한다. 그러나 ADHD 아동에게 자기교수만을 단독 시행한 효과에 대해서는 경험적 지지를 찾을 수 없다(Barkley, 출판 중).

사회적 문제해결. 인지적 개입은 전략의 기능과 ADHD 장애의 특징이 잘 맞으므로 ADHD 집단에 사용하기에 매우 매력적으로 보인다. 특히 사회적 문제해결은 자기교수와 밀접하게 관련되어 있다. 이것은 문제를 해결하기 위한 사고와 행동을 합목적적으로 계획하고 조직하는 기술에 속한다(Braswell & Bloomquist, 1991). 사회적 문제해결의 과정은 다음과 같이 진행된다.

첫 번째 단계에서 아동은 문제가 존재한다는 것을 인식한다. 이러한 문제정의의 단계에서 아동은 문제가 존재함을 나타내는 신호들을 이해하는 법을 배운다. 이 단계에서 아마도 가장 어려운 요소 가운데 하나는 언제 문제해결 과정을 시작하는 것이 적절한지 알아차리도록 아동을 훈련시키는 일이다.

두 번째 단계에서 아동은 문제해결 방안들을 생성한다. 이때 아이디어를 검열하지 않고 가능한 한 많은 대안을 생각해 내도록 아동을 격려하는 것이 중요하다.

세 번째 단계에서 아동은 앞 단계에서 제안한 여러 대안들을 목록으로 작성한 후, 후속결과에 대해 생각해 보라는 지시를 받는다. 각 대안이 초래할 결과에 대해 미리 생각해 보고, 대안들을 서로 비교하도록 가르치는 것이 후속결과에 대한 사고 훈련에서 중요한 요소다. 이 단계에서 아동은 가능한 대안들이 자신과 타인에게 어떤 정서적, 행동적 의미를 갖는지를 평가한다. 하나의 대안이 마음에 들 수 있고 행위의 즉시적 결과도 좋지만, 다른 요인(예: 장기적 결과)을 고려하면 그 대안은 실행 가능성이 가장 높은 해결방안이 아닐 수도 있음을 알아차리게 된다.

네 번째 단계에서는 방해물을 확인한다. 아동은 계획이 항상 예상했던 대로 이루어지지는 않는다는 것을 깨달아야 한다. 그러므로 방해물을 확인하고 대안이 될 만한 계획을 세울 필요가 있다.

다섯 번째 단계에서는 계획을 실행한다. 일부 인지행동 치료자들은 행위와 행위의 결과를 평가하는 일을 문제해결의 여섯 번째 단계로 권장하기도 한다(Braswell & Bloomquist, 1991). ADHD 아동은 충동성을 조절하지 못하기 때문에 시간을 들여 자신의 문제에 대해 생각하지 않는다(Ervin et al., 1996). 따라서 이러한 문제해결의 과정이 ADHD 아동들에게 유익할 수 있다. 그러나 안타깝게도 자기교수와 마찬가지로 사회적 문제해결 개입에 대한 경험적 지지는 부족한 편이다(Barkley, 출판 중).

귀인 재훈련. ADHD 아동이 흔히 겪는 또 다른 문제는 적대적 편향의 발달이다. ADHD 아동은 다른 사람의 사고, 감정, 지각을 이해하지 못하며(Braswell & Bloomquist, 1991), 다른 사람의 의도를 종종 오해한다(예: 공격적이지 않은 또래행동을 공격적 의도로 귀인함). 귀인 재훈련은 아동이 자신의 오해를 확인하고 '정확하게' 생각하도록 재훈련하는 데 있다. 이 목적을 달성하기 위해 아동에게 자신으로부터 한 발짝 떨어져 상황을 객관적으로 보도록 가르치거나 개인적 문제로 받아들이지 않으면서 생각할 수 있게 하는 일반적인 사례를 제시한다. 그런 다음 아동은 자신의 행동에 대해 다른 사람이 어떻게 느끼며 어떤 영향을 받는지를 깨닫는 것이 중요함을 배운다. 아동은 조망수용 역할연습을 통해 이러한 기술을 향상시킬 수 있다. 조망수용 역할연습은 아동으로 하여금 자신의 행동이 타인에게 영향을 미친다는 것을 이해하고, 상황에 대해 객관적으로 생각하도록 도울 의도로 실시한다. 귀인 재훈련에서 아동은 다른 사람이 한 행동의 의도를 더 정확하게 귀인하는 법을 배운다(Braswell & Bloomquist, 1991). 그러나 ADHD 아동을 위한 귀인 재훈련의 효과성을 지지하는 경험적 자료는 별로 없다.

스트레스 면역. 스트레스 면역기법은 앞에서 언급한 여러 개입에서 사용하는 다양한 방법들을 통합적으로 사용한다. 스트레스 면역과정은 다음의 네 단계를 거친다(Novaco, 1978). (1) 분노와 좌절의 감정을 알아차리기, (2) 이러한 감정이 발생할 때 상황을 정확하게 해석하기, (3) 분노에 효과적으로 대처하기, (4) 문제를 성공적으로 해결하기. 여기서 분명히 알 수 있듯이, 스트레스 면역의 과정은 자기교수, 사회적 문제해결, 귀인 재훈련의 기법을 통합한다. 그러나 이러한 요소들을 통합한다고 하더라도, 스트레스 면역이 ADHD 아동에게 크게 효과적인 전략은 아니다.

인지행동중심의 개입

순전히 인지중심의 접근만을 활용하는 개입은 ADHD 집단에게 성공적이지 않다. 그러나 인지적 전략에 행동적 요소를 추가하면 성공 가능성이 증가한다. ADHD 아동의 동기를 높이고 효과를 증진시키기 위하여 유관성 요소를 치료에 추가할 수 있다. 여기서는 구체적인 인지행동 기법인 자기관리, 자기평가, 자기강화 및 일치훈련을 살펴보고자 한다.

자기관리. ADHD 집단은 충동적이기 때문에 자기관리 기법의 적용을 고려해 볼 수 있다. ADHD 아동은 자신의 행위에 대한 인식과 억제의 기술이 부족하기 때문에 자신의 행동을 인식하도록 돕는 자기관리 기법이 사용된다. 자기관리 개입의 목표는 교사의 지각에 비추어 학생이 자신의 행동을 평가하도록 훈련하는 데 있다(Shapiro et al., 1998). 아동은 자기관리를 통해 자기조절에 영향을 미치는 표적행동을 적극적으로 인식하게 된다(Ervin et al., 1996). 자기관리는 아동이 자신의 행동을 관찰, 기록, 분석, 강화하도록 가르친다(Davies & Witte, 2000). 예를 들면, 교사는 아동의 표적행동을 (예: 1[저조함]에서 5[우수함]에 이르는 척도에서) 평정한 다음, 그 점수를 아동과 공유하는 것으로부터 시작한다(Rhode, Morgan, & Young, 1982). 아동이 이 과정에 익숙해지면 스스로 자신의 행동을 평정하라는 지시를 받는다. 기록 단계에서 아동은 교사의 견해에 좌우되지 않으면서 자신의 행위를 인식하는 법을 배운다. 그런 다음 학생과 교사는 각자의 평정을 비교해 본다. 만약 아동과 교사의 점수가 일치하면 아동은 보상을 얻을 수 있다. 만일 일치하지 않으면 보상을 얻을 수 없다. 이 방법은 교사로 하여금 학생의 행동에 대해 피드백을 제공하고 검토함으로써 아동이 자신의 행동을 잘못 기록하지 않도록 해 준다. 아동은 자신의 행동을 정확하게 인식하고 평정하는 것에 대한 책임을 져야 하기 때문에 강화물을 얻거나 얻지 못하는 것을 스스로 통제할 수 있다. 이것은 자기관리 접근에 기본이 되는 방법이지만, 행동의 심각성과 아동의 연령에 따라서 수정된 방법들도 많이 있다. 다양한 행동목표와 학업목표를 대상으로 하는 자기관리 개입은 다양한 장면에서 그 효과성이 증명되었다(Hinshaw, 2000).

자기강화. 자기강화는 자기관리를 변형한 기법이다. 명칭에 분명히 나타나 있듯이, 자기강화는 아동에게 자신의 행동에 근거하여 자신을 강화할 수 있는 기회를 제공한다. 자기강화는 보통 단독으로 실시되지 않고, 자기평가와 병행하거나 자기관리의 일부로 실시된다(Shapiro & Cole, 1994). 일단 강화물을 얻을 수 있게 되면, 다른 사람이 아동에게 강화를 주는 대신 아동이 스스로 강화물을 선택하고 자신에게 수여한다. Hinshaw, Henker와 Whalen(1984)은 이러한 유형의 강화가 외부에서 주어지는 보상에 비해 부정적 행동을 감소시키고 친사회적 행동을 증가시키는 데 더욱 성공적이고 현저한 효과가 있음을 발견하였다.

일치훈련. 일치훈련(correspondence training)의 방법은 아동의 실제 행동과 그 행동에 대한 언어적 표현 간의 일치를 향상시키는 데 초점을 둔다(Paniagua, 1992). 일치 보고하기는 '행동하기-보고하기(do-report)'나 '보고하기-행동하기(report-do)' 중 어느 것으로든지 가능하다. '행동하기-보고하기' 방법의 경우, 아동은 과거 행동에 대해 정확하게 보고하는 훈련을 받으며, 언행의 두 요소가 일치하면 보상을 받는다. '보고하기-행동하기' 방법은 아동이 자신의 행위가 어떨 것인지에 관해 말로 표현하고 난 후에 그 행위를 수행한다는 점에서 '행동하기-보고하기' 방법과 다르다. 마찬가지로, 언행이 정확하게 일치하면 그 아동은 보상을 받는다. 일치훈련의 경험적 지지는 임상집단을 대상으로 한 사례연구들뿐이라는 제한이 있지만, ADHD 아동에게도 성공적이라는 보고가 있다(Ervin, Bankert, & DuPaul, 1996).

학교장면에 대한 시사점과 적용

아동은 학교에서 대부분의 시간을 보내므로 CBT 절차가 학교에서 효과적인지를 고려해야 한다. 앞서 언급한 전략들을 통해 배운 기술들은 종종 학교 밖에서 활용되므로 그 기술들을 학교 안으로 가져오는 것은 새로운 어려움이다. 이러한 목표를 달성하기 위해 학교자문(school consultation)[8]을 할 수 있다. 아동이 새로 획득한 기술을 학교에서 사용하도록 돕기 위해서 교직원 훈련도 해야 한다(Braswell & Bloomquist, 1991). ADHD 아동이 지원을 받지 못하면 새로운 지식을 다른 장면에 자연스럽게 전이시키지 못할 것이다. 학교자문은 ADHD 아동이 새로 배운 지식과 기술을 다른 장면에 전이시킬 수 있도록 돕는 지원을 제공한다.

아동이 자기교수와 문제해결 기술을 여러 장면에 일반화하고 여러 내용 영역에 적용하도록 격려하는 것이 중요하다. 아동이 친구와 문제 상황에 부딪쳤을 때는 이런 기술을 적용하는 데 자신이 있고 익숙할 수 있다. 그러나 다른 사람(예: 낯선 사람)에게 기술을 시도해야 할 때는 자신감을 잃을 수 있다. 그러므로 기술을 활용할 수 있는 다양한 상황들을 제시해야 하며, 각각의 상황에 대한 연습을 할 수 있어야 한다. 또한 학생들에게 자신의 레퍼토리 안에 이런 기술들을 가지고 있음을 잊지 않도록 규칙적으로 강화해 주는 노력이 필요하다.

교사, 학교심리학자, 학교상담자 및 학교사회복지사는 학교에서 이러한 절차를 적용하는 데 적극 참여해야 한다(Braswell & Bloomquist, 1991). 물론 개입 절차들은 주로 학교 밖 장면에서 검토된 후에 학교 안으로 들여온 것이지만, 이들 절차를 학교 안에서 가르치는 것이 더 적절한 경우가 많다. 어떤 전략은 다른 전략에 비해 시행하기가 더 쉽고(예: 자기관리는 일치훈련에 비해 교사가 아동에게 가르치기가 더 쉽다), 학교에서 실시하기가 더 쉽다.

어떤 개입(예: 사회적 문제해결)은 집단장면에서 학교심리학자나 학교상담자가 가

8) 역자 주: 학교자문(school consultation)은 교사나 학부모(피자문인, consultee)가 학생(내담자, client)을 교육, 상담 또는 평가하는 데 필요한 도움을 전문가(자문인, consultant)가 피자문인에게 제공하는 간접 서비스를 의미한다. 학생을 만나 교육, 상담, 평가를 하는 사람이 피자문인이라는 점에서, 자문은 전문가가 학생을 대상으로 개입이나 평가를 하는 직접 서비스와 대조된다.

장 적절하게 제공할 수 있는 방법이다. 어떤 개입은 학급 단위로 실시될 수 있다. 이런 개입방법을 실시하려면 교사가 더 많은 훈련을 받아야 하지만, 자기평가와 자기강화 같은 기술훈련은 학급기반의 개입에 특히 적합하다. 이런 개입은 대부분의 학교장면에서 쉽게 적용될 수 있으며 큰 노력 없이도 시행될 수 있다. 그러나 불행하게도 현재 이 접근의 효과성을 대대적으로 지지하는 자료는 아직 없다(Bloomquist, August, & Ostrander, 1991). 사실상 CBT 기법 중에서 경험적 지지를 받은 유일한 기법은 자기모니터링과 자기평가를 포함한 기법인데, 이 기법에 관한 자료도 비교적 작은 표집을 대상으로 수집되었을 뿐이다(Barkley, 출판 중).

사례연구 1: 케빈
읽기이해 증진을 위한 스토리 매핑과 프롬프트 카드의 활용

배경

케빈은 ADHD 복합형 진단을 받은 9세 남아로, 현재 4학년 일반학급에 다니고 있다. 교사가 의뢰한 정보에 따르면, 케빈의 읽기이해 수준은 제 학년에 못 미치며 읽기수업에 대한 성취 동기도 낮은 편이다. 교사면접을 통해 수집한 정보에 따르면, 케빈의 읽기이해 수행수준은 고르지 않다. 케빈은 도움 없이는 이야기의 주요 아이디어를 찾아내지 못하고, 이야기의 부분들을 순차적으로 정리하거나 이야기를 읽고 추론하기를 어려워한다. 그러나 가끔 이해 연습문제를 정확하게 풀기도 한다.

초기평가

읽기 영역의 교육과정중심 평가(CBA)[9]에 따르면, 케빈은 1분당 85개 단어를

9) 역자 주: 교육과정중심 평가(CBA)는 수업에 관한 결정을 내리는 데 필요한 정보를 수집하기 위해 교육과정에서 학생이 수행하는 활동이나 결과물을 직접 관찰하거나 학생의 수행 정도를 기록하는 평가 절차를 말한다.

96%의 정확성을 가지고 4학년 수준에서 읽는다. 이는 케빈의 읽기 수행이 교수수준에 있다는 것을 시사한다. 케빈은 4학년용 문구를 읽은 직후에 이해문제가 주어지면 60%는 정확하게 맞춘다. 또한 우드콕-존슨 성취도검사 제3판(Woodcock-Johnson Tests of Achievement-Third Edition; Woodcock, McGrew, & Mather, 2001)을 실시한 결과, 케빈의 읽기이해 총점은 표준점수 90점이었다. 이는 같은 연령의 남자 규준집단 안에서 백분위 48에 해당하는 점수다.

읽기수업 중에 실시한 행동관찰에 따르면, 케빈의 과제집중 행동비율은 8%로 낮았고, 과제이탈 행동비율은 75%로 높았다. 구체적으로, 책상 위에 있는 시험지를 물끄러미 보거나 주어진 과제에서 시선을 멀리하는 등 대체로 수업참여에 수동적이었다.

개입

이 학교에서는 교사가 매개하는 개입을 시행할 수 있는 자원이 부족했다. 그러나 케빈의 연령과 학년에 비추어 볼 때, 케빈 자신이 매개하는 개입이 읽기이해 문제를 해소하는 데 적절한 방법으로 선택되었다. 구체적으로, 스토리 매핑(story mapping; Gardill & Jitendra, 1999)과 프롬프트 카드를 병행하여 실시했다. 이러한 과제는 케빈이 이야기를 읽으면서 독립적으로 완성해야 하는 것이다.

이야기 매핑은 정규 읽기수업 중에 매주 2회 시행되었다. 스토리 맵은 케빈이 교실에서 읽는 이야기의 장면, 문제, 목표, 행위 및 결과를 시각적으로 조직화하도록 하고 이것들을 찾아내도록 자극하는 단서를 제공했다. 프롬프트 카드는 케빈이 문단 하나를 읽고 난 후에 정지하고, 다음의 질문을 스스로에게 묻도록 자극한다. "누가 주인공이지?" "이야기가 어느 장소에서 발생했지?" "어떤 사건이 발생했지?" "문제는 뭐지?" "해결방안으로는 무엇이 있을까?" 케빈은 프롬프트 카드에 있는 각각의 질문에 대한 대답을 찾으면서, 스토리 맵의 해당 부분을 완성해야 한다. 스토리 매핑을 완성한 후, 케빈은 컴퓨터 상에서 읽기이해를 측정하는 검사를 받았다.

결과

케빈의 진전을 점검하기 위한 자료가 매주 컴퓨터 기반의 읽기이해 검사를 통해 수집되었다. 수집된 자료에 따르면, 4학년용 읽기자료에서 케빈의 평균 이해점수는 96%이었다. 매주 점수는 70~100%의 범위에 속하였고, 대부분의 점수는 100%를 기록했다. 케빈의 주별 이해점수가 그려진 곡선은 계속 증가 추세를 보였고, 개입이 실시된 지 5주가 지났을 때에는 100%의 정확성을 이루었으며, 그 후에도 그 점수를 유지했다.

교사는 목표를 향한 진전과정에 대해 케빈이 '80% 또는 그보다 높은 수준의 읽기이해'를 '전혀(0점)' 보이지 않는 상태에서 시작했는데, 이제는 3개월 이상 '자주(2점)' 수행하는 수준으로까지 발전했다고 평가했다. 표준화 성취도검사에서 케빈의 읽기이해 총점은 표준점수 110으로, 제 또래의 다른 학생들에 비해 백분위 60에 해당했다.

이러한 결과가 보여 주듯이, 케빈은 개입을 통해 학업성취도가 향상되었다. 이에 더하여 읽기수업 중에 실시한 행동관찰에 따르면, 케빈은 개입의 영향을 받아 수업을 받는 행동도 개선되었다. 구체적으로, 개입이 시행되기 이전과 비교할 때 케빈의 과제집중 행동의 비율이 68%로 증가하였고, 과제이탈 행동의 비율은 30%로 감소했다.

사례연구 2: 카이라
과제완수 증진을 위한 자기관리 개입

배경

카이라는 ADHD 부주의형 진단을 받은 6세 여아로, 일반학급 1학년에 배정되어 있다. 카이라의 교사와 면접을 실시하여 수집한 정보에 따르면, 카이라는 수학시간에 주어진 과제를 끝마치는 데 어려움을 겪고 있었다. 카이라가 배정되어 있는 일반학급에는 수학기술의 교수수준(instructional level)이 다양한 학생들이 있었다.

따라서 담임교사는 교수전략의 하나로 소집단을 구성하여 운영하는 방식을 생각해 냈다. 교사가 수학시간에 소집단 하나를 운영하는 동안에 다른 학생들은 이전의 수업에서 했던 연습문제지를 푼다. 카이라는 종종 주어진 과제에서 산만해지고 시간을 허비하느라 연습문제지를 한 장도 끝내지 못할 때가 있다.

초기평가

카이라에게 제시된 과제가 그녀의 기술수준에 적합한지를 확인하여 어느 학년수준에서 수학수업을 제공해야 하는지를 결정하고자 했다. 교육과정중심 평가를 실시한 결과, 카이라는 90%의 정확성을 가지고 매분 12개 숫자의 비율로 1학년 수준에서 과제를 수행하는 것으로 나타났다. 이와 같은 결과는 카이라가 성인으로부터 최소한의 도움을 받으면서 기초적인 문장제 문제를 풀고 기본적인 더하기와 빼기 계산을 하는 데 필요한 기술을 가지고 있음을 보여 주었다. 그러나 카이라가 이전에 푼 연습문제지를 검토해 보면, 자신이 가지고 있는 기술을 활용하는 데는 어려움을 겪고 있음을 알 수 있다.

카이라가 수학수업 중에 보인 행동을 직접 관찰한 결과, 학업에 몰두하고 참여한 비율은 35%로 낮았고 수동적인 과제이탈 행동의 비율은 65%로 높았다. 또한 기능적 행동평가(O'Neill, Horner, Albin, Storey, & Sprague, 1997)를 실시하여, 수학수업 중에 제시된 과제에서 계속 실패하게 만드는 선행사건과 후속결과를 확인했다. 일관성 있는 패턴이 발견되지는 않았고 제시된 과제를 성공적으로 완수하는 데 대한 분명한 보상체계가 마련되지 않은 것으로 보였다.

개입

소집단 활동 중에 카이라의 독립적 기능을 향상시키기 위해 담임교사는 카이라에게 자기관리 절차를 실시했다. 학생들은 수업시간 50분 동안에 풀어야 하는 연습문제지를 5개씩 받았다. 학생들은 한 번의 소집단 활동에서 하나의 연습문제지를 풀어야 했다. 교사는 파이 차트를 활용하기로 했다. 파이 한 판의 그림과 파이를 5등분으로 나눈 그림 조각에 라미네이트 막을 씌웠다. 5등분선이 그려진 파이 한 판과 다섯 조각 각각의 뒷면에 벨크로를 붙였다.

카이라는 3일 동안 파이 차트를 활용하는 훈련을 받았다. 각 파이조각은 매 수업시간에 주어지는 연습문제지 한 장을 나타낸다는 설명도 들었다. 카이라가 연습문제지 하나를 끝내면 파이 차트에 파이 한 조각을 붙이라는 지시를 받았다. 수학수업이 끝날 무렵, 카이라는 파이 차트를 교사에게 가져가서 수업시간이 시작될 때 설정했던 자신의 목표를 달성했는지를 확인받았다. 만일 목표를 달성했다면 보상상자에서 상품 하나를 선택할 수 있도록 했다.

카이라는 매일 자신의 목표를 달성해 나갔다. 첫 주에 카이라의 목표는 연습문제지 한 장을 끝내는 것이었다. 완성한 연습문제지가 5장이 될 때까지 매주 한 장씩 목표를 높여 나갔다. 보상상자에서 상품을 선택하기 위해서는 5일 동안 연습문제지 5장을 모두 끝마쳐야 했다. 강화계획이 진행됨에 따라 파이 차트는 점점 필요없어 졌으며 보상도 점점 덜 제공하게 되었다.

결과

진전 상태를 점검한 자료에 따르면, 자기관리 개입은 ADHD 진단을 받은 1학년 여아의 과제 완성도를 증가시키는 데 매우 효과적이었다. 구체적으로, 카이라는 개입이 시행된 처음 3일 동안 매 차시에 한 장의 연습문제지를 끝마치는 목표를 성공적으로 달성했다. 4일째 되는 날, 카이라의 목표는 연습문제지 2장으로 높아졌고, 4일 내내 매일 2장의 연습문제지를 성공적으로 완성했다. 목표가 상향 조정되었고, 4주 후부터는 개입과 보상이 약해지기 시작하면서 카이라의 과제완성 행동도 계속 증가했다. 성공적인 목표 달성에 대한 보상이 주어지지 않았던 시행 첫날에는 과제 완성도가 다소 떨어졌다. 그러나 그 후 시간이 지나면서 카이라의 수행은 원래의 향상된 수준으로 되돌아왔다. 개입을 시행한 지 7일째 되는 날, 카이라는 95~100%의 정확도로 수학 연습문제지 5장을 끝까지 풀었다.

결 론

ADHD는 발달적으로 부적합한 정도의 주의집중 곤란, 충동성, 과잉행동을 보이는 자기통제의 장애다. ADHD를 가진 아동 · 청소년은 장기치료를 받아야 하는 심각한 학업문제와 사회적 어려움을 자주 겪는다. 강력한 경험적 지지를 받는 유일한 주요 개입전략은 향정신약물 치료(메틸페니데이트와 같은 중추신경 자극제)와 유관성 관리(행동수정; Barkley, 출판 중; MTA Cooperative Group, 1999)로 밝혀졌다. CBT 전략은 ADHD의 핵심적인 결핍을 다루는 데 유망한 것처럼 보인다. 그러나 CBT에 대한 경험적 지지는 아직 미흡하다. 특히 사회적 문제해결 등 인지중심의 기법에 대한 경험적 지지가 많이 부족하다. 일부 통제된 사례연구와 소규모 표본조사는 자기관리, 특히 자기모니터링과 자기평가의 실시가 효과적임을 지지한다(예: Hinshaw et al., 1984; Hoff & DuPaul, 1998). 자기관리 요소를 사용하는 CBT 전략에 관한 연구가 더 많이 이루어질 필요가 있다. 특히 다중양식 치료(multimodal treatment) 패키지를 실시하고 그 효과를 검증하는 연구가 시도되어야 할 것이다.

참고문헌

Abikoff, H. (1985). Efficacy of cognitive training interventions in hyperactive children: A critical review. *Clinical Psychology Review, 5,* 479-512.

Abikoff, H., Gittelman-Klein, R., & Klein, D. (1977). Validation of a classroom observation code for hyperactive children. *Journal of Consulting and Clinical Psychology, 45,* 772-783.

Abikoff, H. B., Jensen, P. S., Arnold, L. E., Hoza, B., Hechtman, L., Pollack, S., Martin, D., Alvir, J., March, J. S., Hinshaw, S., Vitiello, B., Newcorn, J., Greiner, A., Cantwell, D. P., Conners, C. K., Elliott, G., Greenhill, L. L., Kraemer, H., Pelham, W. E., Severe, J. B., Swanson, J. M., Wells, K., & Wigal, T. (2002). Observed classroom behavior of children with ADHD: Relationship to gender and comorbidity. *Journal of Abnormal Child Psychopathology, 30,* 349-360.

Achenbach, T. M. (2001a). *Achenbach System of Empirically Based Assessment: Child Behavior Checklist.* Burlington: University of Vermont, Department of Psychiatry.

Achenbach, T. M. (2001b). *Achenbach System of Empirically Based Assessment: Teacher Report Form.* Burlington: University of Vermont, Department of Psychiatry.

American Psychiatry Association. (2000). *Diagnostic and statistical manual of mental disorders* (4th ed., text revision). Washington, DC: Author.

Anastopoulous, A. D., & Gerrard, L. M. (2003). Facilitation understanding and management of attention-deficit/hyperactivity disorder. In M. A. Reinecke, F. M. Dattilio, & A. Freeman (Eds.), *Cognitive therapy with children and adolescents: A casebook for clinical practice* (2nd ed.). New York: Guilford Press.

Anastopoulous, A. D., & Shelton, T. L. (2001). *Assessing attention-deficit/hyperactivity disorder.* New York: Kluwer Academic/Plenum.

Barkley, R. A. (1981). *Hyperactive children: A handbook for diagnosis and treatment.* New York: Guilford Press.

Barkley, R. A. (1989). Attention-deficit hyperactivity disorder. In E. J. Mash & R. A. Barkley (Eds.), *Treatment of childhood disorders* (pp. 39-72). New York: Guilford Press.

Barkley, R. A. (1990). *Attention Deficit-Hyperactivity Disorder: A handbook for diagnosis and treatment.* New York: Guilford Press.

Barkley, R. A. (1997). *ADHD and the nature of self-control.* New York: Guilford Press.

Barkley, R. A. (1998). Attention-deficit/hyperactivity disorder. In E. J. Mash & R. A. Barkley (Eds.), *Treatment of childhood disorders* (2nd ed., pp. 55-110). New York: Guilford Press.

Barkley, R. A. (Ed.). (in press). *Attention deficit hyperactivity disorder: A handbook for diagnosis and treatment* (3rd ed.). New York: Guilford Press.

Barkley, R. A., Fischer, M., Newby, R., & Breen, M. (1988). Development of a multimethod clinical protocol for assessing stimulant drug responses in ADHD children. *Journal of Clinical Child Psychology, 17,* 14-24.

Barkley, R. A., Fischer, M., Smallish, L., & Fletcher, K. (2002). The persistence of attention-deficit/hyperactivity disorder into young adulthood as a function of reporting source and definition of disorder. *Journal of Abnormal Psychology, 111,* 279-289.

Biederman, J., Mick, E., Faraone, S. V., Braaten, E., Doyle, A., Spencer, T., Wilens, T. E., Frazier, E., & Johnson, M. A. (2002). Influence of gender on attention deficit hyperactivity disorder in children referred to a psychiatric clinic. *American Journal of Psychiatry, 159,* 36-42.

Bloomquist, M. L., August, G. J., & Ostrander, R. (1991). Effects of a school-based cognitive-behavioral intervention for ADHD children. *Journal of Abnormal Child Psychology, 19,* 591-605.

Bowers, W. A., Evans, K. K., & Andersen, A. E. (1997). Inpatient treatment of eating disorders: A cognitive milieu. *Cognitive and Behavioral Practice, 4,* 291-323.

Braswell, L., & Bloomquist, M. L. (1991). *Cognitive-behavioral therapy with ADHD children: Child, family, and school interventions.* New York: Guilford Press.

Cantwell, D. P., & Baker, L. (1991). Association between attention deficit-hyperactivity disorder and learning disorders. *Journal of Learning Disabilities, 24,* 88-95.

Carr, A. (Ed.). (2000). *What works with children and adolescents? A critical review of psychological interventions with children, adolescents, and their families.* London: Routledge.

Carrington, P., Lehrer, P. M., & Wittenstrom, K. (1997). A children's self-monitoring system for reducing homework-related problems: Parent efficacy ratings. *Child and Family Behavior Therapy, 19,* 1-22.

Chess, S. (1960). Diagnosis and treatment of the hyperactive child. *New York State Journal of Medicine, 60,* 2379-2385.

Conners, C. K. (1997). *Conner's Rating Scales-Revised; technical manual.* Toronto: Multi-Health Systems.

Curry, J. F., & Reinecke, M. A. (2003). Modular therapy for adolescents with major depression. In M. A. Reinecke, F. M. Dattilio, & A. Freeman (Eds.), *Cognitive therapy with children and adolescents: A casebook for clinical practice* (2nd ed.). New York: Guilford Press.

Daives, S., & Witte, R. (2000). Self-management and peer-monitoring within a group contingency to decrease uncontrolled verbalizations of children with attention-deficit/hyperactivity disorder. *Psychology in Schools, 37,* 135-147.

De La Paz, S. (1999). Self-regulated strategy instruction in regular-education settings: Improving outcomes for students with and without learning disabilities. *Learning Disabilities Research and Practice, 14,* 92-106.

DiPerna, J. C., & Elliott, S. N. (2000). *Academic Competence Evaluation Scale.* San

Antonio, TX: Psychological Corporation.

Douglas, V. I. (1972). Stop, look, and listen: The problem of sustained attention and poor impulse control in hyperactive and normal children. *Canadian Journal of Behavioural Science, 4,* 259-282.

Douglas, V. I. (1983). Attentional and cognitive problems. In M. Rutter (Ed.), *Developmental neuropsychiatry* (pp. 280-328). New York: Guilford Press.

DuPaul, G. J., & Barkley, R. A. (1992). Situational variability of attention problems: Psychometric properties of the revised home and school situations questionnaires. *Journal of Clinical Child Psychology, 21,* 178-188.

DuPaul, G. J., & Stoner, G. (2003). *ADHD in the schools: Assessment and intervention strategies* (2nd ed.). New York: Guilford Press.

DuPaul, G. J., Power, T. J., Anastopoulos, A. D., & Reid, R. (1998). *AD/HD Rating Scale-IV: Checklist, norms, and clinical interpretation.* New York: Guilford.

DuPaul, G. J., Rapport, M. D., & Perriello, L. M. (1991). Teacher ratings of academic skills: The development of the Academic Performance Rating Scale. *School psychology Review, 20,* 284-300.

DuPaul, G. J., Volpe, R. J., Jitendra, A. K., Lutz, J. G., Lorah, K. S., & Gruber, R. (2004). Elementary school students with AD/HD: Predictors of academic achievement. *Journal of School Psychology, 42,* 285-301.

Ervin, R. A., Bankert, C. L., & DuPaul, G. J. (1996). Treatment of attention-deficit/hyperactivity disorder. In M. A. Reinecke, F. M. Dattilio, & A. Freeman (Eds.), *Cognitive therapy with children and adolescents* (pp. 38-61). New York: Guilford Press.

Fabiano, G. A., Pelham, W. E., Gnagy, E. M., Kipp, H., Lahey, B. B., Burrows-MacLean, L., Chronis, A. M., Onyango, A. N., & Morrisey, S. (1999, November). *The reliability and validity of the children's impairment rating scale: A practical measure of impairment in children with ADHD.* Poster presented at the annual meeting of the Association for the Advancement of Behavior Therapy, Toronto, Ontario.

Friedberg, R., & McClure, J. (2002). *Clinical practice and cognitive therapy with children and adolescents: The nuts and bolts.* New York: Guilford Press.

Gadow, K. D., Sprafkin, J., & Nolan, E. E. (1996). *ADHD school Observation Code.* Stony Brook, NY: Checkmate Plus.

Gardill, M. C., & Jitendra, A. K. (1999). Advanced story map instruction: Effects on the reading comprehension of students with learning disabilities. *The Journal of Special Education, 28,* 2-17.

Gittelman, R., Mannuzza, S., Shenker, R., & Bonagura, N. (1985). Hyperactive boys almost grown up. *Archives of General Psychiatry, 42,* 937-947.

Glow, P. H., & Glow, R. A. (1979). Hyperkinetic impulse disorder: A development defect of motivation. *Genetic Psychology Monographs, 100,* 159-231.

Goldstein, S., & Goldstein, M. (1998). *Managing attention deficit hyperactivity disorder in children: A guide for practitioners* (2nd ed.). New York: Wiley.

Graham, P. (Ed.). (1998). *Cognitive-behavior therapy for children and families.* Cambridge: Cambridge University Press.

Gresham, F. M., & Elliott, S. N. (1990). *Social skills rating system.* Circle Pines, MN: American Guidance Service.

Haenlein, M., & Caul, W. F. (1987). Attention deficit disorder with hyperactivity: A specific hypothesis of reward dysfunction. *Journal of the American Academy of Child and Adolescent Psychiatry, 26,* 356-362.

Hibbs, E., & Jensen, P. (Eds.). (1996). *Psychosocial treatment for child and adolescent disorders: Empirically based strategies for clinical practice.* Washington, DC: American Psychological Association.

Hinshaw, S. P. (2000). Attention-deficit/hyperactivity disorder: The search for viable treatments. In P. C. Kendall (Ed.), *Child and adolescent therapy: Cognitive-behavioral procedures* (2nd ed., pp. 88-128). New York: Guilford Press.

Hinshaw, S. P., Henker, B., & Whalen, C. K. (1984). Self-control in hyperactive boys in anger-inducing situations: Effects of cognitive-behavioral training and of methylphenidate. *Journal of Abnormal Child Psychology, 12,* 55-77.

Hoff, K. E., & DuPaul, G. J. (1998). Reducing disruptive behavior in general education classrooms: The use of self-management strategies. *School Psychology Review, 27,* 290-303.

Hoza, B., Gerdes, A. C., Hinshaw, S. P., Arnold, E. L., Pelham, W. E. Jr., Molina, B. S. G., Abikoff, H. B., Epstein, J. N., Greenhill, L. L., Hechtman, L., Odbert, C., Swanson, J. M., & Wigal, T. (2004). Self-perceptions of competence in children with ADHD and comparison children. *Journal of Consulting and Clinical Psychology, 72,* 382-391.

Jacob, R. G., O'Leary, K. D., & Rosenblad, C. (1978). Formal and informal classroom settings: Effects on hyperactivity. *Journal of Abnormal Child Psychology, 6,* 47-59.

Kendall, P. C. (Ed.). (2000). *Child and adolescent therapy: Cognitive-behavioral procedures* (2nd ed.). New York: Guilford Press.

Kendall, P. C., & Braswell, L. (1993). *Cognitive-behavioral therapy for impulsive children* (2nd ed.). New York: Guilford Press.

Mannuzza, S., Gittelman-Klein, R., Bessler, A., Malloy, P., & LaPadula, M. (1993). Adult outcome of hyperactivity boys: Educational achievement, occupational rank, and psychiatric status. *Archives of General Psychiatry, 50,* 565-576.

McDougall, D. (1998). Research on self-management techniques used by students with disabilities in general education classrooms. *Exceptional Children, 64,* 151-166.

McDougall, D., & Brady, M. P. (1998). Initiating and fading self-management interventions to increase math fluency in general education classrooms. *Remedial and Special Education, 19,* 310-320.

Meichenbaum, D. H., & Goodman, J. (1971). Training impulsive children to talk to themselves: A means of developing self-control. *Journal of Abnormal Psychology, 77,* 115-126.

Miller, G. E., & Brewster, M. E. (1992). Developing self-sufficient learners in reading and mathematics through self-instructional training. In M. Pressley, K. R. Harris, & J. T. Guthrie (Eds.), *Promoting academic competence and literacy in school* (pp. 169-222). New York: Academic Press.

Miranda, A., Villaescusa, M. I., & Vidal-Abarca, E. (1997). Is attribution retraining necessary? Use of self-regulation procedures for enhancing the reading comprehension strategies of children with learning disabilities. *Journal of Learning Disabilities, 30,* 503-512.

MTA Cooperative Group. (1999). A 14-month randomized clinical trial of treatment strategies for attention-deficit/hyperactivity disorder. *Archives of General Psychiatry, 56,* 1073-1086.

Nolan, M., & Carr, A. (2000). Attention deficit hyperactivity disorder. In A. Carr (Ed.), *What works with children and adolescents: A critical review of psychological interventions with children, adolescents and their families* (pp. 65-101). London: Routledge.

Novaco, R. W. (1979). The Cognitive regulation of anger and stress. In P. C. Kendall & S. D. Hoillon (Eds.), *Cognitive-behavioral interventions: Theory, research, and procedures* (pp. 241-285). New York: Academic Press.

O'Neill, R. E., Horner, R. H., Albin, R. W., Storey, K., & Sprague, J. R. (1997).

Functional analysis of problem behavior: A practical assessment guide (2nd ed.). Pacific Grove, CA: Brooke/Cole.

Paniagua, F. A. (1992). Verbal-nonverbal correspondence training with ADHD children. *Behavior Modification, 16,* 226-252.

Patterson, G. R., Reid, J. B., & Dishion, T. J. (1992). *Antisocial boys.* Eugene, OR: Castalia.

Pediatric OCD Treatment Study Team. (2004). Cognitive-behavior therapy, sertraline, and their combination for children and adolescents with obsessive-compulsive disorder. *Journal of the American Medical Association, 292,* 1969-1976.

Pfiffner, L. J., & Berkley, R. A. (1990). Educational placements and classroom management. In R. A. Barkley (Ed.), *Attention-deficit hyperactivity disorder: A handbook for diagnosis and treatment* (pp. 498-539). New York: Guilford Press.

Phillips, T. (2000). Cognitive-behavioral therapy for post-traumatic stress disorder in children and adolescents. In K. N. Dwivedi (Ed.), *Post-traumatic stress disorder in children and adolescents* (pp. 147-162). London: Englands, Ltd.

Platzman, K. A., Stoy, M. R., Brown, R. T., Coles, C. D., Smith, I. E., & Falek, A. (1992). Review of observational methods in attention deficit hyperactivity disorder (ADHD): Implications for diagnosis. *School Psychology Quarterly, 7,* 155-177.

Reinecke, M. A., Ryan, N., & DuBois, D. (1998). Cognitive-behavioral therapy of depression and depressive symptoms during adolescence: A review and meta-analysis. *Journal of the American Academy of Child and Adolescent Psychiatry, 37,* 26-34.

Reynolds, C. R., & Kamphaus, R. W. (2004). *Behavior Assessment System for Children* (2nd ed.). Circle Pines, MN: American Guidance Service.

Rhode, G., Morgan, D. P., & Young, K. R. (1982). Generalization and maintenance of treatment gains of behaviorally handicapped students from resource rooms to regular classroom using self-evaluation procedures. *Journal of Applied Behavior Analysis, 16,* 171-188.

Shapiro, E. S. (2003). *Academic skills problems: Direct assessment and intervention* (3rd ed.). New York: Guilford Press.

Shapiro, E. S., & Cole, C. L. (1994). *Behavior change in the classroom: Self-management interventions.* New York: Guilford Press.

Shapiro, E. S., DuPaul, G. J., & Bradley-Klug, K. L. (1998). Self-management as a strategy to improve the classroom behavior adolescents with ADHD. *Journal of Learning Disabilities, 31,* 545-555.

Spence, S. H., Donovan, C., & Brechman-Toussaint, M. (2000). The treatment of childhood social phobia: The effectiveness of a social skills training-based, cognitive-behavioral intervention, with and without parental involvement. *Journal of Child Psychology and Psychiatry, 41,* 713-726.

Stormont, M. (2001). Social outcomes of children with AD/HD: Contributing factors and implications for practice. *Psychology in the Schools, 38,* 521-531.

Vile Junod, R. E., DuPaul, G. J., Jitendra, A. K., Volpe, R. J., & Cleary, K. (2005). *Classroom observations of students with and without ADHD: Differences across academic subjects and types of engagement.* Manuscript submitted for publication.

Walker, H. M., & McConnell, S. R. (1988). *Walker-McConnell Scale of Social Competence and School Adjustment.* Austin, TX: Pro-Ed, Inc.

Watson, T. S., & Steege, M. W. (2003). *Conducting school-based functional behavioral assessment: A practitioner's guide.* New York: Guilford Press.

Weiss, G., & Hechtman, L. (1993). *Hyperactive children grown up* (2nd ed.). New York: Guilford Press.

Weisz, J., & Weiss, B. (1993). *Effects of psychotherapy with children and adolescents.* Newbury Park, CA: Sage.

Whalen, C. K., Henker, B., & Dotemoto, S. (1981). Teacher response to methylphenidate (Ritalin) versus placebo status of hyperactivity boys in the classroom. *Child Development, 52,* 1005-1014.

Woodcock, R. W., McGrew, K. S., & Mather, N. (2001). *Woodcock-Johnson III Tests of Achievement.* Itaska, IL: Riverside Publishing.

Yeschin, N. J. (2000). A new understanding of attention deficit disorder: Alternate concepts and interventions. *Child and Adolescent Social Work Journal, 17,* 227-245.

Chapter 9

학습부진 영재 아동 · 청소년을 위한 인지행동 개입

학습부진(underachievement)은 원인과 정의가 다양한 복잡한 현상이다. 이 용어는 기대에 미치지 못한다는 의미를 내포하고 있기 때문에, 기대의 근원이 무엇이고 그 기대가 적절한지에 대한 의문이 제기될 수 있다(Delisle, 1992; Reis & McCoach, 2000). 잠재력의 구성요인과 측정방법의 불확실성 또한 학습부진의 확인을 어렵게 하는 요인이다(Davis & Rimm, 2004). 이것은 낮은 성취수준을 보이는 아동 · 청소년에게서 영재성(giftedness)을 확인할 때 특히 더 문제가 된다. 이 장에서는 지능이나 학업 면에서 영재성이 확인되었음에도 불구하고 학업 수행에서 문제를 보이는 것을 학습부진으로 정의한다. 영재성을 확인하는 방법과 절차는 매우 다양하지만, 이 정의는 학습부진 영재 아동 · 청소년에 관한 문헌에서 가장 보편적으로 사용된다(Butler-Por, 1987; Reis & McCoach, 2000).

학습부진 영재 아동 · 청소년의 수가 정확히 얼마나 되는지는 알 수 없다. 그러나 1983년에 발표된 「위기의 국가(Nation at Risk) 보고서」에 따르면, 영재아동의 절반이 자신의 능력에 미치지 못하는 수행을 보이고 있는 것으로 나타났다(National

Victoria B. Damiani

Commission on Excellence in Education, 1983). 다른 학자들은 이런 영재아동들이 남아의 경우 약 50%라고 추산한다(McCall, Evahn, & Kratzer, 1992). Ross (1993)는 『국가의 수월성: 미국의 인재개발 사례(*National Excellence: A Case for Developing America's Talent*)』에서 국가가 영재학생들이 자신의 잠재력만큼 성취하도록 돕지 못하는 심각한 문제를 겪고 있다고 역설했다. 학습부진은 영재교육에 관한 서적에서 공통적으로 다루어지는 주제다(Colangelo & Cavis, 2003; Davis & Rimm, 2004; Delisle, 1992; Genshaft, Bireley, & Hollinger, 1995). 그리고 이 문제는 미국의 국립영재연구센터(National Research Center on the Gifted and Talented)에서 검토를 필요로 하는 중요한 관심 영역으로 확인되기도 했다(Renzulli, Reid, & Gubbins, 1992). 1997년에 영재 아동 · 청소년을 상담할 때 가장 중요한 문제 유형이 무엇인지 알아보는 연구가 수행되었다. 이 연구에서 학습부진은 1점(빼도 된다)부터 5점(반드시 포함되어야 한다)까지의 척도로 평가했을 때 평균 4.38점을 얻었다. 응답자는 부모, 영재교육 관리자, 지역사회 상담자, 상담 관련 분야의 교수들이었다(Moon, Kelly, & Feldhusen, 1997).

학습부진은 개인과 사회에 손실을 가져다준다. 성적이 좋지 않은 영재학생은 결석을 하거나 마지못해 학교에 가는 경우가 많다(Peterson & Colangelo, 1996). 그리고 학교를 중퇴하거나(Renzulli & Park, 2000), 제한된 목표를 설정하기 쉽다(McCoach & Siegle, 2003a). 일단 학습부진이라는 패턴이 형성되면 중학교에서 고등학교로 올라갈 때 문제가 더 심각해진다(Dowdall & Colangelo, 1982; Lupart & Pyryt, 1996; McCall, Evahn, & Kratzer, 1992). Peterson(2002)은 학습부진 영재아 14명의 고등학교 이후 발달에 관한 종단연구를 수행하였다. 그 결과, 4년간의 고등학교 생활 이후 9명이 진로에 대해 불분명한 목표를 갖고 있음을 발견했다. 또한 학습부진은 실패에 대한 두려움, 완벽주의 그리고 다양한 정서문제와도 관련된다. 그러나 이러한 요인들이 학습부진의 원인인지 또는 결과인지는 판단하기 어렵다(Mandel & Marcus, 1988; Rimm, 1995).

영재학생 학습부진의 관련 요인

지적으로 영재인 학생이 왜 학교에서 수행을 잘하지 못하는 것인가? 연구자들은 학습부진 영재아들이 매우 이질적인 집단이며 이유 또한 다양하다는 결론에 사실상 모두 동의한다(Dowdall & Colangelo, 1982; McCall, Evahn, & Kratzer, 1992; McCoach & Siegle, 2003a). 학습부진으로 잘못 명명되는 한 가지 요인은 부적절한 기대다. 지능검사에서 높은 점수를 받았다고 해서 모든 학업 영역에서 우수할 것이라고 가정해서는 안 된다. 학업성취를 방해하는 학습장애나 정서문제를 간과한 부적절한 혹은 불충분한 평가는 비현실적인 기대의 또 다른 원인이 될 수 있다(Mendaglio, 1993). 여학생이나 다문화 배경의 학생 또는 지리적으로 특정 지역에 사는 학생은 또래나 사회의 압력에 의해 학습부진을 보일 수 있다(Schultz, 2002). 그 밖의 요인으로는 인구학적 요인, 학교환경 요인, 가정요인, 학생의 개인적 특성 요인 등이 있다.

인구학적 요인

영재학생이 보이는 학습부진은 인종이나 사회경제 수준에 관계없이 나타난다(Colangelo, Kerr, Christensen, & Mazey, 1993). 일반적으로는 사회경제 수준이 낮고 부모의 교육수준이 낮은 집단에서 학습부진 영재가 더 많이 발생한다. 그러나 사회경제 수준이 높고 부모의 교육수준이 높은 집단에서도 발생한다. 학습부진은 남학생 집단에서 더 많이 나타나며(McCall, Evahn, & Kratzer, 1992), 학습부진 영재학생들 중에서 남학생의 수가 여학생에 비해 더 많다는 것은 연구를 통해 입증되었다(Colangelo, Kerr, Christensen, & Maxey, 1993; McCoach & Siegle, 2003a; Peterson & Colangelo, 1996).

학교환경 요인

영재교육에 관한 문헌에서 적합하지 않은 교육 프로그램은 학습부진의 한 요인으로 자주 언급되고 있다(Colangelo & Davis, 2003; Davis & Rimm, 2004). 학생에게 도전감을 주지 못하는 프로그램은 학교에 대해 부정적인 감정을 갖게 하며 좋지 않은 공부 습관을 형성한다. 열심히 공부하지 않고 초등학교를 졸업한 학생은 노력하지 않아도 배울 수 있다는 잘못된 인상을 갖게 된다. 이러한 생각은 학교에서 우수한 학생들을 따로 모아 가르치지 않으면 더욱 커지게 된다. 따라서 영재학생들은 자신이 다른 모든 학생들보다 우수하기 때문에 좋은 성적을 받기 위해 노력할 필요가 없다고 생각하기 시작한다. 또래 압력이 크고 지적인 것을 배척하는 학교 풍토는 영재학생들이 함께 모여 시간을 보내지 않을 경우 학습부진의 원인으로 작용할 수 있다(Moon & Hall, 1998; Moon, Swift, & Shallenberger, 2002). 특히 다문화 집단의 경우 더욱 그렇다(Reis & McCoach, 2000). 아동의 흥미를 고려하지 않은 프로그램은 학생을 학교로 끌어들이지 못하고 학생의 마음속에 학교가 적합하지 않다는 인상을 갖게 만든다(Butler-Por, 1987).

가족요인

가족해체, 갈등, 학습부진 모델링 등은 특히 영재학생의 부적절한 학업 수행과 관련된다. 학습이나 학교, 일에 대한 가족들의 부정적인 귀인도 학습부진에 기여하는 요인이다(Butler-Por, 1987). 가족들 간의 갈등 중에서 아버지와 아들 간의 갈등이 가장 자주 언급되지만 딸들도 영향을 받을 수 있다(Moon & Hall, 1998). 아동은 또한 자신의 공격성을 드러내거나 혹은 부모-자녀 관계에 대한 감정을 나타내는 하나의 방식으로 학습부진을 보일 수도 있다(Baker, Bridger, & Evans, 1998; Reis & McCoach, 2000). Peterson(2000)은 대부분의 학습부진 영재아에게서 가족 스트레스가 발견되며, 부모와의 갈등해결이 이후의 개인적 · 학업적 발달과 관련이 있다고 하였다. 또한 부모가 과도한 책임감을 느끼는 경우가 있는데, 이것은 자녀로 하여금 학업적 성공이나 실패에 대해 보상이나 벌을 경험하지 못하게 한다(Zuccone & Amerikaner, 1986).

학생의 개인적 특성요인

학습부진 영재학생이 갖고 있는 특징은 연구자들의 많은 관심을 받아 왔다. 연구에 가장 빈번하게 등장하는 특징으로는 동기 부족, 학교에 대한 부정적 감정, 부적절한 학업기술, 자신과 교육환경에 대한 부정확한 생각, 성공이나 실패에 대한 두려움, 주의집중 곤란, 과제를 끝내지 못하는 것 등이다(Butler-Por, 1987; McCoach & Siegle, 2003a; Rimm, 1995). 또한 학업 관련 행동에 대한 자기조절 부족 및 훈육 부족을 강조한 연구도 있다(McCoach & Siegle, 2003a). Zimmerman(1994)에 따르면, 성공적으로 성취하는 학생들은 목표수립, 계획, 조직화, 기록보관, 자기보상 등의 자기조절 전략을 사용한다. 이런 학생들은 공부 속도를 조절하며 자신의 수행에 대해서도 정확하게 판단한다.

McCoach와 Siegle(2003b)은 학습부진 영재아를 발견하는 데 유용한 도구를 개발하는 연구를 수행했다. 연구 결과, 동기/자기조절 수준이 학습부진 여부를 가장 잘 예측해 주는 변인으로 나타났다. Renzulli, Baum과 Hebert(1995)는 8~12세 학습부진 영재아를 대상으로 수행한 연구에서 관심받고자 하는 욕구, 완벽주의, 우울 등의 '정서문제'가 학습부진에 일차적으로 기여하는 요인이라고 주장했다. 그 밖에 자기조절 능력의 부족, 학습장애, 부적절한 교육과정 등이 중요한 요인으로 포함되었으며, 이 가운데 자기조절 능력의 부족이 가장 공통된 문제로 나타났다.

개입 및 성과

학습부진의 원인에 관한 가설은 무수히 많지만 개입기법(특히 영재학생을 위한)에 대한 연구는 부족하다. 또한 좋은 연구로 간주될 만한 연구는 더욱 부족하다. 개입에 대한 평가도 인상이나 일화기록에 근거하여 이루어지는 경우가 많으며 사례 수도 적은 편이다. 연구자들은 대부분 학습부진 영재학생 문제가 해답이 거의 없는 어려운 문제라고 결론 내린다. 그러나 최근 들어 분명한 동향이 나타나고 있다. 연구자들은 학교가 실제 세계에서 활용될 수 있는 도전적인 교육과정을 제공하고, 자기주도 학습이 이루어지도록 하며, 학생의 장점과 흥미를 활용하며, 학생을 통제하기보다 따뜻하게 돌보아 주는 성인이 교육에 참여해야 한다고 권고한다(Emerick, 1992; Renzulli, Baum, & Hebert, 1995). 특히 이 분야의 연구자와 전문가들은 영재아 또래집단과의 접촉을 가장 중요한 요인으로 간주한다(Davis & Rimm, 2004; Moon, Swift, & Shallenberger, 2002; Renzulli, Baum, & Hebert, 1995).

어떤 연구자들은 상담이 영재학생의 학습부진 문제를 완화하는 데 도움을 줄 수 없다고 본다(Butler-Por, 1987; Reis & McCauch, 2000). 그러나 목표가 좀 더 분명하고 방법론을 세심하게 고려한다면 가능성이 있다는 주장도 있다(Dowdall & Colangelo, 1987). 적절한 학업 프로그램과 더불어 가족을 참여시키는 개입이 좀 더 효과적일 것으로 보인다(Zuccone & Amerikaner, 1986). 그리고 학교와 가정, 아동이 포함된 개입이 가장 효과적일 것으로 생각된다(Baker, Bridger, & Evans, 1998). 학습부진 영재학생의 공통된 특성(예: 조직화, 문제해결, 목표수립의 어려움)과 학업수행에 대해 가장 성공적인 인지행동 개입(예: 자기모니터링, 자기조절, 모델링, 자기언어/이완, 목표수립, 자기보상) 간에는 유의한 관련성이 있는 것으로 보고되고 있다(Butler-Por, 1987; Durlak, Fuhrman, & Lampman, 1991; Renzulli, Baum, & Hebert, 1995; Zimmerman, 1994). 학습부진 영재학생에게 이런 유형의 개입을 적용한 연구들이 있기는 하나, 인지행동이론에 기반을 두고 있는 연구는 매우 부족하다.

인지행동치료, 학습부진 그리고 영재성

인지행동치료의 적절성

인지행동치료(CBT)는 생각이 감정과 행동에 영향을 미치며 모델링, 추론, 연습, 강화 등의 개입기법을 통해 변할 수 있다는 전제에 기초한다. 이런 맥락에서 Reinecke, Dattilio와 Freeman(2003)은 인지를 "조직화된 일련의 신념, 태도, 기억 및 기대"(p. 3)라고 정의한다. 학교에서의 인지행동 개입에 관한 문헌에서 학습부진 영재는 매우 적합한 주제다. 영재아에 관한 일반적인 문헌(Robinson, 2002), 특히 학습부진 영재아에 관한 문헌(McCoach & Seigle, 2003a)을 보면, 학생의 수행, 동기, 생각과 행동 간의 관련성이 잘 확립되어 있다. 사고와 추론, 교육과 관련된 개입이 영재학생에게 적합하다는 것은 논리적이다. 또한 CBT는 인지기능 수준이 높은 아동에게 더 효과적이라는 증거도 있다(Durlak, Furhrman, & Lampman, 1991). Bland와 Sowa(1994)는 영재아동의 적응유연성에 관한 문헌을 고찰하면서, "적응유연성이 발달함에 따라 영재아동이 사용하는 가장 핵심적인 기제는 인지적 평가"(p. 78)라고 하였다. 그들은 생활 속에서 스트레스 경험을 평가하고 대처하며 적응하기 위해 정신적 능력을 사용하는 것이야말로 영재아동의 능력이라고 하였다. 특히 학습부진 영재학생에 관해서는 "그들에게 상황을 효과적으로 평가하고 대처하는 방법을 가르쳐야 하며…… 교사들은…… 과제 수행과 목표수립, 적응을 위한 모델이 되어 주어야 한다."(p. 79)고 하였다. Bland와 Sowa(1994)는 학습부진 영재학생들이 통제와 학업 수행, 도전에 대해 내리는 결정을 주의 깊게 평가할 것을 권고했다. 성취수준이 높은 영재학생의 경우에는 적응유연성의 습관이 자연스럽게 발달하지만 학습부진 학생에게는 그것을 가르쳐 주어야 한다.

심상(imagery), 역할연습, 문제해결, 자기모니터링 등을 포함한 여러 CBT 기법들은 영재학생들을 위해 제안된 기법들과 일치한다(Butler-Por, 1987; Krissman, 1989; Reis & McCoach, 2002). 몇몇 연구자들은 학업 관련 행동 및 목표설정이 인지와 관련되기 때문에, 학습부진 영재학생에게 가장 성공적인 개입에 인지조정이 포함되어야 한다고 주장했다. Baker, Bridger와 Evans(1998)는 4~6학년에 재학 중인 26명의 학습부진 영재아와 정상적인 성취수준을 보이는 30명의 영재아를 대상으로 한 연구에서, 학습부진 학생에게 '공부하는 기술'을 가르치고 '자기관리와 통제능력을 향상시키기 위한 행동적 및 인지적 전략'과 '대처기술을 향상시키기 위한 개입'을 제공하는 것이 도움이 된다고 하였다(p. 12). 영재학생은 대부분 학업기술 부족의 문제보다 학업성과의 문제로 고통받고 있을 가능성이 크기 때문에 이러한 전략이 적절하다고 할 수 있다.

학습부진 영재학생의 인지적 측면

영재성 자체에 대한 학생 자신의 관점은 학업 수행 및 동기와 밀접한 관련이 있다. 영재성 판정이 엘리트주의적이며 불공평하고 사회적으로 해롭다고 믿는 학생은 학습부진을 나타낼 가능성이 크다. 이것은 특정 문화집단과 여자 청소년 집단의 경우 특히 더 해당되는 것으로 밝혀졌다(Ries & McCoach, 2000). 또한 학습부진 영재학생은 학교에 대해 부정적인 감정을 갖고 있으며 그런 감정은 시간이 지날수록 더욱 부정적으로 지속되는 경향이 있다. 여학생의 경우에는 그런 태도가 중학교 때에 감소한다는 증거가 있다(Lupart & Pyryt, 1996).

연구에 따르면, 학습부진 영재학생은 학업과 관련된 자기개념이 낮고(다른 학자들은 이에 대해 반박하지만), 학업과 진로에 대한 목표가 낮으며, 외부 요인들이 자신의 삶에 영향을 미친다고 믿는 경향이 있다(Butler-Por, 1987; McCall, Evahn, & Kratzer, 1992). 이런 학생들은 성공을 노력보다는 능력이나 운으로 귀인하는 경향이 있다(Laffoon, Jenkins-Friedman, & Tollefson, 1989; Rimm, 1995). 성취수준이 높은 영재학생과 낮은 영재학생 간의 차이는 노력과 계획, 자기모니터링 영역에서 더욱 분명하게 드러난다(McCall, Evahn, & Kratzer, 1992).

가족 구성원의 생각과 감정, 행동도 영재학생의 학습부진과 관련이 있는 것으로 밝혀졌다. 학습부진 영재학생의 가족 중에는 교육에 대해 부정적인 생각과 감정의 본보기를 보이는 사람도 있다(McCall, Evahn, & Kratzer, 1992). 학습부진 영재학생을 대상으로 한 McCall 등(1992)의 연구에 따르면, 고등학교 졸업 후 13년이 지났을 때 교육을 중요하게 여기는 가정에서 자란 학생은 또래들만큼 성취하고 있었다. 영재자녀의 부모는 자녀에 대해 비현실적인 기대를 갖고 있는 경우가 많으며 유능한 자녀로 키워야 한다는 책임감 때문에 힘들어하기도 한다(Moon & Hall, 1998).

임상경험에 따르면, 아버지와 어머니가 영재성 자체에 대해, 자녀가 영재라는 것에 대해, 학습부진을 경감시키는 방식에 대해 서로 다른 생각을 갖고 있는 것도 중요한 역할을 한다. 자녀의 학습부진에 관한 귀인도 중요한데, 부모가 학습부진을 진단되지 않은 장애의 결과로 믿거나 게으름 때문이라고 귀인하면 이 문제를 다루기가 더욱 어려워진다. 부모가 문제에 대해 서로 다른 의견을 갖고 있으면 접근방식에 대해서도 불일치를 보이며, 이런 불일치는 문제해결을 방해한다. 부모가 자녀의 학습부진에 대응하는 자신의 능력에 대해 어떤 태도를 갖는지도 중요한 요인이다. 예를 들면, 부모 모두 전문가로 왕성하게 활동하는 가정이 있었다. 이 부모는 매일 밤 자녀의 숙제를 돌봐 주는 것이 불가능하다고 믿었다. 그들은 전문가로서 자신들의 바쁜 생활방식이 밤마다 숙제지도를 할 수 없게 한다고 믿었던 것이다.

인지행동 개입

평가

학습부진 영재학생을 위한 개입을 선택할 때 가장 먼저 해야 할 일은 학습부진과 관련된 요인이 무엇인지 결정하고, 학생이 구체적으로 필요로 하는 것과 강점을 기술하는 것이다. 평가는 학습장애의 가능성을 배제할 때 그리고 학업과 관련된 장단점을 찾아낼 때 큰 역할을 한다. 현재의 학급 내 수행수준과 성취검사의 하위검사 점수를 함께 알아보는 것이 중요하다. 이것은 학생에 대해 현실적인 기대를 갖게 한다. 평가를 할 때는 교육과정중심 평가뿐만 아니라 표준화 검사도 실시해야 한다. 학업이나 지적 능력에서의 강점뿐만 아니라 학교 밖에서 발견되는 장점도 포함해야 한다. 자원봉사나 취미생활도 간과해서는 안 된다. 학생의 교육 프로그램에 대한 검토도 포함해야 한다. 그렇게 해야 교육 프로그램이 학생의 요구나 장점과 잘 맞는지 결정할 수 있고 또 영재교육의 질도 평가할 수 있다. 이 부분에 대한 상세한 설명은 이 장의 범위를 벗어나는 일이다. 그러나 학생에 대한 평가만 하고 교육 프로그램에 대한 평가를 하지 않는 것은 무책임한 일이다(Davis & Rimm, 2004; VanTassel-Baska, 2003). 일부 학습부진 학생은 자신의 학업 관련 행동에 대해 매우 비현실적인 생각을 갖고 있다는 증거가 있다(Holland, 1998). 따라서 학생에게 평가결과에 대한 피드백을 제공하고 학업 수행에 대해 솔직하게 이야기하는 것이 중요하다.

전면적 평가(full assessment)에는 사회적 · 정서적 영역도 포함된다. 학습부진과 관련된 요인은 매우 다양하기 때문에 단순히 학업적 자기개념이 낮다거나 혹은 가족갈등이 있을 것으로 가정하는 것은 바람직하지 않다. 생각과 감정을 평가할 때는 학습부진 영재학생과 그 가족에게 전통적인 임상기법들을 적용할 수 있다. 여기에는 심층면접, 평정척도, 일기쓰기, 감정반응 양식 등의 자기기록 기법 등이 포함된다. 표적 상황(target situation)에서의 생각과 감정을 기록하고 보고하게 하는 것도 평가의 일부로 포함되어야 한다. 즉, 숙제를 끝마치게 하는 것이 표적행동이라면, 숙제에 대한 학생의 일반적인 감정과 생각도 중요하지만 실제로 숙제를 하려고 할 때 드는 구체적인 생각과 감정을 기록할 필요가 있다. 학습부진을 철저하게 평가하려면 불안과 우울이 존재하는지도 평가해야 한다. 자기개념 평가에는 학업적 · 사회적 · 신체적 영역 등 다양한 영역이 포함되어야 한다. 가족관계에 대한 평가는 Abidin(1995)의 양육 스트레스 검사(Parenting Stress Index)나 Moos와 Moos(1994)의 가정환경척도(Family Environment Scale)와 같은 자기보고식 검사와 가족면접을 통해 이루어질 수 있다.

학업에 대한 영재학생의 신념과 태도를 구체적으로 알아보기 위한 평가도구로는 학교에 대한 태도평가 설문지 개정판(School Attitude Assessment Survey-Revised: SAAS-R)이 있다. McCoach와 Siegel(2003a, 2003b)은 SAAS-R이 35문항으로 이루어져 있으며, 학교와 교사에 대한 학생의 태도와 동기, 자기조절 능력(조직화 기술, 학습전략, 인내)을 측정하기 위해 제작된 도구라고 설명했다. 이 도구는 앞으로 자주 활용될 것으로 보인다. 그러나 이 책을 쓰고 있는 현재까지 아직 출판되지 않은 상태다. 사례개념화를 해야 할 경우에는 Friedberg와 McClure(2002)가 기술한 방식으로 하는 것이 적합하다. 사례개념화에는 생리적 증상, 기분, 행동, 인지 및 대인관계 요인 등이 포함된다.

Rafoth(1999)의 메타인지 면접(Metacognitive Interview)은 메타인지 기술과 전략을 평가하기에 좋은 도구다. 모니터링과 자기지각에 대한 부분은 특히 적합하다. Rofoth의 저서 『영감을 주는 독립적 학습(*Inspiring Independent Learning*)』은 평가결과와 직접적으로 관련된 개입을 실시할 것을 제안하고 있다.

또 다른 평가접근은 학업과제를 진단의 기회로 삼는 것이다. 때로는 프로젝트를 수행하는 과정에서 문제가 가장 정확하게 발견된다. 학습부진 학생의 생산성 문제에 초점을 맞춘 연구에서, 교사들은 시간관리와 자료관리, 혹은 학생의 주의집중을 방해하는 요인에 주목하고 그러한 문제들이 발생하는 즉시 다루는 것으로 나타났다(Baum, Renzulli, & Hebert, 2004).

개입기법

CBT 기법 가운데 학습부진 영재학생에게 가장 적합한 기법은 어떤 것일까? 이것은 평가를 통해 나타난 학습부진의 성격에 달려 있다. 고려할 만한 기법 몇 가지를 제시하면 다음과 같다.

모델링. 학습과정에서 모델링은 중요하다. 학습부진의 경우, 모델링이 영향을 미치기 가장 쉬운 영역은 교육 및 교육기관에 대한 부모의 태도와 행동이다. 두 번째로는 완벽주의에 미치는 영향이다. 어떤 부모들은 지나치게 완벽주의적인 자녀에게 만점을 받으라는 압력을 가하지 않고 야단도 치지 않는다고 털어놓는다. 이것은 저자의 임상경험에서 볼 때 사실일 가능성이 크다. 그러나 이런 부모들은 직장이나 가정에서 완벽하지 못한 수행에 대해 자신을 들볶는 모습을 보일 것이다. 그들은 그냥 넘어가는 일이 없으며 '부적절한 완벽주의'의 본보기를 보인다('부적절한 완벽주의'로 표현하는 것은 완벽주의가 항상 문제가 되는 것이 아니라 상황에 따라 달라지기 때문이다.). 이런 교사나 부모는 자신의 완벽하지 못한 수행에 대해 이유를 생각해 보거나, 다른 대안을 찾거나, 그냥 넘어가는 내용의 자기말(self-talk)을 자녀에게 들려줌으로써 실패에 대한 건설적인 반응의 본보기를 보여 줄 수 있다.

모델링은 학교에서 주의집중이나 계획성 문제를 가진 학생을 도울 때 사용할 수 있는 개입방법이다. 예를 들면, 수학문제를 풀 때 기호나 단계에 주의집중을 하지 못하는 아동에게 "이 문제는 나에게 무엇을 하라고 하는가, 덧셈 아니면 뺄셈?" "나는 오른쪽부터 시작할 거야." "내가 검산을 했던가?" 등이 적힌 카드를 주고 시작하게 한다. Kendall과 Braswell(1985)은 모델링을 보여 주는 어른이 큰 소리로 단계를 말하고 행동을 실행에 옮긴 다음 조용히 "잘했어."라고 자기 자신을 칭찬하는 모습을 보여 주라고 권고한다. 그런 다음 아동으로 하여금 어른이 했던 단계를 따라 하게 한다. 이 절차는 모든 학업행동에 적용될 수 있다.

목표설정. 구체적인 목표설정은 자신의 능력을 능가하는 성과를 기대하는 영재학생에게 중요하다. 예를 들어, 자신의 능력으로는 처음에 떠올렸던 모든 아이디어를 보고서에 포함시킬 수 없어 좌절하는 초등학교 영재학생을 흔히 볼 수 있다. 이때 학생에게 프로젝트를 차례대로 수행하도록 하고, 각각의 부분을 완수하기 위해 어떤 계획을 세워야 할지 물어보면 학생이 좀 더 현실적이 되도록 도와줄 수 있다. 학생이 학습이나 과제 수행에서 보이는 진전을 정기적으로 확인시켜 주면 필요할 때 목표를 수정하는 데 도움이 된다.

학습부진 영재학생을 위한 개입 프로그램에서 대학진학 및 진로계획 등의 좀 더 장기적인 목표설정을 간과해서는 안 된다. 영재학생은 현재의 학업 프로그램이 실제 세계와 관련성이 적다고 보는 경우가 많다. 멘토링은 이러한 탐색에 도움을 줄 수 있으며, 자기관리 기술과 평생학습 및 진로발달 간의 관련성을 확인하는 데도 도움을 줄 수 있다(Hebert & Olenchack, 2000).

조직화 기술. 거대한 계획을 갖고 있지만 실제로 시작하는 데 어려움을 겪고 있는 학생도 있다. Krissman(1989)은 이런 학생을 위해 과제를 작은 단위로 나누고 각각의 단위에 대해 시간 범위를 정하라고 제안했다. 그 밖에 무엇을 어떻게 할지를 구체적으로 나열한 일정표와 목록을 갖고 프로젝트 계획의 윤곽을 잡는 것도 중요한 조직화 기술이다. 영재학생은 평범하지 않은 사고를 하기 때문에 조직화 계획에 학생을 참여시키는 것이 중요하다. 출석해야 하는 수업들을 날짜별로 정리한 노트도 도움이 될 것이다. 그러나 학생은 교사가 노트를 검사할 가능성이 있는지에 따라 조직화를 하는 경향이 있다. 노트정리, 어떤 책을 집으로 가져갈 것인지, 집에서 학교로 가져간 자료를 어디에 둘 것인지 등의 절차는 모두 어떤 형태로든 계획을 필요로 한다. 어린 아동의 경우에는 어른이 그 행동에 대해 암시를 주거나 또는 그 행동을 했는지 검사하는 게 좋다. 그러나 계획 자체는 학생이 세워야 하며, 학생이 완전히 이해할 수 있어야 한다.

메타인지 및 공부기술. 성취문제가 없는 영재학생은 효율적이고 독특한 학습 및 기억 기술을 갖고 있다. 그들은 기억을 촉진하는 패턴을 찾거나 효과적인 정보 활용에 도움이 되는 연상을 사용하기도 한다. 앞서 언급했듯이, 이런 전략들을 학습부진 영재학생에게 가르칠 필요가 있다. 그들은 자료를 시험 준비와 관련시켜 이해하지 않고 단순히 반복해서 읽고만 있을지도 모른다. 또한 암기법을 활용하기보다 많은 양의 자료를 그냥 기억하려고 할 수도 있다.

자기조절/자기모니터링. Zantall(1989)은 자기모니터링(self-monitoring)이란 학생이 자신의 행동을 스스로 평가하도록 가르치는 과정이라고 하였다. 자기모니터링에 포함되는 단계는 (1) 표적행동 정의하기, (2) 학생에게 행동을 기록하는 방법 가르치기, (3) 기록하는 방법의 본보기 보여 주기, (4) 아동이 지시를 반복하도록 하기 등이다. 연구에 따르면, 학습부진 영재학생들은 성적을 예측하거나 주어진 과제에서 얼마나 진전을 보이는지 판단할 때 자신의 수행을 평가하고 조절하는 능력이 결여되어 있다.

수행평가를 위해 채점기준을 사용하면 학생 스스로 자신의 학업행동을 모니터하는 방법을 학습하도록 할 수 있다(Damiani, 2004). 채점기준은 성과물을 판단하는 기준을 말한다. 이는 교사가 제시할 수도 있고, 학생이 직접 만들 수도 있으며, 혹은 학생과 교사가 함께 만들 수도 있다. 또한 '교사의 지시 따르기' '미리 계획 세우기' '과제 제때 제출하기' 등과 같이 모든 과제에 사용할 수 있는 일반적인 형태의 채점기준을 만들 수도 있다. 이런 채점기준은 학생에게 현실적이며 냉정한 평가체계를 제공한다. 만약 처음부터 상담자의 안내에 따라 채점기준을 사용하게 되면, 완벽주의를 유발하는 부적절한 자기말(예: "선생님이 그것을 싫어하실 거야." "내가 우리 반 전체에서 가장 못할 거야.")을 확인할 수 있다. 학습계약이나 프로젝트 계약은 앞으로 사용할 자료를 확인하고 시간계획과 질에 대한 기준을 현실적으로 세우게 함으로써 도움을 줄 수 있다(Krissman, 1989).

자기모니터링은 학습부진이 스트레스나 우울과 관련될 때 특히 중요하다. 학생은 먼저 기저율(base rate)을 알아보기 위해 자신의 감정수준을 평가한다. 그런 다음 긍정적 자기말이나 이완 등의 개입방법을 사용한 후에 다시 감정수준을 평가해 본다. 자기모니터링의 중요한 측면은 표적행동에 관심을 기울이게 만드는 것이다.

긍정적 자기말/이완. 자기말(self-talk)은 어떤 일의 발생에 대해 자신에게 전달하는 메시지며, 혹은 어떤 행동을 수행하기 위해 자신에게 내리는 지시다. 예를 들어 성적이 저조한 이유를 교사가 자기를 싫어하기 때문이라고 귀인하는 학생이 있다고 하자. 이런 귀인은 "선생님은 나를 좋아한 적이 한 번도 없어." 또는 "선생님들은 모두 나를 항상 싫어하셨어."라는 자기말로 이끈다. 이러한 자기말은 분노와 좌절, 우울, 포기를 가져온다. Forsterling(1990)에 따르면, 상담자는 타당한 증거와 함께 냉정하고 인지적인 설명을 해 주어야 한다. 타당한 증거의 예로는 노력의 결과로 성적이 향상되었던 경우, 다른 학생들도 똑같이 낮은 점수를 받았던 경우 등이 포함된다. 타당한 증거는 문제해결과 더불어 사용될 수 있다.

연구자들은 학업 실패에 대한 부정적 해석이 특히 장기적인 특성이나 상황(예: "사실 나는 영재가 아니야, 여자애들은 수학을 못해.")과 관련될 때 실패 방지를 위한 미래의 노력을 감소시킨다는 점에 주목해 왔다(Peterson, 1990). 노력 없이 얻은 교사의 칭찬과 학생의 자기귀인(예: "만약 선생님이 이것을 잘한 것으로 생각하신다면 나를 똑똑한 아이라고 생각하시지 않는 거야.")이 미치는 영향에 관한 흥미로운 연구결과가 있다(Graham, 1990). 따라서 영재아동의 주변 사람들은 정당하지 않은 칭찬을 하지 않는 것이 좋다.

자기교수(self-instruction)는 학습자가 무엇을 해야 하는지, 과제를 수행할 때 강조해야 할 점이 무엇인지를 상기할 때 사용하는 자기말의 한 형태다. 자기교수는 전략과 단계들로 이루어진다(Bradley-Klug & Shapiro, 2003). Friedberg와 McClure (2002)는 자기교수의 목표가 "적응적인 행동을 일으키는 새로운 내재적 언어 패턴을 구성하는 데 있다." (p. 137)고 했다.

부정적 정서는 영재학생 학습부진의 원인이 아니다. 오랜 기간의 부적절한 학업수행은 학업에 대한 좌절감과 분노, 불안 등의 불쾌한 정서를 초래한다. 부정적인 정서반응이 강할 때는 목표설정과 긍정적 자기말, 계획 작성 등을 성공적으로 지도하기 힘들다. 이럴 때는 이완훈련부터 시작하는 것이 좋다. 평가를 통해 이완훈련을 활용해야 할 장소와 시간을 정확하게 알아본다. 영재학생들은 개념에 대한 지적 이해력이 높고 몇 차례 시도한 후에는 단계를 따라 할 수 있다. 또한 마음의 평화와 고요에 대해 상세하고 고유한 이미지를 형성할 수 있기 때문에 이런 개입을 적용하기에 훌륭한 후보다. 어떤 영재학생은 열대우림을 묘사한 자기만의 이완 테이프를 만든 적이 있었는데, 그 어떤 상담자보다도 훨씬 잘 만들었다.

자기보상 및 즐거운 일 계획하기. 자기보상은 학업행동의 증가라는 명시적 목표와 더불어 자신의 행동에 관심을 갖게 한다. 이것은 성과를 외부 원인으로 돌리는 학습부진 학생들에게 통제권을 가져다준다. 완벽주의 성향이 있고 수행의 부정적 측면을 반추하는 학생들의 경우 보상은 학업과 관련된 사건을 종결짓는다. 행동변화를 위한 다른 개입과 마찬가지로 강화물은 현실적이고 즉각적으로 제공되어야 하며 적절해야 한다. 자기보상과 즐거운 일 계획하기는 긍정적인 일이나 보상에 대해 일반집단과 다른 생각을 갖고 있는 영재아동에게 적합하다. 영재아동이 스스로 즐거운 일이나 보상을 선택할 때 강화효과는 더욱 커진다.

가족상담. CBT 개입은 학습부진 영재학생의 가족들에게도 도움이 된다. 아동의 학습부진에 대한 가족 구성원의 귀인은 문제를 다루는 방식을 선택할 때 중요하다. 낮은 학업수행을 아동의 영재성 부족 때문이라고 보거나 학습장애로 보는 부모들은 그 문제를 아동의 게으름이나 나약함 때문이라고 보는 부모들과 다른 해결책을 선택한다. 학생과 마찬가지로 부모도 목표를 세우고 자신의 행동을 모니터링하며 성공적인 변화에 대해 보상을 제공해야 한다. 교육과 문제해결, 목표설정은 가족 구성원이 감당해야 할 과제다(Moon & Hall, 1998). 문제해결을 위해 대안을 생성하고 각 대안에 대해 평가하는 것은 특히 도움이 된다.

학교장면에 대한 시사점과 적용

학습부진의 영향은 누적될 수 있으며 중학교와 그 이후에 더욱 악화될 수 있으므로 문제 양상이 드러나는 대로 바로 개입해야 한다. 영재학생의 학습부진을 완화시키기 위한 적절한 학업 프로그램은 필수적이며, 이러한 교육 프로그램과 더불어 상담개입도 제공해야 한다. 그러나 상담개입이 교육 프로그램을 대신할 수는 없다. 이 두 가지는 병행될 수 있으며, 특히 CBT는 목표설정, 자기모니터링, 메타인지 기술 및 공부기술 등을 가르쳐 줌으로써 능력 향상을 가져온다.

Dubois, Felner, Lockerd, Parra와 Lopez(2003)는 인지, 행동, 정서 및 동기 요인을 포함하는 아동기 정신건강 모형에 대해 기술했다. 학습부진 영재학생들은 적응유연성의 중요한 요소인 높은 지능을 갖고 있음에도 불구하고 몇몇 영역에서는 약점을 갖고 있다. 효과적인 상담 프로그램은 문제해결과 모니터링을 할 때 학생과 학교, 가족을 참여시킨다.

사례연구

사례연구 1: 에릭

에릭은 9세이며, 4학년의 첫 학기가 끝날 무렵 학교심리학자를 처음 만났다. 에릭은 2학년 때 교육청으로부터 영재아 판정을 받았지만 늘 과제를 끝마치는 데 어려움을 보였다. 4학년이 되어 독후감 쓰기나 과학 프로젝트와 같이 장기간 동안 해야 하는 과제들이 시작되면서 에릭의 문제는 더욱 악화되었다. 에릭은 시간을 정해 숙제를 하려고 시도를 하지만, 숙제가 있다는 것을 아예 기억하지 못하거나 작성한 과제를 잃어버리곤 했다. 어머니는 에릭이 글쓰기를 싫어하며 글쓰기 과제에서 낮은 성적을 받는다고 했다. 시험성적은 괜찮아도 과제를 완수하지 못하거나 지시를 따르지 못해 전체 성적은 낮아졌다. 학교의 담당자는 부모를 만나 에릭을 영재아 프로그램에서 탈락시킬 것이라고 말했다. 에릭의 어머니는 매일 저녁 에릭의 숙제를 점검해 주려고 노력했다. 그러나 그런 노력은 짧은 과제를 완수하는 데는 도움이 되었지만, 장기간 걸리는 과제는 그 기간을 잊어버리고 있다가 닥쳐서 몇 시간 만에 하는 등 진전을 보이지 않았다.

지능을 측정하는 개별검사에서 에릭은 우수한 수준을 나타냈다. 검사자는 에릭의 전체 점수가 평가절하되었다고 보았다. 왜냐하면 에릭이 너무 느려서 점수를 거의 받지 못했으며, 시간 제한이 있는 모든 검사를 열심히 철저하게 수행했지만 되돌아가서 두 번씩 검토하곤 했기 때문이다. 개인검사로 실시된 표준화된 학업성취도 검사에서 에릭의 읽기능력은 우수 범위에, 수학은 평균상 범위에 있는 것으로 나타났다. 쓰기언어 과제의 수행은 평균보다 낮은 수준을 보였는데, 그것은 쓴 것이 별로 없었기 때문이었다. 교육과정중심 평가에서도 읽기와 수학에서 유사한 결과를 보였다. 국어과목의 작업 샘플을 검토해 보니 미완성이거나 빈약해 보이는 경우가 많았다. 교사는 에릭이 수업 중에 수학이나 읽기는 완성하지만 쓰기과제는 완성하지 못한다고 보고했다.

에릭의 어머니가 작성한 행동평정 척도에서 에릭은 유치원 때부터 두통이나 복통 등의 불안 관련 증상을 보여 온 것으로 나타났다. 에릭은 또한 오래전부터 수면

문제를 겪고 있는 것으로 나타났다. 에릭의 자기보고에 따르면, 기간이 오래 걸리는 과제를 내주거나 프로젝트 기한이 다가오면 아직도 수면문제를 보인다. 자기평가 척도에서는 모든 영역에 걸쳐 적절한 자기존중감을 보였으나, 어머니가 보고한 불안 증상을 지지해 주었다. 에릭의 사회적 행동은 적절하였는데, 스포츠에도 참여하고 학교와 이웃에서 친구들과 잘 어울리는 것으로 나타났다.

에릭은 상담자와의 면담에서 자신을 게으르지만 노력하면 더 잘할 수 있는 사람으로 묘사했다. 영재로 분류된 것에 대해 물어보자, 평가를 받았을 당시 자신이 너무 어렸기 때문에 학교에서 실수를 했을 것이라 답변했다. 그는 장기간 수행해야 하는 과제의 어려움을 부인했다. 그리고 쓰기에도 문제가 없다고 했다. 그러나 쓰기를 좋아하지는 않는다고 했다. 그는 독후감 쓰기나 과학 프로젝트 같은 과제의 기한이 다가오면 '신경이 예민해지고', 생각은 하면서도 시작을 할 수 없다고 하였다.

에릭의 아버지는 상담자와의 면담에서 에릭이 게으르다고 말했다. 그리고 이것은 부분적으로 어머니가 에릭의 숙제를 점검해 주고 항상 그녀가 문제를 찾아내면서 에릭을 아기 취급하기 때문이라고 했다. 그는 자신도 공부를 열심히 하지 않았으나 별 문제 없이 성장했다고 했다. 에릭의 부모는 학교와 관련된 문제를 제외하고는 에릭과 좋은 관계를 유지하고 있다고 했다. 그리고 학교문제가 에릭과의 관계에 영향을 미치지는 않는다고 보고했다.

에릭을 위한 계획. 개입의 첫 번째 단계는 에릭과 부모에게 에릭의 장점과 요구에 대해 현실적인 생각을 갖도록 하는 것이었다. 에릭에게 강조되어야 할 가장 중요한 점은 다음과 같았다.

1. 에릭이 주정부의 영재아 판정기준에 적합하다는 점
2. 읽기와 산수 기술이 뛰어나다는 점
3. 열심히 하려고 노력해도 시간의 압력이 있을 때는 잘할 수 없다는 점
4. 약간의 도움을 받는다면 쓰기를 잘할 수 있을 것이라는 점
5. 게으른 사람은 과제를 끝내야 한다는 압력을 느끼지 않는 데 반해 에릭은 압력을 느끼기 때문에 게으르지는 않다는 점

이러한 모든 정보를 에릭의 부모와 공유하는 것이 중요하다. 그러나 에릭의 학업 문제가 다룰 만한 가치가 있으며 문제를 해결할 수 있는 사람은 에릭 자신이라는 태도를 모델링해 주어야 한다. 그리고 이것을 부모가 알게 하는 것 역시 중요하다. 에릭의 부모는 두 사람 모두 지지하고 참여하기로 동의했고 또 실제로 참여했다.

에릭이 자신을 게으르지만 노력하면 더 잘할 수 있다고 묘사한 것과 에릭과 어머니가 보고한 불안 증상은 일치하지 않았다. 숙제와 쓰기과제를 받았을 때 에릭에게 드는 생각과 감정을 좀 더 알아보기 위해 자기보고 시스템을 만들었다. 이를 위해 에릭으로 하여금 학교에서 쓰기과제를 마칠 시간이 5분 정도밖에 남지 않았을 때, 그리고 집에서 숙제를 앞에 놓고 앉아 있을 때 어떤 기분이 드는지 생각해 보게 했다. 다음에는 곧 제출해야 할 과학 프로젝트를 생각할 때 드는 기분을 모두 나열해 보게 했다. 쓰기과제에 대해 에릭은 '떨린다.' '압박을 느낀다.' '아무런 생각이 나지 않는다.' 등을 떠올렸다. 과학 프로젝트에 대해서는 '너무 복잡하다.' '너무 어렵다.' '할 게 너무 많다.' '어떻게 해야 할지 모르겠다.' 등을 떠올렸다.

이러한 표현을 이용해 에릭의 감정과 생각을 대표하는 간단한 평정척도를 만들었다. 그리고 2주 동안 쓰기과제나 장기과제에 직면할 때 작성하게 했다. 아버지는 과제 완성 향상의 모델이 되어 주기 위해 에릭에게 이 평정척도를 상기시켜 주는 역할을 했다. 기록지나 일기는 에릭이 좋아하지 않는 쓰기를 요구하기 때문에 사용하지 않았다. 에릭이 직접 작성한 자기보고에서도 쓰기에 대한 스트레스가 잘 나타났다. 이것은 학생의 자기보고가 매우 중요함을 보여 준다. 자기존중감 척도에 대한 에릭의 평정과 자신에 대한 묘사에는 공부와 관련된 불안이 나타나지 않았으나, 자기보고에서는 그러한 증상이 분명하게 나타났다.

에릭의 불편감은 쓰기과제와 장기과제와 관련이 있었기 때문에 그것부터 먼저 다뤄 줄 필요가 있었다. 불안이 감소될 때까지는 과제에 대해 생각하고 시도하는 것이 처벌로 기능할 가능성이 있었기 때문이었다.

다음 몇 회기에 걸쳐 에릭에게 이완 및 심상 기법을 가르쳤다. 에릭은 자신만의 평화로운 장소에 대한 심상을 만들고 그것을 자신의 목소리로 테이프에 담았다. 테이프는 근육이완과 관련된 것으로, 에릭이 잠들기 어려울 때마다 사용하게 하였다. 집에서 몇 주간 이 테이프를 사용한 후, 에릭은 집에서 벗어난 상황(예: 교실에서 쓰기과제를 할 때)에서도 간단히 심상과 근육이완을 사용하는 연습을 시작했다.

Rafoth의 메타인지 면접을 에릭에게 실시했으며 자신의 약점을 다룰 수 있는 기법을 알려 주었다. 에릭과 임상가는 앞으로 하게 될 장기과제에 대해 전체 과정을 작은 부분으로 나누어 몇 주간에 걸쳐 실행할 수 있도록 계획을 세웠다. 에릭이 한 부분을 완수할 때마다 TV 시청시간을 30분씩 늘려 주거나 좋아하는 음악을 들을 수 있게 했다.

에릭은 과제를 시작하기에 앞서 저녁시간을 계획하기 위한 짧은 질문지를 작성했다. 해야 할 과제가 무엇인가? 오늘 과제를 위해 무엇을 해야 할까? 공부를 얼마나 할까? 공부를 한 후에 나에게 어떤 보상을 줄까? 쓰기과제를 할 때 단계를 따랐는가? 쓰기과제를 하기 위해 녹음기에다 아이디어를 녹음하고, 녹음한 것을 들으면서 워드프로세서로 작문하고, 자신이 작성한 것을 읽어 보고 편집하는 등의 단계로 나누어 수행했다. 에릭은 교사의 도움으로 장기과제와 쓰기과제를 위한 채점기준을 만들었고, 과제를 제출하기 전 자신이 작성한 것을 평가할 때 그 기준을 사용했다. 에릭이 사용했던 자기말은 천천히 하지만 과제를 어떻게 해야 할지 안다고 말하는 것과 채점기준을 통과했을 때 자신에게 "잘했어."라고 말하는 것이었다.

학교에서도 몇 가지 수정이 필요했다. 에릭은 수학과 읽기에서 제 학년수준의 자료를 완수했으므로 반복하지 않도록 상급학년의 자료를 제시했다. 에릭은 영재 프로그램을 그만두는 대신 면밀한 주의와 모니터링이 필요했다. 상담자는 쓰기 외에 파워포인트나 강연처럼 실제 세계에서 활용되는 발표양식 같은 흥미로운 프로젝트를 프로그램에 추가했다. 그리고 추수지도를 통해 에릭이 자신의 향상을 모니터링하도록 도와주었다.

사례연구 2: 맥스웰

맥스웰은 14세의 학생으로, 9학년 2학기 말에 학교상담교사에 의해 학교심리학자에게 의뢰되었다. 맥스웰은 3학년 때 영재아로 판정되었다. 맥스웰의 부모는 학교심리학자와의 면담에서 맥스웰이 공부나 숙제를 거의 하지 않아도 성적은 항상 A나 B를 받는다고 했다. 맥스웰이 참여했던 풀아웃(pull-out)[10] 형태의 영재아 프

10) 역자 주: 풀아웃(Pull-out)이란 학교 일과 중 일정 시간을 학급에서 빼내 특별수업을 받도록 하는 것.

로그램은 맥스웰이 좋아하는 다양한 흥미로운 활동들로 구성되어 있었다. 그러나 중학교로 진학한 후 맥스웰의 성적은 떨어지기 시작했다. 그 이유는 주로 숙제를 끝마치지 않거나 과제를 분실하는 데 있었다. 맥스웰은 보통 학기말 시험을 통해 자신의 성적을 끌어올릴 수 있었다. 그러나 올해는 달랐다. 맥스웰은 수학과 과학 우수반에 등록했는데 두 과목 다 낙제를 했다. 부모님은 맥스웰이 자유시간의 대부분을 남북전쟁 재연극에 참여하면서 보낸다고 했다. 그는 인물에 대해 상세하게 탐구했으며 한 번도 자신이 맡은 역할을 싫증내지 않았다. 맥스웰의 학업문제에 대해 아버지는 맥스웰이 수학과 과학에서 뛰어나지 못하다면 영재아로 판정을 받는 것이 무의미하기 때문에, 이 두 과목의 수행을 향상시키기 위한 방법을 찾아야 한다고 했다. 그는 맥스웰이 의학이나 연구 분야로 진출하기를 기대하며 맥스웰도 그렇게 하고 싶을 것으로 생각한다고 했다.

학교기록을 검토한 결과, 맥스웰은 항상 수학과 과학에서 낮은 성적을 받아 온 것으로 나타났다. 초등학교 시절의 표준화 검사결과에서도 이 두 과목의 점수가 학년수준이거나 때로는 그보다 낮은 수준으로 나타나, 수학과 과학이 맥스웰의 가장 취약한 부분인 것으로 드러났다.

학교심리학자와의 면담에서 맥스웰은 수학과 과학을 싫어하지만 잘할 수 있다고 하였다. 그는 노력하면 성적을 올릴 수 있으며 단지 자신이 공부를 충분히 하지 않기 때문이라고 했다. 아버지가 이야기한 것처럼 맥스웰 자신도 머리가 좋은 사람이 수학과 과학을 잘한다고 했다. 앞으로의 진로계획에 대해서는 의사가 되고 싶다고 했다.

부모님과 맥스웰을 대상으로 평정척도를 실시한 결과, 사회 · 정서적 문제나 행동문제는 나타나지 않았다. 자존감에 대한 맥스웰의 자기평가는 모든 영역에서 높았다. 그러나 직업흥미검사에서 일반사회에서는 높은 점수를 얻었으나 수학과 과학에서는 낮은 점수를 받았다. 맥스웰은 수학에 대한 교육과정중심 평가에서 부족함을 보였는데, 특히 교육청의 우수 교육과정을 평가에 적용했을 때는 더욱 부족한 것으로 나타났다.

맥스웰을 위한 계획. 이 사례에서 학교와 부모, 학생은 영재학생이 모든 학업 영역에서 우수반에 배치되어야 한다고 잘못 생각하고 있는 상황이다. 정확하고 구체적인 정보를 제공하자, 부모와 학교 모두 맥스웰이 수학에서는 제 학년수준의 학급에 배치되는 것이 좋다는 데 동의했다. 맥스웰은 여전히 자신이 우수반의 수업내용을 잘 따라갔다고 믿고 있었다. 그러나 공부에 대한 압력이 줄어든 것에 대해서는 안도했다. 부모에게는 맥스웰이 장소와 시간을 정해서 숙제를 하도록 하고, 기한을 지키지 못했을 때는 그에 따르는 조치를 취하도록 안내했다. 그러나 이 외에는 공부에 관한 이야기를 맥스웰과 하지 않도록 부탁했다. 이는 맥스웰이 자신의 학업 수행에 대해 스스로 책임을 지게 하고, 그럼으로써 맥스웰이 부모의 영향과 관계없이 스스로 자신의 목표와 흥미를 생각해 보게 하기 위한 것이었다.

진로에 대한 평가는 맥스웰이 진정으로 흥미를 느끼는지에 대한 이야기로 시작되었다. 맥스웰은 많은 시간을 역사에 관해 이야기했다. 그는 학교의 역사 동아리에 가입했는데, 이것은 공부할 시간을 많이 뺏는 결과를 가져왔다. 맥스웰은 역사에 기울이는 시간 수를 합한 후 그 시간을 하루 중 사용 가능한 시간에서 뺌으로써, 좋은 성적을 얻으려면 자신의 흥미를 유지하면서도 시간을 더 잘 관리해야 한다는 것을 깨닫게 되었다. 맥스웰에게 2주 동안 두 가지 기록을 하게 했다. 하나는 시험공부나 숙제를 할 때 그가 정확히 무엇을 했는지 목록을 만드는 것이었다. 예를 들면, '책을 읽고, 쓰고, 노트정리를 했는가?' '얼마 동안 공부를 했는가?' 등에 관한 기록이다. 다른 하나는 숙제를 하기 직전과 직후에 가졌던 자신의 생각과 기분을 기록하게 한 것이다. 한쪽 칸에는 '생각'을, 다른 칸에는 '기분'을 적게 했다. 그리고 세 번째 칸에는 긍정적인 기분이나 생각이면 '+'를, 부정적인 기분이나 생각이면 '−'를 적게 했다. 평가결과는 맥스웰에게 놀라운 것이었다. 첫째, 평가결과에서 맥스웰이 '공부'를 할 때면 단지 읽기만을 한다는 것이 드러났다. 추가의 질문과 메타인지 면접을 실시한 결과, 맥스웰은 암기전략, 주제 찾기, 이전 지식과의 연합 등 공부기술이 매우 부족한 것으로 나타났다. 장기 프로젝트를 준비할 때, 맥스웰은 자기가 찾은 자료를 읽기는 하지만 미리 계획을 세우거나 그 일을 마치는 데 시간이 얼마나 걸릴지 생각도 해 보지 않았다. 생각과 기분을 검토한 결과, 맥스웰은 자신이 좋아하고 잘하는 것은 평가절하하고 어렵다고 생각되는 것들은 위협적으로 받아들이는 것으로 나타났다. 예를 들면, 수학을 공부할 때 드는 생각은 '나는 이것을 해야만 해.' '이것은 중요해.' '똑똑한 애들은 이것을 잘하는데, 왜 나는 그러지 못할까?' 등이었다. 그리고 사회과목에 대한 그 생각은 '이것은 쉬워.' '이것은 재미있어.' 등이었다.

영재성과 사회과목의 가치에 대한 맥스웰의 생각을 물어보았다. 먼저 맥스웰에게 하나는 쉬운데 다른 하나는 어렵게 느끼는 증거에 대해 물어보았다. 그리고 영재아들이 과학을 잘해야 한다는 증거에 대해 물어보았다. 진로 탐색의 중요성에 대해서도 이야기를 나누었으며 맥스웰의 진로 탐색을 돕기 위한 방법도 함께 고안했다. 시간 계획하기나 공부 스케줄 짜기와 같은 공부기술과 자기모니터링 기법도 가르쳤다. 맥스웰에게 전자 스케줄 시스템을 주고 매주 스케줄을 짜도록 했으며, 스케줄에 숙제할 시간을 포함시킴으로써 역사 동아리와 재연극에 시간을 사용할 수 있도록 했다. 진로에 대해 아버지에게 자신이 의학 외에 다른 길을 고려하고 있다고 말하는 것, 사회과목의 장점에 대해 아버지와 의견이 다른 것은 앞으로 다루어야 할 문제다. 학업 수행이 향상되면 자신감이 생겨서 맥스웰이 아버지와 대화를 하게 될 수 있을 것으로 기대된다.

결 론

학습부진의 원인은 다양하며 여기에는 학교환경 요인, 가정요인 그리고 학습자의 특성요인 등이 포함된다. 학생의 자원과 요구에 대한 전반적 평가는 효과적인 개입을 위한 첫 단계다. 상담과 행동기법이 적절한 교육 프로그램을 대신하지는 못한다.

낮은 성취를 향상시키기 위한 구체적 개입의 효과성에 관한 증거는 미흡하다. 그러나 연구결과는 학업행동, 목표설정, 공부기술, 자기관리 향상전략 등의 인지수정이 학생들에게 도움이 된다는 것을 시사하고 있다. 인지행동 개입은 학습부진 영재아동의 가족들에게도 도움이 된다. 학습부진은 개인적으로도 사회적으로도 중요한 문제다. 학습부진의 효과는 누적되며 중학교 동안 그리고 그 이후에 더욱 악화된다. 따라서 이 문제는 조기에 다루어져야 하며 개입에 대한 반응도 세심하게 모니터링되어야 한다. 학습부진의 경향성이 있는 학생에게는 학교에 다니는 동안 정기적으로 적절한 기술을 지도해 주어야 한다.

참고문헌

Abidin, R. R. (1995). *Parenting Stress Index manual.* Odessa, FL: Psychological Assessment Resources.

Baker, J. A., Bridger, R., & Evans, K. (1998). Models of underachievement among gifted preadolescents: The role of personal, family, and school factors. *Gifted Child Quarterly, 42*(1), 5-15.

Baum, S. M., Renzulli, J. S., & Hebert, T. P. (2004). Reversing underachievement: Creative productivity as a systematic intervention. In S. M. Moon (Ed.), *Social emotional issues, underachievement and counseling of gifted and talented students* (pp. 133-156). Thousand Oaks, CA: Corwin Press.

Bland, L. C., & Sowa, C. J. (1994). A overview of resilience in gifted children. *Roeper Review, 17*(2), 77-81 [Electronic version].

Bradley-Klug, K. L., & Shapiro, E. (2003). Treatment of academic skills problems. In M. A. Reinecke, F. M. Dattilio, & A. Freeman (Eds.), *Cognitive therapy with children and adolescents* (pp. 281-303). New York: Guilford.

Butler-Por, N. (1987). *Underachievers in school: Issues and intervention.* New York: Wiley.

Colangelo, N., & Davis, G. (Eds.). (2003). *Handbook of gifted education.* Boston: Allyn & Bacon.

Colangelo, N., Kerr, B., Christensen, P., & Maxey, J. (1993). A comparison of gifted underachievers and gifted high achieves. *Gifted Child Quarterly, 37*(4), 155-160.

Damiani, V. B. (2004). Portfolio assessment in the classroom. In A. S. Canter, L. Z. Paige, M. D. Roth, I. Romero, & S. A. Carroll (Eds.), *Helping children at home and at school II: Handouts for families and educators* (pp. S3-129-131). Bethesda, MD: National Association of School Psychologists.

Davis, G. A., & Rimm, S. B. (2004). *Education of the gifted and talented.* Boston: Allyn & Bacon.

Delisle, J. R. (1992). *Guiding the social and emotional development of gifted youth.* White Plains, NY: Longman.

Dowdall, C. B., & Colangelo, N. (1982). Underachieving gifted students: Review and implications. *Gifted Child Quarterly, 26*(4), 179-184.

Dubois, D. L., Felner, R. D., Lockerd, E. M., Parra, G. R., & Lopez, C. (2003). The quadripartite model revisited. In M. A. Reinecke, F. M. Dattilio, & A. Freeman,

(Eds.), *Cognitive therapy with children and adolescents* (pp. 402-433). New York: Guilford.

Durlak, J. A., Fuhrman, T., & Lampman, C. (1991). Effectiveness of cognitive-behavior therapy for maladapting children: A metanalysis. *Psychological Bulletin, 110*(2), 204-214.

Emerick, L. J. (1992). Academic underachievement among the gifted: Student's perceptions of factors that reverse the pattern. *Gifted Child Quarterly, 36*(3), 140-146.

Forsterling, F. (1990). Attributional therapies. In S. Graham & V. S. Folkes (Eds.), *Attribution theory: Attributions to achievement, mental health, and interpersonal conflict* (pp. 123-139). Hillsdale, NJ: Lawrence Erlbaum.

Friedberg, R. D., & McClure, J. M. (2002). *Clinical practice of cognitive therapy with children and adolescents: The nuts and bolts.* New York: Guilford.

Genshaft, J. L., Bireley, M., & Hollinger, C. L. (1995). *Serving gifted and talented students.* Austen, TX: Pro-ed.

Graham, S. (1990). Communicating low ability in the classroom: Bad things good teachers sometimes do. In S. Graham & V. S. Folkes (Eds.), *Attribution theory: Attributions to achievement, mental health, and interpersonal conflict* (pp. 17-36). Hillsdale, NJ: Lawrence Erlbaum.

Hebert, T. P., & Olenchak, F. R. (2000). Mentors for gifted underachieving males: Developing potential and realizing promise. In S. M. Moon (Ed.), *Social emotional issues, underachievement and counseling of gifted and talented students* (pp. 157-179). Thousand Oaks, CA: Corwin Press.

Holland, V. (1998). Underachieving boys: Problems and solutions. *Support for Learning, 13*(4), 174-178.

Kendall, P. C., & Braswell, L. (1985). *Cognitive therapy for impulsive children.* New York: Guilford.

Krissman, A. S. (1989). Gifted underachievers. *Roeper Review, 11*(3), 160-162.

Laffoon, K. S., Jenkins-Friedman, R., & Tollefson, N. (1989). Causal attributions of underachieving gifted and non-gifted students. *Journal for the Education of the Gifted, 13*(1), 4-21.

Lupart, J. L., & Pyryt, M. C. (1996). "Hidden gifted" students: Underachiever prevalence and profile. *Journal for Education of the Gifted, 20*(1), 36-53.

Mandel, H. P., & Marcus, S. I. (1988). *The psychology of underachievement.* New

York: John Wiley.

McCall, R. B., Evahn, C., & Kratzer, L. (1992). *High school underachievers.* Nerbury park, CA: Sage.

McCoach, D. B., & Siegle, D. (2001). A comparison of high achievers' and low achievers' attitudes, perceptions, and motivations. *Academic Exchange Quarterly, 5,* 71-76.

McCoach, D. B., & Siegle, D. (2003a). Factors that differentiate underachieving gifted students from high-achieving gifted students. *Gifted Child Quarterly, 47*(2), 144-154.

McCoach, D. B., & Siegle, D. (2003b). The School Attitude Assessment Survey-Revised: A new instrument to identity academically able students who underachieve. *Educational and Psychological Measurement, 63*(3), 414-429.

Mendaglio, S. (1993). Counseling gifted learning disabled: Individual and group counseling techniques. In L. K. Silverman (Ed.), *Counseling the gifted & talented* (pp. 131-149). Denver: Love.

Moon, S., & Hall, A. S. (1998). Family therapy with intellectually and creatively gifted children. *Journal of Marital and Family Therapy, 24*(1), 59-80.

Moon, S. M., Kelly, K. R., & Feldhusen, J. (1997). Specialized counseling services for gifted youth and their families: A needs assessment. In S. M. Moon (Ed.), *Social/ emotional issues, underachievement, and counseling of gifted and talented students* (pp. 229-248). Thousand Oaks, CA: Corwin.

Moon, S. M., Swift, M., & Shallenberger, A. (2002). Perceptions of a self-contained class for fourth- and fifth-grade students with high to extreme levels of intellectual giftedness. *Gifted Child Quarterly, 46*(1), 64-79.

Moos, R. H., & Moos, B. S. (1994). *Family Environment Scale manual.* Palo Alto: Consulting Psychologists Press.

National Commission on Excellence in Education. (1983). *A nation at risk: The imperative for educational reform.* Washington, DC: U.S. Government Printing Office.

Peterson, C. (1990). Explanatory style in the classroom and on the playing field. In S. Graham & V. S. Folkes (Eds.), *Attribution theory: Attributions to achievement, mental health, and interpersonal conflict* (pp. 54-66). Hillsdale, NJ: Lawrence Erlbaum.

Peterson, J. S. (2002). A longitudinal study of post-high-school development in gifted individuals at risk for poor educational outcomes. *The Journal of Secondary*

Gifted Education, XIV(1), 6-18.

Peterson, J. S., & Colangelo, N. (1996). Gifted achievers and underachievers: A comparison of patterns found in school files. *Journal of Counseling and Development, 74,* 399-407.

Rafoth, M. A. (1999). *Inspiring independent learning: Successful classroom strategies.* Washington, DC: National Education Association.

Reinecke, M. A., Dattilio, F. M., & Freeman, A. (2003). What makes for an effective treatment? In M. A. Reinecke, F. M. Dattilio, & A. Freeman (Eds.), *Cognitive therapy with children and adolescents* (pp. 1-18). New York: Guilford.

Reis, S. M., & McCoach, D. B. (2000). The underachievement of gifted students: What do we know and where do we go? *Gifted Child Quarterly , 44*(3), 152-170.

Reis, S. M., & McCoach, D. B. (2002). Underachievement in gifted and talented students with special needs. *Exceptionality, 10*(2), 113-125.

Renzulli, J. S., Baum, S. M., & Hebert, T. P. (1995). Reversing underachievement: Creative productivity as a systemic intervention. *Gifted Child Quarterly, 34*(4), 224-235.

Renzulli, J. S., & Park, S. (2000). Gifted dropouts: The who and the why. *Gifted Child Quarterly, 44*(4), 261-271.

Renzulli, J. S., Reid, B. D., & Gubbins, E. J. (1992). *Setting an agenda: Research priorities for the gifted and talented through the year 2000.* [Electronic version] Storrs, CT: National Research Center on the Gifted and Talented.

Rimm, S. (1995). *Why bright kids get poor grades and what you can do about it.* New York: Crown Publishers.

Robinson, N. M. (2002). Individual differences in gifted students' attributions for academic performances. In M. Neihart, S. M. Reis, N. M. Robinson, & S. Moon (Eds.), *The social and emotional development of gifted children: What do we know?* (pp. 61-69). Washington, DC: Prufrock.

Ross, P. O. (1993). *National excellence: A case for developing America's talent.* Washington, DC: Office of Educational Research and Improvement.

Schultz, R. A. (2002). Illuminating realities: A phenomenological view from two underachieving gifted learners [Electronic Version]. *Roeper Review, 24*(4), 203-213.

VanTassel-Baska, J. (2003). *Curriculum planning and instructional design for gifted learners.* Denver: Love.

Zantall, S. S. (1989). Self-control training with hyperactivity and impulsive children. In J. N. Hughes & R. J. Hall (Eds.), *Cognitive behavioral psychology in the schools* (pp. 305-346). New York: Guilford.

Zimmerman, B. (1994). Dimensions of academic self-regulation: A conceptual framework for education. In D. H. Schunk & B. J. Zimmerman (Eds.), *Self-regulation of learning and performance: Issues and educational applications* (pp. 3-21). Mahwah, NJ: Lawrence Erlbaum.

Zuccone, C. F., & Amerikaner, M. (1986). Counseling gifted underachievers: A family systems approach. *Journal of Counseling and Development, 64,* 590-592.

Chapter 10

괴롭힘과 강압에 대한 인지행동 개입

또래공격(peer aggression)은 아동의 일상생활에서 너무도 흔하게 일어나는 현상이다. 아동이 겪는 또래 간 갈등의 본질과 빈도는 발달단계를 거치면서 변화한다. 신체적 공격은 걸음마기에 일반적이지만, 언어적 공격과 관계적 공격(relational aggression)은 청소년기에 흔하다. 이처럼 아동의 거칠고 험한 또래관계 속에서 공격적인 상호작용에 효과적으로 대처할 수 있는 능력은 중요한 적응기술임에 틀림없다(Cairns & Cairns, 2000; Pellegrini, 2002). 그러나 일부 예시에서 알 수 있듯이, 아동은 특정 형태와 강도의 또래공격에 대해서는 효과적으로 대응하지 못한다. 사실 아동이 이런 또래공격에 효과적으로 대응하기를 기대하는 것이 비합리적일 수도 있다. 이 장에서는 절대로 적응적일 수 없으며, 괴롭힘 가해자(bully)와 피해자(victim) 모두에게 상당한 손상을 주는 또래공격의 한 형태인 괴롭힘(bullying)에 대해 살펴보고자 한다. 아동기 공격성에 관한 더 큰 관점의 한 측면으로, 사회생태학적 맥락 안에서 발생하는 인지행동 현상으로서 괴롭힘을 살펴본다.

Beth Doll & Susan M. Swearer

괴롭힘이란

괴롭힘은 한 명 또는 그 이상의 학생이 한 명 또는 그 이상의 취약한 또래에게 반복적이며 고의적으로 손상과 위협을 주고, 그렇게 함으로써 지위나 힘을 얻는 극단적인 형태의 또래공격이다(Olweus, 1993b; Pellegrini & Bartini, 2001; Slee, 1995; Smith & Boulton, 1990). 최근 들어 괴롭힘에 대한 정의가 확장되었다. 괴롭힘은 때리고 밀치거나 귀찮게 따라다니는 신체적 공격, 거짓말을 하거나 또래의 평판을 해치는 행위와 같은 관계적 공격, 놀려대고 조롱하며 욕설을 하는 언어적 공격을 포함한다(Crick, Bigbee, & Howes, 1996; Olweus, 1994). 다른 형태의 또래공격과 마찬가지로 괴롭힘도 가해자가 자신의 정체를 피해자에게 숨기지 않을 때처럼 명시적일 수도 있고, 가해자가 피해자와 주변인들에게 자신의 정체를 숨기려 할 때처럼 암묵적일 수도 있다.

괴롭힘과 이보다 덜 해로운 형태의 또래공격을 변별하는 주요 요소들 가운데 하나는 가해자의 의도다. 정의에 따르면, 괴롭힘은 손상을 입히려는 의도를 항상 포함한다. 어린 아동이 쓰는 표현을 빌리면, 가해자는 '못되게 굴려고' 남을 괴롭히는 행동을 한다. 이에 대해 잘 모르는 어른들은 모든 또래공격이 공격적 의도에서 나온다고 가정하고, 따라서 이러한 차이가 있다는 것에 대해 의아해한다. 그러나 또래관계에 관한 많은 연구를 통해 아동은 수많은 다른 이유에서 또래에게 공격적이라는 것이 밝혀졌다. 가장 흔히 나타나는 현상은 아동이 친구와 노는 동안에 언어적으로 놀려대고 모욕을 주거나, 신체적으로 때리고 밀치고 발로 차고 쓰러뜨리거나, 또래를 못 본 척 지나가 버리거나 무시하는 등 장난삼아 하는 공격(mock aggression)을 반복한다(Humphreys & Smith, 1984; Pellegrini, 1993). 외부 관찰자는 이렇게 장난삼아 하는 공격과 실제 또래갈등을 항상 잘 변별하기 어렵다. 왜냐하면 장난으로 하는 공격과 실제 또래갈등의 차이는 공격적 행위에 있지 않고, 아동의 의도와 지각에 있기 때문이다(Walker & Severson, 1992). 연구자는 이런 가상의 공격(pretend aggression)을 지칭하기 위해 거친 몸싸움 놀이, 밀치기와 같은 용어를 만들었다. 그리고 이런 행위는 재미있게 즐기려는 의도에서 이루어진다는 것을 분명히 밝혔다. 그러나 공격을 당하는 아동이 공격을 하는 아동의 의도를 잘못 지각하거나 자신을 공격의 표적이라고 생각할 때는 재미로 시작한 밀치기가 실제 갈등으로 번질 수 있다(Doll, Song, & Siemers, 2004).

한편, 아동은 자신이나 친구, 자신의 물건을 방어하기 위해 상대방을 공격할 수도 있다. 이를 도구적 공격(instrumental aggression)이라고 한다. 도구적 공격행위는 필요한 물건(예: 놀이터에서 공, 그네, 공간)을 얻기 위해서, 필요한 물건을 계속 가지고 있기 위해서, 자신이나 친구에 대한 다른 아동의 공격을 중단시키기 위해서 신체적 공격이나 언어적 공격을 하는 것을 말한다(Crick, 2000). 그러나 이런 행위에 관련되지 않은 외부인의 관점에서는 도구적 공격이 항상 정당화되는 것은 아니다. 아동이 필요한 물건을 잃을지도 모르는 위험에 대해 잘못된 판단을 내리거나 위험을 과대평가하거나 공격하는 또래의 의도를 과대평가한다면 서로에게 과잉 반응할지도 모른다.

다른 아동에게 손상을 입히려는 의도를 가지고 행하는 공격적 행위조차 항상 괴롭힘으로 간주되는 것은 아니다. 아동은 또래 한 명의 손으로 당했던 손상에 보복하려는 마음에서 여러 명의 다른 아동들과 합세해서 그 또래에게 달려들어 때릴지도 모른다. 이와 같은 보복적 공격은 종종 충동적이며, 순간적으로 조절되지 못한 정서적 반응에 의해 촉발된다. 이와 반대로, 괴롭힘은 피해자에게 손상을 입히려는 의도에서 하는 반복적이고 계획적인 행위를 말한다. 피해자는 가해자의 분노를 당연한 것으로 받아들이기 때문에 어떤 대응도 하지 않을 수 있다.

괴롭힘은 또한 지배권을 행사하는 행위라는 점에서 독특하다. 즉, 괴롭힘은 힘을 행사하고 피해자에게 힘을 양보할 것을 강요하는 의도에서 행해진다(Pellegrini, 2002b). 이런 의미에서 보면, 괴롭힘은 사회적 강압(social coercion)의 특수한 사례라 할 수 있다. 사회적 강압은 한 사람이 다른 사람을 특정 방식으로 행동하도록 강요하는 것을 말한다. 괴롭힘은 Patterson(1982)이 언급한 강압의 순환(cycle of coercion)과 독특하게 관련된다. 따라서 여기서는 Patterson의 강압의 순환이론을 활용하여 괴롭힘 사건의 이면에 있는 사회적 역동을 설명하고자 한다. 강압은 단일 사건으로 일어날 수도 있다. 그러나 괴롭힘은 그것이 오랜 시간에 걸쳐 반복적으로 발생하며 강압을 행사하고 손상을 초래하려는 의도가 있을 때만 적용된다.

요약하면, 괴롭힘이란 공격적 행위 그 자체의 특징에서뿐만 아니라 가해자의 의도와 피해자의 지각에서도 다른 행위들과 구분된다. 피해자에게 가해진 고통은 신체적 고통이라기보다는 가해자의 말이나 수치심에 의해 야기된 심리적 고통이다. 결과적으로, 인지행동 모형은 명시적 공격행동뿐만 아니라 괴롭힘과 관련된 아동들의 암묵적 인지를 직접 다루기 때문에 괴롭힘에 대한 개입에 특히 적절하다.

괴롭힘 문제는 얼마나 만연해 있는가

학령기 아동의 10~20%는 재학 중 어느 시점에서든 괴롭힘을 경험한다(Batsche & Knoff, 1994; Perry, Kusel, & Perry, 1988). 즉, 괴롭힘은 역기능적이지만 정상적인 아동기 행동으로 간주될 만큼 충분히 보편적이다. 더구나 괴롭힘이 발생할 때 특정 아동이 가해자, 피해자, 주변인, 비참여자 중 어느 쪽에 해당하는지를 분명하게 구분하기가 어렵다. 실제로 여섯 명의 가해자 중 한 명꼴로 자신이 피해자이기도 했다고 응답했으며, 네 명의 피해자 중 한 명꼴로 가해자이기도 했다고 답변했다(Olweus, 1993b). 여러 연구에 따르면, 괴롭힘은 아동의 개인적 특성으로만 만들어진 산물이 아니라, 아동이 또래와 상호작용하는 사회적 환경의 산물이기도 하다(Swearer & Doll, 2001). 이 장에서는 괴롭힘이 또래들 간의 상호작용이 발생하는 사회적 환경을 반영하는 사회생태학적 현상이라는 점을 기본 전제로 한다. 또한 괴롭힘 가해아동의 행동과 피해아동의 행동을 소개하고, 아울러 가해아동, 피해아동, 주변인, 교사, 괴롭힘에 관련되지 않은 아동, 가족을 대상으로 하는 인지행동 개입에 대해 설명할 것이다.

마지막으로, 공격, 강압 및 괴롭힘은 성인의 직장이나 지역사회를 포함하여 어느 연령에서든지 일어날 수 있다. 괴롭힘의 발달적 특징을 살펴보면, 괴롭힘 행동은 연령을 초월하여 나타난다는 것을 알 수 있다. 그러나 여기서는 아동 · 청소년 집단에서 발생하는 괴롭힘과 강압에 주목할 것이다. 또한 괴롭힘을 관찰하는 사람들을 혼동시킬 수도 있고 개입의 시도를 복잡하게 만들 수도 있는 발달적 변화에도 초점을 둘 것이다.

누가 괴롭힘과 강압에 참여하는가

괴롭힘 가해아동과 피해아동은 또래 괴롭힘(peer bullying) 사건의 직접적인 참여자들이다. 가해아동이 또래에게 반복적으로 가하는 잔인하고 위협적인 행동은 부분적으로 가해아동의 충동성, 공감의 결여, 지배성에 기인할 수도 있다(Olweus, 1997a, 1997b). 그러나 또래를 괴롭히는 아동을 '가해자'로 취급하는 것은 적절하지 못하다. 왜냐하면 이런 아동들의 다수가 어떤 상황에서는 또래를 괴롭히지만, 다른 상황에서는 또래에 의해 괴롭힘을 당하기 때문이다(Olweus, 1993, 1994). 그러므로 괴롭힘 사건을 설명하려면 아동 주변을 두루 살펴봐야 한다. 특히 성인의 감독이 적고 들키거나 벌을 받을 가능성도 낮다면(Kasen, Berenson, Cohen, & Johnson, 2004), 피해아동이 가해아동보다 허약하고 힘이 없어 보이고 보복할 것 같지 않다면(Hazler, Miller, Carney, & Green, 2001; Hodges & Perry, 1999), 또래 구경꾼들이 괴롭힘 행위를 관찰하면서 그 행위를 격려하거나 돕는다면(Olweus & Limber, 1999), 그리고 아무도 피해아동을 방어하거나 도우려는 개입을 하지 않는다면(Salmivalli, 2001), 가해아동이 또래를 괴롭힐 가능성은 커진다.

피해아동은 공격에 대항하여 실제로 자신을 방어할 수 없거나 혹은 방어할 수 없는 것처럼 보이기도 한다. 신체적으로 허약하거나 동작이 서툴고, 지적 능력이나 언어적 기술이 부족하거나, 또래나 교사의 보호나 지지를 받지 못하기 때문일 수 있다(Hazler et al., 2001; Hodges & Perry, 1999; Pellegrini, Bartini, & Brooks, 1999). 그러나 많은 아동들이 피해를 당하는 바로 그 사회적 상황만 잘 벗어나면 새로운 또래집단에서는 정상적일 수 있고 괴롭힘을 당하지 않을 수 있다. 피해자가 괴롭힘을 당하는 것이 물론 당연하고 마땅한 일은 아니다. 그러나 피해자들이 보복을 두려워하기 때문에, 또는 괴롭힘을 중지시킬 수 있거나 기꺼이 중지시켜 줄 성인의 존재를 기대하지 않기 때문에, 괴롭힘은 성인의 눈에 띄지 않게 비밀리에 지속적으로 발생한다(Pepler, Craig, Ziegler, & Charach, 1994). 피해아동들은 또래집단 안에서 우정관계를 잘 맺지 못하기 때문에 피해를 당한다. 친구가 여러 명 있고 그 친구들이 또래의 강압에 대응하여 앞장서서 피해아동을 보호해 준다면, 피해아동은 괴롭힘의 피해를 덜 받게 될 것이다(Salmivalli, 2001; Schwartz, McFayden-Ketchum,

Dodge, Pettit, & Bates, 1999).

흥미롭게도, 가해아동과 피해아동은 모두 상당한 심리적 고통을 호소한다. 가해아동은 학교에 대한 전반적인 불만족(Forero, McLellan, Rissel, & Barman, 1999), 높은 수준의 우울과 자살에 대한 생각(Kaltiala-Heino, Rimpela, Martunen, Rimpela, & Rantanen, 1999; Swearer, Song, Cary, Eagle, & Mickelson, 2001), 효능감 부족과 대인관계의 불편함을 호소한다(Kumpulainen et al., 1998). 한편, 피해아동은 높은 수준의 불안(Craig, 1998; Swearer et al., 2001)과 저조한 또래수용(Olweus, 1993; Pellegrini, Bartini, & Brooks, 1999)을 보고한다. 인지행동 개입은 불안장애와 우울장애를 다루는 데 효과적인 것으로 밝혀졌으므로(Kendall, 1992; Stark et al., 1996), 괴롭힘의 중단이나 예방을 위한 개입에 인지행동 모형을 응용하는 시도는 적절하다.

방관자는 괴롭힘을 목격하면서도 그것을 막기 위한 행동을 하지 않는 아동을 말한다. 사회생태학적 연구에서 방관자는 괴롭힘 사건의 주요 참여자로 간주된다. 방관자는 괴롭힘 가해아동을 칭찬하거나, 가해아동에게 특혜를 주거나, 가해행동에 동참하여 괴롭힘 행동을 강화하기도 한다(Oliver, Hoover, & Hazler, 1994; Olweus, 1993a; Pellegrini et al., 1999). 심지어 방관자가 괴롭힘에 동참하지 않거나 괴롭힘을 적극적으로 격려하지 않을 때조차도, 방관자의 침묵은 가해아동에게 강압을 계속하라는 암묵적인 허락이 된다. 그러므로 방관자가 피해아동을 보호하기 위해서 적극적으로 나서서 괴롭힘을 중단시키거나 피해아동에게 위로의 말을 해 주면 괴롭힘을 저지할 수도 있다(Salmivalli, 2001). 피해아동보다 방관자 아동이 많은 경우에 괴롭힘 행동에 더 큰 영향을 미친다. 그리고 어떤 경우에는 가해아동보다도 더 큰 영향력을 행사하기도 한다. 그렇기 때문에 방관행동을 설명하는 기초가 되는 사회인지적 관점은 괴롭힘의 예방과 개입을 가능하게 하는 열쇠가 된다.

또한 행동 규칙을 시행하는 책임을 부여받은 감독자 성인도 또래 괴롭힘의 주요 참여자다. 대부분의 괴롭힘은 학급 또래들 사이에서 발생하기 때문에 학교에서 또래행동을 감독하는 교사의 역할에 대한 탐색적 연구가 많이 수행되었다(Hanish, Kochenderfer-Ladd, Fabes, Martin, & Denning, 2004; Salmivalli, Lagerspetz, Bjorkqvist, Osterman, & Kaukiainen, 1996). 괴롭힘을 관찰하는 교사는 공격적 행위를 아동기에 정상적인 야단법석 정도로 간주하거나 해롭지 않은 행동이라고 믿으면서 괴롭힘을 축소시키는 경향이 있다(Stephenson & Smith, 1989). 그 결과로 교사는 괴롭힘에 대해 덜 반응하며, 교사가 반응할 때조차도 별로 효과적이지 못하다(Boulton & Underwood, 1992; Craig, Henderson, & Murphy, 2000; Craig & Pepler, 1997; Craig, Pepler, & Atlas, 2000; Olweus, 1991). 가장 중요한 사실은 교사가 수많은 괴롭힘 사건을 간과해 왔고, 자신이 괴롭힘을 효과적으로 다룰 수 없다고 인식하고 있다는 점이다(Pepler et al., 1994).

한편, 부모는 괴롭힘 사건을 잘 목격하지 못하기 때문에 자녀나 다른 아동 또는 교사를 통해서 어떤 일이 일어났는지를 간접적으로 전해 듣는다. 그러나 부모의 가치관과 자녀양육 방식이 괴롭힘의 발생에 큰 영향을 준다는 증거가 상당히 많다. 이런 점에서 부모는 괴롭힘 사건에서 '눈에 띄지 않는 참여자(shadow participants)'의 역할을 한다. 부모는 괴롭힘이 발생하는 현장에 존재하지는 않지만 괴롭힘 사건의 발생 이전과 이후에 아동에게 전하는 메시지를 통해 괴롭힘의 발생을 조성한다.

예를 들면, 가혹하고 거부적인 부모는 자녀가 또래에게 강압적이고 공격적인 방식으로 행동할 위험을 증가시킨다(Olweus, 1993b, 1997a). 가정에서 신체적 공격을 자주 보여 주는 부모, 특히 자녀에게 신체적 공격을 가하고 가혹한 훈육을 하는 부모의 자녀는 괴롭힘 가해자가 될 가능성이 있다(Loeber & Dishion, 1984). 아동기에 다른 사람을 괴롭혔던 부모가 자신의 자녀가 가해아동이 되도록 격려하거나 허용함에 따라 괴롭힘 참여가 세대를 거쳐 전수된다는 종단적 증거도 있다(Eron & Huesmann, 1990; Farrington, 1993).

반대로, 괴롭힘을 당하는 아동의 부모는 지나치게 지지적이며, 자녀로 하여금 괴롭힘을 묵인하게 만든다는 증거가 있다(Baldry & Farrington, 2000). 괴롭힘이 학교에서 만연할 때 피해자 자녀의 부모는 교사가 괴롭힘을 중지시키기 위해 개입해야 한다고 주장하는 반면, 가해자 자녀의 부모는 교사의 개입에 분개한다. Olweus와 Limber(1999)는 괴롭힘에 대한 부모의 인식을 개선하고, 괴롭힘이 발생할 때 괴롭힘에 대항하고 피해아동을 보호하는 데 가족을 포함시키려면, 괴롭힘 예방 프로그램에 부모를 참여시켜야 한다고 강조했다. 괴롭힘 개입에서 부모요소는 가족들 사이에서 일치된 목소리를 만들어 내는 역할을 하며, 이에 따라 학교가 괴롭힘에 대한 계획적이고 사려 깊은 조치를 취하도록 지원할 수 있다.

또래 괴롭힘의 사회인지 모형

여기서 제시하는 또래 괴롭힘의 인지행동 모형은 Patterson(1982)의 사회적 강압모형에 근거한다. 가해아동은 정당한 이유 없이 피해아동을 공격한다. 그들은 피해아동에게 노골적인 요구를 하거나(예: "그네는 내 거야!"), 암묵적인 요구를 한다(예: "비켜!"). 피해아동이 저항할 때마다 가해아동은 더 큰 목소리로 말하거나 더 세게 밀치거나 더 비열한 욕을 하는 등 더 심하게 공격을 한다. 말리지 않으면 결국 피해아동은 가해아동에게 양보하거나 가해행동을 용인하는데, 그런 반응은 가해아동의 공격을 강화하고 공격의 발생 가능성을 증가시킨다. 더구나 양보나 용인이 괴롭힘의 중단을 가져오면, 이것이 피해아동을 강화하기도 한다. 즉, 피해아동은 신속한 양보와 용인이 자신이 당할 모욕과 고통을 경감시킨다는 것을 학습하게 된다.

이러한 강압의 순환은 더 큰 사회생태학적 틀 안에서도 발생한다. 주변인 또래들로부터 명성과 존경을 많이 얻을수록 괴롭힘 가해아동의 공격은 강화된다(Pellegrini et al., 1999; Rodkin, 2004). 또한 괴롭힘 가해아동의 공격은 괴롭힘 상황에서 발생하는 힘의 쟁취와 승리감 때문에도 강화된다. 한편, 가해아동의 공격은 감독하는 성인의 훈육이나 개입, 또는 피해아동을 방어하려고 몰려든 친구들의 비난과 맹공에 의해 처벌을 받을 수도 있다. 그리고 피해아동의 저항은 주변인 아동의 조롱과 맹공 때문에 처벌을 받을 수도 있고, 지지적인 또래 친구의 위로의 말과 적극적인 방어 때문에 강화될 수도 있다.

괴롭힘이 발생하는 장면과 맥락의 영향 또한 중요하다. 감독할 만한 사람이나 친구가 피해아동을 방어하러 오지 않는 상황에서는 가해아동의 공격이 발생할 가능성이 높다. 마찬가지로 주변인들이 괴롭힘이 저지되지 않고 묵인될 것이라고 확신하는 상황에서는 가해아동의 괴롭힘이 더욱 조장되거나 암묵적으로 허용될 가능성이 높다. 만일 가해아동의 부모가 또래공격을 묵인하거나 격려하고 집에서 강압적 상호작용을 자녀에게 모델링한다면, 그 아동의 공격행동은 더욱 증가할 것이다.

괴롭힘에 참여하는 모든 사람의 사회인지적 지각은 공격적 행동만큼이나 사회인지 모형에서 중요하다. 왜냐하면 참여자의 지각이 괴롭힘 사건을 지속시키고 악화시키기 때문이다(Swearer & Cary, 2003). 사회인지 모형에서 볼 때, 가해아동의 인지왜곡은 확대(예: "그냥 재미로 한 행동이야."), 정서적 추론(예: "멍청이는 괴롭힘을 당해도 돼."), 개인화(예: "그 아이는 나를 고자질해서는 안 된다는 걸 배워야 해."), 축소(예: "모든 사람들이 괴롭힘을 당해. 그러니까 그 아이도 그것을 받아들여야 한다는 걸 배워야 해.")를 포함한다. 또한 괴롭힘을 조장하는 주변인의 공통된 인지왜곡은 무력감을 반영한다. 예를 들면, 과잉일반화(예: "내가 나서면 다음번에는 내가 괴롭힘을 당할 거야.")나 선택적 추론(예: "내가 어쩔 수 없는 일이야." "내가 말하는 걸 아이들이 따르지 않을 거야.")을 포함한다. 이러한 인지왜곡을 변화시키는 활동은 주변인들이 괴롭힘에 대항하고 괴롭힘을 저지하는 행동을 하도록 돕는 데 중요한 요소다. 마지막으로, 피해를 당하는 아동의 인지왜곡은 흑백논리식 사고(예: "괴롭힘이 절대로 끝나지 않을 거야."), 축소(예: "그렇게 나쁘지는 않아. 나는 견뎌 낼 수 있어."), 확대(예: "끔직해. 차라리 죽는 게 낫지.")를 포함하는 등 무력감을 반영한다.

성인도 괴롭힘 사건에 대한 반응을 왜곡시키는 인지적 자기진술을 한다. 예를 들면, 괴롭힘 지지에 실패한 교사의 인지왜곡에는 축소(예: "4학년 아동들은 보통 그렇게 행동을 하지. 그게 그렇게 나쁜 건 아니야."), 정서적 추론(예: "그 아이는 다른 아이들 다루는 법을 스스로 깨우쳐야 해."), 개인화(예: "그 아이가 자초한 일이야. 다른 아이들이 그 아이가 징징거리는 걸 좋아하지 않아.")가 포함된다. 가해아동의 부모는 자녀의 행동이 정당하다고 확신하거나(예: "내 아이가 다른 아이를 때렸다면 아마도 그 아이가 맞을 짓을 했을 거야." "다른 아이들이 늘 내 아이를 못살게 굴잖아. 아무도 말리려고 하지 않았겠지."), 정상적인 아동기 놀이로 간주할지도 모른다(예: "모든 사람들이 어렸을 때 괴롭힘을 당해. 그 아이도 그런 걸 받아들이는 법을 배워야 해.").

변화에 관한 전통적인 인지행동 모형을 적용하여 괴롭힘의 강압적 순환을 저지하기 위해 개입할 때는 공격적 행위뿐만 아니라 가해행동에 선행하거나 가해행동을 수반하는 인지적 왜곡을 표적으로 한다. 특히 기능적 인지를 증가시키고 역기능적 인지를 감소시키려면, 괴롭힘을 감소시키는 개입에 인지적 재구성이 필수요소로 포함되어야 한다. 아동, 교사 및 부모는 괴롭힘에 대한 자신의 생각을 검토하고, 그런 후에 괴롭힘 행동의 도구적 역할에 관한 부정적 신념과 왜곡된 인지를 바꾸려고 노력해야 한다. 특히 괴롭힘 참여자와 방관자가 괴롭힘의 역할에 관한 생각을 바꾸지 않으면 인지적 왜곡이 괴롭힘의 순환을 지속시킬 수 있다.

괴롭힘과 강압의 평가

괴롭힘 사건이 학교 관리자나 지역사회 지도자의 눈에 띄거나 지역 내에서 혹은 전국적으로 방송을 통해 괴롭힘에 대한 관심사가 고조되면, 학교에서 또래 괴롭힘을 중단시킬 조치를 강구해야 할 필요성이 제기될 것이다. 어떤 경우에서든지 괴롭힘에 참여하는 아동들이 또래 괴롭힘 사건을 지각하는 그대로 사건의 본질과 빈도를 기술하고, 발생한 괴롭힘 사건에 대한 아동들의 사회인지적 인식을 기록하고, 아동이 또래집단에서 경험하는 그대로 괴롭힘의 결과를 기술하며, 괴롭힘 행동을 조장하는 학교와 지역사회의 장면과 사건을 확인하는 평가의 시행이 매우 중요하다. 괴롭힘 평가에서는 다양한 평가방법과 정보 제공자를 활용하는 접근이 최선의 선택이다(Espelage & Swearer, 2003). 괴롭힘의 강압적 순환 안에서 아동이 어떻게 사건을 지각하는지가 중요하기 때문에 아동의 보고와 묘사를 통해 중요한 정보를 꽤 많이 수집할 수 있다.

아동 설문조사

아동은 또래집단 안에서 발생하는 괴롭힘에 관해 가장 잘 알고 있는 정보 제공자다. 괴롭힘이 발생할 때 아동이 그 상황에 있을 가능성은 감독하는 성인이 있을 가능성보다 높고, 또한 아동은 외현적 괴롭힘 행동과 동시에 발생하는 인지적 행동(태도, 신념, 사고)에 대해서도 상세히 알고 있다. 괴롭힘 개입을 준비하기 위해 필요한 세부 정보에는 (1) 최근에 아동이 괴롭힘을 당했는지 아니면 다른 아동을 괴롭혔는지, (2) 교실이나 학교 안 언제, 어디에서 괴롭힘이 발생할 가능성이 있는지, (3) 누군가가 어떤 아동을 괴롭히려고 한다면 급우들이 그를 보호해 줄 것인지, (4) 누군가가 그 아동을 괴롭히려고 하는 사건에 교사나 성인이 개입할 가능성이 있는지, (5) 괴롭힘을 중지하려는 교사의 시도가 대체로 성공적인지 그렇지 못한지 등에 대한 아동의 진술이 포함된다.

이러한 정보를 수집하는 데 가장 효율적이며 효과적인 방식은 교실이나 학교 안에 있는 모든 아동들에게 체계적인 지필조사를 실시하는 것이다. 몇몇 괴롭힘 검사들이 이미 여러 문헌에서 자주 소개되었다(Espelage, Bosworth, Simon, 2001; Olweus, 1989; Rigby & Slee, 1999; Solberg & Olweus, 2003; Swearer & Cary, 2003). 전 세계적으로 가장 광범위하게 사용되는 검사는 올베우스 괴롭힘 가해 및 피해 질문지(Olweus Bully/Victim Questionnaire; Olweus, 1980)다. 이 질문지는 학교 괴롭힘의 발생률을 추정하기 위해 사용된다(Solberg & Olweus, 2003). 일정 기간 동안에 얼마나 자주 괴롭힘 가해행동을 했는지, 얼마나 자주 괴롭힘의 피해를 당했는지, 어느 장소에서 괴롭힘이 발생했는지, 누가 괴롭힘에 참여했는지, 교사는 어떻게 대응했는지, 괴롭힘에 대한 태도는 어떠한지에 관해 학생들에게 직접 묻는다. 대부분의 괴롭힘 검사는 무기명으로 실시된다. 그러나 아동이 질문지에 이름을 쓸 경우, 그들의 응답이나 진술 내용 때문에 앞으로 강압이나 보복을 당하지 않도록 비밀보장의 특별 조치를 취해야 한다.

괴롭힘을 평가하기 위해 긴 질문지를 사용하는 대신 자기보고식 척도를 사용할 수 있다. 자기보고식 척도는 보통 그 길이가 짧고(Espelage, Holt, & Henkel, 2003), 아동에게 일정 기간(예: 지난 30일) 동안에 발생한 자신의 행동에 대해 묻는다(Reynolds, 2003). 자기보고식 척도를 사용할 때는 괴롭힘의 정의를 제시하지 않은 채 아동에게 괴롭힘 가해나 피해를 나타내는 특정 행동들을 평가하라고 지시한다. 학교는 학교의 문제나 관심사에 따라 긴 질문지와 짧은 자기보고 척도 중에서 선택할 수 있다.

아동은 괴롭힘과 의도적인 비열한 공격행동을 항상 잘 구분하지는 못하기 때문에 아동에게 괴롭힘에 관해 질문을 하는 데는 문제가 따른다. 중학교에서는 보통 괴롭힘을 분명하게 정의해 주고, 괴롭힘이 또래공격의 다른 형태와 어떻게 다른지를 설명하고, '괴롭힘'과 '괴롭힘이 아닌 것'의 몇 가지 예를 간략하게 논의하는 것으로 충분하다(Olweus, 1989; Swearer & Doll, 2001). 초등학교에서는 학급의 모든 학생들에게 괴롭힘에 관한 한두 권의 책을 읽게 한 후에 괴롭힘 질문지를 실시할 수 있다. 질문지에 포함된 문항의 예를 들면 다음과 같다. "매리루처럼 학급에서 누가 여러 번 반복적으로 반 친구를 괴롭히나요?" "여러분도 리넬처럼 반 친구를 반복적으로 괴롭힌 적이 있나요?" "이런 일이 여러분의 학급에서도 일어나나요?" 그런데 이렇게 검사를 실시할 경우에 조차 괴롭힘 사건에 대한 아동의 묘사는 다른 유형의 또래 간 갈등에 대한 보고와 뒤섞일 수 있다. 그렇게 되면 또래집단에서 발생하는 괴롭힘의 정도가 과대평가될 수도 있음을 유념해야 한다.

아동의 보고에 의존해서 평가를 할 때는 아동이 제공하는 정보의 신뢰성에 대한 의문이 항상 제기된다. 이는 확증적인 정보가 없는 괴롭힘 평가에서 특히 중요한 문제다. 왜냐하면 아동이 묘사하는 많은 사건들은 성인의 눈 밖에서 벌어지기 때문이다. 그러나 학급이나 학교 안에 있는 모든 아동들의 지각을 합산하면, 아동보고의 신뢰성은 높아진다. 사실 또래의 사회적 적응에 대해 아동들이 진술한 것을 합산한 것에는 일관성이 있고, 시간이 지나도 안정적이며, 학교 졸업이나 군복무의 성공적 수행 등 삶의 중요한 결과를 매우 잘 예측한다(Barclay, 1992; Gresham, 1986). 또한 질문을 분명하게 그리고 발달적으로 적합한 언어로 제시하면 아동보고의 신뢰도를 높일 수 있다. 또한 하나의 공통된 응답양식(예: '예' '가끔' '아니요')을 검사 전체에서 일관성 있게 사용하면 아동이 자기의 생각을 정확하게 기술하기가 쉬워질 것이다. 마지막으로, 아동에게 질문을 하기에 앞서 정보를 수집하는 이유, 수집된 정보의 용도, 비밀보장의 방법, 결과 통지 여부에 관해 알려 주면 더욱 솔직하고 세심한 반응을 얻을 수 있다.

또래보고

효과적으로 개입하기 위해 괴롭힘 가해아동과 피해아동의 개인 정보를 반드시 알아야 할 필요는 없다. 괴롭힘 평가와 관련하여 비밀을 보장해 주는 분위기가 조성되어 있지 않다면 아동이 솔직하게 응답할 가능성은 낮아진다. 괴롭힘 사건은 더 큰 또래 맥락에서 나타난다. 그렇기 때문에 시간이 지나면서 괴롭힘 참여자가 바뀔 수도 있으므로, 특정 시기에 괴롭힘에 관련된 아동들에게만 개입 노력을 집중하는 것은 별 도움이 되지 않는다. 그러나 학교가 괴롭힘 가해아동과 피해아동을 찾아내는 데 관심이 있다면, 사회측정 지명을 실시하는 것이 최선의 평가전략일 것이다(Boulton, 1997). 사회측정 지명에서는 누가 자주 괴롭힘 가해를 하는지, 누가 자주 피해를 당하는지를 지명하게 한다. 괴롭힘 가해아동이나 피해아동으로 가장 많이 지명된 아동을 선발하여 집중적으로 개입을 할 수 있다. 그러나 이런 식으로 아동들에게 급우를 평가하게 하는 사회측정 평가는 학교나 교육청에서 논란거리가 될 수 있다(Bierman & McCauley, 1987; Cook & Iverson, 1993; Crick & Ladd, 1989).

사회측정 지명에 대해 비판적인 시각을 가진 사람들은 이 방법을 통해 아동들이 또래를 더 부정적으로 보게 될 수도 있고, 급우에게 나쁜 말을 하지 말라는 학교 규칙을 어길 수도 있다고 염려한다(Bell-Dolan, Foster, & Sikora, 1989; Deno, Mirkin, Robinson, & Evans, 1980). 이런 경우에 자기지명은 괴롭힘 참여자를 찾아내기 위한 대안이 된다.

성인 정보 제공자

괴롭힘에 대해 부모와 교사가 어떻게 생각하는지에 관한 자료도 수집해야 한다. 괴롭힘에 대한 성인의 인식과 신념을 평가하면, 성인이 의사결정권을 지니고 있는 학교풍토에 직접 영향을 줄 수 있다는 장점이 있다. 또한 부모와 교사에게서 수집한 자료를 학생에게서 수집한 자료와 비교할 수도 있다. 이렇게 여러 정보 제공자로부터 수집한 자료를 비교하면 예방과 개입의 노력에서 중점을 둘 만한 유용한 정보를 얻을 수 있다. 괴롭힘 평가에 대한 다중양식 접근은 괴롭힘 현상을 생태학적으로 개념화한다는 점에서 의미가 있다. 괴롭힘은 개인, 또래집단, 학교, 가족, 지역사회 및 사회 전반에 영향을 끼친다. 이처럼 괴롭힘의 영향력은 광범위하므로 다수의 정보 제공자를 포함한 다중양식 평가의 실시가 가장 효과적일 것이다.

괴롭힘에 대한 인지행동 개입

인지행동 개입은 이 책에서 논의되는 대부분의 문제를 해결하기 위해 가정, 학교 및 지역사회 장면에서 두루 실시될 수 있다. 그러나 또래 괴롭힘에 대한 개입은 주로 학교에서 집중적으로 시행되어 왔다. 왜냐하면 괴롭힘은 또래들 간에 이루어지는 상호작용의 문제이고, 학교는 가장 크면서도 또래집단이 자연스럽게 형성되는 장면이기 때문이다. 그러나 학교 안에서 또래 괴롭힘의 역동을 저지한다고 해도 학교 밖에서 여전히 괴롭힘이 발생할 수 있기 때문에 효과적인 괴롭힘 개입을 위해서는 학교, 가정, 지역사회가 협력해야 한다. 따라서 이 절에서는 학교기반의 개입을 실시하되, 가정과 지역사회를 개입에 포함하며 괴롭힘 행동과 괴롭힘에 대한 인지를 다루는 종합적 괴롭힘 개입 프로그램에 대해 논하고자 한다.

올베우스 괴롭힘 예방 프로그램(Olweus Bullying Prevention Program; Olweus & Limber, 1999)은 괴롭힘 가해아동에 대한 감독을 강화하고, 가해아동에게 적대적이지 않은 훈육을 일관성 있게 실시하고, 표적 아동의 사회적 고립을 감소시키고, 괴롭힘이 발생할 때 주변인들의 협조를 얻어서 또래 괴롭힘에 대응하게 하는 데 목표를 둔다. 프로그램을 시행하기에 앞서, 학교에서 발생하는 괴롭힘의 성격, 발생률, 발생 장소를 결정하기 위해 올베우스 괴롭힘 가해 및 피해 질문지를 실시한다. 동시에 학교는 조사자료를 검토하고 프로그램을 조정할 '괴롭힘 예방 조정위원회'를 결성한다. 조사자료는 괴롭힘이 학교에서 중대한 문제임을 증명하므로 성인들 사이에서 광범위하게 수용되고 있는 신념을 반박한다. 이런 새로운 이해를 통해서 조정위원회는 괴롭힘을 반대하는 교칙을 제정하며, 학교에서 괴롭힘을 저지하기 위한 조직적인 학생감독 시스템을 수립한다. 그런 다음 학교의 모든 교직원들은 교칙을 시행하고 괴롭힘에 대응하는 훈련을 받는다. 괴롭힘의 심각성을 축소시키거나 괴롭힘을 조장하는 보편적인 인지(예: '아이들이 다 그렇지.')에 대처하고, 괴롭힘 예방의 적극적 행위를 지지하는 정확한 인지(예: '괴롭힘은 근절되어야 한다.' '어떤 아동이라도 이런 식으로 대접을 받아서는 안 된다.')로 대체하는 교직원 정기집회를 개최하여 교직원 훈련을 지원하는 일이 중요하다. 학부모 대상으로도 이와 비슷한 회의나 모임을 개최하여, 괴롭힘에 대한 정확한 이해(예: '내 아이가 다니는 학교에서는 괴롭힘을 허용할 수 없다.')를 강화함으로써 부모도 괴롭힘 예방 노력에 적극 협력하도록 촉구한다. 마지막으로, 괴롭힘을 반대하는 학교 전체의 규칙을 강화하고, 친사회적 규범과 행동을 증진하는 노력을 학급 단위 개입에 추가한다. 정규 학급회의 시간에는 괴롭힘에 대한 학생의 지식을 증가시키고 공감을 장려한다. 이러한 노력을 통해 괴롭힘에 대한 학생의 인지를 재구성할 수 있다(예: '괴롭힘은 큰 문제다.' '괴롭힘을 보면 나는 그것을 중지시킬 수 있다.'). 궁극적으로 가해아동은 일관성 있고 적대적이지 않은 교정을 받으며, 피해아동은 교사, 또래 및 가족으로부터 보호와 지원을 받는다.

폭력 연구 및 예방센터(Center for the Study and Prevention of Violence)에서는 올베우스 괴롭힘 예방 프로그램을 '폭력예방을 위한 청사진'으로 추천했고, 약물남용 예방센터(Center for Substance Abuse Prevention)에서도 이 프로그램을 모범 프로그램으로 선정했다. 노르웨이 베르겐 시에 사는 아동 2,500명을 대상으로 한 준실험 연구 결과, 올베우스 예방 프로그램을 통해 괴롭힘과 피해가 50~70% 감소하였고 학교 만족도도 증가했다(Olweus, 1993b, 1994). 두 번째 연구에서는 미국 사우스캐롤라이나 주에 사는 4~6학년 아동 6,388명에게 이 프로그램을 실시했는데, 자기보고에 의한 괴롭힘이 대략 25% 감소했다(Melton et al., 1998).

괴롭힘 퇴치자(Bully Busters; Horne, Bartolomucci, & Newman-Carlson, 2003) 프로그램은 학급 단위로 실시되며, 유치원부터 중학교에 이르기까지 괴롭힘 문제를 다룬다. 유치원부터 5학년까지를 대상으로 한 프로그램 매뉴얼과 6학년부터 중학교 2학년까지를 대상으로 한 프로그램 매뉴얼이 구분되어 있다. 교사와 학생들은 괴롭힘의 순환 안에 있는 선행사건, 행동 및 후속결과를 인식한다. 더욱 중요한 것은 이 프로그램이 학생으로 하여금 괴롭힘 가해학생에 대한 부정적인 사고(예: '너는 멍청이야.')를 긍정적인 대안으로 대체하고, 괴롭힘을 목격했을 때 괴롭힘을 저지하는 방안을 계획하며, 학생이 스스로 다룰 수 있는 괴롭힘 상황과 스스로 다룰 수 없는 괴롭힘 상황(예: '나는 다른 사람의 도움이 필요해.')을 변별하도록 지도한다. 이 프로그램의 기타 인지행동 요소로는 분노관리, 갈등해결, 정서교육, 공감훈련, 인지 재훈련, 사회기술 훈련, 문제해결 기술훈련이 포함된다. 매뉴얼은 학생을 위한 활동과 교사를 위한 내용으로 구성되어 있다. 여기에서는 괴롭힘의 역동을 설명하며, 교사로 하여금 괴롭힘 예방에 관한 더욱 정확하고 효과적인 자기진술을 하도록 격려한다. 이 프로그램은 괴롭힘 행동이 발생하는 사회적 생태를 다루며, 매뉴얼이 잘 작성되어 있고, 사용과 실시가 쉽다는 장점이 있다(Horne, Orpinas, Newman-Carlson, & Bartolomucci, 2004).

괴롭힘 퇴치자는 개별화되어 있고 비교적 새로운 프로그램이기 때문에 프로그램의 효과를 검증한 성과연구가 별로 없다. 한 초등학교에서 이 프로그램을 실시했는데, 공격성 평균점수가 40% 감소했고, 유치원~2학년 아동의 가해 평균점수는 19% 감소했으며, 3~5학년 아동의 가해 평균점수는 23% 감소했다는 보고가 있다(Orpinas, Horne, & Staniszewski, 2003). 다른 연구(Newman-Carlson & Horne, 2004)에서는 이 프로그램이 괴롭힘 개입기법에 대한 교사의 지식과 사용을 증가시키고, 학급에서 발생하는 괴롭힘의 정도를 감소시키는 데 효과적인 것으로 밝혀졌다.

어떤 조치를 취하든지, 가해아동이 피해아동에게 보복을 하거나 피해아동을 벌하도록 자극하지 않으면서 피해아동을 보호해야 한다. 따라서 '확인된' 가해아동과 피해아동을 위해 개입하기란 특히 어려운 일이다. 보복을 방지하기 위해 Maines와 Robinson(1998)의 '괴롭힘 예방을 위한 남 탓하지 않기 접근(No Blame Approach to Bully Prevention)'을 실시할 수 있다. 이 프로그램은 방관자와 가해자가 피해자에 대해 공감을 하도록 돕는 데 목표를 둔다. 일단 괴롭힘 상호작용이 학급 안에서 발견되면, 성인은 가장 먼저 피해아동을 만나 괴롭힘의 문제, 관련된 사람들, 괴롭힘이 피해아동의 일상생활에 끼친 영향 등에 관해 모든 것을 물어봐야 한다. 그런 다음 피해아동은 짤막한 노트나 그림 또는 사진을 통해서 괴롭힘에 관한 이야기를 한다. 그 후 성인은 피해아동이 없는 장소에서 가해아동과 주변인들을 소집단의 형태로 만나 괴롭힘에 관해 이야기를 나눈다. 가해아동과 주변인들은 피해아동이 기록한 노트를 읽고, 괴롭힘이 피해아동의 삶에 미친 비극적 영향에 대해 이야기를 나눈다. 그리고 괴롭힘을 끝내기 위해 자신이 할 수 있는 일이 무엇인지를 찾아보게 한다. '남 탓하지 않기(No Blame)' 모임은 주변인의 왜곡된 인지(예: '그건 대단한 문제도 아니다.')를 정확한 인지로 대체하고, 피해아동의 동맹자로서 또래집단의 협조를 이끌어 내는 데 특히 효과적이다. 더구나 가해아동과 주변인 아동들이 자신의 이야기를 학급에서 발표하는 것은 피해아동이 인지적 자기진술(예: '괴롭힘은 절대로 끝나지 않을 거야.')을 더 정확하고 강력한 진술로 재구성하도록 돕는다. '남 탓하지 않기' 모임은 주변에 있는 또래집단이 행하고 있는 심각한 해악을 민감하게 받아들이게 하여 사례의 60%에서 괴롭힘이 중지되었다(Maines & Robinson, 1998).

학교장면에 대한 시사점과 적용

또래 괴롭힘이 저지되지 않은 채 방치되면 대부분의 학교에 있는 아동들에게 중대한 문제가 된다. 따라서 괴롭힘에 관련된 모든 참여자, 즉 방관하는 또래, 감독하는 성인, 부모, 괴롭힘 가해아동 및 피해아동을 포함하여 학교 전체를 대상으로 하는 개입이 대부분의 학교에 도움이 될 수 있을 것이다. 개입의 주요 초점은 괴롭힘을 가능하게 하고 유지시키는 인지왜곡에 대항하고 그것을 교정하는 데 맞추어져야 한다. 또한 또래 괴롭힘은 파괴적인 것이므로 묵인하고 인내해야 하는 것이 아님을 시스템 전반에서 이해하도록 돕는 데 초점을 맞추어야 한다. 이 장에서 언급한 세 개의 프로그램(올베우스 괴롭힘 예방 프로그램, 괴롭힘 퇴치자 프로그램, 괴롭힘 예방을 위한 남 탓하지 않기 접근)은 학교의 괴롭힘 풍토를 개선하고 괴롭힘의 발생률을 감소시키는 데 효과적이라는 증거를 어느 정도 가지고 있다. 그러나 이처럼 매뉴얼로 구성된 프로그램은 학교마다 독특한 사회적 생태에 맞도록 조정되어야 한다. 각 학교는 시행되고 있는 개입에 대한 반응으로 나타나는 괴롭힘 발생률의 변화를 꾸준히 점검하는 노력을 기울여야 하며, 이는 대단히 중요한 일이다.

사례연구

사례연구 1: 아비

정통 히브리 학교에 다니는 4학년 아비는 매일 오후 귀가하는 학교버스 안에서 지속적으로 괴롭힘을 당했다. 세 명의 상급학생이 아비의 책을 숨기거나 숙제장을 찢거나 그에게 침을 뱉고, 때로는 그의 모자와 장갑을 버스 창밖으로 내던지곤 했다. 최근에 발생한 사건 때문에 아비의 부모가 교장과 면담을 하게 되었고, 부모는 아비에 대한 잘못된 처우를 중지시켜 줄 것을 요청했다. 처음에 교장은 3명의 상급학생을 정학시키겠다고 말했다. 그러나 아비는 그런 결정이 오히려 상황을 악화시킬 뿐이라고 반대했다. 따라서 학교상담자가 괴롭힘을 조장하는 조건이 무엇인지를 알아보기 위해 광범위한 평가를 실시했고, 괴롭힘 예방을 위한 남 탓하지 않기 접근(Maines & Robinson, 1998)을 시행하였다.

학교버스 안에 있던 다른 아동들을 면담한 결과, 아비의 피해가 심각했고 매일 일어났으며, 세 명의 6학년 남학생들이 가해자라는 사실이 밝혀졌다. 일단 가해학생들이 학교에 도착하면 학교에서 면밀하고 지속적인 감독을 실시하기 때문에 교내식당이나 교실 또는 운동장에서 괴롭힘이 계속되는 일은 별로 없었다. 학교버스 안에 있던 다른 아동들에게 왜 아비를 보호하지 않았는지를 묻자, 아비가 매우 심하게 화를 냈고 버스에 있는 모든 아동들을 때렸다고 대답했다. 그리고 상급생들이나 아비가 해칠까 봐 두려웠다고 말했다. 아비가 자기 운명을 당연한 것으로 받아들이는 것 같다고도 말했다. 아비는 학교의 종교지도자인 랍비에게 6학년 학생들의 행동을 보고한 적이 있는데, 그 때문에 가해학생들은 쉬는 시간에 벌을 서야 했다. 방관자 학생들은 아비에게 동정심을 느끼기가 어려웠다며 다음과 같이 말했다. "그건 아비가 자초한 일이에요." "그 일을 중단시키기 위해 우리가 할 수 있는 일은 아무 것도 없어요."

아비는 학교상담자의 계획에 마지못해 참여했다. 아비는 학교상담자에게 어느 누구든지 괴롭힘을 끝내기 위해 할 수 있는 일이 별로 없고, 그 학교를 졸업할 때까지 괴롭힘이 계속될 것이므로 일을 더 악화시키지 말아 달라고 요청했다. 아비는 자신은 '친구가 되기에는 위험한 아이'이므로 학교 친구가 없고, 따라서 괴롭힘을 당하고 있으며, 쉬는 시간에도 주로 혼자 놀면서 보낸다고 말했다. 아비가 할 수 있는 최선의 대책은 오전에 끝내지 못한 과제를 끝내기 위해 점심시간이나 쉬는 시간에 교실 안에 남아 있는 것이었다. 괴롭힘에 대해 이러한 반응을 하게 만든 그의 생각은 다음과 같았다. '괴롭힘은 절대로 끝나지 않을 거야.' '아무도 내 편이 아니야.' '괴롭힘에 대해 내가 할 수 있는 일은 아무것도 없어.'

여러 명의 교사가 아비가 괴롭힘을 당한다는 것을 듣기는 했지만 괴롭힘의 정도를 알지는 못했다. 담임교사는 아비가 매우 똑똑한 학생이지만, 그의 말투가 종종 다른 아동들을 화나게 한다고 말했다. 또한 아비를 사귀기 어려운 아동, 사회성 측면에서 어색한 아동으로 묘사했다. 그러나 담임교사는 아비가 상급생들의 괴롭힘을 당한다는 사실을 모르고 있었다. 아비의 담임교사는 '아비는 다른 아동들과 어울려 지내는 법을 배워야 해.'라고 생각했다. 마지막으로, 아비의 괴롭힘에 관련된 중요한 참여자는 랍비다. 랍비의 훈육조치는 상급생 가해자들을 화나게 했고, 아비에게 앙갚음을 하는 게 정당하다고 느끼게 만들었다. 랍비는 자신이 가해학생들에게 조치를 취할 때마다 아비에 대한 보복과 앙갚음이 뒤따랐다는 것을 알아차리지 못했다.

남 탓하지 않기 접근에 이어, 학교상담자는 처음으로 아비에게 급우들에게 보내는 편지를 쓰게 했다. 그 편지에서 아비는 괴롭힘이 일어났을 때 어떻게 느꼈고 무슨 생각을 했는지에 대해 썼다. 아비에게는 이런 편지를 쓰는 것이 어려운 일이었다. 왜냐하면 아비의 관심은 상급생 가해자들이 범했던 부당한 행동, 여러 가지 사소한 방식으로 그들에게 보복하는 일, 할 수만 있다면 그들을 일러바치고 괴롭히는 일에 집중되어 있었기 때문이다. 편지를 쓰면서 아비는 자기가 무엇을 느꼈으며 무슨 생각을 했는지를 생각해 내야 했다. 이를 통해 아비는 자신이 느끼고 있는 무망감의 근원이 되는 논리를 검토할 수 있게 되었다. '괴롭힘을 중단시키기 위해 내가 할 수 있는 일은 정말로 없었나?' '다른 학생들 어느 누구도 나에게 동정심을 가지고 있지 않았나?' 학교상담자의 도움을 받아 아비는 자신의 부적응적인 인지를 적응적이고 유용한 인지로 대체하는 계획을 세웠다. 상급생들이 그를 괴롭히기 시작할 때, 자신에게 동정심을 갖는 것처럼 보이는 사람이 누구인지를 알아내기 위해 버스 안을 둘러보고 그들 곁으로 자리를 옮겨 앉을 것이다. 아무도 자기편이 아니라는 생각이 들기 시작할 때, 아비는 '다른 아이들도 괴롭힘을 싫어해.'라는 생각으로 대체했다. 또한 아비는 괴롭힘을 저지하기 위하여 자신이 할 수 있는 일을 다음과 같이 목록으로 작성했다. 목록에는 (1) 종이와 느슨한 소지품은 모두 가방 안에 넣고 지퍼로 꼭 잠근다. (2) 버스기사 가까이에 있는 앞좌석에 앉는다. (3) 보복을 위한 변명거리를 주지 않기 위해 자신을 괴롭히는 상급생 3명을 랍비에게 이르지 않는다. (4) 집단의 구성원이 되기 위해 버스에 있는 아이들에게 친근하게 행동한다. 등이 적혀 있었다.

다음으로, 학교상담자는 가해학생들과 방관자 학생들을 포함한 10명의 학생들로 집단을 구성했다. 학교상담자는 그 집단에서 아비가 가해학생들과 문제가 있다고 얘기했고, 아비가 쓴 편지를 읽어 주어 아비의 절망감과 무망감을 전달했다. 학교상담자는 차분한 목소리로 다음과 같이 말했다. "괴롭힘을 누군가의 탓으로 돌리는 데는 관심이 없고, 이 집단이 괴롭힘을 중단시킬 수 있다는 것을 안다." 학교상담자는 학생들에게 아비 옆에 앉기, 아비가 자기 물건을 줍도록 도와주기, 상급생들에게 아비를 괴롭히는 행동을 중단하라고 말하기 등 아비를 도울 수 있는 행동을 차트 위에 나열하도록 했다. 집단토론 시간에 학생들은 아비의 괴롭힘 경험에 대해 자신들이 갖고 있던 인지적 설명을 다음과 같은 생각으로 대체했다. '우리가 아비를 돕는 데 책임을 진다.' '아비는 이런 식으로 대접받지 않아야 한다.'

마지막으로, 학교상담자와 랍비는 괴롭힘 예방계획을 세우기 위하여 교사들과 함께 회의를 했다. 몇몇 교사들이 자신이 어렸을 때 괴롭힘을 겪었던 경험을 털어놓자, 교사들은 피해학생이 괴롭힘을 당하는 것이 비난받을 일이 아님을 이해하게 되었다. 교사들은 괴롭힘을 금지하는 교칙을 세웠고, 각 학급에서 괴롭힘에 관한 단원을 가르치는 수업계획을 세웠다. 교사들은 각 단원을 마무리할 때 괴롭힘이 발생한다는 사실을 들으면 언제라도 그것을 중단할 것임을 공표하겠다고 했다. 교직원 회의는 괴롭힘에 대한 교사들의 인지적 반응을 '괴롭힘을 절대로 묵인하지 않겠다.' '교사는 괴롭힘을 중단시키는 일에 책임을 진다.'로 바뀌게 만들었다.

사례연구 2: 중학교

한 중학교에 재직하고 있는 교직원들이 괴롭힘 문제를 겪는 학생의 수가 꽤 많다는 것을 알게 되었다. 학생 여러 명이 상담실에 와서 괴롭힘 피해를 호소했고, 상담교사는 지속적으로 괴롭힘을 당하는 피해학생이 다음과 같이 말하는 것을 들었다. "어느 누구도 할 수 있는 게 아무 것도 없어요." "내가 무슨 말을 하면 괴롭힘이 더 나빠지기만 할 뿐이에요." 학생부장이 가해학생에게 등교는 하되 교실이나 교우관계의 접촉이 금지되는 교내 정학 또는 일정 기간 동안 등교가 금지되는 일반 정학을 시키려고 했다. 그러나 가해학생은 "신경도 안 써. 그렇게 해 봐. 정학시켜 보라고."라고 대꾸할 뿐이었다. 상담교사는 피해학생들을 위한 지지집단을 구성하고, 그들의 요구를 다루어 줄 방안을 찾았다. 그러나 시간이 흐르면서 대부분의 교직원들은 이 개입방법이 비효과적임을 깨달았다.

이 학교는 지역 내 대학교와 협력적으로 5년 종단연구 프로젝트에 참여하여 괴롭힘 문제를 해결해 보기로 결정했다. 학교 안에서 발생하는 괴롭힘의 빈도와 특징을 알아내기 위한 조사가 매년 봄에 실시되었고, 연구자들은 매년 학교에 피드백을 제공했다. 첫해 조사가 끝난 후 교직원들은 피드백에 관심이 없는 것처럼 보였으며 다음과 같은 말을 했다. "괴롭힘은 성장하는 과정에서 누구에게나 있을 수 있는 정상적인 일이다." "나보고 프로그램을 하나 더 하라니! 난 안 할 것이다!" 그러나 두 번째 조사가 끝난 후, 교직원들은 관심을 다소 보이는 듯했다. 그리고 3년째 되었을 때는 괴롭힘 예방에 많은 관심을 가지고 열심히 참여했다.

조사결과는 학교가 놀랄 만한 중요한 정보를 제공했다. 이 학교에는 매우 많은 학생들이 다른 학생들을 괴롭히는 동시에 괴롭힘을 당하기도 했기 때문에 피해학생을 위한 초기의 지지집단에 괴롭힘 가해-피해 학생(bully-victim)이 포함되었다는 사실이 드러났다. 더구나 괴롭힘 가해학생들 중 일부 학생의 우울수준이 매우 높았다. 학생들과 교사들이 학교에서 일어나는 괴롭힘에 관해 알고 있는 것에는 큰 격차가 있었다. 마지막으로, 괴롭힘이 복도에서 가장 빈번하게 발생했다는 것을 알게 되었다. 이러한 조사결과는 학교정책과 교육활동을 바꾸는 계기가 되었다. 가해학생들을 선별하여 그들이 집단치료에 포함되지 않도록 배려했다. 가해학생들은 더 이상 자동적으로 정학을 당하지 않게 되었으며, 대신 정서적 고통을 다룰 수 있는 개인치료에 의뢰되었다. 복도에는 감독을 배치하여 쉬는 시간에 괴롭힘이 발생할 기회를 줄였다. 마지막으로, 매년 두 번씩 학급별 발표를 통해 교사와 학생들이 가지고 있는 괴롭힘에 대한 오해와 왜곡을 직면시켰고, 괴롭힘을 저지하는 방식에 관해 더욱 정확하고 유용한 정보를 제공했다. 이후 2년 동안, 괴롭힘의 빈도와 교무실에 학생이 의뢰되는 빈도는 감소했다. 아울러 교직원들은 이 문제에 대해 관심과 열의를 갖게 되었고, 이러한 열정이 학생과 학부모 모두에게 영향을 미쳤다. 이제 이 학교는 괴롭힘을 용인하거나 묵과하지 않는 장소가 되었으며, 괴롭힘이 발생할 때는 자료에 근거하되 애정 어린 개입을 시행하는 장소가 되었다.

결론

또래 괴롭힘에 관해 지금까지 축적된 연구에 따르면, 괴롭힘은 아동기에 만연한 파괴적인 사회적 행동이다. 괴롭힘에 대처하는 책임을 피해아동에게만 지우려는 항간의 신념 때문에 괴롭힘을 중단시키기 위한 개입은 효과를 거두지 못했다. 그러나 괴롭힘 역동을 면밀하게 검토하면, 피해아동이 또래 괴롭힘 상호작용에서 가장 힘이 없는 참여자이며, 가해아동을 저지하고 대응하는 책임은 감독하는 성인과 주변인 또래에게 지워져야 한다는 것을 알게 된다. 교사, 급우, 친구, 가족은 일단 괴롭힘이 문제라는 확신이 들면 괴롭힘을 저지하기로 마음먹고, 자신의 참여가 중요하다는 것을 깨달으면 괴롭힘 감소를 위한 학교 전체의 노력에서 강력한 동맹자가 될 수 있다. 그렇기 때문에 또래 괴롭힘을 가능하게 하는 인지왜곡을 확인하고 직면하며 교정하는 것이 괴롭힘 예방과 개입의 필수요소다. 특히 학교 전체적으로 시행하는 인지행동 개입은 괴롭힘 문제에 가장 적합하다. 왜냐하면 인지행동 개입은 괴롭힘 행동을 보상하거나 단념시키는 즉각적 유관성을 바꾸며, 괴롭힘을 지속시키는 인지왜곡을 직접 다루기 때문이다. 괴롭힘 발생률의 변화를 추적 조사하고 괴롭힘을 촉진하거나 저지하는 학교의 사회적 생태조건들을 확인하기 위하여 학교 전체를 대상으로 정기적으로 평가를 시행할 때, 인지행동 개입의 영향력은 더욱 확대될 것이다. 신중하고 계획적인 노력을 기울이면 시간이 흐르면서 학교는 괴롭힘 없는 곳이 될 수 있다.

참고문헌

Baldry, A. C., & Farrington, D. P. (2000). Bullies and delinquents: Personal characteristics and parental styles. *Journal of Community and Applied Social Psychology, 10,* 17-31.

Barclay, J. R. (1992). Sociometry, temperament and school psychology. In T. R. Kratochwill, S. N. Elliott, & M. Gettinger (Eds.), *Advances in School Psychology, Vol. VIII.* Hillsdale, NJ: Lawrence Erlbaum Associates.

Batsche, G. M., & Knoff, H. M. (1994). Bullies and their victims: Understanding a pervasive problem in the schools. *School Psychology Review, 23,* 165-174.

Bell-Dolan, D. J., Foster, S. L., & Sikora, D. M. (1989). Effects of sociometric testing on children's behavior and loneliness in school. *Developmental Psychology, 25,* 306-311.

Bierman, K. L., & McCauley, E. (1987). Children's descriptions of their peer interactions: Useful information for clinical child assessment. *Journal of Clinical Child Psychology, 16,* 9-18.

Boulton, M. J. (1997). Teachers' view on bullying: Definitions, attitudes, and ability to cope. *British Journal of Educational Psychology, 67,* 223-233.

Boulton, M. J., & Underwood, K. (1992). Bully/victim problems among middle school children. *British Journal of Educational Psychology, 62,* 73-87.

Cairns, R. B., & Cairns, B. D. (2000). The natural history and developmental functions of aggression. In A. J. Sameroff, M. Lewis, & S. M. Miller (Eds.), *Handbook of Developmental Psychopathology* (2nd ed.). New York: Kluwer Academic/ Plemum Publishers.

Cook, G. R., & Iverson, A. M. (1993, April). *An investigation of parental non-consent in sociometric research.* A paper presented at the annual convention of the National Association of School Psychologists, Washington, DC.

Craig, W. M. (1998). The relationship among bullying, victimization, depression, anxiety and aggression in elementary school children. *Personality and Individual Differences, 24,* 123-130.

Craig, W. M., Henderson, K., & Murphy, J. G. (2000). Prospective teachers' attitudes toward bullying and victimization. *School Psychology International, 21,* 5-21.

Craig, W., & Pepler, D. J. (1997). Observations of bullying and victimization on the school-yard. *Canadian Journal of School Psychology, 2,* 41-60.

Craig, W., Pepler, D., & Atlas, R. (2000). Observations of bullying in the playground and in the classroom. *School Psychology International, 21,* 22-36.

Crick, N. R. (2000). Forms of aggression. In W. Craig (Ed.), *Childhood social development: The essential readings.* Oxford, Blackwell Publishers.

Crick, N. R., Bigbee, M. A., & Howes, C. (1996). Gender differences in children's normative beliefs about aggression: How do I hurt thee? Let me count the ways. *Child Development, 67,* 1003-1014.

Crick, N. R., & Ladd, G. W. (1989). Nominator attrition: Does it affect the accuracy of children's sociometric classifications? *Merrill-Palmer Quarterly, 35,* 197-207.

Deno, S. L., Mirkin, P. K., Robinson, S., & Evans, P. (1980). *Relationships among classroom observations of social adjustment and sociometric ratings scales* (Research report #24). University of Minnesota: Institute for Research on Learning Disabilities.

Doll, B., Song, S., & Siemers, E. (2004). Classroom ecologies that support or discourage bullying. In D. Espelage & S. Swearer (Eds.), *A social-ecological perspective on bullying prevention and intervention in American Schools* (pp. 161-184). Mahwah, NJ: Lawrence Erlbaum Associates.

Eron, L. D., & Huesmann, R. L. (1990). The stability of aggressive behavior-even onto the third generation. In M. Lewis & S. M. Miller (Eds.), *Handbook of developmental psychopathology* (pp. 147-156). New York: Plenum.

Espelage, D. L., Bosworth, K., & Simon, T. R. (2001). Short-term stability and prospective correlates of bullying in middle-school students: An examination of potential demographic, psychosocial and environmental influences. *Violence & Victims, 16,* 411-426.

Espelage, D. L., Holt, M. K., & Henkel, R. R. (2003). Examination of peer group contextual effects on aggressive behavior during early adolescence. *Child Development, 74,* 205-220.

Espelage, D. L., & Swearer, S. M. (2003). Research on school bullying and victimization: What have we learned and where do we go from here? *School Psychology Review, 32,* 365-383.

Farrington, D. P. (1993). Understanding and preventing bullying. In M. Tonry & N. Morris (Eds.), *Crime and Justice, Vol. 17.* Chicago: University of Chicago Press.

Forero, R., McLellan, L., Rissel, C., & Barman, A. (1999). Bullying behaviour and psychological health among school students in New South Wales, Australia: Cross-sectional survey. *British Medical Journal, 319,* 344-348.

Gresham, F. M. (1986). Conceptual issues in the assessment of social competence in children. In P. S. Strain, M. J. Guralnick, & H. M. Walker (Eds.), *Children's social behavior: Development, assessment and modification.* New York: Academic Press.

Hanish, L. D., Kochenderfer-Ladd, B., Fabes, R. A., Martin, C. L., & Denning, D. (2004). Bullying among young children: The influence of peers and teachers. In D. Espelage & S. Swearer (Eds.), *Bullying in American schools: A social-ecological perspective on prevention and intervention* (pp. 141-159). Mahwah, NJ: Lawrence Erlbaum Associates.

Hazler, R. J., Miller, D. L., Carney, J. V., & Green, S. (2001). Adult recognition of school bullying situations. *Educational Research, 43,* 133-146.

Hodges, E. V. E., & Perry, D. G. (1999). Personal and interpersonal antecedents and consequences of victimization by peers. *Journal of Personality and Social Psychology, 76,* 677-685.

Horne, A. M., Bartolomucci, C. L., & Newman-Carlson, D. (2003). *Bully busters: A teacher's manual for helping bullies, victims and bystanders (Grades K-5).* Champaign, IL: Research Press.

Horne, A. M., Orpinas, P., Newman-Carlson, D., & Bartolomucci, C. L. (2004). Elementary school bully busters program: Understanding why children bully and what to do about it. In D. Espelage & S. Swearer (Eds.), *Bullying in American schools: A social-ecological perspective on prevention and intervention* (pp. 297-325). Mahwah, NJ: Lawrence Erlbaum Associates.

Humphreys, A., & Smith, P. K. (1984). Rough and tumble in preschool and playground. In P. K. Smith (Ed.), *Play in animals and humans* (pp. 241-270). London: Basil Blackwell.

Kaltiala-Heino, R., Rimpela, M., Martunen, M., Rimpela, A., & Rantanen, P. (1999). Bullying, depression, and suicidal ideation in Finnish adolescents: School survey. *British Medical Journal, 319,* 348-351.

Kasen, S., Berenson, K., Cohen, P., & Johnson, J. G. (2004). The effects of school climate on changes in aggressive and other behaviors related to bullying. In D. Espelage & S. Swearer (Eds.), *Bullying in American schools: A social-ecological perspective on prevention and intervention* (pp. 187-210). Mahwah, NJ: Lawrence Erlbaum Associates.

Kendall, P. C. (1992). *Coping cat workbook.* Ardmore, PA: Workbook Publishing.

Kendall, P. C. (1994). Treating anxiety disorders in children: Results of a randomized clinical trial. *Journal of Consulting and Clinical Psychology, 62,* 100-110.

Kumpulainen, K., Rasanen, E., Entonen, I., Almqvist, F., Kresanov, K., Linna, S., Moilanen, I., Piha, J., Puura, K., & Tamminen, T. (1998). Bullying and psychiatric symptoms among elementary school-age children. *Child Abuse & Neglect, 22,* 705-717.

Loeber, R., & Dishion, T. J. (1984). Boys who fight at home and school: Family conditions influencing cross-setting consistency. *Journal of Consulting and Clinical Psychology, 52,* 759-768.

Maines, B., & Robinson, G. (1998). The no blame approach to bullying. In D. Shorrocks-Taylor (Ed.), *Directions in educational psychology* (pp. 281-295). London: Whurr.

Melton, G. B., Limber, S. P., Cunningham, P., Osgood, D. W., Chambers, J., Flerx, V., Henggeler, S., & Nation, M. (1998). *Violence Among Rural Youth.* Final Report. Washington, DC: U.S. Department of Justice, Office of Justice Programs, Office of Juvenile Justice and Delinquency Prevention.

Newman-Carlson, D., & Horne, A. M. (2004). Bully Busters: A psychoeducational intervention for reducing bullying behavior in middle school students. *Journal of Counseling & Development, 82,* 259-267.

Oliver, R., Hoover, J. H., & Hazler, R. (1994). The perceived roles of bullying in small-town Midwestern schools. *Journal of Counseling and Development, 72,* 416-420.

Olweus, D. (1989). *The Olweus Bully/victim Questionnaire* [Mimeo]. HEMIL-senteret,

Universitetet I Bergen, Norway.

Olweus, D. (1991). Bylly/victim problems among school children: Basic facts and effects of a school based intervention program. In I. Rubin & D. Pepler (Eds.), *The Development and Treatment of Childhood Aggression*. Hillsdale, NJ: Erlbaum.

Olweus, D. (1993a). Bullies on the playground: The role of victimization. In C. H. Hart (Ed.), *Children on playgrounds: Research perspectives and applications* (pp. 85-128). Albany: State University of New York.

Olweus, D. (1993b). *Bullying at school: What we know and what we can do*. Cambridge: Blackwell.

Olweus, D. (1994). Annotation: bullying at school: Basic facts and effects of a school-based intervention program. *Journal of Child Psychology and Psychiatry, 35,* 1171-1190.

Olweus, D. (1997a). Bully/victim problems in school: Knowledge base and an effective intervention program. *The Irish Journal of Psychology, 18,* 170-190.

Olweus, D. (1997b). Tackling peer victimization with a school-based intervention program. In D. P. Fry & K. Bjorkqvist (Eds.), *Cultural variation in conflict resolution: Alternatives to violence* (pp. 215-234). Mahwah, NJ: Lawrence Erlbaum Associates.

Olweus, D., & Limber, S. (1999). The Bullying Prevention Program. In D. S. Elliott (Ed.), *Blueprints for violence prevention*. Boulder: Regents of the University of Colorado.

Orpinas, P., Horne, A. M., & Staniszewski, D. (2003). School bullying: Changing the problem by changing the school. *School Psychology Review, 32,* 431-444.

Patterson, G. R. (1982). *Coercive family process*. Eugene, OR: Castalia.

Pellegrini, A. D. (1993). Elementary-school children's rough and tumble play and social competence. *Developmental Psychology, 24,* 802-806.

Pellegrini, A. D. (2002a). Affinitative and aggressive dimensions of dominance and possible functions during early adolescence. *Aggression and Violent Behavior, 7,* 21-31.

Pellegrini, A. D. (2002b). Bullying and victimization in middle school: A dominance relations perspective. *Educational Psychologist, 37,* 151-163.

Pellegrini, A. D., & Bartini, M. (2001). Dominance in early adolescent boys: Affiliative and aggressive dimensions and possible functions. *Merrill-Palmer Quarterly, 47,*

142-163.

Pellegrini, A. D., Bartini, M., & Brooks, F. (1999). School bullies, victims and aggressive victims: Factors relations to group affiliation and victimization in early adolescence. *Journal of Educational Psychology, 91,* 216-224.

Pepler, D. J., Craig, W. M., Ziegler, S., & Charach, A. (1994). An evaluation of an anti-bullying intervention in Toronto schools. *Canadian Journal of Community Mental Health, 13,* 95-110.

Perry, D. G., Kusel, S. J., & Perry, L. C. (1988). Victims of peer aggression. *Developmental Psychology, 24,* 807-814.

Reynolds, W. M. (2003). *Reynolds Bully Victimization Scales for Schools manual.* San Antonio, TX: The Psychological Corporation.

Rigby, K., & Slee, P. (1999). Suicidal ideation among adolescent school children, involvement in bully-victim problems, and perceived social support. *Suicide & Life-Threatening Behavior, 29*(2), 119-130.

Rodkin, P. C. (2004). Peer ecologies of aggression and bullying. In D. Espelage & S. Swearer (Eds.), *Bullying in American schools: A social-ecological perspective on prevention and intervention* (pp. 87-106). Mahwah, NJ: Lawrence Erlbaum Associates.

Salmivalli, C. (2001). Peer-led intervention campaign against school bullying: Who considered it useful, who benefited? *Educational Research, 43,* 263-278.

Salmivalli, C., Lagerspetz, K., Bjorkqvist, K., Osterman, K., & Kaukiainen, A. (1996). Bullying as a group process: Participant roles and their relations to social status within the group. *Aggressive Behavior, 22,* 1-15.

Schwartz, D., McFayden-Ketchum, S., Dodge, K., Pettit, G. S., & Bates, J. E. (1999). Early behavior problems as a predictor of later peer group victimization. Moderators and mediators in the pathways of social risk. *Journal of Abnormal Child Psychology, 27,* 191-201.

Slee, P. T. (1995). Peer victimization and its relationship to depression among Australian primary school students. *Personality and Individual Differences, 18,* 57-62.

Smith, P. K., & Boulton, M. (1990). Rough and tumble play, aggression and dominance: perception and behavior in children's encounters. *Human Development, 33,* 271-282.

Solberg, M. E., & Olweus, D. (2003). Prevalence estimation of school bullying with the Olweus Bully/Victim questionnaire. *Aggressive Behavior, 29,* 239-268.

Stark, K. D., Kendall, P. C., McCarthy, M., Stafford, M., Barron, R., & Thomeer, M. (1996). *ACTION: A workbook for overcoming depression.* Ardmore, PA: Workbook Publishing.

Stephenson, P., & Smith, D. (1989). Bullying in the junior school. In D. P. Tattum & D. A. Lane (Eds.), *Bullying in schools.* Stoke on Trent: Trentham.

Swearer, S. M., & Cary, P. T. (2003). Perceptions and attitudes toward bullying in middle school youth: A developmental examination across the bully/victim continuum. *Journal of Applied School Psychology, 19,* 63-79.

Swearer, S. M., & Doll, B. (2001). Bullying in schools: An ecological framework. *Journal of Emotional Abuse, 2,* 7-23.

Swearer, S. M., Song, S. Y., Cary, P. T., Eagle, J. W., & Mickelson, W. T. (2001). Psychosocial correlates in bullying and victimization: The relationship between depression, anxiety, and bully/victim status. *Journal of Emotional Abuse, 2,* 95-121.

Walker, H. M., & Severson, H. (1992). *Systematic screening for behavior disorders.* Longmont, CO: Sopris Press.

Chapter 11

공격적 아동 · 청소년을 위한 인지행동 개입

지난 10년간 전 세계는 언론을 통해 교장 살해, 교실 난입과 공격, 학교 안에서 벌어진 인질극, 콜럼바인 고등학교의 대량 살상 등 아동 · 청소년의 공격성과 폭력 장면을 보는 데 익숙해져 왔다. 이런 사건들은 학교에 있는 동안에는 아동이 안전할 것이라 믿었던 우리의 생각에 도전장을 던졌다. 그러나 학교에서 일어난 폭력사건이 언론에서는 크게 다루어지고 있지만 실제로 일어나는 경우는 극히 드물다. 실제로 미국의 국립학교안전센터(National School Safety Center, 2001)는 지난 19년 사이에 학교에서 일어난 살해사건이 63%나 감소했다고 보고했다.

학교는 전반적으로 광범위한 폭력행위로부터 안전을 유지하고 있다. 그러나 학교가 당면하고 있는 보편적이고 심각한 걱정거리는 극단적인 분노감과 파괴적 행동(disruptive behaviors) 그리고 공격성을 일상적으로 나타내는 학생들을 다루는 일이다. 우리는 학교에서 일어나는 살해사건의 심각성을 축소하려는 것이 아니다. 다만 대중에게 자주 드러나지는 않지만 아동 · 청소년기의 분노와 공격성 문제가 심각하다는 것을 강조하려는 것이다. 미국교육부에서 발간한 한 보고서에 따르면,

---

Ray W. Christner, Robert D. Friedberg, & Laura Sharp

고등학생의 약 15%에 해당하는 학생들이 지난 30일 동안 학교 안에서 신체적으로 싸움을 한 적이 있다(Kaufman et al., 2000). 언어폭력, 학교버스 안에서의 폭행, 교사에 대한 무례한 행동, 복도에서의 싸움 등은 교육환경을 해치는 보다 두드러진 문제들이다.

공격적 행동에 대한 자료가 문헌에 등장한 것은 오래되었지만, 이러한 심각한 행동을 확실하게 치료하는 효과적인 방법에 관한 연구는 부족했다(Kazdin, 1987). 그러나 최근 들어 공격적 · 반사회적 행동에 대한 증거기반의 설명 및 치료에 관한 연구가 점차 증가하고 있다(Larson & Lochman, 2002; Lochman, Whidby, & FitzGerald, 2000; Walker, Ramsey, & Gresham, 2004). 이 장에서는 개별 학생에 대한 학교전문가들의 사례개념화를 돕기 위해 사회인지이론에 초점을 두고 아동 · 청소년의 공격적 행동에 대한 최근의 설명을 살펴보고자 한다. 그런 다음 이에 기초하여 학교에서의 적용 가능성에 초점을 맞추어 인지행동 개입과 평가에 대해 논의할 것이다.

공격적 행동의 유형

대부분의 연구자들은 공격성이 다른 사람을 향한 적대적이며 유해한 그리고 파괴적인 행동이라고 본다(Kendrick, Neuburg, & Cialdini, 1999). 공격성은 다른 사람에게 의도적으로 해를 주려는 행동으로 간주되는데(Baron & Richardson, 1994), 초기 아동기에는 일반적으로 약하거나 중간 수준의 공격적 또는 반항적 행동(예: 3세 아동이 장난감을 빼앗기 위해 다른 아동을 때리는 것)을 보인다. 그러나 초등학교 저학년 시기를 거치면서 대부분의 아동은 충동적 행동과 정서를 적절히 통제하는 데 필요한 자기조절(self-regulation) 기술을 발달시킨다(Larson & Lochman, 2002). 그러나 그러한 기술을 발달시키지 못하는 아동들도 있다.

공격적 행동을 나타내는 아동 · 청소년은 진단받을 만한 정신건강 문제를 지니고 있다고 생각하는 사람들이 많다. 그러나 우리는 그러한 생각에 반대하며, 오히려 공격적 행동은 환경 내의 스트레스 요인이나 사건에 대한 반응으로 일어난다고 믿는다. 학교에서 경미한 행동문제를 보이고 있는 10세의 학생을 예로 들어 보자. 이 학생은 부모의 별거 사실을 알게 된 직후부터 또래와 주변 어른들을 향해 공격적, 파괴적 행동을 보이기 시작했다. 이 학생의 행동은 진단받을 만한 장애의 결과가 아니라 특정 상황에 대한 적응에 해당된다. 반면, 높은 수준의 분노와 공격성을 지속적으로 나타내는 아동 · 청소년은 사실상 진단받을 만한 장애를 갖고 있는 경우가 많다. 대표적인 진단으로는 품행장애, 적대적 반항장애, 간헐적 폭발장애 등이 있다. 또한 ADHD, 학습장애, 말 · 언어문제, 불안장애, 기분장애 등의 공존장애를 보이는 아동 · 청소년도 많다(Bloomquist, 1996; Kendall, 2000).

진단명이 무엇이든 간에, 파괴적이거나 공격적 행동을 보이는 아동 · 청소년을 치료하려면 그러한 행동의 이면구조부터 먼저 이해해야 한다. Dollard, Doob, Miller, Mowrer와 Sears(1939)는 공격성을 개념화하기 위한 초기의 시도로서, 공격적 행동이 부정적 정서에 의해 유발되는 데 주목했다. 그리고 공격적 행동은 다른 사람이나 대상에게 해를 주기 위한 의도로 이루어지는데 이것을 적대적 공격성(hostile aggression)이라 하였다. Kendrick 등(1999)은 이것을 정서적 공격성(emotional aggression)으로 묘사하였으며, 다른 사람에게 해를 주는 행동은 분노 감정에서 비롯된다고 하였다. 예를 들어 보자. 학교에서 한 아동이 우연히 책을 떨어뜨린다. 이에 화가 난 소년은 결국 다른 학생에게 폭언을 퍼붓는다. 그러나 모든 공격성이 적대적이거나 정서적이지 않다는 것에 주목할 필요가 있다. 실제로 도구적 공격성(instrumental aggression)이라 불리는 공격적 행동은 다른 사람에게 해를 주려는 의도로 이루어지지 않는다. 오히려 이런 행동은 외부로부터 보상을 얻기 위해 혹은 다른 목표를 달성하기 위해 이루어진다(Larson & Lochman, 2002; Kendrick et al., 1999). 학교에서 돈을 빼앗기 위해 다른 아동을 괴롭히는 학생이 바로 그 예다. 이 아동은 화가 나서 피해학생을 괴롭히는 것이 아니라 단지 돈이 필요해서 그런 행동을 하는 것이다.

Dodge(1991)는 아동 · 청소년의 공격성에 관해 다른 이론을 제안했다. 이 이론에서는 두 가지 유형의 공격성이 있다고 본다. 하나는 반응적 공격성(reactive aggression)이고, 다른 하나는 순행적 공격성(proactive aggression)이다. Dodge는 공격적 행동이 반응적 측면과 순행적 측면을 함께 갖고 있다고 경고하면서 이 두 유형을 다음과 같이 구분했다. 반응적 공격성은 정서에 의해 야기된 공격적 행동이며, 순행적 공격성은 도구적으로 야기된 것이다. 반응적 공격성을 보이는 학생은 쉽게 자극받고 분노나 공격적 행동을 하는 경향이 있다. 따라서 또래들은 대개 이런 학생을 배척한다. Dodge에 따르면, 반응적인 학생은 환경 속에서 공격적 단서에 지나치게 민감하며 다른 사람의 의도를 적대적인 것으로 잘못 해석하는 경우가 많다. 반면, 순행적인 학생은 남을 놀리거나 괴롭히는 학생일 가능성이 크며 공격적 행동을 할 때 정서를 드러내지 않는다. 이런 학생 역시 또래관계 문제를 갖게 되나 때로는 지도력을 보이기도 한다(Dodge, 1991).

Crick과 Grotpeter(1995)는 관계적 공격성(relational aggression)을 확인했는데, 이것은 "우정 또는 또래집단 소속감에 손상을 주기 위한 의도로 이루어지는 행동" (p. 711)을 말한다. 이런 아동은 또래와의 불편한 관계를 그들에 관한 소문을 퍼뜨리는 행동으로 대치한다. 신체적으로 공격적이며 관계와 관련된 문제에 대해 매우 반응적인 아동들과 마찬가지로, 관계적 공격성을 가진 아동도 적대적 귀인을 하는 경향이 있다.

학교에서의 효과적 개입의 필요성

높은 수준의 분노와 공격성을 나타내는 아동과 그 가족에게 효과적인 개입이 필요하다는 것은 두말 할 필요도 없다. 만성적이고 지속적인 공격성은 약물남용, 비행, 정신병리, 10대 임신, 학업 실패, 폭력적 · 반사회적 행동의 증가 등과 관련이 있다(Parker & Asher, 1987). 따라서 공격성을 잘 이해할 필요가 있으며, 학교에서 공격성을 효과적으로 다루기 위해 개입계획을 세울 필요가 있다.

그러나 불행히도 현재 학교에서 적용되는 전략 중에는 효과적이지 않은 것이 많다. 현재 많은 학교에서는 큰 규모의 학교폭력 사건을 다루고 예방하는 데 관심을 갖고, '강경한' 태도로 공격적 행동에 대해 '한 치도 허용하지 않겠다는 무관용(zero-tolerance)'의 입장을 취하고 있다. 이러한 '정책기반(policy-based)' 프로그램은 부모나 교직원에게 무엇인가를 하고 있다는 느낌을 줄 수는 있지만, 실제로 공격적 경향성을 가진 학생들의 행동을 변화시키지는 못한다. 더욱이 작은 규칙 위반이 '무관용'의 망에 걸릴 때 프로그램의 효과는 크게 훼손된다(예: 학교에 손톱깎이를 가져온 학생이 무기소지에 관한 학교의 정책을 어겼다는 이유로 징계받는 것).

학교에서 공격적인 학생을 다루는 가장 보편적인 방법은 징계와 정학 같은 처벌이다. 처벌은 '힘'을 가진 사람이 통제권을 갖는다는 예를 보여 줌으로써 공격적인 아동에게 부적절한 메시지를 전달한다. 공격적인 아동 · 청소년이 통제와 힘을 얻기 위해 애쓴다는 점을 고려할 때, 이것은 다른 사람에 대한 통제가 힘을 가져다준다는 믿음을 더욱 강화시킬 수 있다. 그러나 가장 큰 우려는 처벌이 장기적 행동변화를 위해 어떤 역할도 하지 못한다는 점이다. 오래 지속될 변화를 이끌어 내기 위해서는 공격적인 학생에게 친사회적 기술의 모델링과 교수법, 강화 등을 통해 학습이 이루어져야 한다.

학교에서 자주 사용되는 또 다른 기법은 정화(catharsis)다. 이 기법은 베개를 치게 하거나 스트레스 공을 사용해 학생이 공격성을 발산하도록 돕는 것을 말한다. 이 방법이 공격성을 감소시킨다고 믿는 전문가들이 많긴 하지만, 흥미롭게도 정화 기법이 오히려 공격성 수준을 증가시킨다는 것을 보여 주는 연구도 있다(Goldstein et al., 1998).

효과적인 학교기반의 개입 프로그램 고찰

학교에서 공격적 행동을 보이는 아동을 변화시키는 데 효과적이라고 검증된 프로그램들이 있지만, 알려진 접근들 중에는 효과적이지 않은 것들도 많다. 여기서는 인지행동이론에 기반하고 있는 세 가지 일차적 프로그램, 즉 분노대처 프로그램(Anger Coping Program), 사회적 문제해결(Social Problem Solving), 그리고 부모훈련 프로그램(Parent Training Program)에 초점을 맞추어 살펴보고자 한다.

분노대처 프로그램

분노대처 훈련은 분노와 공격적 행동을 조절하는 데 어려움을 보이는 아동 · 청소년에게 사용되는 인지행동치료다. 이 훈련은 인지과정을 재구성하고 자기통제 능력을 발달시키는 일련의 절차들로 이루어져 있다. 분노대처 훈련은 잠재적 촉발사건에 대한 아동의 해석을 변화시키며, 긍정적 자기진술과 반응하기 전에 이완하고 속도를 늦추는 자기교수, 문제해결 전략 등의 대처전략을 사용하도록 도와주는 역할을 한다(Kazdin, 1994).

학령기 아동에게 적용된 후 엄격한 평가를 거쳐 경험적 지지를 받아 온 분노조절 훈련 프로그램은 Larson과 Lochman(2002)의 분노대처 프로그램이다. 이것은 분노와 공격성 문제를 보이는 8~12세 아동을 위한 집단개입 프로그램이다. 이 프로그램은 부모와 교사의 지지와 더불어 아동을 위한 집단활동과 부모와 교사를 위한 교육으로 이루어져 있다. 분노대처 프로그램은 가정과 학교에서 공격적인 행동에 긍정적인 영향을 미치는 것으로 나타났다(Larson & Lochman, 2002; Lochman, Burch, Curry, & Lamprom, 1984; Lochman, Coie, Underwood, & Terry, 1993). 또한 이 프로그램은 프로그램에 참여한 아동들의 사회적 유능감과 사회인지 기술에도 긍정적인 영향을 미치는 것으로 보고되었다(Larson & Lochman, 2002). 통제된 임상연구 결과, 이 프로그램은 교사와 부모를 향한 공격성을 감소시키고, 교실에서의 과제집중 행동을 향상시키며, 언어적으로 자기 생각을 표현하는 능력을 키워주고, 사회적 유능감과 학업성취를 증가시키는 것으로 나타났다. 뿐만 아니라 아동의 약물남용을 감소시키는 데도 효과적인 것으로 보고되었다(Larson & Lochman, 2002). 사회인지적 과정에 대한 프로그램의 효과는 3년 후의 추수검사에서도 유지되었으며, 행동문제에 대한 효과는 프로그램 종결 후 최소 1년까지 유지되었다. 3년 후의 추수검사에서 집단에 참여한 남아들은 참여하지 않은 남아들에 비해 약물남용 수준이 낮았으며, 자기존중감이 더 높고 문제해결 능력도 더 양호한 것으로 밝혀졌다(Lochman, 1992).

사회적 문제해결

문제해결 기술훈련은 아동의 공격적 · 반사회적 행동을 성공적으로 감소시키는 또 다른 인지적 기법이다. 지각, 자기진술, 귀인, 문제해결 기술 등의 인지과정은 행동문제의 중심이라 할 수 있다(Kazdin, 1994). 이 훈련은 사회적 상황에 대한 접근과 관련된 결핍 및 왜곡을 다루는 기술을 가르치는 내용으로 이루어져 있다. 문제해결 기술훈련에는 여러 종류가 있다. Kazdin(1994)은 여러 프로그램들이 공유하고 있는 특징으로 (1) 결과보다는 상황에 접근하는 과정에 초점을 맞추며, (2) 대인관계 문제해결을 위한 단계적 접근방법을 가르치고, (3) 게임, 공부와 관련된 활동, 이야기하기 등의 구조화된 과제를 활용하며, (4) 치료자가 모델이 되어 주고, 기술을 언제 사용해야 할지의 단서를 제공하며, 역할연습을 하고 피드백을 제공하는 것 등을 들 수 있다고 했다.

사회적 문제해결(Social Problem Solving: SPS)은 분노와 공격성을 보이는 아동에게 효과적인 문제해결 기술훈련이다. SPS 이론에서는 아동이 대인관계 상황에서 공격적 행동을 나타내는 것이 해결방법에 대한 브레인스토밍, 결과 예측, 원인과 결과의 연결 같은 인지적 문제해결 능력의 부족에서 비롯된다고 본다. 이러한 기술이 부족한 아동은 사람들과의 만남에서 좌절을 경험하기 쉽고, 그에 따라 부적절한 행동이나 공격성을 보이게 된다는 것이다(Shure & Spivack, 1988). Shure와 Spivack의 '나는 문제를 해결할 수 있어(I Can Problem Solve).' 프로그램은 학생에게 가능한 해결방법을 찾아보고 자신의 행동이 가져올 결과를 생각해 보는 방법을 가르치는 대표적 프로그램이다. 또한 아동들은 SPS 프로그램에서 자기말을 사용해 자신의 감정, 다음에 일어날 일, 그 밖에 할 수 있는 것 등을 생각하는 방법을 배운다. 행동에는 원인과 결과가 있으며, 사람에게는 감정이 있고, 문제해결 방법은 다양하다는 것을 이해하는 아동은 단순히 문제에 반응하는 아동에 비해 행동문제가 적은 경향이 있다(Shure, 1994). 나아가 Shure는 아동이 전형적인 일상생활 문제를 해결하는 방법을 배운다면 충동적이고 무신경하며, 사람들과의 만남을 피하고, 공격적 · 반사회적 행동을 할 가능성이 감소할 것이라고 했다.

부모훈련 프로그램

부모훈련 프로그램은 역기능적 분노와 공격적 행동을 보이는 아동 · 청소년을 치료할 때 적용되는 또 하나의 효과적인 방법이다. 실제로 부모훈련 프로그램은 아동과 그의 가족을 위한 치료개입 가운데 가장 널리 사용되는 방법이다(Serketich & Dumas, 1996). 특히 이 프로그램은 파괴적 행동장애와 품행장애 아동 · 청소년의 부모에게 가장 자주 적용되는 방법이다(Kazdin, 1994). 부모는 이 훈련을 통해 의뢰 사유인 부정적 혹은 역기능적 행동을 변화시키는 행동기법들을 배우게 된다(Kazdin, 1994).

부모훈련 모형에는 여러 가지가 있는데, Kazdin(1994)은 이런 모형들 간에 다음과 같은 공통적 특징이 있다고 하였다. 첫째, 개입은 일차적으로 부모를 대상으로 이루어지며 부모가 가정에서 기법을 직접 실시한다. 전문가는 아동에게 직접적인 개입을 거의 혹은 전혀 실시하지 않는다. 둘째, 부모는 훈련을 통해 자녀의 행동을 파악하고 정의하며 관찰하는 새로운 방식을 배운다. 구체적인 행동관찰은 그 행동에 대한 벌이나 보상을 제공할 때 매우 중요하다. 그리고 행동관찰을 통해 프로그램이 바람직한 목표를 성취하고 있는지 평가할 수 있다. 셋째, 일부 회기에서는 사회학습 원리와 정적 강화(예: 친사회적 행동에 대한 칭찬, 토큰경제, 점수의 사용), 약한 벌(예: 강화를 제거하는 타임아웃, 특권 빼앗기), 협상, 유관성 계약 등의 기법을 다룬다. 또한 일부 회기는 기법들을 어떻게 실시해야 하는지 알아보고, 그러한 기법들을 연습하고, 가정에서 일어난 행동변화를 검토하는 데 활용된다.

연구 결과, 부모훈련 프로그램은 효과가 있는 것으로 나타났다. Seretich와 Dumas(1996)는 메타분석 연구를 통해 행동주의 기반의 부모훈련에 참여했던 부모의 아동들이 그렇지 않은 부모의 아동들에 비해 프로그램 후 학교적응을 더 잘하고 있음을 발견했다. 부모훈련의 효과는 아동의 학급행동과 부모의 개인적 적응에도 잘 일반화되었다. 또한 부모훈련은 다른 자녀의 행동과 아동의 병리(특히 우울증)에도 긍정적인 효과가 있는 것으로 나타났다.

잘 알려진 부모훈련 프로그램으로는 Barkley(1997)의 반항적인 아동 프로그램(Defiant Children Program)이 있다. 이 프로그램에서는 아동이 왜 부적절하게 행동하는지, 순응적인 행동을 어떻게 증가시키며, 훈육방법을 어떻게 선택해야 하는지, 학교에서의 행동을 어떻게 향상시킬 수 있는지, 자녀와의 긍정적 상호작용을 어떻게 증가시키는지 등의 문제를 다룬다. Barkely는 이 프로그램의 주요 목표를 다음과 같이 제시했다. 첫째, 아동의 행동문제를 다루는 부모의 관리기술과 능력의 증진이 중요하다. 둘째, 부모에게 부적절한 아동기 행동의 원인에 대한 지식, 행동의 사회학습적 이면기제에 대한 개념을 가르쳐야 한다. 셋째, 이 프로그램은 특히 부모에게 명령, 지시 및 규칙을 사용하게 함으로써 자녀의 순응적 행동을 향상시킨다. 넷째, 가정의 평화를 유지하는 것이다. 이를 위해 부모가 긍정적인 관심을 갖고 명확한 지표와 규칙, 설명을 제시하며, 신속하고 공정한 방식으로 훈육을 제공하며, 원칙에 입각한 행동을 보이도록 해야 한다.

분노와 공격성에 대한 인지행동 개념화

인지왜곡과 인지결함

Kendall과 동료들에 따르면, 화를 잘 내고 공격적인 행동을 보이는 아동은 인지왜곡과 인지결함을 보이는 경향이 있다(Kendall & MacDonald, 1993). 인지왜곡은 정보를 수집하고 그 정보를 기존 정보에 동화시키는 능력에 영향을 미치는 정보처리 오류다(J. S. Beck, 1995). 학생은 새로 들어온 정보를 자신의 기존 개념에 맞게 변환시킨다. 예를 들어, 또래의 놀림을 받은 아동은 두 명의 다른 아동이 소곤거리는 중립적 상황을 자신에 관해 이야기하는 것으로 여기기 쉽다. 이 아동이 가진 기존의 인지도식은 다른 아동들이 자기에 관해 나쁘게 이야기하는 것이다. 따라서 이 상황에서 아동은 자신의 기존 인지도식에 동화되기 쉬운 정보만 수집하고 소곤거리는 아동들에 관해 다른 설명을 가능하게 하는 정보는 무시한다. 이러한 왜곡은 사고의 내용을 형성하기 위해 환경과 상호작용하는 역동적인 사고과정이라 할 수 있다.

화를 잘 내고 공격적인 아동 · 청소년이 나타내는 인지왜곡에는 여러 가지가 있다. 한 가지 공통적인 인지오류는 이분적(dichotomous) 혹은 흑백논리적(all-or-nothing) 사고인데, 아동의 절대적 세계에는 흑과 백만이 존재하고 회색은 존재하지 않는다. 예를 들어, 다른 사람을 볼 때 친구 또는 적, 싫은 사람 또는 좋은 사람, 희생자 또는 가해자로만 본다. 또 다른 인지오류로 적대적 귀인편향과 불공평에 대한 잘못된 해석이 있는데, 이것은 일종의 정신적 여과(mental filtering)다. 공격적인 아동 · 청소년은 의도적인 무시, 정의롭지 못함, 위협 혹은 도발 가능성에 관심을 갖는 경우가 많다. 이런 학생은 정신적 여과를 사용하기 때문에 상황의 부정적 혹은 공격적 측면에만 초점을 맞춘다. 따라서 이런 학생은 상황의 모든 측면을 깊이 생각하지 않고 속단한다. 10세의 매들린을 예로 들어 보자. 매들린은 방금 다른 아이가 자기 연필을 사용하고 있는 것을 보았다. 매들린은 부적응적인 정신적 여과를 함으로써 이 상황을 다른 학생이 우연히 연필을 가져간 것으로 보지 않고 자신의 소유물을 뺏고 해치려는 의도적인 공격으로 지각한다.

정서적 추론(emotional reasoning)도 화를 잘 내고 공격적인 아동이 자주 나타내는 인지왜곡이다. 정서적 추론을 하는 사람은 정서 상태에 근거하여 생각하고 행동한다(J. S. Beck, 1995). 이런 사람은 충분한 인지적 개입 없이 충동적으로 행동한다. 이런 아동 · 청소년은 강한 정서에 의해 현혹된다(예: "내가 이만큼 화가 난 것을 보면 틀림없이 부당한 취급을 당한 거야."). 마지막으로, 화를 잘 내고 공격적인 아동 · 청소년은 공통적으로 자기만의 규약과 규칙을 갖고 있다. 이런 규칙은 대부분 경직된 당위적 진술(should statements)의 형태로 만들어져 있다(예: "그 누구도 나에게 무엇을 하도록 시켜서는 안 돼." "부모는 항상 내가 원하는 것을 해 주어야 해." "친한 친구라면 나에게 복종하고 양보해야 해." "절대로 다른 사람이 나를 무시하게 해서는 안 돼."). 이러한 왜곡된 생각은 자신을 도덕적이라고 보게 하며, 규칙을 깨는 사람들에 대해 격노하고 그 사람들을 처벌하도록 만든다.

인지결함(cognitive deficiencies)은 인지왜곡과는 다른 개념으로, 주어진 상황에서 필요한 기술이나 능력이 결여되어 있는 것을 의미한다(Kendall & MacDonald, 1993). 즉, 아동이 반응해야 하는 상황에서 그 상황에 대처하기 위한 기술(예: 문제해결 기술, 언어기술)을 갖고 있지 않은 것이다. 9세의 학생 C. J.를 예로 들어 보자. C. J.는 또래가 화나게 하면 재빨리 상대 학생을 밀거나 때린다. 그의 문제는 인지왜곡 때문에 일어나는 것이 아니라 오히려 그의 성급한 문제해결 기술 때문에 일어난 것이다. 따라서 개입의 초점도 C. J.의 왜곡된 사고를 재구성하기보다 문제해결 기술과 자기모니터링을 할 수 있도록 가르치는 데 맞추어져야 한다. 아동이 대안적 해결책을 만들어 내고, 어떤 해결책이 상황에 가장 적합한지 결정하고, 적절한 해결책을 실제로 실행하는 문제해결 과정에 어려움을 갖고 있을 때는 앞서 언급한 정보를 이용해 아동의 요구에 가장 적합한 개입을 해야 한다(Kendall et al., 1992).

사회학습이론

Bandura(1973)의 연구에 기초하고 있는 사회학습이론(Social Learning Theory: SLT)은 분노와 공격성의 개념화에 유용한 정보를 제공한다. Bandura는 사람들이 인지적으로 자신의 행동을 반성하고 새로운 행동을 창조하며, 지난 행동의 결과를 고려하고, 다른 사람의 행동을 관찰함으로써 결론을 이끌어 내는 데 주목했다. 따라서 아동 · 청소년도 다른 사람의 공격적 행동을 관찰하고 모방하며, 직간접적 경험과 반복연습을 통해 다양한 상황에 대처하는 방법을 배울 수 있다(Bandura, 1973).

Larson과 Lochman(2002)은 사회적 상황에서 개인이 공격적 행동을 학습하는 세 가지 방식, 즉 (1) 실제의 혹은 대중매체의 공격적 모델에 대한 관찰학습, (2) 공격적 행동에 대해 보상을 받는 직접적 경험, (3) 자기조절 과정 등을 제시했다. 관찰학습의 경우 사람들은 다른 사람의 행동을 관찰함으로써, 그리고 그 행동이 어떻게 보상 혹은 처벌받는지를 관찰함으로써 새로운 행동을 학습한다. 긍정적 반응을 유발하는 행동은 개인의 행동저장고에 저장되고 효과적이지 않은 행동은 버려진다(Bandura, 1973, 1983). 사람들은 또한 가정에서 체벌이나 신체적 학대 등의 직접경험을 통해 공격성을 학습한다. 이때 아동은 공격성을 다른 사람의 행동을 통제할 수 있는 것으로, 강력한 힘을 가진 것으로, 스트레스와 좌절을 다루기 위한 방식으로, 그리고 자신의 욕구 충족을 위한 방식으로 지각한다. 마지막으로 SLT는 공격적 행동에 영향을 미치는 자기조절 과정을 강조한다. 자기조절을 통해 아동은 기대하는 결과에 근거하여 행동을 선택하는 능력을 갖게 된다. 아동은 또한 자기모니터링을 통해 환경에서의 결과와 내면의 결과(예: 자기보상, 자기처벌)를 검토함으로써 자신의 행동을 관리할 수 있다.

정보처리

아동 · 청소년의 정보처리 방식에 대한 이해는 분노와 공격성을 개념화할 때 매우 중요하다. 사회적 정보처리(Social Information Processing: SIP)는 사람들이 어떻게 정보를 처리하여 장기기억과 단기기억에 저장하며, 자신이 갖고 있는 제한된 정보에 기초하여 어떻게 의사결정을 하는지에 관심을 갖는다(Goetz, Hall, & Fetsco, 1989). SIP는 사회적 문제해결을 위해 순차적으로 사용되는 여섯 가지 인지적 조작을 포함한다. 이러한 인지적 조작에서 왜곡이나 결함을 보이는 아동 · 청소년은 공격성과 같은 부적응적 행동을 나타내는 경향이 있다.

첫 번째 조작은 부호화인데, 이 단계에서 개인은 사건에 관한 감각적 정보를 수집하려고 한다. 사회적으로 유능한 사람은 환경으로부터 적절한 단서를 선택하여 집중한다(Dodge, 1986). 반면에 공격적인 사람은 일차적으로 적대적인 단서에만 집중하며 비적대적인 단서에는 주의를 기울이지 않는다(Larson & Lochman, 2002). 다음 단계는 표상 및 해석 단계다. 이 단계에서 개인은 부호화된 정보에 의미를 부여하고 그것을 자신의 기억 속에 통합시킨다(Dodge, 1991). 인지왜곡이 사건에 대한 개인의 지각을 변화시키는 것이 바로 이 단계다. 12세의 공격적인 학생 조나단을 예로 들어 보자. 조나단이 복도를 걷다가 한 학급 친구와 부딪혔다. 아무런 의도가 없었음에도 불구하고 조나단은 공격적 단서를 찾기 위해 환경을 살피고 공격적이지 않은 사건을 '개인적 공격'으로 해석한다. 이러한 상황에서 대부분의 학생들은 상대 학생의 어색한 웃음을 사과로 받아들일 것이다. 그러나 조나단은 그 웃음을 상대 학생이 우월함을 나타내는 것으로 혹은 자신과 부딪힌 것을 좋아하는 것으로 해석했다.

SIP에 따르면, 개인은 정보를 해석한 후 다음 단계인 목표 선택으로 옮겨 간다. 이 단계에서 개인은 사회적 상황에 대해 행동적 또는 정서적 결과를 선택한다(Crick & Dodge, 1994). 앞서 언급된 상황에서 공격적이지 않은 학생은 다른 사람의 기분을 상하지 않게 하면서 자신의 하루를 계속하는 목표를 선택할 것이다. 그러나 공격적인 학생은 방어적 또는 공격적 목표를 선택하기 쉽다.

다음 단계는 반응 접근 또는 구성 단계다. 이 단계에서 개인은 자신의 목표를 만족시킬 수 있는 반응을 기억해 내거나 만들어 내야 한다. 공격적 경향성이 있는 아동은 욕하기, 소리 지르기, 밀기, 때리기 등의 공격적 반응을 만들어 낸다. 다섯 번째 단계는 만들어진 반응 중에서 어떤 것을 선택할 것인지 결정하는 반응결정 과정이다. 일단 원하는 반응을 선택한 후에는 선택된 반응을 실행하는 행동실행 과정 단계로 옮겨 간다(Dodge, 1985). 이 단계에서 개인은 행동을 실행하는 데 필요한 기술을 지니고 있어야 한다. 공격적인 아동은 비공격적인 반응을 선택한다 하더라도 그 반응을 실행하는 데 필요한 기술(예: 언어적, 사회적 기술)이 결여되어 있을 수 있다(Larson & Lochman, 2002). 위의 예에서 조나단이 상대 학생에게 앞으로 조심하라고 말하는 반응을 선택한다면 아마도 위협적인 방식으로 말할 것이다. 왜냐하면 조나단은 다른 사람에게 담담하게 혹은 상냥하게 말하는 데 필요한 언어적 · 사회적 기술을 가지고 있지 않기 때문이다.

강압적 가족과정

공격적인 아동 · 청소년이 가족에 의해 문제아로 확인되었다 하더라도, 이러한 아동 · 청소년의 문제는 가족의 역기능과 갈등, 무적응 과정을 반영하는 경우가 많다(Kazdin, 1994). 때로는 부모에게 자녀의 부적절한 행동을 효과적으로 다루는 기술이 결여되어 있을 수 있다. 이런 부모는 강압적 가족과정(coercive family process)을 통해 무의식중에 아동의 강압적 행동을 강화한다(Larson & Lochman, 2002). 일반적으로 부모와 자녀는 부정적인 행동으로 서로를 통제하려 한다. 자녀의 행동을 통제하기 위해 부모가 명령하고 고함치고 나무라고 비난하면, 자녀도 부모를 통제하기 위해 떼를 쓰고 소리 지르고 비난하고 고집을 피운다(Bloomquist, 1996). 이러한 갈등은 대개 부모나 자녀가 항복함으로써 해결되는데, 이것은 양쪽을 모두 강화한다. 한 예는 자녀가 부모의 명령에 따르지 않고 부정적으로 행동하자 부모가 명령을 철회하는 경우다. 5세 아동인 올리비아가 포크를 바닥에 떨어뜨리자, 어머니는 포크를 주워 올리라고 올리비아에게 명령한다. 올리비아는 바닥에 누워 울며 소리를 지르고, 결국에는 어머니가 포크를 집어 든다. 이때 어머니는 올리비아의 행동을 강화하고 있는 것이다. 또 다른 예는 부모가 명령하자 자녀가 부정적으로 행동하고, 부모는 더욱 더 부정적인 행동을 하여 결국 자녀를 복종시키는 것이다. 올리비아의 예에서 어머니가 포크를 주워 올리라고 말하자, 올리비아는 바닥에 누워 울며 소리를 지른다. 그러자 어머니가 소리를 지르며 올리비아를 때린다. 올리비아는 결국 복종하고 포크를 주워 올린다. 이러한 잘못된 그리고 건강하지 않은 접근은 미래의 문제를 키우는 온상이 된다.

인지행동 개입

화를 잘 내고 공격적인 학생을 상담할 때 사용되는 인지행동 개입에는 여러 가지가 있다. 그러나 특수한 기법들을 소개하기에 앞서, 분노와 공격성 문제에 대한 효과적인 인지행동치료는 기술 습득뿐만 아니라 기술 적용을 요구한다는 것을 언급할 필요가 있다. 간단히 말해, 아동은 '자신이 할 수 있는 것을 보여 줄' 수 있어야 한다(Kendall et al., 1992). 공격적인 아동은 대부분 분노관리 및 문제해결 기술에 대한 이해를 쉽게 습득한다. 그러나 더 중요한 과정은 아동이 이런 기술을 주어진 상황에 적용하도록 돕는 것이다. 따라서 전문가는 학생이 이런 기술을 '격노의 순간'에 적용하도록 돕기 위해 창의적인 방법을 찾아야 한다. 몇몇 연구자들은 상담장면에서 사용할 수 있는 유용한 게임과 활동에 대해 기술하고 있다(Feindler & Guttman, 1994; Kendall, 1988).

앞에서 나열된 프로그램들(예: 분노대처 프로그램)은 공격적 행동을 보이는 아동 · 청소년에게 사용할 수 있는 여러 가지 구체적인 개입방법을 제공하고 있다. 그러나 화를 잘 내고 공격적인 학생에게 유용한 다른 전략들도 많다. 화를 잘 내고 공격적인 학생에게 사용되는 모든 인지적 · 행동적 전략들에 대해 포괄적으로 살펴보는 것은 이 장의 범위를 벗어난다. 따라서 여기서는 몇 가지 예만을 제시하고자 한다.

자기모니터링

문제 상황과 생각, 감정, 행동을 기록함으로써 자기 자신을 모니터하는 기술은 화를 잘 내고 공격적인 아동에게 반드시 가르쳐야 할 기술이다. Bloomquist와 Schnell(2002)은 아동이 "자신에 대해 의식하고 스스로 평가할 수 있게 하는 것이 자기모니터링과 자기평가 훈련의 목표"(p. 135)라고 하였다. 파괴적 행동문제와 외현화 문제를 가진 아동은 자기 자신을 관찰하는 데 서툴다. 따라서 전문가는 아동을 포함해 여러 사람으로부터 자료를 수집해야 한다. 그리고 아동이 쉽고 재미있게 자신의 생각과 감정, 행동을 관찰하고 기록할 수 있도록 도와주어야 한다.

행동일기는 공격적인 아동의 문제를 파악하기 위한 표준적 방법이다. 골칫거리 일기(hassle logs)는 상황, 행동, 정서 요소를 파악하도록 돕는다. 이 일기는 원래 거주 형태의 시설에서 사용되던 것인데 학교에서 사용하기에도 좋다. 교사, 보조교사, 그 밖에 아동의 정서문제를 지원하는 사람들은 아동의 일기 작성을 도와줄 수 있다. 아동은 '골칫거리(hassles)'를 확인함으로써 자신의 공격적인 또는 분노폭발을 일으키는 정서적 요인이 무엇인지 깨닫게 된다. 자기모니터링을 위한 또 다른 측정도구로 온도계와 자를 사용할 수 있다. Friedberg와 McClure(2002)는 아동 · 청소년이 자신의 감정과 행동을 탐지하도록 돕기 위해 분노계량기(anger gage) 혹은 속도계를 사용할 것을 제안했다. 위험 또는 과부하 경고는 높은 속도(speed)로 표시되는데, 이는 아동이 자신의 속도(예: 좌절, 분노, 공격적 감정)를 위험 영역 밖에서 유지하도록 하기 위한 것이다. 속도계 비유는 아동에게 유용한데, 학생에게 만약 자동차가 계속해서 높은 속도로 달리면 무슨 일이 일어날지(예: 엔진이 꺼짐, 가스를 다 써버리게 됨, 통제를 잃게 됨 등) 물어볼 수 있다. 이것은 또한 분노반응을 '늦추고' 속도를 조절하기 위해 '브레이크를 사용하는' 개입의 기초를 마련하게 한다.

사회기술 훈련

사회기술 훈련은 아동·청소년에게 분노와 공격성 조절방법을 가르칠 때 유용한 또 다른 인지행동 기법이다. 사회기술 훈련은 대인관계 유능감을 발달시키는 데 초점을 맞춘다. 이를 통해 아동의 공격성과 고립을 감소시키고 적응적인 대인관계를 촉진할 수 있다(Speigler & Guevremont, 1998). 사회기술 훈련은 학생에게 기술을 가르치는 기술 습득과 학생들이 배운 기술을 연습시키는 기술 적용을 모두 포함한다(Beidel & Turner, 1998; Kazdin, 1994).

사회기술 훈련의 방법과 프로그램 중에는 창의적인 것도 있다. 그중의 하나는 Bloomquist와 Schnell(2001)이 개발한 '문제해결 제스처 게임'이다. 또한 Guevremont(1990)가 제안한 토크쇼도 있는데, 이때 한 사람은 '사회자' 역할을 하고 다른 사람은 '게스트' 역할을 한다. 사회자가 게스트를 면담할 때 분노를 촉발하는 요인, 분노에 대처하기 위한 장단기 방법, 그러한 대처전략을 사용할 때 일어나는 결과에 대해 과거의 경험과 앞으로의 예측 등을 물어본다. 또한 Bloomquist와 Schnell(2002)은 또래 대처기술 프로그램(Prinz, Blechman, & Dumas, 1994)에서 사용되었던 '정밀조사(probe)' 활동을 권장한다. 이 활동은 학생에게 다양한 언어적, 비언어적 의사소통 기술을 가르치는데, 질문은 위계적으로 점차 예리해진다(예: "이번 주에 짝꿍을 화나게 만든 적이 있는지 찾아보자."). 인기 있는 영화나 책, TV 프로그램 등은 사회기술을 가르칠 때 매우 유용한 매개체다(Cartledge, 1996). 선택 가능한 몇몇 매개체는 문화적으로 적절한 모델을 제공하는 데 도움이 된다. 예를 들어, Hammond와 Yung(1991)의 PACT(Positive Adolescents Choices Training)는 민족 및 문화적 이슈에 민감한 사회기술 훈련 프로그램이다. 청소년은 PACT를 통해 긍정적 · 부정적 피드백을 주고받는 법, 비판을 받아들이는 법, 또래 압력에 저항하는 법, 문제를 해결하는 법, 갈등이 생겼을 때 협상하는 법 등을 배우게 된다.

문제해결 훈련

문제해결 지도는 파괴적 행동문제를 보이는 아동을 상담할 때 사용되는 기본 전략이다(Barkley, Edwards, & Robin, 1999; Kazdin, 1996; D'Zurilla, 1986). 화를 잘 내고 공격적인 아동은 이 훈련을 통해 문제를 파악하고, 다양한 해결책을 산출하기 위해 브레인스토밍을 하며, 각각의 대안이 가져올 결과에 대해 평가하고, 최선의 해결책을 선택한 후 그 선택을 실험해 보는 방법을 배우게 된다. 이 과정을 거친 후에는 학생 스스로 자신에게 보상을 제공하도록 한다. Kazdin(1996, p. 383)은 효과적인 문제해결을 촉진하기 위해 다음의 다섯 가지 유용한 자기교수를 사용할 것을 제안했다.

1. 무엇을 해야 할까?
2. 모든 가능성을 살펴보자.
3. 집중하고 초점을 맞추자.
4. 선택을 해야 해.
5. 잘했어 혹은 실수했어.

특정 선택의 장단점 결정하기는 문제해결의 또 다른 기회다. 특정 행동의 모든 장점과 단점을 나열함으로써 아동은 중요한 관점을 얻게 된다. Freidberg, Mason과 Fidaleo(1992)는 '이젠 양면을 보도록 하자(Looking at Both Sides Now).'라는 유용한 기록지를 개발했다. 이 기록지는 아동이 특정 행동의 장단점을 모두 고려하도록 도와준다.

시간 전망

Lazarus(1984)가 개발한 시간 전망(time projection)은 충동적인 행동과 정서적 추론을 감소시키기 위한 자기관리 과제의 하나다. 공격적이거나 품행장애를 갖고 있는 아동은 충돌하고 열을 내는 방식으로 의사결정을 하는 경우가 많다. 이런 아동은 겉만 보고 바로 결정을 내리며 미묘한 상황요인이나 보이지 않는 결과, 불이익 등은 무시한다. 이러한 의사결정은 결국 부적절한 반응과 행동을 가져온다. 시간 전망을 사용할 때 전문가는 아동 · 청소년에게 6시간 후, 하루 후, 6개월 후, 1년 후, 5년 후에 기분이 어떻게 달라질 것인지, 그리고 어떤 행동을 할 것인지 생각해 보게 한다. 학생이 1시간 후에 할 행동과 5년 후에 할 행동이 동일할 가능성은 매우 낮다. 전문가는 학생에게 자신의 반응을 적어 보게 한다(학생이 쓰기를 힘들어할 때는 전문가가 직접 적어도 된다.). 이렇게 함으로써 시간변화에 따른 감정변화를 분명하게 볼 수 있게 된다. 이 활동을 통해 아동은 수시로 변하는 정서 상태에 근거하여 장기적인 결과에 영향을 미치는 선택을 하는 것이 생산적이지 못하다는 것을 배우게 된다.

자기교수 및 스트레스 면역훈련

자기교수(self-instruction)의 목적은 아동의 역기능적 생각의 흐름을 방해하거나 수정하는 데 있다. 아동의 내적 대화(inner dialogue)를 변화시키는 데 초점을 맞추면 그것이 댐 역할을 해서 부적응적 자기말의 흐름을 늦춰 준다. Meichenbaum (1985)은 일찍이 내담자가 스트레스에 대처하고 적절한 대처에 대해 자기보상을 하도록 돕는 자기진술을 제안하였다. 예를 들면, 아동이 사이가 좋지 않은 다른 아동과 협동학습을 해야 한다면 "나는 웃으면서 친절하게 대할 수 있어." "나는 무시할 수 있어." "참 잘했어."와 같은 자기진술을 이용해 스트레스 상황에 더 잘 대처할 수 있다.

Vernon(2002)은 '뚜껑을 열지 마(Don't Pop Your Top).'라는 매우 창의적인 자기교수 활동을 제안했다. 이 활동은 아동 · 청소년이 자신의 분노 감정을 관리할 수 있도록 돕는다. 이 활동은 뚜껑이 있는 유리병과 길고 가느다란 빨간 색종이, 연필을 필요로 한다. 이 활동을 시작할 때 먼저 아동에게 부정적인 인지를 적어 보라고 한다. 각각의 색종이에다 충족되지 않았던 요구 사항, 불공평하다는 생각, 좌절, 맘대로 해야 한다는 생각 등을 적게 한 다음 그 종이들을 병 속에 넣게 한다. 그리고 이런 것들이 쌓이면 병뚜껑이 열리게 된다고 설명한다. 다음에는 각각의 종이를 꺼내어 검증해 보는 시간을 갖는다. 전문가는 "모든 것이 공평해야만 할까?" "그렇게 되지 않을 경우에 내가 견딜 수 있을까?" "항상 내가 원하는 것을 가질 수 있을까?" 라는 세 가지 질문을 던진다(p. 158). 그리고 평가가 끝난 생각들을 하나씩 병 속에서 꺼낸다.

Friedberg 등(2001)이 개발한 '분노의 바다에서 파도타기(Surf the Angry Sea)'는 초등학교 아동을 위한 자기교수 활동이다. 이 활동에서는 분노를 파도에 비유하는 비유법을 이용한다. 분노 감정이 아동을 압도할 때는 파도가 머리를 때리고 분노 감정이 밀물처럼 밀어닥치는 것과 같다. 이 때 요령은 파도를 타면서 균형을 잡고 분노 감정을 이겨내는 것이다.

자기교수는 다른 인지행동 기법들과 마찬가지로 부정적인 정서가 각성되었을 때 가장 적합한 방법이다. Lochman, Barry와 Pardini(2003)는 아동이 자기교수 기술을 연습하는 데 도움이 되는 몇 가지 창의적 방법을 제공했다. 예를 들어, 아동에게 좌절 감정을 일으키기 위해 열 장의 카드를 5초 안에 외우게 한다. 그런 다음 대처사고(coping thoughts)를 적용하여 연습하도록 한다. Lochman 등이 권장한 또 다른 방법에서는 도미노를 가지고 일정 높이로 탑을 쌓도록 함으로써 좌절을 유발한다. 젠가(Jenga) 게임은 좌절이 유발되는 상황에서 자기교수 기술을 적용하도록 촉진하는 데 도움이 된다.

재귀인

아동은 대부분 이유를 찾으려고 한다. 앞서 언급했듯이, 공격적인 아동은 우연적이고 악의적이지 않은 상황을 계획적이고 악의적인 것으로 잘못 해석한다. 재귀인(reattribution)은 아동 · 청소년에게 스트레스 상황에서 대안적 설명을 찾아보도록 돕는 기법이다(Bloomquist & Schnell, 2002). 점화(priming)기법은 보다 정교한 재귀인 기법으로 사용될 수 있다(Riskind, 1991). 한 가지 유용한 점화기법은 '우연한 대 의도적(Accidental versus On Purpose)' 활동이다(Friedberg & McClure, 2002). 이 활동에서는 아동에게 열 가지 상황(예: 학급 친구가 인사를 하지 않는 경우, 줄을 서 있는데 누군가가 새치기를 하는 경우)을 제시한 후, 그것이 우연히 일어난 것인지 혹은 의도적으로 일어난 것인지 동그라미로 표시하도록 한다. 그런 다음 의도적으로 했는지 혹은 우연히 했는지를 확인할 수 있는 다섯 가지 방법을 나열하게 한다. 마지막으로, 의도적으로 했는지 혹은 우연히 했는지를 판단할 때 중요한 것이 무엇인지 결정함으로써 결론을 내리게 한다.

공식적인 재귀인 기법은 "___을 다르게 보는 또 다른 방법은 무엇일까?"와 같은 기본적인 질문으로 시작한다(J. S. Beck, 1995). 즉, 우연적으로 발생한 상황을 의도적인 것이라고 귀인하는 아동에게 대안적 설명을 찾아보게 하는 것이다. 헥터의 예를 들어 보자. 에릭이 자기 공책을 헥터의 책상 위에 놓자 헥터는 화가 났다. 헥터는 자신의 화가 10점 중 8점에 해당된다고 보고했다. 그리고 '에릭이 자기 멋대로 할 수 있는지 시험해 보려고 나를 약 올리는 것이다.'라는 생각이 든다고 했다. 이 경우에 전문가는 '책임 파이(Responsibility Pie)' 기법을 이용할 수 있다(Friedberg & McClure, 2002; Seligman, Reivich, Jaycox, & Gillham, 1995). 이 기법은 아동에게 먼저 "에릭이 너를 시험해 보려고 한 것 말고, 네 책상 위에 에릭의 공책이 놓여 있는 것을 어떻게 설명할 수 있을까?"라고 질문한다. 대안들을 적은 다음 각각의 이유가 차지하는 비율을 할당한다. 이때 적대적 귀인은 제일 나중에 평가한다. 각각의 비율은 파이 조각으로 표시된다. 전체 파이를 만든 다음 아동에게 결론을 내리게 한다.

Bloomquist와 Schnell(2002)은 몇 가지 흥미로운 재귀인 훈련방법을 제시했다. 일상생활에 더 일어날 수 있는 곤란한 상황(예: 발이 가방에 걸려 넘어지는 것)을 역할연습으로 표현하도록 한 다음 아동에게 이유를 찾아보게 한다. 그런 다음 아동에게 그 이유를 지지하는 '데이터'를 찾아보게 한다. Bloomquist와 Schnell은 Braswell과 Bloomquist(1991)의 '어린이 재판소(Kids Court)' 활동을 추천했다. 이 활동에서 전문가는 아동들에게 문제 상황을 주고 검사와 변호사, 배심원 역할을 배정한다. 이 활동을 통해 아동들은 적대적 귀인의 타당성을 평가하는 방법과 적대적이지 않은 대안적 설명에 대한 데이터를 비교하는 방법을 배우게 된다.

인지적 재구성

인지적 재구성 기법(cognitive restructuring)은 논리적 분석과 논박을 포함하며,

일반적으로 치료 후반에 아동이 한층 성숙해졌을 때 사용하는 것이 좋다. 인지적 재구성은 아동 · 청소년의 사고를 내용과 과정 면에서 모두 변화시켜야 한다고 강조한다. 안내된 발견과 소크라테스식 대화법은 학생의 인지적 재구성을 촉진하며, 증거 검증은 재구성을 위한 보편적 도구다(J. S. Beck, 1995). 증거 검증을 위해 사용될 수 있는 몇 가지 워크북 활동이 있다(Freidberg, Mason, Fidaleo, 1992; Freidberg et al., 2001). 먼저 검증해야 할 가설인 아동의 생각을 종이 맨 위쪽에 적는다(예: "다른 친구들이 보는 앞에서 제이슨이 나에게 창피를 주었어."). 그 아래에 두 개의 칸을 만들어서 하나에는 '이것을 완전히 믿게 만드는 사실/단서'라 이름 붙이고, 다른 하나에는 '이것을 의심하게 만드는 사실/단서'라 이름 붙인다. 그런 다음 아동과 전문가는 각각의 칸에다 사실을 적어 넣는다. 두 칸을 채운 다음 전문가는 각각의 목록에 사실이 아닌 생각이나 감정이 포함되어 있는지 점검한다. 만약 그러한 생각이나 감정이 발견되면 목록에서 모두 제거하여 완전히 사실로만 구성하도록 한다. 마지막으로, 아동과 전문가는 양쪽의 칸을 분석한 후 결론을 내린다.

화를 잘 내는 아동 · 청소년의 흑백논리적(all or none) 사고는 연속선 기법을 이용해 인지적 재구성을 하면 효과적이다(J. S. Beck, 1995; Padesky, 1994). 연속선을 만들기 위해 아동이 갖고 있는 흑백논리(예: "엄마는 자기 맘대로 하려고 한다.")를 양쪽 끝에다 적는다(예: 한쪽 끝에는 '100% 자기 맘대로 하려고 한다.' 반대쪽에는 '0% 자기 맘대로 하려고 한다.'). 각각의 값을 정의하는 조작적 기준을 정한다(예: "100% 자기 맘대로 하는 사람은 어떤 행동을 하며 어떤 행동을 하지 않는가? 전혀 자기 맘대로 하지 않는 사람은 어떤 행동을 하며 어떤 행동을 하지 않는가?"). 그런 다음 사람들이 그러한 절대적 기준을 얼마나 만족시키는지에 따라 연속선상에 표시한다. 전문가는 아동과 함께 실제 자료를 이용해 합리적인 결론을 끌어낸다.

부모훈련

부모가 합리적인 목표를 갖도록 이끄는 것은 부모훈련의 중요한 부분이다. 전문가는 부모에게 행동변화가 점진적으로 일어난다는 것을 설명해 주어야 한다. 일주일 만에 극적으로 변화가 일어날 가능성은 거의 없다. 또한 자녀가 부모의 요구에 항상 바로 복종해야 한다고 기대하는 부모들이 많다. 그러나 아동은 보통 부모가 두 번 혹은 세 번 상기시켜 주어야 말을 듣는다. 많은 부모훈련 프로그램이 시판되고 있다. Barkley(1997)의 반항적인 아동(Defiant Chidren), Barkley, Edwards와 Robin(1999)의 반항적인 10대(Defiant Teens)는 매우 유용한 프로그램들이다. 이 프로그램들은 체계적인 부모훈련을 제공하고 있으며 긍정적인 의사소통과 관심, 행동관리 능력의 향상에 초점을 맞추고 있다.

결 론

학교에서 발생하는 분노 및 공격적 행동은 오늘날에도 여전히 우려의 대상이 되고 있다. 언론에서는 교내 총기사건 같은 극단적인 사건에만 초점을 맞추고 있다. 그러나 심한 분노를 보이는 학생들뿐만 아니라 싸움, 괴롭힘, 수업 방해하기, 대인관계에서 부적절한 공격행동을 보이는 학생들 역시 똑같이 관심을 가져야 할 학생들이다. 이러한 문제를 다루기 위한 프로그램을 개발하는 것은 학교의 의무다. 대부분의 학생들에게는 학교에서 전체적으로 실시하는 집단적 노력만으로도 충분하다. 이런 노력에는 분노대처 프로그램과 사회적 문제해결 같은 프로그램이 포함된다. 그러나 보다 강도 있고 개별화된 개입을 필요로 하는 학생들도 있다. 이러한 학생들의 기술결핍과 부적응적 사고를 재구조화하기 위해서는 다양한 인지적 및 행동적 전략이 함께 적용된다. 부모훈련 프로그램은 학생에 대한 상담과 함께 보조적으로 적용된다. 결론적으로 학교에서 일하는 전문가는 화를 잘 내고 공격적 행동을 보이는 학생을 위해 효과적인 개입 프로그램을 설계해야 하는데, 이때 인지행동 전략을 사용할 수 있다.

참고문헌

Bandura, A. (1973). *Aggression: A social learning analysis.* Englewood Cliffs, NJ: Prentice Hall.

Bandura, A. (1983). Psychological mechanisms of aggression. In R. G. Geen & E. I.

Donnerstein (Eds.), *Aggression: Theoretical and empirical reviews* (Vol. 1, pp. 1-40). San Diego, CA: Academic Press.

Barkley, R. A. (1997). *Defiant children: A clinician's manual for assessment and parent training.* New York: Guilford Press.

Barkley, R. A., Edwards, G. H., & Robin, A. L. (1999). *Defiant teens: A clinician's manual for assessment and family intervention.* New York: Guilford.

Baron, R. A., & Richardson, D. R. (1994). *Human aggression* (2nd ed.). New York: Plenum.

Beck, J. S. (1995). *Cognitive therapy: Basics and beyond.* New York: Guilford Press.

Beidel, D. C., & Turner, S. M. (1998). *Shy children, phobic adults.* Washington, DC: APA.

Bloomquist, M. L. (1996). *Skills training for children with behavior disorders: A parent and therapist guidebook.* New York: Guilford.

Bloomquist, M. L., & Schnell, S. V. (2002). *Helping children with aggression and conduct problems: Best practices for intervention.* New York: Guilford.

Cartledge, G. C. (1996). *Cultural diversity and social skills training: Understanding ethnic and gender differences.* Champaign, IL: Research Press.

Crick, N. R., & Dodge, K. A. (1994). A review and reformulation of social information-processing mechanisms in children's social adjustment. *Psychological Bulletin, 115,* 74-101.

Crick, N. R., & Grotpeter, J. K. (1995). Relational aggression, gender, and social-psychological adjustment. *Child Development, 66,* 710-722.

Dodge, K. A. (1986). A social information-processing model of social competence in children. In M. Perlmutter (Ed.), *Cognitive perspectives on children's social and behavioral development: The Minnesota symposium on child psychology* (Vol. 18, pp. 77-125). Hillsdale, NJ: Erlbaum.

Dodge, K. A. (1991). The structure and function of reactive and proactive aggression. In D. J. Pepler & K. H. Rubin (Eds.), *Development and treatment of childhood aggression* (pp. 201-218). Hillsdale, NJ: Erlbaum.

Dodge, K. A. (1985). The cognitive regulation of anger and stress. In P. C. Kendall, & S. D. Hollon (Eds.), *Cognitive-behavioral interventions: Theory, research, and procedures* (pp. 241-285). New York: Academic Press.

Dollard, J., Doob, L. W., Miller, N. E., Mowrer, O. H., & Sears, R. R. (1939). *Frustration and aggression.* New Haven, CT: Yale University Press.

D'Zurilla, T. J. (1986). *Problem-solving therapy: A social competence approach to clinical intervention.* New York: Springer.

Feindler, E. L., & Ecton, R. B. (1986). *Adolescent anger control.* New York: Pergamon.

Feindler, E. L., & Guttman, J. (1994). Cognitive-behavior anger control training. In C. W. LeCroy (Ed.), *Handbook f child and adolescent treatment manuals* (pp. 170-199). New York: Lexington Books.

Friedberg, R. D. Friedberg, B. A., & Friedberg, R. J. (2001). *Therapeutic exercises for children: Guided self-discovery through cognitive-behavioral techniques.* Sarasota, FL: Professional Resource Press.

Friedberg, R. D., Mason, C., & Fidaleo, R. A. (1992). *Switching channels: A cognitive-behavioral work journal for adolescents.* Sarasota, FL: Psychological Assessment Resources.

Friedberg, R. D., & McClure, J. M. (2002). *Clinical practice of cognitive therapy with children and adolescents: The nuts and bolts.* New York: Guilford.

Goetz, E. T., Hall, R. J., & Fetsco, T. G. (1989). Information processing and cognitive assessment I: Background and overview. In J. N. Hughes & R. J. Hall (Eds.), *Cognitive-behavioral psychology in the schools: A comprehensive handbook* (pp. 87-115). New York: Guilford Press.

Goldstein, A. P., Glick, B., & Gibbs, J. C. (1998). *Aggression replacement training: A comprehensive intervention for aggressive youth* (Rev. ed.). Champaign, IL: Research Press.

Guevremont, D. C. (1990). Social skills and peer relationship training. In R. A. Barkley (Ed.), *Attention-deficit/hyperactivity disorder: A handbook for diagnosis and treatment* (pp. 540-572). New York: Guilford.

Hammond, W. R., & Yung, B. R. (1991). Preventing violence in at-risk African-American youth. *Journal of Health Care for the Poor and Underserved, 2,* 359-373.

Kaufman, P., Chen, X., Choy, S., Ruddy, S. A., Miller, A. K., Fleury, J. K., Chandler, K. A., Rand, M. R., Klaus, P., & Planty, M. G. (2000). *Indicators of school crime and safety, 2000* (NCES 2001-017). Washington, DC: U.S. Department of Education and Justice.

Kazdin, A. E. (1987). Treatment of antisocial behavior in children: Current status and future directions. *Psychological Bulletin, 102,* 187-203.

Kazdin, A. E. (1994). Psychotherapy for children and adolescents. In A. E. Bergin &

S. L. Garfield (Eds.), *Handbook of psychotherapy and behavior change* (pp. 543-594). New York: Wiley.

Kazdin, A. E. (1996). Problem solving and parent management in treating aggressive and antisocial behavior. In E. S. Hibbs & P. S. Jensen (Eds.), *Psychosocial treatments for child and adolescent disorders: Empirically based strategies for clinical practice* (pp. 377-408). Washington, DC: American Psychological Association.

Kendall, P. C. (Ed.). (2000). *Child and adolescent therapy: Cognitive-behavioral procedures.* New York: Guilford Press.

Kendall, P. C., & MacDonald, J. P. (1993). Cognition in the psychopathology of youth and implications for treatment. In K. S. Dobson & P. C. Kendall (Eds.), *Psychopathology and cognition* (pp. 387-430). San Diego: Academic Press.

Kendall, P. C. (1988). *The stop and think workbook.* Philadelphia, PA: Temple University Press.

Kendall, P. C., Chansky, T. E., Kane, M. T., Kim, R. S., Kortlander, E., Ronan, K. R., & Siqueland, L. (1992). *Anxiety disorders in youth: Cognitive behavioral interventions in youth: Cognitive behavioral interventions.* Boston, MA: Allyn & Bacon.

Kenrick, D. T., & Neuberg, S. L., & Cialdini, R. B. (1999). *Social Psychology: Unraveling the Mystery.* New York: Allyn & Bacon.

Larson, J., & Lochman, J. E. (2002). *Helping schoolchildren cope with anger: A cognitive-behavioral intervention.* New York, NY: Guilford Press.

Lazarus, A. A. (1984). *In the minds' eye: The power of imagery for personal enrichment.* New York: Guilford Press.

Lochman, J. E. (1992). Cognitive-behavioral intervention with aggressive boys: Three-year follow-up and preventative effects. *Journal of Consulting and Clinical Psychology, 60,* 426-432.

Lochman, J. E., Barry, T. D., & Pardini, D. P. (2003). Anger control training for aggressive youth. In A. E. Kazdin & J. R. Weisz (Eds.), *Evidence-based psychotherapies for children and adolescents* (pp. 263-281). New York: Guilford.

Lochman, J. E., Burch, P. P., Curry, J. F., & Lampron, L. B. (1984). Treatment and generalization effects of cognitive-behavioral and goal setting interventions with aggressive boys. *Journal of Consulting and Clinical Psychology, 52,* 915-916.

Lochman, J. E., Coie, J. D., Underwood, M., & Terry, R. (1993). Effectiveness of a social relations interventions program for aggressive and nonaggressive rejected children. *Journal Consulting and Clinical Psychology, 61,* 1053-1058.

Lochman, J. E., Whidby, J. M., & Fitzgerald, D. P. (2000). Cognitive-behavioral assessment and treatment with aggressive children. In P. C. Kendall (Ed.), *Child and adolescent therapy: Cognitive-behavioral procedures* (2nd ed., pp. 31-87). New York: Guilford Press.

Meichenbaum, D. H. (1985). *Stress inoculation training.* New York: Pergamon.

National School Safety Center. (2001). School-associated violent deaths report [Online]. Retrieved November 10, 2004, from

Padesky, C. A. (1994). Schema change processes in cognitive therapy. *Clinical Psychology and Psychotherapy, 1,* 267-278.

Parker, J. G., & Asher, S. R. (1987). Peer relations and later personal adjustment: Are low-accepted children at risk? *Psychological Bulletin, 102,* 357-389.

Prinz, R. J., Blechman, E. A., & Dumas, J. E. (1994). An evaluation of peer coping skills training for childhood aggression. *Journal of Clinical Child Psychology, 23,* 193-203.

Riskind, J. H. (1991). A set of cognitive priming interventions for cognitive therapy homework exercises. *The Behavior Therapist, 14,* 43.

Seligman, M. E. P., Reivich, K., Jaycox, L., & Gillham, J. (1995). *The optimistic child.* Boston: Houghton & Mifflin.

Serketich, W. J., & Dumas, J. E. (1996). The effectiveness of behavioral parent training to modify antisocial behavior in children: A meta-analysis. *Behavior Therapy, 27,* 171-186.

Shure, M. B. (1994). *Raising a thinking child.* New York: Pocket Books.

Shure, M. B., & Spivack, G. (1988). Interpersonal Cognitive Problem Solving. In R. H. Price, E. L. Cowen, R. P. Lorion, & J. Ramos-McKay (Eds.), *14 Ounces of Prevention: A casebook for practitioners* (pp. 69-82). Washington, DC: American Psychological Association.

Spiegler, M. D., & Guevremont, D. C. (1998). *Contemporary behavior therapy* (3rd ed.). Pacific Grove, CA: Brooks/Cole.

Vernon, A. (2002). *What works when with children and adolescents: A handbook of individual counseling techniques.* Champaign, IL: Research Press.

Walker, H. M., Ramsey, E., & Gresham, F. M. (2004). *Antisocial behavior in school: Evidence-based practices* (2nd ed.). Belmont, CA: Thompson Learning/Wadsworth Publishing.

Chapter 12

아동 · 청소년의 성격장애에 대한 인지행동 개입

중학생 수지는 교사에 의해 학교에서 시행되는 평가에 의뢰된 13세 여학생이다. 수지의 어머니는 마지못해 학교회의에 참석했고, 처음에는 평가받기를 거부했다. 어머니의 참여를 촉진하고 분노를 자극하지 않기 위해, 수지와 어머니가 학교의 종합적인 결론에 동의한다면 학교 밖에서 그들이 원하는 임상가에게 평가받기를 허용하겠다는 결정이 내려졌다. 또한 수지의 행동이 위협적이므로 심리평가가 끝날 때까지 재택수업을 받게 했다. 어머니는 수지가 평가를 받아야 한다는 사실이 말도 안 되는 골칫거리라고 말했지만, 어쨌든 평가를 받는 것에 동의했다.

수지의 보고에 따르면, 수지는 부모의 심각한 가정불화를 목격해 왔다. 부모는 약물을 남용했고, 아버지는 현재 교도소에 있으며 수지 모녀와 연락을 끊고 있다. 학교교사는 수지가 현재 '강렬한 정서폭발'의 시기에 있는 것 같다고 보고했다. 교사의 관찰에 따르면, 학년 초에 수지는 마음이 매우 따뜻한 학생이었고 새로 전학 온 제시카에게 마음을 열었다. 수지는 제시카가 교실에 처음 들어오자마자 곧바로 제시카에게 다가가 자신의 가장 친한 친구라고 말했다. 며칠 후 제시카가 학급의

Arthur Freeman & Jason M. Duff

다른 여학생들과 이야기하는 것을 보고, 수지는 제시카가 싫어졌고 절교하겠다고 소리를 질렀다.

그리고 수지가 이웃의 남자 고등학생 여러 명과 성관계를 가졌다는 소문이 돌았다. 수지는 그 남학생들과 함께 마리화나를 피웠고 맥주를 마셨다고 인정했다. 수지가 심리평가에 의뢰된 직접적인 사건은 최근에 수학교사가 출산휴가를 가질 것이라고 공지한 것과 관련이 있다. 그 소식을 듣고 수지는 매우 감정적이 되어 행동의 변화를 보이기 시작했다. 모든 사람들이 결국에는 자신을 버린다고 탄식했다. 수지는 모든 사람들, 특히 부모에게 증오심을 표현했다. 매우 심각한 고독을 느꼈고, 죽고 싶다고도 말했다. 수지 어머니는 학교에 와서 수지를 병원 응급실로 데려가라는 연락을 받았다. 그러나 어머니는 수지를 집으로 데려가서 "난 이제 다시는 그 학교에 가지 않을 테니까, 그냥 죽어 버려."라고 소리를 질렀다. 학교는 수지가 철저한 평가를 받을 때까지 재택수업을 받게 했다. 수지가 지금까지 만나 온 치료자들로부터 받았던 진단을 나열하면 다음과 같다.

제1축: 적응장애, 정서와 행동장애의 혼합, 309.4
  R/O[11] 양극성장애; 정신병적 특징이 없는 최근의 조증 삽화, 296.43
  대마초 남용
  에탄올(ETOH) 남용
  R/O 주의력결핍 과잉행동장애
제2축: 진단 보류
제3축: 없음
제4축: 학교/학습 문제; 1차적 지원의 문제; 교사 및 급우와의 갈등; 법적 문제
제5축: 전체기능 평가척도[12] = 35

11) 역자 주: R/O는 'rule out'을 의미한다. 장애 혹은 질병이 의심되나 확진이 되지 않아서 추가검사에 의해 배제될 수 있는 혹은 배제될 필요가 있는 경우에 쓰는 용어다.

12) 역자 주: DSM-IV에서 전체기능 평가척도(Global Assessment of Functioning Scale: GAF)는 일상적인 생활, 심리 · 사회 · 직업 기능부터 자신이나 타인을 해칠 위험, 기능의 광범위한 손상, 최소한의 개인위생 유지 실패 또는 자살행동에 이르는 연속선상에서 개인의 전반적 기능수준을 평가하여, 0(불충분한 정보)~100(폭넓은 활동에서 최우수 기능 및 증상 없음)으로 표기된다.

평가가 이루어진 후에 어머니는 학교나 임상가의 어떤 제안도 따르지 않았다. 수지는 등교를 거부했고, 어머니는 도시 밖으로 이사했으며, 수지는 여러 곳의 위탁 시설을 거쳐 아동쉼터로 보내졌다.

세 아이의 어머니인 수잔은 이혼을 두 번 했고 최근에 실직한 28세 여성이다. 집주인을 포함해 여러 명의 이웃들과 싸움을 해서 아파트에서 쫓겨날 판이다. 지난 6개월 동안 사귄 남자친구 마크가 수잔을 응급실에 데려왔다. 마크는 심하게 화가 난 것처럼 보였고 다음과 같이 분노를 표현했다. "웃기는군. 이번 달 들어 이러는 게 세 번째야. 너랑은 끝장이라고." 이런 선전포고를 듣자 수잔은 병원에 들어올 때보다 더 심하게 흥분했다. 그녀는 이전에도 여러 번 위기센터에 왔는데, 대부분 자살을 하겠다는 제스처를 보이거나 위협적이고 예측 불가능한 격렬한 행동 때문이었다. 지난 15개월 동안 4명의 치료자를 만났고, 10년 동안 이보다 더 많은 수의 임상가들로부터 단기 정신과 면담을 받았다. 15년 동안 그녀는 우울, 불안, '기분의 변덕스러운 변화', 충동성, 주의력결핍 과잉행동장애, 양극성장애, 수면장애의 문제로 스무 가지의 약물을 복용했다. 그녀가 먹은 기분 안정제, 항정신병제, 항우울제의 부작용으로 45파운드나 과체중이 되었다.

수잔의 행동과 기분은 강렬하고 불규칙적이며 극적인 변화를 보였다. 어렸을 때 그녀는 침울하고 변덕스럽고 감정적이라는 말을 들었다. 가족들에 따르면, 이러한 일화들은 실제로 버림을 받거나, 버림을 받을 것을 상상하거나, 위협을 받은 상태에서 일어난 반응이었다. 증상은 일시적이어서 곧 이전 행동으로 회복되었다. 그러나 성인이 되었음에도 그녀의 변덕스럽고 감정적인 일화는 점점 더 자주 발생했고, 그런 일화가 한 번 일어나면 몇 분에서 몇 시간 지속되었다. 지난 몇 년 동안, 그녀는 남자친구에게 매달리는 경향이 점점 더 심해졌고, 결국에는 남자친구들로부터 소외당하는 상태로까지 발전했다. 남자친구가 관계를 끝내려고 하면, 수잔은 항상 죽어 버리겠다고 위협했다. 이러한 최후통첩은 종종 가족이나 남자친구로 하여금 양보하게 만들었고, 따라서 관계를 유지할 수 있게도 했다. 한번은 그녀의 남자친구가 일 때문에 그녀의 곁을 떠날 수밖에 없게 되었다. 절교를 예측한 수잔은 약물을 과다 복용했고 그로 인해 응급실로 실려 갔다. 수잔에게 '관계'란 누군가가 자신에게 친절한 사람으로 느껴질 때 시작되는 것이었다. 한 예로, 수잔의 장바구니가 찢어져 물건을 주어 담느라고 애를 쓰고 있을 때, 이웃에 사는 남자가 그녀를 보고 물건을 나르는 것을 도와주었다. 수잔은 그 남자의 친절한 행동을 관계의 시작으로 간주했다. 그가 나중에 수잔을 만났을 때 '관계'를 이루는 식으로 행동하지 않자 그녀는 마음의 상처를 받고 우울해졌다.

수잔은 과다하게 소비를 일삼고 무분별한 성관계를 맺는 등 충동적이고 자해 행동을 일삼았다. 또한 수년 동안 약물에 의존해 왔다. 현재 사회보장연금을 받고 있으며, 하는 일 없이 먹고 자는 일로 집에서 시간을 보내고 있다. 수잔에 대한 진단 내용은 다음과 같다.

제1축: 주요우울장애, 중도(重度), 정신병 특징 없는 재발성 296.33
복합물질 의존 304.80
제2축: 경계선 성격장애 301.83
제3축: 비만
제4축: 무직; 2회 이혼; 이웃/집주인과의 갈등; 불충분한 복지지원; 마리화나 소지에 의한 소송 계류 중 수감된 과거력
제5축: 전체기능 평가척도 = 30

14세 남자 청소년 지미는 유치원 때부터 내내 학업과 관련해서는 학급의 스타였다. 지미는 초등학교에 입학하기 전부터 학교교사였던 어머니로부터 읽기교육을 받았다. 지미의 어머니는 네 자녀를 키우고 있는 전업주부이며, 지미의 아버지는 변호사다. 막내인 지미에게는 두 살 위의 누나, 세 살 위의 형, 다섯 살 위의 형이 있다. 맏형은 하버드 대학교 2학년 학생이고 법대를 지망하고 있다. 둘째 형은 존스홉킨스 대학교에서 공학을 전공하는 1학년 학생이다. 누나는 고등학교 3학년인데, 1년을 월반했고 의학 분야의 진로에 관심을 가지고 있다.

지미는 과체중이고 친구가 별로 없는 대신에 모든 에너지를 학업에 쏟기로 결정했다. 공부를 잘했기 때문에 학교에서 그리고 부모로부터 늘 칭찬을 받았다. 지미는 아주 드물게 시험에서 만점을 받지 못하곤 했는데, 그런 경우에는 TV를 시청하지 않고 '더 열심히 공부하기로' 작정했다. 지난 몇 년에 걸쳐 지미는 시험에서 만점을 못 받으면 학급에서 우는 아이로 소문이 나 있었다. 그는 '교사의 총애를 받는 학생'이었기 때문에 다른 아이들로부터 놀림을 당했다. 예를 들면, 지미는 금요

일 오후 종례시간에 교사가 주말숙제를 내주지 않았다며 상기시켜 주었고, 그 때문에 종례 이후에 또래들에게 심한 괴롭힘을 받았다. 한번은 좋지 않은 일을 겪은 후에 우느라고 여덟 문제가 출제된 퀴즈에서 두 문제를 틀렸고 75점을 받았다. 그는 자기 답이 정답이라고 주장했지만 소용이 없었다. 학교상담자는 지미의 부모에게 면담을 요청했다. 부모가 회의에 왔고, 회의에서 아버지는 마치 선서와 증언을 하는 식으로 행동을 했다. 학교와 교사에 대해 비난을 했고, 지미가 재시험을 치도록 허락할 것을 요청했다. 상담자가 지미의 과체중, 친구가 없는 것, 저조한 사회기술, 따돌림을 당하고 있는 것에 대해 언급했다. 그럼에도 불구하고 지미의 아버지는 "지미가 학교공부는 잘하고 있나요?"라고만 물었다. 결국 평가 의뢰는 이루어지지 않았다.

지미는 3.96의 평점을 얻었고 하버드 대학교에 진학했다. 그 후에 펜실베이니아 대학교 법대에 진학했으며, 그곳에서 법률 재심원으로 일했다. 대학과 법대를 다니는 내내 그는 데이트를 한 적이 한 번도 없었고, 졸업 후에도 훌륭한 법관이 되는 데만 집중했다. 그 후 지미는 필라델피아에 있는 유명한 계약법전문 법률회사에 취직했다.

제임스는 42세 기혼 남성으로, 8세 아들과 7세 딸을 둔 아버지다. 그는 아내 캐롤과 10년 동안 결혼생활을 유지해 왔다. 현재 그는 아내와 함께 부부치료를 받고 있다. 제임스가 행동을 바꾸지 않는다면 아이들을 데리고 떠나 버릴 것이라고 아내가 위협을 했기 때문에 아내의 요구에 따라 의뢰가 이루어진 것이다. 아내에 따르면, 제임스는 지나치게 요구가 많으며, 일이 완벽하게 마무리되지 않을 때는 위협적으로 바뀐다. 제임스의 부모가 결혼 50주년을 맞이해 저녁 모임을 할 때, 드디어 사건이 벌어졌다. 모든 것을 완벽하게 준비하려고 캐롤은 1주일 동안 집안 청소를 했고, 행사를 위해서 특별한 접시도 마련했다. 저녁식사 중에 제임스는 집에서 구운 디너롤빵 하나가 탄 것을 발견했다. 그 빵을 집어 던지면서 캐롤에게 "도대체 너는 제대로 할 수 있는 게 하나도 없어."라고 소리쳤다. 한편 캐롤의 보고에 따르면, 제임스는 저녁식사를 하면서도 자녀들에게 역사, 시사, 일반상식에 관한 주제로 퀴즈를 낸다. 자녀가 틀린 대답을 하면 제임스는 공격적이 되어서 야단을 치고 벌을 주었다. 캐롤이 제임스에게 그렇게 공격적으로 대하지 말라고 부탁하자, 그는 자녀의 정신 상태를 훈련시키는 게 자기의 할 일이라고 대답했다. 제임스에 따르면, 그는 자신과 형제들이 양육된 방식 그대로 자신의 자녀를 양육하고 있다.

독자는 이미 수지와 수잔 그리고 지미와 제임스가 동일 인물이라는 것을 짐작했을 것이다. 완곡한 명칭과 분류가 적용되었던 지난 15년 동안, 수지의 불안정한 대인관계, 자기의혹, 부정적인 자기이미지, 불안정한 정서, 충동성, 그리고 지미의 강박적이며 자기 처벌적이고 자신이나 주변 사람들에게 지나치게 요구를 하는 방식은 점점 더 강화를 받아 왔고, 그들의 생활방식에 깊이 스며들었다. 적절한 진단을 받았다면 성공적으로 치료될 수도 있었을 텐데, 두 사람 모두 어렸을 때 적절한 진단을 받지 못했기 때문에 수년 동안 잘못된 부분적인 치료를 받았던 것이다.

Kernberg, Weiner와 Bardenstein(2000), Bleiberg(2001), Freeman과 Rigby (2003)는 다음과 같은 의문을 제기했다. 어떤 특성을 가진 아동들이 후에 성격장애가 될 전조 증상을 보이는가? 아동기나 청소년기 동안에 성격장애 진단을 내릴 수 있는가? 임상가들은 이 질문에 대해 수긍하기도 하고 부정하기도 하는 등 이견을 제시해 왔다. 그들의 대답은 수많은 윤리적, 법적, 개념적 쟁점과 연관되었다. 이 장의 목적은 이런 질문들을 다시 제기하고, 아동 · 청소년에게 성격장애를 진단하는 문제에 대한 찬반논쟁을 하는 데 있다. 우리는 인지행동 모형의 범위 안에서 이 문제에 대해 고찰할 것이고, 어떤 기법이 아동 · 청소년들에게 유용할지 검토할 것이다.

1952년에 『정신장애 진단 및 통계 편람(*Diagnostic and Statistical Manual of Mental Disorders: DSM*)』이 발간된 이래, DSM은 사람의 심리적 문제를 진단 범주에 따라 분류하고 간략한 기술적 진술문을 제공했다. DSM-III(1980)가 발간된 이후에 비로소 이들 범주 각각에 대한 일련의 명백한 기준들이 제시되었다. 하향식(top-down) 패러다임으로 간주되는 DSM의 제작과정은 위원회가 장애에 대한 개념을 제안하는 것부터 시작되었고, 그런 다음 질병분류학에 대한 경험적 지지에 근거하여 각 장애를 정의하는 특징적 기준들을 선택하는 방식으로 진행되었다. 여섯 번의 개정을 거치면서 DSM의 범주들도 바뀌었다. 몇 가지가 추가된 반면, 다른 몇 가지는 삭제되거나 진단 범주가 아닌 연구 주제로 바뀌었다. 그러므로 우리는 현재 DSM-IV-TR(2000)에 기술되어 있는 특정 장애가 바위에 새겨진 것처럼 확정된 것이 아니라는 점을 명심해야 한다. DSM에 포함된 장애들은 현재 규정하고 있는 것일 뿐이고, 현재 쓰고 있는 언어로 고찰해야 한다.

DSM-Ⅲ는 진단이 1차적 임상증후군 그 이상의 것을 반영할 수 있도록 다축체계(multiaxial system)의 개념을 도입했다. DSM-Ⅲ가 다축체계를 채택한 중요한 이유는 정신장애를 성격장애와 확실히 구분하기 위해서였다. 이후에 DSM-Ⅲ-R (1987), DSM-Ⅳ(1990), DSM-Ⅳ-TR(2000)도 계속해서 다축적 진단체계를 유지했다(Maxmen & Ward, 1995). DSM-Ⅲ에서 이루어진 가장 적절한 변화 가운데 또 다른 하나는 이론적 모형이 정신역동 모형으로부터 행동주의에 근거한 모형으로 바뀌었다는 것이다.

모든 정신건강 서비스 영역에서 성격장애를 가진 사람들을 자주 만날 수 있다. 아마도 대부분의 임상가들은 치료 담당 건수 중에 성격장애 진단을 받은 사람이 가장 어려운 사례라고 대답할 것이다. 이런 반응에는 여러 이유가 존재한다. Freeman과 Jackson(1998)이 "성격장애의 진단은 좋지 않은 감정을 불러일으키며, 부정적인 예후와 치료의 어려움을 시사하며, 치료 안팎으로 어려움이 예측되며, 행동화(acting out)의 가능성이 있으며, 자신과 타인에게 위험을 초래할 행동을 보일 가능성도 있으며, 최악의 경우 이 모든 것이 함께 발생할 가능성이 있다."(p. 319)라고 언급한 데서도 그 이유를 찾을 수 있다.

우리는 성격장애가 아동 · 청소년에게도 발생 가능함을 인정할 수 있고 또 인정해야 하며, 성격장애 아동 · 청소년도 적절한 진단과 치료를 받을 수 있으며 또 받아야 한다고 주장한다. 만일 수지에게 일찍 성격장애 진단이 내려졌다면 더 집중적인 조치가 취해졌을지도 모른다. 왜 수지는 몇 년을 기다린 후에야 비로소 이런 장애로 진단을 받은 것일까? 만일 어떤 동물이 오리처럼 걷고 오리처럼 보이고 오리처럼 꽥꽥거린다면 그것이 오리일 가능성이 가장 높고 오리로 간주해야 한다는 주장을 누군가는 할 수도 있을 텐데 말이다.

아동 · 청소년의 성격장애 진단에 대한 반대 입장

수지와 같은 아동 · 청소년에게는 (그 시기가 언제든지) 성인 초기까지 성격장애 진단을 내려서는 안 된다는 주장이 있다. 18세가 되면 성인으로 성숙한다는 주장은 서양에서나 수용되는 입장이지, 다른 많은 문화권에는 적용되지 않는다. 심지어 서양 문화권에서조차 일부 하위집단에는 이러한 주장이 적용되지 않는다. 투표권, 총기소지권, 성격장애 진단을 받을 권리는 임의적이며 문화적으로 암시되는 성인기 진입점에 의해 지정되어서는 안 된다.

대부분의 임상가들은 성격병리가 아동 · 청소년기에 시작된다는 데 일반적으로 동의하며, 성격장애를 지닌 대부분의 성인들은 아동 · 청소년기에 이미 성격장애의 징후를 보인다. 그럼에도 불구하고 성격장애의 조기진단에 이의를 제기해 왔다는 것은 놀랄 만하다. 정신장애를 되도록 조기에 다룰 가능성이 있다면 그때가 언제든지 그 가능성에 최대의 우선순위를 두고 때를 놓쳐서는 안 된다.

아동기 성격장애 진단에 반대하는 사람들은 아동의 신체와 성격이 급속도로 발달하며 계속적인 변화과정 중에 있다는 점을 강조한다(Bleiberg, 2001; Freeman & Rigby, 2003). 심각한 정신장애를 스냅사진 찍듯이 진단한다면 그 사람에 대한 부정확한 견해를 갖게 만든다는 것이다. 임상가가 한 사람을 평가할 때는 전체 상태를 보거나 작은 부분을 보겠지만, 그 후에 평가자료, 학교기록, 부모 및 보호자의 보고, 친구와 형제자매의 보고에 근거하여 처음의 스냅사진을 디지털 방식으로 개선한다. 즉, 처음에는 세부 사항이 부족한 개략적인 견해를 제시했지만, 이제는 더욱 상세한 세부 사항을 분명하게 알 수 있도록 보완한다. 가정(assumptions)과 불필요한 일반화를 피하기 위해 임상가는 되도록 많은 정보와 타당한 확증을 수집한다. 이렇게 하면 아동 · 청소년이 현재 환경 안에서 어떻게 상호작용하고 있는지를 관찰할 수 있고, 이에 관한 보고서를 얻을 수 있다. 임상가는 그 사람이 살며 일하고 학교에 다니는 다양한 맥락 안에서 어떻게 기능하는지에 관해 가정을 할 수도 있다. 그러나 궁극적으로 전체 상황에 대해 완전히 이해하려면 과거력에 대한 종합적인 이해가 필요하다. 사실상 행동은 맥락에 따라 달라질 것이며 전반적인 행동 패턴도 변할 것이다. 우리는 성격장애의 조기진단을 비판하는 주장에 대해 다음과 같이 답변하고자 한다. 모든 진단은 잠정적이며, 내담자에 대해 그리고 의심되는 장애에 대해 더 많은 정보를 수집하면 또한 더욱 크고 분명한 개념을 갖게 되면 진단을 정정할 수 있으며 또 정정해야 한다.

아동 · 청소년에게 성격장애의 진단을 내리는 것이 불법임을 지적하는 사람들에게 진단기준만 보지 말고 문헌을 더 많이 읽어 보라고 추천하고 싶다. 진단기준만 보면, 문제가 '성인 초기까지는(by early adulthood)' 드러나기 시작한다고 되어 있다. 이것은 성인 초기에 문제가 시작된다는 것을 의미하지 않는다. 오히려 증상들이 성인 초기 이전에 이미 시작되었음을 시사한다. 사실 DSM-IV-TR(2000)에 따르면, "성격장애는 개인의 특별한 부적응적 성격 특성이 전반적이고 지속적이며, 특정 발달단계나 제1축 장애의 일화에 제한되지 않는 비교적 특이한 경우의 아동 · 청소년에게 적용될 수 있다. 아동기에 나타나는 성격장애의 특징들은 성인기 삶에까지 지속되지 않는다는 것을 인식해야 한다. 18세 이하의 아동 · 청소년에게 성격장애 진단을 내리려면 그런 특징들이 적어도 1년 동안 나타나야 한다. 그러나 반사회적 성격장애는 예외다. 이 장애는 18세 이하의 아동 · 청소년에게는 진단될 수 없다. 정의상 성격장애가 늦어도 성인 초기까지는 발병해야 할지라도, 사람들은 그 이후가 되어서야 임상적인 관심을 받게 된다" (p. 687).

진단이 미뤄지는 이월진단은 성격장애의 본질적인 문제다. 이 문제는 아동 · 청소년의 성격장애 진단을 반대하는 주장을 유도했다. 아동 · 청소년이 성격장애로 최종 진단을 받게 되면 교사나 임상가, 양육에 관여하는 모든 사람들이 아동 · 청소년을 쉽게 포기할 것이라고 믿는 사람들이 있다. 그러한 주장은 다음과 같이 표현된다. "어떻게 당신은 한 아이에게 그런 이름을 붙일 수 있나요? 일단 진단이 내려지면 그 진단명이 평생 그 아이에게 붙어 있을 것을 모른다는 말인가요?" 우리도 이런 시나리오가 가능하리라고 인정하지만, 그렇다고 해서 성격장애 말고 다른 진단이 가능할 것 같지도 않다. 사실 성격장애는 평생 약물치료를 필요로 하는 양극성장애보다 훨씬 덜 경멸적일 수 있는데도 말이다. 충동성, 우울, 저조한 분노통제 같은 증상들을 안정시키는 일이 유익하며, 어떤 경우에는 치료를 시작하기 위해 이런 증상들을 안정시켜야 할 필요가 있다. 그러나 그 사람의 핵심 신념과 태도 그리고 병리에 대해 인정하지 않는다면, 얻을 수 있는 것이라곤 기껏해야 상태의 안정과 유지뿐이다.

Freeman과 Rigby(2003)는 아동 · 청소년에게 성격장애가 실제로 있다고 받아들이면 의료과실이 초래될 수 있음을 우려했다. 그러므로 사회적 또는 문화적 배경이 다른 집단에게 부적절한 진단이 내려지지 않도록 신중을 기해야 한다. 이 장애를 진단하려면 행동이 그 사람의 문화적 기대에서 현저하게 이탈해야 한다. DSM-IV-TR(2000)에서도 명시했듯이, "성격기능에 대한 판단을 할 때는 그 사람의 인종과 문화, 사회적 배경을 반드시 고려해야 한다. 이민에 뒤따르는 문제 또는 그 사람의 원래 문화가 믿고 있는 습관, 인습, 종교적 및 정치적 가치의 표현을 성격장애로 혼동해서는 안 된다. 특히 출신 배경이 다른 사람을 평가할 때는 그 사람의 문화적 배경에 대해 잘 아는 정보 제공자로부터 추가 정보를 수집하는 것이 유용하다" (p. 687).

평 가

제2축 진단(Axis II diagnosis)이 내려질 만한 아동 · 청소년은 누구든지 종합평가를 받아야 한다. 임상가는 다양한 상황에서의 행동, 정서, 인지를 평가해야 하며, 가족력과 발달력을 철저히 조사해야 한다. 현재와 과거의 교사들, 가족, 일차 양육자를 면담하기 위해 모든 노력을 기울여야 한다. 이는 현재의 호소문제가 얼마나 만성적인지, 얼마나 전반적인지를 평가를 하는 데 도움이 된다(Freeman & Rigby, 2003). 성격 특성은 사람이 환경과 자신에 대해 지각하고 생각하며 관계를 맺는 영속적인 패턴으로, 다양한 사회적 및 개인적 맥락에서 드러난다. 이에 대해 다음의 세 가지 질문을 제기할 수 있다. (1) 정신건강 전문가 집단은 행동을 수정하기 위해 어느 시점에서 개입하는가? (2) 상황이 급성이 아닌 만성이라는 것을 어느 시점에서 결정하는가? (3) 어떤 행동 패턴이 부적응적이라는 것을 어느 시점에서 판단하는가? DSM-IV-TR(2000)에 따르면, 성격 특성이 확고하고 부적응적이며 중대한 기능손상이나 주관적 불편을 초래할 경우에만 성격장애로 진단한다. 이러한 영속적인 패턴은 다수의 개인적 및 사회적 상황에 걸쳐서 확고하고 전반적이며, 사회적, 직업적 영역 그리고 기타 중요한 기능 영역에서 임상적으로 유의한 불편함이나 손상을 초래한다. 성격장애는 그 사람이 속한 문화가 기대하는 것으로부터 현저하게 이탈된 내적 경험이나 행동의 지속적 패턴이라는 특징을 갖는다. 이러한 패턴은 인지, 정서, 대인관계 기능, 충동조절의 영역 가운데 적어도 2개 영역에서 나타난다.

Freeman과 Rigby(2003)에 근거하여, 우리는 다음과 같이 평가와 관련된 질문을 제기하고자 한다.

- 보고되거나 관찰된 행동이 정상적인 발달로 설명될 수 있는가? 예를 들면, 의존적인 3세 아동은 정상이다. 그러나 동일한 의존성이 15세 청소년에게서 보

고되거나 관찰된다면 그것은 문제가 된다.

- 행동이 시간이나 장면에 따라서 변하는가? 행동이 순환적이며 가변적이고 예측 불가능한가, 아니면 항상 일관성이 있으며 예측 가능한가? 확실히 성격장애는 전반적이고 지속적이며 큰 변화를 보이지 않을 것이다.
- 행동이 아동의 실제 연령과 그의 인지적, 정서적, 사회적 및 행동적 연령 간의 차이에서 비롯되는가? 발달단계에 관한 쟁점을 평가해야 한다.
- 아동이 상이한 환경에서 비슷하게 기능하는가? 집이나 학교 등 아동이 처한 상황에 따라서 행동이 달라지는가?
- 행동이 문화와 관련되는가? 예를 들면, 눈맞춤을 시작하거나 유지하는 데 어려움을 보이는 행동이 문화와 관련되는가?
- 누가 의뢰를 했으며, 왜 이 시점에서 의뢰가 이루어졌는가? 아동이 힘들어하는가 아니면 아동이 다른 사람들을 힘들게 하는가? 왜 그런가?
- 부모와 교사가 의뢰 사유, 요구, 목적에 관해 일치된 의견을 갖고 있는가? 만일 그렇다면, 문제가 얼마나 전반적인지를 평가해야 한다.
- 의뢰에 응하는 임상가는 어떤 기대를 하고 있는가? 예를 들면, 아동의 행동은 가족이나 사회경제적, 사회문화적으로 비슷한 맥락 안에 있는 다른 아동들의 행동과 어떻게 비교되는가? 그 아동의 행동은 자신의 연령에 속하거나 사회집단 안에 있는 다른 아동들의 행동과 어떻게 비교되는가?
- 아동의 행동과 관련된 발달력은 어떠한가? 즉, 그 행동은 얼마나 오래 존재해 왔는가? 자극을 받았을 때 시작된 행동은 얼마나 오래 지속되는가? 아동이 행동을 통제하거나 철회할 수 있는 능력을 가지고 있는가? 발달력과 맥락이 그 실태를 명확하게 해 줄 것이다.
- 아동이 행동을 변화시키는 데 관심을 갖고 있는가? 행동의 자아동질적(ego-syntonic) 특성은 성격장애를 상징한다. 사실상 성공적이고 동기가 높은 아동의 경우, 그 아동의 강박적 양식은 학교와 부모에 의해 강화받는 것일지도 모른다.
- 사람들은 아동의 행동에 대해 서로 다른 견해를 가지고 있는가? 임상가가 제공하는 정보는 신뢰할 만한가? 예를 들면, 집안에서 아동이 보이는 행동에 대해 부모는 어떻게 보고하는가? 아동은 형제자매, 이웃 친구, 취미활동, 스포츠, 지

역사회 단체, 교회활동, 성인 친척, 애완동물 및 자기관리와 어떻게 관련되어 있는가?

- 반복적인 신체적 · 정서적 · 성적 · 언어적 학대가 존재하는가? 훈육과 아동학대에 대한 부모의 견해는 고려해야 하는 중요한 요소다.
- 사회적 규범에 비추어 볼 때, 부모의 행동이 부적절하게 성적이거나 유혹적인가? 근친상간이 의심되는가?
- 부모는 아동의 사생활에 대해 어떻게 생각하는가? 가족 구성원 간의 경계가 어떻게 수립되고 유지되는가? 아동이 다른 아동들과 맺고 있는 관계를 부모가 부적절하게, 비합리적으로 또는 부당하게 간섭하는가?
- 사회적 규범에 비추어 볼 때, 개인위생과 관련해 부모가 아동에게 불필요한 정도로 부적절하게 관여하는가?
- 현재의 의뢰가 이루어진 계기는 무엇인가? 보호자의 의도가 이타적인가, 아니면 장애, 사회보장, 친권이나 다른 편의를 얻으려는 시도인가? 만일 그렇다면, 그것은 합당한 요구인가?
- 현재의 행동을 평가할 때는 동일한 행동이 과거에는 어떤 기능을 했는지를 결정해야 한다. 행동의 가치와 목적에 관한 두 가지 질문을 탐색해야 한다.
- 이 시점까지 가족은 어떻게 대처해 왔는가? 그들은 난처해하는가? 심리개입을 기대해 왔는가? 그것을 환영하는가? 이것이 가족 규범의 일부인가? 다른 가족도 심리서비스를 받고 있는가?
- 청소년을 대상으로 한다면, 이성교제와 관계의 과거력에 관해서도 탐색해야 한다.
- 행동의 항상성과 일관성을 평가할 때, 최근에 마음의 동요를 일으킨 사건(예: 이사, 전학, 가족이나 친구의 사망)이 있었는지 확인했는가? 타임라인의 작성은 다수의 연속적 사건들을 평가하는 데 도움이 될 것이다.
- 아동 · 청소년의 자기지각은 이상적인 자기상 또는 되고 싶어 하는 인물상과 다른가? 예를 들면, "나는 절대로 실수를 저지르면 안 돼."라는 핵심 신념이 증명하듯이, 강박적인 청소년은 실제로 존재하는 타인이나 지각된 타인으로부터 완벽해야 한다는 압력을 지속적으로 받는다.
- 아동은 자신의 삶에서 누구를 지지자 또는 안정적인 인물로 간주하는가?

• 임상가가 누구를 잠재적 치료동맹으로 간주할 수 있는가? 이것은 반드시 제기해야 할 필수적인 질문이다.

개념화

인지치료는 행동이 적응적이며, 개인의 사고, 감정, 행동이 상호작용한다는 가정에 기초한다(Dobson & Dozois, 2001; Freeman & Reinecke, 1995; Reinecke, Dattilio, & Freeman, 2003). 아동 · 청소년을 위한 인지행동치료의 두드러진 특징은 개인의 인지적 및 지각적 과정의 빌딩이 그의 행동 레퍼토리를 형성한다는 것이다.

Beck, Freeman, Davis와 동료들(2004)은 성격장애를 평가하는 전문가는 성격장애의 일반적인 정의와 각 장애별로 특수한 기준들을 알고 있어야 한다고 주장했다. 성격구조의 내용에 지나치게 집중하면 성격장애의 일반적인 기준들을 간과하거나 완전히 이해하지 못할 수도 있기 때문이다.

CBT는 상황을 해석하는 방식이 그 상황에 대해 느끼고 행동으로 반응하는 방식에 매우 강력한 영향을 미친다고 본다. CBT는 상호작용적이며 문제중심적이다(Kuehlwein, 2002). Freeman 등(1990, 2004)은 Beck, Rush, Shaw와 Emery(1979)를 인용하여 CBT 접근을 '협력적 경험주의(collaborative empiricism)'로 묘사하였다. 이 개념을 약술하면, 내담자의 사고와 신념, 가정을 검증하고, 신념을 평가하고 도전하거나 재구성하기 위해서 전문가와 내담자가 협력해야 한다는 것이다. 이러한 협력이 효과적으로 일어나려면, 전문가와 내담자는 치료목표에 대해 합의해야 한다. 어떤 아동 · 청소년이 이러한 기술을 발달시킬 수 있는지는 상당히 의심스럽다. 아동 · 청소년의 인지적 정보처리가 구체적 조작기에 머물러 있거나 심지어 전조작기에 해당된다면, 인지적 개입이나 정서적 개입보다는 훨씬 더 조작적이고 행동적인 개입을 해야 한다.

이러한 초기평가와 개념화를 한 후에는 부모, 아동과 함께 합의한 목표에 대해 의논하고 우선순위를 정해야 한다. 성격장애 학생들 대부분은 Freeman과 Dolan이 말한 변화의 반숙고 단계(anticontemplative stage of change)에 있으므로(Freeman & Dolan, 2001 참조), 목표수립에 많은 시간과 노력을 들여야 할 것이다. 이 시점에서는 아동 · 청소년이 숙고(contemplation), 심지어 전숙고(precontemplation)조차도 할 수 없다. 적어도 변화를 고려하는 전숙고 단계로까지 그들을 끌어올리는 것이 대단히 중요하다. 우리는 이것을 '개입의 발판 세우기(building an intervention)'라고 한다(Freeman & Dolan, 2001). 이때 변화에 대한 아동과 그의 가족 그리고 지지체계의 준비 정도를 평가해야 한다. 되도록 많은 협력을 구하는 것이 대부분의 사람들에게 대체로 좋은 방략이기 때문이다.

발달적 쟁점

협력적 경험주의, 합리적 논박, 역기능적 사고 기록지(Dysfunctional Thought Records: DTRs), 소크라테스식 질문, 숙제의 활용은 CBT의 핵심 요소이다. 그런데 이러한 주요 요소들은 아동이나 어린 청소년보다는 나이가 많은 청소년이나 성인에게 더 효과적이다. 성인 대상의 CBT는 잘못된 귀인, 손상되거나 제한적인 문제해결, 인지왜곡, 부정적인 자동적 사고, 부정적 도식 및 잘못된 지각에 초점을 둔다. 이러한 개입은 자신의 경험을 묘사하고 정서를 명명하며 사고와 감정의 관계를 찾아내는 데 한계가 있는 어린 아동에게는 어렵다(Knell & Ruma, 2003). 인지행동 맥락에서 우리는 다음의 두 가지 선택에 직면한다. 즉 (1) 개입을 단순화하기, (2) 아동 · 청소년이 그러한 기법을 통해 혜택을 받는 데 필수적인 기초기술의 발달을 돕기. 변화를 시작하기 위해 갖추어야 할 두 가지 요인은 (1) 변화를 일으키는 기술, (2) 변화하고자 하는 동기다. 모든 유형의 치료에서와 마찬가지로, 변화가 일어나려면 환자는 치료에 전념해야 하며(적어도 관심을 가져야 하며) 치료의 가치를 발견해야 한다. 이는 아동, 가족 및 지지체계 모두에게 적용된다. 수지와 지미의 예에서 그들의 가족과 지지체계는 변화에 저항적이었다.

치 료

성격장애는 성인에게만 진단된다는 믿음이 틀린 것처럼, CBT는 성인만을 위한 개입이라는 가정도 틀린 것이다. 나중에 논의하겠지만, 아동 · 청소년을 위한 CBT의 가능성은 매우 크다. 그런데 아동 · 청소년을 대상으로 하는 CBT는 성인을 위해 개발된 기법을 단순화시킨 것만으로는 도움이 되지 못한다. 아동은 사회성, 언어, 인지의 측면에서 정교함이 부족하므로 성인용 기법을 수정하지 않은 채 사용하면 아동에게 별 혜택을 주지 못할 것이다(Reinecke et al., 2003).

비교적 최근까지 성격장애 치료와 관련된 주요 동향은 줄곧 정신역동치료를 중심으로 한 것이었다. 사실 경계선 성격장애, 자기애적 성격장애, 히스테리성 성격장애는 주로 정신역동 분야에서 연구되었다.

CBT는 치료와 관련하여 다음의 두 가지 요소에 초점을 둔다. 첫째, 문제에 대한 아동의 통찰을 강조하기보다는 정보의 잘못된 해석, 현실 검증, 연속선상에서의 적응적 반응 등 구체적 개념에 초점을 두어야 한다. 둘째, 기본적인 문제해결 기술 등 다양한 기술의 증진을 목적으로 한다. 치료의 전반적인 목적은 아동이 현재 가지고 있는 대처기술 레퍼토리를 향상시키고 추가하는 데 있다. CBT 임상가는 개인이 환경에 대해 가진 자신만의 독특한 지각에 비추어 환경에 반응하는 방식을 문제로 개념화한다. 인지모형은 구조화된 도식을 이론적으로 설명한다. 여기서 구조화된 도식은 발달과정을 거쳐 능동적으로 구성되며, 입력된 정보의 지각, 처리, 회상, 해석, 분석을 관리하는 판형(template)으로 개념화될 수 있다. 도식은 입력된 경험을 선택하며, 조직하고, 습관적인 정서적 · 행동적 전략으로 전환하는 과정을 돕는다. 이러한 도식이 역기능적이거나 왜곡되면 주변 환경에 대해 부적응적으로 반응하는 패턴이 초래된다. 부적응적 전략은 습관화되거나 강화되어서, 대인관계, 사회적, 직업적, 학업적 기능에 반복적이며 전반적인 손상을 초래한다. Beck, Freeman, Davis와 동료들(2004)은 과도하게 혹은 과소하게 발달된 인지적 가정의 존재가 문제임을 인정한다. 예를 들면, 편집형 성격장애를 가진 사람은 완전히 우호적인 상황에 있을 때에도 다른 사람에 의해 마음의 상처를 입거나 이용을 당한다는 일반화된 왜곡된 인지적 기대를 자동적으로 갖게 된다(Millon & Davis, 1996).

Beck과 동료들(2004, p. 21)은 다양한 성격장애를 설명하는 구체적인 도식에 관한 모형을 구축했다. 그들은 각각의 성격장애에 따라 전형적인 인지양식 및 행동양식을 보일 수 있다고 하였다. 핵심 신념이라고도 알려진 이러한 기본적 신념과 태도를 파악하는 것은 치료전략을 개념화하는 데 유용하다.

어떤 도식이 아동의 인지, 정서, 행동을 조종하는지를 확인하는 일이야말로 임상가가 맡아야 할 핵심적인 책임이다(Freeman, 1983; Freeman & Leaf, 1989; Freeman, Pretzer, Fleming, & Simon, 1990, 2004; Freeman & Rigby, 2003). Beck과 동료들은 역기능적 신념이 쉽게 의식적으로 인식될 수 있다고 하였다(Beck, Rush, Shaw, & Emery, 1979; Beck, Freeman et al., 1990; Beck et al., 2004). 이론적으로, 자신, 세상, 미래에 대한 핵심 신념은 무의식적인 것처럼 보이는데, 이것은 여타의 사고와 행동 습관들도 자동적이 되고 인식 밖에 놓이게 되는 동일한 비병리적 기제 때문이다(Young, 2002).

Kendall과 Choudhury(2003)의 보고에 따르면, CBT를 아동 · 청소년 문제에 적용하려던 초기의 노력은 성인을 괴롭혔던 아동기의 외현화 문제를 다루는 데 초점을 둔 것이었다. 파괴적 행동장애의 치료에 CBT가 타당하다는 결과가 입증된 후에 내재화 장애로 관심이 돌려졌다. 최근에서야 아동 · 청소년의 성격장애 진단이 고려되고 있다(Bleiberg, 2001; Freeman & Rigby, 2003; Kernberg, Weiner, & Bardenstein, 2000). 과거 10~15년 동안 아동 · 청소년을 대상으로 하는 CBT가 급속도로 발전했다. Reinecke와 동료들(2003)은 성인 대상의 개입을 지지하는 수많은 문헌에 비해, 지난 20년간 수행된 아동 · 청소년 대상의 개입은 경험적 지지를 많이 받지 못했음을 인정했다. 그럼에도 불구하고 Reinecke와 동료들은 아동 · 청소년의 정서 · 행동문제를 위한 인지행동치료의 효과성과 전망에 대해 논했다. CBT는 아동 · 청소년의 심리문제 치료와 관련하여 가장 폭넓게 연구된 접근이다(Henin, Warman, & Kendall, 2002). 성격장애의 치료에 CBT가 얼마나 효과적인지에 관한 연구는 아직 부족하지만, 성격장애 치료를 위한 지속적인 임상개입을 지지하는 경험적 증거가 있다. 성격장애는 외래 환자 중 대략 50%를 차지한다. 따라서 Beck과 동료들(2004)은 더 많은 경험연구가 완료될 때까지 이론연구와 임상연구를 중단하는 일은 있을 수 없다고 주장했다.

성격장애가 있는 아동 · 청소년 내담자는 조력활동을 헛수고로 만드는 데 아주 능숙하며, 따라서 그들과 함께 작업하기가 매우 어렵다. 왜냐하면 부적응적 행동으로 확실하게 간주될 수 있는 어떤 행동이 다른 시점에서는 정서적 생존에 기여하기 때문이다. 결국에는 성격장애로 진단받게 할 수도 있는 행동 패턴이 한때는 그 사람의 발달에서 중요하고 의미심장한 역할을 할 수도 있다. 따라서 성격장애 아동 ·

청소년이 성장하면서 그들이 사용하는 행동 패턴과 부적응적 전략은 점점 더 뿌리 깊게 박힐 위험에 놓이게 된다.

정상과 장애 사이에 그어졌던 경계가 없어지기 시작했다. 많은 역기능적 신념들이 전반적인 인지적 조직의 한 부분이 되면서 정상과 장애를 구분하기가 어려워졌다. 전반적인 인지구조의 어떤 부분이 관심의 대상이 되어야 할지를 결정하려면 상당한 시간과 정밀성이 요구된다. 따라서 증상에 대한 저조한 통찰, 그리고 증상을 전형적인 것으로 보는 인식은 어떤 다른 일시적인 정신건강 장애보다도 성격장애를 개념화하기 더욱 어렵게 만든다.

일차적 양육자의 상실 등 사람을 불안정하게 만드는 사건은 그 사건을 겪지 않았나면 유지할 수도 있었던 적절한 수준의 기능을 악화시키기에 충분하다. 정서적 생존을 확보하려고 애쓰는 수단은 자신뿐만 아니라 가족에게조차 믿기 어려울 정도로 심한 스트레스와 고통을 준다. 따라서 내담자가 유발한 정서적 반응을 임상가가 관리하지 못하면, 치료는 실패로 끝나 버리게 된다(Bleiberg, 2001; Freeman & Rigby, 2003).

Reinecke 등(2003)은 Mahoney와 Nezworski(1985)의 연구를 인용했는데, 이 연구는 이성과 합리성에 기반을 둔 심리치료 모형들이 아동·청소년의 발달적 쟁점과 직면과제에 민감하지 못하다는 것을 언급했다. 현존하는 문헌을 보면, 아동·청소년이 관계의 신뢰성, 개인의 안전, 가족의 안정에 대해 가정하고 있는 무언의 신념에 대한 평가는 별로 이루어지지 않은 것 같다.

가정과 학교 시스템 각각을 또는 하나의 팀으로 개입에 포함시키지 않는다면 아동의 치료가 불가능하다는 점을 명심해야 한다. Freeman(2003)은 최악의 치료 실패로 끝났던 15세 남자 청소년의 사례를 소개했다. 다년간의 임상경험에도 불구하고 Freeman이 청소년 내담자의 어머니가 지닌 파워와 영향력을 인정하고 수용하지 못했던 것이 치료의 실패를 초래했다. 그 어머니는 자기의 파워가 제한될 것이라고 믿는 순간 곧바로 치료를 반대했고, 결국 아들의 치료를 중단했다. 부모, 교사, 학교상담자, 임상전문가 또는 가족치료 전문가, 가족주치의, 정신과 의사, 학교심리학자를 포함한 팀 접근을 시행했어야 했다. 우리는 이상적인 사례관리자로 학교심리학자를 추천한다. 학교심리학자는 어떤 정보를 수집해야 할지를 알고 있으며, 이를 조정하는 데 필요한 지식과 배경 그리고 지위를 가지고 있다. 또한 학교심리학자는 학급에서 시행할 수 있는 치료 프로토콜을 개발할 능력도 갖추고 있다. 그러나 만일 학교심리학자가 평가활동에 주력할 수밖에 없는 현실에 처해 있다면 그만큼 개입을 설계하는 활동을 하기가 어려울 수 있다. 그럼에도 불구하고 팀에 있는 누군가는 조정기능을 담당해야 한다. 그렇지 않으면 아동이 시스템 안에 벌어져 있는 수많은 큰 틈 사이로 떨어져 버릴지도 모른다. 아동과 부모가 치료에 적극 참여해야 할 필요가 있다는 것을 치료 초기부터 분명하게 알려야 한다. 성격장애의 가족 관련 측면은 간과할 수 없으며 경시할 수도 없다. 또한 성격장애를 가진 사람, 특히 반사회적 성격장애나 경계선 성격장애의 진단이 내려진 사람은 일반적으로 경계선에 대한 의식이 부족하다. 따라서 관련된 모든 사람들에게 기대되는 행동과 목표를 명시해야 한다.

CBT 회기를 구성할 때는 무엇이 아동과 지지 시스템의 능력을 변화시키는지, 그런 변화가 시스템에게 어떤 가치로 인정되는지를 결정해야 한다. 누군가가 부모, 아동 및 가족의 행동을 심란하다고 보았기 때문에 치료서비스를 받으러 왔을 가능성이 높다. 때로 그들은 처벌적인 개입을 피하려는 동기를 가지고 있을 수도 있다. 그러므로 치료 초기에는 치료의 혜택을 받고자 하는 동기를 갖게 만든 이기심을 적절히 활용하는 게 중요하다. 직접적인 직면을 가급적 피하고 안내된 발견(guided discovery)의 기법을 활용하여, 충동적 행위, 분노의 부적절한 표현, 행위의 결과에 대한 예측 실패 등이 내담자의 목표달성을 방해하는 방식을 확인할 수 있다(Freeman et al., 2004).

치료양식

상담 및 심리치료의 여러 회기를 조합하거나 순서를 바꾸어 보면, 상담 및 심리치료의 양식을 매우 많이 구성할 수 있다. 특정 양식은 임상적 목표, 내담자의 접근 가능성, 그리고 치료에 대한 그 당시의 요구에 따라 결정된다. 치료가 진행되는 과정 중에 치료양식이 바뀔 수도 있다.

1. 아동 · 청소년만 따로 볼 수 있다. 그러나 우리는 이 방법을 추천하지 않는다. 가족의 참여가 없다면, 회기 중에 실시되는 것이 무엇이든지 치료를 마치고

집으로 돌아가는 도중에 아동 · 청소년은 원상태로 되돌아갈 것이다.

2. 아동과 부모를 함께 볼 수 있다. 이 방법은 부모를 치료회기에 직접 참여하게 한다. 또한 임상가는 부모를 치료동맹으로 참여시킨다. 이를 통해 임상가가 특수한 행동개입 기법을 부모에게 모델링할 수 있다. 이 방법은 아동 · 청소년과 부모의 상호작용을 관찰하는 진단의 기능도 한다.
3. 부모와 자녀를 번갈아 보거나 회기를 분리해 따로 볼 수 있다. 이 방법을 통해 부모는 자신의 개인적 문제를 다루기 위해 따로 임상가와 만날 수도 있고, 필요한 심리교육 활동에 참여할 수도 있다. 그리고 이 방법은 임상가가 아동과 함께 있는 시간을 제한하는 장점이 있다. 전통적으로 45~50분 지속되는 한 번의 치료회기에서 한 명의 아동을 보는 것은 합리적이지 못하나. 아동 · 청소년을 20분 정도 보고, 나머지 시간 동안에는 부모만 보거나 아동과 부모를 함께 보는 균형을 이루는 것이 더 유익하다.
4. 아동을 참여시키지 않은 채 부모를 볼 수 있다. Freud(1955)의 '작은 한스(Little Hans)'의 치료에서 단서를 얻을 수 있듯이, 부모는 변화의 도구가 될 필요가 있다. 만일 부모가 자녀양육 기술을 배우고 좌절감을 감소시킬 수 있다면, 결국에는 아동에게 유익한 효과가 생길 것이다.

치료동맹

성격장애가 있는 사람은 효과적인 치료관계를 수립하거나 유지하는 데 큰 어려움을 겪는다. 대인관계 문제는 성격장애를 가진 사람에게 발생하는 매우 흔한 문제다. 치료동맹(therapeutic alliance)은 한 사람이 가진 핵심 신념을 바꾸기 위한 강력한 도구가 된다(Young, 2002).

임상가는 치료 중에 아동, 부모, 가족, 상황 또는 학교정책과 교직원에 대한 자신의 반응(역전이)이 어떻게 나타나는지를 지속적으로 점검해야 한다. 임상가는 자신의 감정을 스스로 인정하지 않으면서 공포, 분노, 혐오를 드러내는 일을 하지 않도록 조심해야 한다. 그런 감정이 존재할 수도 있음을 나타내는 그 어떤 징조라도 주의 깊게 지켜봐야 한다. 예를 들면, 어떤 임상가가 학교에 가서 아픈 자녀를 집으로 데려와야 하는 개인적 문제 때문에 내담자와 약속시간을 다시 잡아야 하는 상황에 놓여 있다고 하자. 내담자는 임상가의 그런 행동을 미움과 거절의 반응으로 해석했다. 불행하게도, 임상가는 그 내담자의 그런 반응을 알아차리지 못했다. 몇 주가 지난 후에 내담자와 임상가의 관계는 손상된 것으로 드러났고, 치료가 진전되지 못하고 내담자의 문제는 악화되는 듯 보였다. 잘못된 해석을 피하기 위해 그런 문제는 신속하게 처리하는 게 중요하다. 물론 자기노출을 신중하게 활용해야 한다. 임상가에 대해 많이 아는 것을 우정으로 해석할 수도 있지만, 사실상 이것은 많은 내담자들에게는 겁나는 일이다. 또한 성격장애를 가진 아동 · 청소년과 그들의 부모는 위협, 회피, 강압, 불신 및 자기회의를 잘 견뎌 낼 수도 있다. 예를 들면, 품행장애 진단을 받은 아동의 아버지가 임상가에게 임상가가 사는 곳을 알고 있으며, 그 집 앞을 운전해 지나간 적이 있다는 말을 무심코 했다고 하자. 임상가는 이 모든 경우에 동요되는 모습을 보이지 않아야 한다. 규칙의 테두리를 넘어서는 것이 수용될 수 있다는 생각을 강요하거나 조장하지 않기 위해서, 임상가는 적절한 행동을 일관성 있게 보여 주어야 한다. 이는 경계선 성격장애나 반사회적 성격장애를 가진 아동 · 청소년을 만날 때 특히 그렇다. 구조의 수립과 유지는 내담자를 더욱 협력적이게 만들고, 궁극적으로는 변화에 필수적인 치료동맹을 강화할 수 있다(Beck, Freeman, Davis, & Associates, 2004; Freeman et al., 1990, 2004).

CBT를 실시하는 전문가는 내담자에게 인지와 행동의 연결고리를 알아차리고 점검하며 끊는 방법뿐만 아니라 더욱 적응적인 대처반응을 생성하는 방법을 훈련시키는 데 목표를 둔다. 또한 CBT 전문가는 내담자로 하여금 자신이 겪을 수도 있는 고위험 상황을 찾아내도록 격려하고, 만일 실패가 발생한다면 그 실패에 대비하고 실패를 관리하고 해결하는 방법을 탐색하도록 격려한다. 내담자가 변화를 만들어 내고 긍정적인 결과를 받아들일 때, 문제에 자신이 기여한다고 보는 자기귀인을 하도록 격려한다(Meichenbaum, 2000).

미래의 고려 사항

"성인을 대상으로 하는 인지치료와 마찬가지로, 아동을 대상으로 하는 인지치료도 행동이 적응적이며 개인의 생각, 감정, 행동 간에 상호작용이 존재한다는 가정에 근거한다."(Reinecke, Dattilio, & Freeman, 1996, p. 2) 인지행동치료는 아동의 특수한 요구에 맞도록 수정될 수 있기 때문에 아동에게도 효과적일 수 있다. 치료적 개입은 통찰을 강조하기보다는 정보의 잘못된 해석, 현실 검증, 연속선상의 적응적 반응, 기본적 문제해결 기술 등 구체적 개념에 초점을 둔다. 인지행동치료는 폭 넓게 적용될 수 있으며, 더 나은 대처기술 목록을 발달시킬 목적으로 학교나 가정에서 겪는 일상적인 문제들을 다룬다. 이러한 기본 관점에 근거하여 시간관리 기술훈련, 주장훈련, 문제해결 훈련, 이완훈련, 사회기술 훈련, 자기관리 훈련, 행동분석 기술훈련, 활동계획, 자기모니터링, 적응적 자기말 등 다양한 인지행동 개입을 실시할 수 있다.

앞으로 아동·청소년의 성격장애 각각에 대한 프로토콜을 개발하고 연구를 수행해야 한다. 우리는 새롭고 더욱 효과적인 진단도구를 개발해야 하며, 사용해 본 경험에 비추어 기존의 도구를 개선해야 한다. 또한 치료를 위한 '최상의 서비스'를 평가해야 한다. 무엇이, 누구에게, 언제, 어떤 상황에서 가장 효과적인가? 우리는 치료의 이상적인 목표가 무엇인지를 평가할 수 있어야 한다. 또한 아동을 치료하기 위해 직원의 시간, 임상가의 노력, 경제적 비용을 감수할 준비를 갖추어야 한다.

아동·청소년에게 성격장애가 있다는 현실을 무시하고 그 문제를 경시하고 완곡한 용어를 찾아 씀으로써 이 장애가 현재 그리고 미래의 생활경험에 미칠 심각성과 영향력을 간과하게 된다. 아동·청소년에게 성격장애가 있다는 현실을 빨리 받아들일수록, 임상가는 적절한 평가, 개념화, 진단 및 치료를 위한 노력을 더욱 신속하게 기울일 수 있을 것이다. 마지막으로, 이상적이긴 하지만 성격장애가 존재한다는 현실을 인정하면 아동의 고통도 경감시킬 수 있을 것이다.

참고문헌

American Psychiatric Association. (2000). *Diagnostic and statistical manual of mental disorders* (4th ed., text revision). Washington, DC: Author.

Beck, A. T., Freeman, A., & Associates. (1990). *Cognitive therapy of personality disorders*. New York: Guilford Press.

Beck, A. T., Freeman, A., Davis, D. D., & Associates. (2004). *Cognitive therapy of personality disorders* (2nd ed.). New York: Guilford Press.

Beck, A. T., Rush, A. J., Shaw, B. F., & Emery, G. (1979). *Cognitive therapy of depression*. New York: Guilford Press.

Bleiberg, E. (2001). *Treating personality disorders in children and adolescents: A relational approach*. New York: Guilford Press.

Dobson, K., & Dozois, D. (2001). Historical and philosophical bases of the cognitive-behavioral therapies. In K. Dobson (Ed.), *Handbook of cognitive behavioral therapies* (2nd ed., pp. 3-39). New York: Guilford Press.

Freeman, A. (1983). Cognitive therapy: An overview. In A. Freeman (Ed.), *Cognitive therapy with couples and groups* (pp. 1-10). New York: Plenum Press.

Freeman, A. (2003). We're not as smart as we think we are. In J. A. Kottler & J. Carlson (Eds.), *Bad therapy: Master therapists share their worst failures* (pp. 123-130). New York: Brunner-Routledge.

Freeman, A., & Dolan, M. (2001). Revisiting Prochaska and DiClemente's stages of change theory: An expansion and specification to aid in treatment planning and outcome evaluation. *Cognitive Behavioral Practice, 8*, 224-234.

Freeman, A., & Leaf, R. (1989). Cognitive therapy of personality disorders. In A. Freeman, K. M. Simon, L. Beutler, & H. Arkowitz (Eds.), *Comprehensive handbook of cognitive therapy* (pp. 403-434). New York: Plenum Press.

Freeman, A., & Jackson, J. T. (1998). Cognitive behavioral treatment of personality disorders. In N. Tarrier, A. Wells, & G. Haddock (Eds.), *Treating complex cases: The cognitive behavioural approach* (pp. 319-339). Chichester: John Wiley & Sons.

Freeman, A., Pretzer, J., Fleming, B., & Simon, K. (1990). *Clinical applications of cognitive therapy*. New York: Kluwer Academic/Plenum Publishers.

Freeman, A., Pretzer, J., Fleming, B., & Simon, K. (2004). *Clinical applications of cognitive therapy* (2nd ed.). New York: Kluwer Academic/Plenum Publishers.

Freeman, A., & Reinecke, M. (1995). Cognitive therapy. In A. Gurman & S. Messer (Eds.), *Essential psychotherapies: Theory and practice* (pp. 182-225). New York: Guilford Press.

Freeman, A., & Rigby, A. (2003). Personality disorders among children and adolescents: Is it an unlikely diagnosis? In M. A. Reinecke, F. M. Dattilio, & A.

Freeman (Eds.), *Cognitive therapy with children and adolescents: A casebook for clinical practice* (2nd ed.). New York: Guilford Press.

Freud, S. (1955). The case of Little Hans. *The Standard Edition (Volume 10), Translated by James Strachey.* London: The Hogarth Press.

Henin, A., Warman, M., & Kendall, P. C. (2002). Cognitive behavioural therapy with children and adolescents. In G. Simos (Ed.), *Cognitive Behaviour Therapy: A Guide for the Practising Clinician* (pp. 275-313). London: Brunner-Routledge.

Kendall, P. C., & Choudhury, M. S. (2003). Children and adolescents in cognitive-behavioral therapy: Some past efforts and current advances, and the challenges in our future. *Cognitive Therapy and Research, 27*(1), 89-104.

Kernberg, P., Weiner, A. S., & Bardenstein, K. K. (2000). *Personality disorders in childhood and adolescence.* Northvale, NJ: Aronson.

Knell, S. M., & Ruma, C. D. (2003). Play therapy with a sexually abused child. In M. A. Reinecke, F. M. Dattilio, & A. Freeman (Eds.), *Cognitive therapy with children and adolescents: A casebook for clinical practice* (2nd ed., pp. 338-368). New York: Guilford Press.

Kuehlwein, K. (2002). Cognitive treatment of depression. In G. Simos (Ed.), *Cognitive Behaviour Therapy: A Guide for the Practising Clinician* (pp. 3-48). London: Brunner-Routledge.

Mahoney, M., & Nezworski, M. (1985). Cognitive-behavioral approaches to children's problems. *Journal of Abnormal Psychology, 13*(3), 467-476.

Maxmen, J. S., & Ward, N. (1995). *Essential psychopathology and its treatment* (2nd ed., pp. 1-18). New York: W. W. Norton & Company.

Meichenbaum, D. (2000). Cognitive-behavioral therapy in historical perspective. In B. Bongar & L. E. Beutler (Eds.), *Comprehensive textbook of psychotherapy: theory and practice* (pp. 140-154). New York: Oxford University Press.

Millon, T., Davis, R. D., & Contributing Associates. (1996). *Disorders of personality: DSM and beyond* (2nd ed.). New York: John Wiley & Sons, Inc.

Reinecke, M. A., Dattilio, F. M., & Freeman, A. (Eds.). (1995). *Cognitive therapy with children and adolescents: A casebook for clinical practice.* New York: Guilford Press.

Reinecke, M. A., Dattilio, F. M., & Freeman, A. (2003). What makes for an effective treatment? In M. Reinecke, F. M. Datilio, & A. Freeman (Eds.), *Cognitive Therapy with Children and Adolescents* (pp. 1-18). New York: Guilford Press.

Young, J. E. (2002). Schema-focused therapy for personality disorders. In G. Simos (Ed.), *Cognitive behaviour therapy: A guide for the practising clinician* (pp. 215-218). London: Brunner-Routledge.

Chapter 13

발달장애 학생을 위한 인지행동 개입

1975년 미국 국회는 연방정부 예산을 주정부에 주어 일반 공립학교에서 장애(발달장애를 포함하여)에 관계없이 모든 학생에게 철저하고 효율적인 교육을 제공하도록 하는 공법(PL 94-142)을 제정했다. 처음에는 이 법이 모든 장애학생의 교육에 관한 법(Education of All Handicapped Children Act)으로 불렸으며, 이제는 전장애아교육법(Individuals with Disabilities Education Act: IDEA)이라 불린다. 이 법의 취지는 학교에서 장애에 관계없이 교육을 제공하는 개별화된 프로그램을 설계하도록 촉구하는 데 있었다. 이러한 획기적 법률제정은 수많은 옹호단체들의 꾸준한 노력에서 비롯되었다. 이러한 단체들에 대한 상세한 설명은 이 장의 범위를 벗어나는 것이다. 이 법의 의도는 접근(access)만이 아니라 보다 중요한 것, 즉 Turnbull, Turnball, Shank와 Smith(2004)가 말했던 것처럼 교육의 과정으로부터 '혜택을 누리게(benefit)' 하는 데 있었다. 이 법이 없었다면 여기서 설명하고자 하는 것들은 분명 존재하지 않았을 것이다. 그러나 이 법이 접근 가능성과 개별화된 혜택을 지나치게 강조함에 따라, 학교에서 발달장애 학생에 대한 인지행동치료의 적용을

Michael R. Petronko & Russell J. Kormann

어렵게 하는 의원성 효과(iatrogenic effects)[13]가 초래되었다.

1975년 이전에는 발달장애인이 공립학교에 다닐 수 없었다. 사실 발달장애인들은 대부분 학교라 불리던 대규모 집합보호시설에 수용되었다. 뉴저지 주의 바인랜드 훈련학교(Vineland Training School)와 우즈학교(The Woods School)가 그 예다. 따라서 일반학교에 다니는 학생들뿐 아니라 지역사회의 전문가나 일반인도 발달장애인을 만날 수가 없었다. 그러니 어떻게 학부모(장애를 가진 학생의 부모와 일반 학생의 부모)와 학생, 버스회사, 교육위원회, 교사, 납세자, 경찰, 의료기관, 아동연구팀(Child Study Team: CST) 등으로 구성된 공교육 공동체가 통합교육을 지지하리라 기대할 수 있었겠는가? 설사 기대할 수 있었다고 해도 지원 부족에 따른 외현적·내재적 결과에 문제를 제기했어야 했을 것이다. 지원 부족은 공교육 공동체 구성원들의 CBT 활용에 영향을 미친다. 이것은 CBT의 잠재적 소비자(내담자)가 누구이며 의뢰의 원천이 누구인지, 적극적 및 보조적 치료를 수행하는 사람들이 누구이며, 프로그램을 지원하기 위한 가용 자원의 종류가 무엇인지와 관련하여 특히 더 그렇다. 얼마 전까지도 전문가에 의해 교육 가능, 훈련 가능, 혹은 교육 및 훈련 불가능으로 분류되었던 사람들에게 통합교육을 제공하려면 법률이 필요했다는 것을 기억하자. 이러한 명칭의 흔적들은 오늘날에도 귀인편향과 편견의 형태로 남아 있다.

아마도 다음의 예가 이러한 상황에 대한 이해를 도울 것이다. 최근에 어떤 중학교에서 복도를 걸어가고 있는데, 한 8학년 학생이 다른 학생에게 "이 지진아야!" 라고 소리 지르는 모습이 관찰되었다. 이런 말은 '주류집단에 속해 있는' 사람들이 '비주류'로 보이는 생각이나 신념, 행동을 묘사하는 일반적인 표현이 되어 버렸다. 교사들의 사적인 모임에서도 이런 모욕적인 표현이 사용된다. 이런 현실을 고려할 때 어떻게 우리가 지적 수준이 다양한 학생들을 의무적으로 같은 학교에 다니게 하고 서로 수용하도록 하는 통합교육의 원칙을 기대할 수 있겠는가? 발달장애의 역사는 외현적·내재적 형태의 편향과 차별, 무시로 가득 차 있다. 인지장애를 가진 학생이 모욕적인 말이 들리는 복도를 걸어가고 있다고 생각해 보라. 그들은 그 말이 무슨 의미인지, 누구를 향한 것인지 다 안다. 이것이 통합교육인가? 우울 증상을 보

13) 역자 주: 의원성 효과(iatrogenic effects)란 의학적 개입이나 치료가 의도하지 않은 새로운 질환이나 문제를 일으키는 현상을 의미하는 의학용어다.

이는 발달장애 학생을 의뢰할 것이라고 생각하는 사람이 도대체 있겠는가? 발달장애를 갖고 있지 않은 학생도 동일한 경험을 할 것인가? 이것은 학교에서 CBT 개입의 적용이라는 어려운 과제에 관해 무엇을 말해 주는가? 이 장에서는 이러한 의원성 효과에 초점을 맞추고자 한다. 그리고 효과적인 개입을 촉진할 수 있는 구제책을 제안하고자 한다.

문헌고찰

CBT를 발달장애인에게 적용한 연구는 부족하며, 특히 학교에서 이루어진 연구는 더욱 드물다고 말하는 것은 현실을 축약한 표현이다. 특정 집단을 대상으로 연구가 수행되려면 먼저 그 집단 혹은 그에 속한 사람들이 CBT가 적용될 만한 증상을 보인다는 것을 인정해야 한다. 발달장애의 경우에는 그럴 수가 없었다. 정신건강 전문가들은 오래전부터 일반인에게 정신질환과 약물남용이 공존할 때 '이중진단'의 개념을 적용해 왔다. 그러나 발달장애와 다른 정신장애를 함께 갖고 있는 사람들에게 '이중진단'의 개념을 적용하기 시작한 것은 불과 20세기 중반쯤부터다. 정신건강 분야에서 이것은 아직도 널리 인식되지 않고 있다. '이중진단'을 받은 집단의 익명성은 발달장애인의 정신장애 유병률을 비장애인의 유병률과 비교할 때 더욱 놀랍게 드러난다. DSM-IV-TR(American Psychiatric Association, 2000)에 따르면, 일반인 집단에 비해 정신지체인 집단의 정신장애 유병률이 3~4배 더 높다. 이렇게 높은 유병률은 발달장애인의 신체적, 심리적, 사회적 취약성을 고려할 때 놀랍지 않다(Matinez & Petronko, 2003). 발달장애와 정신건강 문제를 함께 가진 사람들은 국가의 탈시설화 운동이 지속적으로 추진됨에 따라 지역사회 생활에 동화해 나가면서 새로운 긴장 상태에 직면하게 된다(Petronko & DiDomenico, 출판 중). 이러한 공존장애의 행동적 표현 양상은 일탈이나 분열을 용인하지 않는 학교환경에 영향을 미치기 때문에 이중진단을 받은 학생들의 자유로운 생활을 지속적으로 위협한다. 학부모들이 교육위원회를 상대로 제기한 방대한 소송은 학교에서 전문가들의 관심과 더불어 증거기반 치료인 CBT의 확대 시행이 필요하다는 것을 증명한다. 이런 집단이 보이는 행동과잉이 발달장애 때문이라는 원시적인 이해 대신에 스트레스의 표현이라고 보는 전문적 깨달음에 이르면 진정한 변화가 일어날 수 있다. 최근 들어 인지적으로 결핍된 사람들을 위한 인지치료를 언급할 때 암시되는 모순어법(oxymoron)[14]에 관해 오해를 벗기려는 일치된 노력이 있어 왔다(Petronko & DiDomenico, 출판 중; Nezu, Nezu, & Gill-Weiss, 1992).

Reiss, Levitan과 Szyszko(1982)는 정서장애와 발달장애의 공존을 고려하지 않는 전문가들을 위해 진단적 음영화(diagnostic overshadowing)[15] 현상을 설명했다. 진단적 음영화는 정신과적 증상을 독립적인 정신건강 문제로 보지 않고 정신지체에 귀인하는 것을 말한다. 이러한 편향의 전제는 만약 정신지체로 진단된다면 우울증이나 불안장애 같은 정신건강 문제를 경험할 염려가 없다는 것이다. 진단적 음영화 현상은 논리적으로 '치료 음영화(treatment overshadowing)'를 의미하기도 한다(Spengler, Stromhmer, & Prout, 1990). 만약 특정 정신과 장애가 인정받지 못한다면 정신건강 치료도 권고되지 않을 것이기 때문이다. 정신지체인이나 발달장애인은 정신건강 문제가 정확히 확인되었을 때조차도 CBT의 혜택을 누리지 못할 것이라는 태도가 지배적이다. 왜냐하면 이런 장애인들은 CBT를 받는 데 필요한 언어적, 인지적 기술을 갖고 있지 않다고 보기 때문이다. 대부분의 심리치료가 언어적 · 인지적 접근에 의존하고 있음을 고려할 때, 이러한 신념은 정신과 증상을 독립적인 정신건강 문제로 보기보다 정신지체 때문이라고 귀인하는 또 다른 추측을 만들어 낸다. 이렇듯 진정으로 받아들여지지 않는 장애를 위해 무엇을 할 것인가 생각할 때, 우리는 장애인에게만 관심을 기울일 것이 아니라 그들의 삶에 영향을 미치는 사람들이 CBT에 관심을 두도록 할 필요가 있음을 깨닫게 된다.

학교기반의 평가와 치료적 쟁점

학급에서 발달장애와 행동문제를 함께 보이는 학생에게 심리서비스를 제공하는

14) 역자 주: 모순어법(oxynoron)이란 효과적인 표현을 위해 서로 모순되는 어구를 나열하는 방법을 말한다.

15) 역자 주: 진단적 음영화(diagnostic overskadowing)란 진단을 할 때 한 가지 장애가 너무 눈에 띄는 바람에 다른 문제나 장애를 알아보지 못하게 되는 현상을 의미한다.

것은 여러 가지 중요한 문제를 야기한다. 그중에서 가장 긴급한 문제는 앞서 언급했던 '누가 내담자인가?'의 문제다. 아동연구팀(CST)에 의뢰된 사례들을 보면 이 질문이 분명해진다. 분명히 의뢰를 일으킨 장본인은 학생이며, CST 구성원들도 일차적으로 그 학생의 행동에 관심을 갖는다. 그리고 개입의 목표도 항상 학생을 현재 학급에 머무르게 하려면 어떻게 행동을 향상시킬 것인가에 초점이 맞춰진다. 더욱이 미국의 장애인교육법(IDEA)을 살펴보면, 모든 교육청은 심리 및 행동 문제를 가진 장애학생에게 다음과 같은 서비스, 즉 (1) 모든 학생에게 장애에 관계없이 적절한 교육을 무상으로 제공하며(free appropriate public education: FAPE), (2) 적절한 평가를 제공하고, (3) 개별화교육 프로그램을 제공하며(individualized education program: IEP), (4) 최소제한환경(least restrictive environment: LRE)에서, (5) 부모와 학생이 모든 과정에 참여하도록 하며, (6) 이 모든 것을 보장하기 위해 적절한 보호조치 절차를 제공할 책임을 맡고 있다(IDEA: Congress, 2002; Desktop Reference, 2001). 구체적으로 IDEA는 다음과 같이 진술하고 있다.

> CST는 행동개입계획(behavioral intervention plan: BIP)을 통해 긍정적 행동전략 및 지원 요구에 응해야 한다(614(d)3(B)(i)). IEP 팀은 교직원의 훈육 절차에 대한 반응으로서 10일 이내에 기능적 행동평가를 이용해 정보를 수집해야 한다. 이 정보는 학생의 문제행동을 다루기 위한 행동개입계획을 개발, 검토, 수정할 때 사용된다(615(k)(1)). 또한 주정부는 긍정적 개입전략의 개발 및 시행과 관련된 교직원들(특수교육과 일반교육, 관련서비스를 제공하는 전문가 및 준전문가를 포함하여)의 연수 요구에 응해야 한다(653(c)(3)(D)(vi))(IDEA, 1997).

분명한 목표는 학생이 최소제한환경에서 통합교육을 받도록 돕는 것이다. 그러나 의뢰된 학생의 문제는 그 학생뿐만 아니라 또래들의 학업 수행에도 방해가 되므로 학교는 이 문제를 다뤄야 할 책임이 있다. 문헌에서는 전통적 학급과 통합적 학급이 장애학생과 비장애 학생의 학업 수행에 미치는 영향에 대해 엇갈린 결과를 보고하고 있다(Cole, Waldron, & Majd, 2004; Daniel & King, 1997; Kauffman, 1995). 심각한 행동장애(예: 공격성, 떼쓰기)를 보이는 장애학생이 효과적인 임상지원 없이 통합교실에 배치되면 비장애 학생들이 손해를 보게 된다(Wallace, Doney, Mintz-Resudek, & Tarbox, 2004; Shanker, 1994-1995; Vaughn & Schumm, 1995). 임상적 개입에서 '진입점(point of entry)'[16]의 문제는 누가 '내담자'인지를 파악할 때 매우 중요하다.

공립학교에서 CBT를 위한 진입점은 '일차적(primary)'이라는 표현으로 기술된다. 의뢰된 대부분의 학생에게 심리적 개입을 제공하기 때문이다. 효과적인 치료는 적합한 인지기술을 필요로 한다. 내담자가 스스로 잘못된 인지(비합리적 신념, 자동적 사고, 귀인편향)와 문제행동 간의 관계를 이해할 수 있어야 하기 때문이다. 치료는 심리교육을 통해 이러한 잘못된 인지에 도전하도록 설계된다. 또한 행동변화(예: 노출과 반응예방)를 통해 신념체계에 도전할 때는 내담자가 다른 후속결과를 경험할 수 있도록 행동치료 계획을 세운다. 이중진단을 받은 내담자에 대한 CBT의 적용은 심리적 문제를 경험하는 발달장애인 집단에 대한 적용과 마찬가지로 다른 문헌에서 자세히 논의되었다(Petronko & DiDomenico, 출판 중; Prout & Nowak-Drabik, 2003). 그러나 발달장애 집단에 CBT를 성공적으로 적용할 때의 문제는 인지적 상태와 동기, 그리고 치료 권고를 실행에 옮길 수 있는 능력으로 귀결된다. CST로 의뢰되게 만든 심각한 행동적 · 심리적 문제를 갖고 있는 학생들은 임상가에게 추가의 문제를 가져다준다. 이러한 학생들은 대부분 학급담임, 보조교사를 포함하여 다양한 교직원들의 도움을 받으며, 이들은 모두 IEP를 집행할 때 중요한 역할을 한다. 따라서 CST에 의뢰된 사례에 대해 치료계획을 세울 때는 '무엇을 해야 할지' 뿐만 아니라 누가 서비스의 '수혜자'인지도 고려해야 한다.

문제에 대한 인지행동치료 사례개념화

Kormann과 Petronko(2002), Luiselli 등(1999)은 지역사회와 학교장면에서 이중진단을 받은 사람들에게 적용되는 다양한 치료모형을 검토했다. 문제에 대한 개념화, 교직원의 능력과 자신감, 비합리적 신념, 소진(burnout), 동기 등의 문제는

16) 역자 주: 진입점(point of entry)이란 특정 치료가 처음 제공되는 지점을 의미하는 의학용어다.

이중진단 학생을 위한 치료계획을 세울 때 중요한 요인들이다. 그러나 여러 문헌에 걸쳐서 한 가지 주제가 명확하게 부각된다. IDEA와 LRE 기준을 만족시키고 시간이 지나도 유지될 가능성이 있는 치료계획을 세우기 위해서는 실제환경(natural setting) 모형이 적용되어야 한다는 것이다.

실제환경 모형은 평가 정보를 어디에서 수집할 것인가, 그리고 가능한 개입을 어디에서 할 것인가를 고려할 때 개방적 자세가 중요함을 보여 준다. 다음 절에서 살펴보겠지만, 실제환경 치료관리(Natural Setting Therapeutic Management: NSTM)에서는 4요인 평가도식을 개발했다. 이것은 선입견이나 편향이 없는 광범위한 정보를 제공하며, 탄탄한 개입을 구성할 수 있게 해 준다. CBT 개입은 장애인을 넘어 그 이상을 다룰 수 있다. 따라서 장애인의 행동을 이해할 때 중요한 우울과 불안을 고려하기 위해서는 (자동적으로 처방하는 것을 미루고) 의학팀과 함께 일하고, 부모를 훈련하며, 다양성에 대한 수용을 증진하기 위해 참을성이 없는 학생들과 학교 시스템을 다루고, 교직원들의 귀인편향에 관한 교직원 연수를 제공하는 등의 모든 활동을 동시에 해야 한다. 그러기 위해서는 복잡한 평가와 개입 과제를 처리할 수 있는 방법, 즉 경험에서 비롯된 방법을 적용하는 것이 중요하다. 문제해결/임상적 의사결정 과정(Nezu & Nezu, 1989)에 근거하고 있는 NSTM은 다요인 평가 프로그램을 사용한다. 이 프로그램은 의뢰된 행동의 발달 및 유지와 관련된 주요 요인들을 다룸으로써 성공적인 성과를 최대화시키는 CBT 치료를 제공한다. 이 모형에 포함된 네 가지 주요 요인은 학생, 행동관리자, 환경 그리고 시스템이다.

학교에서의 전략적 · 기술적 개입: NSTM 모형

럿거스 뉴저지 주립대학교의 NSTM 프로젝트는 원래 지역사회에 거주하는 이중진단 장애인을 위한 시설서비스의 대안으로 시작되었다(Petronko, Anesko, Nezu, & Poss, 1988). 이 프로젝트는 의뢰된 내담자의 환경에 있는 보호자 및 관리자들의 행동적 유능성을 증진함으로써 실제 환경의 치료적 역량을 높이기 위해 만들어진 행동자문 및 훈련 프로그램이다(Petronko, Harris, & Kormann, 1994; Petronko & Nezu, 1982).

NSTM 서비스는 임상전문가가 개발한 행동전략을 교직원들이 실시할 수 있도록 능력을 향상시키는 데 초점을 두고 있다. 교사와 보조교사는 변화를 위한 일차적 관리자로 간주된다. 그들은 훈련을 통해 배운 행동기법을 이해하고 있어야 하며 그것을 성공적으로 시행할 수 있어야 한다. 행동에 관한 지식은 프로그램에 의한 변화와 상관이 높지 않은 것으로 알려져 있다. 따라서 기대되는 성과와 일치하는 과정 측정치를 사용해야 한다(Nezu, 1987). 교직원이 행동관리나 CBT 개념을 이해하고 정의할 수 있는 것만으로는 충분하지 않다. 그들이 일상생활에서 맞닥뜨리는 상황과 가장 유사한 상황에서 행동기법을 실행하도록 돕는 것이 중요하다. 행동을 다루는 전문성을 개발하기 위해서는 역할연습, 모델링, 실제 코칭 등의 방법을 전통적이고 교육적인 훈련과 더불어 사용한다. 역할연습은 행동 유능성을 평가하고 행동기술을 가르치는 데 매우 효과적인 방법임이 입증되었다(Jahr, 1998; Nezu, 1987).

NSTM 팀은 교사들에게 행동평가와 응용행동분석 기법을 훈련시켜야 할 책임이 있다. 그리고 그들을 비슷한 상황에서 연습시키고, 비디오테이프 검토를 통해 기술을 조정해 주고, 의뢰된 학생을 실제로 지도할 수 있도록 예비시행을 도와주어야 한다. 교사들은 훈련을 통해 기술을 행동적으로 완수하게 되는데, 이것은 전적으로 학급을 담당하는 교직원의 통찰에 달려 있다. 그러나 교직원들이 훈련자료를 습득하고 유능해지는 데는 다른 요인들도 영향을 미친다. 소진과 스트레스, 직원들의 사기, 자료나 자원의 가용성, 행정적 변인 등 여러 문제들은 교직원 훈련에 유의한 영향을 미친다(Jahr, 1998; Moore, Edwards, Sterling-Turner, Riley, Dubard, & McGeorge, 2002; Wallace et al., 2004).

학교장면에 대한 시사점과 적용

NSTM 모형의 목표는 행동변화를 지원할 수 있는 치료적 환경으로 학급장면을 변화시키는 데 있다. Petronko(1987)는 다음의 네 가지 요소를 포함한 모형을 개발했다. 이 요소들에는 (1) 이중진단을 받은 학생, (2) 프로그램의 요소를 실행할 책임이 있는 행동관리자로 선정된 교직원, (3) 또래, 건물과 시설 변인, 학급 시간표와 일과, 그리고 학생이 배치된 학급환경을 정의하는 측면들을 포함한 환경, (4) 이들 세 요소를 포함하는 더 큰 시스템이 포함된다. [그림 13-1]은 이 4요인들을 보여 주고 있다.

이러한 다요인 접근에서는 장애를 가진 학생이 문제 자체라고 가정하지 않는다. 오히려 의뢰된 행동은 복잡하며, 네 가지 영역 중의 하나 혹은 그 이상의 영역에서 발생한 역기능을 나타내는 것이라고 본다(Gresham, McIntyre, Olson-Tinker, Dolstra, McLaughlin, & Van, 2004). 따라서 NSTM 4요인 모형은 현재의 문제를 감소시킨다는 단기적 목표뿐만 아니라, 행동변화를 오랫동안 유지하는 보다 중요한 장기적 목적을 위한 개입전략을 제공한다. 행동관리자인 교직원의 관리기술 습득은 자문을 성공으로 이끄는 데 핵심적이며, 자문의 성공은 사회적 문제해결을 완수함으로써

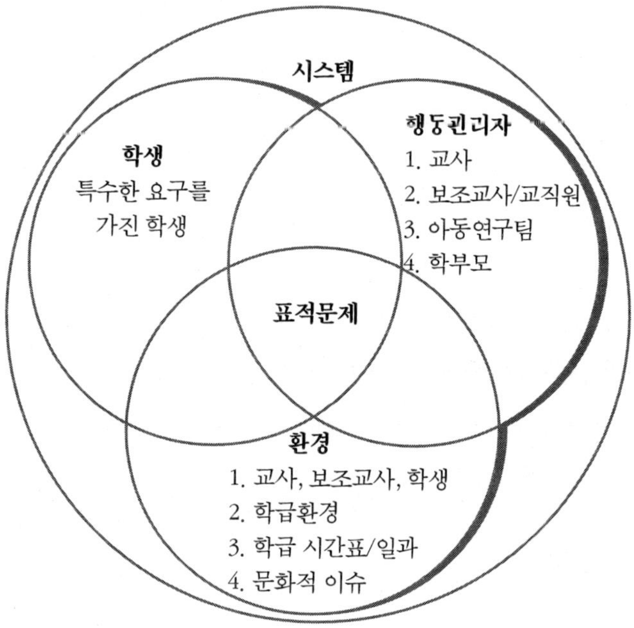

시스템 = 연방정부(예: IDEA), 주정부(예: 교육법규, 예산), 교수 및 치료 철학
(예: 비연속 개별시행)의 세 요인들이 존재하는 전반적 풍토

NSTM 프로젝트
럿거스 대학교
797 Hoes Lane, West
Piscataway, NJ 08854-8022

[그림 13-1] 럿거스 대학교 NSTM 프로젝트의 4요인 평가

성취된다(Iwata, Wallace, Lindberg, & Conners, 2000; Horner & Carr, 1997; Nezu & Nezu, 1989, 1991; Petronko & Nezu, 1982). 즉, 개입의 목표는 직접적으로 영향을 받는 학생과 그 학생의 행동적 건강에 책임을 맡은 사람들에게 전체 치료과정의 소유권을 넘겨 줌으로써 지속적인 변화를 성취하는 것이다.

NSTM 프로젝트는 이러한 소유권 전환에 두 가지 방식으로 영향을 미친다. 첫째, 교직원 훈련을 강조하는 이 프로젝트에서는 교직원이 직접 실행하고 나아가 사회복귀 훈련 프로그램을 유지하는 역할을 하는 데 필요한 전략을 훈련시킨다. 교직원으로 하여금 자신이 진정한 행동관리자이며, 이 역할을 효과적으로 해낼 수 있고, 치료계획을 실행에 옮기는 당사자라는 것을 믿게 해야 한다. 이것은 대부분의 교직원에게는 개념적으로 급격한 신분상승을 의미한다. 교직원은 전통적으로 전문가(CST 구성원, 학교심리학자 등)를 보조하는 역할로만 참여해 왔으며 단지 지시나 권고 사항을 따르기만 해 왔다. NSTM 프로젝트는 교사의 역할을 방관자에서 일차적이고 능동적인 서비스 제공자로 전환시킨다. 이를 성취하는 데는 귀인의 변화가 요구되며 시간이 걸린다. 이러한 변화가 없다면 교사는 계획수립에 적극적으로 참여하기보다 임상가가 문제를 확인하고 무엇을 해야 할지 결정해 줄 때까지 기다릴 것이다. 둘째, 훈련과 개입의 장소는 의뢰된 학생의 실제 환경이 바람직하다. 이곳이야말로 임상적으로 가장 적절한 장면이며 개입이 끝난 후에도 변화를 유지하기 쉽다. 따라서 모든 노력이 학생의 교실에서 프로그램에 관련된 모든 교사와 함께 이루어진다. 여기에는 관련서비스를 제공하는 교직원들(언어치료, 물리치료, 작업치료, 체육, 미술, 음악 등)도 포함된다. 고학년 학생의 경우에는 일반학급과 특수학급 교사가 모두 포함되므로 참여하는 교직원의 수가 더 늘어나게 된다.

치료 소유권과 관련된 목표는 동기와 얽혀 있다. NSTM 프로젝트의 자문가들은 어찌할 바를 모르고, 지지받지 못하며, 아마도 '소진 상태에 있을' 교직원들에게 정서적·신체적 자원의 가용성이 가장 낮을 때 더 많은 일을 하도록 요구한다. NSTM 프로젝트는 교직원을 변화과정에서 가장 중요한 치료자로 인정해 줌으로써, 그리고 실제 환경에 근거한 치료계획을 실행할 때 교실환경을 활용하도록 허용함으로써 교직원의 자기효능감을 성공적으로 증진시키는 것으로 밝혀졌다. 이 과정은 교사와 보조교사들을 치료전문가로 만듦으로써 개입과정에 대한 소유권을 자연스럽게 받아들이도록 한다.

사례연구

지금부터 소개할 사례는 학생, 행동관리자, 환경 및 시스템의 4요인을 다루고 있다. 각 사례는 평가와 개입의 어려움과 함께 구체적인 해결방법도 포함하고 있다.

사례연구 1: 스티븐

학생. 스티븐은 12세의 남아로 현재 일반학급 5학년에 배치되어 있다. 그는 학업적 · 사회적 성공에 영향을 미치는 문제행동에 대한 평가 때문에 의뢰되었다. 그의 문제행동에는 교사의 지시에 대한 반항, 분노조절의 문제, 기타 교직원의 피드백을 요구하는 파괴적 행동이 포함되었다. 스티븐은 아스퍼거 증후군(asperger syndrome: AS)으로 진단되었으며 다양한 사회기술 결핍에 따라 어려움을 겪고 있다. 스티븐의 주의집중은 일정하지 않다. 자신에게 흥미로운 활동에는 적극적으로 참여하는 반면, 중요하지 않다고 여기는 활동의 경우에는 과제로부터 이탈하고 파괴적 행동을 하거나 '우스꽝스러운' 행동을 하곤 한다. 과거에는 이런 행동이 더 심각해서 다른 사람이나 물건을 공격하기도 했다. 이런 행동은 또래나 교직원의 관심을 끌게 했다. 따라서 스티븐은 다른 사람들로부터의 긍정적인 피드백(예: 다른 학생들이 그를 보고 웃는 것)이나 부정적인 피드백(예: 교직원이 꾸중을 하거나 다시 지시하는 것)을 참아내야 했다. 이런 상황에서 스티븐은 잘 발달되지 않은 사회기술을 활용할 수밖에 없었는데, 이것은 불안과 좌절을 가져다주고 때로는 분노를 야기했다. 스티븐은 학교에서 일반교육 5학년 교육과정에 참여하고 있었고 보조교사의 지원을 일대일로 받고 있었다. 그리고 물리치료, 언어치료, 도움학급(resource room) 등의 부가적 서비스를 받고 있었다.

행동관리자. 스티븐은 담임교사와 보조교사로부터 학업지원을 받고 있다. 그들은 몇 년 동안 특수한 요구를 가진 5학년 학생들을 지도해 온 경험이 있다. 담임교사는 동기가 매우 높고 협력적인 여성으로, 스티븐이 자신의 잠재력에 도달하고 가을에는 중학교로 진학할 수 있도록 헌신적으로 돕고 있다. 담임교사와 보조교사는 모두 행동개입의 필요성을 인식하고 있으며 응용행동분석을 시행할 수 있는 능력을 갖고 있다. 그들은 스티븐의 행동에 의해 크게 영향을 받지 않는 듯 보였고, 심한 정서적 반응 없이 스티븐의 일상적 사건들을 참아냈다. 의뢰가 이루어질 당시 담임교사와 보조교사는 스티븐을 위해 일정 기간 동안 개별화 행동 프로그램을 운영하고 있었다. 이 프로그램은 수정된 토큰 시스템에 근거한 것으로 스티븐의 학업과 행동, 사회적 수행에 대해 보상을 해 주었다. 그리고 '결과를 받아들이지 못하거나' '학급의 기물에 폭력을 행사하는' 등의 위반행동에 대해서는 벌을 주었다. 보상은 차트에 '점수'로 기입되었으며, 스티븐은 하루 일과가 끝날 때나 한 주가 끝날 때 자신의 점수를 다양한 강화물로 교환할 수 있었다. 또한 스티븐은 필요할 때마다 '안전한 방'으로 가서 자신의 분노와 좌절을 '발산할 수' 있었다. 1층에 위치한 이 방에는 스티븐이 보조교사의 감독하에 때리고 던질 수 있는 베개가 가득 차 있다. 교사들은 스티븐이 이 방을 거의 매일 사용하고 있으며 거기서 보통 25~30분을 머문다고 보고했다.

스티븐에 대한 개입은 전반적으로 행동의 구체성 측면에서 모호했으며 너무나 많은 표적행동을 대상으로 하고 있다. 그리고 부정적인 행동에 대한 처벌을 지나치게 강조하고 있는데, 이것은 개입 실행의 일관성과 성공에 영향을 미쳤다. 그러나 스티븐은 차트에 기록된 행동과 보상 간의 관계를 이해하고 있는 것으로 보였다. 비록 이 관계가 충분히 구체적이지는 않았지만 말이다. 스티븐을 위한 프로그램의 한 부분인 '안전한 방' 역시 집행기준과 아울러 절차 면에서 명확하지 않았다. 이것은 분명히 자문의 초점이 되어야 한다는 것을 나타내고 있었다.

환경. 스티븐은 학급에서 하루 종일 보조교사로부터 일대일의 부가적 학업지원을 받고 있다. 보조교사는 스티븐에게 필요한 개별화된 지원을 최소화하기 위해 노력해 왔다. 그렇게 하기 위해 보조교사는 가능한 한 교실을 많이 돌아다니며 지원이 필요한 다른 학생들을 도우려고 노력한다. 보조교사는 스티븐과 그의 활동에 지속적으로 주의를 기울이며, 스티븐이 필요로 할 때마다 돌아와서 도움을 준다. 이것은 스티브 곁에 항상 보조교사가 있다는 낙인을 갖게 하지 않으면서 필요로 할 때마다 일대일의 지원을 하도록 해 준다. 교사의 보고와 관찰에 따르면, 보조교사는 앞서 언급한 목표를 달성하는 데 필요한 좋은 관계를 성공적으로 수립한 것으로 보였다. 스티븐이 중학교로 진학하면 보조교사와 헤어지게 될 것이란 점에 주목할 필요가 있다. 이러한 변화에 대비하여 효과적인 계획을 빨리 세우는 것이 스티븐이 새로운 환경에 성공적으로 적응하도록 돕는 데 중요하다.

학급환경은 학생들 간의 사회적 상호작용을 최대화하도록 설계되어 있다. 학급은 6모둠으로 이루어져 있으며, 각 모둠에는 4개의 책상이 모여 있다. 스티븐의 모둠은 학급 중앙에 있으며 나머지 5모둠들이 둘러싸고 있다. 이것은 스티븐이 학급 내의 모든 면을 볼 수 있도록 해 주며, 보조교사가 학급을 돌아다니며 수시로 스티븐 곁을 '지나칠' 수 있도록 해 준다. 그러나 이것은 스티븐을 중앙에 배치함으로써 주의산만해질 가능성을 크게 하고 있다. 관찰 중에 교우들은 스티븐을 수용하고 있는 것으로 보였다. 스티븐은 다른 학생들과 때때로 상호작용하며 활동에 참여하려고 노력하는 모습을 보였다. 또한 자신의 소지품을 만지거나, 책장에 붙어 있는 딱지를 떼거나, 주변을 두리번거리거나, 자리에 앉아 계속 손이나 발을 움직이면서 교사가 전달하는 정보에 '무관심한' 모습을 보였다. 그러다가 간혹 학급활동에 다시 참여하곤 했는데, 이때 대부분의 학업활동을 완수하는 능력을 보여 주었다. 교사는 이처럼 스티븐이 수업이나 활동 중에 집중이 흐려지는 모습을 빈번하게 볼 수 있다고 보고했다.

시스템. 현재의 의뢰는 스티븐의 부모와 지역 교육청 간의 다소 적대적인 관계에서 비롯되었다. 사례가 진행되면서 스티븐이 다니고 있는 현재 학교의 능력뿐만 아니라 앞으로 진학할 중학교의 능력도 문제로 떠올랐다. 비록 늦은 시점이었지만, 적법 절차에 따라 소송을 하겠다는 부모의 위협이 의뢰를 하게 만들었다. 그리고 두 가지 목적으로 자문이 이루어졌다. 현재 학교의 교직원과 행정가들은 행동자문 서비스의 즉각적인 수혜자였고, 개입을 위한 훈련생이면서 '집행자' 역할을 수행했다. 그러나 앞으로 스티븐을 도울 교직원의 '행동 준비'도 역시 현재의 학교에서 일하는 교직원의 능력만큼 중요해졌다. 따라서 중학교의 교직원과 행정가들도 자문과정에서 중요한 참가자들이 되었다.

임상적 접촉. 스티븐이 다니고 있는 초등학교의 교직원들이 다요인 행동평가를 완성하고, 기능적 행동평가에 근거하여 현재의 행동개입을 수정할 수 있도록 매주 훈련이 이루어졌다. 이 개입에서는 스티븐의 행동에 영향을 미치는 선행조건과 결과조건을 다루었으며, 그 결과 스티븐은 파괴적 행동이 감소하고 바람직한 행동 수행은 증가했다. '안전한 방'의 활용도 주당 1회 이하로 감소하였고 거기에 머무는 시간도 1회당 10분 이하로 감소했다.

중학교로의 진학을 돕는 서비스는 세 차례에 걸쳐 회의 형태로 이루어졌다. 회의에는 스티븐의 중학교 교육 프로그램에 포함된 모든 교직원과 행정가가 참여했다. 아스퍼거 증후군, 초등학교에서 성공적으로 활용되었던 행동개입, 아스퍼거 증후군 학생에게 적합한 중요한 진학 절차에 관한 발표가 이루어졌다. 진학과 관련해 스티븐과 이전 교직원들과의 회의도 새로운 중학교에서 두 차례 이루어졌다. 이 회의는 두 학교 간의 차이를 검토하고, '분노관리' 방에 관한 새로운 절차를 살펴보고, 스티븐이 새로운 환경에 친숙해지도록 돕기 위한 것이었다. 스티븐은 어머니와 함께 두 차례 새로운 학교를 방문하여 중학교 교장과 새로운 교사들을 만났다. 이때 그는 앞으로 경험하게 될 일과에 따라 학교 내부를 '걸어 보고', 자신의 사물함을 고르고, 새로운 일대일 보조교사를 포함하여 모든 교사들을 만나 보는 기회를 가졌다. 스티븐은 이틀 후 보다 향상된 형태의 행동개입을 통해 새로운 학업경험을 시작하였으며, 지금까지 '안전한 방'을 사용하지 않고 모든 행동목표를 달성해 오고 있다.

사례연구 2: 윌리엄

대상. 윌리엄은 20세의 흑인 남학생으로 뇌성마비와 심각한 정신지체를 갖고 있다. 그는 심각한 자기상해 행동(self-injury behavior: SIB) 문제로 NSTM 프로젝트에 의뢰되었다. 윌리엄의 SIB는 손으로 자신의 머리 윗부분과 옆을 때리는 형태로 일어났으며 하루에 약 300~400회씩 발생하였다. 그의 SIB는 좌우 양측의 망막이탈에 의한 시력상실을 가져왔고, 지속적으로 일어나는 그의 행동 때문에 수술이 불가능하다는 평가를 받았다. 윌리엄은 접수면접 시 말을 하지 못했으며 의사소통이 불가능한 상태였다. 그의 어머니는 윌리엄이 일상생활에서 극히 제한적인 적응 및 생활 기술을 갖고 있기 때문에 절실하게 도움이 필요하다고 보고했다. 그는 지난 3년 동안 행동의 심각성 때문에 세 학교(지역 내 교육청 프로그램 및 타 지역 및 교육청의 특수교육 프로그램)로부터 정학을 당했었다. 현재는 하루의 대부분을 자거나 침대에 누워 있거나, 복도의 의자에 앉아서 소리를 듣거나, 간헐적으로 SIB를 하며 보내고 있다. 그의 어머니는 윌리엄이 현재의 의뢰가 있기 몇 년 전에는 훨씬 더 많은 생활기술을 갖고 있었으며 행동문제도 덜했다고 보고했다. 이러한 기술에는 스스로 아침식사 준비하기, 식사하기, 스스로 옷 입고 화장실 가기, 하루 종일 학교에 출석하기 등이 포함되었다.

행동관리자. 윌리엄의 어머니(56세)는 지방의 한 대학에서 경비로 일하는 남자와 결혼했다. 그녀는 집에서 가장 역할을 하고 있으며 자녀양육에서도 일차적 보호자 역할을 하고 있다. 그녀는 주정부에서 제공하는 복지서비스 담당직원과의 의사소통, 그리고 모든 가족 구성원의 요구와 서비스 조정의 책임을 맡고 있다. 윌리엄의 아버지는 가족의 재정적 지원에만 관여하며 행동적 서비스에는 관여하지 않는 것으로 보였다. 어머니는 윌리엄에게 거의 요구를 하지 않는다고 했다. 그것이 윌리엄의 행동문제를 자극할까 두려웠기 때문이다. 어머니는 과거에 발달센터에서 일을 한 적이 있어 장애아동에 대한 경험을 갖고 있으며 행동관리 기법에 대해서도 어느 정도 알고 있었다.

환경. 윌리엄은 뉴저지 북부 도심의 한 주택에서 부모, 그리고 두 명의 누나와 살고 있다. 누나 중의 한 명은 경증 정신지체로 진단을 받았다. 윌리엄의 다른 두 형제들은 윌리엄의 집에 딸려 있는 집에 살고 있으며, 옆집에 살고 있는 삼촌은 미분화형 정신분열증과 만성적 건강문제 진단을 받았다. 앞서 언급했듯이, 윌리엄의 행동은 주간 프로그램을 선택하지 못하게 만들었으며 일상생활을 극히 제한적으로 만들어 왔다.

시스템. 접수면접 당시 윌리엄은 주정부의 발달장애 담당부서로부터 최소한의 서비스만을 받고 있었다. 어머니는 자신의 아들이 장애에 대해 받을 수 있는 서비스의 범위를 알지 못했으며 필요한 의뢰 정보를 구할 수 있는 기술도 갖고 있지 않았다. 윌리엄이 속해 있는 교육청은 재택수업을 제공하고 있었고, 윌리엄의 행동특성에 적합한 프로그램을 교육청 밖에서 찾는 것에 대해 매우 비관적이었다. 그들은 마치 윌리엄이 교육서비스를 받을 나이를 벗어나 마침내 재정적 책임이 끝나기를 기다리고 있는 것처럼 보였다. 윌리엄의 어머니는 행정 시스템을 다루는 데 그리 효율적이지 않았으며, 자신의 아들을 위한 교육 및 직업 프로그램을 찾아야 한다는 희망을 상실하고 있었다.

임상적 접촉. 프로젝트의 서비스는 윌리엄의 행동을 평가하고 치료할 뿐만 아니라 학교교직원들이 보다 성공적으로 전문가(즉, 행동자문가)와 상호작용하도록 지원하는 데 초점을 맞추었다. 분명한 것은 윌리엄이 지속적인 의학적 · 정신과적 지원에서부터 시각장애와 의사소통 결핍에 대한 지원에 이르기까지 다양한 임상적 서비스를 필요로 한다는 것이다. 기능적 행동평가를 실시한 결과, 윌리엄의 SIB는 두 가지 기능을 하고 있었다. 첫째, 윌리엄의 SIB는 신뢰할 수 있는 사람과의 접촉을 즉각적으로 가능하게 해 주었다. 이것은 윌리엄이 SIB를 보이면 교직원이 즉각적으로 언어적 · 신체적 상호작용 반응을 보이는 형태로 일어났다. 둘째, SIB는 윌리엄에게 사용 가능한 의사소통의 방법을 제공해 주었다. 왜냐하면 앞서 언급한 상호작용이 이루어지는 동안 교직원은 윌리엄이 원하는 것을 확인함으로써 다양한 선택을 제공해 주었기 때문이다. 행동훈련에서는 윌리엄에게 자신의 요구를 전달하고, '예'와 '아니요'를 표현하도록 하고, 높은 수준의 긍정적 대인관계 접촉을 할 수 있도록 대안적 방법들을 제시했다. 평가가 이루어지는 동안에는 시각장애인을 위한 지역위원회(여행훈련 및 기초적 신호의 개발)와 교육부(보완적 의사소통 기구), 발달장애 담당부서(물리치료와 작업치료, 적응장비의 조달) 그리고 지역의 정신과 의사(양극성장애의 진단 및 치료)로부터 자문을 구하여 서비스를 받았다. 부적절한 행동에 대한 차별강화(DRI) 개입이 설계되었으며 교사를 행동관리자로 활용했다. 많은 역할연습, 실제로 시도해 보기, 강의중심 교육 등은 교직원들이 행동개입을 성공적으로 실행하는 데 필요한 유능감과 자신감을 제공해 주었다. 윌리엄의 SIB 행동은 하루 평균 20~25회로 감소하였고, 그의 행동과잉에 대한 교직원들의 효능감과 통제감은 지속적으로 유지되었다. 마지막으로, 관여된 모든 사람들에게 지원을 제공해 줄 수 있는 윌리엄의 행동기준과 전환계획(transition plan)을 알아보기 위해 진로 프로그램을 실시하는 담당자와의 미팅이 이루어졌다. 행동서비스를 2년간 실시한 후, 윌리엄은 점차로 지역사회 기반의 직업훈련 프로그램으로 이동했다. 그곳에서 윌리엄은 현재 심각한 행동문제 없이 잘 기능하고 있다.

요약 및 결론

발달장애와 그에 따른 정서장애 또는 행동장애를 가진 학생들에 대한 학교기반의 지원은 특수한 의문과 어려움을 갖고 있는 분야다. 서비스의 유형, '진입점', 소유권 이전 등의 쟁점은 심리학과 특수교육 문헌에서 흔히 눈에 띄는 몇 가지 우려사항이다. 서비스 전달체계에서 우선적인 요인은 모든 학생들이 최소제한환경에서 무상의 적절한 교육을 받도록 되어 있는 연방정부의 IDEA 법령이다. CBT는 다양한 행동장애와 심리장애에 대해 '가장 앞선' 기법으로 알려져 왔다. CBT는 주로 치료의 수혜자(내담자)에게 일차적 서비스를 제공해 왔지만 이 장에서는 대안적 모형을 제시했다. 즉, 의뢰된 학생과 매일 함께 생활하는 일차적 행동관리자(학업 및 관련 서비스를 제공하는 교직원)에게 CBT의 원리를 활용하는 것이다. NSTM 프로젝트에 요약되어 있듯이, 이 모형에서 강조하는 것은 교직원의 행동적 유능감과 자기효능감을 향상시키고, 그렇게 함으로써 사기를 높이고 소진을 다루며, 궁극적으로는 행동 프로그램의 소유권을 임상전문가에서 학급의 교직원으로 전환하는 것이다. 통합교육이 더욱 강조됨에 따라 일반학급에서 교육받는 장애학생들은 점점 더 다양한 임상적 양상을 보일 것이다. 따라서 전통적인 서비스 전달체계는 학교교직원들이 보다 유능한 행동관리자가 될 수 있도록 필요한 기술을 제공해야 할 부담을 갖게 되었다. 전통적인 임상적 치료를 제공하는 전문가에게 의존하기보다, 교직원들을 진정한 행동변화의 동력으로 보고 또 그렇게 훈련하는 매뉴얼이 필요하다는 데 관심이 모아지고 있다. NSTM 프로젝트는 의뢰된 학생이 교육을 받는 장면에서 서비스를 제공받도록 하는 개념을 채택한 프로그램을 대표하고 있다. 이 모형은 학교에서 서비스를 제공하는 사람들을 힘들게 하고 있는 복잡한 치료 장애요인들을 효과적으로 다루고 있다.

참고문헌

American Psychiatric Association. (2000). *Diagnostic and statistical manual of mental disorders* (4th ed.). Washington, DC: Author.

Cole, C. M., Waldron, N., & Majd, M. (2004). Academic progress of students across inclusive traditional settings. *Mental retardation, 42*(2), 136-144.

Daniel, L., & King, D. (1997). Impact of inclusion education on academic achievement student behavior, and self esteem and parental attitudes. *Journal of Educational Research, 91*(2), 67-80.

Desktop reference for special education. (2001). Desktop Reference. http://www.oreilly.com

Gresham, F. M., McIntyre, L. L., Olson-Tinker, H., Dolstra, A., McLaughlin, V., & Van, M. (2004). Relevance of functional behavioral assessment research for school-based interventions and positive behavioral support. *Research in Developmental Disabilities, 25,* 19-37.

Horner, R. H., & Carr, E. G. (1997). Behavioral support for students with severe disabilities: Functional assessment and comprehensive intervention. *Journal of Special Education, 31,* 84-104.

IDEA: Congress to reauthorize education bill in 2002. (2002). *Advocate, 1,* 11.

Iwata, B. A., Wallace, M. D., Kahng, L., Lindberg, J. S., Roscoe, E. M., & Conners, J. (2000). Skill acquisition in the implementation of functional analysis methodology. *Journal of Applied Behavior Analysis, 33,* 181-194.

Jahr, E. (1998). Current issues in staff training. *Research in Developmental Disabilities, 19,* 73-87.

Kauffman, J. M. (1995). Inclusion of all students with emotional or behavioral disorders: Let's think again. *Phi Delta Kappan, 76,* 542-546.

Kormann, R. J., & Petronko, M. R. (2002). Community-based behavioral, therapeutic training programs. In J. A. Mulick & C. S. Holburn (Eds.), *Dual Diagnosis Program Models.* Schenectady, NY: National Association on Dual Diagnosis.

Luiselli, J. K., Wolongevicz, J., Egan, P., Amirault, D., Sciaraffa, N., & Treml, T. (1999). The family support program: Description of a preventive, community-based behavioral intervention for children with pervasive developmental disorders. *Child and Family Behavior Therapy, 21*(1), 1-19.

Mahoney, M. J. (1974). *Cognition and behavior modification.* Cambridge, MA:

Ballinger Publishing Company.

Martinez, K., & Petronko, M. R. (2003, November). *Stress and stress vulnerability: A review of generic stress literature with a developmentally disabled population toward integration and synchrony.* Poster presented at the 37th Annual Convention of the American Association for the Advancement of Behavior Therapy. Boston, MA.

Moore, J. W., Edwards, R. P., Sterling-Turner, H. E., Riley, J., DuBard, M., & McGeorge, A. (2002). Teacher acquisition of functional analysis methodology. *Journal of Applied Behavior Analysis, 35,* 73-77.

Nezu, A. M., & Nezu, C. M. (Eds.). (1989). *Clinical decision making in behavior therapy: A problem solving perspective.* Champaign, IL: Research Press.

Nezu, A. M., & Nezu, C. M. (1991). Problem solving skills training. In V. E. Caballo (Ed.), *Handbook of behavior modification and behavior therapy techniques.* Madrid: Siglio Veintiuno de Espana Editores, S.A.

Nezu, C. M. (1987). *Development of the behavioral role play activities test (BRAT): An empirically based observational measurement of behavior child management skills.* Unpublished doctoral dissertation, Fairleigh Dickinson University, New Jersey.

Nezu, C. M., Nezu, A. M., & Gill-Weiss, M. J. (1992). *Psychopathology in persons with mental retardation: Clinical guidelines for assessment and treatment.* Champaign, IL: Research Press.

Petronko, M. R. (1987, April). *Natural Setting Therapeutic Management (NSTM), who is the client?* Invited workshop presented at the 8th Annual conference of the Young Adult Institute, New York.

Petronko, M. R., Anesko, K. M., Nezu, A., & Pos, A. (1988). Natural setting therapeutic management (NSTM): Training in the natural environment. In J. M. Levy, P. H. Levy & B. Nivin (Eds.), *Strengthening families* (pp. 185-193). New York, NY: Young Adult Institute Press.

Petronko, M. R., & DiDomenico, D. M. (in press). Cognitive-behavior therapy with dually diagnosed individuals. In A. Freeman (Ed.), *Encyclopedia of cognitive behavior therapy.* Boston, MA: Kluwer.

Petronko, M. R., Harris, S. L., & Kormann, R. J. (1994). Community-based training approaches for people with mental retardation and mental illness. *Journal of Consulting and Clinical Psychology, 62,* 49-54.

Petronko, M. R., & Nezu, A. M. (1982, November). *Natural setting therapeutic management for the severely developmentally disabled.* Workshop presented at the 16th Annual Convention of the Association for Advancement of Behavior Therapy, Los Angeles, CA.

Prout, H. T., & Nowak-Drabik, K. M. (2003). Psychotherapy with persons who have mental retardation: An evaluation of effectiveness. *American Journal on Mental Retardation, 108,* 82-93.

Reiss, S., Levitan, G. W., & Szyszko, J. (1982). Emotional disturbance and mental retardation: Diagnostic overshadowing. *American Journal of Mental Deficiency, 86,* 567-574.

Skanker, A. (1994-95). Full inclusion is neither free nor appropriate. *Educational Leadership,* 18-21.

Spengler, P. M., Strohmer, D. C., & Prout, H. R. (1990). Testing the robustness of the diagnostic overshadowing bias. *American Journal on Mental Retardation, 95,* 204-214.

Turnbull, R., Trunbull, A., Shank, M., & Smith, S. (2004). *Exceptional Lives: Special Education in Today's Schools* (4th ed.). New York: Pearson Publishers.

Vaughn, S., & Scumm, J. (1995). Responsible inclusion for students with learning disabilities. *Journal of Learning Disabilities, 28,* 264-270.

Wallace, M. D., Doney, J. K., Mintz-Rusudek, C. M., & Tarbox, R. S. F. (2004). Training educators to implement functional analyses. *Journl of Applied Behavior Analysis, 37*(1), 89-92.

Chapter 14

자폐 스펙트럼 장애에 대한 인지행동 개입

자폐 스펙트럼 장애(autism spectrum disorder: ASD)는 복잡한 장애다. 이 장애를 가진 사람들은 자신에게만 매우 독특한 특징들을 보이기 때문이다. ASD를 가진 아동 · 청소년은 자신만의 세상 안에서뿐만 아니라 가족과 학교생활에서도 역기능과 부조화를 겪는다. ASD의 독특한 특징에도 불구하고, 학교에서 일하는 전문가들이 응용행동분석의 과학적 원리, 인지행동치료의 임상적 관점, ASD의 특징에 관한 강력한 지식기반을 갖춘다면 효과적인 치료를 제공할 수 있을 것이다.

전통적으로, CBT 이론은 다음 네 가지 개념들 간의 직접적인 또는 직선적인 관계로 간주된다. (1) 특정 상황이나 사건, (2) 상황을 지각하고 해석하는 개인의 핵심 신념, (3) 특정 반응을 매개하거나 조절하는 즉각적이고 자동적인 사고, (4) 개인의 핵심 신념체계를 거쳐 여과됨으로써 발생하는 행동이나 정서 반응. 그러나 어린 아동이나 청소년을 치료할 때는 다각적 양식을 적용할 가능성이 높다(Mennuti & Christner, 출판 중). 특히 ASD 아동을 치료할 때는 다각적 양식이 더욱 적합한데, 왜냐하면 이 장애에는 신념이나 자동적 사고를 포함한 왜곡된 인지적 요인들이 존

Daniel H. Ingram

재하기 때문이다. 임상가는 '자폐증 경험'이 ASD 아동의 신념과 사고를 조성한다는 것을 유념해야 한다. 또한 다각적 반응양식은 촉발사건이나 상황에 행동결과가 논리적으로 연관되건 그렇지 않건 존재한다. 따라서 ASD 아동을 대상으로 CBT 원리를 적용할 때, 문제를 확대하며 전문가를 힘들게 만드는 것은 다름 아닌 '자폐증의 프리즘', 즉 내재적인 비논리적 왜곡과 기술결함이다. 전문가는 아동이 ASD를 경험하는 수많은 방식을 완전히 이해할 수 있을 때 비로소 ASD 아동을 위한 효과적인 개입을 제대로 제공할 수 있다. ASD 아동의 사고양식, 정서반응, 행동에 대한 이해는 자폐적인 마음을 이해하려는 임상가의 노력에 달려 있다. CBT가 단기치료 양식의 하나이지만, ASD 아동을 돕는 전문가들에게는 더 많은 시간과 인내 그리고 헌신이 필요하다.

이 장의 목적은 ASD 아동이 학교에서 보이는 사고방식과 행동을 탐색하는 데 있다. 또한 학교에서 ASD 아동의 특별한 요구를 다루는 데 효과적인 개입을 개발하기 위하여 CBT와 응용행동분석의 원리를 통합하는 방법을 살펴보고자 한다.

자폐 스펙트럼 장애의 이해

정신과 의사였던 Leo Kanner는 1943년에 처음으로 자폐증에 대해 기술했다. 그는 자신의 클리닉에서 만난 아동들 가운데 여러 가지 비전형적 행동을 보이는 일부 아동들에 관한 논문을 발표했는데, 그들은 주변의 모든 사람에 대해 관심을 보이지 않는 아동들이었다(Kanner, 1943). 이 아동들은 주변 세상과 특이한 방식으로 상호작용하고 반응했는데, 그들에게서 자기몰두와 타인의 조망수용 실패가 공통적으로 발견되었다.

오늘날 ASD는 개인이 세상을 바라보며 경험을 통해 배우는 모든 측면에 영향을 미치는 발달장애로 간주된다. ASD를 가진 사람은 타인과 접촉하려는 욕망과 요구가 부족하며, 타인의 관심과 인정을 받는 것에 대해서도 무관심하다. ASD를 가진 사람들에게 사회적 접촉과 호혜적인 사회적 상호작용의 욕구가 결여되어 있을지라도, 이것을 친애 욕구의 절대적인 결핍보다는 상대적인 결핍으로 강조하는 것이 중요하다. 이런 사람들도 타인과 접촉을 추구하고 애정을 보이며 호혜적인 사회적 상호작용을 할 수 있고 또 종종 그렇게 하기 때문이다.

ASD의 정의에 따른 차이는 있지만, 아동 1만 명 가운데 대략 650~1,000명이 ASD를 가지고 태어나는 것으로 보고되었다(American Psychiatric Association, 2000). 남아가 여아보다 4~5배 더 많이 ASD 진단기준을 충족시키는 것으로 확인되었다. ASD 연속선상에 있는 아스퍼거 장애는 여아보다 남아에게서 10배나 더 많이 발견된다(American Psychiatric Association, 2000). ASD 아동의 75~80%가 정신지체를 공존장애로 가지고 있다(American Psychiatric Association, 2000). 그러나 ASD 아동들 중에는 영재이거나 기능수준이 높은 아동들도 있다. 그들 가운데 정신장애가 없는 아동들 대부분은 언어적 능력에서는 상당히 손상되어 있지만, 비언어적 능력은 정상 또는 정상보다 높은 수준의 범위 안에 있다. 한편, 대부분의 연구가 ASD의 유전적 연관성을 시사한다(Siegel, 1996). 그러나 임신과 출산에 관련된 위험요인들도 보고되었다(Siegel, 1996). ASD에 관한 지식이 축적되기는 했지만, 아직까지 일관성 있고 확실하게 증명된 원인을 밝혀내지는 못했다.

ASD의 특징은 상당히 다양한 방식으로 드러나기 때문에 진단을 내리는 전문가는 DSM-IV-TR(American Psychiatric Association, 2000)이 제시한 대로 반드시 표준적인 진단기준을 사용해야 한다. 미국정신의학회에 따르면, 진단기준 12개를 3개의 주요 영역(사회적 상호작용의 질적 손상; 의사소통의 질적 손상; 제한적, 반복적, 상동증적 패턴의 행동, 관심, 활동)으로 범주화할 수 있다. 각 영역 안에는 4개의 특수한 진단기준들이 있는데, 이는 ASD를 가진 사람들이 보이는 일군의 증상을 묘사한다. 한 사람이 ASD의 진단을 받으려면 12개 기준 가운데 6개를 충족시켜야 한다. 그 가운데 적어도 2개는 사회성 발달의 어려움을 반영해야 하며, 2개는 의사소통의 문제에 해당되어야 하고, 적어도 1개는 제한적인 상동증적 행동을 시사해야 한다.

저조한 사회성 발달과 사회적 상호작용에 대한 관심의 결여는 ASD에게 나타나는 가장 전반적이며 취약한 문제다. ASD를 가진 사람이 항상 타인에 대해 관심과 애착을 보이지 않는 것은 아니지만, 애착의 질이 매우 다르다. 아스퍼거 증후군이나 고기능 자폐증처럼 ASD 스펙트럼의 상위에 있는 아동일수록 그런 특징들을 더 많이 보인다. 그들이 타인에게 관심을 보이는 경우에라도 그 관심은 자기중심적인 경향이 있다. ASD 아동은 타인의 흥미, 감정, 반응을 별로 고려하지 않는다. 그들은 동떨어져 있고 고립되어 있으며 '자신만의 세상에 있는' 것처럼 보인다. 고기능 ASD를 가진 사람은 기꺼이 타인과 관계를 맺으려고 하지만 호혜적인 사회적 상호작용을 시작하고 유지하는 방법을 잘 모른다(Siegel, 1996).

개입과 치료를 어렵게 만드는 ASD의 또 다른 특징은 '마음의 이론(theory of mind)'과 관련된다. 마음의 이론이란 타인은 자신과 다른 것을 생각하거나 믿을 수 있는 마음을 가지고 있다는 신념을 말한다. ASD 아동은 이것을 하기가 어렵기 때문에 타인의 생각과 행동을 이해하기가 어렵다. 특히 타인의 생각과 행동이 자신의 행동과 관련되어 있을 때 그렇다. 따라서 타인의 언어적 · 비언어적 의도를 해석하는 데 어려움을 겪는다. 뿐만 아니라 마음의 이론이 없어서 자기 안을 관찰하는 자기내성을 하기도 어렵다. 특히 자신의 행동과 관련된 생각이나 아이디어를 검토하기가 어렵다. 즉, ASD 아동은 이분법적 세상, 흑과 백, '지금 여기'의 세상 안에 살고 있다. 그들은 융통성 없이 경직되어 있으며 의례적인 방식으로 반응한다. 삶의 방식은 규칙을 철저하게 따른다. 그들은 자신의 지각과 요구에 따라 관습적이며 규칙중심의 세상 속에 있을 때 가장 편안함을 느낀다. 이렇듯 융통성 없고 경직된 규칙중심의 패러다임이 그들에게 안락함을 주고 스스로를 보호할 수 있게 한다. 그렇지만 이러한 규칙중심의 패러다임은 ASD 아동을 더욱 소외, 고립, 좌절시킨다. 임상가는 이를 염두에 두고, 예측 가능하며 규칙중심의 구체적인 계획을 따르는 치료개입을 활용해야 한다.

자폐 스펙트럼 장애의 평가

ASD 아동을 평가하기 위해 임상가는 호혜적인 사회적 상호작용의 어려움, 의사소통의 어려움, 의례적인 상동행동 패턴 등 ASD에 대해 충분한 지식을 갖추어야 한다. 전통적인 진단기준에 따라 평가하는 것뿐만 아니라 아동 개인이 ASD를 드러내는 독특한 방식에 영향을 미치는 영역(예: 인지, 언어 등)에 대해서도 평가해야 한다. 여러 장면에 걸쳐 나타나는 행동의 복잡성과 가변성을 고려할 때, 완전하고 종합적인 평가를 하려면 학제 간 팀 접근을 통해 여러 영역과 환경에 관한 자료를 수집해야 한다. 이를 위해 ASD의 평가에는 학교심리학자, 언어치료사, 작업치료사, 교사 및 부모가 반드시 포함되어야 한다. ASD를 위한 모든 평가에는 사회적 능력, 의사소통(예: 언어적 의사소통, 비언어적 의사소통, 화용론), 행동의 가변성, 환경의 영향과 같은 핵심 영역들에 대한 평가가 포함되어야 한다(Shriver, Allen, & Matthews, 1999).

형식적이든 비형식적이든, 관찰은 ASD 아동과 청소년을 평가할 때 전문가가 사용하는 주요 도구다. 관찰을 하면 행동의 가변성, 즉 부모, 교사, 전문가의 보고에서 나타나는 차이를 밝힐 수 있다. 아동에 대한 정보를 수집하기 위해 직접관찰(예: 교실에서, 점심시간에, 쉬는 시간에 아동을 관찰하는 방법)과 간접관찰(예: 부모나 교사의 보고를 통해 자료를 수집하는 방법)을 실시할 수 있다. ASD 종합평가에서 주로 사용하는 기법은 구조화된 놀이터 관찰이나. 놀이시간을 관찰하기 위한 체계적 양식으로 기능적 관찰 체크리스트(functional observation checklist)가 개발되었다(Troxell & Ingram, 2000). 성인의 격려나 자극 또는 구속성을 지닌 규칙의 방해를 받지 않는 자연스러운 장면에서 아동의 놀이를 관찰하면 아동의 상호작용에 드러난 전형적인 사회적 도식을 있는 그대로 평가할 수 있다.

또 다른 직접관찰 평가도구로는 유아용 메이즈 관찰 체크리스트(Mayes Observation Checklist for Young Children; Mayes & Calhoun, 1999)와 자폐증 진단 관찰표(Autism Diagnostic Observation Schedule; Lord, Rutter, & LeCoteur, 1994)가 있다. 한편, 종합평가의 일부로 부모, 교사 및 아동을 대상으로 구조화된 면접도 실시해야 한다.

자폐 스펙트럼 장애를 위한 개입

ASD 아동 · 청소년을 위한 많은 개입방법들이 보고되었지만, 이 장에서는 두 가지 주요 기법을 살펴보고자 한다. 하나는 응용행동분석(Applied Behavior Analysis: ABA)이고, 다른 하나는 인지행동치료(CBT)다. ASD의 치료에 ABA를 활용했다는 문헌과 보고가 상당히 많이 발표되었다(Maurice, Green, & Luce, 1996 참조). ABA의 단독 실시가 ASD 집단에 효과적이기는 하지만, 고기능 ASD 아동 · 청소년에게는 CBT의 병행이 더 큰 혜택을 줄 수 있다. 지금까지 ASD 아동 · 청소년들에 대한

CBT의 혜택을 보고한 연구는 없다. 이 분야에서 더 많은 연구가 이루어져야 한다.

응용행동분석의 원리

전통적으로 ABA는 인간행동의 개선과 이해에 관심을 두고 있다. ABA의 정의를 내리면 다음과 같다.

> 응용행동분석은 고도로 구조화되고 위계적인 방식으로 기술을 가르치기 위해 기술을 작고 개별적인 과제로 분할하는 과정을 포함한다. 차별강화의 기법이 이를 성공적으로 적용하기 위한 핵심 사항이다(Maurice, Green, & Luce, 1996, p. 8).

이러한 정의는 ABA의 몇 가지 필수적인 측면을 명시한다. 첫째, ABA는 과학적 활동에 깊숙이 뿌리내리고 있다. 과학적 태도와 방법론이 ABA의 시행을 이끈다. 둘째, ABA는 행동변화의 절차를 체계적이고 과학적인 방식으로 기술한다. 즉, 임상가는 행동을 해석하지 않고 있는 그대로 기술한다. 셋째, 모든 절차는 행동분석의 기본 원리에서 개념적으로 파생되어야 한다. 넷째, ABA 개입의 초점은 사회적으로 의미 있는 행동을 변화시키는 데 있다. 마지막으로, 행동의 개선과 이해가 실험에 내재되어야 한다(Maurice, Green, & Luce, 1996). ABA는 개인의 삶을 의미 있게 향상시켜야 하며, 그러한 향상을 가져온 행동요인들을 체계적으로 분석해야 한다.

ABA 관점에서 볼 때, ASD는 생물학적 기반을 지닌 행동결핍과 행동과다의 증후군이다. 이와 같은 행동결핍과 행동과다는 물리적 · 사회적 환경과의 상호작용을 통해서 변화될 수 있다. 임상가는 ABA 기법을 활용하여 행동결핍과 행동과다를 감소시키도록 돕는다(Green, 1996). 이를 위해 임상가는 학습자에게 다양한 사회적 상황과 환경에 유용하고 수용될 수 있는 기술들을 습득하고 연습할 기회를 제공한다. ABA 개입은 현재의 기술과 요구에 대한 종합평가로부터 시작한다. 임상가는 다양한 상황에서 아동을 체계적이며 세밀하게 관찰하여 아동의 현재 기술과 요구를 확인한다. 아동을 관찰할 때는 행동(아동이 하는 것)과 억제(아동이 하지 않는 것), 선행사건(행동 이전에 발생한 것), 강화 또는 후속결과(행동 이후에 발생한 것)를 기록

한다. 임상가는 체계적이고 상세한 관찰에 근거하여 초점을 맞추어야 할 특정 행동을 선정한다. 선정된 행동은 '표적행동'이라고 한다. 표적행동은 구체적이며, 개입의 A-B-C(선행사건-행동반응-후속결과) 원리에 따라서 조작되거나 변경된다. 각각의 A-B-C 사이클은 하나의 학습시행을 이룬다(Green, 1996). 진정한 ABA 프로그램은 기술 일반화의 과업을 달성하기 위해 모든 개입기법들을 활용한다(Sundberg & Partington, 1998).

응용행동분석과 자폐증

ASD를 가진 사람이 다른 장애를 가진 사람에 비해 독특한 행동을 보인다는 것은 분명하다. 그들은 사회적 상호작용, 의사소통 기술, 감각적 욕구, 행동문제를 포함한 다양한 특성들의 조합을 나타낸다. 여기에 다양한 지적 능력, 다양한 특수 기술들, 독특한 성격과 능력이 더해지면 ASD를 치료하기가 더욱 어려워진다. ASD를 가진 사람 중에는 사회에 기여하고 자신의 삶의 질을 향상시킬 수 있는 잠재력을 가진 사람도 있다. ASD는 독특한 장애이고 ASD를 가진 사람이 장애를 드러내는 방식 또한 다양하기 때문에 수많은 개입과 치료전략이 무궁무진하게 개발될 수 있다(Olley & Gutentag, 1999). 부모와 전문가들은 ASD를 위한 개입이 부족하지 않으며 일부 사례의 경우에는 회복의 가능성도 있다는 얘기를 끊임없이 듣고 있다. 불행하게도, 이런 개입 가운데 일부(예: 의사소통의 촉진, 칼라 렌즈 등)는 별 가치가 없는 것으로 판명되었다(Simpson & Myles, 1995). 그렇지만 ASD 아동을 위해 제대로 만들어진 몇 가지 치료법들이 있다(Heflin & Simpson, 1998b 참조). 적절하고 일관되게 적용한다면 아동과 그의 가족들에게 긍정적인 성과를 가져올 수 있는 프로그램들이 있다(Heflin & Simpson, 1998a).

ASD 아동이 유의한 향상을 이루도록 도와주기 위해서는 다음 두 가지 요인을 반드시 고려해야 한다. 첫째, 가능한 조기에 ASD 아동을 확인해야 한다. 왜냐하면 조기확인은 조기개입을 가능하게 하기 때문이다. 둘째, 임상가는 아동과 가족에게 개입을 제공할 때 증거기반의 전략을 활용하는 데 집중해야 한다. 이를 위해 임상가는 철저한 평가와 사례개념화에 근거해야 하며, 관련 문헌을 숙지하여 개입기법을 아동의 특성에 맞추어 수정할 수 있어야 한다.

가장 잘 알려져 있고 가장 많이 연구된 개입은 ABA에 기반을 둔 것이다(Anderson & Romanczyk, 1999). 그리고 ASD 개입이 행동주의 원리를 활용해야 함을 지지하는 과학적 증거는 충분하다. ABA는 ASD 개입의 분야에서 일하는 전문가들이 다양하게 적용할 수 있는 가능성을 갖고 있다. ABA는 단독으로 실시될 수도 있지만 다른 증거기반의 기법과 병행하여 실시될 수도 있다. 이러한 병행 실시는 ASD를 가진 사람들에게 유의한 혜택을 제공할 가능성을 높인다.

ABA는 선행변인과 후속결과 그리고 이 둘의 상호작용에 대한 분명하고도 정확한 결정에 의해 좌우된다. 원하는 학습과 행동변화 프로그램을 체계적으로 계획하기 위하여 이런 정보를 사용한다(Alberto & Troutman, 1999). ASD를 가진 사람에게 ABA를 적용하는 전문가는 사회적으로 적절한 행동과 반응을 구체적으로 검토하고 이것을 표적으로 삼는데, 이러한 행동은 ASD를 가진 사람들이 사회 안에서 상호작용하는 방식을 변경시킨다. 앞서 언급했듯이, 사회에 '조화롭게 적응하지' 못하는 것이야말로 ASD를 가진 사람의 성공적 적응을 방해하는 가장 큰 장애물이다.

세밀한 환경분석과 동기설정조작(Establishing Operations: EO)[17] 혹은 동기화조작(Motivating Operations: MO)을 활용하면 ASD를 가진 사람의 행동 레퍼토리에 의미 있는 변화가 일어나기도 한다. EO 또는 MO의 개념은 ASD를 가진 사람을 위한 개입을 계획할 때 특히 중요하다. MO는 특정 자극이 갖는 강화의 가치를 변경시키는 하나의 사건 또는 생각을 의미한다(Wilder & Carr, 1998). ASD를 가진 사람의 MO를 결정하고 조정할 수 있는지에 따라서 그 사람의 사회적 행동에 의미 있는 변화를 불러일으킬 수 있는지가 결정된다. MO는 원래 어떤 반응에 영향을 끼치거나 어떤 반응을 일으키는 행동에 앞서 발생하는 생각이나 요구를 말한다. 기본적으로 동기는 한 사람의 소망, 요구, 욕구와 관련된다. 행동적 용어로 살펴보면, 만일 강화를 추구하는 사람이 그것을 얻을 수 있다면 원했던 것 또는 필요했던 것이 바로 강화로 작용한다. 따라서 MO의 결정은 한 사람의 요구와 욕구를 통찰할

17) 역자 주: 최근에는 동기설정조작(Establishing Operations: EO) 대신에 동기화조작(Motivating operations: MO)이라는 용어의 사용을 권장하고 있다. EO는 자극의 강화효과를 높이고 행동의 발생 빈도를 증가시킬 수 있는 환경의 조작을 지칭하며, 자극의 강화효과를 낮추고 행동의 발생 빈도를 감소시키는 환경의 조작을 의미하는 동기해지조작(Abolishing Operation: AO)과 구분되기 때문이다. MO는 EO와 AO를 포괄하는 개념으로 간주된다(홍준표(2009), 응용행동분석, 학지사. pp. 340-341).

수 있게 하며, 그다음으로는 그 요구를 충족시키기 위한 행동반응의 조작도 가능하게 한다.

그러나 ASD를 가진 사람은 앞서 언급했듯이 마음의 이론이 부족하기 때문에 자신의 마음을 알 수 있는 능력, 즉 자신의 생각을 파악하는 능력이 손상되어 있다. 이러한 능력의 손상은 부적절한 사회적 행동에 관한 자신의 마음을 알 수 있는 능력을 방해한다. 자기내성 능력의 결핍은 전형적인 행동이든 비전형적인 행동이든 그 행동을 추진하는 MO가 무엇인지를 결정하는 데 걸림돌이 된다. 행동반응에 대한 신중하고도 체계적인 관찰, ASD를 가진 사람에 대한 철저한 지식, 관계의 형성을 통해서만이 그 사람의 MO를 찾아낼 수 있다.

ASD 아동이 가진 또 다른 어려움은 MO가 종종 일시적이어서 MO를 포착하거나 고안하기가 꽤 어려울 수 있다는 것이다. MO를 포착한다는 것은 환경 안에서 자연스럽게 발생하는 대로 MO를 활용하는 것을 말하는 반면, MO를 고안한다는 것은 그 사람의 일상에 있는 어떤 대상이나 사건을 조작하는 것을 말한다(Sundberg, 1993). 임상가나 관찰자는 특정 반응이 강화의 이용 가능성 때문에 발생하는지, 아니면 강화의 효과성 때문에 발생하는지를 결정할 수 있어야 한다. 따라서 MO를 포착하고 고안하는 것이 어려울 수 있다(Michael, 1982). MO는 많은 임상개입에서 중요한 역할을 한다. 인간행동을 통제하는 MO의 역할을 인정하지 못하면 행동평가는 불완전한 상태로 끝나 버린다. 그러므로 MO는 ABA가 적용되는 여러 영역(예: 행동의학, 행동노인학, 교정행동분석, 기업과 산업)에서 중요한 역할을 한다. 그러므로 '자극-반응-결과(Stimulus-Response-Consequence)'의 3요인 유관성을 'MO-자극-반응-결과(Motivating Operation-Stimulus-Response-Con-sequence)'의 4요인 유관성으로 확대하는 것이 적절하다(Sundberg, 1993).

ASD의 인지행동치료

ASD의 치료에서 반드시 고려해야 하는 또 다른 치료양식은 인지행동치료(CBT)다. ASD 집단에 대한 CBT의 효과성에 관한 증거는 별로 없지만, CBT의 여러 기본 원리들은 ASD 진단을 받은 아동·청소년을 치료할 때 유용하다.

'인지치료'는 Aaron T. Beck 박사가 1960년대에 펜실베이니아 대학교에서 구조화된, 단기의, 현재중심의 우울증 심리치료를 지칭하기 위하여 처음 사용한 용어다. 인지치료는 현재의 문제해결, 역기능적 사고와 행동의 수정을 지향한다(Beck, 1995). 인지치료의 일반적 전제는 기분과 행동을 변화시키는 왜곡된 혹은 역기능적인 사고가 모든 정신장애에 스며들어 있다는 것이다. Albert Ellis, Donald Meichenbaum, Arnold Lazarus와 같은 주요 이론가들이 CBT에 해당하는 심리치료를 발전시켰다. CBT에는 수많은 변이와 변형된 형태가 존재한다. 그러나 그것들은 모두 문제가 잘못된 사고양식과 행동방식에서 직접 유래한 결과라는 이론적 입장을 지지한다. 이러한 잘못된 사고 및 행동양식과 아울러, 사람들은 자신의 대처능력을 손상시키는 방식으로 상황을 잘못 해석하는 경향성을 가지고 있다(Enright, 1997). 대처의 어려움 때문에 그들은 자신의 문제를 더욱 악화시키는 비정상적인 행동양식을 발전시킨다. 임상가는 Beck의 우울모형을 활용하여 ASD를 가진 사람의 사고양식과 행동의 특징을 확인할 수 있다. 부정적 사고가 인생 초기에 겪은 경험에서 비롯된 태도와 가정(assumptions)에 뿌리를 두고 있다. 이런 가정은 어떤 경우에는 긍정적이고 동기를 불러일으킬 수 있으나, 때로는 너무나 경직되어 있어서 변화에 매우 저항적이게 한다(Enright, 1997). 이는 ASD의 임상적 정의와 일치한다. ASD를 가진 사람들은 경직된 사고를 하는 경향이 있으며, 비전형적인 잘못된 신념과 생각을 유지시키는 의례적인 상동행동을 하는 경향이 있다.

CBT의 치료 패러다임은 문제를 일으키거나 유지시키는 인지적 · 행동적 요소를 다룬다. ASD를 가진 사람들은 마음의 이론이 부족하여 자신의 사고와 신념에 대한 자기내성을 하기가 어렵다. 그렇기 때문에 그들에게는 인지치료를 실시하기가 어렵다. 따라서 CBT를 활용하여 ASD를 치료하고자 할 때는 행동적 개입의 병행 가능성을 고려해야 한다. CBT는 아스퍼거 장애 진단을 받은 사람에게나 ASD 범주에서 높은 기능수준을 가진 사람들에게 더 적합하다. 고기능 ASD 아동 · 청소년은 비교적 잘 발달된 언어기술을 가지고 있으며, 자신이 남과 다르지만 '조화롭게 적응해야 할' 필요성을 어느 정도 인식한다. 이러한 인식은 심각한 ASD를 가진 사람이나 인지결함의 공존장애를 가진 사람에게는 찾아볼 수 없는 동기요인이다.

ASD를 대상으로 CBT를 사용한 연구는 별로 없지만, 공존장애 증상에 초점을 맞춘 치료 프로그램을 활용할 수 있다. 예를 들면, ASD 아동은 범불안장애, 사회공포증, 강박장애와 일치하는 유사한 증상과 행동 특징을 종종 보인다. 따라서 임상가는 이러한 공존장애 증상을 치료하기 위해 개발된 치료 프로토콜을 ASD 집단에 맞도록 변경하여 실시한다.

ASD를 가진 사람은 사고, 요구 및 행동 반응과 관련된 여러 장애의 복합체라는 것을 알 수 있다. 조작적으로 정의 내리면, ASD는 안전지역 밖에서 활동하도록 만드는, 사회적 상황을 회피하고 그에 대해 과도한 두려움과 걱정을 하는 장애다. 따라서 ASD를 가진 사람은 종종 의례적 행동을 따르고, 엄격한 규칙을 준수하며, 자신에게 어렵거나 불쾌한 것으로부터 도피하게 하는 비전형적이며 비사회적인 행동 반응을 확립함으로써 자신의 삶을 관리한다. ASD의 증상이 범불안장애, 사회공포증, 강박장애의 증상들과 비슷하므로 이러한 장애를 치료하기 위한 전략과 개입이 특히 고기능 ASD의 치료에 매우 효과적일 수 있다.

인지행동치료, 응용행동분석과 자폐증

이 장에서는 ABA와 CBT를 별도의 치료양식으로 제시했지만, 두 가지 치료를 병행하면 ASD 아동의 치료에 더욱 유용하고 효과적일 수 있다. 두 가지 치료를 병행하면, ASD 아동의 행동 특징을 변화시킬 수 있을 뿐만 아니라 오랫동안 행동을 유지할 수 있게 하며, 행동변화의 일반화를 방해하는 인지적 요소들을 변화시킬 수 있다.

고기능 ASD 아동들은 일반적으로 세상에 대한 왜곡된 지각을 가지고 정보를 처리하며 행동반응을 한다. 그들은 환경의 요구와 사건을 잘못 지각하므로 전반적인 스트레스와 동요 상태에 처하게 된다. 극단적인 촉발 상황이 발생하고 이를 피할 수 없다면, 그들은 기이하고 반복적이며 고정적인 사고와 행동에 의존할 가능성이 있다. 바로 이것이 자폐증이라는 단어를 들으면 사람들이 흔히 떠올리는 모습이다. ASD를 가진 사람은 몸을 흔드는 반응, 복잡한 운동성 동작(예: 손가락을 두드리거나 튕기기), 반복적 언어반응, 자신을 향한 공격적 행동(예: 자해 행동)이나 타인을 향한 공격적 행동을 보인다. ASD 아동들은 자신이 겪는 고통의 이유를 인지적으로 체계화해서 명확히 말할 수 없다는 점이 임상가나 교사, 부모에게 특히 어려운 점이다. 이런 어려움을 더욱 악화시키는 요인은 ASD를 가진 아동이 자신의 감각으로부터 오는 부적응적인 입력을 받아들인다는 것이다. 감각의 과다활동이나 과소활동은

ASD 아동들 대부분이 보이는 근본적인 문제다. ASD를 가진 아동은 보고 듣고 만지는 사물에 지나치게 많이 또는 지나치게 적게 반응하는 등 반응조절의 어려움을 나타낸다(Siegel, 1996).

ASD는 일차적인 형태로서 의사소통장애로 간주된다. 그러나 ASD를 가진 사람들은 언어표현을 못하는 것이 아니라 언어적 · 비언어적 의사소통을 이해하고 해석하며 반응하는 데 어려움을 겪는다. 결과적으로 그들의 내면적 언어체계에서 보이는 의사소통 결함은 역기능적이고, 고통스러운 상황에 놓일 때 의사소통을 전략으로 활용할 수가 없다. 그들은 주로 운동성 동작에 의존하는데, 이것이 바로 우리 눈에 관찰되는 것이다.

ASD를 가진 사람들의 독특함과 차이 그리고 ASD를 악화시키는 요인들을 고려하면, 전통적인 CBT 방법이 ASD를 위한 주요 치료법이 아님을 알 수 있다(Lord, 1996). 그러나 CBT에서도 행동적 요소를 강조한다는 점을 고려하면, CBT의 원칙은 ASD 아동의 치료에 성공적인 ABA의 원리와 비슷하다. CBT와 ABA 둘 다 목표를 설정하고 행동반응 전략을 치료하기 위해 행동평가와 행동관찰을 활용한다. 또한 CBT와 ABA는 기본적인 A-B-C 패러다임(선행사건-행동-후속결과)을 사용한다는 점에서 공통적이다.

MO 개입의 추가는 ABA의 순수한 행동적 접근과 CBT의 인지적 접근 사이에 '빠져 있는 연결고리'가 될 수 있다. 앞서 언급했듯이, 수많은 감각적 · 행동적 · 환경적 변인들이 ASD를 가진 사람의 사고와 행동을 혼란시키기 때문에 MO의 수립은 매우 어렵다. MO를 수립한다면 임상가가 행동적 개입을 고안하고 행동반응을 조성하는 전략을 선정하는 데 도움이 된다. 예를 들면, 어떤 행동이 비합리적인 것처럼 보일지라도 그 행동을 하는 사람에게 주는 의미(또는 동기)를 파악하면 비합리적인 행동조차 완벽하게 이해가 된다. 학교에서 조회 시간에 의자 밑으로 머리를 숙이고 있으면서도 교사가 묻는 모든 질문에 대답할 수 있는 어느 ASD 아동이 있다. 이 아동이 특이한 행동을 보이는 것은 교실에서 조회를 하는 동안에 일반적으로 제시되는 청각적, 시각적 자극에 대한 과잉 민감성 때문이다(MO). 기이하고 비합리적인 것처럼 보이는 그 행동이 자폐아동에게는 자기를 치유하는 행동일 수 있다. 체계적 둔감화, 순차적 접근, 후행연쇄 및 이완개입을 활용하면 ASD 아동이 조회에 활발히 참여하도록 도울 수 있다. 선행하는 행동에 앞선 MO를 이해하고 결정하면 목표달성에 더욱 효과적이며 구체적인 전략을 선정할 수 있다. 고기능 ASD 아동을 이해하고 그 아동과 함께 MO에 대해 상의하는 것은 일반 아동이 가진 자동적 사고와 인지적 왜곡을 찾아내기 위해 아동과 상의하는 것과 같다. MO-A-B-C(동기조작-선행사건-행동-결과)의 공식은 ASD를 가진 사람을 치료할 때 ABA와 CBT를 연결 짓는 고리가 된다.

위의 예에서 아동이 보인 특수한 행동은 그 행동이 발생하는 맥락에 비추어, 그리고 환경을 조절하고 환경을 자신의 요구에 적합하게 맞추는 데에서 비전형적 행동이 맡은 역할에 비추어 개념화되어야 한다. ASD를 가진 사람의 별난 행동은 어쨌든 그들이 의사소통의 의도를 가지고 시도하고 있음을 시사한다. 그들은 이런 별난 행동 말고는 달리 표현할 줄 모른다(Schopler & Reichler, 1971). 행동을 바꾸기가 쉽지는 않지만, ASD를 가진 사람이 대안적인 의사소통 방식을 발달시킬 수 있다면 또는 비전형적인 행동을 유지하는 상황을 임상가가 다룰 수 있다면 행동변화가 일어날 수 있다.

ASD 치료에서 또 다른 문제는 고기능 ASD의 주요 결함이 메타표상(metarepresentation)이나 '마음의 이론' 등 사고의 차이와 관련된다는 점이다(Baron-Cohen, Leslie, & Frith, 1985). 마음의 이론은 ASD 아동이 타인은 자신의 생각과는 다른 생각을 가지고 있다는 것을 이해하고 지각할 수 있는 능력에 초점을 맞춘다. 이러한 능력의 결함은 ASD의 자기초점(self-focus)과 자기중심적 행동의 기초가 된다. 또한 ASD는 메타표상의 결함, 즉 사고에 관해 사고할 수 있는 능력의 결함, 표상의 다른 형태에 관해 사고할 수 있는 능력의 결함을 반영한다(Leslie, 1987). ASD 아동은 모든 사람이 자기가 생각하는 것처럼 생각하지는 않으며, 자기가 관심을 가진 것에 다른 사람들은 관심을 갖지 않을 수도 있다는 것을 이해하지 못한다. 그렇기 때문에 사회적 호혜성(social reciprocity)이 필요한 상호작용을 잘 못하는 것이다. 그러한 결함이 ASD의 본질이라면 자기평가와 반성적 사고를 해야 하는 '표준적인' 인지기법을 ASD 아동에게 적용하는 것은 문제가 된다(Stark, 1990). 이러한 인지기법의 사용은 ASD 아동을 치료하는 전문가가 ASD의 복잡성에 대한 철저한 지식을 가지고 있는지에 따라 결정되어야 한다. 또한 전문가는 ABA와 CBT의 원리에 대한 광범위한 지식을 갖추어야 하며, 이러한 체계에 맞추어 조정된 개입과 전략에 대해서도 숙지해야 한다. 일부 연구자들은 12, 13세 이하의 언어발달 수준을 갖고 있는 아동에게 인지치료가 적절한지에 대해 의문을 제기하였는데, ASD 청소년 중에서 이 수준에 도달할 수 있는 청소년은 거의 없다는 주장도 있다(Lord, 1996). 그러나 최근에는 이보다 더 어린 아동들을 대상으로 CBT의 효과를 지지한 문헌이 많이 발표되고 있다(Friedberg & McClure, 2002; Knell, 1993 참조).

학교장면에 대한 시사점과 적용

모든 아동들과 마찬가지로, ASD 아동도 깨어 있는 많은 시간을 학교에서 보내고 학교와 관련된 활동에 참여한다. ASD 아동은 학교에서 치료적 지원과 행동 프로그램을 제공받거나, 교육전문가의 지도 아래 이러한 프로그램에 참여한다. 학교의 가장 큰 특징은 사회적 요구와 사회적 활동을 할 기회가 매우 많다는 점이다. 따라서 ASD 아동이 가지고 있는 장애와 사회적 결함은 학교에 있는 동안 더욱 분명하게 드러난다. ASD의 행동적, 사회 · 정서적 징후는 종종 학교에서의 수용과 참여를 방해한다. 따라서 학교에서 일하는 전문가들(예: 학교심리학자, 상담교사 등)은 사회적 결함을 치료하는 팀을 지원할 준비를 갖추어야 한다. 학교와 학교에서 일하는 전문가들은 ASD 학생을 포함한 많은 학생들이 매일 학교활동에 참여할 때 겪는 어려움을 어떻게 다루어야 할지 고민해야 하는 도전을 수시로 받고 있다(Christner & Allen, 2003).

발달장애 아동은 일반 아동집단에 비해 더욱 복잡한 모습을 보이며 더욱 종합적인 요구를 가지고 있다. 또한 교직원들에게도 더 큰 행동문제를 발생시킨다. 그렇기 때문에 ASD 아동이 지금 여기에서 일상적으로 겪는 사회적 문제를 다룰 수 있도록 돕기 위해서는 그들이 학교 안에서 심리상담이나 개입을 받도록 해야 한다. 학교는 사회의 병리와 도전적 난제를 포함하는 축소판 사회다. ASD 아동이 학교를 졸업한 후 가정과 지역사회에 기여하고 능동적으로 참여하는 구성원이 되려면 그들에게 기대되는 수많은 선택과 결정, 결과에 직면할 준비를 갖추어야 한다. 이런 점을 고려하여, ASD 아동에게 교육 프로그램, 치료적 지원, 생활지도를 함께 제공하는 노력이 필요하다. 학교는 학생이 어려움을 겪고 있는 영역에서 발전할 수 있도록 돕는 자연스러운 실험실이다(Christner & Allen, 2003; Mennuti & Christner, 출판 중). 따라서 학교에서 ASD 아동을 돕는 전문가는 CBT와 ABA를 통합하는 접근을 적용하는 것이 바람직하다. ABA와 CBT의 원리와 개념에 대한 확고한 지식과 ASD에 관한 강력한 지식기반을 갖춘 전문가를 찾는 일이야말로 학교에서 ASD 아동에게 CBT를 실시할 수 있는 열쇠가 된다. 이런 기술과 지식을 갖춘 전문가는 학교 안에서 그리고 교육 프로그램을 통해서 교육자, 부모, 아동에게 귀중한 서비스를 제공할 수 있다.

사례연구: 존

12세의 백인 남자 아동 존은 고기능 ASD를 갖고 있다. 존은 가정과 학교에서 존을 관리하느라 힘에 부친 부모의 요청으로 학교에서 심리상담 서비스를 받기 시작했다. 학교에서 일하는 전문가들로 구성된 팀은 존의 교육 프로그램에 심리상담 개입을 포함시키기로 했다.

존은 지금까지 내내 ASD뿐만 아니라 그에 따른 이차적 문제들을 지속적으로 보여 왔다. 최근에 존이 보인 기이함과 육류에 대한 혐오는 가족과 교사 모두에게 스트레스를 주었으며, 존의 발달을 방해하였다. 그는 어떤 형태든지 육류, 육류 가공품, 육류와 관련된 모든 것(예: '고기' 또는 '육류'라는 단어를 말하거나 듣는 것, 고기 그림을 보는 것, 고기 냄새를 맡는 것, 다른 사람이 고기 먹는 모습을 보는 것, 학교식당에서 먹이 피라미드 그림을 보는 것)을 매우 심하게 혐오했다. 육류에 대한 혐오가 너무나 커서, 존은 가정과 학교생활에서 제대로 기능하지 못했다. 부모는 존이 육류에 대한 혐오를 극복하고 정상적인 상태를 회복하도록 도울 방안을 학교에 요청했다. 예를 들면, 존은 육류에 대한 혐오 때문에 식탁에 고기요리가 오르는 날이면 가족과 함께 식사를 하지 못했다. 따라서 존의 어머니는 가족이 함께 식사를 하고 레스토랑에도 함께 가고 싶다는 의사를 표현했다. 학교에서 일하는 전문가는 수년 동안 여러 번 존을 만난 적이 있기 때문에 존과 그의 가족에 대해 잘 알고 있었다.

존을 가장 잘 특징짓는 말은 '모순이 있는 학생'이다. 그는 고기능 ASD를 가지고 있으며 언어표현을 잘 한다. 수학, 물리, 화학에서 독특한 능력을 가지고 있다. 4세경 그는 양수와 음수를 이해할 수 없다고 가족에게 말한 적도 있다. 부모는 숫자에 심취해 있던 그를 집 근처 대학에서 매년 개최하는 물리박람회에 데려간 적도 있다. 존은 화학과 화학적 반응에 대해서도 명확하고 간결하게 이해하고 있었다. 통계를 좋아했던 그는 마음을 안정시킬 목적으로 또는 여가의 목적으로 도서관에서 대학수준의 화학책이나 통계학책을 빌려 온 적도 있다. 취침시간에는 불을 끄기 전에 항상 독서를 했는데, 존이 선택한 것은 다름 아닌 화학책이었다. 수학과 자연과학 분야에 뛰어난 재능을 가진 것과 달리, 많은 측면에서는 어린아이와 같았다. 예를 들면, 존은 10세가 되어서도 여전히 산타클로스와 부활절 토끼가 있다고 믿었고, 수많은 감각적 기이함과 강박적 생각을 가지고 있었다. 그것은 존이 일상생활을 하는 데 방해가 되었다. 특정 의복과 신발에 대한 혐오는 부모에게 오랫동안 심각한 고통을 주었고, 지금까지도 계속되고 있다. 또한 화장실 물을 내리는 것, 셔츠 칼라, /S/ 소리, 면 이외의 다른 직물로 만든 의복, 외투, 우는 아기, 맨발, 대머리 남자, 용변을 본 후에 손을 닦는 일, 머리 감기 등 수많은 것에 대한 혐오는 존을 괴롭혔다. 또한 천장에 달린 선풍기에 몰두해서 선풍기란 선풍기는 모두 사진으로 찍어 앨범을 만들기도 했다. 최근에 가정과 학교 그리고 모든 공공장소에서 나타난 존의 역기능은 육류와 육류 가공품에 대한 혐오에서 비롯되는 것이다.

개입의 첫 회기 동안, 존은 조용했고 왜 자기가 상담을 받아야 하는지, 이번에는 무엇을 할 것인지에 대해 경계했다. 존은 임상가와 함께 무엇을 할 것이고 무엇을 하지 않을 것인지를 말하면서, 처음부터 자신의 경계선을 분명히 그었다. 임상가는 존에게 이것을 '자신의 영역 표시하기'라고 말했다. 대부분의 상담회기 초반에 흔히 하는 의례적인 일이다. 존은 그 임상가를 예전에도 만난 적이 있어서 서로 아는 사이였는데도 1회기 동안에는 다소 부정적이었고 방어를 하는 눈치였다.

첫 회기 동안에는 치료동맹을 수립하고, 육류에 대한 존의 혐오에 대해 일반적인 이야기를 나누었다. 존은 육류라는 단어를 사용하는 것에 대해 반감을 가졌기 때문에 '식용동물 부산물'이라는 대체어를 쓰자고 제안했다. 임상가는 이에 동의하지 않았고, 대화를 할 때 육류라는 단어를 계속 사용했다. 육류에 대한 언급은 존으로 하여금 독특하면서도 지속적인 행동반응을 하게 했는데, 존은 그런 행동반응을 'squiring'이라고 불렀다. 임상가가 대화를 하면서 육류라는 단어를 말할 때마다 존은 매우 큰 목소리로 'squire' 라고 외쳤다. 존과 'squiring'에 대해 이야기를 나누면서 존이 'squire' 라고 소리치는 행동은 육류라는 단어를 사용하지 않도록 하려는 존의 독특한 방식임이 분명해졌다. 이처럼 대화 중에 끼어들어 듣는 이에게 무례하게 큰 소리를 지르는 것은 부차적인 이득을 얻으려는 시도, 즉 임상가를 중지시키려는 시도에서 비롯되는 행동이다.

치료계획과 목표의 수립을 시도하는 중에 존은 육류에 대한 입장을 바꾸는 데 관심이 없고, 어떤 제안이나 목표에 대해서든지 매우 부정적이었다. 이는 존이 변화에 대한 준비를 하지 않는 반숙고 단계(the anticontemplative stage)에 있음이 분명했다. 그는 육류에 대한 자신의 입장을 바꿀 필요성을 전혀 느끼지 못했던 것이다. 육류에 대한 그의 입장은 과거에 몇 년 동안 매주 방문했던 목장의 소를 좋아했던 경험에서 우러나와 내면에 깊숙이 뿌리내린 신념이다. 존은 육류를 언급하는 것은 자기가 사랑하고 자신에게 평온과 수용을 가져다주는 동물을 죽이거나 파괴하는 것과 같다고 믿었다. 따라서 심지어 육류라는 단어에 대해서조차 존의 자동적 사고와 부정적 반응이 일관성 있게 즉각적으로 일어났던 것이다.

존의 생각으로는 자신의 행동반응을 바꿀 이유가 전혀 없었다. 행동을 바꿀 가능성에 대해 논의하려는 시도조차 동요와 반감 그리고 혐오를 불러일으킬 뿐이었다. 필요하다면 공격적 도피전략도 썼다. 존은 자신의 입장을 바꿀 명백한 동기가 없었고, 반면에 육류의 언급에 반대하는 입장은 그에게 완벽하게 논리적이었다.

이후에 진행된 여러 회기 동안에 임상가와 존은 수학과 물리학에 대한 존의 애정, 그리고 앞으로 그러한 애정이 그에게 어떤 의미가 있을 것인지를 탐색했다. 레고와 집짓기 장난감을 가지고 정교한 농장모형을 만들 때, 물리학과 수학에 대한 그의 해박한 지식을 활용했다. 공학, 기어, 기어비(최초의 톱니바퀴와 마지막 톱니바퀴의 회전 속도의 비율) 등에 관한 그의 지식은 점점 늘어났고, 존은 이런 도구들을 설계하면서 여가를 즐겼다. 이러한 존의 관심은 그가 고등학교 졸업 이후의 진로에 대한 대화로 이어졌다. 존의 관심은 엔지니어가 되어 농기구를 설계하는 것이었다. 사실 존은 독일에 본사가 있는 농기구 설계 및 제작 회사로부터 존이 공학 분야의 학위를 받게 된다면 함께 일하자는 진지한 제의를 여러 번 받았다. 존은 미래의 가능성에 대해 기뻤지만, 사무적이고 무미건조하며 감정을 드러내지 않는 방식으로 기뻐했다. 오랜 꿈과 목표를 유지하는 것이 ASD를 가진 사람들에게는 상당히 보기 드문 일이지만, 존은 확실히 자신에게 매우 중요한 장기목표를 추구하려는 소망을 가지고 있었다.

이 시점에서 임상가와 존은 ABA와 CBT의 원리를 연결 지어 육류문제를 해결하기 위한 계획과 전략을 짰다. 엔지니어가 되는 꿈이 매우 강렬해서, 존은 자신의 꿈에 대해 구체적으로 자기성찰을 할 수 있었다. 이런 내재적인 욕망은 치료계획의 개발 근거인 MO가 되었다. 점차 'squiring'이라고 소리치지 않으면서도 육류를 언급하고 육류의 형상을 표상하며 실제로 고기 샌드위치를 접하는 것은 최종 목표에 체계적으로 향해 나가도록 돕기 위해 사용했던 변별자극들이다. CBT 전략(예: 체계적 둔감화, 실제실험, 두려움을 유발하는 실제 상황과 상상의 상황에 대한 점진적 노출, 표적설정, 활동계획, 역할연습, 행동시연, 치료자가 모델링으로 보여 주는 대처행동, 이완치료, 강화와 보상)의 사용을 통해서 점차 목표로 향해 나갈 수 있게 되었다. 이 전략들 가운데 이완치료는 존에게 성공적이지 못했다. 그러나 다른 기법과 전략들은 존이 자신의 세계에 육류를 받아들이는 긴 여정에 도움이 되었다.

존을 위한 개입은 6~8개월 동안 이루어졌다. 그가 자신의 행동을 변화시키는 데 열중하게 된 요인은 엔지니어가 되고자 하는 MO에 있었다. 이것이 치료계획의 핵심 주제, 즉 일차적 목표였다. 이 과정의 첫 번째 단계에서 존은 마음속에서 엔지니어링과 육류를 연결 지으면서 인지왜곡과 부정적인 자동적 사고를 없앨 수 있었다. 미래의 공학도 동료들이 점심시간에 엔지니어링에 관한 계획과 프로젝트에 대해 토론하면서 고기 샌드위치를 먹는 것을 인지적으로 개념화하도록 도움으로써 존이 목표를 수용하고 시도할 수 있게 했다. 그는 '진짜 엔지니어'가 되고 공학전문가 집단에 소속되려면 불가피하게 육류에 노출될 것이라고 개념화할 수 있었다.

치료실 안에서 육류에 대해 언급하고, 그림(생고기 사진)을 보고, 슈퍼마켓에서 육류가 진열된 곳을 걸어가고, 마침내 치료회기 동안에 고기 샌드위치를 먹는 치료자를 관찰하는 것까지 진행되는 점진적 노출이 치료계획에 포함되었다. 먹기훈련은 닭고기 샌드위치로 시작했는데, 왜냐하면 닭고기는 흰색이어서 소를 연상시키지 않기 때문이다. 그런 후에 소고기 샌드위치 등 붉은색 고기를 시도했다. 존은 저녁식탁에서 가족과 함께 자주 식사를 할 수 있게 되었다. 마침내 존이 보는 앞에서 가족이 고기요리를 먹을 수 있도록 돕기 위해 존과 가족에게 숙제를 내주었다. 그러나 이런 시도는 매우 어려웠고, 일부만 성공적이었다. 왜냐하면 가정에서는 존이 언어적으로 쉽게 동요되기 때문이다. 최종 목표는 스테이크를 먹는 피크닉에 임상가를 초대하는 것이었다. 마침내 존은 자기 가족과 임상가와 함께 식탁에 앉아 적절한 사교적인 대화와 사회적 상호작용을 할 수 있게 되었다. 존과 그의 가족은 훌륭한 스테이크 저녁식사와 즐거운 친교의 시간을 함께 하면서 최종 목표를 성공적으로 달성했다.

결 론

ASD는 복잡한 장애다. ASD를 가진 사람은 자신만의 방식으로 매우 '독특하다.' ASD는 가족, 학교생활, 아동의 내면세계 안에서 역기능과 부조화를 초래할 수 있고 또 실제로 그러하다. CBT는 단기간 진행되므로 학교에서 사용하기에 매우 유용한 개입기법이다. CBT는 단기치료로 설계되지만, 고기능 ASD 내담자나 그의 가족에게 실시할 때는 더 많은 시간, 인내, 임상가의 헌신이 필요하다. ASD의 속성을 이해하고 ABA와 CBT의 과학적 원리를 조합한다면 학교장면에서 ASD 아동 · 청소년의 요구를 성공적으로 다루는 개입을 실시할 수 있을 것이다.

참고문헌

Alberto, P., & Troutman, A. C. (1999). *Applied behavior analysis for teachers* (5th ed.). Saddle River, NJ: Merrill.

American Psychiatric Association. (2000). *Diagnostic and statistical manual for mental disorders* (4th ed., text revision). Washington, DC: Author.

Anderson, S. R., & Romanczyk, G. (1999). Early intervention for young children with autism: Continuum-based behavioral models. *Journal of the Association for Persons with Severe Handicaps, 24,* 162-173.

Baron-Cohen, S., Leslie, A. M. & Frith, U. (1985). Does the autistic child have a "theory of mind?" *Cognition, 21,* 37-46.

Beck, J. (1995). *Cognitive therapy: Basics and beyond.* New York: Guilford Press.

Christner, R. W., & Allen, J. S. (2003, Spring). Introduction to cognitive-behavioral therapy in the schools. *Insight, 23*(3), 12-14.

Enright, S. J. (1997). Cognitive behaviour therapy. *British Medical Journal, 314,* 1811.

Friedberg, R. D., & McClure, J. M. (2002). *Clinical practice of cognitive behavior therapy with children and adolescents: The nuts and bolts.* New York: Guilford Press.

Green, G. (1996). Early behavioral interventions for autism: What does research tell us? In C. Maurice, G. Green, & S. Luce (Eds.), *Behavioral Interventions for Young Children: A manual for parents and professionals* (pp. 29-44). Autisn, TX: Pro-ED.

Heflin, L. S., & Simpson, R. L. (1998a). Interventions for children and youth with autism: Prudent choices in a world of exaggerated claims and empty promises. Part I: Interventions and treatment option review. *Focus on Autism and Other Developmental Disabilities, 13,* 194-211.

Heflin, L. S., & Simpson, R. L. (1998b). Interventions for children and youth with autism: Prudent choices in a world of exaggerated claims and empty promises. Part II: Legal/policy analysis and recommendations for selecting interventions and treatments. *Focus, 13,* 212-220.

Kanner, L. (1943). Autistic disturbances of affective contact. *Nervous Child, 2,* 217-253.

Knell, D. M. (1993). *Cognitive-behavior play therapy.* Northvale, NJ: Jason Aronson.

Leslie, A. M. (1987). Pretense and representation: The origin of "theory of mind." *Psychology Review, 94,* 412-426.

Lord, C. (1996). Treatment of a high functioning adolescent with autism: A cognitive-behavioral approach. In M. A. Reinecke, F. Dattilio, & A. Freeman (Eds.), *Cognitive therapy with children and adolescents* (pp. 394-404). New York: Guilford Press.

Lord, C., Rutter, M., & LeCoteru, A. (1994). *Autism Diagnostic Observation Schedule (ADOS).* Los Angeles, CA: Western Psychological Services.

Maurice, C., Green, G., & Luce, S. C. (1996). *Behavior interventions for young children with autism.* Austin, TX: PRO-ED.

Mayes, S. D., & Calhoun, S. L. (1999). Symptoms of autism in young children and correspondence with the DSM. *Infants and Young Children, 12,* 90-97.

Mennuti, R., & Christner, R. W. (in press). School-based cognitive-behavioral therapy (CBT). In A. Freeman (Ed.), *International encyclopedia of Cognitive Behavior Therapy.* New York: Kluwer.

Michael, J. (1982). Distinguishing between discriminative and motivational functions of stimuli. *Journal of the Experimental Analysis of Behavior, 49,* 213-227.

Olley, J. G., & Gutentag, S. S. (1999). Autism: Historical overview definitions and characteristics. In D. B. Zager (Ed.), *Autism: Identification, education and treatment* (pp. 3-22). Mahwah, NJ: Erlbaum.

Schopler, E., & Reichler, R. J. (1971). Developmental therapy by parents with their own autistic child. In M. Rutter (Ed.), *Infantile autism: Concepts, characteristics and treatment* (pp. 206-227). London: Churchill.

Shriver, M. D., Allen, K. D., & Matthews, J. R. (1999). Assessment and treatment of children with autism in the schools. *School Psychology Research, 28*(4), 535-537.

Siegel, B. (1996). *The world of the autistic child: Understanding and treating the disorder.* New York: Oxford University Press.

Simpson, I. L., & Myles, B. S. (1995). Facilitated communication in children and youth with disabilities: An enigma in search of a perspective. *Focus on Autism and Other Developmental Disabilities, 16*(2), 68.

Stark, R. (1990). *Childhood depression: School-based interventions.* New York: Guilford Press.

Sundberg, M. L., & Partington, J. W. (1998). *Teaching language for children with Autism or other developmental disabilities.* Pleasant Hill, CA: Behavior Analysts, Inc.

Sundberg, M. L. (1993). The application of establishing operations. *The Behavior Analyst, 16,* 211-214.

Troxell, L. B., & Ingram, D. H. (2000). *Functional playground observation checklist.* Unpublished assessment instrument.

Wilder, D. A., & Carr, J. E. (1998). Recent advances in the modification of establishing operations to reduce aberrant behavior. *Behavioral Interventions, 13,* 43-59.

Chapter 15

섭식장애 여자 청소년을 위한 인지행동 개입

아동 · 청소년의 섭식장애가 점차 증가하고 있다(Graber, Brooks-Gunn, Paikoff, & Warren, 1994). 실제로 섭식장애는 서구사회의 여자 청소년들에게 가장 우려되는 건강문제가 되어 가고 있다(Grave, 2003; Lewinson, Hops, & Roberts, 1993). 이 장애는 피해자의 삶에 많은 건강 및 심리적 위험을 가져오며 심각할 경우에는 죽음까지도 가져올 수 있다(Grave, 2003; Kohn, & Golden, 2001).

연구에 따르면, 섭식장애는 후기 아동기에 시작되어 청소년기 후기를 거쳐 성인기까지 지속되는 경향이 있다(Lask & Brant-Waugh, 2000). 따라서 섭식장애 문제와 건강하지 않은 식습관은 다수의 여자 청소년들이 청소년기 동안 그리고 학창 시절 동안 경험하는 중요한 걱정거리다(Grave, 2003). 현재 12~19세 여자 청소년 500명 중 1~3명 정도는 지나치게 조금 먹거나 혹은 폭식과 하제를 사용하는 행동문제를 나타내는 것으로 추산되고 있다(Graber et al., 1994). 또한 최근의 연구에 따르면, 학교에 다니는 여자 청소년의 5~15%는 섭식장애 진단기준을 충족시키지는 못하지만 어느 정도의 증상을 가지고 있다(Braber et al., 1994). 그렇다고 해서 이 장

Rosemary B. Mennuti, Andrea Bloomgarden, & Nicole Gabriel

의 초점이 섭식장애 여자 청소년에게 한정된 것은 아니다. 왜냐하면 최근 들어 섭식장애 증상을 보이는 남자 청소년의 수도 증가하고 있기 때문이다(Striegel-Moore & Smolak, 2002).

이러한 통계결과는 청소년들 사이에서 번지고 있는 안타까운 추세를 보여 주고 있다. 섭식장애의 발견, 치료 및 예방을 위한 프로그램을 개발하고 나아가 날로 심각해지는 섭식장애 문제를 감소시키기 위해서는 이러한 통계결과가 말해 주는 심각성을 잘 인식하고 이해해야 한다. 교직원 및 학교에서 일하는 전문가들은 많은 학생들과 자주 접하기 때문에 섭식장애 증상을 보이는 청소년을 조기에 발견하여 예방하는 데 중요한 역할을 할 수 있다(Boes, Ng, & Davison, 2004; Masey-Stokes, 2000). 그들은 바람직하지 못한 식사 패턴을 보이는 학생을 조기에 발견하기 위해 예방적 조사활동을 할 수 있는 이상적인 위치에 있다(Masey-Stokes, 2000). 학교에서 일하는 정신건강 전문가와 보건교사, 교사는 조기발견과 예방을 통해 바람직하지 못한 섭식행동과 관련된 문제를 파악하고, 이 문제가 퍼져 나가는 것을 막고, 나아가 건강한 발달을 촉진할 수 있을 것이다(Boes et al., 2004; Grave, 2003).

여자 청소년의 섭식장애

청소년기는 자라나는 청소년들에게 많은 스트레스와 도전을 주는 발달단계다. 청소년이 당면하게 되는 도전으로는 사춘기의 심리적 · 신체적 변화, 독립과 자율로의 전환, 교우관계, 통합된 자아정체감의 성취 등이 있다(Graber et al., 1994; Massey-Stokes, 2000). 이러한 도전이 잘 해결되지 않고 갈등이 생길 때는 청소년의 건강과 안녕에 해를 끼칠 수 있다. 청소년기는 정서적 · 신체적 · 사회적 · 심리적 성숙이 급속하게 일어나는 시기이기 때문에, 이 시기로의 성공적인 전환은 청소년의 전반적인 건강과 삶의 질에서 매우 중요하다(Massey-Stokes, 2000).

게다가 여자 청소년들은 변화가 한꺼번에 일어나기 때문에 주변의 영향에 더 취약하다(Graber et al., 1994). 간혹 삶의 압력이 감당할 수 없을 만큼 커질 때, 여자 청소년들은 더 이상 삶을 통제할 수 없을 것처럼 느끼게 된다(Attie & Brooks-Gunn, 1989). 그들은 현명하게 결정하고 자신감을 높이려 노력하지만 때로는 다른 방향으로 선택을 하게 된다. 이러한 엇갈린 경로는 청소년을 부정적으로 대처하게 만들고, 관계로부터 분리시키고, 내면의 소리를 듣지 못하게 하고, 자존감을 저하시키는 문제를 초래한다(Surrey, 1991; Brown & Gilligan, 1992). 이러한 부정적인 특징은 잠재적으로 섭식장애 발달로 가는 길을 열어 준다(Kohn & Golden, 2001; Massey-Stokes, 2000; Mishne, 1986). 섭식장애는 일반적으로 거식증이라고도 불리는 신경성 식욕부진증(anorexia nervosa)과 신경성 폭식증(bulimia nervosa), 그리고 달리 분류되지 않는 섭식장애(eating disorder, NOS)로 구분된다(Grave, 2003). Fairburn과 Walsh(2002)는 "섭식장애란 체중을 조절하기 위한 섭식행동 및 기타 행동의 지속적인 장애로서 신체적 건강과 심리적 기능을 심각하게 손상시킨다. 이 장애로 진단되려면 섭식장애가 일반적인 의학적 및 심리적 장애에 대한 이차적인 장애로 일어나서는 안 된다."(p. 171)고 정의하고 있다.

신경성 식욕부진증의 구체적 진단기준에는 "연령과 키에 맞는 최소한의 정상 체중을 유지하길 거부함, 체중이 늘거나 뚱뚱해지는 것에 대한 극심한 두려움, 자신의 체중이나 체형에 대한 비정상적인 지각, 무월경"(American Psychiatric Association, 2003, p. 589) 등이 포함된다. 한편, 신경성 폭식증의 진단기준에는 "폭식 삽화(episode)가 반복적으로 일어난다. 폭식 삽화는 일정 기간 동안 대부분의 사람들이 먹는 정도보다 현저하게 많은 음식을 폭식하는 형태로 일어날 수 있다. 또는 폭식 삽화 동안 통제 상실감, 체중 증가를 예방하기 위한 구토, 하제나 이뇨제 또는 관장제 등의 약물 사용, 굶기, 과도한 운동 등의 반복적 보상행동으로 나타날 수도 있다. 폭식행동과 부적절한 보상행동이 모두 3개월 동안 평균 2회 이상 일어나야 한다. 체형과 체중이 자기평가에 과도한 영향을 미치며, 이 장애가 신경성 식욕부진증 삽화 동안에만 발생하는 것은 아니다."(American Psychiatric Association, 2003, p. 594) 등이 포함된다.

달리 분류되지 않는 섭식장애의 진단기준은 "특정 섭식장애 진단기준에 맞지 않는 모든 비전형적인 섭식장애"다(American Psychiatric Association, 2003, pp. 594-595). Pipher(1994)는 섭식장애 혹은 부정적인 섭식 양상은 여자 청소년이 통제감을 유지하기 위해 자신의 내면적 정서를 표현하려는 하나의 대처기제로 발생한다고 하였다. 여자 청소년은 내면의 소리를 상실하고 자신의 욕구를 알아차리지 못하게 되면, 그 결과로 외부의 기대에 반응하기 위해 노력을 기울이게 된다. 섭식장애 증상은 여자 청소년이 자기 자신과 환경에 대해 어떻게 느끼고 있는가를 투사한다(Surrey, 1991). Steiner-Adair(1991)에 따르면, 청소년이 자신의 생각과 감정, 의견을 표현하는 능력을 상실하면 그들의 몸이 외부 자아가 되어 행동을 통해 은유적으로 말하게 된다. 청소년의 자기존중감은 질병을 통해 소통하려는 노력 속에 잘 드러난다.

때로는 이런 전략이 삶 자체에 적용되고, 이 메커니즘에 의해 청소년은 자신의 체중과 삶, 세계를 통제하는 데 집착하게 된다. 쾌감은 분노, 실망, 죄책감 등의 부정적 감정으로 대체된다. 식사를 제한하거나 폭식/하제를 쓰는 행동은 비밀스러운 습관이 되며, 이 습관은 죄책감과 슬픔을 가져온다(Pipher, 1994). 섭식장애를 가진 여자 청소년은 겉으로는 다른 사람에게 기쁨을 주고 또래나 가족의 인정을 받고 싶어 하는 사교적인 사람으로 보인다. 그러나 속으로는 공허감을 느끼고, 통제감을 상실하고, 자신의 감정을 말로 표현할 수 없으며, 자기존중감도 낮다. 이런 청소년은 자신이 겪고 있는 섭식장애의 노예가 되어 결과적으로 자신의 소리와 진정한 정체감을 상실하게 된다(Pipher, 1994; Steiner-Adair, 1991).

섭식장애를 가진 여자 청소년은 여러 가지 발달적 · 심리적 · 문화적 · 행동적 특성을 갖고 있다. 발달적인 면에서 그들은 청소년기에 많은 신체적 · 심리사회적 변화를 경험한다. 이런 변화로는 사춘기의 신체적 변화(예: 체지방의 증가)와 사회적 · 정서적 변화(예: 아동기에서 성인기로의 전이, 소원해진 부모–자녀 관계, 독립과 자율의 성취), 그리고 더욱 안정되고 응집력 있는 정체감의 발달 등이 있다(Attie & Brooks-Dunn, 1989; Graber et al., 1994). 연구에 따르면, 사춘기 때의 체지방 증가는 청소년의 부정적인 식사행동과 날씬해지고자 하는 열망에 기여하는 가장 중요한 변화다(Attie & Brooks-Dunn, 1989).

심리적인 면에서 청소년의 지각과 신념, 태도는 왜곡되어 있는 경우가 많다(Attie & Brooks-Dunn, 1989). 주요한 왜곡 중의 하나는 체형과 체중에 대한 신체상이다. 이러한 왜곡은 날씬해지고자 하는 욕망, 체중 감소, 그리고 살이 찌는 것에 대한 불안과 맞물려 있다(Hsu, 1996; Lask & Bryant-Waugh, 2000). 이 왜곡은 결국 기분조절로 가는 수단이 된다. 청소년은 음식 속에서만 평온과 안정을 찾는 것이 아니라 비워 버리는 것에서도 평온과 안정을 찾는다. 이 행위는 통제감을 느끼게 해 주며, 위안을 주고 분노와 죄책감을 표현하는 수단을 제공하기 때문에 중독성이 매우 강하다. 그러나 머지않아 이 행동은 통제할 수 없게 되며 극도의 고통과 무력감을 가져다준다(Costin, 1996). 섭식장애 삽화는 불안이나 긴장, 따분함 등 같은 다양한 요인들에 의해 촉발될 수 있다.

문화적인 면에서 볼 때, 사회도 청소년의 인지왜곡 발달에 유의하게 기여한다. 이것은 날씬함에 대한 강조 때문이다. 서구사회에서 날씬함과 신체적 맵시는 매력과 유능함, 통제 그리고 성공의 상징이 되어 버렸다(Fallon, Katzman, & Wooley, 1994; Mishne, 1996). 또한 날씬한 미인을 이상형으로 보는 경향이 증가하고 있다. 사회는 개인의 가치가 매력수준과 특정 표준에 들어맞는 신체에 달려 있다고 귀인한다. 사회에서 정한 표준은 많은 청소년들에게 너무 비현실적이어서 도달할 수가 없다. 따라서 그들은 식욕을 스스로 통제하려고 애쓴다. 청소년이 자신의 건강과 신체에 가해지는 대가가 아무리 크더라도 날씬해지려고 애쓰는 것은 사회에서 설정한 비현실적 표준 때문이다(Attie & Brooks-Dunn, 1989).

평가방법

Pipher(1994)에 따르면, 어떤 시점에서 조사를 하든지 미국 여성의 50%는 어떤 종류로든 다이어트를 하고 있다. 아동은 5세가 되면 신체 사이즈에 대한 문화적 규준을 내면화하게 된다. 이러한 규준은 아동들에게 뚱뚱한 아이나 어른을 미워하고 두려워하도록 가르친다(Frontline, 1998). 따라서 자신의 몸과 다른 사람의 몸을 사랑하며 궁금해하는 아동들의 자연적인 경향성은 그들이 자신의 신체상을 모욕하는 문화적 판단을 통합함에 따라 망가진다. 청소년기의 신체변화와 또래 압력, 문화적 규준 등에 관련된 이슈들은 섭식장애를 젊은 여성에게 영향을 미치는 가장 흔한 정신과 문제로 만드는 데 기여한다(Kreipe & Birndorf, 2000). 잘못된 식사 패턴과 왜곡된 신체상, 과도한 운동, 또는 이미 진행된 섭식장애 문제를 학교에서 어떻게 파악하고 평가할 것인가? 잘 수행된 면접은 문제를 파악하는 데 도움이 되는 가장 강력한 수단이다. 표준화 검사와 비공식적 평가도구들 역시 섭식장애를 가려내고 전략을 짜며 치료의 진행을 평가하는 데 도움을 준다.

면접

섭식장애가 있는지의 여부와 심각성을 평가할 때, 면접자는 어떤 질문을 해야 할지를 알아야 한다. 아울러 학생에 대해 진정으로 무비판적이고 협력적인 자세를 취할 수 있어야 한다. 섭식장애의 가능성 때문에 의뢰된 학생을 상담할 때는 라포 형성을 위해 모든 기술을 사용하는 것이 중요하다. 이를 위해 학생이 생활 전반과 가정, 학교에서 일어나고 있는 일들을 어떻게 지각하고 있는지 질문해야 한다. 섭식장애 증상은 학생이 겪고 있는 정서적 고통을 반영하거나 대인관계의 경험을 암시해 준다. 따라서 증상을 감정표현의 언어로 보면서 청소년을 맥락 속에서 이해하는 것이 매우 중요하다. 맥락의 범위는 여성에 대한 사회의 기대와 관련해 청소년이 자신을 어떻게 생각하는지 파악할 수 있을 만큼 폭넓어야 한다. 또한 가족관계 갈등과 관련된 특정 주제를 알아차릴 수 있을 만큼 구체적이어야 한다. 섭식장애 증상은 부지불식간에 청소년에게 밀어닥치는 고립된 실체가 아니다. 오히려 청소년이 언어로 표현하지 못하는 고통을 표현하거나 혹은 해결하는 한 방법이다. 요약하면, 면접양식은 상호적이고 역동적이어야 하며, 청소년을 자신의 경험에 관한 전문가로서 존중해야 한다.

면접을 시작할 때 학생에게 면접에 오게 된 이유를 알고 있는지 물어보면 도움이 된다. 면접자는 먼저 학생이 면접에 대해 알고 있는 것과 기대하는 것이 무엇인지 잘 듣는다. 그런 다음 면접을 하게 된 이유와 면접에서 어떤 문제에 대해 이야기할 것인지 설명해 주면서 협력적으로 면접의 안건을 만들어 나간다. 면접자는 학생의 섭식장애 증상이 얼마나 심각하고 위험한지 인식하게 해 주고 싶을 것이다. 또 한편으로는 학생을 존중해 주고, 문제를 극복할 수 있다고 느끼게 만들며, 자신의 식사 습관과 신체상에 대해 다른 사람에게 털어놓는 것을 수치스럽게 느끼지 않도록 하고 싶을 것이다. 따라서 면접자는 적어도 상황이 얼마나 심각한지 알 필요가 있다. 그러나 질문의 속도를 조절하여 심층적인 답변을 할 수 있는 시간을 제공하는 것이 중요하다. 또한 학생이 식사 습관과 신체상 그리고 생활의 다른 측면에 대해 자신의 생각을 말할 때는 잘 들어주어야 하는데, 이는 학생의 행동에 관한 세부 사항을 알아내는 것보다 중요하다.

처음에는 "너 자신에 대해 말해 주겠니?" "누구랑 친하게 지내니?" "학교에 가지 않을 때는 무엇을 하니?" 등의 개방형 질문이 도움이 된다. 이러한 질문을 통해 자신이 누구이고 어떤 생활을 하고 있으며, 자신에 대해 어떻게 느끼는지에 관한 대화를 시작할 수 있다. 대화가 어느 정도 진행되면 자연스럽게 학생이 자신의 신체와 식사 습관에 대해 어떻게 느끼고 있는지 물어본다. 신체와 식사 습관 등의 주제에 대해 학생이 어떻게 느끼는지를 아는 것은 면접자로 하여금 증상에 관해, 그리고 면접자에게 개방하는 것에 대해 학생이 가질 수 있는 수치감과 두려움, 당황스러움 등의 감정에 민감해지도록 해 준다. 섭식장애의 세부 사항에 관한 대화는 매우 개인적인 노출이기 때문에 학생의 입장에서는 상당한 용기를 필요로 한다. 따라서 학생의 문제행동에 대해 면접자가 비판적이지 않다는 느낌을 확실하게 갖도록 해 주어야 한다. 섭식장애 학생들은 대부분 증상의 기원과 역사에 대해 정확히 보고하지 못한다. 이러한 왜곡의 일부는 증상을 인정하기가 매우 창피하기 때문이다. 특히 '과식하는' 사람들을 비웃고 극단적인 음식 제한을 '강점'으로 칭찬하는 문화에서는 더욱 그렇다. 따라서 음식과 신체상은 민감한 주제이기 때문에 객관적으로 비판받는다고 느끼는 학생은 그러한 행동을 정확하게 보고하기 어려워할 수 있다.

진단에 필요한 정보를 이끌어 내기 위해서는 섭식장애 증상에 대해 부드럽지만 직접적인 질문이 필요하다. 비판적으로 느껴지지 않게 하는 한 방법은 학생에게 식사와 관련해 전형적인 하루를 기술하도록 요청하는 것이다. 즉, 보통 무엇을 언제 어떻게 먹는지 물어보는 것이다. "저는 6시에 아침식사를 하고, 12시에는 점심을 먹고, 저녁은 가족과 함께 먹어요."와 같이 모호하거나 너무 일반적인 답변을 할 때는 좀 더 구체적인 질문을 던진다. 예를 들면, "보통 아침에는 무엇을 먹나요?" "누구랑 먹나요?" "먹는 데 시간은 얼마나 걸리나요?" "주로 어디에서 먹나요?" "먹는 것이 즐겁나요?" "먹고 난 후에는 기분이 어떤가요?" 등의 질문을 한다. 구체적인 질문은 면접자가 원하는 세부 정보의 수준을 학생이 이해할 수 있도록 돕는다. 이러한 질문들은 행동적 · 심리내적으로 학생이 음식과 어떤 관계를 갖고 있는지 이해하려는 자연스러운 호기심에서 나와야 한다.

면접자는 학생이 어떤 행동을 하는지를 정확히 알아봐야 한다. 면접자가 알아야 할 학생의 행동으로는 의식적으로 칼로리 섭취를 제한하는 행동, 구토와 같은 보상행동, 구토약 사용, 설사약이나 이뇨제 사용, 과도한 운동, 많은 양의 음식 섭취, 폭식에 대한 지각, 자주 먹지만 특정 끼니를 전혀 먹지 않는 것 등이 있다. 이러한 행동을 맥락 속에서 이해하려면 가정의 식사규범에 대해 물어보거나, 특히 섭식문제를 가진 가족이 있는지, 혹은 음식과 신체, 여성의 역할에 대한 문화적 · 인종적 관점에 대해 물어보면 필요한 정보가 드러날 수 있다. 언제 얼마나 어떤 종류의 음식을 먹는지, 먹는 것에 대해 어떤 느낌을 갖고 있는지 등의 양상과 학생이 속한 문화와 가족 배경은 사례개념화를 구성할 때 필요한 중요한 정보다.

면접자는 학생의 신체적 건강에 대해서도 알아봐야 한다. 따라서 위급한 의학적 합병증 증상이나 신호가 있는지 물어보아야 한다. 만약 학생의 건강이 위험에 놓여 있는지 결정하는 것이 학교심리학자, 학교 정신건강 전문가, 교사의 영역을 벗어난다면 학생에게 의학적 평가를 받아 오도록 요청해야 한다. 면접자는 질문을 통해 가슴의 통증과 압박, 어지러움이나 현기증, 혈변, 구토, 섭식문제의 영향을 받을 수 있는 의학적 문제(예: 당뇨, 인슐린의 적절한 사용), 복통, 생리불순, 수면 무호흡증, 치아의 문제(특히 구토를 하는 폭식증 청소년의 경우) 등에 관해 알아볼 수 있다. 이러한 증상들 중 어떤 것이라도 확인되고 특히 이런 증상들이 섭식장애가 시작되기 전에는 없었던 것이라면 섭식장애가 학생의 건강에 좋지 않은 영향을 미친다는 것을 시사한다. 비록 학생이 자신은 아무런 문제가 없고 건강하다고 보고할지라도 의학적 검진을 받도록 해야 한다. 학생이 현재의 의사에게 만족하는지 탐색하는 것이 도움이 된다. 만약 현재의 의사를 편하게 여기지 않고 섭식문제에 대해 공개적으로 이야기하지 못한다면 의사를 바꾸도록 권하는 것도 좋다.

이와 같은 신체적 증상에 대한 평가와 아울러, 섭식장애와 관련된 정신건강 문제에 대해서도 평가해야 한다. 여기에 포함되는 문제로는 기분장애, 충동성 문제, 자해적 충동 및 행동(예: 칼로 자신의 신체를 베는 것), 강박장애, 불안장애, 중독(예: 약물 및 알코올) 등이 있다.

학교장면에서는 다른 외래 치료기관에 비해 가족들이 참여하지 않는 편이다. 그러나 청소년이 섭식장애를 갖고 있다는 것을 발견할 때의 충격은 가족의 참여와 학교의 지원이 어느 정도 필요하다는 것을 증명한다. 대부분의 경우 만약 학교 정신건강 전문가가 학생의 섭식장애를 발견하면 부모에게 먼저 알려야 한다. 섭식장애가 심각한 위험을 초래할 수 있기 때문이다. 부모에게 알릴 것인지의 여부는 증상의 심각성에 따라 정신건강 전문가가 판단해야 할 일이다. 긴박한 위험 상황이 아니라면 전문가가 부모에게 알릴 것이라고 미리 학생에게 이야기해 주는 것이 좋다.

그렇게 해야 학생이 이 문제를 공유하는 것에 대해 마음의 준비를 할 수 있으며, 부모가 자녀의 섭식장애에 대해 알게 되어 놀라는 반응을 보이더라도 지원을 받는 느낌을 가질 수 있다. 학교 정신건강 전문가는 학생이 직접 부모에게 알릴 것인지 혹은 전문가가 부모에게 전화를 하는 것이 좋은지, 어떻게 설명하며 얼마나 자세하게 전달할 것인지, 긍정적이고 유익하며 지지적인 만남을 도모하기 위해 부모 모두를 만날 것인지 혹은 한쪽 부모만 만날 것인지 등을 결정하는 과정에서 중개인 역할을 할 수 있다.

학교 정신건강 전문가는 임상적으로 도움이 된다면 부모나 형제가 회의에 참석할 수 있도록 모든 노력을 기울여야 한다. 이를 위해 사전에 학생과 함께 계획을 세워 학생이 준비할 수 있도록 해야 한다. 섭식장애에 대한 정보의 개방은 임상적으로 적절한지에 따라 여러 가지 방식으로 할 수 있다. 학생이 편하다면 학생 스스로 부모에게 말하게 할 수 있으며, 혹은 전문가가 전화로 부모에게 알려 줄 수도 있다. 만약 부모가 소식을 듣고 어떻게 반응할지 우려가 된다면 부모를 학교로 오게 하여 전문가가 직접 만나 전달할 수도 있다. 가족과 만난 자리에서 학교 정신건강 전문가는 다음의 사항에 관한 정보를 평가하고 수집할 필요가 있다.

- 가정의 전반적 분위기와 의사소통 양식, 그리고 구성원들 간 관계의 질
- 섭식장애에 대한 가족 구성원들의 생각과 감정, 해당 학생이나 다른 자녀들 그리고 자기 자신에 관한 우려
- 섭식장애나 잘못된 식사 및 운동 습관의 가족력, 가족들 특히 부모의 식사 및 다이어트 패턴에 대한 세부 사항
- 현재의 문제를 극복하는 데 도움이 되는 적절한 가정 내 장점 및 기타 지원체계
- 섭식장애를 유지시키는 가정 내 상황

측정도구

치료의 촉진에 도움이 되는 추가 자료를 수집하기 위해 표준화된 질문지를 사용할 수 있다. 아동과 청소년에게 사용할 수 있는 측정도구가 많지 않기 때문에 주로 성인 대상 측정도구를 수정한 것들이 사용된다. 아동에게 사용할 수 있는 측정도구

들을 간략히 설명하면 다음과 같다.

- 아동용 섭식태도검사(Children's Eating Attitude Test; Maloney et al., 1988)는 26문항으로 구성된 자기보고 질문지로, EAT로 알려진 성인용 섭식태도검사(Eat Attitude Test; Garner & Garfinkle, 1979)를 아동에게 맞게 수정한 것이다. 이 검사는 위험에 놓인 아동을 확인하기 위한 선별검사로 사용될 수 있으며, 지각된 신체상과 음식에 대한 강박적 사고 및 집착, 다이어트 습관 등을 측정한다. 이 검사는 8~13세 아동에게 사용되며 검사에 걸리는 시간은 30분 정도다.
- 아동용 섭식장애 질문지(Kids Eating Disorders Survey; Childress et al., 1992)는 14문항으로 구성되어 있다. 아동의 편의를 위해 '예' '아니요' '잘 모른다'로 답변하도록 만들어져 있다.
- 아동용 섭식장애검사(The Child Eating Disorder Examination; Bryant-Waugh et al., 1996)는 성인용 섭식장애검사인 EDE(Fairburn & Cooper, 1993)의 아동용 판이다. 이 검사는 7~14세 아동에게 사용되며, 반구조화 면접을 통해 섭식장애와 관련된 행동과 태도를 평정하도록 되어 있다. 이 검사는 억제(Restraint), 섭식에 대한 걱정(Eating Concern), 체형에 대한 걱정(Shape Concern), 체중에 대한 걱정(Weight Concern)의 네 가지 하위척도로 이루어져 있으며, 진단과 치료의 진전을 모니터하기 위한 보조도구로 사용된다. 성인용 섭식장애검사(Eating Disorder Examination; Fairburn & Copper, 1993)는 나이 많은 청소년과 성인을 위한 '표준적인' 도구로 알려져 있다.

청소년에게 사용될 수 있는 성인용 도구는 다음과 같다.

- 섭식장애검사-2(Eating Disorder Inventory-2; Garner, 1991)는 91개 문항으로 구성된 자기보고식 질문지로, 거식증과 폭식증의 심리적 및 행동적 특성을 평가한다. 이 검사는 (1) 날씬함에 대한 동기, (2) 폭식증, (3) 신체 불만족, (4) 무능함, (5) 완벽주의, (6) 대인관계 불신, (7) 내면 자각, (8) 성숙불안, (9) 금욕주의, (10) 충동조절, (11) 사회적 불안정성 등의 하위척도로 이루어져 있다.

- 섭식태도검사(The Eat Attitudes Test; Garner & Garfinkel, 1979)는 40개 문항으로 구성된 자기보고 질문지로, 거식증 및 폭식증과 관련된 태도와 행동을 평가하기 위해 개발되었다.
- 체형검사(The Body Shape Questionnaire; Cooper, Taylor, Cooper, & Fairburn, 1987)는 34개 문항으로 구성된 검사로, 섭식장애를 가진 사람들의 체중과 체형에 대한 걱정을 평가하기 위해 사용된다.

치료를 위한 개념화

자료가 수집되면 사례개념화를 통해 자연스럽게 치료과정으로 나아간다. 면접과 평가도구들은 필요한 정보를 수집하기 위해 다양한 목적으로 이용된다. 이때 전문가는 학생의 전후 사정 이야기를 듣고 학생이 권한을 갖고 있다고 느끼도록 만들며, 학생이 전문가와 협력하여 회복과정을 위한 계획을 세우고 노력을 기울이도록 용기를 북돋아 준다.

정보를 수집하고 학생의 이야기를 경청하는 것은 학교 정신건강 전문가가 섭식문제의 발달과정과 지금까지 학생에게 영향을 미쳐 온 고유한 방식을 이해하는 데 도움을 준다. 면접자는 학생의 이야기를 듣고 수집한 정보를 세분화하여 다음과 같은 질문들에 답변한다. 학생이 자연스럽게 자신의 이야기를 표현한다면 면접자가 직접적으로 물어볼 필요가 없을 것이다. 그러나 면접자가 이해하기 어려운 부분에 대해서는 직접적으로 물어보거나 혹은 관련된 질문을 통해 좀 더 구체적으로 탐색해 본다. 면접자는 학생의 고유한 요구에 맞는 치료를 개념화하고 설계하기 위해 〈표 15-1〉에 제시된 질문들에 답변할 수 있어야 한다.

필요한 모든 정보를 수집하였다면 섭식장애가 어떻게 시작되었는지, 무엇이 장애를 유지시키는지에 대해 개념화할 수 있다. 면접자는 이 개념화를 통해 장애와 관련된 모든 측면들을 다룰 수 있는 개별화된 치료계획을 세울 수 있게 된다.

〈표 15-1〉 섭식장애 사례개념화를 위한 질문

기능적 분석을 위한 질문	사고 및 신념에 관한 질문
언제, 어떻게 증상이 시작되었는가? 무엇이 증상을 유지시키고 강화하는가? 증상이 어떤 요구를 충족시키고 있는가?	자신에 관한 이면의 핵심 신념은 무엇인가? 섭식행동이나 신체상과 관련된 사고과정은 극단적이며, 왜곡되었거나 특이한가?
대인관계에 관한 질문	**섭식장애의 맥락(가정 및 학교)에 관한 질문**
사회적 환경, 학교, 가정 속에서 내담자가 직면하고 있는 장애요인은 무엇인가? 내담자가 관계 유지를 위해 어떤 방식으로 진실을 감추어 왔는가? 증상이 내담자의 이러한 태도를 어떻게 유지시키고 있는가?	음식에 관한 원가족의 문화적 규범 중에서 어떤 것이 섭식장애 증상의 발달 및 유지에 기여하는가? 특정 활동에 대한 학생의 참여, 다른 학생이나 교사의 영향, 또래 압력, 놀림 등과 같은 학교 내의 문화는 어떻게 섭식장애 증상의 발달과 유지에 기여하는가?
변화의 단계에 관한 질문	
내담자가 얼마나 변화하고자 하는가? 내담자가 증상의 어떤 측면을 좋아하는가? 내담자가 증상의 어떤 측면을 싫어하는가?	

인지행동 개입

인지행동치료(CBT)를 적용할 때 학교 정신건강 전문가의 역할은 사건에 대한 해석, 인지도식 및 핵심 신념이 경험을 형성한다는 것을 이해하도록 돕는 것이다. 또한 자신의 사고과정과 신념에 대한 면밀한 검토가 변화를 가져오기 위한 첫 단계라는 것을 이해하도록 도와주어야 한다. 따라서 CBT를 적용하는 학교 정신건강 전문가는 과거력을 수집할 때 학생의 말 속에 포함된 기본 가정과 왜곡되거나 극단적인 진술을 잘 경청해야 한다. 그래야 정확하지 않은 신념이 어떻게 사실이 될 수 있는지 인식하도록 도울 수 있다. 왜곡되거나 극단적인 신념에 접근하는 방식은 두 가지다. 하나는 신념이 학생 자신의 기분과 자존감에 어떤 영향을 미치는지 깨닫게 하기 위해 신념의 정확성에 직접적으로 도전하는 것이다. 다른 하나는 '하향식 화살(downward arrow)' 접근 등의 다양한 기법을 이용해 왜곡된 사고의 저변에 뿌리내리고 있는 핵심 신념을 인식하도록 돕는 것이다. 예를 들어, 학교 정신건강 전문가는 학생에게 "만약 그러한 신념이 사실이라면 그것이 너에 관해 무엇을 말해 줄까?"라고 질문한다. 이렇게 함으로써 전문가는 자기개념, 자존감, 신체상, 사회적 맥락에서의 권한부여(empowerment), 자기효능감 같은 이슈에 영향을 미치는 공통 주제를 다룰 수 있다. 소위 왜곡된 사고방식이라고 하는 것은 진실의 핵심을 전달하기도 한다. CBT를 적용하는 학교 정신건강 전문가는 학생이 왜곡된 사고의 사실적 측면을 이해하도록 하고, 사실적 사고가 적응적이지 않다면 변화시킬 수 있는 기술을 발달시키도록 도움을 주어야 한다. 만약 어떤 학생이 너무 말라서 부러움과 걱정을 동시에 받을 수 있기 때문에 자신의 가정이나 사회에서 어떤 힘을 갖고 있는 것이 사실이라면, 그 학생은 좀 더 건강한 방법으로 그런 힘을 갖도록 해야 한다. 혹은 폭식이 다른 사람들로부터의 위안이나 거리감을 제공해 준다면, 자신에게 편안함을 주고 다른 사람들과의 관계로부터 필요한 경계를 가질 수 있는 좀 더 효과적인 방법을 찾아야 한다. 이러한 변화는 말로 하는 것이 행동으로 옮기는 것보다 훨씬 쉽다. 학생의 입장에서 변화과정의 시작은 증상들이 자신에게 어떻게 작용하는지, 그리고 왜곡된 생각이 때로는 얼마나 부정확하고 해로운지를 깨닫는 것이다. 학교 정신건강 전문가와의 지지적인 관계를 바탕으로 학생은 변화하기 시작할 수 있을 것이다. 그리고 궁극적으로 섭식장애 증상에 덜 의존하고 보다 효과적이고 건강한 행동에 의존하는 변화를 이끌어 내기 위한 실험을 기꺼이 하게 될 것이다.

사례연구: 크리시

14세의 소녀 크리시는 그녀가 화장실에서 토하는 것을 누군가가 엿듣고 학교 정신건강 전문가에게 상담을 받도록 권유하여 오게 되었다. 그녀는 마지못해 학교 정신건강 전문가와 약속한 시간에 도착했다. 크리시는 자신의 섭식문제와 신체상 문제를 다른 사람에게 이야기하는 것이 두려웠다. 그리고 구토를 하는 자신이 부끄러웠다. 그러나 한편으로는 누군가가 자신을 도와줄 것이라는 것에 대해 약간의 안도감이 들었다. 그래서 약속을 지킨 것이다.

학교 정신건강 전문가는 전화를 건 사람으로부터 크리시가 구토를 한다는 것을 들었다. 전문가는 좋은 관계를 맺기 위해 매우 지지적으로 크리시를 대하기로 마음먹었다. 따라서 크리시에게 약속을 지켜 주어서 고맙다고 말해 주었다.

학교 정신건강 전문가는 크리시가 얼마 동안 구토를 해 왔는지, 그리고 그 문제 때문에 상담받으러 온 것에 대해 어떤 기분이 드는지 등에 관한 질문을 시작했다. 크리시는 "별일 아니에요, 그렇게 심하게 하진 않아요."라고 답변했다. 크리시는 의자에 깊숙이 앉아 팔짱을 끼고 있었다. 학교 정신건강 전문가는 몸을 앞으로 기울이며 크리스를 참여시키기 위해 좀 더 많은 질문을 했다. "그러니까 무엇인가가 너를 오도록 만든 것 같은데, 네가 와서 정말 기쁘구나. 오늘 여기에서 무슨 일이 일어났으면 좋겠니?" "모르겠어요."라고 크리시는 답변했다. 크리시는 양가감정을 갖고 있었다. 할 말이 많긴 했지만 너무 창피하고 역겨운 행동에 대한 수치스러운 비밀을 마침내 공개적으로 얘기한다는 것은 부담스러운 모험이었다. 그런데 학교 정신건강 전문가는 너무나 직접적으로 묻고 있었다. 크리시는 처음에는 너무 많이 공개하지 않겠다는 자신의 입장을 고수하기 위해 학교 정신건강 전문가의 질문에 한두 단어나 예, 아니요로 짧게 대답했다. 학교 정신건강 전문가는 침착하게 기다리면서, "처음 만난 사람에게 이런 이야기를 한다는 것이 정말 어렵다는 걸 잘 안단다. 네가 좀 더 편안하게 느낄 수 있도록 내가 어떻게 하면 좋을까?"라고 말하며 크리시의 입장을 이해해 주었다.

크리시의 눈에는 그녀의 의지와 관계없이 눈물이 고였다. 그녀는 학교 정신건강 전문가로부터 눈을 돌려 눈물을 참으려고 했다. 학교 정신건강 전문가는 부드러운 목소리로 "어렵다는 건 나도 잘 안단다. 네가 도움을 받으려고 한 것에 많은 점수를 주고 싶구나."라고 말하며 다시 지지해 주었다. 마침내 크리시는 흐느끼기 시작했고, 섭식장애에 대해 좀 더 개방적으로 이야기하게 되었다. "음식을 너무 많이 먹으면 토해야 해요. 내가 살이 쪘다고 느껴요. 전 뚱뚱해지고 싶지 않아요. 토하기를 멈추려 노력하고, 또 해서는 안 된다는 걸 알지만 멈출 수가 없어요."

크리시는 지난 몇 년 동안 이런 행동을 해 왔으며, 이 문제를 누군가에게 이야기하는 것은 처음이라고 말했다. 처음에 어떻게 시작되었는지 얘기하면서, 크리시는 매력적으로 보이려면 날씬해야 된다는 메시지를 많이 들어왔다고 했다. 그녀의 어머니는 항상 다이어트를 했고 늘 '5파운드'를 빼야 한다고 불평하곤 했다. 또 크리시는 아버지가 자신에게 '통통해진다'고 말했던 것과 초등학교 4학년 때 자신이 좋아했던 남자아이가 놀이터에서 그녀에게 '뚱뚱하다'며 놀렸던 일을 떠올렸다. 심지어 담임교사와 체육교사가 다른 여학생에게 체중을 줄여야 한다고 말하는 것을 엿들은 적도 있었다. 자기에게 말한 것은 아니었지만 크리시는 그 여자아이가 불쌍하게 여겨졌고, 자신은 체육교사로부터 절대로 그런 말을 듣지 말아야겠다고 생각했다. 그 밖에도 그녀가 체중을 조절해야 할 필요가 있다는 비슷한 종류의 메시지를 들은 적이 많았다고 하였다. 크리시는 여러 가지 기억들을 떠올렸는데, 가장 최근의 일로 2년 전 아이스크림을 먹고 나서 '역겹다'는 느낌을 가졌던 일을 기억해냈다. 그녀는 살이 찌는 게 너무도 끔찍하게 느껴져서 그 무서운 칼로리를 제거하기 위해 토해야겠다고 생각했다. 그녀는 다른 아이한테서 이것이 다이어트의 한 방법이라고 들었다고 했다. 그리고 목구멍에 손가락을 집어넣어 쉽게 토할 수 있다는 것에 놀랐다고 했다. 그녀는 음식을 먹을 수도 있고 칼로리를 제거할 수도 있다는 것을 알고 나서 안도감을 느꼈다.

시간이 지나면서 마침내 이 행동은 현재의 패턴으로 발전하게 되었다. 처음에는 가끔 시도하는 행동으로 시작하면서 자신의 체중조절에 도움이 될 거라고 믿었다. 그러나 이 방법을 점점 더 자주 사용하게 되었고, 어느 날 이 행동을 더 이상 통제하지 못하는 자신의 모습을 발견했다. 이제는 그 행동이 그녀의 생활을 지배하고 있었다. 그리고 어떤 면에서 그녀의 생활은 먹는 것과 자기 자신과 자신의 몸에 대한 부정적인 감정을 중심으로 돌아가고 있었다. 크리시는 하루 중 95%의 시간을 자신이 뚱뚱하다고 느끼고 체중을 줄이고 싶다는 생각을 하면서 보낸다고 했다. 그리고 자신의 비밀을 감추기 위한 방법을 찾고, 오후시간의 폭식을 위해 음식을 구할 계획을 세우고, 이 모든 것을 부모님이 알지 못하도록 노력한다고 했다. 그녀가 폭식을 하는 시간은 보통 방과 후라고 했다. 왜냐하면 대개는 집에 아무도 없어서 먹고 싶은 것을 맘껏 먹고 토하는 데 자유롭기 때문이다. 한때의 우연한 발견이 거의 일상이 되어 버린 것이다. 그녀는 아직도 체중을 빼고 싶지만 먹는 것을 억제하기 힘들다고 느낀다. 학교 정신건강 전문가가 보기에 크리시는 14세의 평균 몸무게로 보였다.

크리시는 인기 좋은 아이였지만 최근에는 친구들도 잘 만나지 않는다. 그녀는 모든 사람들이 자신을 공부도 잘하고, 날씬하며 매력적이고, 침착하고, 행복하고 낙관적인 사람으로 보아야 한다는 압박감을 갖고 있었다. 그녀는 이런 압박감 때문에 차라리 혼자 있고 싶다는 느낌이 들기 시작했다고 한다. 어떤 면에서 크리시는 혼자 있을 때 자신이 부족하여 다른 사람들로부터 긍정적인 관심을 받지 못하는 것 같은 자기 자신의 감정에 더 진실할 수 있었다. 따라서 집에 혼자 있는 것은 가면으로부터의 휴식이었다. 폭식을 통해 그녀는 한 번도 받아 본 적이 없는, 그러나 자신이 그토록 원하는 것을 비록 그 순간만이라도 자신에게 주고 싶었다. 그런 후에는 의무적으로 그것을 포기해야 했다. 이 과정이 그때만큼은 만족스러웠다. 그것은 보상이었다. 그러나 결국 그것은 처벌이 되었다.

성격과 행동의 변화가 다른 사람들의 눈에 띄기 시작했다. 그녀의 친구들은 그녀가 왜 방과 후에 친구들과 어울리기 싫어하는지 의아해했다. 그녀는 부모로부터 버림받은 것처럼 거리감을 느꼈다. 마치 그들이 더 이상 그녀가 어떤 아이인지 알지 못하는 사람들처럼 느껴졌다. 크리스가 화장실에서 토하는 소리를 엿들은 한 친구가 다가와서는 크리스가 '친구들에 대해 더 이상 관심이 없는 것처럼' 변해 걱정스럽다고 말했다.

학교 정신건강 전문가는 크리스가 털어놓은 이야기를 들을 때 그녀의 부정적인 핵심 신념과 왜곡된 생각에 주의를 기울였다. 특히 크리시가 긍정적인 관심을 받지 못한다고 느끼는 데 주시했다. 그리고 크리시가 "만약 내가 정상적으로 먹게 되면 신진대사가 망가져서 비만이 될 거예요."라고 말하는 것을 귀담아 들었다. 학교 정신건강 전문가는 왜곡된 생각과 말에 세심하게 주의를 기울이고 그것들을 공격했다. 그러나 그런 생각들 자체가 '잘못되었다'고 말할 필요는 없었다. 예를 들어, "왜 다른 사람들이 너를 좋아할 만하지 않다고 느끼지?"라고 물으면, 크리시는 "저는 거짓말쟁이고 역겨운 아이이니까요."라고 응답했다. "먹는 것에 대해 거짓말했다는 것이 너에 관해 무엇을 말해 줄까?"라는 물음에는 "거짓말을 하면 나쁜 사람이에요."라고 말했다. "다른 사람들에게 솔직해질 준비가 되기 전에는 대부분의 사람들이 섭식장애에 관해 거짓말을 한다는 것을 알고 있었니?" 학교 정신건강 전문가는 크리시의 행동을 정상적인 행동으로 수용해 주면서, 크리시에게 그녀가 나쁜 사람이 아니라고 말해 주기보다 자신을 나쁜 사람으로 생각하는 핵심 신념에 스스로 도전하도록 도와주었다. 이러한 개입이 크리시의 자존감을 자동적으로 높여 주지는 않았지만 자신을 나쁜 사람으로 명명하게 되었다는 것을 인식하도록 문을 열어 주었다.

크리시가 "체중이 5파운드 늘면 나 자신을 더욱 싫어하게 될 거예요."라고 말했을 때, 학교 정신건강 전문가는 극단적이기는 하지만 이것이 크리시에게는 사실일 수도 있다고 생각했다. 그녀의 생각이 사실일 수도 있다는 점에서 왜곡된 것이 아닐 수도 있을 것이라 생각했다. 그렇다면 문제는 "5파운드 증가하는 것이 그녀에게 어떤 의미가 있는가?" 였다. 학교 정신건강 전문가는 크리시에게 탐색해 보도록 하였다. 크리시는 "나는 통제 불능이고, 약하고 못생겼어요."라고 답변했다. 점차 크리시가 자기를 믿지 못하고 불안정하며 자신이 매력적이지 않다는 느낌과 싸우고 있음이 명확해졌다. 그리고 그러한 느낌이 섭식장애의 이면에 있었지만 어느 정도는 섭식장애와 관계없이 작용하는 것으로 보였다. 크리스의 섭식장애를 치료하기 위해서는 그녀의 식사 습관만 변화시키는 것이 아니라 이런 문제를 다뤄 주어야 했다.

학교 정신건강 전문가는 증상의 심각성과 문제의 복잡성이 있으므로 학제 간 팀을 구성할 필요가 있다고 생각했다. 그녀는 사례개념화를 위해 충분한 정보를 수집했다. 크리시의 식습관은 심각하게 손상되어 있었다. 크리시 혼자서는 멈출 수 없는 이 패턴을 멈추게 하려면 강력한 개입이 필요했다. 학교 정신건강 전문가는 크리시의 사고와 핵심 신념이 왜곡되어 있으며 이것이 그녀의 자존감을 흔들고 있음에 주목했다. 그녀의 먹는 행동은 자신에게 주고 싶은 욕구(먹고 싶은 음식, 먹는 즐거움)와 자신을 처벌하고자 하는 욕구(고통스러운 구토과정, 구토 후의 끔찍한 기분, 이런 고통을 받아 마땅하다는 느낌)를 모두 만족시켰다. 이런 패턴은 낮은 자존감과 부모와의 소원한 관계, 학업에 대한 완벽주의 문제에 대한 직면을 회피하도록 도왔다. 학교 정신건강 전문가는 크리시에게 다각적인 해결책이 필요할 것이라고 말해주었다. 크리시의 행동과 행동 빈도는 매우 해로울 수 있기 때문에 크리시의 신체건강을 평가해 줄 의사가 필요했다. 학교 정신건강 전문가는 크리시가 의사에게 보고할 수 있도록 도와주었다. 크리시의 식습관을 정상화시키기 위해서는 식사계획을 세워 주고, 크리시가 '나쁘다'고 생각하는 음식을 소개해 주고, 굶기와 폭식의 패턴을 깨고 자주 먹도록 도움을 줄 수 있는 영양사도 필요했다. 가족의 참여도 도움이 되므로 가족치료 전문가도 필요했다. 가족치료 전문가는 먼저 학교 정신건강 전문가와 크리시 그리고 부모와 만남을 가졌다. 결론적으로 모든 전문가들이 함께 크리시의 의학적 안정성을 확보하고 음식을 대처전략으로 사용하는 행동과 증상에 개입하였다. 그리고 크리시가 낮은 자존감에 새로운 방식으로 대처하도록 도와주었으며, 그렇게 함으로써 크리시가 예전의 학교생활로 돌아가도록 도와줄 실행계획을 세웠다. 크리시는 일주일에 한 번씩 학교 정신건강 전문가와 만나 이런 것들에 대해 이야기를 나누었다. 크리시는 학교 정신건강 전문가가 자기를 지지해 주며 모든 면에서 나아지도록 도와주는 협력자라고 느꼈다.

학교장면에 대한 시사점과 적용

섭식장애는 학생의 학습과 학교생활 그리고 학생의 전반적인 발달과정에 영향을 미친다. 예를 들어, 크리시는 섭식장애가 그녀의 생각과 시간을 점령하게 되면서 점점 더 고립되고 대인관계를 멀리하게 되었다. 섭식장애를 보이는 학생은 겉으로는 '모자란 것 없이 다 갖추고' 있는 것처럼 보여도, 내면적으로는 자신을 무가치하게 여기고 자신에 대해 비판적인 경우가 많다. 또한 자신이 사랑스럽지 않고 다른 사람의 관심과 사랑을 받지 못하고 있다고 느끼고, 아무도 자신에게 기대하지 않는다고 느끼는 경우가 많다. 경우에 따라서는 학습과 주의집중에도 영향을 미친다. 학업이 우수하다 하더라도 영양결핍이나 먹는 행동에 대한 강박적 사고로 인해 방해를 받기 때문에 남들보다 더 열심히 해야 할지도 모른다. 학생에게 발생할 수 있는 의학적 결과는 다음과 같다.

- 심장혈관 질환: (심장) 부정맥(너무 빠르거나 느리거나 또는 불규칙한 심장박동), 심동 지완(느린 심장박동), 저혈압
- 혈액문제
- 위장문제
- 내분비 문제
- 골격문제

어떤 문제들은 의학적 검사 없이는 확인할 수 없다. 그러나 피로감, 가슴통증, 복통, 현기증 등은 눈에 잘 띄는 증상과 호소다. 반면, 학생이 별다른 느낌을 갖지 않고 자신의 행동이 신체를 해롭게 한다는 것을 의식하지 못하는 경우도 많다. 어떤

학생은 '아무런 문제가 없으며' 심지어 '전보다 낫다고' 보고하기도 한다. 긍정적인 자기보고가 반드시 실제의 건강 상태를 반영하는 것은 아니다.

섭식장애의 발생과 관련된 원인은 다양하며 여기에는 학교경험과 관련된 요인들도 포함된다. 어떤 청소년의 경우에는 학교환경이 섭식장애의 발생과 유지에 기여하기도 한다. 집단따돌림, 관계폭력, 놀림, 도당(cliques) 등은 모두 청소년에게 참기 힘든 스트레스를 가져다준다. 또래수용이 매우 중요한 나이에 배척을 당하는 것은 정말 고통스러운 일이다. 인기 있는 학생일 경우에는 모든 사람의 기대 때문에 완벽한 모습을 유지해야 하는 압력을 느낄 수 있다. 또는 죄책감을 느끼거나 다른 사람의 관심을 받을 자격이 없다고 느낄 수도 있다. 학교 밖의 관찰자는 학생이 학교생활을 어떻게 지각하는지 정확하게 평가하기 어렵다. 공부에 대한 압력과 경쟁도 청소년의 기능에 영향을 미칠 수 있는 또 다른 스트레스 요인이다. 우수한 성적과 석차에 대한 욕구가 강하고 그것을 추구하는 학생은 정서적 · 사회적 측면을 아우르는 균형을 유지할 수 없게 된다.

학생들은 또한 음식과 체형, 체중에 대한 학교의 일반적인 기준뿐만 아니라 교직원들의 태도에 의해서도 영향을 받는다. 다이어트 행동에 대해 일상적으로 언급하는 교사들 또는 학생에게 체중을 줄이라고 말하는 체육교사는 큰 영향을 미친다. 이것은 학생이 다이어트를 시작하도록 이끈다. 크리시의 경우처럼 일단 학생이 자신의 체중을 조절해야 한다는 믿음을 갖게 되면, 다이어트로 시작한 것이 또는 음식을 먹고 한 번 토해 본 경험이 섭식장애로 발전할 수도 있다. 물론 교직원도 음식과 체중에 대해 문제나 편견을 가질 수 있고 아무런 문제없는 완벽한 사람일 필요는 없다. 그러나 작은 말 한 마디가 외부의 영향에 취약한 학생에게 부정적인 영향을 미칠 수 있다는 것을 인식해야 한다. 음식이나 신체, 체중에 대해 문제를 갖고 있는 교직원은 이런 문제를 공개적인 자리에서 표현하지 않도록 조심함으로써 비슷한 문제로 힘들어하고 있는 학생에게 바람직하지 않은 역할모델이 되지 않도록 해야 한다.

한편, 교직원은 학생들의 회복을 촉진하고 섭식장애 예방에 도움을 주는 데 중요한 역할을 할 수 있다. 학생이 자신에 대해 긍정적인 느낌을 갖도록 돕고, 문제해결을 촉진하며 긍정적인 대인관계를 도모하는 교직원은 학생의 긍정적인 정신건강 상태에 적합한 환경을 만드는 데 도움을 준다. 여성의 외모와 성이 지성이나 흥미,

재능에 비해 지나치게 존중받는 문화의 영향을 상쇄하기 위해 교사는 학생의 장점을 이끌어 내고 부각시키기 위해 노력해야 한다. 학생의 외모나 인기만이 전부가 아니라는 것을 격려하고 관심을 기울이는 것은 신체적 아름다움이나 돈 같은 인간성의 얕은 측면보다 좋은 품성을 강화시키는 환경을 만드는 데 도움이 된다. 이런 얕은 측면을 강조하는 미국 문화의 영향은 학생이 긍정적인 자아상을 가진 건강하고 전인적인 인간으로 성장할 수 있도록 도움을 주고자 하는 사려 깊은 교사, 학부모, 그 밖의 성인들에 의해 상쇄될 수 있다.

섭식장애 학생의 회복과정에서 학교가 할 수 있는 또 다른 역할은 학생을 지지하고 관계를 유지하며 개입과정에 적극적으로 관여하는 것이다. 일단 섭식장애를 가진 것으로 확인된 학생은 심리치료에 의뢰된다. 그러나 학교 내에서 그 밖의 다른 서비스는 제공되지 않는 경우가 많다. 치료는 종종 학교가 핵심적 역할을 하는 팀 접근을 필요로 한다. 한 가지 가능한 직접적 서비스는 학교기반의 CBT다. CBT는 현재에 초점을 맞추고 문제해결을 위한 적극적이고 협력적인 방법을 찾도록 격려하면서, 학생이 자신의 행동과 감정에 영향을 미치는 역기능적 사고를 검토하고 재평가하도록 돕는다. 상담자는 학생이 자신을 둘러싼 환경으로부터 역기능적 사고를 학습한다는 것을 염두에 두고 학생에게 생각과 감정 간에 강력한 관련성이 있다는 것을 보여 줄 수 있다. 이것은 학생으로 하여금 생각의 패턴에 도전하고 새로운 방식으로 문제를 해결하면 궁극적으로 기분이 나아질 수 있다는 것을 깨닫게 해 준다. CBT는 학생 스스로 할 수 있다는 것을 깨닫게 함으로써 학생에게 권한을 부여한다. 학생 스스로 할 수 있는 것은 자신의 사고 패턴을 변화시키고 자신을 관리하는 것에서부터 대인관계와 관련된 장점을 증가시키고 친구나 가족들과의 문제를 해결하는 것에 이르기까지 다양하다. 오늘 당장 변화를 이끌어 낼 힘은 바로 학생에게 있다. 또래나 부모의 압력을 다루는 것에서부터 자신이 잘하고 싶어서 스스로 부과한 압력에 이르기까지, "나는 소중하지 않아." 또는 "나는 할 수 없어."와 같은 역기능적 신념은 성공을 방해하는 악순환을 부추긴다. CBT는 이러한 패턴을 비교적 제한된 시간 내에 효율적으로 깰 수 있도록 돕는다.

섭식장애처럼 널리 퍼져 있는 문제에 부딪혔을 때 예방은 최선의 도움이 될 수 있다. 1985~2005년 연구에 대한 메타분석 결과, 학교기반의 섭식장애 예방 프로그램은 유해한 효과 없이 섭식장애 청소년을 돕는 데 긍정적인 영향을 미치는 것으로 나타났다(Grave, 2003). 연구결과는 무엇인가에 대해 말하는 것이 그것을 악화시킬 수 있다는 일반적인 우려를 지지하지 않았다. 따라서 그것은 왜곡되고 역기능적이며 체계적인 신념이다. 오히려 사회적 문제에 대해 이야기하고 교육을 제공하는 것은 최악의 경우라 하더라도 해가 되지 않으며 섭식장애의 초기에 있는 학생들에게 도움을 줄 수 있다. 적절한 교육과 인식은 학생이 조기에 치료를 받도록 해 주고, 또래나 교사들에게도 섭식장애의 신호나 증상을 나타내는 학생을 도울 수 있는 능력을 키워 준다. 섭식장애의 유병률에 긍정적인 영향을 미치는 예방 프로그램을 위한 최선의 방법을 탐색하기 위해서는 더 많은 연구가 필요하다. 그러나 많은 문헌에서 섭식장애 문제에 대해 관심을 기울이는 것이 중요하다는 점을 강조하고 있으며 지지하고 있다. 이러한 문헌들은 조기발견과 반응적 개입(responsive intervention)이 섭식장애 증상의 심각성과 의학적 및 심리적 결과를 감소시킬 수 있다는 것을 잘 보여 주고 있다(http://www.lpch.org/diseaseHealthInfo/HealthLibrary/mentalhealth/anorexia.html).

결 론

섭식장애는 큰 변화에 직면해 있고 세상으로부터의 압력과 영향에 취약한 여자 청소년에게 널리 퍼져 있는 문제다. 섭식장애로 인한 의학적 · 심리적 결과는 청소년의 신체적 · 정서적 · 사회적 · 학업적 발달과 기능에 영향을 미친다. 청소년의 삶에서 교육이 지배적인 역할을 한다고 가정할 때, 치료에 대한 요구를 파악하고 예방 프로그램을 개발하는 것은 이런 파괴적 행동을 억제하도록 돕기 위한 자연스러운 출발점이 될 수 있다. 좋은 치료는 개인에 대한 면밀한 개념화에 달려 있다. 그리고 청소년의 발달수준과 핵심 신념, 사고 패턴 그리고 그에 따른 행동에 근거한다. 문제의 확인이 중요한 첫 단계이지만, 교직원들은 치료를 위한 전략이 개인과 학교, 시스템 차원에서 실행될 수 있도록 더 많은 노력을 기울여야 한다. 섭식장애에 대한 조기발견과 치료는 만성적 섭식장애를 가진 성인의 장기적인 신체적 · 정서적 불행을 예방하는 데도 도움이 될 것이다.

참고문헌

American Psychiatric Association. (2000). *Diagnostic and statistical manual of mental disorders* (4th ed., text revision). Washington, DC: Author.

Attie, I., & Brooks-Gunn, J. (1989). Development of eating problems in adolescent girls: A longitudinal study. *Developmental Psychology, 25,* 70-79.

Boes, S. R., Ng, V., & Davison, T. (2004). Unmasking eating disorders in the schools. *Professional School Counseling, 7,* 376-378.

Brown, L. M., & Gilligan, C. (1992). *Meeting at the crossroads: Women's psychology and girls' development.* New York: Ballantine.

Brownell, K. D., & Fairburn, C. G. (Eds.). (1995). *Eating disorders and obesity.* New York: Guilford.

Bryant-Waugh, R., Cooper, P., Taylor, C., & Lask, B. (1996). The use of the eating disorder examination with children: A pilot study. *International Journal of Eating Disorders, 19,* 391-398.

Childress, A., Jarrell, M., & Brewerton, T. (April, 1992). *The kid's eating disorder survey (KEDS): Internal consistency, component analysis, and test-retest reliability.* Paper presented at the 5th International Conference on Eating Disorders, New York.

Cooper, P., Taylor, M., Cooper, Z., & Fairburn, C. (1987). The development and validation of the body shape questionnaire. *International Journal of Eating Disorders, 6,* 485-494.

Costin, C. (1996). *The eating disorder sourcebook.* Los Angeles: Lowell House.

Fairburn, C., & Cooper, Z. (1993). The eating disorder examination (12th ed.). In C. G. Fairburn & G. T. Wilson (Eds.), *Binge eating: Nature, assessment and treatment* (pp. 317-360). New York: Guilford Press.

Fairburn, C. G., & Walsh, B. T. (2002). Atypical eating disorders. In C. G. Fairburn & K. D. Brownell (Eds.), *Eating disorders and obesity: A comprehensive handbook* (p. 86). New York: Guilford.

Fallon, P., Katzman, M. A., & Wooley, S. C. (Eds.). (1994). *Feminist perspective of eating disorders.* New York: Guilford.

Garner, D. (1991). *Eating disorders inventory-2: Professional manual.* Odessa, FL: Psychological Assessment Resources.

Garner, D., & Garfinkle, P. (1979). The eating attitudes test: An index of symptoms of anorexia nervosa. *Psychological Medicine, 9,* 273-279.

Garner, D., Olmsted, M., & Polivy, J. (1983). Development and validation of a multidimensional eating disorder inventory for anorexia nervosa and bulimia. *International Journal of Eating Disorders, 2,* 15-34.

Graber, J. A., Brooks-Dunn, J., Paikoff, R. L., & Warren, M. P. (1994). Prediction of eating problems: An 8-year study of adolescent girls. *Developmental Psychology, 30,* 823-834.

Grave, R. D. (2003). School-based prevention programs for eating disorders. *Disease Management and Health Outcomes, 11,* 579-592.

Hsu, L. K. (1996). Epidemiology of eating disorders. *Psychiatric Clinics of North America, 19,* 681-697.

Kohn, M., & Golden, N. H. (2001). Eating disorders in children and adolescents. *Pediatric Drugs, 3,* 91-99.

Kreipe, R. E., & Birndorf, S. A. (2000). Eating disorders in adolescents and young adults. *The Medical Clinics of North America, 84,* 1027-1049.

Lask, B., & Bryant-Waugh, R. (Eds.). (2000). *Anorexia nervosa and related eating disorders in children and adolescents.* Hove, UK: Psychology Press.

Lewinson, P. M., Hops, H., & Roberts, R. E. (1993). Adolescent psychopathology: I. prevalence and incidence of depression and other DSM-II-R disorders in high school students. *Journal of Abnormal Psychology, 102,* 133-144.

Maloney, M., McGuire, J., & Daniels, S. (1988). Reliability testing of a children's version of the eating attitude test. *Journal of the American Academy of Child and Adolescents Psychiatry, 28,* 541-543.

Massey-Stokes, M. S. (2000). Prevention of disordered eating among adolescents. *The Clearing House,* 335-340.

Mishne, J. M. (1986). *Clinical work with adolescents.* New York: Free Press.

Pipher, M. (1994). *Reviving Ophelia: Saving the selves of adolescent girls.* New York: Ballantine.

Steiner-Adair, C. (1991). When the body speaks: Girls, eating disorders and psychotherapy. In C. Gilligan, A. G. Rogers, & D. L. Tolman (Eds.), *Women, girls and psychotherapy* (pp. 253-266). New York: Harrington Park.

Striegel-Moore, R. H., & Smolak, L. (Eds.). (2002). *Eating Disorders: Innovative Directions in Research and Practice.* Washington, DC: American Psychological Association.

Sullivan, M. (Executive Producer). (1998). *FAT [Television broadcast].* Boston, MA: Public Broadcasting Service.

Surrey, J. L. (1991). Eating patterns as a reflection of women's development. In J. V. Jordan, A. G. Kaplan, J. B. Miller, I. P. Stiver, & J. L. Surrey (Eds.), *Women's growth in connections: Writings from the Stone Center* (pp. 237-250). New York: Guilford.

Chapter 16

약물남용 예방을 위한 인지행동 개입

아동 · 청소년의 약물남용 예방은 수십 년 동안 교육자들의 관심거리였다. 약물남용이 건강, 학업, 사회성, 정서 발달에 미치는 부정적인 영향 때문에 미 연방정부는 아동 · 청소년의 약물남용 유병률을 꾸준히 추적 조사하고 있다. 1975년에 국립약물남용연구소(National Institute on Drug Abuse)의 재정지원을 받아 시작된 연구인 '미래를 모니터링하기(Monitoring the Future)'에서는 미국 전체를 대표하는 중 · 고등학생들을 매년 표집하여 조사를 실시하고 있다(Johnston, O'Malley, & Bachman, 2003). 이 연구에서는 중학교 2학년, 고등학교 1학년, 고등학교 3학년 학생의 약물사용 정도, 약물사용의 해악이 주는 위험에 대한 인식, 약물사용에 대한 반대 의견, 약물의 입수 및 이용 가능성 등에 대한 태도를 조사한다.

2003년 자료에 따르면, 고등학교 3학년의 54%가 흡연을 했고, 77%는 음주를 한 적이 있으며, 46%는 마리화나를 피운 적이 있고, 53%는 불법 약물을 사용한 적이 있다. 고등학교 3학년 학생들은 마리화나를 가장 많이 사용하고, 그다음으로 비코딘을 많이 사용하는 것으로 보고되었다.

Susan G. Forman

약물을 더 자주 또는 더 많이 사용하는 것은 평생 사용하는 것보다 더 큰 문제다. 고등학교 3학년의 8% 이상이 매일 적어도 반 갑 이상의 흡연을 한다고 보고하였으며, 16%는 매일 흡연을 한다고 응답했다. 고등학교 3학년의 47.5%는 지난 한 달 동안 음주를 했으며, 중학교 2학년 학생의 21%, 고등학교 1학년 학생의 44%, 고등학교 3학년 학생의 62%가 만취 상태가 되도록 음주를 한 적이 있다고 답변했다. 고등학교 3학년 학생의 6%는 조사가 실시되기 전 한 달 동안 어느 시점에서는 매일 마리화나를 피운 적이 있다고 보고했다.

2003년 조사에서는 몇 가지 태도변화를 발견할 수 있었다. 마리화나의 규칙적 사용이 초래하는 위험에 대한 중학교 2학년, 고등학교 1학년, 고등학교 3학년 학생의 지각수준이 높아졌고, 마리화나의 입수 및 이용 가능성에 대한 지각수준은 낮아졌다. 또한 엑스터시 사용과 관련된 위험도는 모든 학년에서 높아졌고, 엑스터시 사용에 대한 반대 의견도 더욱 강력해졌다. 그러나 불행하게도 흡입제 사용의 위험성에 대한 중학교 2학년과 고등학교 1학년의 지각수준은 감소했다.

또한 '미래를 모니터링하기'는 다양한 약물을 시작하는 연령의 추정치를 다음과 같이 발표했다. 중학교 2학년, 고등학교 1학년, 고등학교 3학년 학생의 15~20%가 초등학교 6학년 말까지는 첫 흡연을 했고, 7~23%는 음주를 했으며, 3~6%는 마리화나를 시도해 본 적이 있다고 보고했다. 따라서 어떤 아동들은 12세가 되면서 약물을 남용하며, 심지어 그보다 더 일찍 약물남용을 시작하는 아동들도 있다. 어린 나이에 약물을 사용하는 것은 이후 더 많은 약물의 복용과 관련되기 때문에 중대한 문제다. 그러나 많은 아동 · 청소년들은 약물을 실험적으로 복용할 뿐 반복하지는 않는다. 따라서 문헌에서는 사용(use)과 남용(abuse)의 구분에 대한 상당히 많은 논의가 이루어지고 있다. 그럼에도 불구하고 아동이 향정신성 약물을 규칙적으로 사용할 때 남용이라고 부르는 것에 대한 의견은 대체로 일치한다. 청소년의 남용을 결정할 때는 보통 빈도, 양, 부정적 결과(예: 건강문제, 상해, 체포, 학교 훈육문제, 학업문제)를 고려한다.

문헌고찰

아동 · 청소년의 약물남용은 한 가지 또는 그 이상의 예측 가능한 발달적 특징, 성격변인, 스트레스 생활사건 또는 환경조건을 수반한다. 이러한 요인들을 위험요인(risk factors)이라고 한다. 위험요인은 문제나 장애(이 경우에는 약물남용)의 확률을 증가시키는 특징이나 조건으로 정의된다. 여러 연구에서는 다중 위험요인 모형을 지지하고 있다. 이 모형에 의하면, 하나의 위험요인이 청소년의 약물남용과 관련된다기보다는 여러 위험요인들이 약물남용 가능성을 증가시킨다.

보호요인(protective factors)은 약물남용을 예방, 제한, 감소시키는 것으로 알려진 조건을 말한다. 위험요인이 있다 하더라도, 보호요인이 약물남용의 위험을 줄이거나 완충하거나 상쇄한다. 보호요인은 누적의 효과를 갖기 때문에 보호요인이 많을수록 약물사용의 문제가 발전할 위험은 감소한다(Swadi, 1999).

위험요인과 보호요인은 개인, 가족, 또래, 학교, 지역사회의 5개 영역에서 확인된다. 아동 · 청소년기 발달단계가 달라짐에 따라 다른 위험요인과 보호요인의 역할이 두드러진다. 또한 하나의 위험요인이나 보호요인의 존재가 이후에 다른 위험요인이나 보호요인의 출현에 영향을 미칠 수 있다. 이것을 발달적 위험 궤적 또는 경로(developmental risk trajectory or path)라고 부른다. 예를 들어, 공격적 행동은 초기 아동기에 나타날 수 있는데, 일단 학교에 들어가면 공격적 행동이 학업 실패와 또래거부를 초래할 수 있다. 그리고 이것은 다시 학교 중도탈락이나 약물남용 또래들과의 어울림으로 이어진다.

개인적 수준의 위험요인으로는 지체된 적응성, 낮은 사교성, 높은 정서적 반응성(emotional reactivity) 및 낮은 안정성(soothability)으로 정의되는 초기 아동기의 까다로운 기질을 들 수 있다(Lerner & Vicary, 1984). 부정적 정서, 낮은 자기존중감, 반항심과 충동성, 공격성, 사회적 승인에 대한 높은 요구, 낮은 주장성 등도 개인적 수준에 해당하는 심리적 위험요인이다(Swadi, 1999). 또한 높은 수준의 감각추구(sensation seeking) 성향과 낮은 수준의 손상회피(harm avoidance) 성향도 약물남용과 관련된다(Cloniger, Sigvardsson, & Bohman, 1988). 감각추구 성향은 탐색적 행동과 신기한 경험을 추구하는 경향성, 이런 행동을 수행하기 위하여 기꺼이 위험을 감수하는 경향성으로 정의된다. 손상회피 성향은 혐오스러운 자극에 강렬하게 반응하는 경향성이다. 품행장애, 주의력결핍 과잉행동장애, 우울과 같은 심리장애도 약물남용의 위험요인으로 확인되었다(Swadi, 1999). 행동적 위험요인은 초기 아동기의 공격적이고 반사회적인 행동, 청소년기의 비행과 기타 불법행동, 인습적인 사회 가치의 무시를 포함한다(White, Metzger, Nagin, & Stouthamer-Loeber, 2004). 또한 어린 시기에 약물사용을 시작하는 것은 이후의 약물남용을 예측한다. 유전적-생물학적 요인을 살펴보면, 알코올중독 부모의 자녀는 알코올중독이 아닌 부모의 자녀보다 3~4배 더 많이 알코올 문제를 일으키는 것으로 밝혀졌다(Schuckit, 1984). 개인의 성격과 관련된 보호요인으로는 높은 사회적 수용 또는 존중, 자기효능감, 높은 종교성향, 손상회피, 사회의 규범과 인습적 가치에 대한 헌신이 포함된다(DeWit, Silverman, Goodstadt, & Stoduto, 1995).

또한 생활사건과 경험이 약물남용의 위험요인으로 작용한다. 약물을 남용하는 청소년은 수많은 부정적 생활사건을 경험한다고 보고했으며, 문제와 부정적 정서 그리고 스트레스 상황을 다루기 위해 알코올이나 불법약물을 사용한다고 응답했다. 그러므로 몇몇 청소년들에게 약물사용은 스트레스에 대한 부적응적 대처반응을 의미할 수도 있다. 의미 있는 사람의 죽음, 원하지 않는 임신, 10대 임신, 아동·청소년기의 성적 피해경험이 약물을 사용하지 않는 청소년에 비해 약물을 사용하는 청소년에게서 4배나 많이 발생했다(Swadi, 1999).

가족과 관련된 위험요인으로는 약물사용에 대한 부모의 호의적이고 허용적인 태도와 부모 자신의 약물사용 등이 있다. 청소년은 부모의 약물사용에 대해 잘 모를 수도 있다. 그러나 부모의 약물사용이 자녀양육 방식과 가족환경에 부정적인 영향을 준다면 자녀가 약물을 사용할 위험은 증가한다. 높은 수준의 가족갈등, 부모의 갈등이나 이혼, 낮은 수준의 부모감독, 부모의 일관성 없는 훈육, 가족 친밀감의 부족 등이 청소년 약물남용의 위험요인이 된다(Bry, 1983). 한편, 가족과 관련된 보호요인은 갈등이 없고 온정적인 부모-자녀 관계, 가족참여와 애착, 부모의 감독, 분명하고 일관성 있는 기준과 기대, 약물을 사용하지 않는 부모(또는 기타 적절한 성인)가 역할모델이 되어 주는 것 등 강한 가족관계를 나타내는 요인들을 포함한다(Bry, 1996). 부모가 자녀의 장기적인 목표설정을 돕고, 약물사용이 신체와 정신에 미치는 부정적인 영향에 관해 설명해 주고, 약물사용에 따른 후속결과를 부과하면 약물

사용의 위험은 감소한다(Brook, Whiteman, & Gordon, 1982). 명백한 의사소통, 성공적인 문제해결, 효과적인 훈육을 격려하는 가족환경은 약물사용의 시작을 예방하거나 늦출 수 있다.

특히 청소년기 동안에는 또래가 미치는 영향이 중요해지며 동조 압력이 강해진다. 따라서 또래집단은 청소년 약물사용 행동에서 특별히 중요한 역할을 한다. 약물을 사용하는 친구를 사귀는 청소년은 그 자신도 약물 사용자가 될 가능성이 높다(Weaver, Cheong, MacKinnon, & Pentz, 2004). 또래는 약물사용의 압력을 가하거나 약물사용을 강요하는 방식으로 직접 영향을 미친다. 그리고 청소년은 지각된 사회적 규범에 들어맞고 집단에 수용되며 순응하기를 소망하기 때문에 또래로부터 간접적 영향을 받기도 한다. 따라서 또래로부터 거부당하는 경험과 일탈또래와 어울리는 관계는 청소년 약물남용의 위험요인이 된다(Brook, Whiteman, & Gordon, 1983). 반면, 친사회적 유대와 사회화는 보호요인으로 확인되었다. 약물을 사용하지 않는 또래집단과 어울리는 청소년은 약물을 사용할 가능성이 낮다(DeWit et al., 1995).

한편, 청소년은 대부분의 시간을 학교에서 보내기 때문에 학교적응의 실패가 중요한 위험요인이 된다. 저조한 학업 수행, 낮은 교육적 포부, 학교 중도탈락은 약물남용의 전조 증상으로 나타난다(White et al., 2004). 마찬가지로 학교와 관련된 여러 변인들이 보호요인으로 확인되었다. 학업성취, 학교에 대한 강한 애착, 학교생활에 전념하고 적극적으로 참여하는 자세는 약물남용의 발생 확률을 낮춘다(Newcomb & Felix-Ortiz, 1992). 지지적인 학습환경과 교사 또는 또래와의 낮은 갈등은 긍정적인 학교경험을 갖게 하고, 더 나아가 학교교육과 공부에 적극 참여하고 전념할 수 있게 한다. 학업활동, 교과 외 활동, 종교활동에 참여하는 것도 약물사용에 대한 긍정적 대안으로 밝혀졌다.

약물남용의 위험을 증가시키는 지역사회 환경요인으로는 약물사용 또는 약물의 입수 및 사용 가능성에 대해 느슨한 제재를 하는 법과 규범, 경제적으로 궁핍한 이웃, 불법약물의 사용이 만연한 이웃이나 지역사회 등이 포함된다. 사회의 규범이 약물사용을 용납하지 않는다는 인식은 보호요인으로 확인되었다(Hawkins, Catalano, & Miller, 1992).

약물남용 예방 프로그램의 효과를 높이기 위해 위험요인을 낮추고 보호요인을 강화해야 한다는 결론이 내려졌다. 또한 위험요인에 대한 조기개입은 위험을 역전시키고 발달 궤적을 바꿀 수 있다. 아동기에서 청소년기로 전환하는 시기는 보호요인이 영향을 미치는 발달시기이므로 특히 중요하다(Scheier, Newcomb, & Skager, 1994). 가족, 학교, 지역사회 등 아동·청소년이 접하는 여러 수준의 사회체계를 표적으로 하는 통합적 예방 프로그램이 어느 하나의 수준만을 표적으로 하는 프로그램보다 더욱 효과적이다. 학교기반의 프로그램은 보편적 접근을 허용하기 때문에 아동·청소년 대상의 일차적 개입방법으로 통합적 예방 프로그램 안에 포함된다.

평가와 관련된 쟁점

학교기반의 약물남용 예방 프로그램을 계획할 때, 약물남용 및 기타 아동·청소년 문제에 대한 평가와 학교나 지역사회의 위험요인에 대한 평가를 먼저 실시해야 한다. 평가결과는 약물남용 문제에 대한 인식을 높이고 약물남용 예방 프로그램에 대한 참여를 장려하기 위해서, 그리고 문제의 특징과 심각한 정도를 결정하고 가장 적합한 예방 프로그램을 선정하기 위해서 활용된다. 약물남용 예방 프로그램의 시행에 대한 학교의 준비도를 평가하는 것도 중요하다. 왜냐하면 효과적인 약물남용 예방 프로그램의 시행은 어느 한 사람의 노력이 아니라 학교 전체의 헌신과 참여 그리고 노력을 필요로 하기 때문이다.

특정 지역사회나 학교에 만연해 있는 약물사용 및 관련 문제의 특징과 정도에 관한 정보를 얻기 위해서는 이미 공개된 다양한 공문서 자료를 수집하여 활용할 수 있다. 학교나 교육청, 지역 보건소, 보건복지부, 법률기관, 병원 응급실, 약물남용 치료시설 등은 학교의 징계사건, 정학, 결석 및 무단결석, 학교 중도탈락 비율, 약물남용에 의한 구속, 청소년 비행, 약물과 관련된 응급실 방문 횟수, 사회경제적 지위, 기타 인구통계학적 자료 등을 가지고 있다. 미국에서 실시하는 대규모 전국조사인 국립약물남용연구소가 보고한 '미래를 모니터링하기', 약물남용과 정신건강 서비스 관리국(Sudstance Abuse and Mental Health Services Administration)이 보고한 '전국 약물사용과 건강 조사(National Survey of Drug Use and Health)'는 지역의 실태를 전국적 맥락에서 비교할 수 있게 한다. 또한 지역에 적합한 자료수집 도구도 소개되어 있다. 한편, 학생과 학부모, 교사를 대상으로 한 포커스 집단 등 질적 연구방법은 정책을 수립하거나 개입을 개발하는 사람들이 지역의 문제를 더 잘 이해할 수 있도록 해 준다.

약물남용 예방 프로그램의 시행에 대한 학교의 준비도를 평가할 때는 그 학교가 학교기반의 약물남용 예방 프로그램을 시행해야 하는지 그리고 어떤 프로그램이 학교와 지역사회의 요구를 가장 잘 충족시킬 수 있는지를 결정하는 과정에 이해관계자와 책임자를 포함시켜야 한다. 주요 이해관계자와 책임자에는 관리자, 교사, 기타 전문가, 부모, 학생이 포함되어야 한다. 고려 중에 있는 프로그램이 학생집단의 요구에 맞는 정도, (만약 학교에서 다른 프로그램을 실시하고 있다면) 기존 프로그램을 보충하거나 조화를 이루는 정도, 학교의 목표와 철학에 일치하는 정도를 판단해야 한다. 또한 프로그램을 시행하기 위해서는 충분한 전문성을 지닌 교직원, 훈련, 공간, 시간, 장비 및 기타 재정적 자원이 필요하다. 개입을 시행하는 사람(예: 교사, 전문가)은 프로그램의 이론적 기초를 이해해야 하며, 프로그램을 실행하기에 충분한 기술을 갖추어야 하며, 그 프로그램이 약물남용을 예방하는 효과적인 방법이라는 확신과 자신감을 가져야 하고, 프로그램을 효과적으로 시행할 수 있다는 신념을 가져야 한다.

약물남용 예방 연구자는 적절한 프로그램을 선정하고 프로그램의 성공을 평가하는 수단으로 학생변인과 지역사회 변인을 평가한다. 또한 예방 프로그램의 시행방식을 평가하고 프로그램의 질을 꾸준히 점검하는 것이 중요하다. 활동과 개입방법이 원래 계획된 프로그램과 일치하는 정도(치료이행, adherence), 프로그램 회기의 수와 지속기간 및 강도, 프로그램 대상자들이 제공받은 프로그램의 분량(복용량, dose), 프로그램 내용이 효과적으로 전달된 정도(질, quality), 대상자가 프로그램에 참여하는 정도(참여자 반응성, participant responsiveness)를 관찰과 질문지를 통해서 지속적으로 점검해야 한다(Dusenbury, Brannigan, Falco, & Hansen, 2003). 이런 점검자료들은 프로그램 시행이 적절한지, 프로그램 효과성을 높이려면 프로그램을 변경해서 실시할 필요가 있는지에 관한 정보를 제공한다.

약물남용 예방의 인지행동 개념화

아동 · 청소년의 약물남용 예방에 대한 인지행동 접근은 위험요인의 영향력을 줄일 수도 있고 약물남용의 보호요인으로 기여할 수도 있는 대처기술의 발달에 초점을 둔다. 여기에는 자기관리, 의사결정, 문제해결, 의사소통, 자기주장, 불안관리 등의 기술이 포함된다. 또한 인지왜곡과 인지결함도 약물남용의 시작과 발달에 중요한 변인이다(Kendall & MacDonald, 1993). 인지왜곡은 아동 · 청소년이 왜곡된 방식으로 정보를 처리하거나 현실을 부정확하게 해석할 때 발생한다. 예를 들면, 거의 모든 또래가 약물을 사용한다고 잘못 생각하는 것은 인지왜곡에 해당된다. 인지결핍은 인지처리 능력이 부족하며, 행동에 앞서 신중한 생각을 하지 못하는 경우다(예: 사회인지 결함 때문에 학교에서 또래와 싸움). 약물남용 예방을 위한 인지행동 접근의 목표는 학생으로 하여금 다양한 생활경험에 대해 새롭고 효과적인 방식으로 사고하고 행동하도록 돕는 데 있다. 그렇게 함으로써 긍정적인 결과를 가져오고, 나아가 약물사용을 예방할 수 있다.

약물남용 예방에 관한 최근 문헌에서는 증거기반 접근이나 연구를 통해 밝혀진 효과적인 접근을 채택하여 사용할 것을 강조한다. 약물남용 예방에 관한 문헌을 검토하면, 증거기반의 많은 약물남용 예방 프로그램들이 인지행동 접근을 채택한 것을 알 수 있다. 또한 행동을 변화시키기 위하여 사고나 사고과정의 변화를 표적으로 삼는 등 인지행동 요소를 포함하고 있음을 알 수 있다. 메타분석을 통해 연구문헌을 검토한 저자들, 국립약물남용연구소, 약물남용 및 정신건강 서비스 관리국 등 연방정부 부처가 증거기반의 인지행동 약물남용 예방 프로그램의 효과를 확인했다(Tobler & Stratton, 1997; National Institute on Drug Abuse, 2003; Substance Abuse and Mental Health Services Administration, 2004).

약물남용 예방을 위한 인지행동 전략

효과적인 약물남용 예방 프로그램은 교훈적인 강의중심의 방법(didactic lecture

methods) 대신 상호작용을 장려하고 기술을 훈련하는 방법(이는 인지행동 개입을 잘 나타내는 특징임)을 사용한다. 이러한 프로그램은 강의를 통해 지식과 태도를 변화시키기보다는 기술과 능력을 증진시켜서 행동을 변화시키려 한다(Tobler & Stratton, 1997). 수많은 증거기반의 약물남용 예방 프로그램은 이러한 인지행동 전략들을 사용하고 있다.

자기관리 훈련에서는 아동 · 청소년들이 목표를 달성하고 행동문제나 정서문제를 해결하기 위해 행동수정 기법을 활용하도록 가르친다. 즉, 아동 · 청소년에게 자기관찰, 자기평가, 자기강화의 기술을 가르친다. 자기관찰이나 자기모니터링을 통해서 학생은 자신의 특정 행동을 관찰하여 기록한다. 자기모니터링 이후에는 설정한 목표에 비추어 자신의 행동을 평가하는 자기평가를 실시한다. 자기강화는 특정 행동을 수행한 조건으로 자신에게 보상을 주는 것을 말한다.

의사결정 및 사회적 문제해결 훈련은 어떤 문제 상황이든지 아동 · 청소년으로 하여금 문제에 대해 될 수 있는 대로 많은 해결대안을 생성하고 평가하도록 격려한다. 일련의 구조화된 인지적 활동을 통해서 사회적 문제 상황을 다루는 체계적인 방법을 가르친다. 의사결정과 문제해결은 문제의 진술, 목표의 확인, 해결대안의 생성으로 진행되는 순서를 밟는다. 이러한 순서는 아동 · 청소년이 또래와 상호작용하는 사회적 문제 등 다양한 문제 상황을 다룰 수 있도록 돕는 데 사용된다.

학생의 사회적 유능성을 증진시키며, 타인과 긍정적이며 바람직한 관계를 형성할 수 있도록 다양한 형태의 사회기술을 훈련시키는 것도 약물남용 예방 프로그램에 포함된다. 사회기술 훈련은 보통 대인관계 기술의 결핍을 보충하고 또래관계 문제를 감소시키는 기술을 가르치는 데 중점을 둔다. 주로 모델링, 코칭, 적절한 행동에 수반되는 강화물의 사용이 포함된다. 모델링을 할 때는 적절한 행동을 소개하고 그 필요성을 설명하는 강의식 교수를 한 다음, 구체적인 행동시연을 하고, 이와 더불어 언어적 피드백을 제공하는 코칭을 한다. 강화물은 새로 배우는 사회적 행동의 성공적 수행을 강화하기 위해 사용된다. 수많은 사회기술 훈련 프로그램에서는 강의식 교수, 모델링, 행동시연, 수행 피드백, 실제 연습을 포함하는 일련의 훈련을 실시한다.

주장훈련은 과도한 불안 없이 자기의 관심과 이익에 맞게 행동하도록 가르치는 데 초점을 둔다. 주장행동은 수동적 행동에서부터 공격적 행동에 이르는 행동양식의 연속선상에서 중간 지점으로 간주된다. 주장적인 사람은 자신의 권리를 주장하며, 자신의 생각을 적절한 방식으로 직접 표현하면서도 타인의 권리를 침해하지 않는 사람이다. 훈련방법으로는 강의식 교수, 모델링, 조성(shaping), 행동시연 등이 있다.

약물남용 예방 프로그램에서 불안관리 훈련은 보통 이완훈련을 포함한다. 이완훈련은 스트레스를 받을 수도 있는 상황에서 생리적 반응을 통제하거나, 이미 스트레스가 유발된 상황에서 불안과 기타 생리적 각성을 감소시키기 위해 실시된다. 학교에서 가장 자주 사용하는 방법으로는 근육이완, 심상에 근거한 절차, 심호흡 등이 있다. 근육이완 훈련은 (1) 근육을 긴장시키고, (2) 긴장된 감정에 주목하면서 몇 초 동안 긴장을 유지하고, (3) 근육을 이완하고, (4) 긴장했을 때의 감정과 이완했을 때의 감정의 차이를 알아차리고 이완했을 때의 유쾌한 감정에 주목하는 과정을 거친다. 즉, 다양한 근육을 긴장시키고 이완시키기를 반복한다. 심상 절차는 아동이 이완을 하도록 다양한 이미지(예: 거북이가 되어 자신의 껍데기 안으로 들어가는 이미지, 해변에 누워 있는 이미지)를 상상하게 한다. 심호흡은 호흡을 들이마시고 참으며, 그런 후에 참았던 호흡을 천천히 내뱉는 과정을 거친다.

분노관리 훈련은 반사회적 행동을 예방하는 수단으로, 앞서 언급한 여러 절차를 통합한다. 분노관리 훈련에 참여하는 사람들은 분노와 관련된 생리적 과정에 관해 학습하고, 그런 생리적 과정이 자신이 화가 났다는 것을 어떻게 알려 주는지에 대해 배운다. 또한 그들에게는 이완과 사회적 문제해결의 방법으로 그리고 분노를 통제하는 수단으로 '자기말'의 개념이 소개된다.

학교장면에서의 적용

효과적인 학교기반의 약물남용 예방 프로그램은 아동·청소년의 또래관계, 자기통제, 대처기술, 사회적 행동, 약물거절 기술을 개선하는 데 중점을 둔다. 또한 약물사용의 유병률에 관한 교육도 포함한다. 약물남용 예방 프로그램은 공격적 행동, 낮은 사회기술, 학업적 어려움과 같은 위험요인을 다루기 위하여 아동 초기부터 시행될 수 있다(Webster-Stratton, Reid, & Hammond, 2001). 초등학생을 위한 예방 프로그램은 자기통제, 정서인식, 의사소통, 사회적 문제해결, 학업지원을 실시한다(Ialongo, Poduksksa, Werthamer, & Kellam, 2001). 중 · 고등학생을 위한 예방 프로그램은 공부 습관과 학업지원, 의사소통, 또래관계, 자기효능감과 주장기술, 약물저항 기술, 약물에 반대하는 태도의 강화 등을 포함한다(Botvin, Baker, Dusenbury, Botvin, & Diaz, 1995). 또한 프로그램 참여자의 연령, 성별, 민족성을 감안하여 해당 집단에 독특한 위험요인들을 다루어야 한다. 효과적인 프로그램은 추가 회기를 포함하여 장기간 실시된다. 그러므로 중학교에서 약물남용 예방 프로그램을 실시할 때 고등학교에서의 추수 프로그램을 계획하지 않는다면 중학교 프로그램의 효과는 감소한다(Scheier, Botvin, Diaz, & Griffin, 1999).

약물남용 예방 프로그램은 어떤 집단을 대상으로 설계되는지에 따라서 세 가지 수준으로 구분된다. 첫째, 보편적(universal) 프로그램은 일반 집단을 대상으로 한다. 이 프로그램은 학교 전체, 학년 전체, 학급 전체 등 일반 학생집단에 보편적으로 전달된다. 둘째, 선택적(selective) 프로그램은 약물남용의 위험에 놓인 아동 · 청소년을 대상으로 제공된다. 이 프로그램은 알코올중독 부모나 약물남용 부모의 자녀 또는 빈곤한 학생들에게 선택적으로 실시된다. 셋째, 지시적(indicated) 예방 프로그램은 약물을 실험적으로 사용하기 시작한 학생들, 그에 따라 공격적 행동이나 학업성취의 어려움을 겪고 있는 학생들을 대상으로 한다.

보편적 약물남용 예방 프로그램에 관한 문헌에서 사회적 영향 접근(social influences approach)과 생활기술 접근(life skills approach)을 사용한 프로그램의 긍정적 효과가 일관성 있게 증명되었다(Kumpfer, 1998). 사회적 영향 접근은 사회적 저항기술 훈련, 광고에 대한 심리적 면역, 규범에 대한 교육에 중점을 둔다. 개인적 · 사회적 기술훈련 접근은 개인적 자기관리 기술과 사회기술을 가르치는 데 초점을 둔다. 그러나 선택적 예방 프로그램과 지시적 예방 프로그램의 효과성에 대해서는 별로 알려진 것이 없다. 왜냐하면 학교기반의 보편적 약물남용 예방 프로그램이 널리 실시될 정도로 인기가 매우 좋기 때문이다.

프로그램 예시

생활기술 훈련(life skills training)은 Gilbert Botvin이 개발한 학교기반의 보편적

예방 프로그램이며, 여러 연구를 통해 긍정적인 효과가 있는 것으로 밝혀졌다. 약물사용은 불안이나 실패에 대처하려는 목적을 위해서 또는 또래의 호소에 반응하려는 목적을 위해서 사회적으로 학습된 행동이다. 약물사용과 관련된 기술이나 지식뿐만 아니라 일반적인 개인적 및 사회적 대처기술도 가르친다. 중학생을 대상으로 한 이 프로그램은 3년 동안 실시되며, 중학교 1학년에서는 회기당 45분씩 15회기를 실시한다. 2학년에서는 10회의 추가 회기가 실시되며, 3학년에서는 5회의 추가 회기가 실시된다. 프로그램 회기는 매일 연속으로 시행되거나, 매주 2~3회 또는 매주 1회씩 시행될 수 있다.

이 프로그램은 학급담임교사, 건강전문가, 정신건강 전문가 및 또래지도자가 시행할 수 있다. 프로그램의 시행을 위해서는 교사 매뉴얼, 학생 가이드, 이완연습을 위한 음향기기가 필요하다. 교사훈련은 필수적이지는 않지만 권장된다. 이 프로그램은 세 가지 주요 요소(약물저항 기술, 개인적 자기관리 기술, 사회기술)로 구성된다.

약물저항 기술의 요소는 담배, 알코올, 마리화나 사용의 유병률에 관한 정보를 제공하며, 약물사용을 권하는 또래와 대중매체에 저항하는 기술을 가르친다. 이는 흡연, 음주, 기타 약물사용에 관한 오해와 진실을 알려 주며, 광고와 대중매체가 약물사용을 조장하는 역할에 관해 알려 준다.

개인적 자기관리의 요소에는 자기 이미지를 향상시키는 활동이 포함된다. 학생들은 행동적 자기관리 프로젝트를 수행한다. 또한 의사결정 기술과 문제해결 기술도 다룬다. 효과적인 의사결정을 위한 단계와 원리를 학습하며, 역할연습을 통해서 의사결정 기술을 연습한다. 의사결정을 할 때 집단 압력이 어떤 역할을 하는지에 대해서도 토론한다. 또한 학생은 심상, 호흡, 근육이완을 사용해 불안에 대처하는 방법을 배운다. 분노대처 회기에서는 분노를 통제하는 인지기법뿐만 아니라 분노의 선행사건과 생리적 부수현상에 관해서도 배운다.

사회기술의 요소에서는 비언어적 · 언어적 의사소통 기술을 배운다. 구체적으로, 오해를 피하기 위한 지침, 대화를 시작하고 유지하며 종결하는 기술, 사회적 요구를 다루는 데 필요한 기술을 배운다. 학생은 수줍음을 극복하는 방법과 데이트를 시작하고 그 상황에서 반응하는 방법도 배운다. 또한 흡연, 음주, 약물사용을 강요하는 또래의 압력에 저항하기 위해 사용하는 언어적 · 비언어적 주장기술의 훈련도 받는다. 마지막으로, 학생은 분노를 통제하고 문제 상황에 대해 합의를 이룸으로써 갈등을 해소하는 방법에 대해서도 배운다.

생활기술 훈련의 평가는 수많은 연구에서 이루어졌다. 통제집단에 비해 프로그램에 참여한 집단의 담배, 알코올, 불법약물 사용의 유병률이 50~87%나 감소되었다(National Institute on Drug Abuse, 2003). 흡연예방에 초점을 두었던 초기의 평가연구(Botvin & Eng, 1982; Botvin, Eng, & Williams, 1980; Botvin, Poenick, & Baker, 1983)에 따르면, 무처치 통제집단에 비해 프로그램에 참여한 후에 중·고등학생들이 흡연을 시작하는 빈도가 낮아졌고, 인지, 태도, 정서, 사회성의 측면에서도 긍정적 변화가 나타났다. 1년 후에 추수조사가 실시되었을 때도 그 효과가 유지되었다. 알코올과 마리화나의 사용에 미친 효과는 뉴욕 시 근교의 중학교 1학년에 재학 중인 1,300명의 백인 중산층 학생을 대상으로 한 연구에서 밝혀졌다. 약물사용, 약물에 대한 지식과 태도, 통제소재에서 유의한 치료효과가 나타났다(Botvin, Baker, Renick, Filazzola, & Botvin, 1984). 뉴욕 주에 있는 56개 학교에 재학 중인 학생 4,400명 이상을 대상으로 한 후속연구(Botvin, Baker, Dusenbury, Tortu, & Botvin, 1990)에서는 흡연, 마리화나 사용, 무절제한 음주, 약물사용에 관한 규범적 기대와 지식, 대인관계 기술, 의사소통 기술에서 유의한 효과가 발견되었다. 이들 학교에 재학 중인 학생 3,600명을 대상으로 6년 후에 실시된 추수연구에서는 담배, 알코올, 불법약물 등 여러 약물의 복합사용(polydrug use)이 통제학교에 비해 66%나 낮았고, 흡연, 음주 또는 마리화나를 사용하는 학생의 수는 통제학교에 비해 44%나 낮았다(Botvin et al., 1995).

생활기술 훈련은 아프리카계 학생들과 스페인계 학생들에게도 효과적이었다(Botvin, Batson, Witts-Vitalle, Bess, Baker, & Dusenbury, 1989; Botvin, Dusenbury, Baker, James-Ortiz, Botvin, & Kerner, 1992; Botvin, Epstein, Baker, Diaz, & Williams, 1997). 뉴욕 시내 29개 학교에 재학하고 있으며, 사회경제적 지위가 낮은 소수인종 학생 3,600명을 대상으로 한 연구에서는 프로그램에 참여한 학생이 통제집단 학생에 비해 흡연, 음주, 만취, 흡입제 사용, 약물의 복합사용에서 감소를 보였다. 또한 소수인종, 도심지역 거주 학생, 중학생의 폭음도 감소하였다(Botvin, Griffin, Diaz, & Ifill-Williams, 2001).

한편, 선택적 예방 프로그램으로 실시한 생활기술 훈련의 효과성에 관한 증거도 발표되었다. 도심지역에 있는 29개 중학교에서 표집한 학생들을 대상으로 무선화 통제연구가 실시되었다. 이 연구에서는 약물을 사용하는 또래에 노출되었거나 학교에서 저조한 학업 수행을 보인 적이 있는 학생들을 약물사용 시작의 고위험군으로 선발했다. 프로그램 종료 1년 후 추수조사에서 생활기술 훈련에 참여한 집단의 흡연, 음주, 흡입제, 약물의 복합사용 빈도가 통제집단에 비해 낮게 나타났다(Griffin, Botvin, Nichols, & Doyle, 2003).

대안적 사고 증진전략(Promoting Alternative Thinking Strategies: PATHS)은 Mark Greenberg와 Carol Kusche가 초등학생을 대상으로 개발한 학교기반의 보편적 예방 프로그램이다. 이 프로그램의 긍정적인 효과는 반복적으로 검증되었다. PATHS는 일상의 어려움에 대처하기 위해 약물사용과 공격적 행동을 하지 않도록 선택하는 기술을 가르친다. 이 프로그램의 목표는 자기통제의 향상, 효과적인 갈등해소 전략의 선택, 좌절 상황에 대한 공격반응의 거부, 문제해결 기술의 개선에 있다.

프로그램 자료는 유치원부터 6학년까지 이미 학급에서 시행 중인 수업활동에 통합하여 사용할 수 있도록 설계된 100개 이상의 상호작용 수업지도안을 갖추고 있다. 따라서 학생이 초등학교에 재학하는 내내 정서적 유능성을 증진시키는 데 목표를 둔다(Greenberg & Kusche, 1998b). 학년별로 서로 다른 교육과정 자료를 갖추고 있으며, 학급담임교사, 기타 교사, 아동 · 청소년 지도자가 실시할 수 있도록 설계되었다.

PATHS 교육과정은 다섯 가지 영역의 사회 · 정서적 발달을 포괄하는데, 자기통제, 정서이해, 자기존중감, 또래관계, 대인관계 문제해결 기술이 그것이다. PATHS 교육과정을 통해 아동은 정서적 단서에 주의를 기울이는 방법, 자신의 감정에 대해 생각하고 토론하는 방법, 문제 상황을 확인하는 방법에 관한 교육을 받는다. 또한 아동은 자기통제를 증가시키고 충동적 행동을 감소시키는 '거북이 기법(turtle technique)'에 관한 지도를 받는다. 그리고 반성적 사고, 감정과 행동의 차이를 이해하는 방법, 자신의 입장과 타인의 입장 간 차이를 이해하는 방법, 자신의 감정과 행동이 어떻게 서로 영향을 주고받는지를 이해하는 방법 등에 관해 배운다. 또한 사회적 문제해결의 각 단계에 대한 수업을 받고, 사회적 문제해결의 기술을 연습한다.

1년 또는 2년 후 추수조사를 통해 PATHS의 효과를 평가한 네 개의 연구가 시행되었다. PATHS 실시 후, 학생들의 품행문제가 개선되었고 학업성취가 향상되었다. 구체적으로, 학생들의 공격적 행동에 대한 교사의 보고가 32%까지 감소하였으며, 품행문제의 빈도도 유의하게 감소했다. PATHS에 참여하지 않은 학생에 비해서 PATHS에 참여한 학생의 인지기술 검사점수가 20% 증가했고, 자기통제, 좌절인내 능력, 효과적인 갈등해소 전략의 사용도 증가했다(Greenberg & Kusche, 1998a; Greenberg, Kusche, Cook, & Quamma, 1995).

약물남용 반대 프로젝트(Project Towards No Drug Abuse)는 고등학생을 위한 지시적 프로그램이다. 이 프로그램은 약물사용에 대한 태도, 신념, 욕구를 포함한 동기변인, 일반적인 사회기술과 자기통제 기술, 합리적 의사결정을 위한 인지적 기술을 다루는 '동기-기술-의사결정 모형'에 근거하여 제작되었다. 즉, 이 프로그램은 이러한 세 영역에서의 결함을 교정하는 데 목적을 둔다.

이 프로그램은 담배, 알코올, 마리화나, 중독성과 습관성이 강한 환각제의 사용, 폭력행동에 관련된 동기, 사회기술, 의사결정을 다루는 40분짜리 상호작용 회기 12개로 구성되었다. 또한 적극적 경청, 고정관념, 약물사용에 관한 오해, 약물사용의 거부, 약물남용의 부정적 결과, 스트레스 대처방법, 건강의 가치, 자기통제 방법, 주장기술, 긍정적 및 부정적 사고와 행동의 관련성, 약물사용에 대한 태도, 의사결정 기술 등이 주제로 포함되어 있다.

세 개의 현장연구에서 캘리포니아 남부의 42개 학교로부터 표집된 고등학생 2,400여 명이 이 프로그램에 참여했다. 이 중 두 개의 현장연구에는 대안고등학교(출석, 학업성취, 약물사용 등 문제를 겪는 청소년들을 위한 대안학교)에 재학 중인 학생들이 포함되었다. 1년 후 추수조사에서 담배, 알코올, 마리화나, 강력한 환각제의 사용, 무기소지, 괴롭힘 행동이 감소한 것으로 나타났다. 보건교사가 이 프로그램을 실시했는데, 정규 고등학교와 대안 고등학교 모두에서 효과적이었다(Sussman, Dent, & Stacy, 2002).

요약 및 결론

수십 년 동안 시행되어 온 여러 연구에서 학교기반의 인지행동 예방 프로그램들이 아동 · 청소년의 약물남용 유병률을 낮추는 데 효과적임이 밝혀졌다. 이러한 프로그램들은 기술훈련 접근을 통해 개인내적 대처기술과 대인관계 대처기술을 개발하여 보호요인을 증진시키고 위험요인을 감소시키는 데 중점을 둔다.

초등학교 입학시기처럼 되도록 조기에 이들 프로그램을 실시할 수 있다. 이 프로그램들은 고도로 구조화되어 있으며, 피드백, 코칭, 인지적 · 행동적 기술의 직접연습을 실시한다. 프로그램 시행자를 위해 구조화된 훈련이 제공되며, 쉽게 사용할 수 있는 자료가 갖추어져 있다. 프로그램에는 정보 제공과 기술개발의 두 가지 내용이 모두 포함되어 있다. 약물에 관한 정보를 제공하는 것만으로는 약물남용 예방에 효과가 없기 때문이다. 프로그램은 학생과 프로그램 시행자 간의 쌍방향 상호작용 방법으로 진행되며 추가 회기도 제공된다. 이러한 특징들이 프로그램 효과성에 중요하게 관여한다.

불행하게도, 학교에서 가장 널리 사용하는 약물남용 예방 프로그램들 중 일부는 증거에 기반을 둔 개입이 아니다. 이러한 프로그램들은 다음과 같은 부정적인 결과를 초래했다.

첫째, 가장 중요한 부정적 결과는 학생이 지속적인 어려움을 당한다는 데 있다. 증거기반의 프로그램을 실시하면 약물사용이 예방될 수 있음에도 불구하고 그렇지 않은 프로그램의 실시로 말미암아 매년 많은 수의 아동 · 청소년들이 약물사용을 시작하고 있다. 또한 건강, 정서, 사회성, 학업 발달의 측면에서도 부정적 결과를 겪으면서 약물사용이 점점 더 확대되고 있다.

둘째, 학교에서 보내는 귀중한 시간을 낭비한다는 데 있다. 건강하고 생산적인 사람으로 성장하려면 학교교육을 통해 다양한 학업 영역과 학업 관련 영역에서 많은 개념, 방법, 사실을 배워야 한다. 또한 학교교육에 할당된 시간 안에 포함될 수 있는 것보다 더 많은 개념, 방법 그리고 사실을 배워야 한다. 따라서 비효과적인 프로그램을 실시하기 위해 학교시간을 사용하는 것은 가장 중요한 교육적 자원을 낭비하고 있는 셈이다. 또한 어떤 프로그램이든지 실시하려면 자료, 재정, 교직원의 시간을 필요로 하기 때문에 증거에 기반하지 않은 프로그램의 실시는 공공자금의 낭비를 초래한다.

마지막으로, 증거에 기반을 두지 않은 프로그램의 시행은 약물남용 예방을 위한 모든 노력의 미래를 어둡게 한다. 여러 정부기관이 모든 유형의 학교기반 프로그램의 효과성을 평가하고 있으며, 학교기반의 프로그램은 긍정적 결과를 증명해 보여야 한다. 그렇기 때문에 증거에 기반을 두지 않은 프로그램을 실시하여 효과를 얻지 못함으로써 예방에 기울이려는 모든 노력과 열정이 무너져 버릴 수도 있다. 학교의 입장에서 보면 시간과 재정적 자원이 부족하기 때문에 그리고 학생의 입장에서 보면 실패한 예방 노력은 잠재적으로 부정적인 결과를 초래하기 때문에 반드시 증거기반의 프로그램을 실시해야 한다. 이런 맥락에서 인지행동 전략을 활용하는 프로그램은 약물남용을 예방하는 효과적인 증거기반의 대안이 될 수 있다.

참고문헌

Botvin, G. J., Baker, E., Dusenbury, L., Tortu, S., & Botvin, E. M. (1990). Preventing adolescent drug abuse through a multimodal cognitive-behavioral approach: Results of a three-year study. *Journal of Consulting and Clinical Psychology, 58,* 437-446.

Botvin, G. J., Baker, E., Dusenbury, L., Botvin, E. M., & Diaz, T. (1995). Long-term follow-up results of a randomized drug abuse prevention trial in a white middle-class population. *Journal of the American Medical Association, 273*(14), 1106-1112.

Botvin, G. J., Baker, E., Renick, N., Filazzola, A. D., & Botvin, E. M. (1984). A cognitive-behavioral approach to substance abuse prevention. *Addictive Behavior, 9,* 137-147.

Botvin, G. J., Batson, H., Witts-Vitale, S., Bess, V., Baker, E., & Dusenbury, L. (1989). A psychosocial approach to smoking prevention for urban black youth. *Public Health Reports, 104,* 573-582.

Botvin, G. J., Dusenbury, L., Baker, E., James-Ortiz, S., Botvin, E. M., & Kerner, J. (1992). Smoking prevention among urban minority youth. Assessing Effects on Outcome and Mediating Variables. *Health Psychology, 11*(5), 290-299.

Botvin, G. J., & Eng, A. (1982). The efficacy of a multicomponent approach to the prevention of cigarette smoking. *Preventive Medicine, 11,* 199-211.

Botvin, G. J., Eng, A., & Williams, C. L. (1980). Preventing the onset of cigarette smoking through life skills training. *Preventive Medicine, 9,* 135-143.

Botvin, G. J., Epstein, J. A., Baker, E., Diaz, T., & Williams, M. I. (1997). School-based drug abuse prevention with inner city minority youth. The etiology and prevention of drug abuse among minority youth. *Journal of Child and Adolescent Substance Abuse, 6,* 5-20.

Botvin, G. J., Griffin, K. W., Diaz, T., & Ifill-Williams, M. (2001). Drug abuse prevention among minority adolescents: Posttest and one-year follow-up a school-based preventive intervention. *Prevention Science, 2*(1), 1-13.

Botvin, G. J., Renick, N. L., & Baker, E. (1983). The effects of scheduling format and booster sessions on a broad-spectrum psychosocial smoking prevention program. *Journal of Behavioral Medicine, 6,* 359-379.

Brook, J., Whiteman, M., & Gordon, A. (1982). Qualitative and quantitative aspects of adolescent drug use: Interplay of personality, family, and peer correlates. *Psychological Reports, 51,* 1151-1163.

Brook, J., Whiteman, M., & Gordon, A. (1983). Stages of drug use in adolescence: Personality, peer, and family correlates. *Developmental Psychology, 19,* 269-277.

Bry, B. H. (1983). Empirical foundations of family-based approaches to adolescent substance abuse. In T. J. Glynn, C. G. Leukefeld, & J. Ludford (Eds.), *Preventing adolescent drug abuse: Intervention strategies* (Research Monograph No. 47, pp. 154-171). Rockville, MD: National Institute on Drug Abuse.

Bry, B. H. (1996). Psychological approaches to prevention. In W. K. Bickel & R. J. DeGrandpre (Eds.), *Drug policy and human nature: Psychological perspective on the prevention, management, and treatment of illicit drug use* (pp. 55-76). New York: Plenum Publishing.

Cloniger, C., Sigvardsson, S., & Bohman, M. (1988). Childhood personality predicts alcohol use in young adults. *Alcoholism, 12,* 494-505.

DeWit, D. J., Silverman, G., Goodstadt, M., & Stoduto, G. (1995). The construction of risk and protective factor indices for adolescent alcohol and other drug use. *The Journal of Drug Issues, 2,* 837-863.

Dusenbery, L., Brannigan, R., Falco, M., & Hansen, W. B. (2003). A review of research on fidelity of implementation: Implications for drug abuse prevention in school settings. *Health Education Research, 18,* 237-256.

Greenberg, M. T., & Kusche, C. A. (1998a). Preventive interventions for school-aged deaf children: The PATHS curriculum. *Journal of Deaf Studies & Deaf Education,*

3(1), 49-63.

Greenberg, M. T., & Kusche, C. A. (1998b). Promoting Alternative Thinking Strategies. In *Blueprint for violence prevention* (Book 10). Institute of Behavioral Sciences, University of Colorado, Boulder, CO.

Greenberg, M. T., Kusche, C. A., Cook, E. T., & Quamma, J. P. (1995). Promoting emotional competence in school-aged children: The effects of the PATHS curriculum. *Developmental Research and Psychopathology, 7,* 117-136.

Griffin, K. W., Botvin, G. J., Nichols, T. R., & Coyle, M. M. (2003). Effectiveness of a universal drug abuse prevention approach for youth at high risk for substance use initiation. *Preventive Medicine, 36*(1), 1-7.

Hawkins, J. D., Catalano, R. F., & Miller, J. Y. (1992). Risk and protective factors for alcohol and other drug problems in adolescence and early adulthood: Implications for substance abuse prevention. *Psychological Bulletin, 112,* 64-105.

Ialongo, N., Poduska, J., Werthamer, L., & Kellam, S. (2001). The distal impact of two first-grade preventive interventions on conduct problems and disorder in early adolescence. *Journal of Emotional and Behavioral Disorders, 9,* 146-160.

Johnston, L. D., O'Malley, P. M , & Bachman, J. G. (2003). *Monitoring the Future national survey results on drug use, 1975-2002. Volume 1: Secondary school students* (No. NIH Publication No. 03-5375). Bethesda, MD: National Institute on Drug Abuse.

Kendall, P. C., & MacDonald, J. P. (1993). Cognition in the psychopathology of youth and implications for treatment. In K. S. Dobson & P. C. Kendall (Eds.), *Psychopathology and Cognition.* New York: Academic Press.

Kumpfer, K. L. (1998). Identification of drug abuse prevention programs: Literature Review. Retrieved May 14, 2004, from http://www.NIDA.gov

Lerner, J., & Vicary, J. (1984). Difficult temperament and drug use: Analysis from the New York Longitudinal study. *Journal of Drug Education, 14,* 1-7.

National Institute on Drug Abuse. (2003). *Preventing drug abuse among children and adolescents: A research-based guide.* Bethesda, MD: National Institute of Health Publication No. 04-4212(A).

Newcomb, M. D., & Felix-Ortiz, M. (1992). Multiple protective and risk factors for drug use and abuse: Cross-sectional and prospective findings. *Journal of Personality and Social Psychology, 63,* 280-296.

Scheier, L., Botvin, G., Diaz, T., & Griffin, K. (1999). Social skills, competence, and drug refusal efficacy as predictors of adolescent alcohol use. *Journal of Drug Education, 29*(3), 251-278.

Scheier, L., Newcomb, M. D., & Skager, R. (1994). Risk, protection, and vulnerability to adolescent drug use: Latent-variable models of three age groups. *Journal of Drug Education, 24,* 49-82.

Schuckit, M. (1984). Subjective responses to alcohol in sons of alcoholics and control subjects. *Archives of General Psychiatry, 41,* 879-884.

Substance Abuse and Mental Health Services Administration. (2002). SAMHSA Model Programs. Retrieved May 6, 2004, from http://modelprograms.samhsa.gov

Sussman, S., Dent, C. W., & Stacy, A. W. (2002). Project Toward No Drug Abuse: A review of the findings and future directions. *American Journal of Health Behavior, 26*(5), 354-365.

Swadi, H. (1999). Individual risk factors for adolescent substance use. *Drug and Alcohol Dependence, 55,* 209-224.

Tobler, N. S., & Stratton, H. (1997). Effectiveness of school-based prevention programs: A meta-analysis of the research. *Journal of Primary Prevention, 18*(1), 71-128.

Weaver, S., Cheong, J., MacKinnon, D., & Pentz, M. A. (2004, May). *Ethnic differences in alcohol use and peer norms: Investigation of latent growth models.* Paper presented at the annual meeting of the Society for Prevention Research, Quebec City.

Webster-Stratton, C., Reid, J., & Hammond, M. (2001). Preventing conduct problems, promoting social competence. A parent and teacher training partnership in Head Start. *Journal of Clinical Child Psychology, 30,* 282-302.

White, H. R., Metzger, L., Nagin, D., & Stouthamer-Loeber, M. (2004, May). *Racial differences in the developmental predictors of cigarette smoking: Implications for prevention.* Paper presented at the annual meeting of the Society for Prevention Research, Quebec City.

Chapter 17

성적 소수자 청소년을 위한 인지행동 개입

11학년이 시작되사마자 2교시 수업 교실은 그에게 견디기 힘든 장소가 되어 버린다. 학생들은 매일 그의 외모에 대해 모욕적인 행동을 한다. 그들은 소리 내지 않고 입술로 말하고 그의 목소리를 흉내 낸다. 그의 다이어리를 빼앗는다. 누군가가 그의 노트에 '동성애자' 라고 적어 놓는다. '동성애자' '계집애 같은 남자' '호모' '살정제' '남성 동성애자' 등의 욕을 하며 놀린다. 2교시 담당교사는 이런 희롱장면을 목격하지만 침묵한다. 학생 중 누군가는 "널 죽일 거야. 죽어 버려."라고 말하며 위협한다. 9월 중순의 어느 날 학생들이 탄 자동차 3대가 그의 집 앞에 나타난다. 그들은 차 속에서 외친다. "밖으로 나와 봐. 네가 안에 있다는 걸 알아." 학생은 교장에게 무슨 일이 일어났는지 이야기한다. 그러나 희롱은 계속된다. 이제는 신체적인 희롱까지 한다. 학생들이 그를 따라다니고 그를 쫓아가 건드린다. 그에게 침을 뱉기도 한다.

그는 그 수업에 가지 않는다. 그러고 나서 수업에 빠졌다며 벌을 받는다.

Erica M. Weiler

그는 상담교사와 교장에게 그 수업에서는 집중을 할 수 없으니 수업 취소를 허락해 달라고 부탁한다. 그러나 수업 취소는 학교 규칙에 위배되므로 그렇게 할 수 없다는 말을 듣는다. 때로는 2교시 수업을 피하기 위해 하루 종일 학교에 가지 않기도 한다. 새 학년이 시작된 지 3주도 되지 않아 그는 자퇴한다(정확히 표현하면 그는 쫓겨난 것이다.).

그가 '안전한 학교사업(Safe Schools Project)'에 전화를 걸어 그동안 일어났던 일을 알린 것은 그로부터 1년이 지난 후였다. 1년 동안 그는 너무도 혼란스럽고, 외롭고 우울했으며(매일 11시간씩 TV를 보고 나머지 시간은 잠을 잤다), 자살까지 기도했다. 두려움 때문에 집 밖으로 나가 일자리를 찾을 수도 없었다. 하지만 그는 자신이 당한 희롱에 대해 부모에게 이야기할 수 없었다. 그는 현재 노숙자로 살고 있다. 그는 이렇게 말한다. "그때의 3주간이 내 인생을 망쳤어요. 학교에서 가장 우수한 학생이었는데 결국 학교를 떠날 수밖에 없었어요"(Safe Schools Coalition of Washington State, 1999, p. 51).

이 이야기는 미국 워싱턴 주의 '안전한 학교사업'에 보고되었다. 이 사업에서는 유치원~고등학교 3학년 학생을 대상으로 학교에서 일어나는 동성애 반대 희롱과 폭력 현상을 5년 동안 조사했다. 학교풍토(school climate) 연구는 학교기반 개입의 필요성을 강조하며 성적 소수자 청소년들의 당면 문제를 연구하는 데 도움을 주었다. 학교는 학생들에게 민주사회에서 살아가는 법과 다양성을 인정하는 법을 가르쳐야 한다. 이 장에서는 성적 소수자 청소년이 당면하는 스트레스 요인들을 살펴보고, 학교풍토와 학생 개인의 기능을 향상시키는 데 효과적인 인지행동 개입에 대해 살펴보고자 한다.

이 장에서 사용되는 성적 소수자 청소년(sexual minority youth)이라는 용어는 이성애적 다수(heterosexual majority)에 속하지 않는 청소년을 의미한다. 이 용어에는 남성 동성애자와 여성 동성애자 그리고 양성애자 청소년 모두가 포함된다. 트랜스젠더 청소년이나 성적 지향이 아직 확립되지 않은 청소년, 성별 비전형 청소년의 경우에는 경험적 연구가 부족하므로 이 장에서 논의하지 않을 것이다.

교육과 보호에 대한 평등한 접근권

많은 성적 소수자 청소년들에게 학교는 안전하지 않은 곳이다. 그들에게는 교육보다 살아남는 일이 우선이다. 학교는 모든 학생에게 교육 및 보호에 대한 평등한 접근을 제공할 법적, 윤리적, 도덕적 의무가 있다. 그러나 많은 학교들이 적절한 보호책을 제공하지 못하고 있으며, 성적 지향(sexual orientation)의 본질에 대해서도 사실에 근거한 인식을 도모하지 못하고 있다. 이러한 방치는 편견과 희롱, 차별의 수준을 높이고 있다. 이는 성적 소수자나 자신의 성별을 따르지 않는 청소년의 기본권(무상의 적절한 공교육을 받을 권리)을 무시할 뿐만 아니라 일생의 해를 끼칠 수도 있다. 현재 4.5~9%로 추산되는 학생들이 자신을 성적 소수자로 생각하고 있으며, 혹은 앞으로의 발달 시점에서 그렇게 될 것이라고 보고하고 있다(Seattle Public Schools, 1996). 그러나 전문가 중에도 성적 소수자 청소년에 관한 훈련을 받지 못해 이런 학생들을 도와주는 능력이 부족하다고 느끼는 사람들이 많다. 고등학교에 근무하는 1,000명의 전문가를 대상으로 실시한 설문조사에서는 성적 소수자 청소년에게 서비스를 제공할 수 있도록 훈련받은 전문가가 거의 없는 것으로 나타났다. 그리고 훈련을 받은 전문가들 중에서 훈련이 충분하다고 생각하는 사람은 거의 없었다(Porter, 2001). 5명 중 4명 이상은 학교에서 성적 소수자 청소년에게 서비스를 제공하는 데 장애가 되는 요인으로 교직원의 부정적인 태도, 커밍아웃에 대한 학생의 두려움, 그리고 훈련 · 지식 · 기술 · 자료의 부족을 꼽았다. 어떤 전문가는 학교에서 성에 관한 문제를 다루는 것을 불편해한다. 또는 성에 관한 문제를 다룸으로써 야기되는 잠재적 논란을 두려워한다. 성적 소수자 청소년을 인정하지 않는 학교들도 많으며, 대부분의 학교에서는 이성애(heterosexuality)만을 정상이라고 본다. 그리고 성적 소수자 청소년의 안전과 교육에 영향을 미치는 스트레스 요인을 다루지 못하고 있다. 이러한 상황은 학생들에게 부정적인 영향을 미치며 교육기관들에게 유의한 법적 및 재정적 함의를 제공해 준다.

심리학자를 위한 윤리강령

미국심리학회(American Psychological Association: APA)는 1975년에 동성애를 정신장애의 공식 목록에서 삭제한다는 결의안을 통과시켰다. 그리고 정신건강 전문가들은 이구동성으로 동성애를 정신질환으로 낙인찍지 말라고 촉구했다. 그러나 APA 남녀 동성애 관심사위원회가 실시한 설문조사에서는 심리학자들의 편견수준이 여전히 높은 것으로 나타났다(Garnets, Hancock, Cochran, Goodchilds, & Peplau, 1991). 설문에 참여한 2,544명의 심리학자 가운데 58%가 부정적인 관행이 일어나고 있음을 알고 있다고 보고하였으며, 내담자를 편견 없이 대하고 있는지에 대해서도 매우 다양한 반응을 보였다. 편견에는 내담자를 이성애자로 간주하는 것, 문제를 성적 지향의 결과로 보는 것, 성적 지향에 대해 오류를 범하는 것(성적 지향이 문제가 아닌데 문제라고 보거나 무시하는 것 등), 동성애를 얕보는 것, 동성관계의 중요성을 존중하지 않는 것 등이 포함되었다.

미국심리학회(APA, 2002, p. 1063)와 미국학교심리학자협회(NASP, 2000, p. 17)의 윤리강령은 심리학자들이 모든 사람을 존중하고 차이점에 민감하며, 성적 소수자 청소년에 대한 차별을 묵과하는 관행을 범하지 않도록 요구하고 있다. 심리학자는 성적 소수자 청소년을 포함해 모든 청소년에게 안전한 교육환경을 보장하기 위해 리더십을 보여야 하는 중요한 역할을 담당하고 있다. 교육에 대한 평등한 접근권을 보장하기 위해서는 학교와 개인 차원에서 모두 개입하는 것이 중요하다.

정체성 발달

청소년기는 급격한 신체적 · 심리적 · 인지적 발달로 인해 모든 청소년에게 스트레스가 많은 시기다. 자신의 성적 정체성을 발견하는 것은 발달에서 중요하지만 때로는 혼란스럽다. 성적 소수자 청소년은 빠르면 유치원 때부터 자신이 또래들과 다르다는 것을 느끼기 시작한다. 그러나 이때 느끼는 감정에는 성적인 의미가 내포되어 있지 않다. 중학생 시기가 될 무렵, 대부분의 청소년은 신체적으로나 정서적으로 동성에게 끌린다는 것을 인식한다. 그러나 이러한 인식은 아직 완전히 형성된 성적 정체성이라기보다는 불확실한 자기개념에 수반되는 일련의 감정이다. 자신의 성적 정체성에 대한 완전한 생각은 15~16세 정도에 생긴다. 그러나 여기에는 개인차가 있다(Lasser & Tharinger, 1997). 성적 지향은 성적 행위에 의해 자동적으로 결정되는 것이 아니다. 예를 들어, 자신이 동성애자라고 생각하는 청소년 중 다수는 성적 행위를 하지 않는다. 마찬가지로 이성애 청소년 혹은 확실하지 않은 청소년 중에도 동성과 성적 행위를 하긴 하지만 성적 소수자로 성장하지 않을 수도 있다. 자신의 정체성을 성적 소수자로 확립한 청소년은 곧 자신의 성적 지향을 다른 사람들에게 공개 혹은 '커밍아웃'해야 하는 결정에 직면하게 된다. 이것은 어떤 청소년에게는 매우 외롭고 힘든 과정이다.

성적 소수자 청소년도 이성애 또래들과 똑같은 사회적 · 발달적 도전에 직면하게 된다. 성적 소수자 청소년은 이러한 도전뿐만 아니라 성적 소수자라는 낙인과 사회적 고립, 자신감 상실, 불안 등의 부담에 대처해야 한다(D'Augelli & Patterson, 1995; Savin-Williams & Cohen, 1996). 청소년기에는 또래관계와 역할모델, 사회적 지지가 중요하다. 그런데 이것은 성적 소수자 청소년의 성문제를 더욱 힘들게 만든다(Safren, Hollander, Hart, & Heimberg, 2001). 유색인이면서 성적 소수자인 청소년은 자신의 성적 · 인종적 · 민족적 정체성을 확립할 때 복합적인 스트레스 요인과 심한 차별, 지원 시스템의 부족, 눈에 잘 띄지 않는 경향 등으로 더 많은 어려움에 직면하게 된다. 그들은 민족적 · 인종적 정체성과 성적 정체성 모두 평가절하되고 차별을 당하기 때문에 소수 중의 소수다. 유색인 성적 소수자 청소년은 자신을 성적 소수자로 밝히지 않는 경향이 있지만, 그렇다고 해서 그들이 성적 지향에 관해 혼란스러워하고 있다는 것을 의미하지는 않는다.

청소년은 또래와 중요한 어른들로부터의 수용과 지지를 필요로 한다. 그러나 성적 소수자 청소년은 그러한 지지를 받지 못하는 경우가 많다. 그들은 자신의 정체성을 폭로하는 것이 두렵고, 가족이나 친구, 교사들로부터 오해를 받거나 거부당할까 봐 두려워한다. 그들은 본능적으로 자신의 정체성을 감추는 경향이 있는데, 이것은 혼란과 고립, 자신감 상실을 심화시킨다. 커밍아웃한 청소년은 폭력과 희롱, 편견, 차별, 낙인이라는 실제 위험에 직면한다. 성적 지향을 감추든지 혹은 개방하든지에 관계없이, 이와 관련된 스트레스 요인들은 성적 소수자 청소년을 정신건강과 신체적 · 학업적 문제의 위험에 놓이게 만든다.

심리사회적 스트레스 요인

Safren 등(2001)에 따르면, 성적 소수자 청소년에게 유의한 스트레스 요인은 네 가지가 있다. 즉, (1) 학대, 희롱, 폭력 등의 공공연한 행동, (2) 성적 소수자라는 정체성의 발달, 이와 관련된 내면화된 동성애 공포(homophobia), (3) 성적 지향을 다른 사람에게 개방하는 것, 어른의 사회적 지지 철회, (4) 다른 동성애 및 이성애 또래들과 플라토닉하거나 로맨틱한 연인관계를 맺는 것이다. 성적 소수자 청소년은 또래나 어른의 언어적 · 신체적 학대로 인해 만성적 스트레스를 경험한다(Savin-Williams, 1994). 이러한 만성적 스트레스에 잘 대처하는 청소년도 있다. 그러나 Savin-Williams에 따르면, 많은 성적 소수자 청소년들이 언어적 · 신체적 모욕을 당하며 학대와 강도 및 강간을 당하는 것으로 나타났다. 이러한 사건들은 성적 소수자 청소년을 적응문제와 자기파괴적 행동의 위험에 놓이게 만든다. 예를 들어, 23~42%의 성적 소수자 청소년들이 평생 동안 적어도 한 번 이상 자살을 시도한다고 보고한 연구가 있다(D'Augelli & Hershberger, 1993; Rotheram-Borus, Hunter, & Rosario, 1994; Safren & Heimberger, 1999). 이는 청소년 자살에 관한 미국의 연구에서 보고한 7~8%보다 유의하게 높은 비율이다(Centers for Disease Control, 1992; Kann et al., 1998). 성적 소수자 성인에 관한 연구에 따르면, 동성애자는 이성애자에 비해 정신건강 장애를 경험할 위험이 더 크다(Cochran, Sullivan, & Mays, 2003). 동성애 혹은 양성애 남성은 이성애 남성에 비해 우울과 공황발작, 심리적 문제의 유병률이 더 높은 것으로 나타났다. 동성애 혹은 양성애 여성도 이성애 여성보다 전반적으로 불안장애 유병률이 더 높았다.

앞서 언급했듯이, 정체성 발달은 성적 소수자 청소년에게 도전적인 일이다. 대처기술이 부족한 경우에는 이러한 스트레스 요인에 의해 부적응 및 자기파괴적 행동이라는 심각한 위험에 놓일 수 있다(Safren et al., 2001). 그들의 어려움이 정체성 발달과 관련된 내적 스트레스 요인에 의한 것인지, 내면화된 동성애 공포에 의한 것인지, 혹은 외부의 스트레스 요인에 의한 것인지를 평가하는 것이 중요하다. 내면화된 동성애 공포는 현재의 호소문제에 유의한 영향을 미칠 수 있다. 언론에서 성적 소수자를 긍정적으로 묘사하는 경향이 증가하고 있긴 하지만, 성적 소수자에 대한 낙인은 여전히 높다. 이것은 청소년의 자기개념에 심각한 영향을 미칠 수 있다. Safren 등(2001)에 따르면, "인지적 관점에서 볼 때 동성 간의 성적 매력에 대한 부정적인 태도에 노출되면 자신에 관해 부정적인 핵심 신념이 생길 수 있다. 이론적으로 볼 때 이런 신념은 심리적 역기능과 연결되며, 궁극적으로 인지적 접근의 사례개념화와 치료 대상이 되곤 한다(Beck, Freeman, & Associates, 1990; Persons, 1989)" (p. 18).

성적 소수자 청소년은 다른 사람의 지원이나 도움 없이 커밍아웃 여부를 결정해야 한다(D'Augelli & Hershberger, 1993). 청소년을 돕는 성적 소수자 성인은 커밍아웃 후의 차별을 두려워한다. 따라서 성적 소수자 청소년은 역할모델과 지원에 대한 접근성에서 제약을 받는다. 민족적으로나 인종적으로 소수집단에 속한 청소년은 가족으로부터 지원과 역할모델을 구한다. 그러나 성적 소수자 청소년은 대개 이성애자 가정에서 자라는데, 이는 지지적인 조건이 될 수 없다. 연구에 따르면, 만성적 스트레스에 직면한 청소년에게 유의한 보호요인 중 하나는 적절한 사회적 지지를 받을 수 있는가의 여부다(Licitra-Klecker & Waas, 1993). 성적 소수자 청소년은 가족으로부터 거부당할 뿐만 아니라 성적 지향에 관한 갈등 때문에 노숙자가 되는 경우도 빈번하다(Savin-Williams, 1994). 노숙하는 성적 소수자 청소년은 직업으로 연결될 수 있는 기술을 갖고 있지 않기 때문에 생계를 위해 매춘에 의존하는 경우도 있다. 이것은 HIV 감염과 약물남용의 위험을 크게 증가시킨다.

Safren 등(2001)은 또래관계와 관련된 성적 소수자 청소년의 스트레스 요인을 살펴보았다. 다른 성적 소수자 청소년들과 관계를 맺기 위해서는 자신을 개방해야 하며 활용할 수 있는 지역사회 자원들을 찾아야 한다. 그러나 다른 사람에게 자기를 개방하는 것, 그리고 다른 성적 소수자 청소년을 찾는 위험을 감수하는 것은 용기를 필요로 하는 과제다. 편협한 환경 때문에 성적 소수자 청소년은 데이트를 하는 것도 쉬운 일이 아니다. 그리고 이것은 더 많은 희롱과 학대를 초래할 수 있다.

학교풍토

학교풍토는 학교환경이 얼마나 건강하며 학습에 도움이 되는지를 나타내 주는 결정요인이다. 남녀 동성애자 및 이성애자 교육자 네트워크(Gay, Lesbian, and Straight Educators Network: GLSEN)는 성적 소수자 청소년의 학교경험에 관해 매우 유용한 자료를 제공했다. GLSEN은 1999년 미국에서 가장 큰 규모의 42개 교육구를 대상으로 연구를 수행했다. 그 결과, 거의 절반의 교육구가 성적 소수자 청소년을 위한 풍토 면에서 낙제점수를 받았다. 주(state) 수준의 학교정책에 관한 정보를 얻으려면 GLSEN에서 발행한 주 현황에 관한 보고서(State of the States Report, 2004)를 참고하라. 이 보고서에는 모든 학생, 특히 성적 소수자 청소년을 위한 학교환경 및 학교 안전과 관련된 각 주의 법이 요약되어 있다.

GLSEN은 1999년 이후 전국 학교풍토 조사(National School Climate Survey)를 실시해 오고 있다. 이것은 미국 고등학교에 재학 중인 남녀 동성애자, 양성애자, 트랜스젠더(lesbian, gay, bisexual, transgendered: LGBT) 청소년들의 경험을 알아보기 위해 이루어진 유일한 전국적 조사다. 2003년에 수행된 조사에서는 적대적인 학교풍토가 "LGBT 학생들의 학습능력과 학교에 대한 소속감, 학업 수행, 교육적 포부에 직접적이고 측정 가능한 영향을 미치는 것으로"(GLSEN, 2003, p. 1) 나타났다. 이 조사에서 84%의 LGBT 청소년이 학교에서 언어적 · 신체적 · 성적 괴롭힘과 모욕을 경험한 것으로 나타났다. 이 수치는 이성애자 청소년들에 비해 훨씬 높은 수치다. LGBT 청소년의 39% 이상이 성적 지향 때문에 신체적 괴롭힘을 당한 적이 있는 것으로 보고되었다(GLSEN, 2003). LGBT 청소년이 경험한 학교폭력의 구체적인 행위로는 LGBT 청소년에게 소변을 누거나 사정하기, 무기로 위협하기, 죽이겠다며 협박하기, 옷 벗기기, 집단 강간 등이 있었다. 가해자 대 피해자의 전형적인 비율은 2.5 대 1을 넘었다(Safe Schools Coalition of Washington, 1999).

LGBT 학생의 약 29%는 학교에서 자주 혹은 때때로 동성애를 두려워하는 발언을 들었다고 보고했다. 그리고 83%는 동성애를 두려워하는 발언이 이루어질 때 그 자리에 있던 교직원들이 가끔씩만 개입하거나 전혀 개입하지 않는다고 보고했다(GLSEN, 2003). LGBT 학생의 64% 이상이 자신의 성적 지향 때문에 학교에서 안전하지 않다고 느낀다고 보고한 것으로 나타났다. 그리고 LGBT 학생의 28%는 학교가 안전하지 않다고 느껴서 지난 한 달 동안 적어도 하루 이상 학교에 가지 않은 것으로 나타났다. 유색인 LGBT 청소년들의 경우에는 학교에서 안전하지 않다고 느끼는 이유가 더욱 다양했으며 그 비율도 35.1%로 더욱 높았다. 이것은 학교가 안전하지 않기 때문에 결석하는 이성애자 또래에 비해 3배나 높은 수치였다(Massachusetts Department of Education, 2003).

성적 소수자 청소년은 학교에서 살아남는 것이 최우선이기 때문에 많은 경우 학업과 학습의 어려움을 경험한다. 성적 지향성 때문에 자주 괴롭힘을 당한다고 보고한 학생은 그렇지 않은 청소년보다 10% 더 낮은 성적을 받는 것으로 나타났다(GLSEN, 2003). 빈번하게 언어적 괴롭힘을 경험했다고 보고한 LGBT 학생들은 대학에 진학할 계획을 더 적게 갖는 것으로 나타났다(13.4% 대 6.7%). 또한 성적 소수자 청소년들은 괴롭힘 때문에 학교를 그만두게 되는 경우가 많으며, 그 비율이 전국 평균보다 3배나 더 많았다(U.S. Department of Health and Human Services, 1989).

따돌림방지 프로그램을 시행하거나 학교의 행동강령을 수립할 때 성적 지향을 제외하는 학교가 많다. 또 기존에 있는 행동강령을 집행하지 못하는 학교도 있다. LGBT 학생들에게 교직원의 지지가 중요함에도 불구하고, 37% 이상의 학생이 교사와 LGBT 문제에 대해 이야기하는 것이 불편하다고 보고했다(GLSEN, 2003). 그러나 지지적인 교사들과 동성애자-이성애자 동맹(Gay-Straight Alliance: GSA)처럼 성적 소수자 청소년에 대해 지지적인 단체 그리고 성적 소수자 청소년을 폭력과 괴롭힘으로부터 보호해 주는 정책이 제공된다면, 성적 소수자 청소년이 학교에서 보다 나은 수행을 보일 수 있고 대학에 진학할 가능성도 높아질 것이다.

성적 소수자 청소년을 위한 연구기반의 치료

성적 소수자 청소년에 관한 연구는 대부분 발달이론을 바탕으로 하고 있다. 성적 소수자 청소년을 위한 행동치료 및 인지행동치료(CBT)에 관한 연구는 부족하다. 1970년대 초까지 동성애자를 위한 행동치료의 일차적 관심은 성적 지향 전환치료

(sexual reorientation therapy)에 있었다. 이것은 병리적 모델에 기초하고 있기 때문에 처음부터 효과적이지 않을 뿐더러 이롭지도 않은 방법이었다. 그 이후 지금까지도 행동치료는 성적 소수자들에게 받아들여질 만한 임상 및 연구 출판물을 제공하지 못하고 있다(Campos, Bernstein, Davison, Adams, & Arias, 1996). 그리고 행동치료는 성적 소수자 청소년뿐만 아니라 전반적으로 소외된 집단을 경시해 왔다. 대부분의 연구들은 완전히 이성애자로 구성된 표본을 가정하고 있어서 성적 지향을 확인하기 힘들다(Hart, 2001). 따라서 CBT가 성적 소수자 청소년에게 일반화될 수 있는지, 있다면 어느 정도인지는 알려져 있지 않다. 그러나 CBT가 성적 소수자 청소년의 증상을 치료하는 데 효과적이지 않다고 볼 만한 이유가 없다고 보고한 연구도 있다(Safren et al., 2001). CBT의 원리는 그것이 성적 소수자 청소년의 고유한 문제에 맞추어질 수만 있다면 이 집단에게도 적용될 수 있을 것으로 보인다.

학교풍토의 평가

앞서 언급했듯이, 건강한 학교풍토는 학습에 대한 평등한 접근을 보장하기 위해 매우 중요하다. 그러나 안전한 환경과 좋은 학교풍토를 제공하지 못하는 학교가 많다. 학교풍토를 향상시키기 위해서는 먼저 학교풍토를 평가하고 어떤 종류의 개입이 필요한지 결정해야 한다. GLSEN은 2000년에 '지역 학교풍토 설문지: 학교용(Local School Climate Survey: School-Based Version)'을 개발했다. 이 설문지는 지역사회용으로도 만들어졌다. 이 설문지는 LGBT 학생들에게 우호적인 학교풍토, 인종차별과 성차별, 희롱경험에 관한 질문으로 이루어져 있다. 그리고 학생이나 교직원의 동성애 공포 발언 빈도, 학교 안에서 동성애 공포 발언이 이루어지는 장소, 교직원이나 학생들의 개입 여부 등의 질문도 포함하고 있다. 이 설문지는 개입전략을 결정하고 우선순위를 정하는 데 유용하며, 이러한 전략들이 효과적인지 평가할 때도 도움을 준다는 장점을 갖고 있다. 그러나 언어적 희롱만을 강조하고 있기 때문에 신체적 희롱이나 모욕, 학대의 빈도 혹은 이러한 경험의 결과를 살펴보기 어렵다는 단점이 있다.

학교기반의 정신건강 서비스

성적 소수자 청소년의 요구를 충족시키기 위해서는 학교기반의 개입이 필요하다. 학교수준에서 학생과 교직원의 사고방식을 성적 소수자에 대한 편견이나 공포로부터 이해와 수용 그리고 궁극적으로 다양성의 인정으로 변화시키기 위해서는 인지적 · 교육적 개입이 효과적이다. 성적 소수자를 향한 편견은 두려움, 지식 부족, 일반화, 혹은 성적 소수자를 알지 못하거나 긍정적인 경험을 가지지 못한 데서 온다. 사람들은 성적 소수자 청소년이 이성애자 청소년과 매우 다르다고 생각한다. 그러나 다른 소수자 집단과 마찬가지로, 성적 소수자 집단 속에는 이성애 집단과의 차이보다 더 큰 다양성이 존재한다. 교육과 훈련, 학교정책, 건강한 역할모델에의 노출 등은 성적 소수자에 대한 학생과 교직원의 사고방식을 개선할 때 매우 중요하다.

학교기반의 개입은 전반적 풍토에만 긍정적인 영향을 미치는 것이 아니라 학교의 스트레스 요인과 그것이 성적 소수자 청소년에게 미치는 영향을 감소시킬 수 있다. 학교풍토가 개선되고 스트레스 요인이 감소하면 학교기반의 정신건강 서비스에 대한 요구도 감소한다. 그러나 성적 소수자 청소년의 문제가 자유롭고 적절한 공교육의 혜택을 받을 수 있는 역량을 방해할 경우, 혹은 그들이 우울, 불안, 외상 후 스트레스 장애 등의 문제를 갖고 있는 경우에는 학교기반의 정신건강 서비스를 필요로 할 것이다. 장애는 교육에 방해가 되기 때문에 일반적으로 학교기반의 정신건강 서비스가 단기적으로 제공된다. 전장애아교육법(IDEA)에서는 커밍아웃 문제를 갖고 있는 학생들의 경우, 일반적으로 그에 따른 불안이나 스트레스 요인이 교육의 혜택을 누리는 데 방해를 주지 않는 한 학교기반의 정신건강 서비스가 제공되지 않는다. 그러나 적절한 동의를 얻게 되면 이런 학생들도 커밍아웃 문제에 관해 학교에서 지지적인 정신건강 서비스를 받을 수 있다. 청소년의 요구 강도가 서비스를 제공할 수 있는 학교의 역량을 벗어날 경우에는 성적 소수자 청소년을 위한 관련 기관 및 지역사회 내 자원에 의뢰하도록 한다.

인지행동적 사례개념화

성적 소수자 청소년들은 그들의 성적 지향과 관련된 스트레스 요인으로 다양한 임상적 문제의 위험에 놓여 있다. 비록 효과에 관한 연구는 부족하지만, CBT는 성적 소수자 청소년에게 유용한 치료양식이라 할 수 있다. 성적 지향의 측면들은 사례개념화와 치료계획의 과정에서 중요한 역할을 하기 때문에(Purcell, Campos, & Perilla, 1996) 이 과정에 반드시 포함시켜야 한다. 그러나 성적 지향의 역할이 중요하다는 것을 인식하지 못하는 임상가들도 많다. 그들은 성적 지향과 관련된 임상적 문제가 매우 타당할 때조차도 이런 문제가 중요하다는 것을 인식하지 못한다. 반대로 심리학자들은 성적 지향이 내담자의 문제와 관련이 없을 때에도 성적 지향의 역할을 지나치게 강조하는 경향이 있다(Safren & Rogers, 2001).

편견에 얽매이지 않은 정신건강 서비스를 제공하기 위해서는 성과 성적 지향에 관련된 문제에 대해 편해져야 한다. 심리학자는 성적 소수자 청소년에 대한 자기 자신의 생각과 신념을 점검해야 한다. 성적 소수자 청소년에 대해 반사적으로 일어나는 부정적 반응은 임상가의 행동에 영향을 미친다. 여기에 포함되는 행동으로는 성과 관련된 문제를 회피하거나, 이성애자라고 지레짐작하거나, 치료적 관계와 치료성과에 영향을 미칠 수 있는 미묘한 행동변화를 보이는 것 등이다(Safren & Rogers, 2001). 임상가는 성적 소수자 청소년들에게 차별적이지 않은 서비스를 제공하기 위해서 성과 성적 지향에 대해 편해져야 한다. 성별 중립적이며 모든 청소년을 포함하는 언어를 사용하며 병리적이지 않은 모형을 활용하는 것이 중요하다. 심리학자는 성적 소수자 청소년 집단에 대해 정확한 지식을 가지고 있어야 하며, 공감을 해 주고 편견에 얽매이지 않은 무비판적인 조언을 해 줄 수 있어야 한다.

앞서 언급했듯이, 성적 지향이 호소문제의 개념화에 어떻게 들어맞는지 평가하는 것이 중요하다(Safren & Rogers, 2001). 이 둘의 관계는 학교에서 희롱이나 폭력을 경험한 후 학교를 회피하는 청소년의 경우 분명하게 드러난다. 불안이나 눈에 띄지 않는 스트레스 요인을 보이는 청소년의 경우에는 덜 분명하다. 호소문제와 성적 지향의 역할을 확인하기 위해서는 청소년에게 이 둘 간의 관계에 관한 자신의 생각을 물어보면 도움이 된다. 이것은 학생의 성적 지향과 관련된 부정적 신념 혹은 생각 패턴을 살펴볼 수 있는 좋은 기회다(Safren & Rogers, 2001). 치료의 전 과정을 통해 성적 지향과 호소문제 간의 관계를 고려해 보는 것이 중요하다.

"사회적 규범이 동성애에 대한 부정적 생각, 신념의 발달과 유지에 어떠한 영향을 미치는지"(Safren & Rogers, 2001, pp. 630-631) 인식하는 것이 도움이 된다. 성적 소수자 학생의 심리사회적 스트레스 요인은 학교에만 있는 것이 아니라 사회 전반에 퍼져 있다. 여러 주에서 그리고 연방정부 수준에서 차별을 옹호하고 있다. 고용, 거주지, 군대, 보이스카웃, 사회보장 등에서 차별이 이루어지고 있으며, 시민으로서 결혼하고 결혼생활의 혜택을 받을 권리도 보장되지 않고 있다. 이렇게 지속되는 스트레스 요인들은 "자신의 동성애 지향에 대한 부정적 생각과 신념을 강화하며" "개인의 기분에도 유의한 영향을 미친다"(Safren & Rogers, 2001, p. 631). Safren과 Rogers(2001)에 따르면, "내담자가 성적 정체성에 대한 자신의 자동적 사고를 확인하도록 돕는 것은 사례개념화에서 중요한 부분이다. 그리고 이런 유형의 사고를 검증하기 위해 행동실험과 인지적 재구성 등의 기법을 활용하고, 현실적이고 효과적인 대처반응을 발달시키도록 도와주어야 한다"(p. 631).

고립은 성적 소수자 청소년의 공통적인 걱정거리다. 따라서 성적 소수자 청소년이 유사한 경험을 하는 다른 청소년들을 만날 수 있는 긍정적인 환경을 찾을 수 있도록 돕는 것도 인지행동치료의 중요한 한 측면이다. 이러한 환경으로는 동성애자-이성애자 동맹(GSA), 사회단체 혹은 지역사회 활동 등이 있다.

비차별적 심리치료를 위한 지침

미국심리학회는 2000년에 동성애 및 양성애 내담자의 심리치료를 위한 지침을 출간했다. 이 지침의 목표는 "(a) 동성애 및 양성애 내담자 치료를 위한 참조의 틀을 제공하고, (b) 평가, 개입, 정체성, 관계, 그리고 심리학자의 교육 및 훈련 영역에 대한 기본적인 정보와 참고자료를 제공하는 데 있다"(APA, 2000, p. 1440). 이 지침은 윤리강령에 기초하고 있으며 서비스를 전달할 때 사용된다. 이 지침은 (a) 동성애 및 이성애에 대한 태도, (b) 관계 및 가족, (c) 다양성의 문제, (d) 교육으로 이루어져 있다.

학교기반의 개입

학교는 다양성이 존중되고 차별적이지 않은 환경을 제공해야 한다. 또한 아동 · 청소년이 민주사회에서 생활하도록 가르치고 모든 청소년의 안전과 권리를 보장해 주어야 한다. 차별하지 않는 환경에서는 교직원이 성적 소수자 청소년의 보호요인과 요구에 관한 지식을 가지고 지지와 이해를 제공하며, 성적 소수자 청소년의 권익을 옹호해 주며 그들의 협력자가 되어 준다. 학교기반의 지지와 자원을 활용하면 학교풍토도 성적 소수자 청소년에게 도움이 되는 방향으로 개선된다. 매우 성공적인 프로그램으로 '프로젝트 10'이 있다. 이 프로그램은 1984년 로스엔젤레스 통합교육청에 속한 패어팩스 고등학교에서 Virginia Uribe 박사가 시작한 것이다. 프로젝트 10은 미국의 동성애, 양성애, 성전환 청소년, 그리고 성적 지향이 아직 확립되지 않은 청소년을 대상으로 현장에서 교육적 지원서비스를 제공하는 데 헌신한 첫 번째 공립학교 프로그램이다(Uribe & Harbeck, 1991). 이 프로그램의 초점은 학업중단 예방에 있다. 따라서 교육과 언어적 · 신체적 학대 감소, 자살예방, AIDS에 대한 정확한 정보를 강조한다.

동성애에 반대하는 욕설과 공격성은 학교에서 빈번하게 일어나며, 이는 부정적인 분위기를 조성한다. 학교기반의 개입이 실패하면 혐오 발언과 폭력을 허용한다는 메시지를 강화하는 결과를 가져온다. 동성애를 반대하는 희롱과 혐오적 욕설, 비방 등을 용납하지 않는 학교정책을 만들어야 한다. 이것은 학교에서 개별적으로 만들 수도 있고 학교안전을 위한 전체의 노력에 통합될 수도 있다. 정책은 학생과 직원 모두에게 적용되며, 욕설과 기물파손부터 신체적 및 성적 모욕에 이르는 상황에까지 적용된다. 가장 중요한 것은 정책이 모든 교직원들에 의해 일관성 있게 집행되어야 한다는 점이다.

동성애에 반대하는 행동을 예방하는 것에 덧붙여 학교 전체를 다양화시키고 다양성을 축복해 주는 것이 중요하다. 성적 정체성 발달, 성적 소수자 문제, 유명한 성적 소수자 등에 관한 정확한 정보가 교육과정에 포함되어야 한다. 역사와 문학, 과학, 정치, 시사 분야에 앨리스 워커(Alice Walker), 월트 휘트먼(Walt Whitman), 헨리 데이비드 소로(Henry David Thoreau), 사자왕 리처드(Richard the Lion-Hearted),

알렉산더 대제(Alexander the Great), 마거릿 미드(Margaret Mead) 등 많은 예가 있다. 성적 소수자 청소년에 대한 포스터를 붙이고 성적 소수자의 문학작품을 보여 주며 도서관의 자료를 제공하는 것도 긍정적인 환경을 만드는 활동에 포함된다. 성별 중립적이며 비차별적인 언어를 사용하는 것은 성적 지향을 지레짐작하지 않는다는 것을 의미한다.

학생들에게 지원자 역할을 할 수 있는 훈련된 교직원을 최소한 한 명은 확보해야 한다. 이 역할은 대부분 학교심리학자, 학교상담자 혹은 학교사회복지사가 담당한다. 그러나 교사나 다른 교직원이 더 효과적인 지원자가 될 수 있는데, 그들은 다양한 성적 지향이 정상적임을 알릴 수 있다. 교직원은 성적 소수자 청소년에게 영향을 미치는 문제들, 학생지도를 위한 효과적 전략, 편견에 치우치지 않은 프로그램을 수행하는 법, 활용 가능한 지역사회 자원 등에 대한 훈련을 받아야 한다. 미국학교심리학자협회(NASP)와 GLSEN은 교육자들에게 훈련을 제공하는 몇몇 조직들에 속한다. 학생들은 어떤 교직원에게 문의해야 하는지 알아야 한다. 문에다 무지개 포스터나 '안전지대(safe zone)' 스티커를 붙이는 것은 교직원의 위치를 알리는 좋은 방법이다. 학교풍토 향상을 위한 또 다른 효과적인 방법은 학교기반 GSA를 만드는 것이다. 이것은 지지와 교제의 기회를 제공해 주고 자기존중감을 증진하며 긍정적인 학교변화를 촉진해 준다.

성적 소수자 학생과 교직원을 차별하지 않는 학교정책의 수립은 추가적인 보호를 제공할 수 있다. 이런 정책에 교직원을 포함시키면 청소년들에게 그들의 역할모델이 차별받지 않는다는 것을 보여 줄 수 있다. 이것은 평등한 분위기를 조성할 뿐 아니라 교직원이 '커밍아웃'을 할 수 있게 해 주고, 그들이 성적 소수자 청소년이 기댈 수 있는 역할을 할 수 있게 한다. 방과후 클럽, 스포츠 팀, 사교행사 등의 교과외 활동은 모든 학생들에게 분명하게 개방되어야 한다. 학년 말 댄스파티와 그 밖의 '커플' 행사는 특히 성적 소수자 청소년에게 불편한 자리다. 일부 학교의 성적 소수자 학생들은 자신들만의 댄스파티를 조직하고 싶어 한다. 그러나 이것은 학생의 선택이어야 하며 학년 말 댄스파티에 초대되는 것을 대신해서는 안 된다.

학교에서는 지속적으로 현직연수와 반편견 훈련, 그리고 모든 청소년을 보호하고 존중해야 하는 법적 책임에 관해 교육을 제공해야 한다. 이러한 훈련에서는 도움을 청하는 학생에게 어떻게 반응해야 하는지에 대한 규약을 제공해야 한다. 그리고 교사, 버스기사, 보조교사, 코치, 방과후학교 교원 등이 교육을 받아야 한다. 성적 소수자로서 학교를 졸업했거나 지역분회가 있는 전국 단체인 '동성애자의 부모 및 친구(Parents and Friends of Lesbians and Gays: PFLAG)'를 대표하는 초청 연사가 자신이 겪었던 학교경험을 공유하는 것도 인식을 제고하는 데 매우 효과적이다.

최근 들어 학교에서 '교정치료(reparative therapy)'와 '변혁사역(transformation ministry)' 증진을 위한 노력이 증가하고 있다. 이 두 가지 운동은 동성애를 병리적인 것으로 보고 심리치료나 종교적 사역을 이용해 동성에 대한 개인의 성적 욕망을 제거하려고 한다. 이러한 접근은 과학과 연구를 부인한다. 따라서 건강 및 정신건강 전문단체로부터 아무런 지지를 받지 못하고 있으며 심각한 해를 초래할 잠재성을 갖고 있다.

성에 대한 문제는 강한 반응을 일으킬 수 있다. 윤리강령이나 다양성에 관한 프로그램을 만들 때는 반드시 학생과 교직원, 학부모를 참여시켜야 한다. 그리고 지역사회 내의 문화적 관점을 이해해야 한다. 성적 지향에 관한 사실을 정확히 파악하여 모든 집단에게 전달하는 것이 중요하다. 또한 필요할 때는 성적 소수자 청소년을 위해 안전하고 지지적인 학교문화를 구축한 다른 학교의 임상가에게 자문을 구하도록 한다.

지역사회 자원

성적 소수자 청소년이 학교기반 정신건강 서비스의 기준을 충족하지는 않지만 개입의 혜택을 받을 수 있는 것으로 보일 때는 학교 밖의 기관으로 의뢰하는 것이 중요하다. 주변에 있는 성적 소수자 커뮤니티 센터는 유용한 자원이다. 청소년이 동성애 집단 안에서 교류하도록 하려면 건강한 또래 지지집단에 의뢰하는 것이 도움이 된다. 가족들이 지지를 필요로 한다면 PFLAG가 도움이 될 것이다. 성적 소수자 청소년에게 도움이 되는 그 밖의 자원으로는 도서, LGBT 청소년을 위한 전국연합과 같은 인터넷 집단, 펜팔서비스 등이 있다.

두말할 필요 없이, 위기에 놓인 학생에게는 자원과 지지를 제공해 주어야 한다. 지역의 커뮤니티 센터는 자원을 제공하는 데 유용하다. 또한 미국에는 전국적인 위기상담전화도 있다. 트레버 상담전화(Trevor Helpline: 1-800-850-8078)는 24시간 운영되며, 동성애 청소년과 아직 성적 지향이 확립되지 않은 청소년을 위한 자살 위기상담 전화다. 커비넌트 하우스(Covenant House: 1-800-999-9999)는 21세 이하의 아동 · 청소년 및 그들의 가족에게 위기개입과 의뢰서비스를 제공하는 전국 단위의 24시간 위기상담 전화다. 전국가출전화(National Runaway Switchboard: 1-800-621-4000)는 위기개입, 가족중재, 자살상담, 숙소 의뢰, 의료서비스, 상담을 24시간 제공하는 위기상담 전화다. 전국가출전화는 메시지를 전달해 주고, 가출청소년에게 집으로 갈 수 있는 버스 티켓을 무료로 제공한다.

학교의 법적 요구 사항

학교가 성적 소수자 청소년의 안전과 교육에 영향을 미치는 스트레스 요인들을 처리하지 못하면 이에 대해 법적, 재정적으로 책임을 져야 한다. 미국 헌법의 평등보호 조항의 14번째 수정안에 따르면, 학생은 법 앞에서 평등한 보호를 받을 권리가 있다. 연방정부의 재정지원을 받는 모든 교육 프로그램이나 활동은 성별로 차별해서는 안 되며, 학교가 일부 학생들에게만 안전한 곳이어서는 안 된다. 학생을 평등하게 보호하지 못하면 민사소송과 연방정부 교육국의 행정적 개입이 야기된다. 이러한 평등보호권은 역사적인 제이미 나보즈니 판례에 적용되었다(Nabozny v. Podlesny, 1996). 제이미는 수술을 필요로 할 만큼 학교에서 구타를 당했으며, 오물 세례를 받고 별명으로 놀림을 당하는 등 반복적인 모욕으로 고통을 받았다. 학대는 제이미의 정신건강에 유의한 영향을 미쳤고 결국 학교를 중퇴하게 만들었다. 제이미와 학교교직원들이 자주 모임을 가졌고, 부모가 개입하고 가해자들이 확인되었음에도 불구하고, 학교에서는 가해자들에 대해 아무런 의미 있는 훈육조치를 취하지 않았다. 결국 세 명의 행정가가 차별로 유죄판정을 받았다. 그들이 제이미를 보호하지 못하면서 다른 학생들에게 가해진 희롱에는 반응을 했기 때문이었다. 그들은 거의 백만 달러에 달하는 보상금에 대해 개인적으로 책임을 져야 했다. 평등에 대한 법적 의무는 공립학교 교직원들이 성적 소수자 청소년을 차별적으로 취급할 때 내려지는 모든 의사결정에 적용된다.

Title IX 법은 학교에서 성차별을 금지하는 비차별법이다. 이 법령은 연방정부의 재정지원을 받는 교육 프로그램이나 활동에서는 그 누구도 성 때문에 차별받아서는 안 된다고 명령하고 있다. Title IX은 원래 개인을 성차별로부터 보호하기 위한 목적으로 제정되었다. 그러나 학교장면에서 성희롱 피해자들을 재정적으로 보상해 주는 데도 적용되고 있다. Title IX은 성적 지향에 근거한 차별을 금지하지는 않는다. 그러나 동성애 학생들에게 가해진 성희롱은 Title IX에서 금지하는 성희롱에 해당된다.

1984년에 통과된 연방법인 평등접근법(Equal Access Act)은 공립 중고등학교에서 연방정부의 지원을 받는 제한된 공개포럼을 실시할 경우에는 동성애와 관련된 집단을 인정하도록 요구하고 있다. 제한된 공개포럼은 수업 외 시간 동안 학교 내에서 이루어지는 교과 외 학생집단에 대한 접근을 제공하고 있다. 교과 외 학생집단이란 학교에서 제공하는 교육과정과 직접적으로 관련되지 않는 집단을 말한다. 평등접근법을 적용한다면 학교에서는 다른 학생집단에게 제공되는 것과 똑같이 동성애 관련 집단에게 학교에 대한 접근을 제공해야 한다. GSA는 동성애공포증을 종식시키고 분리를 감소시키는 데 중요한 역할을 할 수 있다. GSA를 부인하려는 교육청의 노력은 성공적이지 못하였다.

학교풍토 개입 사례연구: 손드라

손드라는 17세의 흑인 여학생으로 11학년에 다니고 있다. 손드라는 대서양 연안의 한 중소도시 교외에 살고 있으며 인종적 · 문화적으로 다양한 학교에 다니고 있다. 손드라는 유치원 때부터 같은 학교에 다니고 있다. 그녀는 우등생이며 학교와 지역사회에서 강한 리더 역할을 하고 있다. 손드라는 예술적 재능을 갖고 있으며 인기도 있고 또래들로부터도 존중을 받고 있다. 손드라는 12세 초반쯤에 자신이 정서적으로나 신체적으로 남학생과 여학생 모두에게 끌리고 있음을 깨닫게 되었다. 처음에는 이것에 대해 혼란스러워했다. 그러나 나이가 들어가면서 양성애자 소녀로서의 자신의 정체성을 다져 갔으며 데이트에 관해 어려운 결정을 내려야 한다는 압력을 느끼게 되었다. 손드라는 10학년 때 한 여학생과 잠시 데이트를 한 적이 있었지만 대부분은 남학생들과 사귀고 있었다. 손드라는 학교에서 인기 많은 운동선수인 흑인 남학생과 사귀다가 헤어지게 되었다. 그후 손드라는 재키라는 백인 여학생과 더욱 많은 시간을 보내기 시작했는데, 재키는 학교에서 동성애자로 따돌림을 당하고 있었다. 곧 이 두 여학생이 사귀는 사이며 손드라가 동성애자라는 소문이 급속히 퍼져 나갔다. 손드라의 부모는 이 소문을 듣고 손드라가 재키를 만나지 못하도록 제한했다. 손드라는 재키와 사귀는 것은 아니었지만 이 우정에서 편안함을 느꼈고 자신의 성적 지향에 관한 문제를 이야기할 만큼 안전하다고 느꼈다. 손드라가 남자친구와 결별하자 희롱이 심해지기 시작했다. 손드라는 학교에서 '남성 역할을 하는 여성 동성애자(dyke)'로 불리게 되었고, 전 남자친구의 친구들로부터 반동성애 비방도 자주 듣게 되었다. 손드라는 학교에서 당하는 스트레스 외에도 가족들에게 자신이 양성애자라고 커밍아웃해야 하는 것이 두려웠다. 손드라의 가족은 보수적인 교회에 다니고 있었기 때문에 그녀는 자신의 성장 배경과 성적 지향 사이에서 갈등을 느꼈다. 손드라는 처음 사귀었던 여자친구와 재키를 제외하고는 다른 성적 소수자 청소년을 알지 못했다. 게다가 유색인종의 성적 소수자 청소년들을 알지 못해 어린 시절부터 친하게 지내 온 친구들로부터 소외감을 느끼게 되었다.

학교에서 희롱당하는 사건이 있은 후 손드라는 학교심리학자에게 의뢰되었다. 학교심리학자는 손드라와 그 희롱사건에 대해 이야기하기 위해 부모의 승인을 받았다. 손드라의 부모는 학교에서 일어난 희롱사건에 대해 당황했다고 말했다. 그들은 손드라를 지지한다고 말하면서 자신의 딸이 '그런 애'는 아니라고 확신하고 있었다. 손드라는 앞서 언급한 모든 정보를 심리학자에게 털어놓았다. 그녀는 눈물을 흘리면서 학교에서 당한 희롱이 당황스러우며 자신의 성적 지향을 공개했을 때 가족들과 갈등이 생기거나 거부당할까 봐 고통스럽다고 했다. 손드라는 어린 시절 친구들로부터 소외당하는 느낌이 들고 그들과 자신의 성적 지향에 대해 이야기하는 것이 불편하다고 했다.

학교심리학자는 학교풍토 문제를 다루기 위해 다음과 같은 계획을 세웠다. 먼저 희롱사건을 다루기 위해 교장의 지원을 요청했다. 손드라를 희롱했던 학생들에게 훈육과 다양성에 관한 교육, 자신의 행위에 대한 기대, 보복행위의 후속결과에 대한 정보 등을 제공했다. 손드라의 전 남자친구가 '동성애자에게 차였다'는 것에 수치감을 느끼고 희롱을 부추겼기 때문에 그에게 추가 개입이 제공되었다. 학교에서는 학생들 사이에서 동성애를 반대하는 희롱이나 모멸적 발언, 비방 등을 용납하지 않는 정책을 수립하여 시행했다. 학생들에게 보건시간을 이용해 성과 성적 지향에 관한 교육을 실시했다. 교직원들에게는 반편견 훈련과 모든 학생을 보호하고 존중해야 하는 책임에 관한 교육, 희롱사건이 발생할 때 일관성 있게 보고해야 할 필요성에 대한 교육을 지속적으로 실시했다.

손드라는 자신이 당한 희롱과 가족문제에 대해 스트레스를 느낀다고 했다. 그러나 학교에서 제공되는 교육의 혜택을 누리는 데 방해가 되지는 않을 정도였다. 손드라는 학교기반의 정신건강 서비스에 의뢰되지 않는 대신, 학교와 지역사회 내의 다른 지원서비스에 의뢰되었다. 손드라는 자신의 성적 지향을 가족들에게 개방하는 것에 대한 두려움과 친구들로부터의 소외감을 갖고 있었기 때문에 동성애자-이성애자 동맹(GSA)과 성적 소수자 청소년을 위한 지역의 지지집단에 의뢰되었다. 목표는 손드라로 하여금 조언과 지지, 안내를 받도록 하는 것이었다. 또한 손드라의 성적 지향과 종교 간의 갈등에 대처하도록 돕기 위해 그리고 자신의 정체감을 분명히 하도록 돕기 위해 지지적인 지역 내 교회 목사에게 의뢰했다. 그 밖에도 손드라에게 책이나 인터넷 집단(LGBT 청소년을 위한 전국연합), 펜팔서비스 등 유색인 성적 소수자 청소년에게 도움이 되는 자원들을 제공했다. 이러한 지원은 손드라가 편안한 마음으로 학교와 지역사회 자원에 접근할 때까지 매우 유익했다. 미래에 필요할 경우에 대비하여 PFLAG로부터 그녀의 가족들을 위한 지지적인 정보를 제공했다.

인지행동 기법과 학교풍토 개입 사례연구: 제이미

제이미는 9학년에 재학 중인 15세의 백인 남자 동성애 학생이다. 그는 미국 중부의 한 작은 시골마을에 있는 비교적 동질적인 공립학교에 다니고 있다. 제이미는 6학년부터 이 학교에 다니고 있다. 제이미는 인테리어와 패션디자인에 관심을 갖고 있는 지극히 평범한 학생이다. 그는 수줍음을 잘 타며 학교에서 가까운 친구가 거의 없는 소극적인 학생이다.

제이미는 어릴 때부터 늘 자신이 다른 남자 또래와 다르다고 느껴 왔다. 어렸을 때는 이런 차이가 성과 관련이 있다고 생각하지 못했다. 그는 단순히 전형적인 남아의 활동인 축구나 농구 등에 관심이 없다는 점에서 자신이 친구들과 다르다고 느꼈던 것이다. 제이미의 홍미와 민감한 성격 때문에 그는 또래로부터 자주 '여자 같은 남자아이(sissy)'나 '동성애자(fag)'라고 불리곤 했다. 중학교에 들어가면서 희롱이 심해지기 시작했다. 이때 제이미는 점차 자신이 남학생에게 정서적으로나 신체적으로 매력을 느낀다는 것을 깨닫게 되었다. 고등학교에 올라오면서 제이미는 동네에서 몇몇 동성 친구들과의 교제경험을 가졌다. 그는 동성 친구와 사귀고 싶었지만 같은 나이의 또래를 알지 못했다. 그리고 동성 친구를 사귐으로써 다른 사람들에게 자신의 성적 지향을 확인시키게 될까 봐 두려웠다. 학교에서의 희롱은 언어적·신체적 학대로 확대되었다. 그는 지역의 동성애자 커뮤니티 센터에서 지원을 받으려고 생각했다. 그러나 그 센터에 있는 다른 학생들이 알게 될까 봐 두려웠다. 제이미는 자신이 당한 학대를 교직원에게 알리는 것이 부끄러웠다. 그리고 가족들이 자신의 성적 지향에 대해 알게 될까 봐 두려웠다. 제이미의 스트레스와 고립감은 점점 커졌고 감당하기 힘들다고 느껴졌다. 그는 우울감과 간헐적인 자살충동을 경험했다. 제이미는 전에 즐기던 활동들을 회피하고 학교에서 그리고 사회적 상황에서 불안을 경험하기 시작했다. 결국 제이미는 또래를 피하기 위해 수업에 빠지기 시작했고 나중에는 아예 학교에 나오지 않게 되었다. 그의 성적은 급격하게 떨어지기 시작했다.

부모의 요청으로 제이미는 학교심리학자에게 의뢰되었다. 그의 부모는 제이미의 기능 하락과 결석, 학업 수행 문제에 대해 걱정했다. 학교심리학자와의 면담에서 제이미는 처음에는 또래의 보복에 대한 두려움 때문에 자신의 이야기를 공개하길 꺼렸다고 했다. 제이미는 또한 자신의 성적 지향 때문에 부모로부터 거부당할까 봐 두려워했다. 그러나 그는 자신의 성적 지향을 부모에게 알려 달라고 학교심리학자에게 지원 요청을 했다. 제이미는 비밀을 지키는 것이 상당한 스트레스의 근원이어서 더 이상 비밀을 지킬 수 없다고 느꼈던 것이다.

제이미에 대한 초기평가에서 학교심리학자는 제이미가 경험하는 우울의 성격과 정도, 자살 가능성 그리고 사회불안에 대해 평가했다. 학교심리학자는 제이미의 성적 지향과 증상을 검토했다. 제이미는 '학교에서 자신이 다른 아이들과 다르며 가족들이 자신을 수용하지 않기' 때문에 우울하다고 말했다. 제이미는 죽고 싶지는 않다고 했지만 학교에서 겪는 스트레스가 지속된다면 차라리 죽는 것이 낫다고 느꼈다. 학교심리학자는 제이미가 자신의 성적 관심에 대해 갖고 있는 부정적 사고 패턴을 살펴보았다. 제이미는 '자신이 알고 있는 동성애자들이 행복해 보이지 않기 때문에 자신도 결코 행복할 수 없을 것'이라고 믿고 있었다. 그리고 그가 살고 있는 보수적인 지역사회에서 호의적인 취급을 받고 있지 않다고 느꼈다. 제이미가 학교에서 정신건강 서비스를 지속적으로 받게 된다면, 그의 성적 정체성에 관한 자동적 사고를 살펴보고 인지적 재구성을 적용하며 효과적인 대처반응을 가질 수 있도록 돕는 것이 중요하다.

평가를 끝낸 후에 제이미의 부모에게 그의 현재 증상에 대해 보고했다. 그리고 제이미의 안전이 우려되므로 추가의 임상평가를 받도록 요청했다. 제이미의 성적 지향에 대해 공개하자 부모는 놀랐지만 곧 제이미를 지지해 주었고, 그 사실과 학교에서 일어나고 있는 희롱과 학대에 대해 매우 염려했다. 그들은 제이미를 지역의 한 병원에 데리고 가서 그의 안전에 대한 평가를 하고 입원이 필요한지를 결정하는 데 동의했다. 위기를 해결한 후에는 제이미의 가족에게 성적 소수자 청소년을 위한 지역의 자원과 PFLAG에 대한 정보를 제공했다.

제이미의 학교풍토에 관한 문제를 다루기 위해서 손드라의 사례에서와 유사한 계획을 세웠다. 그러나 학대의 심각성으로 일부 학생들은 정학을 당했으며, 학대가 일어난 학급에 대해서는 추수교육을 동반한 강제 조회가 이루어졌다. 교직원들도 반편견 훈련과 성적 소수자 청소년에 관해, 그리고 희롱사건을 일관성 있게 보고해야 할 필요성에 관해 교육을 받았다. 전에는 학교에서 학교정책에 성적 지향을 포함시키길 꺼렸다. 그러나 심리학자의 주장으로 결국 성적 지향에 관한 내용이 학교정책에 성공적으로 포함되었다. 몇몇 학생들은 GSA 결성에 관심을 보였고, 학교행정가도 이러한 요청을 지지해 주었다.

결론

학교는 모든 학생에게 교육에 대한 평등한 접근과 법 앞에서의 평등한 보호를 제공할 법적 · 윤리적 · 도의적 의무를 갖고 있다. 많은 성적 소수자 청소년들에게 학교는 안전하지 않은 곳이며 교육보다 살아남는 일이 우선한다. 따라서 많은 성적 소수자 청소년들은 학업 및 학습 문제를 경험하고 있다. 학교풍토에 관한 연구결과는 여러 학교에서 학교기반의 개입이 필요하며 성공적으로 실행될 경우 효과적일 수 있음을 잘 보여 주고 있다. 그러나 성적 소수자 청소년에 관한 훈련을 받은 전문가들은 그리 많지 않으며, 많은 전문가들이 성적 소수자 청소년을 도와줄 때 자신의 전문성이 부족함을 느끼고 있다. 성적 소수자 청소년의 요구를 보다 잘 충족시키기 위해서는 교직원을 위한 교육과 훈련이 중요하다.

성적 소수자 청소년은 외현적인 학대행위, 희롱과 폭력, 성적 소수자로서의 정체성 발달, 내면화된 동성애 공포, 성적 지향의 개방과 사회적 지지의 부족, 다른 LGBT 청소년들과의 플라토닉하고 낭만적인 관계를 발진시키는 것 등 많은 스트레스 요인들에 직면해 있다(Safren et al., 2001). 이러한 심리사회적 스트레스 요인들은 성적 소수자 청소년들을 적응문제와 자기파괴적 행동 면에서 위험에 놓이게 만든다.

성적 소수자 청소년의 인지행동치료에 관한 연구는 부족하지만, 그렇다고 해서 인지행동치료가 성적 소수자 청소년의 치료에 덜 효과적이라고 보기는 어렵다(Safren et al., 2001). CBT를 적용하려면 성적 소수자 청소년 집단의 고유한 문제에 초점을 맞추어야 한다. 성적 소수자 청소년에게 정신건강 서비스를 제공할 때는 "자신의 성적 정체성에 관한 자동적 사고를 확인하고, 이런 유형의 사고를 검증하기 위해 행동실험과 인지적 재구성을 활용하며, 현실적이고 효과적인 대처반응을 가질 수 있도록"(Safren & Rogers, 2001, p. 631) 돕는 것이 중요하다.

성적 소수자 청소년의 요구를 충족하기 위해서는 학교기반의 개입을 적용할 필요가 있다. 학생과 교직원들이 갖고 있는 성적 소수자에 대한 편견과 두려움을 이해와 수용 그리고 궁극적으로 다양성에 대한 긍정적 태도로 변화시켜야 한다. 이를 위해서는 인지적 · 교육적 개입이 필요하다. 학교기반의 개입은 전반적인 학교풍토에만 긍정적 영향을 미치는 것이 아니라 학교 내의 스트레스 요인과 그것이 성적 소수자 청소년에게 미치는 영향을 감소시킨다. 나아가 학교기반의 정신건강 서비스 자체의 필요성을 감소시킨다. 긍정적인 환경에서는 교직원이 성적 소수자 청소년의 보호요인과 요구에 대해 알고 있으며, 그들을 지지하고 이해해 주며 이런 학생들을 옹호해 주고 같은 편이 되어 준다. 성적 소수자 학생들뿐 아니라 모든 학생들에게 안전하고 긍정적인 학교를 만드는 것이야말로 교육에 대한 평등한 접근을 증진하는 데 중요하다. 학교에서 일하는 임상가들은 지지와 옹호를 통해 성적 소수자 청소년의 신체적 · 사회적 · 심리적 기능을 향상시키는 데 중요한 역할을 할 수 있다.

참고문헌

American Psychological Association. (2000). *Guidelines for psychotherapy with lesbian, gay and bisexual clients.* Washington, DC: Author.

American Psychological Association. (2002). Ethical principles of psychologists and code of conduct. *American Psychologist, 57,* 1060-1073.

Beck, A. T., Freeman, A., & Associates. (1990). *Cognitive therapy of personality disorders.* New York: Guilford Press.

Campos, P., Bernstein, G., Davison, G., Adams, H., & Arias, I. (1996). Behavior therapy and homosexuality in the 1990's. *The Behavior Therapist, 19*(8), 113-125.

Centers for Disease Control. (1992). Behaviors related to unintentional and intentional injuries among high school students-United States. *Morbidity and Mortality Weekly Report, 41,* 760-772.

Cochran, S. D., Sullivan, J. G., & Mays, V. M. (2003). Prevalance of mental disorders, psychological distress and mental health services use among lesbian, gay, and bisexual adults in the United States. *Journal of Consulting and Clinical Psychology, 71,* 53-61.

D'Augelli, A. R., & Hershberger, S. L. (1993). Lesbian, gay, and bisexual youth in community settings: Personal challenges and mental health problems. *American Journal of Community Psychology, 21,* 421-448.

D'Augelli, A. R., & Patterson, C. J. (1995). *Lesbian, gay and bisexual identities over the lifespan* (pp. 165-189). New York: Oxford University Press.

Garnets, L., Hancock, K., Cochran, S., Goodchilds, J., & Peplau, L. (1991). Issues in psychotherapy with lesbian and gay men: A survey of psychologists. *American Psychologist, 46,* 964-972.

Gay, Lesbian, and Straight Education Network. (2003 and 1999). *National School*

Climate Survey. New York: Author.

Gay, Lesbian, and Straight Education Network. (2000). *Local School Climate Survey: Schol Based Version*. New York: Author.

Gay, Lesbian, and Straight Education Network. (2004). *State of the States Report*. New York: Author.

Hart, T. (2001, Winter). Lack of training in behavior therapy and research regarding lesbian, gay, bisexual, and transgendered individuals. *The Behavior Therapist*, 217-218.

Kann, L., Kinchen, S. A., Williams, B. I., Ross, J. G., Lowry, R., Hill, C. V., Grunbaum, J., Blumson, P. S., Collins, J. L., & Kolbe, L. J. (1998). *Youth risk behavior surveillance 1997*. Surveillance and Evaluation Research Branch, Division of Adolescent and School Health, Atlanta, GA: Centers for Disease Control and Prevention.

Lasser, J., & Tharinger, D. (1997). Sexual Minority Youth. In G. G. Bear, K. M. Minke, & A. Thomas (Eds.), *Children's needs II: Development, problems and alternatives* (pp. 769-780). Bethesda, MD: National Association of School Psychologists.

Licitra-Klecker, D. M., & Waas, G. A. (1993). Perceived social support among high-stress adolescents: The role of peers and family. *Journal of Adolescent Research, 8*, 381-402.

Massachusetts Department of Education. (2003). *Massachusetts Youth Risk Behavior Survey*. Malden, MA: Author.

Nabozny v. Podlesny, 92 F. 3d 446 (7th Cir. 1996)

National Association of School Psychologists. (2000). *Professional conduct manual: Principles for professional ethics*. Bethesda, MD: Author.

Persons, J. B. (1989). *Cognitive therapy: A case conceptualization approach*. New York: Norton.

Porter, J. D. (2001). *Healthy lesbian, gay and bisexual students project*. Retrieved November 14, 2004, from http://www.apa.org/ed/hlgb.html

Purcell, D., Campos, P., & Perilla, J. (1996). Therapy with lesbian and gay men: A cognitive-behavioral perspective. *Cognitive and Behavioral Practice, 2*, 391-415.

Rotheram-Borus, M. J., Hunter, J., & Rosario, M. (1994). Suicidal behavior and gay related stress among gay and bisexual male adolescents. *Journal of Adolescent Research, 9*, 498-508.

Safe Schools Coalition of Washington State. (1999, January). Understanding anti-gay harassment and violence in schools. *A report on the five year anti-violence research project of the safe schools coalition of Washington State.* Washington: Author.

Safren, S., & Heimberger, R. (1999). Depression, hopelessness, suicidality and related factors in sexual minority and heterosexual adolescents. *Journal of Consulting and Clinical Psychology, 67,* 859-886.

Safren, S., Hollander, G., Hart, T., & Heimberg, R. (2001). Cognitive-behavior therapy with lesbian, gay and bisexual youth. *Cognitive and Behavioral Practice, 8,* 215-223.

Safren, S., & Rogers, T. (2001). Cognitive-behavior therapy with gay, lesbian, and bisexual clients. *Psychotherapy in Practice, 57*(5), 629-643.

Savin-Williams, R. C. (1994). Verbal and physical abuse as stressors in the lives of lesbian, gay male, and bisexual youths: Associations with school problems, running away, substance use, prostitution, and suicide. *Journal of Consulting and Clinical Psychology, 62,* 261-269.

Savin-Williams, R. C., & Cohen, K. M. (1996). *The lives of lesbians, gays and bisexuals: Children to adults.* New York: Harcourt Brace.

Seattle Public Schools. (1996). *1995 Teen Health Risk Survey.* Seattle, WA: Author.

Uribe, V., & Harbeck, K. (1991). Addressing the needs of lesbian, gay, and bisexual youth: The origins of PROJECT 10 and school-based intervention. *Journal of Homosexuality, 22*(3/4), 9-28.

U.S. Department of Health and Human Services. (1989). *Prevention '89/90: Federal programs and progress.* Washington, DC: U.S. Government Printing Office.

Chapter 18

건강문제에 대한 인지행동 개입

반성적인 건강문제가 아동 · 청소년 집단에 만연해 있다. 예를 들면, 천식, 비만, 재발성 복통 등 흔한 소아과 질환이 전체 아동집단의 5~12%에서 발병하는 것으로 추정된다(Centers for Disease Control, 1995; McGrath, 1990; Troiano & Flegal, 1998). 더구나 만성적인 건강질환의 유병률은 지난 30년 동안 2배 정도 증가했다. 이는 유해 환경물질의 증가, AIDS나 태내 약물노출 같은 장애의 출현, 조기진단과 조기치료의 향상, 저체중 유아의 생존에서 비롯된 것이다(Brown, 2004).

질병이 교육적 기능에 미치는 영향

만성질환은 학교, 가족 및 또래집단을 포함한 거의 모든 기능 영역의 발달에 영향을 미칠 수 있다. 다음은 만성질환을 가진 아동의 적응에 영향을 미치는 요인들이다.

Thomas J. Power & Branlyn E. Werba

중추신경계 문제

중추신경계와 관련된 의학적 문제는 일반적으로 학업 수행에 가장 큰 영향을 끼친다. 이런 질병은 뇌손상, 뇌종양, 겸상적혈구장애와 관련된 발작을 포함할 수 있으며, 종종 뇌구조와 뇌기능에 직접 영향을 미친다. 뇌구조와 뇌기능의 이상은 학습에 관여하는 하나 또는 그 이상의 신경심리학적 과정에 결함을 초래할 수 있다. 더구나 중추신경계 문제를 가진 아동은 사회적 지각과 집행기능의 신경학적 손상으로 인해 사회적 장애를 겪을 위험에 놓이게 된다(Nassau & Drotar, 1997).

신체 외모의 변화

의학적 질병이 초래하는 신체 외모의 변화는 아동의 또래관계에 영향을 미칠 수 있다. 자신의 외모가 매력적이지 못하다는 생각은 사회적 불안과 위축을 초래하며, 이것이 또래관계 문제에 기여한다(Spirito, DeLawyer, & Stark, 1991). 또한 또래 아동은 의학적 질병을 가지지 않은 아동보다 두개안면 장애로 신체 외모가 바뀐 아동에게 사회적 접촉을 덜 시도한다는 연구결과가 있다(Pope & Ward, 1997).

학교결석

만성질환을 가진 아동은 또래에 비해 더 자주 학교를 결석한다(예: Annett, 2004; Walker & Johnson, 2004 참조). 학교결석은 수업과 사회적 상호작용에 참여할 기회를 감소시키고, 그에 따라 학업성취의 하락이나 또래관계 문제가 초래된다. 학교결석이 잦은 학생들은 학교에서 소외감을 느끼고 문제 상황에 대처하는 자기효능감이 부족하다고 느낀다.

고통

아동 류머티스 관절염, 겸상적혈구장애, 위장장애, 근골격증후군을 포함한 다양한 의학적 질병을 가진 아동은 일상생활의 기능을 손상시킬 정도의 신체적 고통을 경험한다. 신체적 고통은 정서적 고통을 초래할 수 있고, 정서적 고통은 가족으로부터 떨어져 있는 기간 중이나(예: 분리불안과 관련된 복통; Walker & Johnson, 2004) 신체활동이 증가하는 기간 중에 악화된다(예: 운동과 관련된 근골격 고통; Sherry, 2000). 또한 신체적 고통은 어려운 학업과제에 주의를 집중하지 못하게 만들 수도 있다.

외상성 스트레스

의학적 질병, 특히 생명을 위협하는 두려운 경험을 반복하는 장애(예: 심각한 상해, 암)의 갑작스러운 발병은 아동과 그 가족에게 정신적 충격을 준다. 이러한 의학적 사건을 겪은 후에 대부분의 아동은 심리적으로 적응하게 되지만, 대략 20%는 급성 스트레스 장애나 외상후 스트레스 장애(PTSD) 증상을 보인다(Winston, Kassam-Adams, & Vivarelli-O'Neill, 2002). 또한 의학적 외상을 경험한 아동의 부모는 자녀에 비해서도 PTSD의 징후를 더 많이 보인다(Kazak et al., 1997). PTSD 증상은 학교에서 정서적 고통을 겪게 만들며, 아동의 주의집중 능력과 학습능력을 방해할 수도 있다.

인지행동 접근의 맥락

건강문제를 가진 아동의 학교적응은 교사와 아동이 맺는 관계의 특징, 수업의 질, 의미 있고 협력적인 또래관계에 참여할 수 있는 기회의 제공 등 수많은 변인에 좌우된다. 발달의 생태학적 모형에 따르면, 학교 시스템에 적응하는 일은 아동이 생활하는 여러 시스템들(예: 가족, 보건 시스템, 지역사회)과 이 시스템들 간의 관계(예: 학교-가족 관계, 학교-보건 시스템 관계)의 영향을 받는다(Bronfenbrenner, 1979). 예를 들면, 보호자에 대한 강한 애착은 학업적 성공을 이루려는 동기, 정서를 스스로 조절하는 능력, 또래나 가족 밖의 성인들과 성공적으로 관계를 맺는 능력에 영향을 미치기 때문에 학교 안에서 아동이 발달하고 성공을 이루는 데 중요한 변인이다(Cicchetti, Toth, & Lynch, 1995). 또한 가정-학교 관계의 질이 교사-아동

관계에 영향을 줄 수 있고, 교사-아동 관계는 아동의 학교적응에 영향을 미친다(Pianta, 1999). 이 장에서는 아동의 발달이 여러 시스템들과 그들 간의 상호관계 맥락 안에서 일어난다고 가정하는 생태학 모형에 근거하여, 건강문제를 가진 아동을 위한 인지행동 개입에 관해 설명하고자 한다.

선행연구의 고찰: 고통과 치료 불이행

아동을 괴롭히는 다양한 건강장애에 관해 수많은 개입방법이 개발되었다(예: Brown, 2004; Roberts, 2003 참조). 여기서는 개입에서 목표로 삼는 고통과 치료 불이행(nonadherence to treatment)에 초점을 둘 것이다. 이 두 가지는 다양한 아동기 장애에 보편적인 문제이기 때문에 선정되었다. 또한 효과성이 증명되었거나 효과가 있을 법한 인지행동 개입이 이 두 가지 문제를 다루기 위해 개발되었기 때문이다. 학교전문가, 부모, 건강전문가는 이런 문제와 관련된 개입을 개발하고 시행하며 평가하는 데 중요한 역할을 수행할 수 있다.

고통

고통(pain)은 "실제로 발생했거나 잠재적인 조직손상과 관련된 또는 조직손상으로 묘사된 불쾌한 감각적 · 정서적 경험"(Merskey & Bogduk, 1994: Dahlquist & Switkin, 2003에서 인용)으로 정의된다. 이 정의에 따르면, 고통은 생물학적 과정과 정서적 과정의 함수로 지각되며, 고통을 기질에 기초하는 것(organically based)과 심리에 기초하는 것(psychologically based)으로 구분해서는 안 된다(Dahlquist & Switkin, 2003).

고통을 호소하는 가장 흔한 이유는 의료치료를 받기 위해서다(Covington, 2000). 고통의 호소는 학교에서 아동의 일상적인 기능에 큰 영향을 미칠 수 있다(Palermo, 2000). 아동이 흔히 호소하는 고통의 예로는 편두통, 복통, 근골격통이 있는데, 이런 증상들은 자주 기능적 손상과 관련된다. 특히 재발성 복통(recurrent abdominal pain: RAP)은 종종 현저한 기능적 손상을 초래한다. 예를 들면, 학교출석의 감소

(Wasserman, Whitington, & Rivara, 1988), 학업성과의 감소(Kolbe, Collins, & Cortese, 1997), 신체활동 참여의 감소(Walker & Greene, 1991) 등이다.

재발성 복통은 3개월 이상 3회 또는 그 이상 자주 고통의 증감이 나타나는 일화로 구성되며, 기능을 손상시킬 정도로 심하다(Robins, Smith, Glutting, & Bishop, 2005). 재발성 복통은 공식적인 의학적 또는 심리적 진단명이 아니지만 전문가들은 재발성 복통을 신체적 고통 감각과 고통에 대한 심리적 반응의 복잡한 상호작용으로 이해한다. 뿐만 아니라 이러한 상호작용이 발생하는 생태학적 맥락 안에서 재발성 복통을 이해하려고 한다(Frazer & Rappaport, 1999; Robins et al., 2005).

질병 관련 요인에 더하여 대처기술, 심리적 스트레스, 문화적 배경 등의 개인적 요인과 가족요인이 고통을 겪는 아동의 기능에 영향을 미칠 수 있다. 예를 들면, 문제해결 전략과 기분전환 기법을 사용하는 등의 대처반응은 고통에 대한 아동의 지각을 줄이며, 결과적으로 기능장애를 감소시킨다. 반면, 아동이 불쾌한 활동을 피하도록 허용하거나 고통을 호소할 때마다 관심을 보이는 등 부모가 아동의 고통행동을 강화하여 '환자 역할(sick role)'을 조장하기도 하는데, 이는 건강한 아동보다 재발성 복통 아동에게 더 흔하게 나타난다(Walker, Garber, & Green, 1993).

치료 불이행

치료이행(adherence)이란 "약물치료를 받거나, 식이요법을 따르거나, 생활방식의 변화를 시행하는 개인의 행동이 의료 및 보건에 관한 조언과 일치하는 정도" (Haynes, 1979, pp. 2-3)를 의미한다. 치료 불이행은 증상의 악화, 의학적 병발, 사망 가능성의 증가 등 건강상의 심각한 위험을 내포한다(Lamanek, Kamps, & Chung, 2001). 또한 치료 불이행은 건강보호 시설에 더 많이 의존하거나 학교결석을 더 자주 하게 되는 결과와도 관련된다.

치료이행은 초기 진단 단계부터 시작해서 개입이 진행되는 내내 변화하는 과정으로 개념화된다(Lamanek et al., 2001). 소아과 치료이행과 관련된 여러 요인들은 다음 네 가지 주요 영역으로 분류될 수 있다(La Greca & Bearman, 2003). 첫째, 인지, 운동, 사회성, 정서적 기능의 수준 등 발달적 변인이 치료이행과 일관성 있게 관련된다. 예를 들면, 어린 아동에 비해 청소년이 치료를 잘 이행하지 않는다. 특히 치료가 외모의 변화를 초래하거나, 사회적 상호작용을 방해하거나, 주요 생활방식을 변화시켜야 하는 경우에 그렇다. 둘째, 아동과 가족의 특징, 특히 장애관리에 대한 지식, 문제해결 기술, 긍정적인 심리사회적 적응, 가족의 지지가 치료이행과 관련된다. 셋째, 의사와 환자의 관계, 장애관리에 대한 명백한 의사소통 등 보건 시스템의 여러 측면들이 치료이행과 관련된다. 넷째, 장애가 만성적일수록, 그리고 치료법이 복잡할수록 치료이행이 낮아진다. 즉, 장애 자체의 측면과 장애관리의 측면이 치료이행과 관련된다.

천식은 미국 아동의 대략 12%에서 발병하는데(Dey, Schiller, & Tai, 2004), 아동기에 가장 흔한 만성질환 중 하나로 간주될 정도다. 천식은 간헐적이며 가변적으로 기도가 막히는 심폐장애로, 종종 담배연기나 알레르기 유발 약물 등 공기 중에 있는 자극성 물질에 의해 일어난다. 천식은 아동·청소년의 입원, 응급실 내원, 활동 제한을 초래하는 주요 원인이며, 천식 증상 때문에 학생들은 연간 대략 1,000만 일을 결석한다(Taylor & Newacheck, 1992).

가정의 낮은 수입과 소수인종(Apter, Reisine, Affleck, Barrows, & ZuWallack, 1998; Bender et al., 2000), 자녀에 대한 부모의 지나친 비난(Wamboldt, Wamboldt, Gavin, Roesler, & Brugman, 1995), 가족 역기능(Bender, Milgrom, Rand, & Ackerson, 1998)이 천식의 치료 불이행을 예언하는 변인에 속한다. 다른 소아과 질환과 달리 천식에 관한 아동의 지식과 추론이 치료이행과 관련되는지에 관한 연구결과는 일관성이 없다. 이는 천식의 치료이행을 향상시키려면 아동만을 대상으로 하는 교육적 접근에 의존해서는 안 된다는 것을 시사한다(McQuaid & Walders, 2003).

천식관리는 일시적 치료에서 벗어나 지속적이고 예방적인 관리로 변모해 왔다. 천식의 치료이행은 매일의 약물치료, 질병 촉발요인의 확인과 기피, 증상 악화의 관리를 포함한다(Klinnert, McQuaid, & Gavin, 1997). 그러므로 간호사와 교사가 천식관리와 악화예방의 모든 국면에 관여할 수 있다. 치료이행을 증진시키기 위하여 가족, 의료팀, 학교팀의 협력이 필수적이다.

평가방법

건강문제를 가진 아동을 위한 개입을 개발하고 결과를 평가하는 데 유익한 몇 가지 평가모형이 구축되었다(Power, DuPaul, Shapiro, & Kazak, 2003 참조). 이 절에서는 이 모형들을 살펴볼 것이며, 〈표 18-1〉은 각 모형을 평가하기 위한 측정도구들을 예시한 것이다. 여기서는 치료이행과 고통을 평가하는 데 유용한 측정도구에 초점을 맞추었다. 건강행동을 평가하는 데 유용한 측정도구에 대해 알고 싶다면 Naar-King, Ellis와 Frey(2004)의 측정도구 핸드북을 참조하라.

〈표 18-1〉 차원적 · 인지적 · 기능적 · 생태학적 평가모형과 관련된 측정도구 예시

측정도구	방법	목적
	차원적 평가	
전화일지 (Daily phone diary; Quittner & Opipari, 1994)	부모면담 또는 아동 · 청소년 면담	치료이행 평가
약물복용 전자 모니터링 체계 (Medication Electronic Monitoring System*)	약병 개봉의 전자기록	치료이행 평가
소아 고통 질문지 (Pediatric Pain Questionnaire; Varni, Thompson, & Hanson, 1987)	청소년 자기보고 척도, 부모보고 척도	고통 부위, 강도, 과거력 평가
	인지적 평가	
소아 고통대처 검사 (Pediatric Pain Coping Inventory; Varni et al., 1996)	아동 자기보고 척도, 부모보고 척도	고통 대처전략 평가
부모 건강 통제소재 척도 (Parent Health Locus of Control; DeVellis et al., 1993)	부모 자기보고 척도	자녀의 건강에 관한 부모의 신념 평가
천식 자기효능감 척도 (Asthma Self-Efficacy Scale; Bursch, Schwankovsky, Gilbert, & Zeiger, 1999)	아동 자기보고 척도, 부모보고 척도	천식관리의 자기효능감 평가

기능적 평가		
행동의 기술적 · 실험적 분석 (Descriptive and experimental analysis of behavior; Nelson, Roberts, & Smith, 1998)	부모 및 아동 면담, 직접관찰, 실험조작	건강행동의 기능 평가
생태학적 평가		
가족 책임감 질문지 (Family Responsibility Questionnaire; Anderson, Auslander, Jung, Miller, & Santiago, 1990)	아동 자기보고 척도, 부모보고 척도	가족 구성원의 질병 관리 관련 역할 평가
자녀양육 스트레스 지표 (Parenting Stress Index; Abidin, 1995)	부모보고 척도	자녀양육 스트레스에 기여하는 요인 평가
교사-학생 관계척도 (Student-Teacher Relationship Scale; Pianta, 2001)	교사보고 척도	교사-아동 관계 평가

* 구입처: APREX, 1430 O'Brien Drive, Suite F, Menlo Park, CA 94025-1486. http://www.aprex.com.

차원적 평가

차원적 접근은 기능적인 것과 역기능적인 것의 경계, 또는 정상과 비정상의 경계를 뚜렷하게 구분하지 않고 연속선상에서 기능을 평가하는 방법을 말한다. 이러한 접근은 아동의 기능수준을 동일한 연령과 성별에 속하는 다른 아동들의 기능수준과 비교하여 기능의 심각성을 평가할 수 있게 해 준다(Achenbach & McConaughy, 1996). 예를 들면, 아동과 가족의 치료이행 정도와 아동이 겪는 고통의 심각성을 평가하는 다수의 측정도구들이 있다.

인지적 평가

인지적 접근은 질병에 대한 적응적 · 부적응적 대처에 기여하는 신념을 평가한다. 인지와 행동의 관계를 검토하는 연구에서 주로 다루어 온 두 가지 개념은 건강 통제소재와 자기효능감이다. 건강 통제소재는 건강증진 행동을 성공적으로 시행하는 능력에 대한 신념과 무관하게 자신의 건강 상태나 자녀의 건강 상태를 향상시키기 위한 구체적인 행동을 할 수 있다는 신념을 의미한다(Rotter, 1990; Wallston, 1992). 자기효능감은 자신이나 자녀를 위한 건강증진 행동을 성공적으로 시행할 수 있는 능력에 대한 신념을 일컫는다(Bandura, 1977; Sarafino, 1994).

기능적 평가

기능적 접근은 건강 관련 행동을 촉발하거나 유지하는 환경사건을 검토하는 절차를 활용한다. 행동을 발생시키는 선행사건과 행동이 재발할 가능성을 증가 또는 감소시키는 유관성을 평가하는 방법이 기능적 평가에 해당한다. 기능적 평가는 기술적 분석(descriptive analysis, 예: 면접, 행동관찰)을 수행하는 절차와 실험적 분석(experimental analysis, 예: 환경사건과 표적행동의 관계를 검증하기 위하여 환경사건을 체계적으로 조작하는 활동)을 위한 전략을 포함한다. 기능적 평가는 행동의 가설적 기능(예: 과제회피, 또래나 성인의 관심, 물질적 강화, 자동적 강화)을 확인하는 데 유용한데, 이는 개입계획을 세울 때 도움이 된다(Power et al., 2003).

생태학적 평가

생태학적 평가는 아동이 기능하는 맥락에 대한 평가를 말하는데, 시스템 안에 있는 개인들 간의 관계(예: 부모-자녀 관계, 교사-학생 관계, 또래관계)를 특히 강조한다. 생태학적 평가는 시스템들 간의 관계(예: 가족-학교 관계, 가족-보건 시스템 관계, 학교-보건 시스템 관계)에 대한 평가도 포함한다. 또한 생태학적 평가를 하려면 아동이 발달하고 있는 시스템에 영향을 미치는 문화적·정치적·경제적 요인들(예: 가족의 종교적 신념, 교육법, 건강보험 정책)을 이해해야 한다(Power, 출판 중).

개입의 개념화

생태학적 접근과 인지행동 접근을 통합한 개념적 틀이 임상사례를 개념화하는 데 유용하다. 이런 접근을 다중체계 인지행동 개입모형(Multi-Systemic Cognitive-Behavioral Intervention Model: MCBIM)이라고 한다. 이 모형은 Sheridan, Kratochwill과 Bergan(1996), Kazak, Rourke와 Crump(2003), Power 등(2003)이 제시한 여러 모형에서 도출되었다. 이 모형은 여러 시스템 안에서 아동이 발달하는 과정 중에 적응유연성을 증진시키고 위험요인을 감소시키는 노력을 중시하며, 여러 시스템들 간 파트너십의 조성을 강조한다. 또한 이 접근은 질병에 대한 아동과 가족의 신념이 건강증진 행동을 유도하며 건강손상 행동을 감소시키는 방식으로 형성되어야 함을 강조한다. 전문가와 가족의 협력적 파트너십을 통해 인지행동 개입을 개발하고 시행하며 평가하는 것이 가장 효과적이라고 가정하는데, 이것이 MCBIM의 토대를 이룬다. [그림 18-1]은 MCBIM을 도식화한 것이다. 이 모형에 포함된 일련의 단계를 약술하면 다음과 같다.

문제해결과 능력증진 단계들은 각 시스템과 시스템들 간의 연결을 강화시키는 맥락에서 다루어진다.

1단계: 시스템의 이해와 강화

질병에 대처하는 아동의 능력은 시스템 내 역동의 영향을 크게 받는다. 질병이 시작되면 시스템 안의 관계가 혼란에 빠질 수 있으므로, 의학적 장애가 진행되는

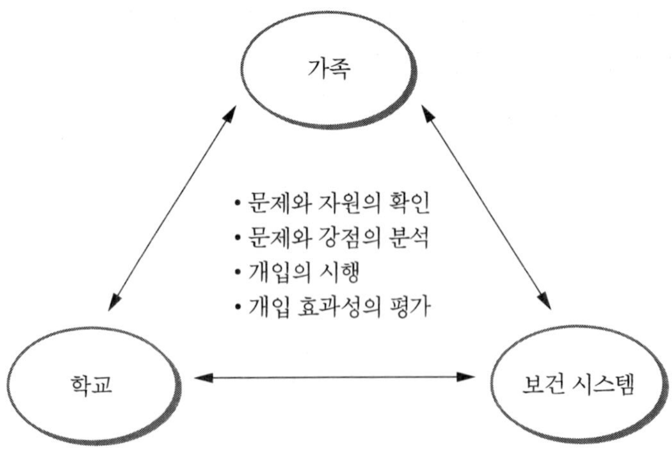

[그림 18-1] 다중체계 인지행동 개입모형

과정 동안에 시스템이 어떻게 재조직되는지를 이해하는 것이 중요하다. 또한 효과적인 대처를 촉진하는 맥락요인과 역기능에 기여하는 요인을 규명하는 작업이 필요하다. 이러한 정보는 시스템 내의 관계를 강화하는 전략을 설계할 때 유익하다.

2단계: 시스템 상호관계의 이해와 강화

시스템 간의 협력적 관계는 각 시스템에서의 성공적 적응을 증진시키는 데 도움이 된다. 건강문제를 가진 아동을 위해서 가족, 학교, 보건 시스템의 상호연결 방식을 이해하는 것이 중요하다. 이러한 정보는 전문가가 시스템 간의 관계를 강화하는 전략을 설정하는 데 도움을 준다.

3단계: 문제해결을 위해 아동의 문제와 자원 확인

일단 시스템 간에 파트너십이 수립되면, 전문가와 가족 구성원은 문제해결과 자원 증진을 위해 협력할 수 있게 된다. 이 단계에서 가족 구성원, 학교전문가 및 건강전문가는 변화를 위해 표적으로 삼아야 할 주요 문제를 확인하기 위해 협력한다. 동시에 시스템 안에 그리고 여러 시스템에 걸쳐 존재하는 자원을 확인하고, 문제해결 과정을 촉진하기 위해 이들 자원을 활용한다.

4단계: 문제와 강점의 분석

이 단계에서는 건강한 행동 패턴과 건강하지 않은 행동 패턴을 촉발하는 인지적 요인과 환경적 요인을 여러 시스템에 걸쳐서 평가한다. 앞서 언급한 인지적 방법과 기능적 방법이 특히 이 단계 동안에 도움이 된다. 인지적 접근은 건강증진 행동과 건강손상 행동에 관련된 건강신념을 밝혀낼 수 있다. 기능적 접근은 적응적 행동과 부적응적 행동을 유발하고 유지하는 환경사건을 규명할 수 있다. 이런 접근을 통해 도출된 정보는 3단계에서 확인된 표적행동에 대한 인지행동 개입을 설계할 때 매우 유용하다.

5단계: 개입의 시행

효과적 개입을 위해서 아동과 부모, 학교전문가 및 건강전문가뿐만 아니라 이 과정에 참여한 각 개인의 역할과 책임을 명시해야 한다. 협력적 관계를 통해 그들은 자신에게 맡겨진 역할과 책임에 대해 협상한다. 또한 여러 개입 주체들이 치료이행을 증가시키는 요인들을 강화하고, 치료이행을 방해하는 장애요인들을 확인하기 위해 지속적으로 의사소통한다면 치료의 성공 가능성이 높아진다.

6단계: 개입의 효과성 평가

형성평가와 총괄평가를 실시하여 개입의 효과성을 평가한다. 개입이 진행되는 과정 중에 조정을 해야 할 필요가 있는지를 결정하기 위하여 형성평가를 실시하거나 진전 상태를 지속적으로 점검한다. 총괄평가는 일정 기간이 종료된 후에 실시하는데, 개입목표의 달성 여부나 치료과정의 추가 및 변경 필요성을 시사해 주는 징조를 밝히는 데 유용하다.

인지행동 개입전략

건강문제를 가진 아동과 그들의 가족을 위한 인지행동 개입은 인지적 요인에 초점을 두는 접근과 행동을 표적으로 하는 접근 그리고 인지적 요인과 행동적 요인을 조합하는 접근에 이르기까지 다양하다. 인지적 요인들은 질병이나 질병관리에 관한 사고방식을 변화시키는 데 초점을 둔다. 이러한 사고나 신념은 적응적이거나 부적응적인 행동에 선행한다. 행동적 요인들은 건강하거나 건강하지 못한 행동에 영향을 끼치는 상황이나 환경을 변화시키는 데 초점을 둔다. 선행사건 중심의 행동적 개입은 행동을 발생시키는 환경조건을 변화시키는 방식으로 설계된다. 강화중심의 행동적 개입은 건강하거나 건강하지 못한 행동에 뒤따르는 후속결과나 유관성을 변화시킴으로써 건강행동을 증가시키는 데 목표를 둔다. 이 절에서는 만성적 고통을 겪으면서도 치료이행을 하지 않는 아동을 위해, 특히 학교에서 사용이 가능하도록 변경할 수 있는 전략을 중점적으로 살펴보고자 한다. 또한 이 인지행동 접근을 변경하는 구체적인 방식에 대해서도 살펴본다.

만성적 고통을 위한 개입

고통관리를 위한 인지행동 개입은 여러 전략이나 요소를 통합한 종합적 치료 패키지로 제공된다(Dahlquist & Switkin, 2003). 예를 들면, Sanders 등은 반복적 복통을 치료하기 위한 가족개입에 고통관리, 아동을 위한 자기관리 전략, 부모를 위한 유관성 교육 프로그램을 설계하고 평가했다(Sanders et al., 1989; Sanders, Shepherd, Cleghorn, & Woolford, 1994). 개입에 참여했던 아동들이 대기자 통제집단에 비해 3개월 추수조사에서 더욱 신속하게 개선되었고, 보고된 고통도 감소한 것으로 나타났다(Sanders et al., 1989). 또 다른 연구에서는 1차 진료의가 안심시키는 말과 일반적인 조언만을 해 준 아동에 비해 프로그램에 참여한 아동의 고통 재발률이 낮았다(Sanders et al., 1994). 이 두 연구는 각 요소의 상대적 가치를 구분하여 비교하지는 않았지만, 일반적인 인지행동 전략의 효과성을 지지한 초기 증거로서 중요하다(Dahlquist & Switkin, 2003).

아동의 자기진술. 아동은 자신이 겪은 고통경험을 관리할 수 있는 능력을 키울 수 있다. 고통에 대한 신념, 그리고 고통을 관리할 수 있는 자신의 능력에 대한 신념이 고통의 주관적 경험과 이를 동반하는 부정적 정서에 영향을 미친다. 따라서 아동이 고통을 경험할 때 자신을 격려하는 자기진술(예: "곧 괜찮아질 거야.")을 스스로 반복하도록 가르친다(Gil et al., 2001; Sanders et al., 1989, 1994).

이완과 기분전환. 아동은 고통경험에 대한 주의를 다른 데로 돌리고 주관적인 고통의 강도를 감소시키는 이완전략을 학습할 수 있다. 점진적 근육이완(progressive muscle relaxation, PMR)은 흔히 사용하는 이완전략 중 하나로, 근육의 긴장과 이완을 가르친다. 집에서 연습해서 이완을 잘할 수 있게 되면 더 적은 근육을 사용하여 이완할 수도 있고, 심지어는 단서단어를 한 번만 봐도 신체를 이완할 수 있는 방법을 배운다(Dahlquist & Switkin, 2004). 이완을 가르치는 또 다른 방법으로는 심상을 사용하는 방법(예: 아동이 다른 곳, 좀 더 유쾌한 상황에 있다고 상상함)과 깊고 반복적인 횡격막 호흡을 하도록 격려하는 방법이 있다. 아동이 이들 전략을 사용하도록 부모와 교사가 아동을 격려하는 것이 중요하다.

아동의 자기강화. 아동이 고통에 대처하는 전략을 사용하거나 고통의 경험을 감소시킬 경우 스스로 자신에게 강화를 주도록 가르칠 수 있다. 지각된 고통의 감소는 자기강화적이며, 효과적인 대처전략의 사용을 증가시킬 수 있음을 언급하는 것이 중요하다. 예를 들면, 아동은 긍정적 자기진술을 함으로써 자기강화를 연습할 수 있다(Sanders et al., 1994).

부모를 위한 유관성 관리. 만성적 고통을 지닌 아동은 자신의 고통행동을 강화하거나 처벌하는 자원들을 가지고 있다. 여기에는 아동의 고통행동에 대하여 친구나 가족, 보건서비스 제공자, 교사 등이 나타내는 사회적 반응이 포함된다. 고통관리와 고통 대처전략에 대한 강화중심의 접근은 고통행동에 대한 후속결과 또는 유관성을 변경시킨다(Jensen, Nielson, & Kerns, 2003). 고통행동은 드러눕기, 얼굴 찡그리기, 언어적 호소 등 고통 증상의 실제적인 표현으로 정의된다(Dahlquist & Switkin, 2004).

만성적 고통을 지닌 아동에게 적용할 수 있는 한 가지 전략은 고통을 계속 호소해서 얻을 수 있는 이차적 이득(즉, 질병이 초래하는 긍정적 결과)을 감소시키는 방법이다. 예를 들면, 아동이 고통을 호소할 때 부모나 교사가 특별한 관심을 보이거나 아동이 피하고 싶어하는 행동(예: 등교)을 피하도록 허용하면 우연히 아동의 고통행동을 격려하거나 '환자 역할'을 조장할 수도 있다. 대신 부모와 교사가 아동의 적응적 대처행동(예: 양호실에 누워 있거나 조퇴를 하기보다는 이완전략이나 기분전환을 연습하기)에 대해 보상을 제공할 수 있다. 아울러 부모와 교사는 고통행동에 대해 지나친 관심을 보이지 말고, 아동이 자신의 고통을 핑계로 하고 싶지 않은 행동을 피하지 않도록 돕는 방법을 선택할 수 있다.

치료 불이행에 대한 개입

고통에 대한 개입에 포함된 다양한 인지행동 요소들은 종종 치료 불이행에 대한 개입에도 포함된다. 예를 들면, Baum과 Creer(1986)는 자기모니터링, 강화, 교육의 병행 실시가 천식관리를 향상시킨다는 것을 발견하였다. 구체적으로, 자기모니터링, 강화, 교육을 병행한 아동들은 자기모니터링 개입만을 받은 아동들에 비해 천식발작을 유발하는 요인들을 더 잘 피할 수 있었다. 또한 이런 아동들은 천식발작이 시작될 때 성인에게 즉각적인 처치를 요청했으며 더 많은 예방전략을 사용했다. 지금부터 천식관리를 염두에 두면서 치료이행을 향상시키기 위한 몇 가지 치료 요소들에 대해 설명하고자 한다.

환경의 변화. 환경물질에 대한 노출은 아동의 천식발작에 선행하는 요인으로 작용한다. 동물, 담배연기, 기타 공기가 옮기는 알레르기 같은 유발요인에 가급적 노출되지 않도록 하는 것이 종합적 치료계획의 중요한 요소다. 미국의 전국 천식 교육 및 예방 프로그램(National Asthma Education and Prevention Program, 2004)에는 학교 천식관리에 관한 결의문이 포함되었다. 이 결의문은 천식발작의 예방을 위해 모든 학교활동을 담배연기 없는 환경에서 수행할 것을 의무화하고 있다.

모델링. 질병과 질병관리에 관한 구체적인 지식은 치료이행을 위해 필요하다. 그러나 복잡한 치료법을 성공적으로 시행하려면 치료에 필요한 기술을 실제로 관찰하고 연습하는 것이 필요하다. 예를 들면, 제1유형 당뇨로 진단된 청소년이 스스로 주사를 놓는 절차를 관찰하고 연습할 적절한 기회를 얻지 못한다면, 잘못된 방식으로 주사를 놓거나 계속해서 부모가 주사를 놓아주어야 할지도 모른다.

자기모니터링. 자기모니터링만으로는 복잡한 의료치료를 받아야 하는 아동의 질병관리를 향상시키기에 부족하다(La Greca & Bearman, 2003). 그러나 천식 아동에 관해서는 최고 유출입 미터기를 읽어서 자신의 폐기능을 스스로 감독하는 것이 천식 치료에 대한 전반적인 이행수준을 증가시켰다. 그렇지만 자기모니터링이 일반적인 천식관리 기술을 증가시키지는 못했다(Baum & Creer, 1986).

조직. 조직과 관련된 전략은 병원의 특징이나 치료법의 특징을 바꿈으로써 치료 불이행의 맥락 자체를 변경시키는 것을 말한다. 예를 들면, 치료법을 단순화하거나 좀 더 쉽고 편리하게 병원예약을 할 수 있도록 해서 치료이행을 향상시킬 수 있다. 천식 아동을 위해 가장 많이 연구된 조직 관련 전략으로는 의사의 지도감독을 확대하고 처방약을 아동의 기호에 맞게 만드는 방법이 있다(Lamanek et al., 2001). 학교에서 적용할 수 있는 조직 관련 개입으로는 아동이 다른 아동들의 눈에 띄지 않도록 보건실에서 천식 예방약을 복용하게 하는 방법을 예로 들 수 있다.

시각단서. 달력이나 주요 장소에 특별한 기호를 표시하거나 아동에게 전화를 걸어 치료를 이행하도록 상기시킬 수 있다. 예를 들면, 세면대 거울 근처에 약을 두면 아침, 저녁으로 약을 복용하게 만드는 자극단서가 될 수 있다. 학교에서는 아동이 보건교사로부터 약을 받아서 먹는 시간을 적는 기록표를 활용할 수 있다.

강화중심의 절차. 다양한 강화중심의 절차가 치료이행을 향상시키는 데 성공적인 것으로 밝혀졌다(La Greca & Bearman, 2003). 예를 들면, 아동이 치료이행을 할 때 물건(예: 스티커)이나 특혜(예: 줄반장 역할 부여), 칭찬 등의 방법이 대체로 효과적이다. 특정 행동을 수행하면 특정 강화물이 제공될 것이라는 것에 대해 성인과 아동이 합의해서 계약을 체결하면 천식에 대한 치료이행을 향상시키는 데 더욱 유용하다(예: da Costa, Rapoff, Lemanek, & Goldstein, 1997).

학교에서 다중체계 인지행동 개입모형의 적용

다중체계 인지행동 개입모형(MCBIM)은 건강전문가와 가족을 위해 개발된 모형뿐만 아니라(Kazak et al, 2003) 학교에서 일하는 전문가와 가족을 위해서 개발된 여러 모형(Sheridan et al., 1996)에 기초한다. MCBIM은 건강전문가와 학교전문가의 파트너십을 강조하지만, 이러한 파트너십은 대부분의 지역사회에서 아직 조성되어 있지 않다(Power et al., 2003). 학교의 관심 대상인 아동을 위한 MCBIM의 적용과 관련된 장점과 문제점은 다음과 같다.

MCBIM의 장점

1. 발달심리학, 생태체계이론, 인지행동이론 및 응용행동분석에 뿌리를 두고 있다.
2. 평가와 개입에서 증거기반의 방법을 사용한다.
3. 개입과 예방의 중요성을 강조하며, 강점기반(strength-based)의 접근과 결핍기반(deficit-based)의 접근을 병행한다.
4. 평가에 대한 다중 정보 제공자(multi-informant), 다중방법(multimethod)의 접근을 권장한다.
5. 개입에 대한 다중양식(multimodal), 다중시행자(multiagent)의 접근을 권장한다.
6. 개입의 계획과 평가에서 자료기반의 방법을 권장한다.
7. 파트너십 중심의 접근을 강조하여, 개입전략의 사회적 타당성과 문화적 민감성을 높인다.

MCBIM의 문제점

1. 여러 보건 시스템과 교육 시스템에 걸쳐 파트너십이 형성되어야 한다. 그러나 건강전문가와 교육전문가 간에는 문화, 언어, 훈련의 차이가 존재하며, 시간 제약 때문에 이러한 차이를 극복하기가 매우 어렵다(이 문제를 해결하기 위한 전략에 대한 논의는 DuPaul & Carlson, 2005 참조).
2. 가정과 학교 간에 파트너십이 형성되어야 한다. 그러나 부모와 교사는 건강과 교육에 대한 아동의 요구를 충족시키기 위해 긴밀히 협력할 준비가 되어 있지 않다(이 문제를 해결하기 위한 전략에 대한 논의는 Sheridan et al., 1996과 Power et al., 2003 참조).
3. 이 모형을 효과적으로 적용하려면 전문가들이 이론과 과학적 방법, 전문적 활동에 관해 고도의 훈련을 받아야 한다(전문가의 훈련 요구에 대한 논의는 Power, Shapiro, & DuPaul, 2003 참조).
4. 이 모형을 효과적으로 적용하려면 많은 시간과 인력, 비용이 요구된다. 그러

므로 전문가는 이 모형의 실행 가능성을 높일 수 있도록 모형의 적용과정을 간편화할 것을 권장한다.

천식 아동 사례연구: 브랜든

브랜든은 13세 아프리카계 미국인 남자 아동으로 2세 때 천식 진단을 받았다. 당시 기침과 재채기가 심해서 응급실에 실려 갔다. 몇 년 동안 여러 차례 응급실에 내원한 적이 있으며, 세 번은 위급하게 입원을 하기도 했다. 최근에 가족주치의가 브랜든에게 내린 처방에는 플루티카손 프로피온과 살메테롤의 복합처방, 증상 발현 예방을 위한 지속적인 코르티코스테로이드와 기관지 확장제(매일 오전과 오후에 두 번씩 흡입), 급성 천식발작 치료에 단기간 작용하는 기관지 확장제 알뷰테롤(필요 시 복용) 등이 포함되었다.

브랜든은 어머니와 10세 여동생과 함께 살고 있다. 그의 부모는 작년에 이혼을 했다. 어머니에 따르면, 부모가 이혼할 당시에 브랜든이 치료약 복용을 거부하기 시작했다. 어머니는 집안에서도 흡연을 한다. 브랜든의 학업 수행은 대체로 괜찮은 편이며(평균 B학점), 학교에서 별다른 행동문제는 보이지 않았다.

브랜든의 치료 불이행이 그의 어머니에게 큰 걱정거리였다. 그녀의 걱정을 듣고, 가족주치의는 심리학자의 자문을 받고자 했다. 어머니와 브랜든은 종종 아침에 약 복용을 잊었고, 저녁에 어머니가 브랜든에게 약복용을 상기시킬 때면 여지없이 언쟁을 벌이곤 했다. 더구나 브랜든은 학교에서 천식발작을 더 많이 했고, 어머니가 브랜든을 학교에서 데려와야 했기에 자주 직장을 조퇴하거나 결근을 하는 등 직장생활에도 문제가 되었다.

1단계: 시스템의 이해와 강화

브랜든의 가족은 1차 진료를 받으러 내원하여 심리학자를 만날 수 있었다. 브랜든의 천식 증상이 얼마나 심각한지, 증상에 기여하는 변인이 무엇인지, 약복용에 대해 브랜든이 어떤 생각을 하는지, 치료 불이행에 기여하는 변인(가족, 학교)이 무엇인지를 규명하기 위한 평가가 실시되었다. 브랜든과 어머니는 천식발작 때문에 매주 2회 학교간호사를 만나는데 동의했다. 매달 대략 두 번은 천식 증상이 심해져서 학교간호사는 어머니에게 전화를 걸어 브랜든을 데리러 학교로 오라고 했다. 브랜든과는 따로 면접을 했는데, 그는 종종 약복용을 잊었으며 어머니가 약을 먹으라고 잔소리를 할 때 짜증이 난다고 말했다. 어떤 때는 기침을 하지 않는데 왜 하루에 두 번씩이나 약을 먹어야 하는지 이해가 안 된다고 불평을 했다. 더구나 브랜든은 약을 타러 자주 보건실에 가는 것이 창피하다고 말했다. 알뷰테롤이 천식에 도움이 되는 것 같지만 그 약을 복용하면 불안한 기분이 든다고 했다. 또한 브랜든은 자기가 천식을 앓고 있다는 것을 친구들이 몰랐으면 좋겠다고 말했다.

심리학자는 학교에서 브랜든이 보이는 행동과 천식을 관리하는 방법에 대해 좀 더 많은 정보를 수집하기 위해 교사와 학교간호사를 만나길 원했다. 이를 위해 어머니의 허락을 받았다. 학교간호사는 브랜든이 자주 보건실에 오고 심각한 증상을 보인다는 것을 재차 확인해 주었다. 브랜든의 어머니가 상황을 잘 통제하지 못하는 것에 대해 학교간호사는 실망스러워했다. 브랜든을 가르치고 있는 다섯 명의 교사는 그의 건강문제를 잘 이해하지는 못했지만, 그의 빈번한 결석이 성적에 영향을 미치기 시작했다고 언급했다. 학교간호사와 교사는 개입계획을 세우기 위해 심리학자, 가족과 함께 협력할 의향이 있다고 말했다.

2단계: 시스템들 간의 관계 이해와 강화

심리학자가 브랜든의 어머니를 만나 가족과 학교가 함께 회의를 했으면 좋겠다고 제안했다. 브랜든의 어머니는 마지못해 동의했고, 학교간호사와의 관계가 걱정스럽다고 말했다. 브랜드의 주치의는 회의에 참석할 수 없었지만, 어쨌든 심리학자는 그를 초대했다. 주치의는 자신이 추천했던 의료치료법을 약술한 보고서를 보내왔다. 회의에는 브랜든도 참석했고, 심리학자가 학교 교직원들과 가족의 원만한 관계형성을 도왔다. 회의에 참석한 모든 사람들이 브랜든의 천식관리를 위해 할 수 있는 일이라면 무엇이든지 헌신적으로 하겠다는 마음을 표현했다. 심리학자는 상황을 복잡하게 만들었던 몇몇 요인에 대한 개요를 작성했고, 회의에 참석한 사람들이 브랜든의 치료이행을 방해하는 요인에 대해 이야기할 기회를 고루 갖게 했다.

3단계: 아동문제와 문제해결을 위한 자원의 확인

교직원들과 어머니는 브랜든이 장기간 효능을 나타내는 약물을 하루에 적어도 한 번은 복용하지 않는 것이 문제이며, 천식발작의 초기 징조가 나타날 때 알뷰테롤을 사용하지 않는 것도 중대한 문제라는 데 동의했다. 또한 천식관리에 도움이 되는 여러 강점과 자원을 찾아냈다. 브랜든에 대한 어머니의 강한 헌신과 관심, 친구를 사귈 수 있는 브랜든의 능력, 브랜든에 대해 잘 알고 있는 학교간호사, 브랜든의 학습과 건강 발달에 관심을 기울이는 교사들이 있다는 것은 브랜든의 강점과 자원에 해당된다.

4단계: 문제와 강점의 분석

여러 전문가와 교사 그리고 어머니로 구성된 팀이 함께 모여 브랜든의 치료이행을 방해하는 요인들을 확인했다. 첫째, 브랜든은 예방약의 중요성을 이해하지 못하고 있는 것이 분명했고, 이것에 대해 브랜든과 함께 이야기할 시간을 마련했다. 둘째, 브랜든과 어머니는 아침에 너무 바빠서 브랜든의 약복용을 자주 잊었다. 셋째, 브랜든이 저녁에 약복용을 하지 않는 것은 어머니의 잔소리와 브랜든을 아기처럼 대하는 어머니의 태도가 브랜든을 짜증나게 만들었기 때문으로 추정되었다. 마지막으로, 브랜든은 자신의 질병에 대해 친구들이 부정적인 반응을 할 것이라고 생각했기 때문에 학교에서 흡입기 사용을 불편하게 여겼다.

5단계: 개입의 시행

브랜든이 아침 약복용을 기억할 수 있도록, 학교간호사는 그가 등교하자마자 학교에서 약을 복용하는 대안을 제시했다. 친구들 앞에서 좋지 않게 보일까 봐 걱정하는 브랜든의 마음을 감안해서, 1교시 교사는 브랜든에게 매일 아침 출석부를 교무실에 갖다 놓는 역할을 맡겼다. 따라서 급우들이 브랜든의 약복용에 대해 모르게 했다. 보건실에서 브랜든은 폐의 공기 유출입 최고치를 스스로 점검하고 차트에 기록했다. 브랜든이 약을 복용했는지를 어머니가 알 수 있도록, 매일 학교간호사가 어머니에게 이메일을 보내는 것에 세 사람이 동의했다.

브랜든에게 저녁 약복용을 상기시키기 위해 어머니는 두 번만 알려 준다는 데 동의했다. 브랜든과 어머니는 행동계약을 맺었는데, 그가 아침에 약을 복용할 때마다 주말에 친구와 함께 노는 시간을 늘려 주거나 친구들을 집으로 초대하는 특혜를 허용했다. (브랜든이 따로 심리학자와 만났을 때, 어머니는 담배연기가 브랜든의 상태를 악화시키므로 집에서는 흡연을 하지 않겠다는 데 동의했다.)

천식에 관한 친구들의 생각에 대해 브랜든이 가지고 있는 신념을 바꾸기 위해, 학교간호사는 이 학교에 다니는 학생 25명이 흡입기를 사용한다는 점을 브랜든에게 알려 주어서 천식이 흔한 질병임을 강조했다. 브랜든이 흡입기를 사용하기 위해 보건실보다는 화장실에 가는 것이 좀 더 나은 방법일지도 모른다고 교사가 제안했다. 또한 브랜든은 학교에서 천식에 대처하는 유용한 방법에 관해 심리학자와 여러 회기 동안 이야기를 나눌 것이라는 데 동의했다.

6단계: 개입 효과성의 평가

첫 회의에 참석했던 모든 사람들이 2주 후에 다시 만났다. 학교간호사는 브랜든이 9일 중 8일은 아침에 약을 복용했다고 보고했다. 브랜든은 호흡하기가 편해졌고, 매일 기록한 차트를 보여 주었으며, 저녁 약복용을 단 한 번만 빠뜨린 것을 자랑스럽게 말했다. 그의 어머니는 브랜든이 주말에 많은 시간을 친구들과 즐겁게 보냈고, 폐 공기 유출입 최고치의 기록이 개선된 것에 대해 의사가 기뻐했다고 말했다. 또한 어머니는 직장을 조퇴하거나 결근하는 일이 줄어든 것에 대해서도 만족스러워했다.

첫 회의 이후, 브랜든은 한 번 천식발작을 했다. 흡입기를 쓰려고 교실을 나오는 게 창피해서 발생한 일이었다. 이것도 향상된 상태이긴 하지만, 학교에서 브랜든이 대처할 전략을 개발할 필요성은 여전히 남아 있다. 어머니는 매주 브랜든을 심리학자에게 데리고 가는 일이 불편하다고 말했다. 만일 학교에서 상담서비스를 제공할 수 있다면 브랜든이 상담을 받기가 쉬울 것이라는 데 동의했다. 심리학자가 상담교사와 회의를 하고 상담전략을 제안하기로 했다. 전문가, 교사, 부모, 브랜든으로 구성된 팀은 브랜든의 진전을 점검하기 위해 한 달 안에 다시 만나는 것에 동의했다.

결 론

아동의 만성적인 건강문제는 학업성취, 또래관계, 정서기능을 포함하여 학교와 관련된 여러 기능에 전반적인 영향을 미칠 수 있다. 학교환경의 속성(예: 수업의 유형, 교사-아동 관계의 질), 학교와 주요 시스템들 간의 관계(예: 학교-가정 관계, 학교-보건 시스템 관계)는 건강문제를 가진 아동의 학교적응에 강력한 영향을 미친다. 인지행동 접근은 다양한 종류의 건강장애를 가진 아동의 요구를 충족시키기 위해 개발되었다. 인지행동 전략의 성공 여부는 여러 시스템들을 변화시키고 시스템 간의 관계를 변화시키려는 노력에 크게 좌우된다. 그런 노력을 통해 인지행동 전략의 성공적 시행을 증진시킬 수 있다. 이 장에서 우리는 건강문제의 개입에 대한 생태체계적 관점과 인지행동 접근을 통합하는 하나의 모형을 제시했다. 이러한 모형은 다중체계 인지행동 개입모형(MCBIM)으로 불리며, 인지행동 개입을 위한 하나의 맥락을 조성할 수 있다. 이 맥락은 개별 기법(예: 모델링, 이완, 자기모니터링, 자기강화, 유관성 계약)의 효과를 최적의 수준으로 끌어올린다. 이 장에서는 고통관리와 치료이행에 초점을 두었다. 뿐만 아니라 MCBIM은 소아과 건강진료에 관련된 다양한 쟁점(예: 재입학, 약물복용 관리, 외상성 스트레스 감소)에 두루 적용될 수 있다.

참고문헌

Abidin, R. R. (1995). *Parenting Stress Index*. Lutz., FL: Psychological Assessment Resources, Inc.

Achenbach, T. M., & McConaughy, S. H. (1996). Relations between DSM-IV and empirically-based assessment. *School Psychology Review, 25,* 329-341.

Anderson, B. J., Auslander, W. F., Jung, J., Miller, J. P., & Santiago, J. V. (1990). Assessing family sharing of diabetes responsibility. *Journal of Pediatric Psychology, 15,* 477-492.

Annett, R. D. (2004). Asthma. In R. T. Brown (Ed.), *Handbook of pediatric psychology in school settings* (pp. 149-168). Mahwah, NJ: Lawrence Erlbaum

Associates.

Apter, A. J., Reisine, S. T., Affleck, G., Barrows, E., & ZuWallack, R. L. (1998). Adherence with twice-daily dosing of inhaled steroids: Socioeconomic and health-belief differences. *American Journal of Respiratory and Critical Care Medicine, 157,* 1810-1817.

Bandura, A. (1977). Self-efficacy: Toward a unifying theory of behavioral change. *Psychological Review, 84,* 191-215.

Baum, D., & Creer, T. L. (1986). Medication compliance in children with asthma. *Journal of Asthma, 23,* 49-59.

Bender, B., Milgrom, H., Rand, C., & Ackerson, L. (1998). Psychological factors associated with medication nonadherence in asthmatic children. *Journal of Asthma, 35,* 347-353.

Bender, B. G., Wamboldt, F. S., O'Connor, S. L., Rand, C., Szefler, S., & Milgrom, H. (2000). Measurement of children's asthma medication adherence by self-report, mother report, canister weight, and doser ct. *Annals of Allergy, Asthma, and Immunology, 85,* 416-421.

Bronfenbrenner, U. (1979). *The ecology of human development.* Cambridge, MA: Harvard University Press.

Brown, R. T. (2004). Introduction: Changes in the provision of health care to children and adolescents. In R. T. Brown (Ed.), *Handbook of pediatric psychology in school settings* (pp. 1-19). Mahwah, NJ: Lawrence Erlbaum.

Bursch, B., Schwankovsky, L., Gilbert, J., & Zeiger, R. (1999). Construction and validation of four childhood asthma self-management scales: Parent barriers, child and parent self-efficacy, and parent belief in treatment efficacy. *Journal of Asthma, 36,* 115-128.

Centers for Disease Control and Prevention. (1995). *Vital and Health Statistics, Current Estimates from the National Health Interview Survey, 1994* (DHHS Publication No. PHS 96-1521). Washington, DC: U.S. Government Printing Office.

Cicchetti, D., Toth, S. L., & Lynch, M. (1995). Bowlby's dream comes full circle: The application of attachment theory to risk and psychopathology. In T. H. Ollendick & R. J. Prinz (Eds.), *Advances in clinical child psychology* (Vol. 17, pp. 1-75). New York: Plenum Press.

Covington, E. C. (2000). The biological basis of pain. *International Review of Psychiatry, 12,* 128-147.

da Costa, I. G., Rapoff, M. A., Lemanek, K., & Goldstein, G. L. (1997). Improving adherence to medication regimens for children with asthma and its effect on clinical outcome. *Journal of Applied Behavior Analysis, 30,* 687-691.

Dahlquist, L. M., & Switkin, M. C. (2003). Chronic and recurrent pain. In M. Roberts (Ed.), *Handbook of pediatric psychology* (3rd ed., pp. 198-215). New York: Guilford.

DeVellis, R. F., DeVellis, B. M., Blanchard, L. W., Klotz, M. L., Luchok, K., & Voyce, C. (1993). Development and validation of Parent Health Locus of Control Scales. *Health Education Quarterly, 20,* 211-225.

Dey, A. N., Schiller, J. S., & Tai, D. A. (2004). Summary Health Statistics for U.S. Children: National Health Interview Survey, 2002, National Center for Health Statistics. *Vital Health Stat, 10*(221). Retrieved November 4, 2004, from http://www.cdc.gov/nchs/datal/series/sr_10/sr10_221.pdf

DuPaul, G. J., & Carlson, J. S. (2005). Child psychopharmacoloby: How school psychologists can contribute to effective outcomes. *School Psychology Quarterly, 20,* 206-221.

Frazer, C. H., & Rappaport, L. A. (1999). Recurrent pains. In M. D., Levin, W. B., Carey, & A. C. Crocker (Eds.), *Development-Behavioral Pediatrics* (3rd ed.). Philadelphia: W. B. Saunders.

Gil, K. M., Anthony, K. K., Carson, J. W., Redding-Lallinger, R., Daeschner, C. W., & Ware, R. E. (2001). Daily coping practice predicts treatment effects in children with sickle cell disease. *Journal of Pediatric Psychology, 26,* 163-173.

Haynes, R. B. (1979). Introduction. In R. B. Haynes, D. W. Taylor, & D. L. Sackett (Eds.), *Compliance with health care* (pp. 1-7). Baltimore: Johns Hopkins University Press.

Jensen, M. P., Nielson, W. R., & Kerns, R. D. (2003). Toward the development of a motivational model of pain self-management. *The Journal of pain, 4,* 477-492.

Kazak, A., Barakat, L., Meeske, K., Christakis, D., Meadows, A., Casey, R., Penati, B., & Stuber, M. (1997). Posttraumatic stress, family functioning, and social support in survivors of childhood leukemia and their mothers and fathers. *Journal of Consulting and Clinical Psychology, 65,* 120-129.

Kazak, A. E., Rourke, M. T., & Crump, T. A. (2003). Families and other systems in pediatric psychology. In M. Roberts (Ed.), *Handbook of pediatric psychology* (3rd ed., pp. 159-175). New York: Guilford.

Klinnert, M. D., McQuaid, E. L., & Gavin, L. A. (1997). Assessing the family asthma management system. *Journal of Asthma, 34,* 77-88.

Kolbe, L. L., Collins, J., & Cortese, P. (1997). Building the capacity of schools to improve the health of the nation. *American Psychologists, 52,* 256-265.

La Greca, A. M., & Bearman, K. J. (2003). Adherence to pediatric treatment regimens. In M. Roberts (Ed.), *Handbook of pediatric psychology* (3rd ed., pp. 119-140). New York: Guilford.

Lamanek, K. L., Kamps, J., & Chung, N. B. (2001). Empirically supported treatments in pediatric psychology: Regimen adherence. *Journal of Pediatric Psychology, 26,* 253-275.

McGrath, P. A. (1990). *Pain in children: Nature, assessment, and treatment.* New York: Guilford Press.

McQuaid, E. L., & Walders, N. (2003). Pediatric Asthma. In M. Roberts (Ed.), *Handbook of pediatric psychology* (3rd ed., pp. 269-285). New York: Guilford.

Merskey, H., & Bogduk, N. (Eds.). (1994). Classification of chronic pain, Second Edition, IASP Task Force on Taxonomy (pp. 209-213). Retrieved November 4, 2004, from http://www.iasp-pain.org/terms-p.html#pain

Naar-King, S., Ellis, D. A., & Frey, M. A. (Eds.). (2004). *Assessing children's well-being: A handbook of measures.* Mahwah, NJ: Lawrence Erlbaum.

Nassau, J. H., & Drotar, D. (1997). Social competence among children with central nervous system-related chronic health conditions: A review. *Journal of Pediatric Psychology, 22,* 71-93.

National Asthma Education and Prevention Program. (2004). Resolution on Asthma Management at School. Retrieved November 4, 2004, from http://www. nhlbi. nih.gov/health/public/lung/asthmalresolut.pdf

Nelson, J. R., Roberts, M. L., & Smith, D. J. (1998). *Conducting functional behavioral assessments: A practical guide.* Longmont, CO: Sopris West.

Palermo, T. M. (2000). Impact of recurrent and chronic pain on child and family daily functioning: A critical review of the literature. *Developmental and Behavioral Pediatrics, 21,* 58-69.

Pianta, R. C. (1999). *Enhancing relationships between children and teachers.* Washington, DC: American Psychological Association.

Pianta, R. C. (2001). *Student-Teacher Relationship Scale.* Lutz, FL: Psychological Assessment Resources, Inc.

Pope, A., & Ward, J. (1997). Factors associated with peer social competence in preadolescents with craniofacial anomalies. *Journal of Pediatric Psychology, 22,* 455-469.

Power, T. (in press). Collaborative practices for managing children's health needs. In L. Phelps (Ed.), *Chronic health-related disorders in children: Collaborative medical and psychoeducational interventions.* Washington, DC: American Psychological Association.

Power, T. J., DuPaul, G. J., Shapiro, E. S., & Kazak, A. E. (2003). *Promoting children's health: Integrating school, family, and community.* New York: Guilford Press.

Power, T. J., Shapiro, E. S., & DuPaul, G. J. (2003). Preparing psychologists to link systems of care in managing and preventing children's health problems. *Journal of Pediatric Psychology, 28,* 147-156.

Quittner, A. L., & Opipari, L. C. (1994). Differential treatment of siblings: Interviews and diary analyses comparing two family contexts. *Child Development, 65,* 800-814.

Roberts, M. (Ed.). (2003). *Handbook of Pediatric Psychology* (3rd ed.). New York: Guilford.

Robins, P. M., Smith, S. M., Glutting, J. J., & Bishop, C. (2005). A randomized controlled trial of a cognitive-behavioral family intervention for pediatric recurrent abdominal pain. *Journal of Pediatric Psychology, 30,* 397-408.

Rotter, J. B. (1990). Internal versus external control of reinforcement: A case history of a variable. *American Psychologist, 45,* 489-493.

Sanders, M. R., Rebgetz, M., Morrison, M. Bor, W., Gordon, A., Dadds, M., & Shepherd, R. W. (1989). Cognitive-behavioral treatment of recurrent nonspecific abdominal pain in children: An analysis of generalization, maintenance, and side effects. *Journal of Consulting and Clinical Psychology, 57,* 294-300.

Sanders, M. R., Shepherd, R. W., Cleghorn, G., & Woolford, H. (1994). The treatment of recurrent abdominal pain in children: A controlled comparison of cognitive-behavioral family intervention and standard pediatric care. *Journal of Consulting and Clinical Psychology, 62,* 306-314.

Sarafino, E. P. (1994). *Health Psychology: Biopsychosocial Interactions* (2nd ed.). New York: John Wiley & Sons, Inc.

Sheridan, S. M., Kratochwill, T. R., & Bergan, J. R. (1996). *Conjoint behavioral consultation: A procedural manual.* New York: Plenum.

Sherry, D. D. (2000). An overview of amplified musculoskeletal pain syndroms. *The Journal of Rheumatology, 27,* 44-48.

Spirito, A., DeLawyer, D. D., & Stark, L. J. (1991). Peer relations and social adjustment of chronically ill children and adolescents. *Clinical Psychology Review, 11,* 539-564.

Taylor, W. R., & Newacheck, P. W. (1992). The impact of childhood asthma on health. *Pediatrics, 90,* 657-662.

Troiano, R. P., & Flegal, K. M. (1998). Overweight children and adolescents: Description, epidemiology, and demographics. *Pediatrics, 101,* 497S-504S.

Varni, J., Thompson, K., & Hanson, V. (1987). The Vami-Thompson Pediatric Pain Questionnaire. I. Chronic musculoskeletal pain in juvenile rheumatoid arthritis. *Pain, 28,* 27-38.

Varni, J., Waldron, S., Gragg, R. A., Rapoff, M. A., Bernstein, B. H., Lindsley, C. B., & Newcomb, M. D. (1996). Development of the Waldron-Varni Pediatric Pain Coping Inventory. *Pain, 67,* 141-150.

Walker, L. A., Garber, J., & Greene, J. W. (1993). Psychosocial correlates of recurrent childhood pain: A comparison of pediatric patients with recurrent abdominal pain, organic illness, and psychiatric disorders. *Journal of Abnormal Psychology, 102,* 248-258.

Walker, L. A., & Greene, J. W. (1991). The functional disability inventory: Measuring a neglected dimension of child health status. *Journal of Pediatric Psychology, 16,* 39-58.

Walker, L. A., & Johnson, W. S. (2004). Recurrent abdominal pain and functional gastrointestinal disorders in the school setting. In R. T. Brown (Eds.), *Handbook of pediatric psychology in school settings* (pp. 299-312). Mahwah, NJ: Lawrence Erlbaum Associates.

Wallston, K. A. (1992). Hocus-Pocus, the focus isn't strictly on locus: Rotter's social learning theory modified for health. *Cognitive Therapy and Research, 16,* 183-199.

Wamboldt, F. S., Wamboldt, M. Z., Gavin, L. A., Roesler, T. A., & Brugman, S. M. (1995). Parental criticism and treatment outcome in adolescents hospitalized for severed, chronic asthma. *Journal of Psychosomatic Research, 39,* 985-1005.

Wasserman, A. L., Whitington, P. F., & Rivara, F. P. (1988). Psychogenic basis for abdominal pain in children and adolescents. *Journal of the American Academy of Child and Adolescent Psychiatry, 27,* 179-184.

Winston, F., Kassam-Adams, N., & Vivarelli-O'Neill, C. (2002). Acute stress disorder symptoms in children and their parents after pediatric traffic injury. *Pediatrics, 109*(6), e90.

PART 3

학교기반 인지행동 개입의 시스템별 적용

Chapter 19

부모자문에 대한 인지행동 접근

오늘날의 가정은 급속하게 변화하는 사회 속에서 이혼과 학대, 불치병, 재정적 어려움, 청소년 범죄, 10대 임신, 약물남용 등 날로 증가하는 복잡한 문제들에 당면해 있다. 아동 · 청소년은 가족 시스템 안에서 자신의 가치와 신념, 행동 패턴을 발달시키기 때문에 가정, 특히 부모의 역할은 매우 중요하다. 또한 부모는 아동 · 청소년이 경험하는 학습 · 행동 · 정서 문제를 감소시키는 데에도 중요한 역할을 한다. 학교에서 일하는 전문가는 학생의 가족에게 영향을 미치는 문제들에 대해 이해할 필요가 있다는 것을 그 어느 때보다도 잘 알고 있다. 학생의 문제를 가족 시스템 맥락에서 바라보면 학생의 요구를 더 잘 이해할 수 있다. 그리고 어떻게 하면 필요한 서비스를 효과적으로 제공할 것인지도 알게 된다. Mullis와 Edwards(2001)는 가족 시스템을 충실히 이해하면 부모에게 자문을 제공할 때 좀 더 효과적으로 지원할 수 있게 된다고 하였다. 이에 따라 가족도 긍정적인 변화를 지지하고 선택할 가능성이 높아진다.

연구에 따르면, 부모의 자녀교육 참여는 학생의 성적과 출석, 학습 습관, 훈육문

Ray W. Christner, Jessica L. Stewart, & Lori Lennon

제 감소, 학교에 대한 긍정적인 태도에 영향을 미친다(Epstein, 1987; Henderson, 1987; Henderson & Berla, 1994). Christenson과 Sheridan(2001)도 학습과 발달에 대한 학교와 가정 간의 일치가 바람직한 성과와 관련이 있음을 보여 주었다. 또한 Epstein(1991)은 대부분의 부모들이 가정에서 자녀를 어떻게 도와주어야 하는지 그리고 자녀교육에 어떻게 참여해야 하는지 알고 싶어 한다고 했다. 그러나 부모 참여가 개입의 효과를 최대화시킬 가능성을 증진하는 핵심 요인임을 뒷받침하는 연구결과에도 불구하고, 전문가들은 오래전부터 이러한 소중한 자원을 학생의 긍정적인 변화에 영향을 미치도록 활용하지 못하고 있다(Sheridan, Kratochwill, & Bergan, 1996).

학교와 부모 간의 생산적인 협력을 촉진하려면 학교에서 일하는 전문가들이 부모자문 서비스 제공에 관해 폭넓은 지식을 갖추고 있어야 한다. 이러한 지식기반에는 문제해결에 도움을 주는 개입과 부모의 양육기술을 향상시키는 개입이 포함된다. 문제해결과 양육기술 향상의 두 가지 목표는 자문과정이 종결된 후에도 성과가 지속될 가능성을 높여 준다. 인지행동 관점에서 이루어지는 부모자문은 부모의 참여와 부모-전문가 협력관계를 촉진하는 데 필요한 틀과 경험적으로 입증된 전략을 제공한다. 적절한 자문은 관련된 모든 사람들이 변화를 향해 노력을 기울이고 학생에게 도움이 되는 효과적 개입을 사용할 가능성을 높인다. 이 장에서는 먼저 부모자문에 관한 일반적인 정보를 제공한 후 자문의 효과성을 높이기 위해 CBT의 기본 원리를 통합한 부모자문 모형에 대해 살펴보고자 한다. 이 장 전체를 통해 부모라는 용어를 사용할 것인데, 여기서 부모는 학생에게 보호자 역할을 하는 성인과 같은 의미로 사용될 수 있음을 주지하기 바란다.

부모자문, 부모교육 그리고 가족치료

부모자문, 부모교육 및 가족치료는 문헌에서 종종 상호 교환적으로 묘사되는 공통된 특징을 지닌다. 그러나 이 세 가지에는 서로 구분되어야 할 중요한 차이점이 있다. 부모자문과 가족치료에서는 양육의 영향과 가족 역동 그리고 자녀의 학습 및 행동과 관련된 가정의 여건을 탐색하는 데 초점을 맞추는 반면, 부모교육에서는 자녀의 발달과 의사소통, 행동관리 그리고 가정생활의 측면들에 대해 부모를 가르치는 데 초점을 맞춘다(Sheridan et al., 1996). 부모교육도 부모자문과 마찬가지로 간접적인 서비스다. 그러나 부모교육은 일차적으로 교육과정에 따라 정해진 시간에 부모들에게 특정 기술들을 가르치며 정보를 제공하기 위한 강의와 토론 위주의 집단 형태로 이루어진다(Brown, Pryzwansky, & Shulte, 2001; Sheridan et al., 1996). 또한 부모교육은 문제와 해결책을 찾기 위한 협력에 초점을 맞추기보다 전문가가 제공하는 정보에 근거하여 기술을 가르치는 데 초점을 맞춘다. 전통적으로 부모훈련 프로그램은 세 가지 접근 중 한 가지에 기초하여 이루어진다. 이 세 가지 접근은 인본주의 접근(관계수립 전략), 아들러식 접근(자녀의 사고과정과 행동의 동기를 이해하도록 도움), 그리고 행동주의 접근(바람직한 행동을 조성하고 강화를 제공함)이다(Sheridan et al., 1996).

부모교육, 가족치료 및 부모자문의 또 다른 차이점은 가족치료와 부모자문에서는 모두 대인관계가 성공적인 성과에 필수적이라고 본다는 점이다(Brown et al., 2001). 가족치료에서는 자녀의 학습과 행동에 부정적인 영향을 미치는 이슈들에 대한 해결방안을 찾고자 한다. 이를 위해 가족 구성원과 함께 문제가 되는 구체적인 이슈들을 탐색한다. 부모자문이나 부모교육과는 대조적으로, 가족치료에서는 가족 단위를 대상으로 직접적인 서비스를 제공한다. 이때 가족 구성원은 문제해결을 위해 치료에 함께 참여한다. 또한 가족치료는 개입기간이 좀 더 긴 경향이 있다. 그리고 종종 부부갈등을 다루기도 하고, 혹은 문제의 중요한 근원일 수도 있는 부모나 다른 가족 구성원의 병리적 행동문제를 다루기도 한다.

부모자문은 다른 영역의 자문과 마찬가지로 간접적인 개입이다. 따라서 일차적으로 부모(피자문인)가 자녀(내담자)를 도와주도록 지원한다. 부모자문의 중요한 목표는 자녀의 발달을 촉진하는 부모의 능력을 향상시키는 데 있다. 부모자문의 또 다른 목표는 자녀의 교육과 심리적 기능을 향상시키는 것이다(Brown et al., 2001). 부모자문을 통해 문제해결 능력과 의사소통이 향상되므로 가족 시스템 전체가 추가적인 혜택을 얻을 수 있다. 부모자문은 부모와 자문가에 의해 함께 결정된 과정을 따른다(Brown et al., 2001).

최근의 자문모형에 대한 문헌고찰

최근의 자문활동은 몇 가지 이론적 모형에 기초하고 있다. 이 모형들은 심리학과 교육 분야에서 수십 년에 걸쳐 적용되어 오고 있다. 이 모형들은 모두 자문이 제3자에게 간접적인 도움을 주기 위해 문제해결을 목표로 함께 노력하는 활동이라는 점에는 동의하지만 각기 서로 구분되는 이론적 관점을 제시하고 있다. 이 모형들은 자문관계, 문제의 성격, 목표, 개입방법을 개념화하는 방식 그리고 자문의 효과성 평가를 위한 기준에서 서로 차이를 보인다. 자문 분야에서 가장 잘 알려진 여섯 가지 이론을 소개하면 다음과 같다.

정신건강 자문

Gerald Caplan(1970)이 저술한 『정신건강 자문의 이론과 실제(*The Theory and Practice of Mental Health Consultation*)』는 서비스 전달모형으로서의 자문에 대해 초석 역할을 하고 있다. 이 책은 행동변화에 대한 심리내적 · 환경적 모형에 기초하고 있다. Caplan의 모형은 원래 정신질환을 다루기 위한 예방적 접근으로 제안되었다. 이 모형에서는 자문을 제공하는 자문가(consultant)와 자문을 받는 피자문인(consultee) 간의 협력적이고 비위계적인 관계를 강조한다. 이 관계에서 자문가와 피자문인은 문제를 위해 처방된 자문의 성과에 대해 함께 책임을 진다. 정신건강 자문의 목표는 자문을 받는 사람에게 미래에 발생할 수 있는 유사한 문제를 효과적으로 다루기 위한 예방기법을 갖추도록 하는 데 있다.

Caplan(1970)은 정신건강 자문을 네 가지 범주로 분류했다. 첫 번째 범주는 내담자 중심의 자문이다. 자문가는 내담자가 나타내는 문제를 요약하고 권고 사항을 전달한다. 이 권고 사항에 따라 피자문인은 문제를 해결하기 위한 개입을 하고 문제를 관리한다. 두 번째 범주는 피자문인 중심의 자문이다. 자문가는 내담자를 도울 때 방해가 되는 피자문인의 심리내적 장애(예: 피자문인의 지식이나 기술, 자신감 혹은 전문적 객관성)를 제거하고 결점을 보완하도록 돕기 위한 교육을 제공하는 데 초점을 맞춘다. 세 번째 범주는 프로그램 중심의 행정적 자문이다. 이것은 시스템 중심의 자문으로, 자문가는 기존의 프로그램 개선 및 새로운 프로그램 개발에 도움이 되는 제안을 한다. 네 번째 범주는 피자문인 중심의 행정적 자문이다. 이것은 두 번째 범주와 마찬가지로 프로그램을 개발하고 조직하는 과제를 수행할 때 방해가 되는 피자문인의 결점(예: 집단의 어려움, 리더십 부족, 권위문제, 의사소통 문제 등)을 인식하고 보완하는 데 초점을 맞춘다.

Meyers와 동료들은 Caplan의 정신건강 자문모형을 확장 · 수정하여 학교에 적용할 수 있도록 만들었다(Meyers, 1981; Meyers & Kundert, 1988; Meyers, Parsons, & Martin, 1979). Meyers 등(1979)은 자문가가 세 가지 수준의 서비스를 제공할 수 있다고 정의했다. 수준 I은 아동에게 초점을 맞춘다. 자문가는 교사가 특정 학생의 문제를 해결하기 위한 전략을 개발하도록 돕는다. 수준 II는 교사를 중시하고 교수 전략에 초점을 맞춘다. 마지막으로 수준 III은 시스템에 초점을 맞춘다. 교수기법을 향상시키기 위해 전체 교사들을 훈련하는 것이 그 예다. Meyers와 Kundert(1988)는 일차 예방에서 학교기반의 정신건강 자문이 갖는 역할에 대해 언급했다. 그들은 학교의 일상이나 절차를 수정함으로써 교사와 학생을 지원하는 데 초점을 맞출 때 예방이 가장 효과적이라고 제안했다.

행동자문

행동자문은 자문가와 피자문인 간의 문제해결 접근이다. 이 모형은 내담자에 대한 간접적 서비스를 포함하며 행동주의라는 경험주의 전통에 기초하고 있다. 이론적으로 행동자문은 모든 행동이 학습된다고 본다. 그리고 행동의 형성과 유지 및 변화는 개인과 그의 행동, 환경 간의 상호작용에 대한 기능적 평가를 통해 설명된다는 개념에 근거하고 있다(Zins, Kratochwill, & Elliot, 1993). 행동자문의 일차적 목표는 내담자의 행동을 변화시키는 것이다(Kratochwill & Bergan, 1990).

Kratochwill과 Bergan(1990)은 행동자문의 과정이 네 단계로 이루어진다고 하였다. 첫 번째 단계에서는 문제를 확인한다. 자문가는 피자문인 면담을 통해 아동이 겪고 있는 문제를 조작적으로 정의한다. 문제 확인과정은 문제에 대한 명확한 기술에 도움을 준다. 또한 문제에 대한 피자문인의 이해를 증진하고 행동변화를 점검하기 위한 준거를 마련하는 데도 도움을 준다(Zins et al., 1993). 두 번째 단계에서는 문제를 분석한다. 자문가와 피자문인은 문제에 기여하는 변인들을 파악한다. 그리고 행동의 선행사건과 후속결과에 관해 가설을 만들고 문제를 해결하기 위한 치료계획을 수립한다. 세 번째 단계에서는 치료를 수행하고 지속적인 자료수집을 통해 경과를 모니터한다. 네 번째 단계에서는 치료평가 면담을 통해 프로그램을 평가한다. 자문가와 피자문인은 문제가 해결되었는지 혹은 프로그램 수정이나 개입에 대한 재개념화가 필요한지 결정한다.

협력적 행동자문

협력적 행동자문은 행동자문을 확장한 것으로, 아동의 학업적 · 사회적 · 행동적 요구를 다루기 위해 부모와 전문가 간의 협력적인 문제해결 관계를 촉진한다(Sheridan, Kratochwill, & Bergan, 1996). 상호협력이 필요한 시스템들(가정, 학교 및 지원 시스템) 간의 관계는 협력적 행동자문에서 매우 중요하다. 이 모형에서는 생태학적-행동주의적 관점과 가정과 학교 간의 협력적 관계, 그리고 문제와 해결 간의 상호 관련성을 가정한다. 협력적 행동자문의 4단계는 행동자문의 4단계와 유사하지만, 자문과정에 부모와 교사 및 다른 중요한 타인을 포함시킨다는 점에서 차이가 있다. 협력적 행동자문에서는 문제를 명확하게 개념화하고 해결의 범위를 넓히기 위해 정보를 함께 수집하고 자원을 공유한다.

문제해결 자문

학교에서의 문제해결 자문은 아동의 행동적 · 학업적 · 사회적 문제에 대한 해결책을 제공하는 데 목적이 있다. 또한 피자문인의 독립적이고 생산적인 사고를 촉진하며, 미래의 문제해결에 대한 효능감을 증진하는 기술을 발달시키는 것을 목적으로 한다(Kratochwill, Elliott, & Callan-Stoiber, 2002). D'Zurilla와 Goldfried(1971)가 주장한 문제해결 자문에서는 문제해결의 성과가 두 가지 독립적인 과정에 의해 결정된다고 본다. 여기서 두 가지 과정이란 (1) 문제지향(문제해결 과정의 동기적 측면), (2) 문제해결 의식(효과적인 문제해결에 필요한 문제해결 기술을 적용하는 과정)을 말한다.

문제지향은 긍정적 · 부정적 정서와 문제해결 접근 경향성에 기여한다. 이와 관련된 변인으로는 (a) 문제 지각(문제에 대한 인식과 명명), (b) 문제 귀인(문제에 관한 개인의 인과적 믿음), (c) 문제평가(자신의 복지에서 문제가 갖는 중요성에 대한 평가), (d) 지각된 통제(문제해결에 대한 자기효능감과 성과에 대한 기대), (e) 시간/노력 헌신 등이 있다(D'Zurilla & Nezu, 1999). 문제해결 단계는 다음과 같다. 1단계는 문제의 정의 및 공식화 단계로 정보를 수집하고 문제의 성격을 명료화하며 목표를 설정한다. 2단계는 대안적 해결책의 생성 단계로 다양한 대안을 생성함으로써 최선의 해결책이 선택될 가능성을 최대화시킨다. 3단계는 의사결정 단계로 실행을 위해 최선의 해결책을 선택한다. 4단계는 해결책의 실행 및 확인 단계로 해결책의 성과와 효과성을 평가한다(D'Zurilla & Nezu, 1999). 문제해결 자문에서 적용되는 방법은 직접적 교수기법, 소크라테스식 질문법, 코칭, 모델링, 시연, 수행에 대한 피드백, 정적 강화, 조성 등이 있다.

가족 시스템 자문

가족 시스템 자문은 행동자문에서 파생된 것이다. Bergan과 Duley(1981)가 기술했듯이, 가족 시스템 자문에서는 가족체계를 내담자로 간주한다. 가족 시스템 자문에서는 가족기능의 문제가 '역기능적 가족 구성원'의 행동표현에서 비롯된다고 본다. 또한 각 구성원의 행동은 상호 의존적이기 때문에 한 구성원의 행동을 변화시키면 당연히 다른 구성원들에게도 영향을 미친다고 본다(Mullis & Edwards, 2001). 최근에 제안된 Carlson, Hickman과 Horton(1992)의 가족치료 모형은 단기상담의 원리에 근거하고 있으며 해결중심의 가족-학교 자문을 촉진한다. 이 모형에서는 자문가와 내담자, 교사, 가정 간의 해결책 확인에 초점을 맞춘다. 그리고 해결중심 접근, 합류(joining), 해결 가능한 호소문제에 대한 협의, 해결책 목표수립, 최소한의 변화에 대한 동의, 다양한 해결책의 생성, 개인별 책임의 명료화, 추수상담 그리고 평가의 단계를 포함한다. Brown, Pryzwansky와 Schulte(2001)가 제시한 가족자문 단계는 행동자문의 단계와 일치하며, 구조화 및 관계수립, 문제 파악, 목표설정, 심리학 원리의 설명, 개입전략 선택, 평가/추수상담 등이 포함된다.

부모자문에 대한 인지행동치료의 원리

부모자문의 일반적 문제점

자문에 관한 연구에 따르면, 자문가의 문제해결 기술, 대인관계 기술, 면접기술은 모두 자문의 효과성을 높이는 데 도움이 된다(Fine, 1990). 그러나 이러한 기술을 두루 갖춘 촉진적 협력자라 하더라도 자문과정에서 어려움에 직면하게 된다. 부모자문의 한 가지 일반적 문제점은 해결책보다 문제나 진단에 초점을 맞추는 경향이 있다는 것이다. 문제 파악이 기본적인 첫 단계이긴 하지만 자문과정 내내 문제나 진단에 지나치게 초점을 맞추지 않도록 해야 한다. 진단은 문제가 장기적이며 변화하기 어렵다는 것을 암시한다. 그러나 부모자문에서는 해결중심 접근과 문제에 대한 지속적 재개념화를 강조한다. 따라서 부모의 문제해결 기술을 향상시키고 긍정적인 변화에 영향을 미칠 수 있다는 지각된 통제감을 증진시킨다.

부모자문 과정의 두 번째 일반적 문제점은 자문가가 부모의 개인적 요인들, 즉 개인이 처한 상황과 개인적 관점을 무시하는 것이다. 부모의 학력, 사회경제 수준, 문화적 배경, 사용되는 언어, 소수민족 지위 등과 같은 가정의 특수한 요인들은 협력적 자문과정에 대한 부모의 참여에 영향을 미친다(Elizalde-Utnick, 2002). 또한 부모의 지각은 자문서비스를 제공할 때 중요한 요소다. 부모가 문제 상황에 대해 지각된 통제감을 갖도록 하기 위해서는 먼저 변화에 대한 자신의 책임을 인정해야 한다. 따라서 자문가는 부모의 동기와 변화를 가져올 수 있는 능력을 평가하고 자문과정을 부모의 수준에 맞추는 것이 중요하다. 인지행동적 관점은 이러한 부모요인들을 평가하고 관리하는 데 도움을 준다. 인지행동적 관점이 부모의 신념체계를 파악할 수 있게 해 주며, 부모가 자신의 지각에 대해 부여하는 '의미'(인지도식, 자동적 사고 등에 나타나는)를 지속적으로 인식하도록 해 주기 때문이다.

부모자문의 세 번째 문제점은 자문가의 전문성에 지나치게 의존하며 부모의 능력을 신뢰하지 않는 것이다. 부모는 자문가를 인지 및 행동 분야의 전문가로 본다. 그러나 부모는 상황에 익숙하며 학생과 친숙하고 당면한 문제와 관련된 자신의 생각과 감정, 행동에 대해서도 잘 안다는 점에서 전문성을 갖고 있다고 할 수 있다.

부모가 협력적 관계와 문제해결 과정에 적극적으로 참여하고 문제 상황과 해결에 대한 공동의 주도권을 받아들이게 하려면 자문가가 부모의 능력을 인정해 주고 그것을 부모에게 전달하는 것이 중요하다.

마지막으로, 협력적 관계의 중요성을 과소평가하는 것 또한 자문활동에서 흔히 발견되는 문제점이다. 부모와 라포를 형성하고 작업관계를 수립하는 것은 미래의 문제해결 노력을 위한 토대가 된다(Sheridan, 1993). 신뢰와 진솔성, 개방성은 자문가와 피자문인 모두에게 중요한 특성으로 간주된다(Kratochwill et al., 2002). Horton과 Brown(1990)도 언급했듯이, 자문가의 대인관계 기술은 자문가와 자문 과정에 대한 피자문인의 지각에 영향을 미친다.

자문에 대한 인지행동치료 개념의 적용

인지행동적 접근의 자문은 행동에 대한 환경의 영향을 살펴본 Bandura(1977)의 사회학습이론 원리에 뿌리를 두고 있다. 구체적으로, Bandura의 모델링 개념은 아동과 부모를 위한 CBT에 큰 영향을 미쳤다(Lochman, Whidby, & FitzGerald, 2000). Bandura(1977)는 아동기 행동은 대부분 모델링을 통해 학습된다고 제안했다. 즉, 아동은 모델링을 통해 부모나 형제 등 다른 사람들이 어떻게 행동하는지 관찰하고 행동하며 그 행동이 어떠한 결과를 가져오는지 주시하고 관찰한 행동을 모방한다. 모델이 좋은 평가를 받는지 그리고 행동의 후속결과가 어떠한지와 같은 모델의 특성은 효과적인 모델링에서 중요한 요인으로 작용한다(Bandura, 1977). 또한 Bandura의 상호적 결정주의(reciprocal determinism) 개념은 행동이 진화하며 역동적인 현상이라고 설명한다. 그리고 이 현상의 요소들은 환경과 개인의 타고난 특성 그리고 행동의 상호작용에 의해 결정된다(Friedberg & McClure, 2002). CBT의 원리에서는 상호적 결정주의 개념에 근거하여 심리적 문제를 다섯 가지 상호 관련된 요소들과 연결시킨다. 그것은 개인의 생리적 기능, 정서적 기능, 행동, 인지, 대인관계/환경적 맥락을 말한다(Beck, 1995).

인지행동적 관점에서는 인지, 행동, 정서 그리고 생리적 증상이 대인관계/환경적 맥락 속에서 발생한다고 본다(Beck, 1995). 따라서 부모에게 자문을 제공할 때 부모와 관련된 요인뿐만 아니라 맥락을 고려하는 것이 중요하다. 자문가는 문제 상황을 개념화할 때 맥락을 고려함으로써 부모에게 직접적으로 개입할 수 있게 된다. 부모로 하여금 사건에 대한 지각이 어떻게 자신의 정서와 행동에 영향을 미치는지 이해하도록 돕기 때문이다. 자문과정이라는 맥락 속에서 CBT 기법을 사용할 때, 자문가와 부모는 부모의 생각과 행동, 감정, 생리적 반응이 어떻게 문제 상황에 영향을 미치는지를 협력적으로 탐색한다.

부모에게 자문을 제공할 때, 자문가는 부모의 인지도식, 자동적 사고 및 인지왜곡이 문제 상황과 관련되므로 부모가 자신의 인지도식을 탐색하도록 도와야 한다. 인지도식은 아동기에 발달된 자신과 다른 사람 그리고 세계에 대한 핵심 신념을 의미한다(Beck, 1995). 예를 들어, 어떤 부모는 "나는 무능해."라는 인지도식을 갖고 있을 수 있다. 인지도식은 보통 쉽게 인식되지 않지만 문제 상황에 대한 지각에 큰 영향을 미친다. 그리고 이러한 지각은 다시 그 상황 속에서 어떻게 생각하고 느끼며 행동하는지에 영향을 미친다. 문제 상황 속에서 부모의 인지도식은 그 상황에 대한 특수하며 짧고 빠르고 평가적인 자동적 사고를 통해 표출된다(Beck, 1995). 부모자문의 일차적 초점은 자동적 사고(예: "나는 절대로 내 아이가 숙제를 끝내게 할 수 없을 거야.")를 알아보고, 이러한 생각이 정서와 행동(예: 슬퍼하고 화를 내며, 자녀에게 소리를 지르기 시작함)에 영향을 미치는지 살펴보는 것이다.

사람은 생각할 때 일관되게 오류를 범하는 경향이 있다(Beck, 1995). 따라서 부모자문에서도 부모가 가진 인지오류와 추론과정에서 보이는 체계적 오류를 찾을 수 있다. 이것은 자동적 사고를 탐색함으로써 가능하다. Beck(1995)에 따르면, 인지오류 혹은 사고에서의 전형적인 실수는 여러 형태를 취한다. 한 가지 예는 흑백논리 사고(all or nothing thinking)다. 이 오류는 "내가 부모로서 완전히 성공하지 못한다면 나는 실패한 것이다."와 같이 부모가 상황을 이분적으로 보는 것이다. 재앙화(catastrophizing)는 "내가 크리스에게 숙제를 하도록 만들 수 없다면 그 아이는 절대로 대학에 갈 수 없을 거야."와 같이 부모가 실제로 일어날 결과를 고려하지 않고 미래에 대해 부정적으로 예측하는 것을 말한다. 부모에게 자문을 제공할 때, 자문가는 부모가 자신의 역기능적 사고를 인식하고 평가하며 수정하도록 가르치고 도움을 주어야 한다. 〈표 19-1〉은 부모자문 시 발견될 수 있는 인지오류의 예를 보여 준다.

〈표 19-1〉 부모자문에서 발견되는 보편적 인지오류

1. **이분적 사고:** 부모가 상황을 연속선상에서 보기보다 이분적으로 본다. 세상은 검은색이거나 흰색이며 회색이 없다. 예: "내 아이는 우수한 학생이거나 실패한 학생이다."
2. **과잉일반화:** 부모가 현재 일어난 사건을 여러 상황 중의 하나로 보기보다 생활의 전반적인 특성으로 본다. 예: "과학시험을 망쳤기 때문에 조니는 대학에 갈 수 없을 거야."
3. **독심술:** 부모가 아무런 증거도 없이 다른 사람이 무슨 생각을 하고 있는지 알고 있다고 믿는다. 예: "나는 선생님이 나를 훌륭한 부모로 생각한다는 것을 알고 있어."
4. **정서적 추론:** 부모가 자신의 감정이나 정서적 반응이 실제 일어난 상황을 나타낸다고 가정한다. 예: "학부모 회의에서 내가 이상하다고 느껴졌어. 따라서 다른 사람들도 분명히 내가 이상한 사람이라고 생각할 거야."
5. **긍정축소:** 부모가 자신의 부정적인 생각과 일치하지 않는 긍정적인 경험을 무시한다. 예: "지난번 회의에서 교직원들이 나에게 친절했던 것은 그 자리에 그들의 윗사람이 있었기 때문이야. 그리고 내 아이를 특수반에 보내고 싶어서 그랬던 거야."
6. **재앙화:** 부모가 미래의 상황이 부정적일 것이라고 예측하고 그것을 참을 수 없는 재앙으로 취급한다. 예: "그 회의에 가면 다른 사람들 앞에서 내가 멍청해 보일 거야. 그건 정말 끔찍한 일이야. 따라서 참석하지 않는 게 나을 거야."
7. **개인화:** 부모가 자신을 부정적인 결과의 원인이라고 가정한다. 예: "내 아이의 담임교사는 내 아이에게 원하는 게 너무 많아. 아마도 내가 잘 가르치질 못해서 우리 애가 학교에서 행동도 잘못하고 규칙을 따르지 못하는 걸 거야."
8. **당위적 진술:** 부모가 '~해야만 한다'라는 말을 사용해 자녀나 다른 사람들이 어떻게 행동해야 하는지 설명한다. 예: "내 아이는 영재니까 항상 A를 받아야 하고 실수를 해서는 안 돼."
9. **비교:** 부모가 자녀의 수행을 다른 아이들과 비교한다. 때로는 자녀보다 더 우수하거나 나이가 많은 아이들과 비교한다. 예: "큰아이에 비해 둘째는 유치원생 수준밖에 되지 않아."
10. **명명화:** 부모 자신이나 자녀 또는 다른 사람의 행동에 주목하지 않고 일반적인 명칭을 붙인다. 예: "수철이는 시험을 잘 보지 못했어."라고 말하지 않고 "수철이는 공부를 못해."

CBT 관점에서 볼 때, 부모자문은 부모-자녀 문제를 해결하고 역기능적 사고와 행동을 수정하기 위한 구조적이고 단기적 자문이다. 구조적 형식 속에서 자문가는 부모가 문제 상황에 대해 개념화할 수 있도록 돕는다. 그리고 오래 지속될 정서 및 행동 변화를 위해 부모의 사고와 신념 체계를 변화시킬 다양한 방법을 탐색한다. 지금부터 자문서비스에 CBT 관점을 적용하는 자문의 CBT 모형(Christner & Stewart-Allen, 2004)에 대해 살펴보고자 한다. 자문의 CBT 모형은 다양한 장면과 대상에 적용될 수 있지만 여기에서는 학교에서 제공되는 부모자문에 초점을 맞추어 살펴볼 것이다.

자문의 인지행동 모형

Christner와 Stewart-Allen(2004)은 CBT 이론과 실제를 통합하여 단기적이고 구조화된, 효과적인 자문을 실시하는 데 필요한 지식과 기술을 제시했다. 인지행동 자문모형은 다른 자문이론들과 여러 가지 공통요소를 갖고 있지만, CBT 이론에 근거한 개념과 기법을 제공한다는 점에서는 차이가 있다. 체계적이며 이론적 모형에 근거한 자문은 정보를 적절하게 개념화하고, 방해요인을 예측하며 구조화된 개입 접근을 결정하는 데 도움을 준다. 반면, 체계적이지 않은 자문은 방향성이 결여되어 있으며 문제해결도 계획 없이 이루어진다(Brack & Brack, 1996). 잘 만들어진 이론적 모형은 과정과 내용을 정의해 주며, 자문가가 이러한 요소들을 통해 효율적으로 변화를 촉진할 수 있도록 해 준다(Brack & Brack, 1996). 또한 자문의 인지행동

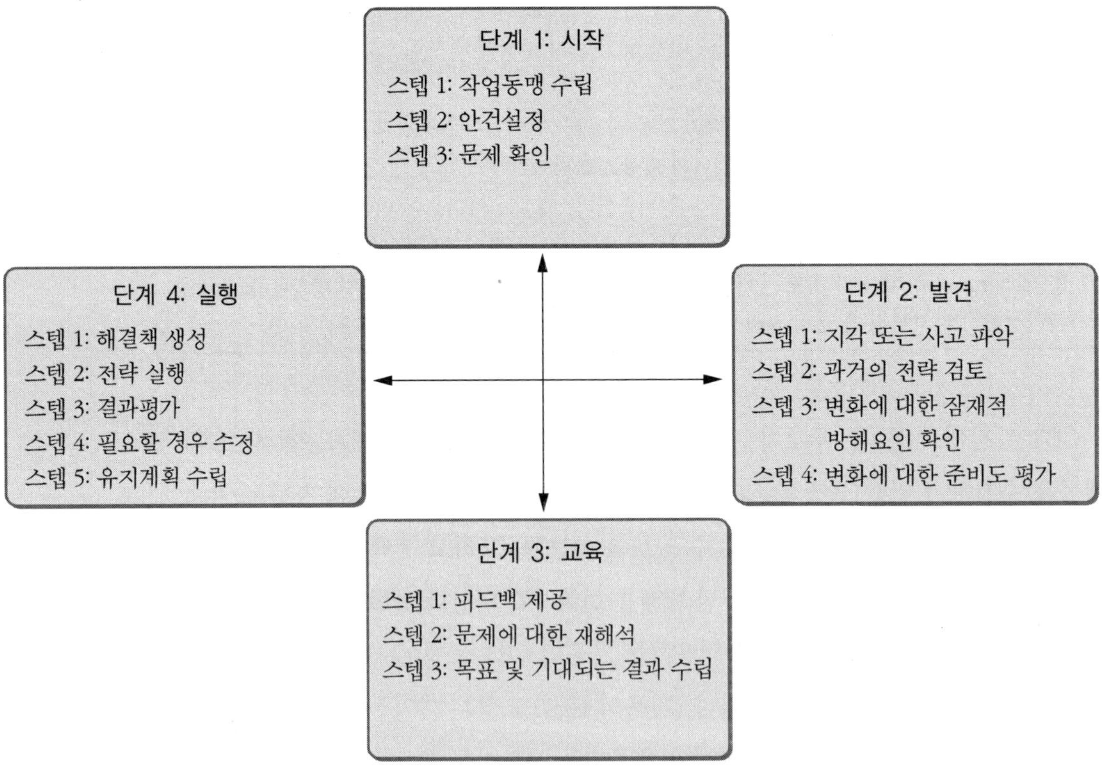

[그림 19-1] 자문의 인지행동 모형: 4단계 접근

출처: Christner & Stewart-Allen (2004)에서 인용.

모형은 앞서 언급한 자문서비스 전달과정에서의 여러 가지 일반적인 오류들을 피할 수 있게 해 준다. 네 단계로 이루어진 Christner와 Stewart-Allen의 모형은 전문가의 자문과정을 이끈다. 여기에는 효과적인 작업관계 수립과 자문과정에 대한 교육에서부터 해결책을 생성하고 실행하며 평가하는 것에 이르기까지 앞서 언급한 CBT의 여러 요소들이 포함되어 있다. 이 모형은 일차원적으로 제시되어 있지만, 각 단계는 다방향적이라는 것에 주시해야 한다. 따라서 자문가는 여러 단계들을 왔다 갔다 해야 하며, 특히 힘든 사례일수록 더욱 그렇다. 그러나 작업관계를 효과적으로 수립하고 유지하기 위해, 그리고 부모와 아동에게 영향을 미치는 이슈들을 철저하게 이해하기 위해 자문가는 다음 단계로 넘어가기 전에 앞 단계를 먼저 수행해야 한다. [그림 19-1]은 모든 단계들을 요약하고 있으며 각 단계들 간의 상호관계를 보여 주고 있다.

단계 1: 시작

대부분의 전문적 서비스 전달에서와 마찬가지로, 변화란 긍정적인 작업관계가 수립되었을 때 가장 성공적이다. 효과적인 부모자문을 위해서도 가장 먼저 고려해야 할 것은 자문가와 피자문인 간의 협력적 혹은 동맹적 관계다. 이것은 특히 학교에서 부모자문을 제공할 때 더욱 중요하다. 이는 개입을 필요로 하는 문제가 본질적으로 관계의 문제이기 때문이다. 자문가는 행동적 · 사회적 · 정서적 요인에 대한 전문가이고, 부모는 자녀에 대한 전문가다. 따라서 자문가가 수립하는 관계는 신뢰성 있고 열정적이며 평등한 것이어야 한다. 자문가는 전체 자문과정을 통해 이러한 협력적 관계가 잘 이루어지고 있는지, 그리고 안정적인 관계에 위협이 되는 요인들이 있는지 점검해야 한다.

인지행동적으로 접근하는 자문가는 부모와의 협력적 동맹관계를 촉진하는 노력을 해야 하며, 또한 자문을 하는 동안 초점을 유지하고 부모가 앞으로의 자문과정에 대해 이해할 수 있도록 안건을 수립해야 한다. 안건수립은 자문시간에 무슨 일이 일어날 것인지를 준비하게 하며 시간을 어떻게 할애할 것인지를 결정하는 데 도움을 준다. 회기를 시작할 때 빨리 안건을 정할수록 자문가가 시간을 효율적으로 사용하게 된다. 또한 그동안의 경험에 비추어 볼 때, '앞으로 무슨 일이 일어날 것인가?'에 대한 안건을 수립하면 부모가 '알지 못하는 과정'은 감소된다. 따라서 궁극적으로 부모의 불안과 방어를 감소시키고 자문과정에 대한 참여의식을 증진시켜준다. 자문에서 설정된 안건은 전통적 CBT에서 설정된 안건과 크게 다르지 않다. 부모에게 자문을 제공할 때는 다음의 요소들을 포함시키는 것이 좋다. 먼저 현재 어떻게 지내고 있는지 검토하고 의뢰된 이후 무슨 일이 있었는지 정보를 수집한다. 그런 다음 현재의 관심 사항인 구체적인 문제에 대해 논의하고 문제에 대해 약간의 교육을 제공한다. 그리고 상황에 도움이 될 만한 전략들을 함께 알아보고 피드백을 구하고, 회기와 회기 사이에 해야 할 일들을 안내한다.

첫 번째 단계에서 마지막으로 해야 할 일은 앞으로 다루게 될 문제가 무엇인지 확인하는 일이다. 문제들은 자문가가 정확하게 이해할 수 있도록 검토되어야 하며 구체적으로 정의되어야 한다. 이 책의 제3장에서 Murphy와 Christner가 말했듯이, 문제목록을 여러 영역에 걸쳐 종합적으로 만드는 것이 중요하다. 이것은 자문가가 부모와 작업을 할 때 아동이 나타내고 있는 현재의 문제들 안에 들어 있는 '주제'를 파악하는 데 도움을 준다.

단계 2: 발견

긍정적이고 협력적인 동맹관계를 수립하고 앞으로 다루어야 할 문제를 구체적으로 파악하였다면, 그러한 문제를 일으키고 유지해 온 요인들에 관한 정보를 수집해야 한다. CBT 이론을 따르는 자문모형에서는 문제에 대한 부모의 지각, 문제에 기여하는 요인들, 그러한 요인들의 역할, 변화를 방해하는 요인들을 확인해야 한다. CBT 모형은 주어진 상황과 개인의 신념체계(이를 통해 개인은 주어진 상황을 해석한다), 사건에 대한 개인의 생각, 그에 수반되는 정서 및 행동과의 관계를 가정한다. 부모자문을 할 때 이러한 관계는 핵심적인 요인인데, 부모의 지각이 개입에 대한 수용과 자문의 전반적인 성과에 큰 영향을 미치기 때문이다. 가정과 학교에서 행동문제를 보여 의뢰된 아동의 어머니를 예로 들어 보자. 이 어머니는 "자녀를 너무 엄격하게 키우면 자녀가 부모를 싫어하게 된다."는 신념을 갖고 있다. 이 신념 때문에 이 어머니는 가정에서 아동의 행동을 제한하지 않았으며 학교에서 세운 행동계획에 따라 강화를 제공하지도 않았다. 아동과 어머니는 여러 가지 개입을 시도했지만 아동의 행동 유지에 어머니의 생각이 영향을 미친다는 것을 고려하지 않아 모두 실패했다. 따라서 자문가는 부모의 생각과 그것이 어떻게 개입과 자문의 성공에 영향을 미치는지 반드시 탐색해야 한다.

또 다른 중요한 점은 부모가 과거에 문제해결을 위해 어떤 전략들을 시도했는지 검토해 보는 것이다. 만약 과거에 어머니가 시도했지만 실패로 끝난 전략을 자문가가 제안한다면 또다시 실패할 가능성이 크다. 부모는 '다른 사람들도 가지고 있는 똑같은 아이디어를 가지고 있는' 자문가를 신뢰하기 어렵다고 지각하게 될 것이다. 예를 들면, 과거에 부모가 시도해 보았지만 실패했던 1-2-3 매직(1-2-3 Magic; Phelan, 2003)이라는 개입을 자문가가 권고했다고 하자. 비록 부모가 정확하게 실행하지 않아서 실패한 것이라고 해도, 자문가가 그 전략의 실행에 대해 설득력 있는 이유를 제공하지 않는 한 부모는 다시 시도하는 것에 강한 저항을 보일 것이다.

과거에 시도해 본 개입과 아울러, 자문가는 "무엇이 자문과정에서 개발될 전략의 실행을 방해할 것인가?"라고 질문함으로써 변화와 충실한 실행을 방해하는 요인을 탐색해 보아야 한다. Meichenbaum과 Turke(1987)는 잠재적인 문제를 미리 예상하면 치료의 충실한 실행이 증가된다고 하였다. 이러한 방해요인은 시간이나 자원 같은 세부계획 요인일 수도 있고, 미루기나 실행능력의 부족 등의 개인요인일 수도 있다. 이러한 여러 가지 요인들은 대부분 부모와 관련되지만, 그 밖에 아동이나 학교 또는 교사 요인 같은 다른 영역의 요인도 변화를 방해할 수 있다. 자문가는 잠재적인 방해요인만 확인할 뿐만 아니라 부모와 함께 이러한 요인에 대해, 그리고 이런 요인이 발생할 때 어떻게 극복할 것인지에 대해 직접적으로 논의해야 한다.

발견 단계에서 검토해 보아야 할 마지막 영역은 변화에 대한 부모의 동기, 그리고 변화를 실행에 옮기고 호소문제를 해결하는 힘들고 복잡한 과정에 참여할 준비의 정도를 파악하는 것이다. 자문과정에는 최소한 두 사람 이상의 협력적 노력이 있어야 한다. 따라서 작업동맹 관계에 있는 모든 구성원이 함께 성공적인 변화를 향해 나아가려는 동기를 가져야 한다. 그렇지 않으면 변화과정을 촉진하려는 자문가의 노력은 저항과 좌절에 부딪히게 되고 결과적으로 성공을 거두기 어렵게 된다. 자문가가 부모의 동기 그리고 합의된 개입에 적극적으로 참여하고 실행할 준비의 정도를 알게 되면, 부모를 있는 그대로 수용하고 필요할 경우에는 변화의 과정을 통해 효과적인 서비스 전달과 성과에 도달하도록 도울 수 있게 된다. 변화에 대한 준비도의 개념은 약물남용과 보건 분야의 문헌에서 자주 인용된다(Prochaska et al., 1994). 학교장면에서 혹은 부모자문에서 이 개념을 사용한 연구는 알려져 있지 않다. Freeman과 Dolan(2001)은 원래의 변화 단계(Prochaska, DiClemente, & Norcross, 1992)를 다음의 10단계로 다시 개념화하였다. 즉, (1) 계획이 없음, (2) 계획에 반대함, (3) 계획하기 전, (4) 계획, (5) 실행계획, (6) 실행, (7) 활성화 쇠퇴, (8) 재발, (9) 재조정, (10) 유지의 단계다. 수정된 변화 단계에 대한 자세한 고찰은 Freeman과 Dolan(2001)을 참고하기 바란다.

단계 3: 교육

확인된 문제의 여러 측면에 대해 정보를 수집한 후에는 문제에 대한 정확한 사례개념화를 해야 한다. 사례개념화에는 촉발요인과 문제로 빚어진 결과, 관련된 사람들과 문제의 지속과 악화에서 그들의 역할, 문제해결에 대한 장애요인, 문제해결의 결과(긍정적인 것과 부정적인 것 둘 다), 사용 가능한 자원과 제한점 등이 포함되어야 한다. 사례개념화를 부모에게 전달할 때는 문제를 단순화하고 세부 사항과 전반적인 인상이 포함되도록 진술한다. 이때 개인적인 문제보다 '이면문제'를 개입의 초점으로 한다. 자문가가 부모에게 피드백을 해 줄 때 때로는 문제를 재구성해야 한다. 문제를 재구성할 때는 변화를 촉진하고 비난을 최소화하는 방식으로 해야 한다. 예를 들어 보자. 아동이 집에서 보이는 행동문제에 대해 부모자문을 할 때, 자문가는 아동의 행동이 부모의 관심에 대한 요구의 결과라고 사례개념화한다. 자문가는 부모에게 "척에게 좀 더 많은 관심을 보여 주세요."라고 말하는 대신, "척이 부모님과 좋은 관계를 갖고 싶어 하는 것 같아요. 그의 행동은 부모님과 함께하고 싶다는 표현이에요. 척과 부모님의 관계를 양쪽 모두에게 좀 더 긍정적으로 변화시킬 수 있는 방법을 생각해 보도록 합시다."라고 표현하는 것이 좀 더 건설적이다.

피드백이 끝나고 자문가와 부모가 문제에 대한 이해, 문제의 요소, 바람직한 해결방안에 대한 생각 등을 공유한 후에는 함께 구체적인 목표를 세운다. 이 단계는 단지 목표를 나열하는 것이 아니라 그 이상을 요구한다. 자문가와 부모는 협력적으로 기대되는 성과를 결정하고 그 결과에 도달할 수 있는 목표를 확인해야 한다. 어떤 개입을 할 것인지 구체적으로 확인하고 바람직한 목표가 충족되었을 때가 언제

인지 결정하려면 개입이 성공할 경우 상황이 어떻게 달라질 것인지 알아야 한다.

단계 4: 실행

마지막 단계에서는 협력적 관계를 유지하면서 사례개념화를 실천에 옮기게 된다. 이때 해야 할 일은 잠재적 해결책을 산출하고, 기대되는 목표에 도달하기 위한 전략을 실행하고, 도출된 계획의 효과성을 평가하고, 얻어진 긍정적인 결과와 혜택을 유지하기 위한 계획을 수립하는 것이다. 문제에 대한 해결책을 이끌어 내기 위해 자문가는 문제를 촉진할 수 있는 기술(문제해결, 의사소통 또는 대처 기술 등)결핍을 수정하고, 자기 스스로 행동을 관찰하고 관리할 수 있는 전략들을 가르치고 시행하며, 잘못된 지각을 다루고 왜곡된 사고와 해로운 행동을 교정하기 위해 CBT 개입전략을 사용한다. 모든 인지적 개입과 행동적 개입을 살펴보는 것은 이 장의 범위를 벗어나는 것이다. 따라서 구체적인 전략을 살펴보고자 하는 독자는 다른 CBT 교재를 읽기 바란다(Freeman, Pretzer, Fleming, & Simon, 2004; McMullin, 2000 참조). 해결책이나 전략을 협력적으로 확인하고 현실적이며 실행 가능한 전략에 동의한 후 그것을 실행에 옮긴다. 이때 인지와 그에 따른 행동과 정서를 지속적으로 관찰한다. 역할연습, 자기말, 행동반응과 후속결과에 대한 유관성 계약, 행동실험 같은 행동주의 전략은 부모가 개입을 독립적으로 수행하기에 앞서 특정 전략과 기술을 연습할 때 유익하다. 이것은 부모에게 자신이 무엇을 해야 하는지를 확실하게 해 주는 동시에 부모를 편안하게 만드는 데 도움이 된다.

실행 단계에서 가장 필수적인 단계는 해결책의 확인 및 실행 후의 일과 관련된다. 학교에서 시행되는 다른 프로그램과 마찬가지로 경과를 평가하고 기록하는 것이 중요하다. 자문가와 부모는 경과를 점검함으로써 목표에 도달했는지 결정할 수 있다. 그리고 기대하는 결과가 얻어지지 않을 때는 자문과정의 앞 단계로 되돌아가서 필요한 수정을 한 후, 다시 해결책을 산출하고 시행할 수 있다. 성공적인 전략이 자리를 잡은 후 인지행동적 자문과정의 마지막 단계는 유지계획을 세우는 것이다. 이때 예상되는 퇴행과 미래의 성공에 대한 장애요인 등을 포함하도록 한다.

학교장면에 대한 시사점

학교에서 자문은 주로 교사, 부모, 행정가, 학생에게 제공된다. 따라서 CBT 자문은 단일 학생의 문제 향상을 위해 사용될 수도 있고, 시스템 문제를 변화시키기 위해 사용되거나 교사의 효율성을 높이기 위해 사용될 수도 있다. 부모자문은 부모의 기술수준을 향상시키고 부모가 자녀의 특수한 요구를 다룰 수 있도록 돕기 위해 이루어진다. 다양한 방식의 적용이 가능하지만, 자문서비스는 호소문제, 문제가 발생한 장면, 확인된 내담자의 요구에 맞는 지시와 안내, 개입을 필요로 한다. 따라서 자문의 수준과 정도는 다음과 같이 차별화할 필요가 있다. (1) 단일 사례 수준으로, 특정 사례에 대해 한 번 이상의 자문이 이루어진다. (2) 피자문인 수준으로, 피자문인이 자신을 변화시키거나 서비스 제공을 할 수 있도록 돕기 위해 지속적인 자문이 이루어진다. (3) 시스템 수준으로, 조직의 변화를 위해 지속적인 자문이 이루어진다. 학교에서 부모에게 자문을 제공할 때, 단일 사례 수준일 경우에는 개별 아동에 대한 부모의 걱정을 다루기 위해 전문가가 평가와 서비스를 제공한다. 피자문인 수준의 자문에서는 부모가 자녀에게 도움이 되는 변화를 촉진하기 위해 혹은 직접 시행할 수 있는 기술이나 능력을 개발하기 위해 일정 기간 동안 전문가(예: 학교심리학자, 상담자, 사회복지사)의 서비스를 받고자 할 때 적합하다. 마지막으로, 시스템 수준의 자문에서는 가족의 기능에 관해, 그리고 기대되는 변화를 위해 전체 시스템을 향상시킬 수 있는 방법에 관해 가족에게 직접적으로 서비스를 제공한다.

사례연구: 에릭

10세의 백인 소년 에릭은 학교에서 다양한 학업 · 행동 문제를 겪고 있다. 그의 성적은 낙제 직전이며 행동은 파괴적이다. 수업 중에 소리를 지르거나 책상 속의 물건을 갖고 놀기도 하며, 때로는 교실 밖으로 나가기도 한다. 이러한 문제들로 에릭은 학교생활 적응을 위한 개입을 계획하는 데 도움을 주는 아동연구팀(CST)에 의뢰되었다. CST는 학부모회의를 위해 에릭의 부모를 불렀다. 그러나 오라는 연락을 취하고 확인도 했지만 에릭의 부모는 학교에 오지 않았다. 학교에서 긍정적 행동지원 계획과 튜터링 서비스를 시행하자 에릭은 진전을 보이기 시작했다. 그러나 에릭은 숙제를 해 오지 않았고 주말이나 휴일 후에 행동이 퇴행하는 문제도 여전히 계속되었다. 따라서 에릭의 부모가 학교회의에 참여하기를 '꺼림'에도 불구하고 참여가 불가피해졌다.

에릭의 부모가 참여하지 않은 두 번째 미팅을 끝낸 후, 학교심리학자는 CST 미팅 중에 논의된 정보를 전달하기 위해 에릭의 부모에게 전화를 걸었다. 이 전화는 자문과정이 시작되는 첫출발 역할을 했다. 학교심리학자는 미팅에 관한 정보를 제공하면서 에릭의 부모와 협력적 관계를 수립하기 시작했다. 학교심리학자는 에릭의 부모가 지난 회의에 참석하지 못한 것에 대해서는 물어보지 않았다. 또한 에릭이 보이고 있는 문제에 대해서도 언급하지 않았다. 학교심리학자는 단순히 미팅에서 논의된 것을 알려 주고 에릭에게 긍정적인 변화가 일어나고 있음을 말해 주었다. 대화가 끝날 무렵 학교심리학자는 부모에게 만날 수 있는지, 그리고 좋은 시간과 장소에 대해 물어보았다. 에릭의 부모는 학교로 오는 것은 꺼렸으나 집에서 만나는 것은 좋다고 했다.

첫 만남에서 에릭의 부모는 매우 걱정하는 눈치였다. 그러나 학교심리학자가 자신의 집에서 미팅을 가져준 것에 대해서는 감사를 표시했다. 학교심리학자는 부모와의 협력관계를 증진하기 위해 에릭의 진전을 반복적으로 언급하면서, 에릭이 훨씬 더 좋아질 수 있도록 부모가 도와줄 수 있는지 물었다. 부모는 에릭에 대해 걱정을 많이 하고 있지만 '어떻게 도와주어야 할지' 모른다고 했다. 학교심리학자는 이 기회를 살려 안건을 설정했다. 다음의 대화는 이 과정을 보여 주고 있다.

학교심리학자: 이 미팅의 목적은 우리(학교와 부모)가 함께 에릭을 도와줄 수 있는 방법에 관해 이야기를 나누는 것입니다. 저는 부모님이 에릭에게 어떻게 해야 하실지 도와드리기 위해 갖고 계신 질문에 기꺼이 답변해 드리겠습니다. 우리에게 한 시간밖에 없기 때문에 오늘 이야기할 것에 대한 계획을 세워 보도록 하지요. 우선 에릭이 현재 어떤 상태인지, 새로운 변화가 있는지 알고 싶어요. 그리고 우려하시는 것이 있다면 그것도 말씀해 주시면 좋겠어요. 그리고 전에 시도해 보신 것들에 대해 알아

보고 무엇이 성공적이었고 무엇이 실패했는지를 결정할 겁니다. 그런 다음 함께 에릭을 위한 목표를 세우고 그에게 도움이 될 만한 전략들이 있는지 알아볼 예정입니다. 마지막으로 우리의 개입이 효과적인지 알아보기 위해 에릭의 경과를 검토하는 방법을 결정할 겁니다. 이 계획에 혹시 덧붙이고 싶은 게 있으신가요? 혹시 오늘 이야기한 것에 문제는 없으신가요?

부모: 저는 에릭이 우리의 말을 잘 듣도록 하는 방법에 대해 얘기를 나누고 싶어요. 우리는 에릭이 나아지길 바라요. 하지만 그 아인 말을 듣질 않아요. 우리가 에릭에게 숙제를 하라고 말해도 그 아인 도대체 하질 않아요.

학교심리학자: 좋습니다. 그러면 숙제에 관해, 그리고 에릭이 말을 듣도록 하는 방법에 대해 이야길 해야겠네요. 더 하실 말씀이 있으신가요?

부모: (주저하며) 당신에게 학교에 관해 얘기해도 괜찮은가요?

학교심리학자: 구체적으로 무엇에 대해 이야기하고 싶으신가요?

부모: 학교에서 우리가 에릭의 문제에 무관심하며 형편없는 부모라고 생각할까 봐 걱정돼요. 우리는 에릭을 도우려고 노력해요. 하지만 우리가 집에서 노력하는 것은 효과가 없어요.

학교심리학자: 그렇다면 이 점에 대해 나중에 따로 시간을 내어 이야기해 보도록 하지요.

안건을 정한 후에는 문제 파악으로 옮겨 간다. 학교심리학자는 에릭이 숙제를 하지 않는 것과 월요일마다 문제를 일으키는 것에 우려를 표현하면서 다시 에릭이 진전을 보이고 있다고 이야기했다. 그런 다음 "그 점들이 학교에서 우려하고 있는 점이에요. 혹시 생각나시는 다른 문제도 있나요?"라고 물었다. 에릭의 부모는 동의하면서 에릭의 월요일 문제는 주말 밤에 늦게까지(새벽 2~3시까지) 자지 않기 때문인 것 같다고 했다. "에릭은 늦게 자요. 그리고 피곤할 때면 기분이 나빠져요." 에릭의 아버지는 미팅에서 대부분 말이 없었다. 그러다가 에릭에게 문제가 있어서 걱정되고 실망스럽다고 말했다. 또한 그는 학교에서 자기와 아내를 '비난할'까 봐 두렵다고 했다. 학교심리학자는 이 기회를 이용해 발견 단계로 넘어가 지각과 생각을 평가했다.

학교심리학자: 지난 몇 년간 에릭의 문제 때문에 학교에서 몇 차례 댁으로 전화를 드린 것으로 알고 있습니다. 전화를 받으셨을 때 어떤 생각이 드셨나요?

부모: 또 시작이구나!

학교심리학자: 또 시작이구나라고 말씀하셨는데, 무슨 의미인지요?

부모: 음. 에릭이 여전히 말썽을 피우고 있구나, 그리고 우리가 뭔가를 잘못하고 있음에 틀림없다는 걸 의미하는 게 아닌가 싶어요.

학교심리학자: 전화에 대해서는 어떻게 생각하세요?

부모: 우리는 학교 일로 좋았던 적이 없어요. 학교문제에 대해서는 도대체 어떻게 해야 할지 모르겠어요.

학교심리학자: 그것이 당신에 관해 무엇을 말해 주나요?

부모: 우리가 형편없는 부모라는 거죠. 적어도 에릭의 선생님들은 그렇게 생각하고 계시는 것 같아요.

학교심리학자는 이런 정보를 이용해 에릭의 부모가 학교일에 참여하는 것이 얼마나 중요한지, 그리고 에릭을 돕기 위해 학교와 부모가 어떻게 협조해야 하는지 이야기할 수 있었다. 과거에 사용했던 전략을 검토할 때, 에릭의 부모는 몇 가지 방법만을 사용해 왔다고 보고했다. 주로 방에서 나오지 못하게 벌을 주거나 비디오 게임을 치워 버린다든가 하는 방법을 썼지만 효과가 없었다고 했다. 에릭의 부모는 시작한 방법을 끝까지 실행하지 못하는 것, 학교에서 그들을 '나쁜 부모'로 생각하는 것에 대한 불안, 학교에서 만나자고 할 때 시간을 마련해야 하는 것 등이 일차적 '장애요인'이라고 했다. 에릭의 부모는 아들을 돕기 위해 자신의 행동을 변화시킬 계획을 세우고자 했기 때문에 이미 실행계획 단계에 들어와 있었다.

에릭의 부모에게 피드백을 제공할 때는 지속적으로 긍정적인 면에 초점을 두고 긍정적인 성과에 대해 '희망감'을 가질 수 있도록 했다. 그리고 문제가 되는 부모의 행동을 비난하지 않으려고 노력했다. 부모에게 제공된 피드백에는 학교와 부모 사이가 좋지 않다는 것을 에릭이 알고 있었기 때문에, 그가 학교에 대한 부모의 협조적 태도에 영향을 미치고 있음을 이해시키는 것도 포함되었다. 또한 학교심리학자는 에릭이 학교에서 보이는 진전에 근거하여 에릭이 일관성 있는 구조적 환경에 잘 반응하며 그러한 환경을 필요로 한다고 강조하였다. 학교심리학자는 부모와 함께 에릭을 돕기 위한 다음 세 가지 목표를 설정했다. (1) 에릭은 매주 85%의 숙제를 완수할 것이다. (2) 에릭은 주말을 포함하여 매일 밤 10시에 취침할 것이다. (3) 에릭의 부모는 학교의 팀과 정기적인 접촉을 하며 학교회의에도 참석할 것이다. 에릭의 부모는 분명히 학교심리학자나 교사가 바라는 동일한 성과를 기대하고 있었다. 그것은 에릭이 좀 더 일관성 있게 적절한 노력을 해서 학업 면에서 잘 적응하고 부모가 가정에서 세운 규칙을 잘 따를 수 있도록 하는 것이었다.

숙제와 취침시간 문제를 다루기 위해 학교심리학자는 에릭의 부모가 매일 강화(예: 매일 밤 숙제를 마친 후 30분 동안 비디오 게임을 할 수 있다)와 주간 강화(예: 에릭이 숙제를 완수하는 하는 비율이 85% 이상 되면 금요일이나 토요일에 30분 늦게 자는 것을 허락한다), 그리고 장기적 강화(예: 에릭이 4주 동안 목표를 달성하면 선택목록에서 부모와 함께 할 수 있는 놀이를 선택할 수 있다)를 이용한 긍정적 행동계획을 세우도록 도와주었다. 이 밖에도 부모가 에릭을 위한 학습환경과 숙제계획을 마련할 수 있도록 자문을 제공했다. 가정과 학교 간의 협력문제에 관하여 에릭의 부모는 학교회의에 참석하는 데 동의했다. 그러나 그들은 만약 위협받는 느낌이 들면 '뒤로 물러날' 수도 있을 거라며 우려했다. 학교심리학자는 그들의 우려를 감소시키기 위해 팀과 만나는 회의와는 별도로, 에릭의 부모가 편한 기분으로 회의에 참석하게 될 때까지 학교에서 에릭의 부모와 교사가 만날 때 함께 동석하는 데 동의했다. 또한 회의 전에 에릭의 부모에게 전화를 걸어 회의 안건을 알려 주어 그들이 '의사결정 과정에 개입되어' 있다는 느낌을 갖도록 돕기로 했다.

학교심리학자는 전략을 실행하였고 6주 동안 점검했다. 그는 매주 에릭의 부모에게 전화를 걸어 행동계획을 수행하는 데 문제가 있는지 논의했다. 처음 2주 동안은 별 문제가 없었다. 그러나 3주쯤 되었을 때 에릭의 부모는 주말에 에릭을 재우기가 힘들다고 보고했다. 그 주간에 에릭의 부모는 학교심리학자를 만나기 위해 학교를 방문했다. 에릭이 주말에 해야 할 것을 완수하지 않을 때 제공할 결과에 대해 논의하기 위해서였다. 이 미팅 중에 에릭의 어머니는 자신이 어렸을 때 어머니가 일찍 잠자리에 들도록 훈육하는 것을 '싫어했기' 때문에 에릭에게도 똑같이 하는 것을 좋아하지 않는다고 말했다. 따라서 발견 단계로 되돌아갈 필요가 있었다. 이 문제에 대해 에릭의 어머니가 갖고 있는 생각과 신념에 대해 논의하고 처리할 필요가 있었다. 그렇지 않으면 그녀의 신념이 앞으로의 경과에 '장애물'이 될 것 같았다. 미팅 후에 에릭의 어머니는 다음 4주 동안 미팅에서 제안된 것을 시도해 보고 성과를 이루었는지 평가하는 데 동의했다.

학교에서는 6주 동안 에릭이 숙제를 완수하는지를 기록했다. 그리고 에릭의 부모는 숙제와 관련된 일과와 취침문제에 관한 정보를 수집했다. 학교심리학자는 다음 회의를 소집하기 전에 수집된 모든 정보를 토대로 그동안의 경과를 그래프로 그렸다. 학교심리학자는 회의 전날 에릭의 부모에게 전화를 걸어 안건을 알려 주었다. 에릭의 부모는 회의 참석에 대해 불편한 감정이 없다고 말하며 학교심리학자, 담임교사와 별도로 만나는 선택을 연기했다. 회의가 있던 날, 학교심리학자는 다시 에릭의 부모에게 전화를 걸어 그들의 노력을 칭찬해 주고 회의에 대해 상기시켜 주었다. 에릭의 부모는 회의에 참석했다. 그들은 눈의 띄게 긴장된 모습이었다. 모든 영역에서 에릭이 좋아진 것으로 나타났다. 따라서 유지계획이 논의되었다. 교사는 에릭의 숙제 완수를 점검하기 위해 금요일마다 가정으로 이메일 경과노트를 보내는 데 동의했다. 학교심리학자는 부모를 위해 연락담당자 역할을 계속하기로 했고, 격주로 하다가 나중에는 월 1회씩 연락을 취하기로 계획했다.

결론

부모는 아동의 발달과 기능에 큰 영향을 미치기 때문에 아동의 요구를 다루기 위한 모든 노력에는 부모가 포함되어야 한다. 단회든, 단일 사례 상황이든, 지속적인 자문관계든 간에 학교에서 부모에게 자문을 제공할 때는 부모가 어떻게 기여할 수 있는지 고려해야 한다. 여기에는 잠재적인 부정적 기여요인과 저항부터 부모 자신의 능력 및 아동에 대한 지식까지 포함된다. 효과적인 개입을 촉진하기 위해 자문가는 부모가 문제와 아동, 자기 자신, 학교 시스템에 대해 어떻게 지각하고 있는지, 그리고 그러한 지각에 대해 어떤 정서적 및 행동적 반응을 보이는지 이해하고 그것을 활용해야 한다. 부모와의 긴밀한 관계는 이러한 지각과 정서, 행동 등을 확인할 수 있게 해 준다. 그리고 서비스를 제공할 때 이런 것들을 다룰 수 있게 해 준다.

자문과정에서 협력적 노력을 강조하는 것은 CBT에서 발견되는 작업관계, 동맹의 중요성 때문이다. 이 장에서 제시한 인지행동 자문모형은 자문가에게 하나의 틀을 제공해 준다. 이 틀을 갖고 자문가는 관계를 시작하고 긍정적인 변화를 유지할 때까지 경험적으로 지지된 이론과 개입, 성과에 근거한 서비스를 전달하게 된다. 이 모형의 목적은 학생의 문제에 기여하는 부모의 역기능적 혹은 왜곡된 신념을 파악하는 과정의 근거와 구조를 자문가에게 제공하는 것이다. 또한 자문가는 이러한 정보를 사용하여 사례개념화를 할 수 있다. 이것은 협력적 문제 파악과 효과적 개입의 실행을 촉진하며, 궁극적으로 학생의 기능 향상이라는 바람직한 성과를 이룰 수 있게 한다.

참고문헌

Bandura, A. (1977). *Social learning theory.* Englewood Cliffs, NJ: Prentice Hall.

Beck, J. S. (1995). *Cognitive therapy: Basics and beyond.* New York: Guilford Press.

Bergan, J. R., & Duley, S. (1981). Behavioral consultation with families. In R. W. Henderson (Ed.), *Parent-child interactions: Theory, research, and prospects* (pp. 265-291). New York: Academic Press.

Bergan, J. R., & Kratochwill, T. R. (1990). *Behavioral consultation and therapy.* New York: Plenum Press.

Brack, C. J., & Brack, G. (1996). Mental health consultation: In defense of merging theory and practice. *Journal of Mental Health Counseling, 18,* 347-358.

Brown, D., Pryzwansky, W. B., & Schulte, A. C. (2001). *Psychological consultation: Introduction to theory and practice* (5th ed.). Boston: Allyn & Bacon.

Caplan, G. (1970). *The theory and practice of mental health consultation.* New York: Basic Books.

Carlson, C. I., Hickman, J., & Horton, C. B. (1992). From blame to solutions: Solution-oriented family-school consultation. In S. L. Christenson & J. C. Conoley (Eds.), *Home-school collaborations: Enhancing children's academic and social competence* (pp. 193-213). Silver Spring, MD: National Association of School Psychologists.

Christenson, S. L., & Sheridan, S. M. (2001). *Schools and families: Creating essential connections for learning.* New York: Guilford Press.

Christner, R. W., & Stewart-Allen, J. (2004, October). *Parent consultation: Applying cognitive-behavioral skills.* Workshop presented at the 2004 Pennsylvania Psychological Association Ethics and Continuing Education Conference, Exton, PA.

D'Zurilla, T. J., & Goldfried, M. R. (1971). Problem solving and behavioral modification. *Journal of Abnormal Psychology, 78,* 107-126.

D'Zurilla, T. J., & Nezu, A. M. (1999). *Problem-solving therapy: A social competence approach to clinical intervention.* New York: Springer.

Elizalde-Utnick, G. (2002). Best practices in building partnerships with families. In A. T. Thomas & J. Grimes (Eds.), *Best practices in school psychology-IV* (pp. 413-429). Washington, DC: National Association of School Psychologists.

Epstein, J. (1991). Effects on student achievement of teachers' practices of parent involvement. In S. Silver (Ed.), *Advances in reading/language research: Vol. 5. Literacy through family, community, and school interaction* (pp. 261-276). Greenwich, CT: JAI.

Epstein, J. L. (1987). What principals should know about parent involvement. *Principal,* 6-9.

Fine, M. J. (1990). Facilitation home-school relationships: A family-oriented approach to collaborative consultation. *Journal of educational and psychological consultation, 1,* 169-187.

Freeman, A., & Dolan, M. (2001). Revisiting Prochaska and DiClemente's stages of change theory: An expansion and specification to aid in treatment planning and outcome evaluation. *Cognitive and Behavioral Practice, 8,* 224-234.

Freeman, A., Pretzer, J., Fleming, B., & Simon, K. M. (2004). *Clinical applications of cognitive therapy* (2nd ed.). New York: Kluwer Academic/Plenum Publishing.

Friedberg, R. D., & McClure, J. M. (2002). *Clinical practice of cognitive therapy with children and adolescents: The nuts and bolts.* New York: Guilford Press.

Henderson, A. T. (1987). *The evidence continues to grow: Parent involvement improves student achievement.* Columbia, MD: National Committee for Citizens in Education.

Henderson, A. T., & Berla, N. (Eds.). (1994). *A new generation of evidence: The family is critical to student achievement.* Washington, DC: National Committee for Citizens in Education.

Horton, E., & Brown, D. (1990). The importance of interpersonal skills in consultee-centered consultation: A review. *Journal of counseling and development, 68,* 423-426.

Kratochwill, T. R., & Bergan, J. R. (1990). *Behavioral consultation in applied settings: An individual guide.* New York: Plenum Press.

Kratochwill, T. R., Elliott, S. N., & Callan-Stoiber, K. (2002). Best practices in school-based problem-solving consultation. In A. T. Thomas & J. Grimes (Eds.), *Best practices in school psychology-IV* (pp. 583-608). Washington, DC: National Association of School Psychologists.

Lochman, J. E., Whidby, J. M., & FitzGerald, D. P. (2000). Cognitive-behavioral assessment and treatment with aggressive children. In P. C. Kendall (Ed.), *Child & adolescent therapy: Cognitive-behavioral procedures* (pp. 31-87). New York: Guilford Press.

McMullin, R. E. (2000). *The new handbook of cognitive therapy techniques.* New York: W. W. Norton & Company.

Meichenbaum, D., & Turke, D. C. (1987). *Facilitating treatment adherence: A practitioner's guidebook.* New York: Plenum Press.

Meyers, J. (1981). Mental health consultation. In J. C. Conoley (Ed.), *Consultation in school* (pp. 35-58). New York: Academy Press.

Meyers, J., & Kundert, D. (1988). Implementing process assessment. In J. L. Graden, J. E. Zins, & M. J. Curtis (Eds.), *Alternative educational delivery systems: Enhancing instructional options for all students.* Washington, DC: National Association of School Psychologists.

Meyers, J., Parsons, R. D., & Martin, R. (1979). *Mental health consultation in the schools.* San Francisco: Jossey-Bass.

Mullis, F., & Edwards, D. (2001). Consulting with parents: Applying family systems concepts and techniques. *Professional School Counseling, 5*(2), 116-123.

Phelan, T. W. (2003). *1-2-3 magic: Effective discipline for children 2-12* (3rd ed.). Glen Ellyn, IL: ParentMagic, Inc.

Prochaska, J. O., DiClemente, C. E., & Norcross, J. C. (1992). In search of how people change: Applications to addictive behaviors. *American Psychologist, 47,* 1102-1114.

Prochaska, J. O., Velicer, W. F., Rossi, J. S., Goldstein, M. G., Marcus, B. H., Rakowski, W., et al. (1994). Stages of change and decisional balance for twelve problem behaviors. *Health Psychology, 13*(1), 39-46.

Sheridan, S. M. (1993). Models for working with parents. In J. E. Zins, T. R. Kratochwill, & S. N. Elliot (Eds.), *Handbook of consultation services for children: Application in educational and clinical settings* (pp. 110-133). San Francisco: Jossey-Bass.

Sheridan, S. M., Kratochwill, T. R., & Bergan, J. R. (1996). *Conjoint behavioral consultation: A procedural manual.* New York: Plenum Press.

Zins, J. E., Kratochwill, T. R., & Elliot, S. N. (1993). *Handbook of consultation services for children: Applications in educational and clinical settings.* San Francisco: Jossey-Bass.

Chapter 20

가족 시스템을 위한 인지행동 개입

가족은 학교에서 구성된 학제 간 팀에서 자주 잘못 묘사되고 잘못 이해되지만 가장 중요한 구성원이다. 자녀의 학교교육에 대한 부모의 참여와 관심은 학교출석, 학업성취도 및 인지기술의 향상과 관련되기 때문이다. 그러나 학교에서 가족은 문제해결의 방안으로보다는 문제의 일부로 간주되어 왔다. 가족의 도움을 얻으면 가족이 어떤 변화를 원하는지 이해할 수 있을 뿐만 아니라 그러한 변화를 일으킬 수도 있다. 그리고 대부분의 가족은 적당한 안내와 지원을 제공하면 인지행동 개입과 아동의 호소문제 관리에 책임을 다하게 된다. 교육 시스템이 가족을 문제해결의 핵심 자원으로 간주하는 관점을 취한다면, 가족 구성원은 아동의 문제행동을 더 잘 이해하고 문제행동을 해결하는 데 책임감 있는 협력자가 될 수 있을 것이다. 이러한 관점은 과도한 업무로 이미 혹사당하고 있는 교육 시스템에 부담을 추가하는 존재가 아니라 교육 시스템을 향상시킬 수 있는 자원으로 가족을 보게 한다.

그러나 학교는 여전히 부모와 자녀로 이루어진 2세대 가족에 주목하는 전통적 가족모형을 채택하고 있다. 가족의 구성과 역할이 변화함에 따라서 부모의 근무시

Stuart B. Badner & Jill K. Carney-Melton

간, 재정적 제약, 자녀양육의 책임도 변화하고 있지만, 학교는 이에 민감하지 않은 듯하다. 근래에는 배우자 없이 자녀를 양육하는 한부모가정, 조부모가 손자를 양육하는 조손가정, 위탁가정, 입양가정, 다문화가정, 인공수정으로 자녀를 출산한 가정, 동성애가정 등 비전통적인 가족들도 하나의 규범이 되어 가고 있다. 미국의 인구조사 자료에 따르면, 학교는 양친부모로 이루어진 전통적 가족 출신이 아닌 학생들을 위한 자원을 충분히 갖추지 못하고 있다. 또한 18세 이하의 자녀가 있는 가정의 1/4 이하만이 결혼한 부부로 구성된 가정을 꾸리고 있다. 한부모가정이 증가 추세에 있고, 이러한 가정은 양친부모 가정보다 재정적 어려움을 더 많이 겪는다(Trotter, 2001). 이러한 상황들이 아동에게 미치는 영향은 매우 크다. 아동이 교육을 중단할 수밖에 없는 사태가 벌어지기도 하고, 필요한 자원이 많이 부족한 지역은 막대한 재정적 부담을 감당할 수 없기 때문에 학생들이 고등학교 졸업을 하지 못하는 사태도 벌어진다. 예를 들면, 아프리카계 미국인 가정의 62%가 한부모가정인데, 그들은 경제적 시련 때문에 임금이 적은 여러 가지의 일을 하고 있다(Ricciuti, 2004). 따라서 한부모가정의 부모는 저녁 이전에는 학교회의에 참석하기가 어렵다. 학교가 부모의 요구에 맞추어 회의시간을 조정하지 않으면, 학교는 의도하지 않았음에도 불구하고 문화적 민감성이 부족하다는 인상을 주게 된다. 따라서 학교와 부모 간에 원래부터 존재하는 불신과 적대감이 더욱 커지는 위험이 초래된다.

그러므로 학교는 재정과 시간의 제약을 감안하되, 비전통적 가족을 위해 쓸 수 있는 자원(예: 상담, 개별 학습지도, 건강보호)을 마련해야 한다. 교육자로서 우리는 가족의 개별적 요구에 적합하며 가족에게 도움이 될 수 있는 서비스를 안내해서 그들의 신임을 얻어야 한다. 예를 들면, 미국에서는 아동낙오방지법(U.S. Department of Education, 2002)에 따라 학교가 주교육부에서 규정한 표준을 충족시키지 못할 때는 열악하고 안전하지 못한 지역에 사는 빈곤한 가족의 자녀들에게 더 많은 선택의 기회를 제공하고 있다. 그런데 보충서비스(예: 개별 학습지도 프로그램, 방과 후 프로그램, 여름학교 프로그램 등)를 받을 수 있는 선택의 폭이 증가하였음에도 불구하고 그런 자원을 얻을 수 있다는 것을 모르는 가족들이 있다. 가족들에게 그런 서비스에 대해 안내하지 않으면 그럴 가능성이 있다. 학교가 '지역사회 학교(community school)' 모형에 가까워질수록 학교에서는 그 어느 때보다 더 민감하게 가족의 다양성을 인식해야 한다. 교육자들은 자신의 기술수준과 자원을 확충하라는 요구를 받고 있으며, 가족이 지역사회 자원에 접근할 수 있게 하는 일종의 다리 또는 연계로 간주된다. 학교도 아동과 그들의 가족을 위한 서비스를 조정하는 데 있어서 좀 더 예방적 역할을 취하라는 요구를 받고 있다. 또한 과거에는 가정의 책임으로 알려져 왔던 것을 이제는 학교가 제공하라는 압력을 받고 있다. 예를 들면, 건강하지 못한 자녀양육 방식이 아동의 발달을 위태롭게 하는 것으로 알려짐에 따라 다수의 학교에서 건강한 부모 역할을 실습하는 교과목을 개설하고 있다.

극심한 경제변화와 인구변화가 수많은 가족들에게 크나큰 경제적 고난과 스트레스를 안겨 주었다. 뿐만 아니라 미 연방정부의 아동낙오방지법(NCLB)에서 볼 수 있듯이, 학교는 글로벌 경제에서 국가의 경쟁력을 증가시켜야 한다는 압력을 받고 있다. 교사들은 교육 시스템과 가정 간의 책임 있는 파트너십 증진이 중요하다는 것을 인정하기는 하지만, 부모-교사 관계의 형성을 돕는 훈련은 별로 받지 못하고 있다. 또한 전통적인 공립학교에서는 가족의 개입과 참여 그리고 지원을 그다지 많이 강조하지 않고 있다. 결과적으로, 21세기의 교육인력(예: 학교심리학자, 학교사회복지사, 학습 컨설턴트, 생활지도 상담사, 교사, 관련서비스 요원, 간호사, 보조전문가, 지원인력, 행정가 등)은 충분한 훈련을 받지도 못한 상태에서 인종, 문화, 장애, 종교 및 성적 지향이 다양한 모든 아동 및 가족들과 유능하게 일을 해내야 할 책임을 떠맡고 있다. 오늘날의 교육자들은 그 어느 때보다도 자신이 제공하는 서비스의 수혜자들에게 문화적으로 민감하고 유능한 개입을 효과적으로 실행하는 데 필요한 기술을 연마해야 할 책임을 맡고 있다.

문화적 역량

아동과 가족에게 위기와 재난 그리고 일상사에 대처하는 기술을 습득하도록 도움을 줄 때, 교육자는 먼저 그들에게 존재하는 차이를 인정하고 수용해야 한다. 문화적으로 유능한 교육자는 가족 안에 존재하는 역동과 가족구조의 차이를 존중해야 한다. 또한 자신과 다른 사람들과도 기꺼이 상호작용할 수 있어야 한다. 가족들의 새로운 문화와 종교, 자녀양육 방식, 전통에 대해 배우는 것에도 개방된 마음자세를 가져야 한다. 그렇게 하면 다른 사람들과 더 많은 관계를 맺을 수 있고, 그들과의 상호작용에 영향을 미치는 오해와 잘못된 신념을 불식시킬 수 있다. 또한 자신의 사고방식과 다른 사람들의 사고방식 간의 차이를 수용할 수 있으며, 다양한 집단에 속한 여러 사람들과 더욱 편하게 지낼 수 있다. 이러한 자기탐색과 교육의 과정이 이루어지는 동안, 교육자는 판단을 보류한 채 각각의 가족에게 다가갈 수 있어야 한다. 그리고 자신이 지닌 개인적 신념 때문에 서비스의 적절한 전달이 방해받지 않도록 자신의 편견을 계속 검토해야 한다. '진정한 연결(authentic connection)'은 신뢰관계를 수립하는 데 매우 중요하다. 자신과 다른 사람에 대해 편한 척하는 것은 곧 눈에 띄게 되고 오히려 단절을 초래한다. 이것은 결국 부적절한 부모관여를 유도할 수도 있다.

교육자들이 가족과 효과적으로 일할 때 추구해야 할 일차적 목표는 가족과 강력하고 상보적인 관계를 확보하는 데 있다. 이를 위해서는 문화적 단절을 민감하게 알아차리고 극복해야 한다. 그리고 가족에게 단지 편리한 것이 아니라 요구에 적합한 최선의 것을 지지해 주어야 한다. 그렇게 하면 가족은 교육자의 행동을 진솔하다고 볼 것이다. 무엇이 다른 사람과의 관계에 단절을 초래하는지에 대해 대화를 나누고 인식하는 것은 자신과 다른 사람에 대한 생각과 감정 그리고 행동을 이해해 가는 첫걸음이다. 교육자는 다른 사람들과의 관계를 통해 '자기 자신'을 성장시킬 수 있으며, 이러한 성장은 다른 사람이 처한 상황을 공감하는 능력을 확대하는 동시에 도전의 경험을 통해 재연결을 수립하는 데도 도움이 된다(Jordan, Walker, & Hartling, 2004).

전문가가 실행하는 최상의 활동에 따르면, 교육자가 사회화되고 있는 환경이 우리에게 어떤 영향을 미치는지 이해하고, 일상적인 상호작용에서 사고가 행동에 어떤 영향을 미치는지를 깨닫는 것이야말로 교육자의 임무라 할 수 있다(Thomas & Grimes, 2002). 교육자가 함께 일하는 가족은 관계적으로 유능한 교육자를 필요로 한다. 또한 갈등으로 가득 차 있고 사회문제를 반영하는 학교문화를 수용하지 않는 교육자를 필요로 한다. 1954년의 브라운 대 토피카 교육국 판례(Brown vs. Board of Education of Topeka)[18] 이래 학교는 다양성을 감안하여 적절한 지원을 제공하

18) 역자 주: 브라운 대 토피카 교육국 판례(Brown vs. Board of Education of Topeka)의 사명은 인종차별을 종식시키고 아동의 인종, 민족, 사회경제적 지위에 무관하게 모든 아동에게 공립학교가 적절

는 측면에서 어느 정도 발전을 이루었지만, 그 이후에는 많이 쇠퇴하기 시작했다(NEA Today, 2004). 그 결과, 빈곤지역에 사는 수많은 아동과 가족들이 교육, 건강, 복지에 대해 절망한 채 방치되고 있고, 심지어는 학교교직원들을 만나기도 전부터 그들에 대해 분노하고 있다. 특히 도심지역 교육청에 속한 학교에 다니는 아동의 가족은 교직원-부모의 손상된 관계로부터 아동을 구해 내기 위해 그리고 아동의 개인적 요구에 대한 관심 부족을 극복하기 위해 바우처와 차터스쿨(charter schools)[19]을 찾아 나서고 있다(Sarason, 1996).

다양하고 복잡한 가족을 다루고 다른 사람들의 선택을 존중하려면 자신의 두려움과 개인적 신념을 제쳐놓는 법을 연습해야 한다. 자신이 익숙해하는 것과는 다른 가족들과 일할 때 동료의 지도 · 조언을 구해야 하며, 그런 가족들의 신념체계를 더 잘 이해하기 위해 가족의 민족성이나 정체성을 잘 이해하는 사람에게 자문을 구해야 한다. 관계의 확립은 부모의 관여와 참여를 증가시키며, 다양한 가족구조를 다루는 교육자의 능력도 향상시킨다. 궁극적으로는 부모의 믿음도 얻을 수 있게 된다. 그러나 이해는 수용의 한 부분일 뿐이다. 교육자는 매일 자신의 신념과 가치에 기꺼이 도전해야 하며, 자신의 사고와 감정 그리고 행위를 일치시켜야 한다. 교육자가 눈을 맞추지 않거나 속사포같이 말하고 세련된 어휘나 익숙하지 않은 전문용어를 사용하면, 소수집단의 사람들은 비록 그것이 미세한 것일지라도 자신을 향한 부정적 감정이나 편견을 알아차린다. 그들은 자신과 다른 인종 · 민족의 문화를 불신하는 경향이 있기 때문이다(Dovidio & Gaertner, 1998). 이런 가족들과 관계를 형성할 때는 단절을 초래할 수도 있는 숨겨진 신호를 인식해야 한다. 문화적 불신은 부당한 대우를 받는다는 두려움과 불편감, 이해받지 못하고 있다는 두려움 때문에 다양한 장면 안에서 발생하는 관계의 단절을 초래한다(Alston & Bell, 1996). 그 결과로 가족은 교육의 과정에 충분히 관여하고 참여하기를 꺼리게 된다.

이에 따라 교육자의 역할이 변하고 있다. 교육자는 도심지역이든, 도심 외곽의 주거지역이든, 농어촌 지역이든 간에 아동이 학교로 가져오는 다양한 난제들을 다

한 자원을 제공하는 데 있다.

19) 역자 주: 차터스쿨(charter schools)은 공립학교와 달리 교사, 부모, 지역사회 단체가 독자적으로 설립하여 운영하는 학교를 말한다.

루는 방법을 알고 있어야 한다는 기대가 높아지고 있다. 간혹 아동은 음식과 안전의 욕구가 충족되지 않은 채 정신건강 문제의 발병 위험에 놓인 채 학교에 온다. 교직원은 고통에 처한 아동이 호소하는 문제의 징후들을 알아차릴 수 있어야 하며, 만성적인 결석과 저조한 과제 수행이 더 큰 문제의 전조신호임을 이해해야 한다. 예를 들면, 아동에 대한 성적 · 신체적 학대 건수가 증가 추세에 있지만, 아동의 입장에서는 수치심 때문에 학대당한 사실을 보고하지 못할 수도 있다. 그러므로 교육자들은 학대의 징후를 찾아내서, 학대가 의심스러우면 적절한 아동보호 서비스 기관에 즉시 보고해야 할 책임이 있다.

학교에서의 가족 시스템: '가족우선' 접근

교육자의 임무는 가능하다면 언제나 가족을 지지하는 것이다. 그리고 교육자는 가족이 생활 스트레스를 해결하고 대처기술을 발달시키도록 돕기 위해 필요한 때면 언제든지 지역사회 기관과 협력해야 한다. 모든 문화권에서 가정은 구성원들에게 자아를 각인시키지만, 가족 구성원들의 개인적 정체감은 어찌되었든 집단 소속감의 영향을 받는다(Minuchin, 1999). 가족은 변화하는 열린 시스템이므로 계속해서 가정 밖의 환경과 영향을 주고받는다. 또한 가족은 당면한 발달단계의 각기 다른 요구에 순응한다. 가정은 가족 구성원들의 심리사회적 발달이 이루어지는 장면이지만, 더 큰 사회에 적응해야 하며 문화와 연속성을 유지해야 한다. Minuchin에 따르면, 사회적 기능 간의 이러한 상호의존성은 가족에게도 적용된다.

체계이론(systems theory)은 기업, 산업체, 지역사회 조직, 학교, 가족을 포함한 모든 종류의 시스템에 적용되는 기본 원리다. 이 원리는 가족이 어떻게 기능하며 가족과 지역사회가 어떻게 상호작용하는지 이해하는 데 도움이 된다(Connard & Novick, 1996). 학교에서 가족과 함께 일할 때 적합한 체계이론의 몇 가지 원리를 소개하면 다음과 같다.

- 상호의존성: 시스템은 스스로 존속하며, 시스템의 어느 한 부분은 다른 부분과 격리되어 이해될 수 없다(Connard & Novick, 1996). Minuchin(1999)에 따르

면, 시스템은 일정 범위를 넘어서는 변화에 대해 저항하며 선호하는 패턴을 가능한 한 오랫동안 유지한다. 가족 맥락 밖에서는 아동을 이해할 수 없고, 가족은 부분의 합 이상이다. 개인은 세대, 성별, 흥미와 관심, 기능에 의해 형성된 각기 다른 하위 시스템들(예: 배우자, 부모, 형제자매)에 소속되는데, 개인은 각각의 하위 시스템 안에서 서로 다른 수준의 힘을 가지며 다른 기술들을 학습한다.

- 순환성: 가족 시스템은 계속해서 진화하며, 시스템의 모든 구성원은 일련의 순환적인 영향고리 안에서 다른 구성원에게 영향을 미친다. 또한 모든 행위는 이러한 영향에 대한 반응이다(Walsh, 1984).
- 적응성: 가족은 구성원들에게 발생하는 발달적 변화에서 오는 내적 압력을 받으며, 또한 구성원들에게 영향을 미치는 사회기관의 요구로부터 오는 외적 압력을 받는다(Minuchin, 1999). 이러한 요구에 반응하려면 모든 가족 구성원의 순응이 필요하다. 또한 가족 내에서, 그리고 가족과 사회환경 간에 양방향의 상호작용이 일어나려면 내적·외적 추진력이 필요하다.

교육자는 자신이 함께 일하는 가족의 개별적 요구와 문화를 이해해야 할 뿐만 아니라 가족 구성원과 시스템 간의 역동적 상호작용을 이해하고 인정해야 한다. 그렇게 함으로써 체계이론은 교육자에게 문제가 발생할 때 가족과 더 잘 협력할 기회를 제공해 준다. 체계이론은 가족의 독특한 관심사를 이해하고, 가족이 이미 가지고 있는 강점을 확인하며, 가족과 환경 간의 양방향 교류를 인식하게 한다. 개인과 가족은 계속 진화하며, 스트레스와 대처 및 적응은 정상적 발달과정으로 간주된다. 체계이론은 가족을 최우선에 둠으로써 학교에서 강점을 중시하는 인지행동 개입의 기반을 구축한다. '가족우선' 접근을 구성하는 주요 요소들은 다음과 같다.

- 다르다는 것을 축하하고 인정해 주기: 다르다는 것은 본질적으로 풍요로운 것이며 규범으로 수용된다. 독특한 입장을 소통할 수 있는 가족의 능력은 높이 평가된다.
- 가족을 믿을 만한 파트너로 보기: 가족은 학제 간 팀의 필수 구성원으로 받아들여지며 지지를 받는다. 가족은 아동에 관한 일이라면 무엇이든지 전문가로 간주되며, 교육자가 배울 것이 있는 대상이다. 아동의 발달은 조력관계와 파트너

십의 증진을 통해서 향상된다.

- **가족과 지역사회 파트너를 연결하기:** 가족은 지역의 서비스 제공자뿐만 아니라 더 넓은 사회의 서비스 제공자와의 관계를 통해 정보와 자원 그리고 지지를 얻는다.

체계이론은 가족이 지역사회 안에서 어떻게 기능하는지를 더 잘 이해할 수 있게 한다. 그러나 학교에서 가족과 함께 일을 해야 하는 교육자는 여전히 일련의 난제에 직면한다. 가족과 환경 사이에 이루어지는 양방향 교류와 마찬가지로, 교육자와 환경 사이에서도 양방향 교류가 발생한다. 교육자가 함께 일하는 가족의 가치관과 신념의 폭을 이해하고 그 가치를 인정하는 것이 중요하듯이, 자신의 역할과 자신을 고용한 시스템의 역동을 이해하고 인정하는 것 또한 중요하다. 교육청은 관내에 있는 모든 초 · 중 · 고등학교에 공통적인 핵심 가치와 신념을 수립하고 시행해야 한다. 그렇지만 실제로 학교는 각각의 환경 안에서 활동하는 개인들의 가치, 신념, 습관에서 비롯된 그 학교만의 독특한 가치와 신념을 발달시킬 것이다. 그렇기 때문에 두 학교가 동일한 청사진을 가지고 동시에 설립되었더라도 학교 안을 거닐다 보면 각 학교의 풍토가 상당히 다르다는 것을 알 수 있다.

유능한 시스템은 단절된 사고에서 체계의 사고로, 고립의 환경에서 협력의 환경으로, 지각된 현실에서 정보에 의해 추진되는 현실로, 개인적 자율성에서 집단적 자율성과 공동의 책무성으로 전환되어야 한다(Zmuda, Kunklis, & Kline, 2004). 가족의 성공적 기능은 가족 구성원과 그들이 포함된 사회체계 연결망들의 조화와 공존 가능성에 의해 좌우되며, 가족의 고통은 다양한 내적 · 외적 스트레스 요인들에 의해 발생한다. 이러한 스트레스 요인들은 자연적 발달과정(예: 청소년기), 질병 대처에 따른 긴장과 피로, 부적합한 주택환경, 불충분한 건강보호 서비스, 교육문제에 이르기까지 다양하다. 마찬가지로 교육자도 개인적 문제와 편견, 고된 업무, 정책과 절차, 행정적 문제 등으로 힘들어한다. 사람들이 변화를 일으킨다는 것은 놀라운 사실이 아니다. 그러므로 서비스 제공의 대상인 가족들과 함께 효과적으로 일하려면, 교육자는 자신의 직무환경 안에서 인정되는 개인차를 충분히 이해해야 한다. 궁극적으로는 가족과 교육자(즉, 두 시스템의 내부와 사이에 있는 두 개체)를 추진하는 내적 · 외적 세력의 역동적 상호작용을 이해해야 한다([그림 20-1] 참조).

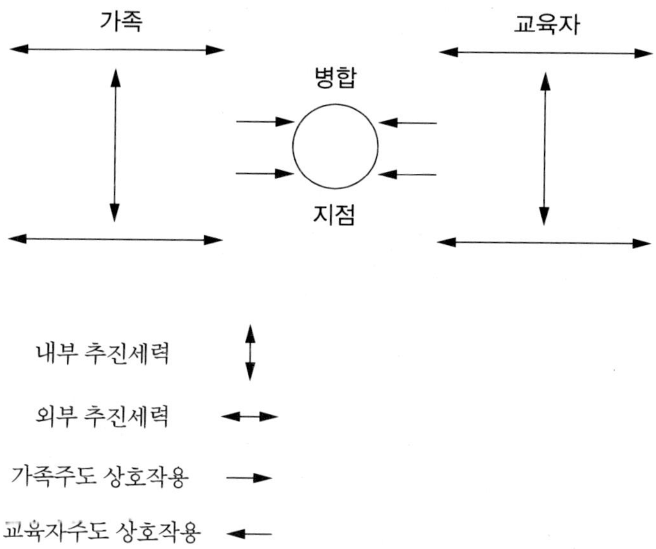

[그림 20-1] 두 시스템의 내부와 사이에 있는 두 개체의 역동적 상호작용

교육자는 두 시스템의 병합 지점에서 변화를 일으킬 수 있다. 그러나 교육자는 신중해야 하며, 서로 내립되는 안건들을 지닌 별개의 두 개체(가족, 학교)로부터 합의를 이끌어 내려고 노력하는 존재임을 명심해야 한다. 교육자는 자신이 돕고자 하는 대상인 가족 시스템에 다가가서 그 안에 자신을 몰입시키는 방법을 찾아야 한다. 뿐만 아니라 자신이 의무적으로 일하고 있는 학교 시스템과도 강력한 관계를 유지해야 한다. 한편, 가족은 교육자와 학교를 같은 것으로 보고 있으므로, 교육자

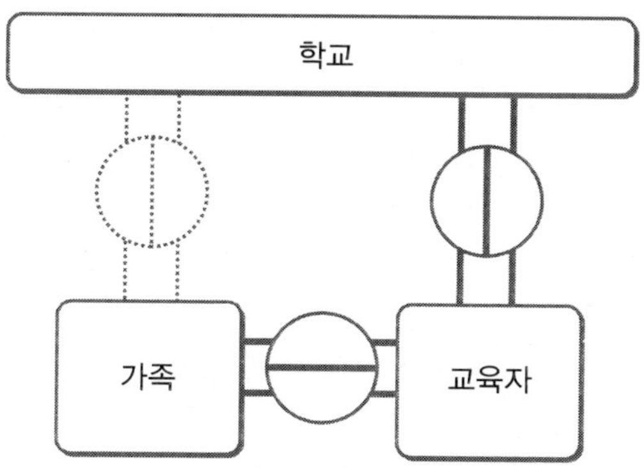

[그림 20-2] 변화를 중개할 때 가족과 학교, 가족과 교육자, 교육자와 학교 간의 병합 지점에서 이루어지는 열린 관계를 예시하는 가족과 학교 기반의 상호작용

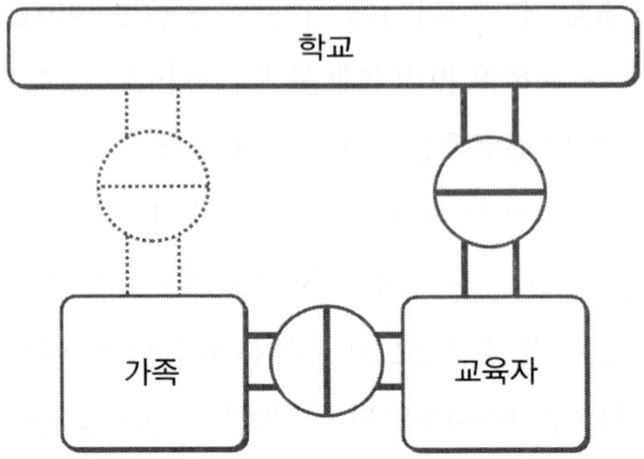

[그림 20-3] 변화를 중개할 때 가족과 학교, 가족과 교육자, 교육자와 학교 간 병합 지점에서 이루어지는 닫힌 관계를 예시하는 가족과 학교 기반의 상호작용

는 가족이 학교에 대해 가지고 있는 선입관을 인식해야 한다([그림 20-2] 참조).

가족과 교육자의 상호작용이나 교육자와 학교의 상호작용에 직접 기인하는지, 또는 가족과 학교의 상호작용에 간접적으로 기인하는지에 관계없이, 모든 연결선에서 생성된 부조화는 그 상호작용의 질에 영향을 미칠 뿐만 아니라 상호작용의 결과를 매우 위태롭게 한다([그림 20-3] 참조).

'소프트 기술'의 사용

병합 지점에서 교육자가 자신이 속한 기관과 가족을 연결하고 연결 상태를 유지하려고 할 때, 변화를 일으키는 데 도움이 되는 공통 요소들은 무엇인가? Nathan과 Radcliffe(1994)는 미국의 29개 주에 사는 교육자 1,823명을 면접했다. 그들 가운데 절반 이상이 가족과 함께 일할 때 다음의 기술들이 중요하다고 평가했다.

- 효과적인 회의 진행하기
- 학생이 문제를 가지고 있을 때 부모와 함께 일하기
- 학생의 진전에 관해 부모와 의사소통하기
- 부모가 학급의 목표, 전략 및 평가방법을 이해할 수 있도록 돕기

미국교육부(1994)의 교육개혁(예: GOALS 2000)에서는 아동의 학교교육에 대한 부모의 참여를 주요 목표로 강조한다. 학교현장에서 이루어지는 관리에서부터 가족을 지원하는 법안의 발의에 이르기까지, 많은 교육 개혁과 정책들은 아동의 학업적 성공을 증진시키기 위해 가족, 학교 및 지역사회의 협력관계를 강조한다. 가족의 관여와 참여를 중시하는 것은 가족이 학생의 성취와 학교의 질에 강력한 영향을 준다는 명백한 증거에 근거한 것이다.

작업동맹(working alliance)은 모든 가치 있는 노력이 성공하는 데 중요하다. 작업동맹은 특히 학교에서 이루어지는 인지행동적 가족개입의 핵심 원리다. 교육자가 명심해야 할 사항은 다음과 같다. 교육자는 서로 다른 문화에 대해 알아야 하며, 또한 계속 변화하는 사회에서 살고 있는 아동과 가족의 복잡한 요구를 민감하게 알아차려야 한다. 그렇지만 연령과 출신 배경에 상관없이 기본적이며 보편적인 요구가 개인에게 영향을 미친다는 점을 유념해야 한다. 그것은 경청과 이해 그리고 존중을 받고자 하는 요구다. 이러한 기본적 요구는 늘 존재해 왔으며, 발생하는 모든 상황의 도전을 끊임없이 받아 왔다. 그리고 이러한 요구는 상호작용의 질에 좌우되며, 현재 겪고 있는 호소문제가 심각할수록 더 많이 충족되어야 한다. 교육자가 이해와 존중을 소통할 수 있는 능력은 기본적인 '소프트 기술(soft skills)'이다. 이것은 교육자가 직면하는 상황이 얼마나 복잡한지에 관계없이 가족과 함께 일할 때 반드시 갖추어야 할 가장 중요한 기술이다. 학교 시스템에서 일하는 교육자는 이러한 소프트 기술을 갖추어야 하지만, 그것을 가르치는 경우는 별로 없다. 그럼에도 불구하고 일반 사람들은 교육자라면 이 기술을 당연히 가지고 있다고 가정한다. '하드 기술(hard skills)'이 어떤 직업이 필요로 하는 기술적인(technical) 기술이라면, 소프트 기술은 보통 이력서에서는 볼 수 없는 대인관계의 기술을 말한다. 특히 학교에서는 소프트 기술이 효과적이고 성공적인 관계의 발전에 긴요한 초석이 된다.

소프트 기술은 주로 기업 및 산업 장면에서 논의되어 왔지만 기본적으로 유용하기 때문에 사람과 상호작용해야 성공적으로 일을 해낼 수 있는 모든 상황에 적용된다. 따라서 이 기술은 근로자가 고객이나 동료와 함께 일하면서 성공적인 성과를 올리기 위해 갖추어야 할 기본적인(즉, 기술적이지 않은) 기술이나 속성, 특성으로 가장 잘 정의된다. 미국노동부(1990)는 근로자의 성공적인 직무 수행에 필요한 '비결(knowhow)'을 연구하는 위원회를 지명할 정도로 이 기술은 매우 기본적인 것이다.

필수적 기술성취에 관한 장관위원회(Secretary's Commission on Achieving Necessary Skills: SCANS)는 직업세계와 일상생활에서 성공하기 위해 모든 사람들이 갖추어야 할 역량과 기본 기술을 다음과 같이 제시했다.

- 성별, 민족 또는 사회적 · 교육적 배경에 관계없이 모든 남녀와 함께 일하며 협동하는 능력
- 자원을 교환하며 다양한 이해관계를 해결하는 등 조화와 일치를 이루며 일하는 능력
- 고객의 기대를 충족시키기 위해 그들과 함께 일하며 의사소통하는 능력
- 타인이 필요한 지식과 기술을 학습하도록 조력하는 능력
- 사회, 조직, 테크놀로지 시스템이 작동하는 방식과 그러한 시스템 안에서 효과적으로 작용하는 방식을 이해하는 능력

소프트 기술은 교육자가 가족을 상대로 일을 하는 경우에만 제한적으로 사용하는 것이 아니다. 왜냐하면 소프트 기술이란 모든 팀 구성원들과 함께 꾸준히 협력적인 노력을 기울이게 하는 마음자세이기 때문이다. 소프트 기술을 자주 활용하면 그것이 학교문화의 핵심이 될 수 있다. 일부 팀 구성원들은 이미 가족과 함께 자주 일하고 있으며, 모든 팀 구성원들이 가족에게 동일한 메시지를 전달하는 것이 중요하기 때문이다. 가족과 협동하는 교육자들은 많고 다양하다. 그러나 교육자들이 서로 구분되는 독립된 존재로 인식될지라도 한 목소리를 내는 것은 매우 중요하다.

관계는 훌륭하고 인간적인 학교환경의 기반을 이룬다. 그러나 신뢰와 존중의 풍토를 먼저 배양하지 않고서는 관계를 형성할 수가 없다. 배려와 유쾌한 기분은 '변화의 친구'다. 즉, 수용과 온정, 친절은 어떤 사람이 하는 일 때문이 아니라 그 사람 자체 때문에 그 사람을 인정하고 가치 있게 여기는 문화를 조성한다(Littky, 2004). 교육자는 소프트 기술을 사용하는 활동을 통해서 집단의 일치와 응집을 이루고 유지하는 데 도움을 줄 수 있을 뿐만 아니라 향후 개입을 위한 모범적인 선례를 수립할 수도 있다.

평가도구

문서보존의 측면에서 볼 때, 학교는 풍부한 자료를 만들어 내는 장면으로 알려져 있다. 인지행동 관점에서 가족과 함께 일할 때, 자료를 시각적이고 구체적인 방법으로 보여 주면 가족의 이해와 문제해결에 도움이 된다. 교육자는 기존의 정보 중에 어떤 것을 검토해야 하며, 어떤 정보를 가족에게 친숙한 방식으로 변경해야 하는지 파악해야 한다. 그렇게 함으로써 가족의 요구와 참여수준에 맞는 풍부한 경험적 자료를 주기적으로 수집하고 가족에게도 제공할 수 있다. 이런 자료에는 교사나 상담자가 주도적으로 실시하는 정기적 평가(예: 성적표, 학업 탐사과제[probes],[20] 인지행동 지원계획), 연방정부와 주정부의 법안 발의를 준수하는 정도 및 교육청 교육과정의 진전을 점검하기 위한 집단용 표준화 측정도구(예: 교육과정중심 평가[CBA], 규준참조검사, 준거참조검사, 역량중심 평가), 사용 가능한 행정보고서(예: 출결기록부, 훈육기록부, 인성교육 보고서, 괴롭힘 금지 프로그램 경과보고서)가 있다([그림 20-4] 참조).

고위험 아동이나 특수교육 아동에게는 의뢰 전 지원팀(Prereferral Support Team)의 개입(학업문제 또는 행동문제 등 표적 영역에서의 기초선자료에 근거하여 개발된 개입) 검토, 관련서비스의 평가보고서와 교육과정중심 측정(교사나 프로그램이 생성한 CBM의 결과, 심리평가, 언어평가, 작업치료 평가, 물리치료 평가, 시각 및 청각 평가), 개별화된 전환기 평가(학생 · 부모 · 교사 대상 면접, 포트폴리오, 직무적응 척도, 삶의 질 평가, 흥미척도, 학습 및 작업 양식 척도, 작업 샘플, 현장 코치가 제공한 상황평가)를 통해 추가적인 표준화 검사자료와 기술적 자료를 수집할 수 있다.

표적이 정확하며 이해하기도 쉬운 경험기반의 자료는 아동의 학교 수행을 분명하고 폭넓게 이해하는 데 도움이 된다. 따라서 가족 구성원의 인지와 행동을 변화시키는 데도 유용하다. 예를 들면, 초기 문해력 기술의 역동적 지표(Dynamic

20) 역자 주: 탐사과제(probes)는 학습자가 하나의 기술을 얼마나 숙달했는지를 비형식적으로 평가하기 위해 사용하는 일련의 과제를 의미한다. 예를 들면, 학습자가 특정 해부호화 기술(decoding skills)을 사용해야 읽을 수 있는 일련의 단어를 제시하여 그 기술의 숙달 정도를 평가한다.

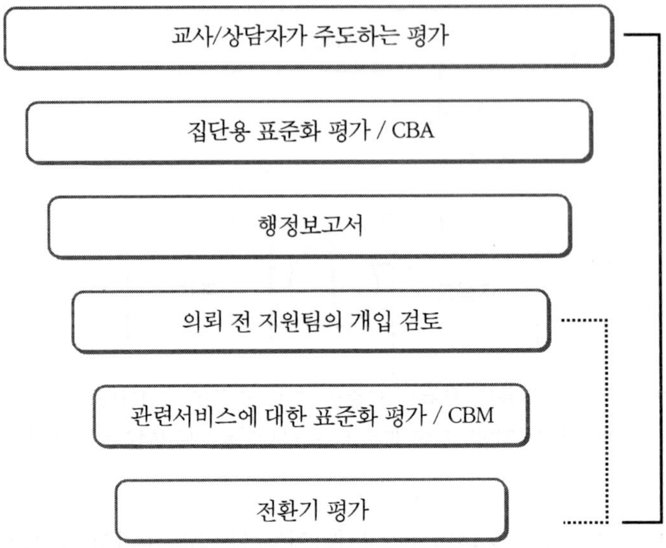

[그림 20-4] 학교의 요구와 참여수준에 따라 결정되는 경험기반 자료의 영역

Indicators of Basic Early Literacy Skills: DIBELS)는 유치원~초등학교 3학년을 대상으로 읽기 이전 기술(prereading skills)과 초기 읽기기술(early reading skills)의 발달을 정기적으로 점검할 목적으로 제작된 표준화 개인용 유창성 측정도구다(Good & Kaminski, 2002). DIBELS를 구성하는 각 하위척도(예: 두음 유창성, 음소식별 유창성, 무의미 낱말 유창성, 구두 읽기 유창성)는 초기 문해력 발달의 지표로 적절한 신뢰도와 타당도를 갖추고 있으며, 이후의 읽기숙달을 잘 예측한다.

이러한 평가결과는 학생 개인의 발달을 평가하고, 수업목표의 달성 여부에 관한 피드백을 학년별로 제공하며, 기대만큼 진전을 이루지 못한 학생을 조기 확인하는 데 사용된다. 검사 실시의 소요시간은 아동 1인당 10분 정도밖에 걸리지 않는다. DIBELS 자료는 보통 1년에 4회 수집된다. DIBELS 자료 시스템은 학급, 학교, 교육청 수준에서 읽기 프로그램의 효과성을 평가한 보고서를 다음의 두 가지 양식으로 제공한다. 하나는 온라인에서 검색할 수 있는 웹 보고서이며, 다른 하나는 막대그래프, 연도별 그래프, 학급별 보고서, 산포도, 교육청 규준, 학급/학교/교육청의 경과요약 보고서, 개별 학생의 프로파일, 인구학적 정보, 핵심 프로그램 효과성 요약보고서 등 PDF 보고서다. 원점수와 백분위 점수가 제공되는데, 이는 개별 아동의 수행수준을 정해진 목표에 비추어 해석하거나 같은 학년 또래들의 수행수준과 비교할 수 있게 한다. 또한 아동의 수행을 요약한 결과에 근거하여 수업을 위한 권고 사항도 제공된다. 학교는 DIBELS 측정치를 활용하여 학생의 진전을 규칙적으로(예: 매주, 한 달에 두 번, 일정한 시간 간격으로) 점검할 수 있으며, 이해하기 쉬운 그림과 표를 사용하여 시기적절한 피드백을 교사와 부모에게 제공할 수 있다. 행정적 자료와 보고서는 학교에서 인지행동 개입을 개발할 때 필요한 귀중한 정보이지만 종종 간과된다. 다음 사례를 보자.

에릭은 체구가 매우 크고, 솔직하게 자기 생각을 주장하는 17세의 백인 남학생이다. 그는 거주지역의 교육청 밖에 있는 대안교육 프로그램을 마치고 정서적 지원을 제공하는 정규학급으로 복귀하는 중에 있다. 그의 파괴적이고 위협적인 행동 때문에 대안 프로그램에 배치됐는데, 행동문제뿐만 아니라 신체화, 학습장애, 출식문제도 보였다. 늘 두통을 호소했고, 두통 때문에 결석을 한 적도 있었다. 철저한 의학적 검사를 받았지만 어떤 병리적 증거도 발견되지 않았다. 10대 초반에 에릭의 부모는 이혼을 했고, 그 후 각자 다른 배우자를 만나 재혼했다. 에릭은 아버지와 함께 살기로 했지만, 아버지가 가정과 학교에서 에릭의 행동을 다루는 데 실패하여 결국 에릭은 어머니 집으로 들어갔다. 어머니와 에릭의 관계는 대체로 좋은 편이었고, 어머니는 에릭의 행동에 많은 제약을 가하지 않았다. 에릭의 의붓아버지는 엄격한 사람이었지만 에릭과 어머니의 관계에 개입하려고 하지 않았다. 에릭은 자신의 큰 체구와 우렁찬 목소리를 위협적으로 이용할 줄 알았고, 성인조차 좌절감을 갖게 만드는 논쟁을 벌이는 데 능숙했다. 에릭은 학업과 행동의 측면에서 어느 정도 진전을 보였지만, 잦은 결석으로 석차가 떨어져 그가 원했던 교육청 내 학교에 들어가지 못했다. 에릭의 문제로 회의가 열렸을 때 그는 자신의 행동에 대해 변명과 구실을 늘어놓았고, 자신의 불행을 남의 탓으로 돌리면서 회의실에서 뛰쳐나갔다. 그는 자신이 환경의 희생양이라고 믿었다. 에릭의 이런 신념은 어머니의 무력감에 의해 간접적으로 강화된 것이었다. 이러한 에릭의 신념을 바꾸고 교육청 내 학교에 배정될 수 있도록 학제 간 팀은 에릭의 출석기록부를 보여 주기로 결정했다. 학제 간 팀은 에릭의 출결 사항을 상세하게 보여 주기 위해 알기 쉬운 그래프와 차트를 제작했고, 에릭이 원하는 프로그램에 배정되기 위해 필요한 최소한의 결석 일수를 알려 주기로 했다. 그래프와 차트를 회의실에 게시했고, 에릭과 그의 부모를 포함한 모든 회의 참석자들에게 복사본을 나누어 주었다. 출석 그래프를 통해 에릭과 그의 부모는 에릭의 실제 수행수준과 목표달성 정도를 확인할 수 있었다. 회의의 초점은 분명하고 생산적이었다. 결국 에릭은 그래프를 통해 자신에 대한 요구가 터무니없는 것이 아니라 도달할 수 있는 범위 안에 있다는 것을 깨닫게 되었다.

신념체계와 도식

인지행동 관점에서 가족을 대상으로 일할 때는 개인의 환경 맥락이 그 사람의 존재를 만드는 데 가장 중요하다는 것을 유념해야 한다. 교육자는 가족의 문제를 개념화하기 위해 가장 먼저 가족 구성원의 행동 이면에 있는 신념체계를 파악해야 한다. 신념체계는 가족의 도덕관과 가치관에 기초하며, 가족이 타인과 관계를 맺을 때 지침이 되는 규칙이다. 교육자는 아동의 안절부절못하고 침착하지 못한 행동을 통제하기 위하여 타임아웃, 약물치료, 정신건강 서비스 등을 사용하도록 권장한다. 그러나 안절부절못하는 행동이나 큰 목소리로 말하기, 큰 동작이 문제시되지 않는 문화도 많다는 것을 이해해야 한다. 학교에서 가족을 대상으로 일할 때, 교육자는 가족의 장점과 요구를 파악해야 하며, 변화시켜야 할 문제의 범위를 확인해야 한다. 교육자는 가족에 대해 충분히 알기 위해 많은 시간을 들여야 하며, 가족이 겪는 문제에 대해 가족이 어떤 입장을 취하고 있는지 충실히 이해하기 위해 노력을 기울여야 한다. 그렇게 하지 않으면 귀중한 시간을 낭비할 뿐이며, 심지어 더 큰 문제가 발생할 수도 있다. 결국 그 가족은 권고 사항을 따르지 않을 수도 있다. 이런 현상을 보고 가족이 변화에 저항한다고 해석해서는 안 된다. 오히려 그것은 호소문제에 대한 불분명한 사례개념화 또는 합의 실패에 기인한 것일 수 있기 때문이다.

교육자가 가족의 신뢰를 얻고자 할 때는 신념체계, 즉 도식의 중요성을 소홀히 해서는 안 된다. 도식은 가족이 교육자의 제언을 지각하는 틀을 형성한다(Freeman & Dattilio, 1992). 가족과 함께 변화의 계획을 이루려고 노력하는 동안, 교육자는 가족이 교육자에게 무엇을 하기를 요구하는지에 대해 공감해야 한다. 그리고 변화의 과제가 어려운 일이라는 것을 알고 있다고 가족에게 말로 표현해야 한다. 또한 자녀양육 기술에 관한 최근 연구를 활용하여 부모를 교육시킬 필요도 있다. 교육자는 가족의 종교, 훈육방식, 생활방식, 그리고 (일부 문화권에서는) 확대가족 참여의 중요성을 이해하며 인정한다는 것을 가족에게 보여 줘야 한다. 또한 가족의 이러한 관습이 어떤 영향을 받아 조성되었는지, 외부 영향력과 어떻게 충돌할 수 있는지도 반드시 고려해야 한다.

예를 들면, 미국 내 아프리카계와 스페인계 문화권에서는 확대가족 구성원들도 자녀양육에 참여한다. 또한 교육자는 아프리카계 미국사회에 존재하는 강력한 모계 지배성과 스페인계 사회에 존재하는 강력한 부계 지배성을 파악해야 한다. 아프리카계 미국인과 스페인계 미국인은 모두 깊은 기독교 신앙을 가지고 있으며, 신체적 질병과 정신적 고통을 치료할 때 '기도의 힘'을 믿고 있다는 것을 알아야 한다. 또한 아프리카계 미국인은 서양의학에 대한 두려움 때문에 심리상담보다는 목회상담에 의존하며, 처방약보다 자연요법을 선호한다. 교육자는 아프리카계 미국인이 의사와 정신건강 서비스 제공자에 대해 가지고 있는 두려움과 불신의 이유를 이해해야 한다. 또한 이러한 두려움과 불신이 의료치료를 거부당했던 아프리카계 미국인의 부당한 과거사에서 유래되었음도 이해해야 한다(Jones, 1993; Whaley, 2001).

아프리카계 미국인 부모는 학교에 대해 불신의 태도를 가지고 있다. 교육자는 이러한 불신이 미국사회 안에서 아프리카계 남성들이 겪어 온 부당한 대우와 직접적으로 관련되어 있음을 인식해야 한다. 아프리카계 미국인 부모는 아들이 표적이 되어 학교에서 부당한 훈육을 받으며 특수교육 집단에 지나치게 많이 포함된다고 믿기 때문에 학교관계자들을 믿지 않는다. 사실상 전장애아교육법(IDEA) 시행에 관한 의회보고서에서 미국교육부(1997)는 아프리카계 미국인 아동과 스페인계 아동이 학습장애, 정신지체 및 정서장애를 가진 것으로 확인될 가능성이 지나치게 높다고 지적했다(Zhang & Katsyannis, 2003). 더구나 정서장애로 분류된 학생들은 학교를 중퇴할 가능성이 높으며, 고소득 직업을 얻기가 어렵고, 교도소 등 교정기관에 가게 될 가능성이 높다. 학교에서 인지행동 개입을 개발하고자 할 때는 아프리카계 미국인 부모가 유색 인종에 대한 억압적인 태도, 행동, 신념이 자녀의 미래에 미치는 부정적인 영향을 얼마나 통감하고 있는지 인식해야 한다(Townsend, 2000). 이러한 태도와 행동, 신념은 아프리카계 미국인들이 교육을 통해 부정적인 결과를 얻게 만들며, 궁극적으로 교육에 대한 부모의 신뢰에도 부정적인 영향을 미친다. 교육자는 대상 가족이 어떤 문화권에 있든지, 그들이 주어진 환경과 처지를 넘어서 목표를 달성할 수 있도록 도와주어야 한다. 또한 발생할지도 모르는 모든 저항을 예측할 수 있어야 하며, 중립적이며 공평한 입장에서 일할 수 있어야 한다. 다음의 사례를 살펴보자.

샨티는 최근 도심지역에서 준농촌 지역으로 이사와, 5학년 일반학급으로 전학한 11세의 아프리카계 미국인 여자 아동이다. 교사는 곧바로 샨티가 언어 영역 교과에서 상당히 뒤처져 있음을 발견했고, 학교에 있는 의뢰 전 지원팀에 의뢰하기 위해서 어머니에게 연락을 취했다. 샨티는 어머니, 외할머니와 함께 살고 있었다. 전화 통화에서 어머니와 외할머니는 샨티가 어떤 검사든지 받기를 원하지 않았으며, 샨티에게 특수교육 프로그램을 받게 할 의향이 없음을 분명하게 밝혔다. 그러나 샨티의 학업 수행에 관해 상의하기 위해 의뢰 전 지원팀 회의에 참석하는 것에 대해서는 마지못해 동의했다. 샨티의 어머니와 외할머니를 만났을 때, 의뢰 전 지원팀은 학교에서 샨티의 문제를 '고치기' 위해 노력을 기울일 것이며 개별 학습지도를 위한 자금을 찾아볼 것이라고 했다. 어머니와 외할머니는 샨티에게 꼬리표가 붙여지는 것을 원치 않았고, 이전에 다녔던 학교가 샨티를 올바르게 가르치지 않았기 때문에 지금의 학습문제가 생긴 것이라고 주장했다. 의뢰전 지원팀은 샨티의 어머니와 외할머니의 주장을 주의 깊게 경청했고, 더 이상의 조치를 취하기 전에 일반 교육과정의 범위 내에서 샨티를 도울 수 있는 모든 자원과 방안을 동원해 보겠다고 안심시켰다. 팀은 샨티가 이전에 배우지 않았거나 교육을 받지 못했던 개념들을 열거했고, 교사가 제작한 교육과정중심 평가와 역량중심 평가를 실시하여 샨티의 진전을 점검하는 계획을 세웠다. 샨티의 진전 사항을 점검하기 위해 이후 3개월 동안 샨티 어머니 그리고 외할머니와 함께 하는 회의 일정을 잡았다. 회의는 샨티의 수행 격차를 좁히기 위해 협동하며, 샨티의 가족을 지속적으로 교육시키며, 그들의 노력을 칭찬하고, 어떤 호소문제든지 그것의 정당성을 인정하는 데 초점을 두었다. 팀은 곧바로 검사를 실시하는 대신(검사의 실시는 샨티의 학습 격차를 목격하자마자 교사가 제안했던 것임), 좀 더 시간을 가지고 천천히 하기로 결정했다. 이로써 팀은 샨티에 관한 많은 자료를 수집할 수 있었고, 공식적 검사의 실시가 필요하게 되더라도 샨티의 어머니나 외할머니와의 관계를 발전시킬 수 있는 기회를 확보할 수 있었다.

가족에 대해 잘 알지 못한다면 라포의 형성이 매우 위태로울 것이고, 가족이 교육자를 도움이 안 되는 사람으로 보게 될 위험이 발생한다. 좀 더 개인적인 수준에서 가족에 대해 알아보며, 가족에게 지시하는 것이 아니라 가족과 함께 대화를 나누는 것이 중요하다. 어떤 전문가든지 가족에게 진솔한 존재로 다가가서 가족의 기본 요구를 충족시킬 수 있도록 돕는 것이 중요하다. 또한 전문가는 자신이 가지고 있는 자원을 가족과 공유해야 한다. 그렇게 함으로써 가족이 문제를 해결하느라 시스템의 여기저길 찾아 헤매는 고생을 줄일 수 있다. 작은 것이 변화를 만들어 낼 수 있다. 그렇게 되면 가족은 호소문제에 대한 의미 있고 분명한 개념화와 상호 합의한 변화목표에 근거하여 전문가가 제안한 것에 귀를 기울일 것이다.

개입 전략 및 기법

교육자는 점점 더 복잡해지는 의뢰문제와 질문에 대해 마음을 열고 준비를 갖추어야 한다. 교육자는 그 어느 때보다 훨씬 더 복잡하고 심각한 문제(예: 자살, 연령에 부적절한 성적 행동, 학대, 방임, 괴롭힘과 가해 행동이 초래한 학교공포증, 가정폭력)에 직면하고 있다. 교육자는 괴롭힘 금지정책(anti-bullying policy)을 수립하고 정서문제를 가진 아동의 징후에 관한 교육의 선봉에 서야 한다.

또한 교육자는 지역사회 안에서 얻을 수 있는 자원이 무엇인지에 대한 실제적인 최신의 지식을 갖추어야 하며, 문제가 자신의 전문성 범위를 벗어날 때 의뢰할 적절한 시기를 아는 것도 중요하다. 무엇이 이용 가능하며 유용한지를 모르고 또 무엇을 해야 할지 모른다고 대답하는 것은 용인될 수 없다. 교육자는 가족을 중도에 포기하지 않고, 가족을 위한 대안 프로그램과 치료방법을 찾아내야 할 의무가 있다. 그러므로 교육자들은 서로서로 도움을 구해야 하며, 가족과의 협력을 촉진하기 위해 다른 인력을 활용하는 데도 개방적이어야 한다. 예를 들면, 대상 가족이 자신과 동일한 인종과 성별의 사람들에 대해 좀 더 편안하고 더 잘 이해받는다고 느낀다면 그러한 사람들을 활용할 수 있어야 한다. 다음의 예를 살펴보자.

진은 한국 태생의 9세 여자 아동으로, 2학년 때 전일제 도움학급에 배치되었다. 진의 부모는 딸의 장애 유형과 정도에 대해 이의를 제기했다. 가정에서는 한국어와 영어를 모두 사용하지만 선호하는 언어는 한국어다. 진에게는 영어가 제2언어이므로, 부모는 진이 초기평가에서 질문을 제대로 이해했는지 걱정스럽다고 말했다. 또한 진이 제 나이 수준에서조차 과제 수행을 하지 못하는 것은 아닐까 염려했다. 따라서 학교는 진에게 재평가를 실시하는 것에 동의했다. ESL 교사는 진의 부모와 학교관리자에게 진이 영어에 능숙하다고 보고했지만, 교육청은 평가를 위해 통역을 고용하기로 결정했다. 평가 결과, 진은 지시나 질문을 이해하는 데 전혀 문제가 없었다. 그러나 진의 수행이 언어보다는 진의 노력에 달려 있다는 것을 부모에게 확인시키기 위해서 어쨌든 통역이 자리를 함께했다. 또한 통역은 진의 생물심리사회적 발달력과 행동척도를 검토하기 위해 부모가 참석한 회의에 여러 차례 동석했다. 결국 진이 학습장애라는 것이 밝혀졌고, 현재 배치된 프로그램에 그대로 있어야 한다는 결정이 내려졌다. 가족의 관심과 염려를 존중해 주고 통역의 도움을 받아 가족을 더 잘 알려고 많은 시간을 들였기 때문에 학교와 가족은 진의 요구에 대해 더 분명하고 편견 없는 이해를 할 수 있게 되었다. 또한 한때 학교와 가족을 적대관계에 놓이게 했던 상황을 신뢰와 온정으로 바꿀 수 있었다.

사례연구 1: 피터

피터는 주의력결핍 과잉행동장애(ADHD) 과잉행동 우세형의 진단을 받은 11세의 6학년 백인 남자 아동이다. 그는 약물치료를 받지 않았다. 피터는 성적 하락과 우울 증상을 보여 학교의 의뢰 전 지원팀에 의뢰되었다. 교사의 걱정은 점점 더 커져서 피터의 어머니를 회의에 초대하기로 했다. 학교는 약속한 회의 날짜 하루 전에 피터의 어머니에게 전화를 걸어 약속 일정을 상기시켜 주었다. 그러나 피터의 어머니와 전화 통화를 하기가 매우 어려웠다. 피터의 어머니는 회의에 세 번이나 빠지고 난 후에야 드디어 학교에 나타났다. 의뢰 전 지원팀이 상당한 인내와 끈기를 보인 후에야 마침내 네 번째 회의에 참석한 것이다. 그때도 학교직원이 어머니를 데리러 집으로 가야 했고, 어머니가 회의 날짜와 시간을 선택했다. 사례의 복잡성 때문에 더 많은 시간과 비용을 미리 확보해야 했다. 어머니는 회의에서 싱글맘이라는 평판을 듣는 것이 두려워서 학교회의를 피해 왔다고 털어놓았다. 또한 그녀는 많은 사람들이 모이는 회의를 좋아하지 않으며, 과거에 학교회의에 참석했을 때 모든 참석자들이 피터에 대해 좋지 않은 말만 했던 경험을 털어놓았다. 그리고 피터는 계획하지 않은 10대 임신으로 태어났으며, 양육의 어려움이 많았다고 했다. 그녀 자신도 ADHD 진단을 받았었고, 재정적 · 정서적으로 고통이 크며, 야간 업무를 포함해서 여러 가지 일을 해야 한다고 말했다. 팀의 지원과 격려 덕분에, 피터의 어머니는 자신이 학습장애로 분류되어 또래로부터 소외감을 경험했던 부정적인 기억을 표현할 수 있었다. 의뢰 전 지원팀은 그녀의 그런 걱정과 염려를 인정해 주었고, 만일 피터가 서비스 수혜 자격에 해당된다면 최소제한 프로그램(least restrictive program)을 먼저 시도할 것이라고 그녀를 안심시켰다. 팀 구성원들은 모두 한 목소리로 현재 피터에게 제공되고 있는 유익한 개입들에 관해 설명했다. 특수교육 서비스를 언급하지 않는 대신, 학교에서 피터의 기본 요구를 충족시키기 위해 지금까지 제공해 온 것들(예: 비록 학교에서는 아침식사 프로그램을 운영하지 않았지만 피터가 배고픔을 호소했기 때문에 학교식당에서 아침식사 제공하기)에 대해 설명했다. 팀은 피터에게 조직화 기술(예: 노트 필기, 폴더 정리)을 훈련시키기 위해 학교예산으로 물품을 구입해 피터에게 제공했다는 것도 알려 주었다.

피터의 어머니는 학교가 지금까지 보여 준 관대함에 감사를 표했다. 어머니는 피터를 위한 무료 건강보험 가입 절차에 대한 안내도 받았으며, 수입에 따라 단계적으로 비용을 부담하는 상담서비스에 대한 정보도 얻었다. 피터의 어머니가 이러한 정보를 편안하게 받아들이자, 피터의 학업적 · 정서적 요구에 관한 자료를 시각적으로 제시하여 피터가 더 많은 개입을 필요로 한다는 사실을 어머니가 이해할 수 있도록 하였다. 시각적 자료에는 작업 샘플, 교사가 제작 · 실시한 검사 결과, 피터가 쓴 글 가운데 우울증을 시사하는 글, 훈육보고서 등이 포함되었다.

회의가 오래 진행되었으나, 팀은 피터의 어머니에게 밀어붙이는 인상을 주지 않으려고 조심했다. 회의가 끝날 무렵, 그녀는 팀의 제안을 더 잘 수용하며 경청했다. 그러나 이것은 팀이 어머니와 관계를 형성하고, 그녀의 두려움을 경청하고, 그녀와 피터의 요구에 공감을 보이기 위해 많은 시간을 들인 후에야 비로소 이루어진 것이다. 오랜 기다림 끝에 가졌던 피터 어머니와의 회의는 초점이 분명했으며 생산적이었다. 결국 피터는 특수교육이 필요한 아동으로 확인되었다. 그러나 그는 일반교육 학급에서 하루 시간 중 80% 이상을 보냈다. 과제완수를 돕기 위한 보조지원을 제공했으며, 인지행동 지원계획을 활용하여 갈등 상황이 발생할 때 피터가 자신의 사고, 감정, 행동을 다룰 수 있도록 조력했다. 한편 피터의 어머니는 이제 전화로 쉽게 대화할 수 있게 되었고, 피터를 위한 회의에도 적극적으로 참여하고 있으며, 학교가 제안하는 추가적인 개입전략에 대해서도 개방된 자세를 보였다. 이제 그녀는 여러 교직원들을 만나러 자발적으로 학교에 오며, 직장에서 하루 종일 고된 일을 하고 퇴근한 후에도 피터가 집에서 정리와 집중을 잘하도록 도와주는 노력을 기울이고 있다. 어머니는 이러한 수고와 노력에 대해 학교로부터 자주 칭찬을 받았다.

사례연구 2: 제니퍼

제니퍼는 7세의 백인 여자 아동으로, 반일제 유치원에서 1학년으로 올라가는 과정 중에 있다. 제니퍼는 어머니, 그리고 이미 특수교육 서비스를 받고 있는 두 명의 이복형제와 트레일러 주차장에서 살고 있다. 제니퍼에 대한 염려를 가장 처음 표현한 유치원 교사는 제니퍼의 소근육 운동기술과 시각-운동 협응에 관해 문제를 제기했다. 의뢰 전 지원팀이 작업치료 평가의 실시에 관해 상의하려고 제니퍼 어머니를 처음 만났을 때, 어머니는 화를 내며 "절대로 내 딸을 특수교육에 집어넣을 수 없어요."라며 신랄한 반응을 퍼부었다. 팀은 제니퍼의 진전을 점검하고, 1학년 중에 다시 회의를 소집하기로 했다.

제니퍼는 시각능력의 어려움 때문에 가위로 자르고 글을 쓰는 데 문제를 겪고 있다. 뿐만 아니라 1학년 때부터 일견단어(sight words)[21]를 이해하는 데 어려움을 겪기 시작했다. 의뢰 전 지원팀은 다시 제니퍼의 어머니에게 연락을 취해 어머니의 관심사를 말하도록 격려했다. 제니퍼의 어머니는 정상적으로 발달하던 딸이 학습문제를 가지고 있다는 사실을 받아들이기 어려워했다. 팀은 일반교육 장면 안에서 제니퍼의 학업문제에 개입한다는 데 동의했다. 다양한 탐사과제와 DIBELS 평가를 통해 제니퍼가 청각적 학습자에 가깝고 음소인식이 그녀의 강점이라는 것이 밝혀

21) 역자 주: 일견단어(sigutwords)는 어린 아동이 자신의 이름을 보자마자 바로 읽을 수 있는 것처럼 철자를 해부호화(decoding)하는 기술이 없어도 자동적으로 읽을 수 있는 낱말을 말한다.

졌다. 의뢰 전 지원팀의 교사는 읽기지원과 더불어 매주 3일간 컴퓨터 기반의 발음 중심 읽기 프로그램을 실시했다.

1년 이상 제니퍼를 돕는 동안, 팀은 제니퍼의 진전을 보여 주는 수많은 차트와 그래프를 집으로 보냈다. 그리고 계속해서 어머니의 이야기를 들어주는 역할을 맡아 했다. 제니퍼가 어느 정도 진전을 보였음에도 학습의 격차는 점점 더 분명하게 드러났다. 일단 시각적 자료를 통해 딸의 문제를 실제로 확인할 수 있게 되자, 어머니는 마침내 작업치료 평가에 동의했다. 또한 공식적인 심리교육 평가도 요구하게 되었다. 이것은 팀이 학교에서 어머니가 처음에 했던 분노에 찬 말을 참아내고 제니퍼가 적절한 도움을 받을 수 있도록 최선의 노력을 기울였기에 가능한 결과였다.

결 론

오늘날의 교육자들은 그 어느 때보다도 복잡한 문제가 발생하는 비전통적인 가족 시스템을 대상으로 일하고 있다. 학교에서 가족과 함께 일할 때 교육자는 다음의 사항을 유념해야 한다.

- 가족과 상호작용하는 과정을 언제, 어떻게 감속 또는 가속해야 하는지 알아야 한다. 각 가족 구성원을 알아 가는 데 시간을 들인다. 또한 가족이 직면하거나 대처한 발달적 · 환경적 스트레스 요인(예: 재정적 부담, 학교나 지역사회와의 과거 경험, 가족의 또 다른 스트레스 요인, 직무 부담으로 가족이 학교에 참여할 여유가 없는 것)을 파악하는 데 시간을 들인다.
- 부모와 전문가가 더 많이 관여하고 참여할 수 있도록 차트나 그래프를 사용하여 자료를 좀 더 시각적이며 이용하기 쉽게 만들고, 복잡하고 혼동이 되는 전문용어의 사용은 줄인다.
- 자녀의 문제가 완전히 이해받고 있다고 부모가 확신할 수 있도록 다양한 정보 제공자와 다양한 평가도구를 활용한다.
- 관련된 모든 사람들의 성장을 증진하고 그들의 요구에 대한 민감성을 높일 수 있는 입장을 취한다. 문화적으로 유능하며 최신 동향을 잘 파악하고 있으며 긍

정적인 입장을 취한다.

- 창의적이고 새로운 사고를 한다. 그러나 동시에 아무리 작은 것이라도 새로운 사고가 가족 구성원과 교직원 모두에게 위협적일 가능성도 있다는 사실을 고려한다.
- 같은 교육청 안에서도 학교마다 문화가 얼마나 다른지 파악한다.
- 어떤 변화든지 그것을 시행하기에 앞서 모든 수준에 있는 집단 구성원들이 변화를 수용하도록 한다(예: 괴롭힘 반대 캠페인을 교육청 전체에서 시작하기, 두 명의 학생이 벌인 논쟁을 해결하기 등).
- '할 수 있는' 환경적 개입을 가능하다면 언제든지 통합한다. 당신이 가지고 있지 않은 것을 강조하지 말고, 당신이 가지고 있는 것을 강조하면서 창의성과 가용성의 입장에서 일한다(예: 저녁에 회의를 해야 하는 부모의 일정에 맞출 수 있도록 직원의 근무시간을 자유선택제로 운영하기).
- 개입전략을 가족에게 처음 시도하기에 앞서 다른 시스템들 그리고 잠재적인 의뢰자들이 어떻게 일하고 있는지를 분명하게 이해한다.

교육자는 수용의 자세를 가지고 문화적 배경이 다양한 가족에 대해 민감해야 하며, 이런 가족을 다룰 수 있어야 하며, 가족이 지닌 신념체계의 무한한 힘을 인정해야 한다. 또한 가족 시스템과 학교 시스템 안에서 발생하는 역동적이고 유동적인 상호작용을 빈틈없이 파악해야 한다. 가족과 학교라는 두 시스템 간에 진솔하고도 생산적인 관계가 형성되도록 소프트 기술을 어떻게 적용할 것인지에 대해서도 잘 알고 있어야 한다. 이런 관계야말로 가족과 학교가 수용하고 존중할 수 있는 것에 민감한 인지행동 개입을 실시할 수 있는 토대가 된다.

참고문헌

Alston, R. J., & Bell, T. J. (1996). Cultural mistrust and the rehabilitation enigma for African Americans. *Journal of Rehabilitation, 62*(2), 16-20.

Connard, C., & Novick, R. (1996). *The ecology of the family: A background paper for a family-centered approach to education and social service delivery.* Portland, OR: Northwest Regional Educational Laboratory.

Dovidio, J. F., & Gaertner, S. L. (1998). On the nature of contemporary prejudice: The causes, consequences, and challenges of aversive racism. In J. L. Eberhardt & S. T. Fiske (Eds.), *Confronting racism: The problem and the response* (pp. 3-32). Thousand Oaks, CA: Sage.

Freeman, A., & Dattilio, F. M. (1992). *Comprehensive Casebook of cognitive therapy.* New York: Plenum Press.

Good, R. H., & Kaminski, R. A. (2002). *Dynamic indicators of basic early literacy skills* (6th ed.). Eugene, OR: Institute for the Development of Achievement.

Jones, J. H. (1993). *Bad blood: The Tuskegee syphilis experiment.* New York: The Press.

Jordan, J. V., Walker, M., & Hartling, L. M. (2004). *The complexity of connection. Race, self, society relational challenges in a culture of disconnection.* New York: Guilford Press.

Littky, D. (2004). *The big picture: Education is everyone's business.* Alexandria, VA: Association for Supervision and Curriculum Development.

Minuchin, S. (1999). *Families and family therapy.* Cambridge, MA: Harvard University Press.

Nathan, J., & Radcliffe, B. (1994). *It's apparent: We can and should have more parent/educator partnerships.* Minneapolis: University of Minnesota, Humphrey Institute of Public Affairs, Center for School Change.

NEA Today. (2004, May). Brown vs. Board of Education. *NEA Today, 22*(8), 22-28.

Ricciuti, H. N. (2004). Single parenthood, achievement, and problem behavior in white, black, and Hispanic children. *The Journal of Educational Research, 97*(4), 196-207.

Sarason, S. (1996). *Revisiting the culture of the school and the problem of change.* New York: Teachers College Press.

Thomas, A., & Grimes, J. (2002). *Best practices in school psychology* (4th ed.). Bethesda, MD: The National Association of School Psychologists.

Townsend, B. (2000). The disproportionate discipline of African American learners: Reducing school suspensions and expulsions. *Exceptional Children, 66*(3), 381-391.

Trotter (2001). Census shows the changing face of U.S. households. *Education Week,*

20(37), 5, 1.

U.S. Department of Education. (1997). *Nineteenth annual report to Congress on the implementation of the Individuals with Disabilities Education Act.* Washington, DC: Author.

U.S. Department of Education. (2002). *No Child Left Behind Act.* Retrieved August 8, 2004, from http://www.ed.gov/nclb/landing.jhtml

U.S. Department of Education. (1994). *Goals 2000.* Washington, DC: Author.

U.S. Department of Labor. (1990). *The secretary's commission on achieving necessary skills.* Washington, DC: Author.

Walsh, F. (1984). *Normal family processes.* New York: Guilford Press.

Whaley, A. L. (2001). Cultural mistrust and mental health services for African Americans: A review and meta-analysis. *Counseling Psychologists, 29*(4), 513-531.

Zhang, D., & Katsyannis, A. (2002). Minority representation in special education: A persistent challenge. *Remedial and Special Education, 23*(3), 180-188.

Zmuda, A., Kunklis, R., & Kline, E. (2004). *Transforming schools: Creating a culture of continuous improvement.* Alexandria, VA: Association for Supervision and Curriculum Development.

Chapter 21

행동자문을 위한 인지행동 전략

학교 정신건강 전문가는 하루의 많은 시간을 대개 평가와 상담, 자문의 세 가지 전통적 역할과 관련된 활동을 하며 보낸다. 이 장에서는 학교자문(school consultation)의 정의와 목표, 다양한 모형 등에 대해 살펴보고, 인지행동 원리에 근거한 학교자문에 대한 설명과 더불어 사례를 제시하고자 한다. 이 장에서 언급될 두 가지 요소는 다음과 같다. 첫째, 학교에서 자문을 제공하는 정신건강 전문가는 교사나 부모가 학생의 문제를 다루도록 도울 때 인지행동치료(CBT) 전략을 활용한다. 둘째, 학교에서 자문을 제공하는 정신건강 전문가는 교사나 부모에게 CBT 전략을 가르쳐서 그들이 학생에게 직접 사용하도록 한다.

학교자문의 목표는 전문가가 자신의 기술을 공유함으로써 교사나 부모의 능력을 증진하고, 궁극적으로 교사와 부모, 학생이 문제를 효과적으로 처리하도록 하는 데 있다. Beck(1995)의 인지치료 목표와 마찬가지로, CBT에 기반을 둔 자문의 목표도 피자문인의 효과적인 문제해결 전략을 증진하고, 피자문인에게 스스로 자문가 역할을 할 수 있도록 가르치며, 문제해결을 위해 전문적인 자문가에게 의존하지 않

Barbara Bole Williams, Diane L. Smallwood, & Terry M. Molony

아도 되게 하는 데 있다. 따라서 피자문인은 궁극적으로 학생의 문제를 효과적으로 처리함으로써 자신의 사회적 · 정서적 기능을 향상시킬 수 있게 되며, 이것은 직접적으로 학생의 학업성취와 긍정적 학교적응을 증진시킨다.

인지행동 모형을 학교자문에 적용하면 피자문인과 내담자, 자문가에게 개인적인 문제와 시스템 문제를 모두 다룰 수 있는 기회를 주기 때문에 많은 이점이 있다. 먼저 개인적 문제수준에서 이 과정은 교사의 적응유연성과 효능감을 증진시키며 학생들의 학업기능과 학교적응 향상에 도움을 줄 수 있다. 시스템 수준에서도 학생의 향상된 학업 및 행동 기능은 좀 더 안전하고 건강한 학교환경을 만드는 데 도움이 되는 예방서비스의 혜택을 제공한다. 마지막으로, 학교에서의 자문서비스 제공은 수요-공급의 관점에서도 이점이 있다. 자문서비스는 학생들에게 개별적이고 직접적인 서비스를 제공하기 어려울 때 간접적 개입을 제공함으로써 학교 정신건강 전문가 수에 비해 훨씬 많은 학생들의 문제를 해결하는 데 도움을 준다. 학교 정신건강 전문가는 대부분 교사와 부모에게 간접적인 자문서비스를 제공하며 이를 통해 학생들의 생활에 긍정적인 영향을 미칠 가능성을 높일 수 있다. Gutkin과 Conoley (1990)는 "아동들을 효과적으로 돕기 위해서 학교심리학자는…… 자신의 관심과 전문성을 성인들에게 집중해야 한다." (p. 212)라고 말하면서 이것을 학교심리학의 역설이라고 하였다.

이론적 배경 및 문헌고찰

학교 정신건강 서비스에 대한 논의에는 항상 간접적 서비스 전달의 한 형태로서 자문에 대한 관심이 포함된다. 구체적인 접근방법에는 여러 가지가 있지만, 전문가의 활동에 관한 대부분의 연구들은 자문이 학교심리학자(Curtis, Hunley, & Grier, 2002; Reschly & Wilson, 1995)와 학교상담자(Borders & Drury, 1992), 학교사회복지사(Dupper, 2003)가 수행해야 할 역할 중의 하나라고 보고하고 있다. 미국에서 어떤 형태든지 정신건강 지원을 필요로 하는 아동과 청소년의 수는 전체 학생인구의 약 10%에 해당되는 것으로 추산된다(NIMH, 2000). 이 수치를 고려할 때 자문에 대한 효율적인 접근이 요구되고 있다.

〈표 21-1〉 자문의 다양한 모형 고찰

자문모형	이론적 틀	초점
정신건강	정신역동이론	일차적으로 피자문인(피자문인과 내담자의 관계)에게 초점을 맞춤
행동	사회학습이론	일차적으로 내담자의 행동(자료에 근거한 문제 상황 분석)에 초점을 맞춤
조직개발	체계이론	일차적으로 프로그램이나 조직에 초점을 맞춤

이 장의 목적상, 저자들은 자문에 대한 Zins와 Erchul(2002)의 정의를 사용하고자 한다. 그들에 따르면, "학교자문은 예방을 지향하는 심리적 · 교육적 서비스를 제공하는 방법으로 정의된다. 자문가와 피자문인은 협력적 파트너십을 형성하고 생태행동적(ecobehavioral) 원칙을 따르는 상호적, 체계적 문제해결 과정에 참여한다. 자문의 목표는 피자문인 시스템을 향상시키고 권한을 부여하는(empower) 데 있으며 그렇게 함으로써 학생의 복지와 수행을 증진하려는 것이다" (p. 626). 자문모형은 학생의 학습에 영향을 미치는 학업 및 행동 요인을 다루기 위해 다양한 수준(예: 개인, 집단, 조직)에서 활용된다. 학교자문에서 인지행동 원리를 어떻게 사용할 것인가를 논의하기에 앞서, 먼저 자문의 일반적인 모형부터 이해할 필요가 있다. 〈표 21-1〉은 이러한 배경 논의를 조직화하는 데 도움이 되는 틀이다.

자문모형

자문에 대한 논의에서는 대부분 행동자문, 정신건강 자문 및 조직자문을 주요 자문모형으로 강조한다. 자문의 과정은 일반적으로 정신건강 자문모형에 뿌리를 두고 있다. 정신건강 자문모형은 제2차 세계대전 이후, Gerald Caplan(1970)이 난민들의 정서적 요구를 다루기 위한 목적으로 개발했다. 자문은 간접적 서비스로서, 한 사람의 능숙한 정신건강 전문가가 수많은 내담자들의 복지와 관련된 직접적 서비스를 책임지고 있는 여러 명의 사람들에게 도움을 주는 것이다. 학교에서는 대부분 정신건강 전문가(예: 학교심리학자, 학교상담자, 학교사회복지사)가 개별 학생이나 학생집단을 지도하는 교사들을 돕기 위해 자문서비스를 제공한다.

정신건강 자문은 변화에 대한 심리역동이론에 기초하고 있다. 이 모형에서는 피자문인이 내담자를 도울 때 경험하는 어려움이 내담자 성과에 유의한 영향을 미친다고 가정한다. 따라서 자문과정의 초점이 피자문인의 문제에 맞춰지며, 자문가는 피자문인이 문제 상황을 어떻게 해석하는지 탐색하도록 돕는다(Meyers, Parsons, & Martin, 1979). 정신건강 자문모형의 장점 가운데 하나는 자문가와 피자문인 간의 협력적 관계를 강조한다는 점이다. 자문가와 피자문인의 관계는 학생의 행동에 긍정적인 변화가 일어나도록 하기 위해 피자문인의 태도와 신념을 변화시키는 수단이다(Alpert, 1976). 전통적인 정신역동 접근을 정신건강 자문에 활용하는 자문가는 보통 도입과 관련된 이슈와 변화의 수단인 피자문인과의 관계수립에 초점을 맞춘다.

자문에 대한 행동적 접근은 사회학습이론에 근거하며, 선행사건과 후속결과가 내담자와 피자문인의 행동에 미치는 영향을 분석한다. 또한 맥락요인이 행동(개인과 환경 간 상호작용의 결과)에 중요한 영향을 미치는 것으로 본다(Bergan & Kratochwill, 1990; Brown, Pryzwansky, & Schulte, 2001; Bandura, 1978). 다른 행동주의적 개입과 마찬가지로, 행동자문도 체계적인 문제해결 모형을 활용한다. 이 모형은 문제확인, 문제분석, 계획 실행, 문제평가 등과 같이 잘 정의된 단계를 따른다(Bergan & Kratochwill, 1990). 연합 행동자문(conjoint behavioral consultation)은 전통적 행동자문을 개정한 것으로 부모와 학교전문가 간의 협력적 관계를 중시한다(Sheridan, Kratochwill, & Bergan, 1996). 연합 행동자문의 단계는 전통적 행동자문의 단계와 기본적으로는 동일하다. 그러나 자문가는 학생의 학교 관련 문제를 해결하기 위해 교사, 학부모와 함께 작업한다.

조직개발 자문은 체계이론의 원리를 이용해 의사소통 패턴 및 사회생태학적 요인들의 변화를 다루며 조직체계의 효율성과 효과성을 증진시키고자 한다(Brown, Pryzwansky, & Schulte, 2001). 자문가가 사용하는 많은 기법들은 사회심리학적 원리에 근거한 집단 역동에 초점이 맞춰진다(Meyers & Yelich, 1989).

자문에서의 인지적 · 행동적 · 환경적 영향

어떤 자문모형을 적용하든, 인지적 · 행동적 · 환경적 요인에 대한 관심은 문제 상황을 탐색하고 문제를 해결하기 위해 실행 가능한 계획을 수립하는 데 도움이 된다. 이러한 요인들은 학생의 수행과 행동을 이해하고 피자문인과 효과적인 협력관계를 수립하는 일과 관련된다.

사회인지. 사회인지 분야의 연구는 자문과정에 영향을 미치는 다양한 인지요인들을 이해하는 데 필요한 이론적 틀을 제공한다. 이러한 논의에 포함되는 구체적인 주제로는 귀인이론, 인지 부조화, 자기효능감, 저항, 사회적 권력 등이 있다.

귀인이론은 "사회적 환경 속에서 사람들이 자신의 행동이나 다른 사람의 행동을 어떻게 해석하는지를 설명하기 위한 사회심리학 연구에서 파생된 개념들의 집합"(Martin, 1983, p. 35)으로 정의된다. 귀인은 인지과정으로서 자신의 환경을 예측하고 통제하며 인과관계를 이해하고자 하는 개인의 생득적 욕구에서 비롯된다(Brehm, 1976). 귀인은 일반적으로 내재성(internality)과 안정성(stability) 그리고 의도성(intentionality) 차원에 따라 구분된다. 내재성이란 사건의 원인이 개인요인 때문인지 혹은 외부요인 때문인지에 관한 것이다. 안정성은 시간이 지나면서 인과요인이 달라지는지 혹은 변하지 않는지의 정도를 말한다. 그리고 의도성이란 개인이 인과요인에 대해 자발적 통제력을 갖고 있는지의 정도를 의미한다. 학생의 문제행동에 대한 교사의 인과귀인 특성은 (자문가가 피자문인의 행동에 대해 갖고 있는 인과귀인과 더불어) 문제해결 과정에 영향을 미친다(Martin, 1983). 또한 자문과정에서 관련자들이 함께 일할 때는 '기본적 귀인오류(fundamental attribution error)'가 무의식중에 작용할 수 있다. 이것은 다른 사람의 행동은 안정적이고 내부적이며 의도적인 요인(즉, 성격 특성) 때문이라고 생각하는 반면, 자신의 행동은 불안정하고 외부적이며 의도하지 않은 요인(즉, 상황적 사건) 때문이라고 생각하는 경향을 말한다.

Hughes(1983), Meyers와 Yelich(1989)는 인지부조화 이론을 자문에 적용했다. 인지부조화 이론에 대한 설명은 다소 복잡하므로 인지적 부조화의 기본적 효과에 대해 설명하겠다. 이 이론에서는 행동이 자신의 신념체계와 불일치할 때 사람들은 자신의 신념체계를 변화시킴으로써 행동과 일치시키는 경향이 있다고 예측한다(Festinger, 1957). 자문가가 피자문인에게 피자문인의 신념체계와 일치하지 않는 개입을 시행하도록 설득하려고 할 때(즉, 외재적 보상을 부적절하다고 지각하는 교사에게 친사회적 행동에 스티커를 보상으로 주는 강화체계를 시행하도록 권유할 때) 불일치가 활성화된다. Hughes(1983)에 따르면, 인지적 부조화의 각성은 자문에 유익한 효과를 가져다줄 수 있다. 왜냐하면 자신의 원래 태도와 갈등을 일으키는 새로운 전략을 시도해 보라는 권고를 받은 교사는 새로운 행동을 지지하고 유지할 수 있는 태도변화를 통해 부조화를 감소시키려고 할 가능성이 크기 때문이다.

자기효능감(Bandura, 1982)은 계획 실행, 문제해결과 관련하여 자문에서 중요한 변인이다(Hawryluk & Smallwood, 1986). 피자문인이 새로운 전략을 실행할 수 있는 자신의 능력에 대해 낮은 기대를 갖게 되면 필요한 기술을 성공적으로 수행할 가능성이 낮다. 따라서 자문가는 대리적 경험(모델링), 언어적 설득, 수행성취, 정서적 혹은 생리적 각성 같은 자기효능감의 잠재적 자원들을 고려하는 것이 중요하다(Bandura, 1977).

자문에 대한 심리적 저항의 실용성에 관해 논의할 때 피자문인이 자문을 자발적이고 협력적으로 지각할 필요성이 있다는 주장이 있다(Hughes & Falk, 1981; Meyers & Yelich, 1989). 저항이론에서는 사람이 자신의 자율성에 대해 자유를 상실했다고 지각하면 자신의 자유를 되찾으려는 방식으로 행동할 것이라고 예측한다(Brehm, 1976). 저항의 예로는 금지된 대상에 대한 소망이 증가하는 것(예: 특정 장난감을 갖고 놀 수 없는 유아), 혹은 지나치게 엄격하다고 지각되는 규칙을 따르지 않으려고 하는 것(예: 통행금지 시간이 지났음에도 밖에서 놀고 있는 10대 자녀)이 있다. 자문가와 피자문인의 관계에서 저항은 자문가가 피자문인의 태도나 행동을 바꾸려고 할 때 활성화된다. Hughes와 Falk(1981)는 자문가가 자문과정의 협력적 특성을 지속적으로 강조하면 저항이 발생할 가능성이 감소될 수 있다고 하였다.

자문의 성과에 영향을 미칠 수 있는 마지막 인지요인은 개입 절차에 대한 피자문인의 지각을 의미하는 치료 수용성(treatment acceptability)이다(Sheridan, Kratochwill, & Bergan, 1996). 교사는 시간이나 노력이 많이 필요한 개입보다는 실행하기 쉽고 개인적 지향이나 철학과 일치한다고 지각되는 개입계획을 활용할 가능성이 더 높다. 또한 피자문인은 문제 상황의 심각성이 높다고 판단될 때 개입에 대해 좀 더 우호적으로 지각하는 경향이 있다(Witt & Elliott, 1985; Witt, Martens, & Elliott, 1984).

행동요인. 행동변인은 자문과정에서 중요한 역할을 한다. 이것은 성인의 행동뿐만 아니라 학생의 수행이라는 관점에서도 그러하다. 행동자문 모형에서는 보통 표적행동과 관련된 선행조건과 결과조건을 분석하는 데 많은 관심을 갖는다

(Brown, Pryzwansky, & Schulte, 2001). 학교기반의 자문에서 표적행동 혹은 도착행동을 정의하는 요소(즉, 빈도, 강도, 지속기간, 잠재기간 등)와 문제행동의 성격(즉, 내재화 대 외현화, 행동과잉 대 행동결핍 등) 같은 행동의 측면들은 문제를 명료화하고 계획을 수립할 때 중요하다.

자문모형에서는 피자문인의 행동이 학생의 행동만큼 중요하다. 문제 명료화를 위한 면접에서 자문가는 피자문인의 행동에 초점을 맞추기에 앞서 교사가 교실에서 어떻게 행동하며 전에 어떤 전략들을 시도했는지에 대한 정보를 수집하기 위해 체계적인 노력을 기울여야 한다. 이것은 직접적인 관찰과 면접, 수업 프로그램의 특징을 탐색하기 위한 구조화된 질문지 등을 통해 이루어질 수 있다.

자문에 영향을 미치는 행동요인과 관련해 마지막으로 고려해야 할 점은 호소문제가 '기술의 문제'인지 혹은 '조건 또는 상황의 문제'인지를 결정하는 것이다. 기술문제는 행동적, 학업적 혹은 사회적 기술의 결핍으로 나타나는 문제들을 말한다. 조건문제란 개인이 필요한 기술은 갖고 있으나 특정 조건에서 적절한 행동을 활용하지 못하는 것을 말한다. 이것은 문제를 확인하는 단계에서 매우 중요한 결정이다. 왜냐하면 유관성 관리 접근(즉, 환경적 조건수정)을 통해 쉽게 다룰 수 있는 문제행동을 위해 불필요한 기술훈련으로 많은 시간을 낭비할 수도 있기 때문이다. 반대의 경우도 마찬가지다. 만약 이면의 문제가 학생이나 교사의 기술결핍에 있다면, 환경적 조건을 수정하는 시도는 성공하지 않을 것이다.

환경적 조건. 문제가 발생하는 맥락에 대한 심층적 이해는 문제해결 과정의 중요한 측면이다. 상호적 결정주의에 따르면(Bandura, 1978), 문제행동은 구체적인 상황 맥락 속에서 발생한다. 따라서 자문의 문제 명료화 단계에서 해야 할 중요한 과제는 행동에 부정적인 영향을 미치거나 혹은 잠재적으로 보다 적응적인 행동을 지원하는 환경변인들을 평가하는 일이다(Bergan & Kratochwill, 1990; Brown, Pryzwansky, & Schulte, 2001).

자문과정에서 관심을 가져야 할 맥락요인은 학급풍토, 시간표, 물리적 시설, 대인관계, 수업 전략 및 자료 등이다. 학습문제나 행동문제가 발생하는 물리적 및 사회적 환경에 대한 정확한 분석은 자문을 통한 문제해결 과정에서 중요한 요소다.

연구자들은 학생-교사 관계야말로 성공적인 교육에 기여하는 결정적 요인이라고 강조한다(Chaskin & Rauner, 1995; Pianta, 1999). 고위험 환경에서 자란 학생들의 적응유연성과 관련된 요인들을 살펴본 종단연구들은 한 목소리로 따뜻하고 양육적인 어른과의 관계가 인생의 성공으로 이끄는 결정적 요소라고 언급하고 있다(Laursen & Birmingham, 2003; Werner & Smith, 1992).

Doll과 동료들(Doll, Siemers, & Brey, 2003; Doll, Zucker, & Brehm, 2004)은 학생의 성공을 촉진하는 건강한 학급환경 조성에 기여하는 여섯 가지 특징, 즉 학업 효능감, 행동적 자기통제, 학업적 자기결정, 효과적인 교사-학생 관계, 효과적인 교우관계, 그리고 효과적인 가정-학교 관계를 확인했다. 자문을 할 때 문제해결 과정의 일부로서 이러한 맥락요인들에 관심을 기울이는 것은 학습 및 행동 문제를 성공적으로 해결하는 데 도움이 된다.

학업 효능감(Doll, Zucker, & Brehm, 2004)은 보다 일반적인 개념인 Bandura(1977, 1982)의 자기효능감에서 파생되었다. 간단히 말해서, 학업 효능감은 학생이 자신의 학습능력에 대해 가지고 있는 신념의 집합이다. 효능감은 과목마다 다르며 개인 안에서도 학습내용의 형태에 따라 매우 다를 수 있음에 주목할 필요가 있다(Doll, Zucker, & Brehm, 2004; Smith & Fouad, 1999). 자문의 틀 안에서 학생의 학업 효능감을 높이기 위해 다양한 인지행동 전략이 활용될 수 있다. 예를 들어, 재귀인 훈련, 인지적 재구성, 또래대처 모델 등은 학생들이 학업적 요구에 대해 성공적인 모습을 보여 줄 가능성을 높여 준다.

학생들이 적절한 행동적 자기통제를 보여 주는 학급환경은 학습에 유익하며 더 나은 학습성과를 가져온다(McDermott, Mordell, & Stoltzfus, 2001). Doll, Zucker와 Brehm(2004)이 지적했듯이, 행동적 자기통제는 학급행동에 대한 학생과 교사의 기대를 통해 형성된다. 학급을 위해 명시적인 친사회적 규칙을 세우면 학급 내에 협력적이고 긍정적인 분위기가 만들어진다. 학교에서 일하는 자문가는 적절한 시점에 담임교사와 함께 자기통제 문제와 학급관리에 도움을 주기 위한 집단적 개입과 개인적 개입을 시작할 수 있다. 자기모니터링과 자기교수 훈련 등의 인지행동 전략(Braswell & Bloomquist, 1991; Kendall & Braswell, 1985; Meichenbaum & Goodman, 1971)은 학생의 자기조절을 촉진하며 학습을 지원하는 학급환경을 만드는 데도 도움을 준다. 또한 개인적인 문제나 대인관계의 어려움이 학급환경에 미치는 영향을 감소하기 위해 분노통제를 위한 CBT 전략을 이용해 학생들에게 개인적으로 혹은 집단으로 교육을 제공할 수 있다(Feindler & Ecton, 1986).

학업적 자기결정은 자신의 학습에 책임을 지는 능력이다. 이것은 학생이 스스로 학습하고 학습목표를 성취하는 자신의 능력을 방해하는 요인들을 인식할 수 있다는 것을 말한다(Doll, Zucker, & Brehm, 2004). 자문가는 학생이 자신에게 맞는 속도로 과제를 하게 한다든지, 또는 자기주도적 학습을 위해 흥미로운 주제를 스스로 선택하게 하는 등 학생의 자율성을 지지하는 학급운영 방식을 지원할 수 있다(Ryan, Connell, & Deci, 1985). 뿐만 아니라 자문가는 교사가 인지행동 원리를 적용해 학생들이 자기충족적(self-sufficient) 학습자가 되도록 가르치는 것을 지원할 수 있다. 사회적 문제해결 교육과정(Elias & Clabby, 1992; Weissberg & Gesten, 1982)은 학급수준에서 학생들에게 수단-목적 사고(즉, 목표와 그 목표를 달성하는 데 필요한 중간 단계를 확인하는 것), 대안적 사고(즉, 대안적 해결책을 산출하는 것), 결과적 사고(즉, 특정의 행동 선택에 대한 결과를 예측하는 것)를 지도하기 위해 활용될 수 있다. 인지적 기술을 완수하고 나면, 학생들은 그러한 기술을 사회적 · 학업적 장면에 적용할 수 있다.

Doll, Zucker와 Brehm(2004)에 따르면, 관계요인(학생-교사, 또래집단, 가정-학교)은 학급 내 모든 구성원이 인지행동 접근의 영향을 받는 건강한 학습환경을 만드는 데 기여한다. 이런 점에서 자문가의 역할은 교사와 학생, 학부모가 자신의 개인적 사고 패턴(즉, 기대, 신념, 지각)이 다른 사람들과의 만족스러운 관계에서 중요한 역할을 한다는 것을 인식하도록 돕는 것이다. 어려운 대인관계 상황을 만들거나 유지하는 데 자기말(self-talk)의 역할을 인식하도록 가르치면 문제를 해결하는 데 도움을 주고 나아가 관계를 강화시키는 데도 도움을 줄 수 있다.

요약하면, 학교에서 일하는 자문가는 자문과정의 여러 측면에서 CBT 이론과 기법을 활용할 수 있다. CBT 전략은 자문가와 피자문인에게 자문의 전 과정을 통해 문제 상황을 이해하고 적절한 개입을 계획하며 성과를 평가할 수 있도록 도움을 준다. 또한 인지행동적 접근은 자문과정을 통해 학습문제에 내재해 있는 인지적 · 행동적 · 환경적 요인 간의 복잡한 상호작용에 관심을 기울이도록 해 준다.

구체적인 평가 도구 및 기법

Bergan과 Kratochwill(1990)에 따르면, 행동자문은 전통적으로 (1) 문제확인, (2) 문제분석, (3) 계획 실행, (4) 문제평가의 네 단계로 이루어진다. Bergan과 Kratochwill의 자문모형에서 일련의 구조화된 면접 질문을 통한 자문가와 피자문인 간의 언어적 상호작용은 중요한 요인 중의 하나다. 이 모형은 자문개입 계획에 인지행동 전략을 적용할 때 기초가 된다.

인지행동적 학교자문의 문제확인 단계에서 가장 먼저 해야 할 일은 자문가와 피자문인이 내담자의 문제를 정의하고 표적행동(들)을 확인하는 것이다. 이를 위해 문제에 대한 평가를 처음에도 하고 또한 지속적으로 해야 한다. 처음에는 표적행동을 파악하기 위해 내담자의 문제에 대한 기능적 평가를 수행한다. 이때 면접과 관찰, 일화 정보의 검토, 공식적·비공식적 평정척도의 실시, 인지행동 측정도구의 분석 등을 함께 사용하는 것이 좋다. CBT 자문전략을 사용할 때 가장 중요한 것은 표적행동을 확인하는 일이다. 내담자의 문제를 확인한 후에는 교사나 부모가 학생의 문제를 어떻게 보는지를 이해하는 것이 중요하다. 이를 위해 사용되는 질문에는 교사나 부모가 학생의 행동에 어떤 의미를 부여하는지, 그리고 문제의 원인을 무엇이라고 귀인하는지가 포함된다.

CBT 자문에서는 문제를 개념화할 때 귀인을 활용한다. 따라서 자문가는 아동, 교사 및 부모의 귀인을 탐색한다. 이는 개인의 설명양식을 이해하고 개인이 상호작용이나 사건에 대해 어떻게 해석하는지를 명확히 이해하기 위해서다. 그런 다음 개인이 보다 기능적인 귀인을 하도록 돕기 위해 CBT 기법을 이용한다. 기능적인 귀인은 문제해결을 촉진하고 실험해 볼 수 있는 가능한 해결책들을 제공한다. 학습된 낙관주의에 관한 Seligman(1995)의 연구에 따르면, 사람들은 자신의 해석양식을 인식하고 그것이 원하는 목표의 달성에 효과적인지 결정함으로써 자신의 귀인양식을 바꾸는 방법을 배울 수 있다.

문제확인 단계 후에 자문가와 피자문인은 학생의 문제와 교사 또는 부모의 귀인양식을 다루기 위해 적절한 개입을 선택한다. 성인을 대상으로 할 경우 자문가는 교사나 부모가 자신의 역기능적 사고를 논박할 수 있도록 돕기 위해 CBT 전략을 가르친다. 교사나 부모가 이런 전략이나 기법을 이해하게 되면 개입실행 단계로 넘어가 그들이 같은 전략을 학생에게 적용하게 된다. 마지막 단계인 문제평가 단계에서는 개입이 내담자의 문제를 약화시키거나 다루는 데 효과적이었는지 결정하는 것이 중요하다. 자문가와 피자문인은 문제행동이 향상되었는지 결정하기 위해 문제확인 단계에서 수집한 자료와 문제평가 단계에서 수집한 자료를 비교한다. [그림 21-1]은 학교자문을 위한 CBT 모형의 단계를 보여 주고 있다.

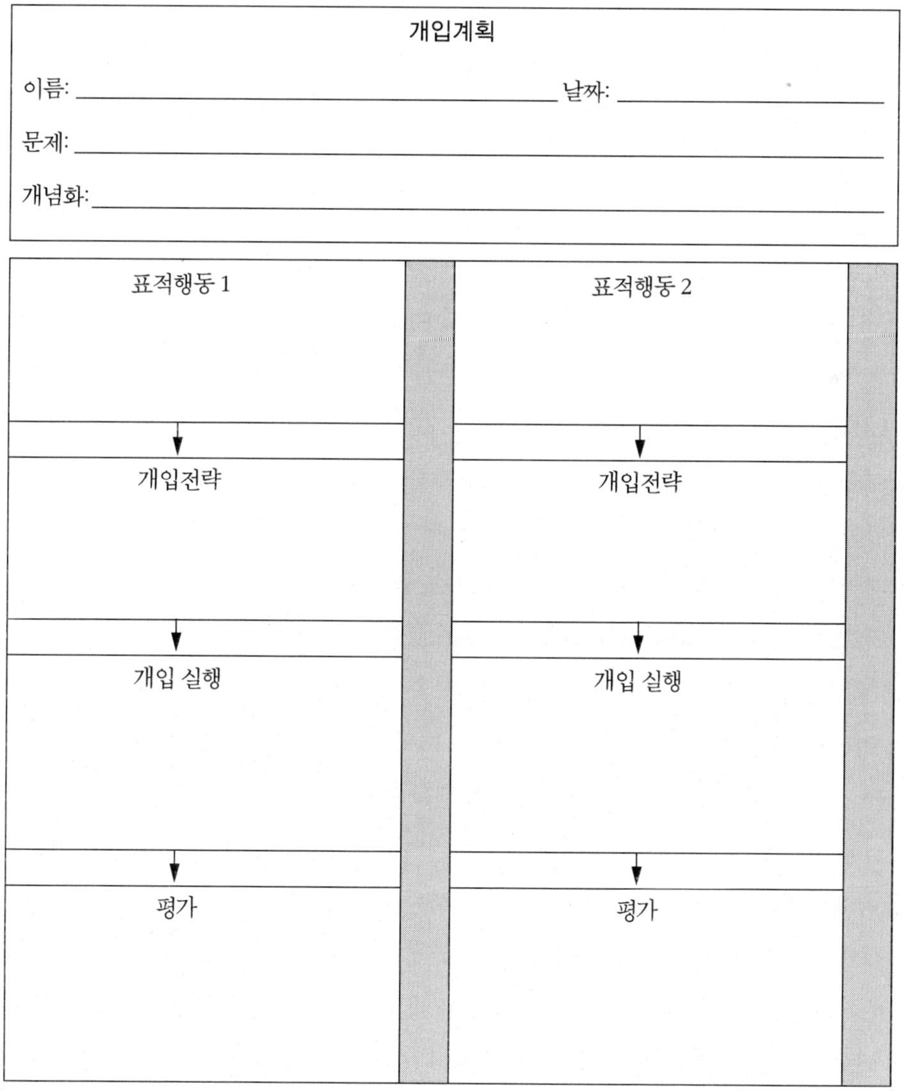

[그림 21-1] 학교자문을 위한 CBT 모형의 단계

문제의 개념화

인지행동 접근의 문제 개념화는 인지도식, 자동적 사고 및 인지왜곡에 대한 이해에 기초한다(Beck, 1967, 1976). 인지도식이란 개인적인, 가족과 관련된, 문화적인, 성별과 관련된, 연령과 관련된 혹은 종교적인 경험에서 파생된 기본적인 생활 규칙이나 핵심 신념을 말한다. Freeman과 Dattilio(2000)는 도식을 개인의 정보처리와 생활경험에 대한 이해를 이끌고 조직하는 가설적 구조라고 기술했다. 개인의 인지도식에 대한 통찰은 그 사람의 자동적 사고(자신, 세계, 경험, 미래에 대한 가정)에 대한 분석, 그리고 그 사람이 해석할 때 사용하는 인지왜곡(추론할 때의 체계적 오류)에 대한 이해에서 나온다. Beck(1967, 1976)에 따르면, 인지도식이란 다양한 인지왜곡을 산출하는 인지적 배양기다. 역기능적 자동적 사고는 부적응 행동에 기여한다.

자문에 대한 인지행동적 모형의 이면에는 행동변화에 대한 심리교육 접근이 있다. 이것은 기술결핍이 분명하게 나타날 때 대처기술을 가르치는 데 초점을 맞추는 기술증진 모형이다. CBT 접근은 피자문인과 내담자의 적극적인 참여를 요구한다.

CBT 접근에 참여하는 학생, 교사 및 부모는 대처기술 향상을 통해 자신의 역기능적 사고와 행동에 좀 더 효과적으로 대처하는 기술을 갖게 된다. 자문가는 문제 개념화를 위해 평가도구를 사용함으로써 개인의 자동적 사고, 이면의 가정들, 인지왜곡 등을 볼 수 있게 된다. 이러한 평가도구는 부모 및 교사에 대한 면접, 관찰, 자기보고, 평정척도로부터 얻은 정보 등을 포함한다. 평가의 목적은 두 가지인데, (a) 피자문인의 성공을 방해하는 문제들을 확인하고 개념화하는 것, (b) 호소문제의 이면 원인을 이해하고 그것이 환경적 · 맥락적 · 인지적 · 행동적 문제의 핵심이라는 것을 인식하는 것이다. 인지변화는 행동적 · 정서적 향상에 선행되어야 한다. 개념화를 통해 호소문제에 대한 명확한 그림이 그려지면 교사 및 부모와의 자문관계 속에서 개입을 계획하고 실행하고 평가하는 작업을 계속해 나갈 수 있다.

실행 가능한 개입은 인지 또는 행동 변화에 초점을 둔 다양한 CBT 기법을 통해 이루어진다. 교사나 부모가 CBT 기술들을 배우고 그 기술들을 정기적으로 사용하면 아동의 학습을 위한 본보기가 될 수 있다. CBT의 궁극적인 목표는 내담자를 자기 자신을 위한 치료자로 만드는 데 있다. 마찬가지로, 자문의 목표도 피자문인에게 자문기술을 나누어 주는 것이다.

CBT 모형에서 사용하는 기법

학교 정신건강 전문가는 개인적으로 혹은 워크숍이나 야간 프로그램 등을 통해 공식적 · 비공식적으로 부모와 교사에게 CBT를 가르칠 수 있다. 이때 교사와 부모가 인지모델, 문제해결 접근, 숙제에 대한 강조 등 CBT의 용어와 구조를 잘 이해하도록 돕는 것이 중요하다. 인지모델을 이해하기 위해서는 자신의 기대를 명료화하고 신념과 변화에 대한 의지수준에 대해 평가할 수 있어야 한다. CBT는 왜곡된 생각이 개인의 기분과 행동에 영향을 미칠 수 있다는 것을 깨닫는 데 기초하고 있다. 교사나 부모와 CBT에 대해 논의할 때 초점이 내담자인 아동에게 맞추어지면 미묘한 상황이 되기도 한다. 아동과의 부정적인 상호작용이 성인의 사고 패턴에 의해 야기된다는 사실에 대해 저항이 일어날 수도 있다. 이것은 문제해결 접근(예: 내부적, 안정적, 전반적)을 방해한다. 이러한 문제를 다루기 위해서는 솔직한 대화가 필요하다. 학생을 돕고 싶은 욕구와 아동과의 상호작용에서 일어나는 불만족을 교사가 인정하게 되면 CBT 모형을 기꺼이 시도해 보려고 할 것이다.

교사의 기대 또한 탐색되어야 한다. 학교 정신건강 전문가가 문제를 해결해 주기를 기대하는가? CBT는 협력적 경험주의에 기초하고 있으므로 교사는 공동의 노력에 적극적으로 참여해야 한다는 것을 이해하고 동의할 수 있어야 한다. 이것은 교사 또한 이 과정을 통해 기꺼이 변화하고자 해야 함을 의미한다. 이러한 변화는 CBT 기법의 학습과 연습을 통해 일어난다. CBT 기법과 전략을 살펴보려면 Leahy(2003)의 『인지치료 기법: 치료자를 위한 안내서(*Cognitive Therapy Techniques: A Practitioner's Guide*)』와 Freeman, Pretzer, Fleming과 Simon(2004)의 『인지치료의 임상적 적용(*Clinical Applications of Cognitive Therapy*)』을 참고하기 바란다.

학교장면에 대한 시사점과 적용

자문의 인지행동 모형은 학교에서 교사와 부모, 학생의 요구를 다룰 때 중요한 역할을 할 수 있다. 인지행동 모형은 기술을 가르치고 대처전략을 발달시켜 주는 심리교육 접근이므로, 자문에 적용할 때 교사나 부모가 학생 혹은 자녀의 문제에 직면할 때 생기는 역기능적 사고를 다룰 수 있다.

학교 문제해결팀의 일원으로서 학교 정신건강 전문가가 하는 역할에 대해 살펴보면 다음과 같다. 학생이 학업적 · 행동적 · 사회적 · 정서적 영역에서 문제를 보이면 교사는 일반적으로 자신의 동료에게 도움을 구한다. 이것은 인지행동 모형의 자문에 대해 훈련받은 학교 정신건강 전문가가 교사나 부모의 걱정거리에 개입할 수 있는 이상적인 기회다. 학교 정신건강 전문가는 조기에 개입함으로써 문제가 더 심각해지기 전에 교사나 부모가 제기한 문제들을 다룰 수 있다.

문제해결팀의 일원으로서 자문가 역할을 담당하는 학교 정신건강 자문가는 자문의 CBT 모형에 포함된 두 가지 요소를 성취할 수 있다. 그것은 (a) 교사나 부모가 학생의 문제를 다룰 수 있도록 돕기 위해 CBT 전략을 활용하는 것, (b) 교사나 부모에게 CBT 전략을 가르침으로써 그것을 학생에게 직접 사용할 수 있게 하는 것이다.

이와 관련해 Osher, Dwyer와 Jackson(2004)은 개입의 3단모형(three-tiered model)을 제안했다. 이 모형은 보편적(universal), 선택적(selected) 그리고 집중적(indicated) 수준으로 이루어져 있다. 인지행동 모형의 자문을 통해 CBT 전략에 대한 훈련을 받은 교사와 학부모는 이 세 수준에서 아동에게 전달되는 서비스와 프로그램에 참여할 수 있는 준비가 잘되어 있다. 보편적 수준에서는 학교 전체에서 긍정적 훈육, 학업적 성공, 정신적 · 정서적 건강의 기초를 마련하기 위해 교육과정의 일부로 모든 학생들에게 개입서비스를 전달한다. 교사가 학교 정신건강 전문가의 자문을 받은 후 학생 내담자를 다루기 위해 CBT 전략을 사용하게 되면 이 기술을 자신의 교수법 목록에 통합할 수 있게 된다. 그리고 이것은 교사로 하여금 더욱 효과적으로 학생지도를 할 수 있게 한다. 선택적 수준에서는 좀 더 심각한 학업 혹은 행동 문제로 위험에 놓여 있는 학생을 위해 위험요인을 제거하거나 처리하고, 보호요인을 만들거나 강화하기 위한 목적으로 개입이 설계된다. 마지막으로, 집중적 수준에서는 요구수준이 심각한 학생을 위해 종합적인 아동 및 가족 중심 서비스를 제공하기 위해 집중적인 개입이 설계된다.

자문은 학교 정신건강 전문가가 교사와 학부모에게 제공하는 간접적 서비스로 정의된다. 교사와 학부모가 인지행동 자문에 참여하면서 배우는 대처 기술과 전략, 새로운 CBT 기법은 그들이 접하게 될 많은 아동들에게 전달될 잠재력을 갖고 있기 때문에 학교자문에 대한 인지행동 접근은 조기개입을 가능하게 한다. 이 접근을 선택하면 정신건강과 학업성취 향상의 측면에서 아동의 전반적 안녕과 복지를 향상시킬 수 있다. 문제를 조기에 발견하여 완화시킬 수 있다면 집중적인 서비스를 필요로 하는 아동의 수가 감소될 것이다. 인지행동 접근의 자문을 통해 전달되는 전략들은 주의집중 곤란, 불안, 우울 등의 어려움을 보이는 아동의 문제를 감소시키는 데 효과적이다. 만약 문제를 조기에 처리할 수 있다면 적은 노력으로도 특수교육 프로그램과 같은 개별화 서비스를 필요로 하는 학생들의 수를 감소시킬 수 있을 것이다.

다음에서는 자문의 CBT 모형이 학교에서 어떻게 사용되는지를 보여 주는 사례를 살펴보고자 한다. 첫 번째 사례연구는 한 교사가 학교 정신건강 전문가의 안내에 따라 CBT 원리를 이용해 어떻게 학생을 도와주는지 보여 주고 있다.

사례연구: 불안한 아동 다루기

배경 정보

경험이 풍부한 3학년 담임교사인 T교사는 학교에서 불안해 보이는 조이에 대해 학교 정신건강 전문가에게 자문을 구했다. 조이는 9세의 남아이며 낮은 학업성취로 1학년 때 유급했다. 그는 유치원에서도 1학년 때와 마찬가지로 거의 말을 하지 않았다. 1학년 때는 말 및 언어 평가에 의뢰되었으며 발음과 음소인식에 초점을 맞춘 말 및 언어 서비스를 지속적으로 받았다. 언어치료사는 조이가 학교에서 계속 말을 하지 않는 이유가 언어문제 때문만이라고 보지 않았다. 학교에서는 부모에게 외부 상담을 받아 볼 것을 권유했지만 부모는 받아들이지 않았다. 조이는 현재 약물치료를 받고 있지 않다. 조이는 가벼운 읽기문제를 보이는 것으로 확인되었으며 학교에서 읽기에 대한 부가적인 도움을 받고 있다. 그는 대부분 C에 해당하는 성적을 받고 있다.

조이는 부모와 살고 있으며 3형제 중의 둘째다. 그의 아버지는 경찰이고 어머니는 대학도서관에서 사서로 일하고 있다. 조이의 형 톰은 12세로 학교에서 욕구불만이 있을 때 충동적인 행동과 신체적 공격 등의 행동문제를 약간 보이고 있다. 5세인 동생 마이크는 현재 유치원에 다니고 있으며 학업문제나 행동문제는 확인되지 않고 있다.

조이의 어머니 H씨는 조이가 집에서는 불안한 기미를 보이지 않는다고 했다. 그는 말도 많이 하고, 학교와 관련된 일을 제외하고는 우는 일도 거의 없으며, '정상적인 아이들처럼' 형제들과 싸우기도 한다. 그러나 어머니는 조이가 거의 매일 학교에 가지 않겠다고 울거나 매달리며 그 때문에 학교에 지각하곤 한다고 했다.

H씨는 가족 중에 정서장애 진단을 받은 사람은 아무도 없다고 했다. 그러나 자기 자신이 매우 불안하다고 했다. 그녀는 자녀들을 통제할 수 없다고 느끼며, 너무 바쁘고 저녁이 되면 지친다고 했다. 집에서는 남편이 훈육을 담당한다고 했다. 그녀는 가정문제에 대해 터놓고 말하지는 않았다. 그러나 자녀양육과 관련해 남편과 때론 의견이 다르지만 남편의 목소리가 더 크고 자신은 설득하기엔 너무 지쳐서 항상 져 준다고 했다.

호소문제: 문제 확인

학교 정신건강 전문가와의 첫 만남에서 T교사는 조이가 학급에서 불안해 보인다고 했다. 교사와의 면담을 통해 확인된 문제는 다음과 같다. 조이는 종종 수업에 참여하지 않으며 매우 작은 목소리로 말하곤 했다. 거의 매일 울거나 눈물 직전까지 가는 모습을 보였으며, 복통이나 두통을 호소하면서 보건실에 가도 되는지 묻는 일도 잦았다. 보건교사는 대개 조이에게 물을 주거나 교실로 돌아가라고 말한다고 했다. 이러한 복통은 정기적으로 일어나는데, 시험이 있는 날에는 특히 더 그렇다고 했다. 조이는 과제를 거의 완수하지 못하며 하루의 대부분을 아무것도 하지 않으면서 책이나 종이를 내려다보곤 했다. 그는 눈맞춤도 잘 하지 않았다. 학급에 친구가 한 명 있는 것 같긴 하지만 쉬는 시간 동안 대개는 혼자 멀리 떨어져 있곤 한다. 그리고 체육시간이 되면 속이 메스꺼워진다고 불평을 하곤 했다.

학교 정신건강 전문가는 조이가 느끼는 불편감의 수준을 확인하기 위해 그와 만났다. 일대일의 만남에서 조이는 학교에서 편하지 않다고 고백했다. 그는 어머니가 보고 싶고 어머니와 떨어져 있으면 걱정된다고 했다. 그는 수업 중에 답을 알고 있어도 질문에 대답하기 싫다고 했다. 조이는 큰 소리로 말하려고 하지만 학교에서는 그렇게 할 수가 없다고 했다. 그러나 집에서 가족과는 자유롭게 말할 수 있다고 했다.

조이의 자동적 사고

조이와의 면담에서 학교 정신건강 전문가는 조이의 불안에 기여하는 자동적 사고를 확인함으로써 조이 스스로 자신의 문제를 개념화하도록 도와주었다. 조이는 "답을 말하기가 두려워." "내가 틀리면 다른 아이들이 웃을 거야." "말하려고 할 때마다 목소리가 아주 작게 나와." "집에서 엄마랑 있고 싶어." "나는 항상 속이 메스꺼워." "나는 두려워." 등의 자동적 사고를 갖고 있었다.

조이는 정신건강 전문가에게 자신이 느끼는 기분이 싫다고 인정했다. 따라서 전문가, 교사와 만나 도움을 받는 데 동의했고, 세 사람은 실행계획을 세우기 위해 함께 만났다. 학교 정신건강 전문가는 조이가 자신의 귀인양식을 발견하도록 돕는 방법을 교사에게 가르쳐 주었다. 교사와 전문가는 조이가 불안의 신체적 증상과 부정적 인지를 완화시키는 데 초점을 맞추기로 결정했다. 학교 정신건강 전문가는 또한 교사에게 탈재앙화(decatastrophizing) 기법을 가르쳐 줌으로써 나중에 교실에서 사용할 수 있도록 하였다.

조이의 귀인양식

조이의 자동적 사고는 대부분 지속적이고(나는 항상 속이 메스꺼워) 전반적이며(말하려고 할 때마다 목소리가 아주 작게 나와) 내부적이었다(나는 두려워). 이런 귀인양식은 조이의 불안감을 증가시키고 생활을 변화시키는 데 자신이 영향을 미칠 수 없다고 느끼게 만들었다. 이런 귀인은 자신을 무력하고 약하며 상처받기 쉽다고 보는 조이의 핵심 신념과 관련된다. T교사는 조이의 귀인양식에 대해 알게 되자 다른 귀인양식의 본보기를 보여 줄 수 있었다. 다른 귀인양식이란 일시적인(지금 나는 속이 메스꺼워. 이것에 대해 뭔가를 해야지), 구체적인(집에 있을 때는 내 목소리가 커. 어떻게 하면 학교에서도 큰 소리로 말할 수 있는지 생각해 보자), 그리고 외부적인(내가 불안해 하는 것은 용감해지는 법을 아직 배우지 못했기 때문이야) 귀인양식을 말한다. 교사는 이런 정보를 염두에 두고 조이가 경험하고 있는 문제에 대해 보다 정확한 사례개념화를 할 수 있었다. 그녀는 교실에서 조이의 기능을 향상시키기 위해 행동을 강화하고 조성할 수 있게 되었다.

인지행동치료 전략 사용하기

이완훈련

학교 정신건강 전문가는 교실을 방문하여 교사와 전체 학생에게 불안과 긴장의 신체 감각에 관해, 그리고 이완호흡과 다른 기법들을 이용해 스트레스의 순환을 어떻게 중지시킬 수 있는지 가르쳐 주었다. 교사는 학급의 모든 학생들을 대상으로 이 활동에 강화를 제공하였으며 특히 조이에게는 하루 종일 강화를 제공했다. 조이는 감정 온도계를 이용해 하루에 적어도 세 번씩 자신의 불안수준을 측정하여 그 정보를 교사에게 보고했다. 조이가 자신의 신체적 스트레스 수준을 조절하는 방법을 알게 되면 정적 강화를 제공했다. 처음에는 조이가 실패하더라도 기법을 시도하는 자체에 대해 강화를 주었으며 기술을 완수하게 됨에 따라 서서히 강화를 제거해 나갔다.

대체심상

교사는 학교 정신건강 전문가의 지도에 따라 안내된 심상(guided imagery)을 활용했다. 안내된 심상에서 아동은 자신이 강하다고 느끼고 목표를 성취한 모습을 시각화한다. 교사는 매일 점검 회기를 갖고 조이가 학교에 머무는 동안 사용할 수 있는 대체심상을 제공했다. 대체심상은 손을 들고 정답을 말하는 모습 혹은 쉬는 시간에 친구들과 노는 모습 같은 것을 말한다. 조이는 진퇴양난의 문제에 빠져 있을 때 성공적으로 대처하는 장면을 시각화할 수도 있게 되었다.

증거 찾기

조이가 아무도 자기를 좋아하지 않는다고 말한 것에 대해 교사와 정신건강 전문가는 조이에게 그 증거를 찾아보게 하였다. 아무도 자기를 좋아하지 않는다는 생각을 지지하는 증거는 무엇이고 지지하지 않는 증거는 무엇인가? 누군가가 조이에게 같이 놀자고 한 적이 있었는가? 그럴 때 조이는 어떤 반응을 보였는가? 조이가 다른 아이에게 같이 놀자고 한 적이 있었는가? 조망훈련을 통해 조이에게 그가 다른 사람이고 자기랑 똑같은 한 아이를 바라보고 있다고 생각해 보게 했다. 그 아이가 다른 아이들과 놀기를 원하는 것으로 보이는가? 어떻게 하면 좋은 친구로 보일 수 있는가? 다른 친구들이 그 아이는 쉬는 시간에도 놀지 않기 때문에 놀고 싶지 않을 거라 생각하는 건 아닌가? 다른 아이에게 놀자고 말하는 법을 생각해 내는 데 도움이 필요한가?

탈재앙화

조이가 "나는 무서워. 내가 틀린 답을 말하면 모든 사람들이 나를 보고 웃을 거야."라는 자동적 사고를 말할 때, 다음과 같은 탈재앙화 기법을 사용할 수 있다.

교사: 조이야, 네가 틀린 답을 말했다고 해 보자. 그때 일어날 수 있는 가장 나쁜 일은 무엇일까?

조이: 모든 아이들이 나를 보고 웃는 거요.

교사: 다른 아이들이 너를 보고 웃을 가능성은 얼마나 될까?

조이: 잘 모르겠어요. 아마도 웃을 거예요.

교사: 친구들이 확실히 웃을 것이라 생각하니, 아니면 웃을지 모른다고 생각하니?

조이: 아마도 웃을 거예요.

교사: 전에 네가 틀린 답을 말했을 때 친구들이 웃었던 적이 있었니?

조이: 아니요. 그래도 웃을지 몰라요.

교사: 작년에 네가 수학시간에 한 번 틀린 답을 말했던 적이 있던 걸 기억해. 그러나 아무도 너를 보고 웃지 않았단다. 그때가 기억나니?

조이: 웃지 않았어요. 그래도 웃을까 봐 겁났어요.

교사: 어제 수학시간에는 어땠니? 몇몇 아이들이 틀린 답을 말했지. 참 어려운 수업이었어. 그러나 아무도 그 아이들을 보고 웃지 않았지. 너는 웃었니?

조이: 아니요.

교사: 아이들이 너를 보고는 웃지만 다른 아이들을 보고는 웃지 않는다고 생각하니?

조이: 아니요.

교사: 그러니까 네가 틀린 답을 말해도 친구들이 너를 보고 웃지 않았네?

조이: 안 웃은 것 같아요. 하지만 겁이 날 때는 떨려서 큰 소리로 말을 못하겠어요.

교사: 마음속에서 다른 아이들이 너를 보고 웃을 거라고 자꾸 말하는게 바로 너를 겁나게 하는 거야. 하지만 아이들이 너를 보고 웃었던 적이 없었으니까 이제는 다르게 말해 보면 어떨까? 예를 들어, 어제 조를 대표해 네가 답을 말해야 했을 때 무슨 일이 일어났지?

조이: 내가 맞는 답을 말했어요.

교사: 그리고 너희 조는 어떻게 했지?

조이: (웃으며) 응원해 줬어요.

교사: 그때 기분이 어땠니?

조이: 좋았어요.

교사: 아마도 친구들이 너를 보고 웃는다고 생각하는 대신에 너를 응원해 준다고 생각하면 어떨까? 특히 친구들이 너를 보고 웃은 적이 없으니까 말이야. 친구들은 사실 너를 응원해 줬잖니.

조이: 예, 아마도요.

교사: 많은 아이들이 틀린 답을 할까 봐 두려워한단다. 아마도 우리는 서로서로 응원해 줘야 할 것 같아. 단지 맞는 답을 말했을 때만이 아니라 답을 했다는 것 자체에 대해서, 용기를 냈다는 것에 대해서 말이야. 우리가 응원을 더 많이 해 준다면 많은 아이들을 도울 수 있을 거야.

조이: 예, 아마도요. 만약 제가 손을 들지 않을 때는 제발 제 이름을 부르지 말아 주세요. 제발요.

교사: 부르면 왜 안 되는데?

조이: 제가 손을 안 들면 답을 모른다는 거니까요.

교사: 그럼 처음엔 네가 손을 들지 않으면 네 이름을 부르지 않도록 할게. 하지만 그래도 너는 수업시간에 손을 들어야 해. 네가 답을 알고 있는 적이 많다는 걸 알고 있거든.

조이: 알았어요. 해 볼게요. 특히 응원하는 거요.

교사: 좋아!!

긍정적 자기말

조이가 자신의 부정적 사고를 더 잘 알게 되면서, 교사와 조이는 불안관리를 촉진하는 말로 바꿀 수 있게 되었다. 조이는 '나는 침착하고 느긋해.' '나는 문제없어.' '나는 답을 알아.' '선생님은 나에게 관심을 갖고 계셔.' '우리 반에서 나는 편안한 기분이 들어.' '우리 반에 친구들이 있어.' 등과 같이 생각할 수 있었다. 불안의 초기 신호가 올 때마다 조이는 이완기법과 긍정적 자기말을 사용할 수 있었다.

인지적 시연/역할연습

조이는 그가 실제로 수행하기 힘든 장면들을 시연하거나 연습했다. 같이 놀자고 물어볼 때 해야 할 말을 시연했다. 조이와 교사는 다음 날 수업 중에 어떤 질문을 할 것인지 함께 정했다. 그렇게 함으로써 조이는 집에서 답을 연습할 수 있었다.

결과

학교 정신건강 전문가는 자문과정을 통해 교사가 교실에서 사용할 수 있는 CBT 기법을 가르쳤다. 교사는 조이에게 기법을 직접 가르쳐 줌과 동시에 학급의 전체 학생들에게도 모델이 되어 주었다. 조이는 교사와 학급 친구들의 지지를 느끼면서 학급환경에 대해서도 좀 더 편안하게 느끼게 되었다. 그의 부정적 사고는 줄어들었고 보건실에 가는 회피행동도 점차 줄어들었다. 그는 스트레스를 다룰 수 있는 전략을 갖게 되었다. 평가 단계를 위해 보건실 방문 횟수, 울음을 터뜨린 횟수, 수업 중에 질문에 답변하는 횟수로 조이의 진전을 측정했다.

결 론

이 사례연구는 학교 정신건강 전문가가 교사와 학부모에게 자문을 제공할 때 인지행동 자문모형이 어떻게 적용되는지의 예를 보여 주고 있다. 이 예에서 학교 정신건강 전문가는 교사가 불안을 경험하는 학생의 문제를 다룰 수 있도록 도와주었다. 또한 이 예는 학교 정신건강 전문가가 궁극적으로 교사와 부모, 학생 각자가 자신의 문제를 다루는 법을 배우게 한다는 목표를 가지고, 어떻게 자신의 CBT 기술을 나누어 주는지를 보여 주고 있다.

참고문헌

Alpert, J. (1976). Conceptual bases of mental health consultation in the schools. *Professional Psychology, 7,* 619-626.

Bandura, A. (1977). Self-efficacy: Toward a unifying theory of behavioral change. *Psychological Review, 84,* 191-215.

Bandura, A. (1978). The self system in reciprocal determinism. *American Psychologists, 33,* 344-358.

Bandura, A. (1982). Self-efficacy mechanism in human agency. *American Psychologist, 37,* 122-147.

Beck, A. T. (1967). *Depression: Clinical, experimental and theoretical aspects.* New York: Hoeber.

Beck, A. T. (1976). *Cognitive therapy and emotional disorders.* New York: International Universities Press.

Bergan, J. R., & Kratochwill, T. R. (1990). *Behavioral consultation and therapy.* New York: Plenum.

Borders, L., & Drury, S. M. (1992). Comprehensive school counseling programs: A review for policymakers and practitioners. *Journal of Counseling and Development, 70*(4), 487-498.

Braswell, L., & Bloomquist, M. L. (1991). *Cognitive-behavioral therapy with ADHD children: Child, family, and school interventions.* New York: Guilford Press.

Brehm, S. S. (1976). *The application of social psychology to clinical practice.* New York: Halstead.

Brown, D., Pryzwansky, W. B., & Schulte, A. C. (2001). *Psychological consultation: Introduction to theory and practice.* Boston: Allyn & Bacon.

Caplan, G. (1970). *The theory and practice of mental health consultation.* New York: Basic Books.

Chaskin, R. J., & Rauner, D. M. (1995). Youth and caring. *Phi Delta Kappan, 76,* 667-679.

Curtis, M. J., Hunley, S. A., & Grier, J. C. (2002). Relationships among the professional practices and demographic characteristics of school psychologists. *School Psychology Review, 31*(1), 30-42.

Doll, B., Siemers, E. E., & Brey, K. (2003, August). *Class Maps consultation: An ecological measurement of successful classroom contexts.* Annual convention of the American Psychological Association, Toronto, Ontario.

Doll, B., Zucker, S., & Brehm, K. (2004). *Resilient classrooms: Creating healthy environments for learning.* New York: Guilford Press.

Dupper, D. (2003). *School social work: Skills and interventions for effective practice.* Hoboken, NJ: John Wiley & Sons.

Elias, M. J., & Clabby, J. F. (1992). *Building social problem solving skills: Guidelines from a school-based program.* San Francisco: Jossey-Bass.

Feindler, E. L., & Ecton, R. B. (1986). *Adolescent anger control: Cognitive-behavioral techniques.* New York: Pergamon Press.

Festinger, L. (1957). *A theory of cognitive dissonance.* Evanston, IL: Row Peterson.

Freeman, A., & Dattilio, F. M. (2000). Introduction Part I: Treatment of clinical problems. *Cognitive-behavioral strategies in crisis intervention* (2nd ed., pp. 1-23). New York: Guilford Press.

Freeman, A., Pretzer, J., Fleming, B., & Simon, K. M. (2004). *Clinical applications of cognitive therapy* (2nd ed.). New York: Kluwer Academic/Plenum Publishers.

Gutkin, T. B., & Conoley, J. C. (1990). Reconceptualizing school psychology from a service delivery perspective: Implications for practice, training, and research.

Journal of School Psychology, 28, 203-223.

Hawryluk, M., & Smallwood, D. L. (1986). Assessing and addressing consultee variables in school-based behavioral consultation. *School Psychology Review, 15*(4), 519-528.

Hughes, J. N. (1983). The application of cognitive dissonance theory to consultation. *Journal of School Psychology, 21,* 349-357.

Hughes, J. N., & Falk, R. S. (1981). Resistance, reactance, and consultation. *Journal of School Psychology, 19,* 134-142.

Kendall, P. C., & Braswell, L. (1985). *Cognitive-behavioral therapy for impulsive children.* New York: Guilford Press.

Laursen, E. K., & Birmingham, S. M. (2003). Caring relationships as a protective factor for at-risk youth: An ethnographic study. *Families in Society, 84*(2), 240-246.

Leahy, R. L. (2003). *Cognitive therapy techniques a practitioner's guide.* New York: Guilford Press.

Martin, R. P. (1983). Consultant, consultee, and client explanations of each others' behavior in consultation. *School Psychology Review, 12*(1), 35-41.

McDermott, P. A., Mordell, M., & Stoltzfus, J. (2001). The organization of student performance in American schools: Discipline, motivation, verbal learning, and nonverbal learning. *Journal of Educational Psychology, 93*(1), 65-76.

Meichenbaum, D., & Goodman, J. (1971). Training impulsive children to talk to themselves: A means of developing self-control. *Journal of Abnormal Psychology, 77,* 115-126.

Meyers, J., Parsons, R. D., & Martin, R. (1979). *Mental health consultation in the schools.* San Francisco: Jossey-Bass.

Meyers, J., & Yelich, G. (1989). Cognitive-behavioral approaches in psychoeducational consultation. In J. N. Hughes & R. J. Hall (Eds.), *Cognitive-behavioral psychology in the schools: A comprehensive handbook* (pp. 501-535). New York: Guilford Press.

National Institute of Mental Health. (2000). *Treatment of children with mental disorders* [Brochure]. Bethesda, MD: National Institute of Mental Health, National Institutes of Health, U.S. Department of Health and Human Services.

Osher, D., Dwyer, K., & Jackson, S. (2004). *Safe, supportive, and successful schools step by step.* Longmont, CO: Sopris West.

Pianta, R. C. (1999). *Enhancing relationships between children and teachers.*

Washington, DC: American Psychological Association.

Reschly, D. J., & Wilson, M. S. (1995). School psychology practitioners and faculty: 1986 to 1991-92: Trends in demographics, roles, satisfaction, and system reform. *School Psychology Review, 24,* 62-80.

Ryan, R. M., Connell, J. P., & Deci, E. L. (1985). A motivational analysis of self-determination and self-regulation in education. In C. Ames & R. Ames (Eds.), *Research on motivation in education* (Vol. 2, pp. 13-51). San Diego, CA: Academic Press.

Seligman, M. (1995). *The optimistic child.* Boston: Houghton Mifflin.

Sheridan, S. M., Kratochwill, T. R., & Bergan, J. R. (1996). *Conjoint behavioral consultation: A procedural manual.* New York: Kluwer Academic/Plenum Publishers.

Smith, P. L., & Fouad, N. A. (1999). Subject-matter specificity of self-efficacy, outcome expectancies, interests, and goals: Implications for the social-cognitive model. *Journal of Counseling Psychology, 46*(4), 461-471.

Weissberg, R. P., & Gesten, E. L. (1982). Considerations for developing effective school-based social problem-solving (SPS) training programs. *School Psychology Review, 11*(1), 56-63.

Werner, E. E., & Smith, R. S. *Overcoming the odds: High-risk children from birth to adulthood.* Ithaca, NY: Cornell University Press.

Witt, J. C., & Elliott, S. N. (1985). Acceptability of classroom intervention strategies. In T. R. Kratochwill (Ed.), *Advances in school psychology* (Vol. 4, pp. 251-288). Hillsdale, NJ: Lawrence Erlbaum.

Witt, J. C., Martens, B. K., & Elliott, S. N. (1984). Factors affecting teachers' judgments of the acceptability of behavioral interventions: Time involvement, behavior problem severity, and type of intervention. *Behavior Therapy, 15,* 204-209.

Zins, J. E., & Erchul, W. P. (2002). Best practices in school consultation. In A. Thomas & J. Grimes (Eds.), *Best practices in school psychology IV* (pp. 625-642). Bethesda, MD: National Association of School Psychologists.

Chapter **22**

위기대응에 대한 인지행동 접근

요즘은 신문이나 TV를 통해 전 세계에서 발생하는 비극적 사건들을 너무나 쉽게 접할 수 있다. 동남아시아에서 발생한 파괴적인 쓰나미, 체크냐에 있는 초등학교에서 발생한 인질사건, 이라크전쟁의 생생한 영상, 캘리포니아가 산에서 흘러내린 진흙더미로 뒤덮인 사건, 미국 남부해안에서 발생한 홍수, 플로리다에 불어 닥친 수차례의 허리케인, 르완다의 대량학살, 세계무역센터와 펜타곤에 대한 테러리스트의 공격 등 비극적 사건의 목록은 끝이 없다. 하루 24시간 내내 보도되는 뉴스와 쉽게 접속할 수 있는 인터넷을 통해, 오늘날의 아동 · 청소년은 매일 이런 끔찍한 사건을 실제로 보듯이 상세하고 생생하게 접하고 있다.

더구나 학교교직원들은 문제를 해결하거나 약화시키기 위해 즉시 개입해야 하는 일상적인 여러 문제들에 직면해 있다. 학생 한두 명을 포함한 경미한 사건에서부터 전체 학교 사회에 큰 영향을 미치는 재난사건에 이르기까지 사건의 심각성과 범위는 다양하다. Brock과 Jimerson(2004)은 위기개입을 필요로 하는 외상사건(traumatic events)과 적은 자원을 가지고도 관리할 수 있는 단순한 스트레스 유발

Diane L. Smallwood, Barbara Bole Williams, & Dawn M. McDonald

사건(stressful events)을 구분해야 한다고 했다.

외상사건은 우리가 흔히 겪지 않는 경험으로서 정상적인 대처능력을 넘어서는 사건을 말한다. 미국정신의학회(2000)의 DSM-IV-TR에 있는 외상후 스트레스 장애(posttraumatic stress disorder: PTSD)를 초래하는 극단적인 외상성 스트레스 요인의 예로는 심각한 상해를 당하거나 사망 또는 심각한 상해의 위협을 받는 사건을 직접 경험하거나 목격하거나 알게 되는 것이 포함된다. 이런 사건들은 학교에서 흔히 겪는 경험은 아니다(Brock & Jimerson, 2004; Everly & Mitchell, 2000).

이 장에서는 외상사건과 마찬가지로, 개인 또는 집단의 일상적인 대처능력이 상황적 요구에 의해 압도당하거나 위태롭게 되는 상황을 위기(crisis)로 지칭한다. 위기 상황에는 극히 부정적이며 통제 불가능하고 인격을 앗아가며 예측할 수 없는 사건들이 포함된다(Brock, 2002a).

교육 프로그램은 높은 학업적 표준의 달성이라는 목표에서 벗어나면 안 되기 때문에 위기사건이 초래하는 사회적 · 정서적 문제를 해결하는 데 교육자원을 할당하는 일이 과연 적절한가에 대한 논쟁이 제기되었다. 물론 학교의 임무는 일차적으로 학업적 교과학습에 초점을 맞추는 것이다. 그러나 학교장면에서 사회적 · 정서적 요인들에 주목하는 것은 교육자원을 적절히 사용하는 일일 뿐만 아니라 교육 프로그램이 다루어야 할 필수적인 측면이다. 학교환경이 위기사건의 막대한 영향력을 인정하고 그에 대한 적절한 예방 및 개입 서비스를 제공할 수 있을 때 비로소 학업이라는 목표달성에 더 큰 기여를 할 수 있다.

학교에서 위기에 대응하기 위한 종합적 프로그램과 서비스를 제공하는 교육자들에게 도움이 될 만한 우수한 참고자료들이 많이 있다(예: Brock, Lazarus, & Jimerson, 2002; Klingman & Cohen, 2004; Pitcher & Poland, 1992; Poland & McCormick, 1999). 저자들은 학교기반의 위기예방, 위기개입, 위기대응의 모든 측면을 고려하기 위해서 인지행동 관점을 취하고자 한다. 이 장에서는 위기사건을 다루기 위한 프로그램과 서비스를 계획하고 관리하는 인지행동 모형을 살펴보고자 한다. 먼저 관련 선행연구를 간략하게 고찰한 후, 인지행동 관점에서 외상에 대한 이해를 돕는 개념적 쟁점들에 대해 살펴본다. 또한 학교에서 활용할 수 있는 구체적인 전략과 기법들을 제시한다.

학교에서의 위기대응: 문헌고찰

위기개입에 관한 문헌에서는 자주 Slaikeu(1990)의 정의를 인용한다. 그는 위기상태를 "일상적인 문제해결 방법을 사용해서는 상황에 대처할 수 없고, 극단적으로 긍정적이거나 부정적인 결과를 초래할 가능성이 있는 일시적인 동요와 혼란의 상태"(p. 15)로 정의했다. 다른 학자들(Aguilera, 1998; Brock, 2002a; Carlson, 1997)은 위기사건이 (1) 극히 부정적이고, (2) 통제할 수 없으며, (3) 인격을 앗아가고, (4) 갑작스럽고 예기치 못한 것이며, (5) 막대한 영향을 끼칠 가능성이 있다는 특징을 공유한다고 하였다.

Brock, Sandoval과 Lewis(2001)는 위기사건을 다음과 같이 여섯 가지 범주로 구분하였다. (1) 심각한 질병과 손상, (2) 폭력적이거나 예기치 못한 죽음, (3) 죽음이나 손상의 위협, (4) 전쟁, (5) 자연재난, (6) 인재 및 산업재해. 이들 사건에 대해 어떻게 반응하는가는 그 사건이 얼마나 위협적인 것으로 지각되느냐에 의해 부분적으로 영향을 받는다.

위기는 예기치 못한 것이며, 종종 예측 불가능하며, 개인의 일상적인 대처자원을 뛰어넘는 것이다. Herman(1993)은 외상사건이 우리의 대처능력을 압도하는 예사롭지 않은 사건이라고 정의했다. Young(2002)은 일상적인 생활사건을 효과적으로 다루는 데 도움이 되는 적응력에는 신체건강, 인지기술, 정서능력, 영적 관계(spiritual connections), 교육 및 경험, 지역사회 및 가족의 지원 등이 포함된다고 보았다. 또한 인간은 가족문제, 직업문제, 재정적 어려움, 중독, 과거의 경험 등 일상의 삶 속에 존재하는 스트레스 요인들을 겪는다. 정서적으로 건강하려면 이런 스트레스 요인들과 적응력이 서로 균형을 이루어야 한다. 외상이 발생할 때 개인의 적응력이 손상되거나 파괴될 수 있으므로, 위기개입은 외상사건이 초래한 스트레스를 감소시키는 동시에 역량을 증진시키는 데 목표를 둔다.

학교에서의 위기개입에 관한 문헌을 보면, 학교에서 사용할 수 있도록 제안된 모형과 기법들은 지시적이고 단기적이며 목표지향적인 절차를 따른다(Roberts, 1990). 이러한 모형과 기법들은 위기 상황 이후에 개인과 학교공동체가 평형을 되찾도록 도울 목적으로 설계된다. Brock, Sandoval과 Lewis(2001)는 학교에서의 위기대응을 위한 종합적 계획의 개발을 위해 다음과 같은 제안을 하였다. 우선 Brock 등은 위기대응과 위기개입의 두 용어를 구별하고, 포괄적인 용어인 위기대응으로 연구결과를 기술했다. 또한 위기대응이라는 용어가 위기의 영향을 관리하기 위해 필요한 다양한 활동들을 언급한다는 점을 강조했다. 이와는 대조적으로, 위기개입은 외상을 겪은 사람에게 직접 심리적 응급조치와 정신건강 활동을 제공하는 좀 더 특수한 서비스를 지칭한다. Brock, Sandoval과 Lewis에 의하면, 위기대응을 위한 종합적 계획에는 위기대응팀의 구성, 훈련의 제공, 학교운영 주체(교육위원회)가 따라야 하는 절차가 포함된다. 가장 위급한 사람에게 가능한 한 신속하게 위기개입 서비스를 제공하기 위해, 우선순위에 따라서 대상자를 분류하고 선별하는 절차가 추천되었다. 그들은 개별적인 심리적 응급조치와 집단적인 심리적 응급조치를 실시하기 위한 학교에서의 위기개입 전략을 제안했다. 마지막으로, 학교에서의 위기대응 계획에는 사후보고(debriefing)와 평가의 두 요소가 반드시 포함되어야 한다고 강조했다.

학교 정신건강 전문가의 문화적 역량은 다양한 학생집단에게 영향을 미치는 외상사건에 대응하는 능력을 향상시킨다. Young(2002)에 따르면, 외상사건은 그것이 발생하는 사회적 · 문화적 맥락 안에서 더 잘 이해될 수 있다. 한 사람이 지닌 문화적 배경은 어떤 유형의 사건을 외상으로 지각하는지 그리고 그 사람이 어떻게 위기를 해석하고 위기에 반응하는지에 영향을 미친다.

위기개입에 대한 인지행동 접근

인지행동치료(CBT)는 개인의 자동적 사고와 도식에 중점을 둔다(Dattilio & Freeman, 1994, 2000). 도식은 개인의 신념체계인데, 정보의 처리와 인생경험의 이해를 조직하는 가설적 구조로 정의된다. CBT는 구조적, 지시적, 활동적, 협력적, 단기적, 심리교육적이며 대처기술 훈련을 통해 행동변화를 유도하는 데 초점을 둔다. Dattilio와 Freeman은 인지행동 접근의 이론적 특징이 단기적 위기개입 전략과 모형을 설계할 때 이상적인 기반이 된다고 믿었다. Slaikeu(1990)도 "시간 제한적 단기치료는 위기 상황에서 선택되는 최상의 치료"(p. 98)라고 언급하면서,

Dattilio와 Freeman의 주장에 동의했다.

그렇다면 위기개입의 CBT 모형은 무엇인가? Dattilio와 Freeman(1994, 2000)은 위기개입에 대한 인지행동 접근의 기초를 이루는 5단계 모형을 다음과 같이 약술했다.

- 1단계: 위기 대응자는 외상사건에 노출된 사람과 라포를 형성하고 관계를 수립한다.
- 2단계: 위기 대응자는 즉각적인 행동 방침을 결정하기 위해 위기에 놓인 사람이 겪을 수 있는 신체적 위험이나 상해의 즉각적 위협을 평가한다.
- 3단계: 위기 대응자는 위기에 놓인 사람이 자신의 내면적 강점과 인지행동 자원을 평가하고 동원하도록 조력한다.
- 4단계: 위기 대응자와 위기에 놓인 사람은 긍정적인 행동계획을 수립하기 위해 협력하며, 위기 대응자는 위기에 놓인 사람이 대처전략을 개발하기 위한 계획수립에 전념하게 한다.
- 5단계: 위기 대응자와 위기에 놓인 사람은 대처전략 개발을 위한 행동계획의 효과성을 협력적으로 평가한다.

학교에서의 위기예방, 개입, 대응에 관한 핵심 신념

학교에서의 위기대응을 인지행동 관점에서 논할 때에는 예방과 개입, 대응에 대한 핵심 신념을 분명하게 밝혀야 한다. 첫째, 외상사건은 근접한 지역에 가장 치명적인 영향을 미친다. 연구에 따르면, 발생한 사건과 근접해 있을수록 개인과 지역사회는 더욱 심각한 외상을 경험한다(Young, 2002). 결과적으로, 위기가 발생한 해당 지역이 위기사건에 대한 대응의 책임을 맡아야 한다는 것을 알 수 있다. 교육자, 정신건강 전문가, 법률 및 행정안전 공공기관의 관리와 공무원, 사회서비스 기관을 포함한 다수의 지역사회 구성원들은 응급 상황이 발생했을 때 지체 없이 활용할 수 있는 지역자원을 폭넓게 확인하고 그것을 유지하기 위하여 파트너십을 형성해야 한다. 외부 자원이 필요할 수도 있고 외부 자원을 환영하기도 하지만, 외상사건이 발생한 지역사회의 안정성과 유능성을 회복시키는 과제는 바로 그 지역사회에 있는 여러 조력자들이 조화를 이루는 통합적 노력을 기울일 때 해결된다.

둘째, 학교에서의 위기대응은 예방과 개입의 다중수준 모형 안에서 가장 적절하게 제공된다. 1차 예방 또는 보편적 수준의 예방에서는 전체 학교집단을 대상으로 프로그램과 서비스를 제공하며, 지역사회 모든 구성원의 사회적·정서적 유능성 증진을 목표로 한다. 삶의 요구에 효과적으로 대처하기 위한 적응유연성과 긍정적 기술을 향상시키는 전략과 활동이 종합적인 학교 교육과정의 틀 안으로 융합된다. 2차 예방에서는 일상의 스트레스와 예사롭지 않은 생활사건에 부적응할 위험에 놓인 사람들을 선별하여 서비스를 제공한다. 이러한 선택적 수준의 예방에서는 조기개입, 사회적 지지의 동원, 대처전략의 향상을 목표로 한다. 가장 집중적인 수준의 개입은 3차 예방이라고 한다. 이러한 지시적 수준의 예방에서는 정서·행동장애의 증상을 보이고 있는 사람들을 도와주는 강력하고도 집중적인 임상서비스가 제공되는데, 이를 위해서 학교와 지역사회가 협력해야 한다. 이렇듯 세 가지 수준에서 제공되는 프로그램과 서비스를 조화롭게 통합함으로써 학교는 다음의 네 가지 목표를 달성할 수 있다. 즉, (1) 위기 상황의 발생을 예방하고, (2) 예기치 못한 사건에 대비하며, (3) 비극적인 사건이 발생할 때 그에 대응하고, (4) 개인과 지역사회가 외상으로부터 건강하게 회복하도록 촉진시킨다.

이에 덧붙여, Klingman과 Cohen(2004)은 중대한 외상에 대하여 학교가 실시하는 다중체계 개입모형에 해당하는 열 가지 가정을 제안했다(〈표 22-1〉 참조). 그 가운데 일부는 이 장에서 제시된 문제에 특히 잘 적용되므로 자세히 살펴보고자 한다.

첫째, 인간은 외상사건으로부터 자연적으로 회복될 수 있다. 따라서 개입 노력은 인간의 자연스러운 회복능력을 고려하면서 이루어져야 한다. 학교에서 위기 상황에 대응해 본 경험에 비추어 볼 때, 대부분의 아동과 성인들은 예기치 못한 외상사건에 비교적 신속하게 적응하는 대처능력을 동원할 수 있다. 이는 교실이 위기개입 서비스를 처음으로 제공해야 하는 장소임을 시사한다. 왜냐하면 교실은 학교에서 자연발생적으로 형성되는 가장 기초적인 수준의 사회적 지지 시스템을 대표하기 때문이다.

둘째, 개인과 조직이 외상사건에 더 잘 대처하도록 조력하려면 반드시 사전계획을 세워야 한다. 어떤 사전계획이라도 재앙이 발생한 상황에서 경험하는 동요와 혼란을 완전히 피하게 해 주지는 못한다. 그렇지만 의례적으로 따를 수 있도록 미리 제작된 프로토콜은 위기 상황에 놓인 조직이 성공적으로 기능하게 하는 틀이 된다. 외상사건은 분명히 당황스럽고 불가항력적이다. 미리 합의하고 충분한 연습을 거친 표준화된 절차가 없다면, 학교교직원은 재난이 발생한 상황에 적절한 대응을 준비하는 데 귀중한 시간을 잃을 수 있다.

셋째, 어려운 상황에 대한 아동들의 적응과 대처를 돕는 과정에서 성인의 역할이 중요하다. 성인 보호자가 효과적으로 대처하고 자신의 정서적 반응을 조절할 수 있을 때 아동에게 그런 기술을 모델로 보여 줄 수 있기 때문이다. 그러므로 외상사건이 일어나는 동안 성인은 아동에게 심리적 · 신체적 측면에서 안전한 도피처를 제공하려고 노력해야 한다. 또한 Klingman과 Cohen(2004)에 따르면, 학교는 아동들과 그들의 생활 속에 있는 성인 및 지역사회 구성원에게 친숙한 만남의 장소를 제공하는 자연적인 지지 시스템이다. 그러므로 부모 또는 보호자들이 그러하듯이,

〈표 22-1〉 재난에 대한 학교기반의 다중체계 예방접근의 핵심 가정

가정 1	인간은 외상사건으로부터 자연적으로 회복할 수 있는 강력한 기제를 가지고 있다.
가정 2	잘 대처하려면 사전 준비가 필수적이다.
가정 3	스트레스 사건에 효과적으로 대처하고 자신의 감정을 조절하는 성인은 아동이 대처하고 적응하도록 돕는 데 중요한 역할을 한다.
가정 4	학교는 자연적인 지지 시스템으로 간주될 수 있고, 또 그렇게 되어야 한다.
가정 5	관련된 여러 시스템 안에서 조화를 이루며 병행 실시되는 개입이 단독 시행되는 개입의 누적적 효과보다 더 강력한 영향을 미칠 것이다.
가정 6	아동 및 그들과 관련된 성인들을 위한 개입은 사용 가능한 치료를 낙인찍지 않는 맥락에서 제공해야 한다.
가정 7	예방은 잠재적 외상사건에 대해 지역사회가 최선의 즉각적인 대응을 하는 것을 의미한다.
가정 8	재난이 발생한 후, 학교는 전체 학생집단을 대상으로 하는 예방 프로그램, 부적응 증상의 징후를 보일 위험에 놓여 있거나 그런 징후를 보이는 학생을 대상으로 하는 특수한 추수 프로그램을 실시하는 장소로서 기능을 수행할 수 있다.
가정 9	외상을 다루는 활동에서는 증상의 감소보다는 건강의 증진을 강조하는 서비스가 바람직하다.
가정 10	임상적 접근과 예방적 접근은 서로 보완되어야 한다.

출처: Klingman & Cohen (2004).

교직원도 아동에게 효과적인 대처전략을 모델링해 줄 수 있다. 학교가 위기의 영향 속에서 학생들을 지지하는 역할을 담당할 때, 지지적인 또래집단도 추가적인 자원이 된다.

외상에 대한 심리적 반응의 개념화

이론적 관점과 실제적 관점에서 볼 때, 인지행동 접근은 외상이 개인과 지역사회에 미치는 영향을 이해하고 치료하는 데 유용하다. 이론적 수준에서 볼 때, 외상에 대한 반응은 다면적이며 몸과 마음에 모두 관여한다. 신체적 반응은 보통 충격과 혼란으로 시작되고, 그 뒤를 이어 '투쟁 혹은 도피(flight or fight)' 반응과 연관된 다양한 자율신경계 반응(예: 심장박동의 증가, 가쁜 호흡, 아드레날린의 증가, 메스꺼움)이 나타난다. 불신, 부인, 정신적 혼란 등의 인지적 반응은 외상에 대한 신체적 반응을 수반한다. 일상적인 사고 패턴이 와해되므로 기억과 학습도 타격을 받는다. 뇌기능의 관점에서 보면, 변연계가 대뇌피질을 대신하므로 조리 있고 합리적인 사고보다는 주로 감각적 입력을 통해 사건이 경험된다. 그러므로 외상이 발생한 후 심리적 개입을 제공하는 목적 가운데 하나는 사건에 대한 인지적 이해, 즉 언어를 통한 이해능력을 회복하는 데 있다. 실제적 관점에서 볼 때, CBT 전략과 기법은 이러한 회복과정을 촉진하기 위해 임상가가 활용할 수 있는 유용한 도구다.

매년 상당히 많은 수의 아동들이 자신과 세상에 대한 관점을 극적으로 바꿀 수도 있는 외상사건을 겪는다. 일반집단을 대상으로 수행된 연구에 따르면, 아동·청소년의 14~43%가 아동기 동안 적어도 하나의 외상사건을 경험할 것으로 추정된다(Young, Ford, Ruzek, Friedman, & Gusman, 1998). 외상사건에 대해 급성의 스트레스 반응을 나타내는 대다수의 아동들은 점차 병전(premorbid) 기능으로 회복하지만, 일부 아동은 PTSD를 겪는 등 장기간 심각한 반응을 보이기도 한다. PTSD는 극단적이고 외상적인 스트레스 요인에 대한 반응으로 발병하는 불안장애로 분류된다. PTSD 진단을 받으려면 극심한 두려움, 무력감, 공포를 유발하거나 잠재적으로 생명을 위협할 수도 있는 스트레스 요인을 경험하거나 목격하거나 직면해야 한다(American Psychiatric Association, 2000). PTSD는 재경험, 무감각, 각성의 세 가지 상호 관련된 증상들로 구성된다.

아동의 외상 후 스트레스 반응을 평가할 때, 아동의 발달수준이 증상의 표현에 영향을 미친다는 점을 유념해야 한다. 아동은 외상사건에 대해 성인과는 다른 방식으로 고통을 표현한다. 재경험의 증상은 아동의 놀이행동을 통해 나타날 수 있다. 또한 아동은 외상을 재현하기도 한다(American Psychiatric Association, 2000). 혼돈되고 동요된 행동을 보일 수도 있다. 불안과 과다각성의 느낌을 말로 표현하지 못하고 신체 증상을 호소하거나 야뇨, 분리불안과 같은 퇴행행동을 보이기도 한다. 재경험 증상은 구체적으로 외상에 관한 것이거나 또는 외상과 관련되지 않은 악몽의 형태로 표출될 수도 있다. 외상사건을 겪은 아동의 공작활동이나 놀이는 외상사건과 관련된 주제를 드러낼 수도 있다.

자연재난, 전쟁, 폭력, 납치, 자동차 사고, 심각한 질병, 신체적 학대나 성적 학대의 피해를 받았거나 목격한 아동·청소년을 대상으로 한 연구에서, PTSD와 외상 후 반응이 관찰되었다. 외상성 스트레스 요인의 유형과 심각성이 PTSD 발병의 주요 요소이기는 하지만, 특정 스트레스 요인에 대해 병리적 반응을 발전시키는 사람이 있는가 하면 그렇지 않은 사람도 있다. 외상사건과의 근접성, 스트레스 요인의 심각성, 개인의 안전을 위협하는 정도에 대한 지각이 외상 후 증상의 발병과 심각성에 관련되기 때문이다. PTSD는 개인적인 위험요인들과 적응유연성 증진요인들의 복잡한 상호작용에서 발병하는 것으로 여겨져 왔다. McKeever와 Huff(2003)는 PTSD의 소질-스트레스 모형(diathesis-stress model)을 설명했다. 이 모형은 이전의 다양한 상호작용 모형(Foy, Madvig, Pynoos, & Camilleri, 1996)을 변형시킨 것이다. 이 모형에서는 PTSD의 발병이 생물학적 요인과 환경적 요인의 상호작용에 의한다고 가정한다. McKeever와 Huff(2003)에 따르면, 생태학적 소질(개인과 환경에 관련된 위험요인)과 생물학적 소질(유전적 요인과 생물학적 요인에 관련된 위험요인)은 스트레스 요인의 심각성과 상호작용하여 PTSD의 발병 여부를 결정한다.

이전의 정신병리와 외상에 노출된 경험도 아동을 PTSD의 발병에 취약하게 만드는 요인이다. 직접 피해를 당했고 PTSD 진단준거에 해당되는 아동은 피해를 당했지만 PTSD 진단준거에 해당되지 않는 아동에 비해 외상사건을 유의하게 더 많이 보고했다(Saigh, Yasik, Oberfield, Halamandaris, & McHugh, 2002). 이러한 결과는 외상성 스트레스 요인들이 효과적인 대처전략을 감소시키거나 위태롭게 하는 부가적 효과를 지닌다는 것을 시사한다. 그러므로 학교에서 일하는 임상가는 심리적 외상의 누적이 인지기능과 학업 수행에 미칠 수 있는 잠재적인 영향에 민감한 주의를 기울여야 한다.

외상성 스트레스는 아동의 정상발달을 방해하며, 결정적 시기 동안 뇌구조를 바꾸는 등 아동에게 중대한 영향을 미친다(Lipschitz, Rasmusson, & Southwick, 1998). Heim, Meinlschmidt와 Numeroff(2003)는 발달과정 중에 겪는 스트레스나 정서적 외상이 스트레스와 정서의 조절에 관여하는 뇌회로를 영구히 형성할 수도 있음을 보고했다. 카테콜아민, 도파민, 세로토닌을 포함하는 신경전달체계는 초기 외상에 의해 상당한 영향을 받을 수 있다(Lipschitz, Rasmusson, & Southwick, 1998). 이러한 신경전달체계의 혼란은 PTSD에 특징적으로 나타나는 불현듯 떠오르는 침습적 기억(intrusive memory) 등 기억장애의 기초가 된다.

PTSD를 가진 사람에게 나타날 수도 있는 뇌 변화를 탐색하기 위해 뇌영상 기법을 활용한 연구에 따르면, 학대를 받은 PTSD 성인의 뇌구조에서 특히 학습과 기억에 관여하는 변연계 중 해마가 변형과 퇴화를 나타냈다(Bremner, Vythilingam, Vermetten, & Southwick, 2003). 이러한 뇌구조의 변화가 외상의 결과인지, 아니면 PTSD에 대한 취약성과 PTSD의 지속성에 기여하는 신경학적 이상 현상인지는 아직 분명하지 않다(Layton & Krikorian, 2002). Beers와 DeBellis(2002)는 PTSD 성인을 대상으로 한 뇌영상 연구에서는 해마의 구조적 변화가 공통적으로 나타났을지라도, PTSD 아동은 변연계 구조의 변화 없이 대뇌 부피의 감소만을 보였다고 보고했다. 또한 전두엽의 역기능은 아동과 성인 두 집단 모두의 PTSD와 관련된다(Beers & DeBellis, 2002). PTSD 성인을 대상으로 외상사건이 발생한 후 6개월 동안 해마의 부피를 지속적으로 측정한 종단연구(Bonne, Brandes, Gilboa, Gomori, et al., 2001)에서는 해마 부피의 변화가 관찰되지 않았다. 이러한 결과는 뇌의 구조적 변화가 복합형 PTSD나 만성형 PTSD에서만 발생한다는 것을 시사한다. Beers와 DeBellis(2002)는 외상을 겪은 아동의 신경심리학적 기능을 조사했는데, 주의집중과 추상적 추론에 대한 신경심리 평가에서 PTSD 아동이 비교집단 아동에 비해 저조한 수행을 보였다.

외상은 자신과 주변 세상에 대한 관점을 바꾸어 아동을 심하게 변화시킬 잠재력을 가지고 있다. 안전과 무사함에 대한 기본적 기대가 침해당하면, 아동은 이 세상을 위험하고 예측할 수 없는 곳으로 인식할 것이다. 그런 아동은 과각성(hyper-vigilance) 상태에 빠지고, 환경 안에 있는 정보를 위협적인 것으로 지각한다. 마찬가지로, 자기에 대한 신념이 비효능감과 무력감으로 왜곡될 수 있다. 비효능감과 무력감은 외상후 증후군과 이에 부수적인 우울과 함께 나타나기도 하며, 외상후 증후군과 우울에 기여하기도 한다. 또한 아동 · 청소년에서 나타나는 PTSD 증후군은 외적 통제소재와 관련되는데, 치료가 효과를 나타내고 PTSD 증상이 진정되면서 점차 내적 통제소재로 되돌아가는 것을 볼 수 있다(March, Amaya-Jackson, Murray, & Schulte, 1998). 자기비하감이 감소하면서 자기효능감과 통제감이 증가하고, 이는 우울 증상과 PTSD의 감소와도 관련된다. 따라서 귀인 재훈련이나 인지적 재구성은 우울한 기분을 유지시키는 외상성 신념에 도전하는 인지적 기법으로 실시된다.

개입 전략 및 기법: 인지, 행동, 환경

위기관리는 분명하게 구분되는 4단계, 즉 (1) 완화/예방, (2) 준비, (3) 대응, (4) 회복의 단계로 이루어진다(U.S. Department of Education, 2003). 일반적인 인지행동이론과 특수한 인지행동 기법들은 학교에서 이루어지는 단계별 위기관리의 질을 향상시킬 수 있다. 위기대응은 응급서비스(소방관, 구조대원), 필요한 의료치료, 법 집행, 희생자 조력, 종교적 지원, 심리적 응급치료, 사후치료의 형태로 제공되는 다양한 정신건강 서비스를 통합하는 종합적 시스템을 필요로 한다. 이 장에서는 심리적 지원이 이보다 더 큰 위기대응의 종합적 시스템 맥락 안에서 제공된다는 점을 인정하면서, 학교에서의 위기대응과 관련된 정신건강 측면에 대해 논하고자 한다.

완화/예방

완화와 예방의 활동은 생명과 재산에 대한 위기의 감소 또는 제거에 초점을 맞춘다. 따라서 위기관리 계획의 첫 단계에서는 위기사건의 발생을 예방하는 전략들 또는 위기사건이 발생할 때 생명의 손실이나 재산의 파괴를 최소화할 수 있는 전략들에 관심을 둔다. 예를 들어, 폭력 예방과 개입은 모든 학생을 존중하고, 학생의 다양성을 민감하게 인정하며, 안전한 학교환경의 유지와 조성을 위한 학생과 교직원의 능동적 참여를 증진시키는 노력에서 시작된다(Brooks, 2002). 이러한 가치관은 학교정책에도 반영되어야 한다.

안전한 학교환경의 조성에 필수적인 한 가지 요소는 학교에서의 위기 예방 및 개입을 위한 계획을 세우는 것이다. Stephens(1994)는 안전한 학교 만들기 계획을 안전하고 반응적인 학교 풍토를 조성하고 유지하기 위한 지속적이며 광범위하며 종합적이고 체계적인 과정으로 정의했다. 일상적인 학교 일정의 진행과정 중에 학생들에게 적절한 지도감독을 제공하여 안전한 물리적 환경을 조성하면 개인적 안전감이 증대된다. 교육청 직원들과 지역사회의 법 집행 공무원들의 협력을 통해 학교시설에 대한 정기 안전검사를 시행하고, 위기평가와 응급관리의 절차를 수립하는 것도 중요하다.

위기평가는 완화 단계의 중요한 요소다. 학교교직원들은 (1) 잠재적인 위험요인(물리적, 사회적, 심리적 요인)의 확인, (2) 각 위험요인이 누구에게 어떤 방식으로 상해를 입힐 것인지의 결정, (3) 위기평가와 추가 예방조치의 필요성 결정, (4) 위기평가 결과의 문서화, (5) 안전계획의 지속적 점검과 개정 시스템의 구축 등의 목적을 위해 학교환경의 여러 중요한 측면들을 평가해야 한다(Health & Safety Executive, 1999). 학교에서 실시하는 위기평가는 학교시설의 물리적 안전에 대한 면밀한 검토뿐만 아니라 사회적 · 정서적 · 행동적 환경에 대한 체계적 검토도 포함한다. 위기평가를 거쳐 확인된 환경요인의 재설계는 자연재난이나 인재에 의한 비극적 사건의 영향을 완화시키는 데 도움이 된다.

다음에는 세 가지 개입수준에서 인지행동 개입을 통합하는 예방의 틀에 대해 좀 더 상세히 설명한다. 위기관리의 완화/예방 단계에서 중요한 인지적 요소는 학교공동체의 모든 구성원들이 위기 상황에 대한 취약성을 감소시킬 활동과 절차를 수립할 수 있다는 기대를 갖게 하는 데 초점을 맞춘다. 외부 사건을 통제하기가 불가능하고 나쁜 일의 발생을 완전히 예방하기가 불가능할지라도, 교직원은 예기치 못한 비극적인 상황에 대응할 준비를 책임진다.

준비

준비 단계에서는 최악의 시나리오에 대비할 계획을 세워야 한다. 이 단계에서는 여러 유형의 위기 상황(예: 자연재난, 사고에 의한 사망이나 상해, 자살과 타살, 산업재해, 테러리스트의 공격)을 관리하기 위한 종합적인 계획을 수립한다.

학교에서 비극이 발생하면, 사건은 전국적으로 그리고 전 세계적으로 신문의 1면을 장식한다. 1999년 4월에는 미국 콜로라도 주 리틀턴에 있는 콜럼바인 고등학교에서 두 명의 청소년이 학생 14명과 교사 1명을 사살하고 24명에게 부상을 입힌 테러사건이 발생했다. 1998년 3월에는 아칸소 주 존스보로에서 중학교 남학생 두 명(13세, 11세)이 화재훈련 중에 여학생 4명과 교사 1명을 살해한 사건이 있었다. 그런 상황에서 학교공동체가 비극적 사건에 대응할 때 세상의 이목이 그 학교에 집중되지만, 사건이 발생한 후에 위기대응팀을 계획하고 편성하기에는 너무 늦었다.

최상의 업무는 학교의 위기대응팀을 사전에 구성하고, 미리 학교안전 규정을 만들어 시행해 보고, 그 효과를 점검할 것을 권장한다. 사전에 학교의 위기대응팀을 구성하고 위기대응의 원칙을 팀에게 훈련시키기 위한 시간과 경비를 투자하는 등 사전계획이 중요하다. 학교의 위기대응팀은 학생, 교직원 및 행정부처의 적응유연성을 발달시키도록 돕는 예방활동을 계획하는 데 도움이 된다. 학업성취에 초점을 맞추고, 부모를 포함시키며, 지역사회와 연계하고, 교직원-학생-행정부처의 긍정적 관계를 촉진하고, 문제를 확인하고, 문제해결을 향해 나아갈 수 있도록 관심사를 논의할 방법이 있다는 점을 학생들에게 납득시켜서 안전한 학교를 조성하는 활동을 전개할 수 있다.

또한 학교의 위기대응팀은 위기에 대응하는 절차를 문서로 작성하는 과정에 의견을 개진할 수 있다. 위기대응팀의 서면 절차는 세 가지 요소, 즉 (1) 위기의 발생을 예방하기 위한 시도, (2) 안전을 확보하기 위해 위기 동안에 실시하는 개입의 사전 준비, (3) 위기의 영향에 대응하는 방법에 초점을 맞춘다.

실제로 위기사건이 발생한 경우, 학교가 부모, 경찰, 의료요원 및 언론에 어떻게 반응할 것인지에 대한 계획도 학교의 위기계획에 명시되어야 한다. 보통, 교직원이나 행정직원 중 지정된 대표 한 사람이 부모에게 위기사건에 대해 공지하고 언론의 질문에 대답을 한다. 사실적 정보를 얻을 수 있다면 이것도 교직원과 공유해야 한다. 위기대응팀은 등교일 전후로 회의를 소집할 계획을 세워야 한다. 학교에서 학생들과 상호작용할 교사를 교육하기 위해 대규모 회의를 개최할 필요도 있다. 교육과정 문제를 어떻게 다룰 것인지, 대화를 나누고 질문을 할 기회를 교직원들에게 어떻게 제공할 것인지도 결정해야 한다. 또한 대기실에 있는 학생들을 감독하는 교직원을 지명할 계획도 세워야 한다.

대응

위기개입에서 대응 단계는 위기가 발생하는 동안에 거치는 단계다. 상황을 평가하고, 관련 교직원들에게 위기 사실을 통보하고, 학교공동체에 개입하기 위한 일련의 조치를 시행한다. 대응 단계에서는 학생들을 대피시키거나 학교를 봉쇄할 필요가 있는지, 응급치료 서비스가 필요한지, 그 밖에 다른 조치를 취해야 할 필요가 있는지를 신속하게 결정해야 한다.

훈련을 받은 위기 대응자는 보통 개인 대상으로 또는 소집단을 대상으로 면대면의 위기개입을 제공한다. 전국희생자지원단체(National Organization of Victims Assistance: NOVA), 적십자 등 여러 단체는 위기가 발생하는 동안에 위기 대응자가 위기에 놓인 사람의 인지적 · 행동적 변인들을 다루도록 훈련시킨다. 사람들은 일상생활을 효과적으로 이루어 갈 수 있는 적응능력을 가지고 있다. 적응능력으로는 신체적 건강, 인지적 문제해결 능력, 정서적 기능, 영적 연결, 교육적 경험, 지역사회와 가족에서 얻을 수 있는 지지 등이 있다. 사람은 위기를 겪는 동안에도 흔한 일상생활 스트레스 요인들(예: 가족문제, 직무갈등, 재정적 어려움, 중독)을 경험한다. 개인이 기능할 수 있는 능력을 유지하려면 환경 안에 있는 스트레스 요인들과 자신의 적응능력 간의 균형을 유지해야 한다. 외상을 경험하면 적응능력이 손상될 수 있다. 그러므로 위기개입의 첫 번째 조치는 상황 안에 있는 스트레스 요인들을 감소시키는 동시에 개인의 적응능력을 증진시키는 데 초점을 둔다.

사람은 보거나 만지거나 맛보거나 듣거나 냄새 맡는 등 감각적 지각을 통해 외상을 경험한다. 외상은 보통의 경우 언어로 경험되지 않고 심상, 감각, 정서적 · 행동적 상태로 경험된다. 희생자가 처음 외상을 경험했던 그 순간에 일시적으로 화면이 정지되는 현상(freeze-frame phenomenon)을 경험할 수도 있다. 처음 비극적 사건을 목격하거나 그것에 대해 알았을 때 자신이 있었던 곳의 기억에 이미지, 소리, 감각을 포함시킨다. 희생자나 생존자는 보통 현재에 머물러 있으려는 강렬한 요구를 가지며, 그들의 시간개념은 왜곡되거나 정지되기도 한다. 외상에 대한 희생자의 정서적 반응은 두려움, 공포, 분노, 혼란, 좌절을 포함한다. 그러므로 위기개입은 가능한 바로 그 시점에서 실시하는 것이 매우 중요하다.

위기개입의 목표는 희생자나 생존자의 인지적 과정이 작동할 수 있도록 정서적 기억을 해소하고 진정시키는 데 있다. 희생자는 위기 대응자와 이야기를 나누면서 자신의 경험을 언어로 조직화하는 도움을 받는다. 그렇게 함으로써 희생자는 발생한 외상사건을 해석하거나 이해하기 시작한다. 위기 대응자의 목표는 희생자가 외상사건과 감각을 언어로 통합하고 자신의 이야기를 하도록 돕는 것에 있다. 일단 언어가 기능을 인계받으면, 희생자와 생존자는 과거로부터 의미를 도출하고 미래에 올 사건에 더 잘 대비할 수 있게 된다. 따라서 인지적으로나 정서적으로 그 사건을 잘 다룰 수 있게 된다.

학교장면에서 위기개입을 위해 흔히 사용하는 접근은 심리적 사후보고의 원리에 기초한다(Bisson, McFarlane, & Rose, 2000; Mitchell & Everly, 1995). 이를 위해 성인이 학급 단위로 집단토의를 진행할 수 있다. 학급 단위의 집단토의를 하는 동안 성인은 외상사건에 대해 알려진 사실을 검토하고, 학생들이 서로에게 반응하며 질문할 기회를 준다(Brock, 2002b). 심리적 사후보고가 외상 희생자에게 발생하는 PTSD를 예방하는 수단으로서 경험적 타당성을 입증받은 것은 아니지만, 대다수 사람들에 의해 유용하고 적절한 초기개입으로 간주되는 심리적 응급치료의 하나다(Litz, Gray, Bryant, & Adler, 2002). 학급에서 활용할 수 있는 심리적 사후보고의 전략과 활동에 관해 더 많은 정보를 얻으려면 Brock(2002b)을 참고하라.

NOVA 위기대응 프로토콜(Young, 2002)은 외상사건의 희생자와 생존자를 돕기 위해 다음과 같은 세 가지 주요 과제를 제시하고 있다.

첫째, 위기 상황의 즉각적 영향 속에서 외상을 경험한 사람이 안전하고 무사하다는 느낌을 되찾도록 해야 한다. 어린 아동에게는 부모가 가까이에 없을 때라도 상해로부터 아동을 보호할 사람이 있다고 안심시킨다. 또한 교직원은 위기사건이 발생한 직후, 가급적 신속하게 학교와 학급의 정규 활동을 재개하는 노력을 기울여야 한다. 이는 학생들에게 정상적이며 안전하다는 느낌을 되찾아 주는 데 도움이 된다.

둘째, 위기 대응자는 외상 희생자의 환기(ventilation)와 정당화(validation) 요구를 다루어야 한다. 일단 물리적 안전이 확보되면, 사람들은 '자신의 이야기를 할' 기회를 필요로 한다. 즉, 무엇이 발생했는지 묘사하고, 그 사건에 대한 반응을 이야기로 구성해야 한다. 외상 상황에 대한 반응의 종류는 많기 때문에 위기 대응자는 희생자와 생존자가 경험하는 다양하며 개인적인 사고와 감정이 정상적인 것이라고 인정해 주어야 한다. 어떤 학생은 특정 사건에 심각하게 영향을 받을 것이고, 다른 학생은 반응이 없는 것처럼 보일지도 모른다. 위기 대응자는 사람들이 이런 상이한 반응들을 모두 정상으로 인정하도록 도와야 한다.

셋째, NOVA 프로토콜은 외상 희생자가 외상 후 닥칠 미래를 예측하고 위기 상

〈표 22-2〉 **위기대응 과제를 위한 전략의 예시**

안전/보호	• 학생에게 신체적 및 정서적으로 안전하다는 현실적인 느낌을 전달하라. 이것은 NOVA 집단위기개입의 회기를 시작할 때 사용하는 다음과 같은 간단한 문구로 이루어질 수 있다(Young, 2002). – "이런 일이 네게 일어나서 안됐구나." – "네 잘못이 아니야." – "이제 너는 안전해." • 부모나 가족 구성원이 올 때까지 고통에 처한 학생에게 지원과 감독을 제공한다. • 가급적 신속하게 학교와 학급의 정규활동을 재개한다. • 학생의 요구를 다루기에 앞서 교직원들 자신의 반응을 처리할 기회를 최대한 제공한다. 성인이 침착하게 모델링을 해 주면, 학생이 응급 상황에 대처하는 데 도움이 될 것이다.
환기/정당화	• 교직원과 학생이 심리적 사후보고 회기에 참여할 기회를 제공한다(아동과 청소년에게 심리적 사후보고를 실시하는 지침을 얻으려면 Brooks & Siegel, 1996 또는 Brock, 2002b 참조). • 외상사건과 관련된 인지를 언어적으로 표현하도록 격려한다. 발생한 사건에 대처할 능력을 방해할 수 있는 학생의 인지왜곡(예: "이런 일이 생긴 건 다 내 잘못이야." "이제 이 세상은 절대로 안전한 곳이 아니야.")을 평가할 수 있다.
예측/준비	• 고등학교 수준에서는 적절한 기념행사를 계획하는 데 학생을 참여시킨다(National Association of School Psychologists, 발행연도 미상). • 외상사건에 대해 토론하고, 스트레스 관리기법을 활용한다. 학생이 그 사건과 관련된 사고와 감정에 대한 통제감을 얻을 수 있다(Cohen, 1998). • 부모가 자녀를 위한 긍정적인 대처모델을 제공할 수 있도록 위기대응 활동에 부모를 참여시킨다(Cohen, 1998).

황에 관해 필요한 변화나 후속사건에 대비하도록 돕는 노력을 제시한다. 학교에서의 예를 들면, 급우가 사망한 이후에 집단 역동이 어떻게 바뀔 것인지에 대해 학급 전체가 토론한다. 또한 장례식이나 사망한 학생의 책상과 개인 소지품을 치우는 것에 대해 학생들이 마음의 준비를 하도록 돕는다.

지역사회의 대응팀은 재난의 희생자나 생존자에게 재난이 발생한 바로 그 현장에서 지원을 제공한다. 그러나 학교에서 이루어지는 위기활동은 사건 발생 후 며칠, 심지어 몇 주가 지난 후에야 이루어지기도 한다. 어쨌든 위기활동은 상황의 고유한 특징과 학교의 요구에 맞추어 설계되어야 한다. 〈표 22-2〉는 앞에서 확인한 위기대응 과제의 각각을 수행하기 위해 학교에서 사용할 수 있는 전략을 예시한 것이다. 여기에서는 구체적인 조치를 처방하지 않았는데, 왜냐하면 구체적인 조치는 보편적으로 적절하지 않을 수도 있기 때문이다. 그 대신, 학교와 학급 수준에서 위기대응 과제를 수행할 방법에 관한 실제적인 제안을 하였다.

회복

학교에서의 위기개입이 이루어지는 회복 단계는 되도록 신속하게 정상적인 활동을 재개하고 학습환경을 회복하는 데 목적이 있다. 정신건강 전문가에게 중요한 과제는 학교사회의 다양한 구성원들이 가지고 있는 요구를 평가하고, 개인 · 집단 · 조직의 수준에서 후속 보호조치를 계획하고 시행하는 것이다.

일단 위기의 즉각적인 영향이 지나가면 위기 후 개입을 필요로 하는 희생자와 생존자가 있을 수 있다. 그들에게는 아직 남아 있는 외상의 영향을 해소하기 위한 장기 상담이나 치료를 제공한다. 또한 희생자와 생존자가 외상의 영향에 얼마나 잘 대처하고 있는지를 확인하기 위해 면밀한 추수조사를 해야 한다.

아동 · 청소년이 겪는 위기와 외상에 대한 인지행동 집단치료는 단기간 진행되며 구조화되어 있고 연령에 적합한 설명, 게임, 이야기, 글쓰기, 그림그리기, 토론의 방법을 병행한다. 학생에게 스트레스에 대한 공통적인 반응을 알려 주고, 사고와 감정의 관계를 강조하는 인지행동 모형을 소개한다. 인지행동 집단치료는 위기로 정신적 충격에 휩싸인 학생에게 구체적인 이완기법을 활용하여 불안과 싸우는 방법, 바람직하지 않은 증상과 행동에 기여하는 부정적 사고를 없애는 방법, 효과적인 대처전략과 문제해결 대안을 실시하는 방법을 가르친다.

최근의 경험적 자료에 따르면, 단기적 인지행동 집단개입은 PTSD, 우울, 심리사회적 역기능을 감소시키는 데 효과적이다(Stein, Jaycox, Katoka, & Wong, 2003). Stein 등(2003)은 폭력노출에 대한 이차적 PTSD 증상을 보이는 중학생들을 위해 개발된 표준화 인지행동 집단개입의 효과성을 검증했다. 그 결과, 조기개입을 받은 학생은 개입을 받지 않은 대기자 명단 학생에 비해 3개월 후에 PTSD 증상이 유의하게 낮아졌다. 이 연구는 조기개입이 중요하며, 폭력에 노출된 이후에는 학교기반의 개입을 제공하는 것이 효과적임을 강조한다.

학교기반의 위기대응팀은 개인적 요구를 다루는 것에 더하여 사건의 영향을 검토하고 학교공동체의 현재 요구를 점검해야 한다. 위기개입의 회복 단계에서 수행해야 하는 몇 가지 과제는 다음과 같다. (1) 교직원과 최초의 위기 대응자들에게 사후 보고하기, (2) 위기 대응자와 보호자가 사건의 영향에 휩싸여 있을 때 필요한 정서적 지원을 제공하기, (3) 위기 또는 위기가 지역사회에 미치는 영향을 다루는, 교육과정에 기반을 둔 활동을 계획하고 실시하기, (4) 사건의 장기적인 영향 또는 뒤늦게 나타나는 영향을 검토하는 시스템을 구축하기, (5) 사건 기념일에 대비하기, (6) 위기대응의 효과를 평가하기, (7) 학교에서 시행하는 위기계획을 개정할 때 과거의 위기사건을 통해 배운 교훈을 통합하기 등이다.

Brock, Sandoval과 Lewis(2001)는 위기개입 서비스의 효과를 평가하기 위하여 위기대응의 효과를 증명하는 몇 가지 결과 지표를 다음과 같이 제안했다. (1) 생산적인 학습을 위한 시간을 덜 허비하면서 위기를 신속하게 해결했는가, (2) 위기완화를 위한 회기 중에 드러난 정보가 덜 극적인가, (3) 후속적으로 발생할 위기는 없는가, (4) 효과적인 개입의 결과로 교직원의 사기가 향상되었는가.

학교장면에 대한 시사점과 적용

앞서 언급했듯이, 학교에서의 위기대응은 모든 학생들을 위한 보편적 예방, 부적응 반응을 보일 위험에 놓인 학생을 위한 조기개입, 행동·정서장애의 증상을 보이는 학생을 위한 집중적 개입을 포함하는 다중수준의 관점에서 실시되어야 한다. 다음에서는 이들 수준 각각에서 사용하는 인지행동 전략을 살펴보고자 한다. 특히 위기사건에 대한 반응과 관련된 측면을 강조할 것이다.

보편적 수준의 개입(1차 예방)

학교장면에서 실시하는 보편적 예방(1차 예방) 프로그램의 목표는 학습 및 행동장애의 시작을 예방하는 데 있다(Dulmus & Rapp-Paglicci, 2004). 수많은 프로그램이 약물사용(LeCroy & Mann, 2004), 학교 중도탈락(Doll & Hess, 2004), 자살(McCarter, Sowers, & Dulmus, 2004), 10대 임신(Armistead, Kotchick, & Forehand, 2004) 등 특정 문제행동의 예방을 목표로 한다. 그러나 최근에는 일반학교에서 전체 집단의 적응유연성(resilience)을 증진시키고 정서적 · 신체적 안녕(wellness)을 향상시키려는 포괄적인 예방 노력을 기울이고 있다.

적응유연성은 위험요인이 존재하거나 스트레스 사건에 노출되었음에도 불구하고 성공을 이루는 능력을 말한다(Dulmus & Rapp-Paglicci, 2004). 보호요인은 사회적 유능성, 긍정적 또래관계, 애정 어린 성인의 존재 등 적응유연성에 기여하는 변인을 말한다. 적응유연성에 관한 경험적 연구가 많아지면서, 사회적 유능성을 목표로 하는 학교 전체 대상의 프로그램과 교육청 전체 대상의 프로그램을 계획하고 시행하는 데 많은 관심이 집중되고 있다. 한 예로, 효과적인 사회적 행동을 하는 데 필요한 기본적인 기술을 전교생들에게 가르치기 위한 프로그램에는 자기인식, 사회적 인식, 자기관리, 관계기술, 책임감 있는 의사결정 등이 포함된다(CASEL, 2003).

인지행동 관점은 사회적 유능성을 증진시키는 많은 프로그램들에서 분명하게 드러난다. 예를 들면, 기본적 사회적 문제해결 양식을 활용하는 프로그램(예: I Can Problem Solve, Shure, 2001; PATHS, Kusché & Greenberg, 1994)은 대안적 해결 사고, 결과적 사고, 수단-목표 사고를 포함한 인지적 문제해결 기술들을 훈련하는 데 초점을 둔다(Weissberg & Gesten, 1982). 이런 프로그램들은 보통 자신과 타인에게 나타난 정서적 상태를 알아차리기, 자기관리하기, 공감하기, 의사결정하기의 기술훈련을 강조한다.

위기개입 서비스의 측면에서 볼 때, 모든 학생의 요구를 다루기 위한 보편적 활동은 학급 안에서 외상사건에 관한 이야기 나누기, 정서적 반응을 해소할 기회를 제공하기, 긍정적 대처전략을 활성화하기(다른 1차 예방 프로그램에서 이미 강화되어 온 긍정적 대처전략을 활용하기)의 회기를 포함한다. 이 수준에서는 안전하고 무사하다는 느낌을 회복하고, 위기 이후에 가능한 신속하게 정상적인 학교운영을 재개할 것을 강조한다. 학생들은 정상적인 대처전략을 사용하여 건강을 증진시키려는 노력에 대해 좋은 반응을 나타낼 것이므로 정신건강 전문가에게 추가적인 추수서비스를 받지 않아도 될 것이다.

위험에 놓인 학생을 위한 조기개입(2차 예방)

조기개입의 수준에서는 고위험 집단에 속하는 것으로 확인되었거나 개인적 적응에 어려움을 겪고 있다는 조기 경고신호를 보이기 시작한 학생들을 대상으로 한다. 그들은 문제해결 전략과 대처전략을 증가시키기 위한 개인 대상의 개입이나 소집단 대상의 개입에 참여한다. 이런 목적을 위해서 분노관리와 충동조절을 위한 인지행동 전략이 종종 활용된다.

위기대응 계획의 일부분으로, 추가적인 지원이 조직 · 시행될 수 있도록 위험군에 해당되는 학생들을 식별하는 것이 중요하다. 어떤 학생들은 스트레스나 어려운 생활환경에 대한 취약성 때문에 고위험 집단에 포함되지만, 또 다른 학생들은 위기 사건의 희생자나 생존자와 직접 관련되어 있기 때문에 고위험 집단에 포함될 수도 있다. 위기대응팀은 위기가 발생했을 때 추가적인 개입서비스를 필요로 하는 학생들을 결정하는 요인으로 (1) 위기의 진원지에 근접해 있기 때문에 발생하는 효과, (2) 이전의 손상과 상실이 미치는 영향, (3) 2차적 외상(외상사건을 겪은 사람과 함께 사는 것)이 미치는 효과, (4) 이전의 대처와 사회적 지지의 수준을 고려해야 한다.

심리적 증상을 보이는 학생을 위한 지시적 개입(3차 예방)

학교는 보편적 수준과 선택적 수준에서 긍정적 행동지원을 하는 종합적 프로그램을 시행하여 심각한 증상을 가진 학생의 수를 줄일 수 있었다. 그럼에도 불구하고 대부분의 학교 정신건강 자원이 심각한 행동 · 정서장애를 가진 소수의 학생들에게 집중되어 왔다는 것은 이미 잘 알려진 사실이다. 보편적 예방과 선택적 예방에도 불구하고, 외상사건이 일어나기 이전에, 그 동안에, 그 이후에 좀 더 광범위하고 집중적인 심리적 지원을 필요로 하는 소수의 학생들은 계속 존재할 것이다. 이런 학생들이 외래든 입원이든 필요한 치료서비스를 받을 수 있게 하려면 학교교직원과 지역사회 단체의 긴밀한 협조가 필요하다.

사례연구: 한 학생의 갑작스러운 죽음

5월의 어느 맑은 날 오후, 교외의 한 고등학교에 재학 중인 여섯 명의 학생들이 두 대의 자동차에 타고 운전을 했다. 피크닉과 수영으로 즐거운 오후를 보낸 이들은 재미삼아 교통량이 많은 고속도로를 달렸다. 그러나 두 대 중 한 대는 목적지에 도착하지 못했다. 먼저 달리던 차를 운전했던 17세 여학생 제니퍼가 사고로 사망했고, 다른 여학생은 중상을 당했다. 뒤따라오던 차를 타고 있던 여학생 2명과 남학생 2명이 사고현장에 처음 도착했고 현장을 목격했다. 사고현장에 도착한 경찰은 이 사고가 최근에 목격했던 사고 중에 가장 끔찍한 사고라고 말했다. 사망한 제니퍼의 차는 멈추지 못하고 중앙분리대를 넘어간 뒤, 차에서 튕겨 나온 제니퍼는 마주 오던 차와 적어도 세 번은 부딪쳤다. 친구들이 제니퍼의 죽음을 목격했다. 그들 중 어린 남학생이 셔츠를 벗어 제니퍼를 덮어 주었고 다른 친구들에게 보지 말라고 당부했다. 또 다른 어린 여학생은 도로 위에 움직임 없이 누워 있었다. 다행히 몇몇 운전자들이 즉시 차를 멈추고 경찰을 불러 줬다.

그날 저녁 이후에 일어난 일은 학교가 이 위기에 어떻게 대응하는지를 보여 준다. '학생 1명 사망, 1명 중상, 4명은 사건을 목격하는 외상을 당하다.' 저녁 6시 뉴스를 보거나 전화를 받은 학생들과 가족들은 학교에 자발적으로 모였다. 학교에 모인 학생들은 친구에 관한 소식을 듣기를 원했다. 재학생이 700명인 이 중·고등학교는 북동부 교외에 있는 전형적인 소규모 학교다. 말하자면, 이 학교는 미국 중산층을 예시한다. 봄에는 취미활동으로 야구를 즐겨 하며, 부모와 학생들이 항상 함께 학교활동에 참여한다. 가족이 중시되며, 학교는 종종 지역사회의 중심적인 위치를 차지한다.

다행스럽게도 그 고등학교는 위기계획을 가지고 있었고, 잘 훈련받은 위기대응팀이 있었다. 학생들이 학교에 도착하자 모든 학생들에게 학교 문이 개방되었다. 위기대응팀이 가동되었고, 학교에는 위기대응 요원들이 배치되었다. 그날 밤이 지나가기 전에 200명 이상의 학생과 부모 그리고 가족들이 학교 도서실에 모여 사고를 당한 친구에 관한 정보를 들었고, 함께 이야기를 나누며 서로를 위로했다.

사건을 목격한 네 명의 학생들은 경찰서에 가서 몇 시간 동안 조사를 받았다. 그들이 안전하다는 것을 부모에게 알리기 위한 전화 통화는 허용되지 않았다. 제니퍼의 부모에게 그녀의 사망을 알린 후에야 집에 전화를 걸도록 허락을 받을 수 있었다. 놀랍게도 이 4명의 학생들이 경찰서에서 나오자마자 곧바로 임시 위기센터로 의뢰되었다.

그곳에서 그들은 그날 오후에 경험한 끔찍한 사건을 다룰 수 있었다. 그들은 위기개입의 NOVA 모형에 따라서 자신의 이야기를 했다. "그런 일이 네게 생겨서 유감이구나." "네 잘못이 아니야." "이제 너는 안전해."라는 말로 시작되는 개입이 실시되었다. 네 명의 학생들은 그날 생긴 비극적 사건을 다루고 자신의 경험을 공유할 수 있었다. 그들은 그날 발생한 사건에 대해 이야기하면서 자신의 감각적인 경험을 다루고 인지적 능력이 감각적 경험을 인계할 수 있도록 자신의 정서를 이야기로 표현하였다.

또한 Dattilio와 Freeman의 CBT 모형을 적용한 단기 위기개입이 실시되었다. 개입은 (1) 라포의 형성, (2) 신체적 위험과 상해에 대한 위협의 평가, (3) 내면적 강점과 인지행동 자원의 평가와 가동, (4) 긍정적 행동계획의 수립, (5) 대처전략 개발계획에 대한 개인의 의무와 책임 확보, (6) 계획의 효과성 평가 등 일련의 단계를 거쳐 진행되었다.

사고를 당한 네 명의 학생은 제니퍼가 사망한 그 장소에 꽃을 가져가기 위해서 그다음 날 교통량이 많은 그 고속도로를 다시 찾아갈 계획을 세웠다. 그들의 결심을 이해했기에 지역경찰서와 협의를 했고, 그들의 안전을 보장하기 위해서 지역경찰서는 중앙경찰서와 연락을 취하고 협력을 했다. 다음 날 아침 모두 학교버스를 타고 사고 장소에 도착했다. 그들의 부모는 각자 자동차로 그들을 뒤따라갔다. 경찰관이 교통량이 많은 고속도로에서 차들을 멈춰 세워, 학생들이 사고 장소를 안전하게 둘러보고 그 사고현장을 기릴 수 있게 했다.

사고 다음 날을 대비하는 학교의 움직임은 학생의 갑작스러운 사망을 다루는 위기개입에 관한 교육청의 정책에 따라서 이루어졌다. 첫째, 비상전화 연락망을 통해 모든 교사들에게 그 사고에 대해 통보했고, 교직원회의를 위해 학교에 일찍 출근하라는 지시가 내려졌다. 교직원회의에서 교사와 직원들이 사고에 관한 정보를 공유했다. 교사는 학생의 사망과 부상에 관한 사실적인 상세한 정보에 관해 논의했다. 또한 학생과 이런 정보를 공유할 때 교사가 사용할 수 있는 스크립트를 제공받았다. 위기개입 정책에 제시되어 있듯이, 학생과 이야기를 나누는 것과 관련된 도움을 받기를 원하는 교사는 누구든지 학교 정신건강 전문가나 위기대응팀에게 서비스를 요청할 수 있었다. 사고에 대한 정보를 학생들과 공유하는 방법에 대해 알고 싶다는 제안이 받아졌다. 그리고 더 많은 도움을 필요로 하는 학생들을 위기센터에 의뢰하는 방법에 관한 상세한 안내도 제공되었다. 위기센터는 학교도서실 안에 설치되었고 종례시간까지 개방되었다. 이 학교는 이렇게 학교 위기대응팀을 가동할 수 있었고 응급 상황에 적절하게 대응할 수 있었다.

중대한 외상사건에 대비하기 위해 이 학교의 위기대응팀은 무엇을 했는가? 다행히도 충분한 시간과 에너지 그리고 학교의 재정적 자원이 위기대응 계획을 사전에 조성하는 데 집중되었다. 위기대응팀은 이미 충분한 훈련을 받았고, 적절한 위기대응 계획에는 상세한 절차가 수립되어 있었고, 이는 이미 교육위원회에서 채택된 것이었다. 위기대응 절차는 위기에 앞서 이미 윤곽이 제대로 잡혔던 것이고, 위기대응팀을 동원하기 위한 절차가 이미 잘 마련되어 있었다. 위기사건의 희생자나 생존자와 직접 관련된 학생들의 심각한 요구를 확인하고, 모든 학생들의 요구를 다루기 위한 보편적 활동을 통해 문제해결과 대처 전략을 증가시키기 위한 계획도 수립되었다. 위기개입을 가장 많이 필요로 하는 학생이 팀으로부터 가장 먼저 직접적인 면대면의 서비스를 받을 수 있도록 선별적 분류 절차도 마련되어 있었다.

결 론

학교에서 교직원은 지역사회, 전국, 전 세계적으로 발생하는 외상사건에 매일 직면하며, 학생, 교사 및 부모를 위한 위기개입 서비스를 제공해야 한다. 학교는 위기대응을 위한 적절한 장소다. 뿐만 아니라 학교 정신건강 전문가는 지역사회의 서비스 제공자와 협력하여 자신의 활동을 조정하는 노력을 기울여야 한다. 위기관리의 4단계는 완화/예방, 준비, 대응, 회복이다(U.S. Department of Education, 2003). 앞서 언급했듯이, 우리는 구체적인 CBT 기법들과 일반적인 CBT 이론이 학교에서 시행하는 단계별 위기관리의 질을 향상시킬 수 있다고 믿는다.

학교에서의 위기대응은 응급서비스(예: 소방관, 구조대원), 필요한 의료치료, 법 집행 및 희생자 보호, 종교적 지원(요청이 있을 때), 심리적 응급조치와 후속조치 등 정신건강 서비스를 포괄하는 종합적인 시스템을 갖추어야 한다. 최대의 효과를 얻으려면, 학교에서의 위기대응은 반드시 모든 학생들을 위한 보편적 예방, 부적응 반응을 보일 위험에 놓인 학생들을 위한 조기개입, 이미 정서 · 행동장애의 증상을 보이는 학생들을 위한 집중적 개입을 포함하는 다중수준의 관점에서 이루어져야 한다. 인지행동 개입에 관한 경험적 · 이론적 문헌은 이러한 여러 수준에서 요구를 평가하고 다루기 위해 필요한 자원, 예기치 못한 외상사건에 대비하는 데 필요한 자원을 제공한다.

참고문헌

Aguilera, D. C. (1998). *Crisis intervention: Theory and methodology* (8th ed.). St Louis, MO: Mosby.

American Psychiatric Association. (2000). *Diagnostic and statistical manual of mental disorders* (4th ed., text revision). Washington, DC: Author.

Armistead, L., Kotchick, B. A., & Forehand, R. (2004). Teenage pregnancy, sexually transmitted diseases, and HIV/AIDS. In L. A. Rapp-Paglicci, C. N. Dulmus, & J. S. Wodarski (Eds.), *Handbook of preventive interventions for children and adolescents* (pp. 227-254). Hoboken, NJ: John Wiley & Sons.

Beers, S. R., & DeBellis, M. D. (2002). Neuropsychological function in children with maltreatment-related posttraumatic stress disorder. *American Journal of Psychiatry, 159*(3), 483-487.

Bisson, J. I., McFarlane, A. C., & Rose, S. (2000). Psychological debriefing. In E. B. Foa, T. M. Keane, & M. J. Friedman (Eds.), *Effective treatments for PTSD* (pp. 39-59). New York: Guilford Press.

Bonne, O., Brandes, D., Gilboa, A., & Gomori, J. M. (2001). Longitudinal MRI study of hippocampal volume in trauma survivors with PTSD. *American Journal of Psychiatry, 158*(8), 1248-1252.

Bremner, J., Vythilingam, M., Vermetten, E., & Southwick, S. M. (2003). MRI and PET study of deficits in hippocampal structure and function in women with childhood sexual abuse and posttraumatic stress disorder. *American Journal of Psychiatry, 160*(5), 924-933.

Brock, S. E. (2002a). Crisis theory: A foundation for the comprehensive crisis prevention and intervention team. In S. E. Brock, P. J. Lazarus, & S. R. Jimerson (Eds.), *Best practices in school crisis prevention and intervention* (pp. 5-17). Bethesda, MD: National Association of School Psychologists.

Brock, S. E. (2002b). Group crisis intervention. In S. E. Brock, P. J. Lazarus, & S. R. Jimerson (Eds.), *Best practices in school crisis prevention and intervention* (pp. 385-399). Bethesda, MD: National Association of School Psychologists.

Brock, S. E., & Jimerson, S. R. (2004). Characteristics and consequences of crisis events: A primer for the school psychologist. In E. R. Gerler, Jr. (Ed.), *Handbook of school violence* (pp. 273-284). New York: Haworth Reference Press.

Brock, S. E., Sandoval, J., & Lewis, S. (2001). *Preparing for crises in the schools: A manual for building school crisis response teams* (2nd ed.). New York: John Wiley & Sons.

Brooks, B., & Siegel, P. M. (1996). *The scared child.* New York: John Wiley & Sons.

Brooks, R. B. (2002). Creating nurturing classroom environments: Fostering hope and resilience as an antidote to violence. In S. E. Brock, P. J. Lazarus, & S. R. Jimerson (Eds.), *Best practices in school crisis prevention and intervention* (pp. 67-93). Bethesda, MD: National Association of School Psychologists.

Carlson, E. B. (1997). *Trauma assessments: A clinician's guide.* New York: Guilford Press.

CASEL. (2003). *Creating connections for student success: Annual Report.* Chicago: Author.

Cohen, J. A. (1998). Summary of the practice parameters for the assessment and treatment of children and adolescents with posttraumatic stress disorder. *Journal of the American Academy of Child and Adolescent Psychiatry, 37*(9), 997-1001.

Dattilio, F. M., & Freeman, A. (Eds.). (1994). *Cognitive-behavioral strategies in crisis intervention*. New York: Guilford Press.

Dattilio, F. M., & Freeman, A. (Eds.). (2000). *Cognitive-behavioral strategies in crisis intervention*. (2nd ed.). New York: Guilford Press.

Doll, B., & Hess, R. (2004). School dropout. In L. A. Rapp-Paglicci, C. N. Dulmus, & J. S. Wodarski (Eds.), *Handbook of preventive interventions for children and adolescents* (pp. 359-380). Hoboken, NJ: John Wiley & Sons.

Dulmus, C. N., & Rapp-Paglicci, L. A. (2004). Prevention and resilience. In L. A. Rapp-Paglicci, C. N. Dulmus, & J. S. Wodarski (Eds.), *Handbook of preventive interventions for children and adolescents* (pp. 3-11). Hoboken, NJ: John Wiley & Sons.

Everly, G. S., & Mitchell, J. T. (2000). The debriefing "controversy" and crisis intervention: A review of lexical and substantive issues. *International Journal of Emergency Mental Health, 2,* 211-225.

Foy, D. W., Madvig, D. T., Pynoos, R. S., & Camilleri, A. J. (1996). Etiological factors in the development of posttraumatic stress disorder in children and adolescents. *Journal of School Psychology, 34,* 133-145.

Health and Safety Executive. (1999). *Five steps to risk assessment* [Brochure]. Sudbury, UK: HSE Books.

Heim, C., Meinlschmidt, G., & Numeroff, C. B. (2003). Neurobiology of early life stress. *Psychiatric Annals, 33*(1), 18-30.

Herman, J. (1997). *Trauma and recovery*. New York: Basic Books.

Klingman, A., & Cohen, E. (2004). *School-based multisystem interventions for mass trauma*. New York: Kluwer Academic/Plenum Publishers.

Kusche, C. A., & Greenberg, M. T. (1994). *The PATHS (Promoting Alternative Thinking Strategies) curriculum*. Seattle, WA: Developmental Research and Programs.

Layton, B., & Krikorian, R. (2002). Memory mechanisms in posttraumatic stress disorder. *Journal of Neuropsychiatry and Clinical Neurosciences, 14*(3), 254-262.

LeCroy, C. W., & Mann, J. E. (2004). Substance abuse. In L. A. Rapp-Paglicci, C. N. Dulmus, & J. S. Wodarski (Eds.), *Handbook of preventive interventions for children and adolescents* (pp. 198-226). Hoboken, NJ: John Wiley & Sons.

Lipschitz, D. S., Rasmusson, A. M., & Southwick, S. M. (1998). Childhood posttraumatic stress disorder: A review of neurobiologic sequelae. *Psychiatric Annals, 28*(8), 452-458.

Litz, B. T., Gray, M. J., Bryant, R. A., & Adler, A. B. (2002). Early intervention for trauma: Current status and future directions. *Clinical Psychology: Science and Practice, 9*(2), 112-134.

March, J. S., Amaya-Jackson, L., Murray, M. C., & Schulte, A. (1998). Cognitive-behavioral psychotherapy for children and adolescents with posttraumatic stress disorder after a single incident stressor. *Journal of the Academy of Child and Adolescent Psychiatry, 37*(6), 585-593.

McCarter, A. K., Sowers, K. M., & Dulmus, C. N. (2004). Adolescents suicide prevention. In L. A. Rapp-Paglicci, C. N. Dulmus, & J. S. Wodarski (Eds.), *Handbook of preventive interventions for children and adolescents* (pp. 85-99). Hoboken, NJ: John Wiley & Sons.

McKeever, V. M., & Huff, M. E. (2003). A diathesis-stress model of posttraumatic stress disorder: Ecological, biological, and residual stress pathways. *Review of General Psychology, 7*(3), 237-240.

Mitchell, J. T., & Everly, G. S. (1995). *Critical incident stress debriefing: An operations manual for the prevention of traumatic stress among emergency services and disaster workers.* Ellicot City, MD: Chevron.

National Association of School Psychologists. (n.d.). *Memorials/activities/rituals following traumatic events: Suggestions for schools.* Retrieved January 26, 2005, from http://www.nasponline.org/NEAT/memorials_general.html

Pitcher, G. D., & Poland, S. (1992). *Crisis intervention in the schools.* New York: Guilford Press.

Poland, S., & McCormick, J. S. (1999). *Coping with crisis: A resource guide for schools, parents, and communities.* Longmong, CO: Sopris West.

Roberts, A. R. (1990). An overview of crisis theory and crisis intervention. In A. R. Roberts (Ed.), *Crisis intervention handbook: Assessment, treatment, and research* (pp. 1-15). Belmont, CA: Wadsworth.

Saigh, P. A., Yasik, A. E., Oberfield, R. A., Halamandaris, P. V., & McHugh, M. (2002). An analysis of the internalizing and externalizing behaviors of urban youth and without PTSD. *Journal of Abnormal Psychology, 111*(3), 462-467.

Shure, M. B. (2001). *I can problem solve (ICPS): An interpersonal cognitive problem-solving program.* Champaign, IL: Research Press.

Slaikeu, K. A. (1990). *Crisis intervention: A handbook for practice and research* (2nd ed.). Newton, MA: Allyn & Bacon.

Stein, B. D., Jaycox, L. H., Katoka, S. H., & Wong, M. (2003). A mental health intervention for schoolchildren exposed to violence: A randomized controlled trial. *Journal of the American Medical Association, 290*(5), 603-608.

Stephens, R. D. (1994). Planning for safer and better schools: School violence prevention and intervention strategies. *School Psychology Review, 23*(2), 204-215.

U.S. Department of Education, Office of Safe & Drug Free Schools. (2003). *Practical information on crisis planning: A guide for schools and communities.* Washington, DC: Author.

Weissberg, R. P., & Gesten, E. L. (1982). Considerations for developing effective school-based social problem-solving (SPS) training programs. *School Psychology Review, 11*(1), 56-63.

Young, B. H., Ford, J. D., Ruzek, J. I., Friedman, M. J., & Gusman, F. D. (1998). *Disaster mental health services: A guidebook for clinicians and administrators.* Washington, DC: National Center for Post-Traumatic Stress Disorder.

Young, M. (2002). *The community crisis response team training manual* (3rd ed.). Washington, DC: National Organization for Victim Assistance.

PART 4

요 약

Chapter 23

학교기반 인지행동 개입의 미래

미래를 계획하는 것은 매력적인 일이다. 일반 언론에서는 미래라는 주제에 접근할 때 유토피아적 환상이나 종말론적 냉소주의 관점을 취하곤 한다. 역사가 보여주듯이, 현실은 대개 이 두 극단 사이에 있다. 연구의 피험자가 유기체든 조직이든, 진화의 과정은 서서히 일어난다. 특히 공교육과 같이 크고 복잡한 조직일 경우에는 더욱 그렇다. 아마도 10년 후의 학교는 현재와 비교할 때 다른 점보다 같은 점이 더 많을 것이다. 많은 사람들의 희망 또는 불안에도 불구하고 급진적인 개혁은 일어나지 않을 것이다. 그러나 변화는 불가피하며, 날로 증가하는 아동과 가족들의 사회적 · 정서적 요구에 대응하기 위해서는 이러한 변화가 정신건강 전문가에 의해 이루어져야 한다. 현재 아동의 정신건강 요구에 대한 지원은 역사의 그 어떤 시점보다도 많으며 학교는 이러한 사명의 중심으로 부상하였다. 현재라는 유리한 시점에서 학교 안의 요구에 대처할 때 인지행동 접근을 활용하는 것은 미래 교육의 방향으로서 전망이 밝다고 하겠다.

David M. Poponi & Rosemary B. Mennuti

자원, 책무성 그리고 증거기반 개입

공교육 기관만큼 면밀히 조사받고 비판받는 기관도 없다. 이것은 이해할 만하고 당연하다. 교육 시스템에는 이해관계자가 너무 많고 다양하기 때문이다. 역사적으로 볼 때 교육서비스의 변화는 입법 발의와 재정문제에서 비롯되었다. 이것은 다시 정치적 압력과 사법 결정, 그리고 대중인식이 교육에 영향을 미치도록 만들었다. 불행히도 과학적 이론이나 경험적으로 검증된 연구가 항상 교육현장 배후의 추진력이 되었던 것은 아니다. 미래의 정책도 아마 과거와 마찬가지로 여러 가지 힘에 의해 만들어질 것이다. 그러나 앞으로는 성과중심(outcome-based) 연구결과의 영향력이 증가될 것으로 보인다.

학생들의 엄청나고 다양한 요구에 직면하여 재정문제는 심각한 걱정거리로 남아 있다. 줄어든 예산으로 자산을 배분하려면 더 많은 심의와 관리가 필요하다. 엄청난 요구와 제한된 자원 간의 대비는 책무성에 대한 강조에서 더욱 명백해진다. 좋은 의도만으로는 충분하지 않다. 효과는 증거를 필요로 한다. 이런 관점은 2001년에 제정된 아동낙오방지법(NCLB, PL 107-110) 전반에 걸쳐 반복적으로 드러나고 있다. 책무성에 대한 관심 증가는 바람직한 것이지만 성과를 측정하고 비난을 돌리는 방법은 염려된다. 학업의 수월성이 항상 시험점수와 일치하는 것은 아니다. 책무성에 대한 관심은 NCLB가 과학적 기반의 연구에 근거한 교육을 강조한다는 점에서도 발견된다. 마찬가지로, 이제는 아동의 정신건강을 다룰 때도 증거기반 개입(EBI)을 사용해야 한다는 쪽으로 관심이 모아지고 있다(National Advisory Mental Health Council's Workgroup on Child and Adolescent Mental Health Intervention Development and Deployment, 2001).

이런 맥락에서 CBT는 학교 안에서 정신건강 요구를 다룰 때 효과적인 선택이 될 수 있다. CBT는 현재 사용 가능한 심리치료 접근 가운데 다양한 장애에 대해 효과가 검증된 증거기반 개입으로서 주목할 만하다. 학교에서 성공이 확인된 프로그램에 의존해야 한다는 기대가 높아질수록, 인지행동 개입은 아동과 그 가족들의 정신건강 요구를 다룰 때 적절한 선택이 될 것이다.

엄격하게 통제된 효능(efficacy)연구와 학교처럼 자연스러운 환경 속에서 이루어지는 효과(effectiveness)연구 간에는 차이가 있다. 앞으로 학교장면에서 사용할 수 있는 인지행동 전략에 대한 추가적인 연구가 필요하다. Walker(2004)는 응용과학이 지속적으로 발달해야 하는 세 가지 중요한 영역이 있다고 하였는데, 그것은 개입실행의 충실성(integrity)에 대한 연구, 개입의 확산(diffusion)과 지속 가능성(sustainability)에 대한 연구, 그리고 이동 가능성(transportability)에 관한 연구다. 연구장면에서 검증된 아동에 대한 CBT의 효능이 과연 학교에서도 검증될 수 있는가? 원래 개인용으로 개발된 CBT 기법이 공교육의 집단중심 서비스 전달방식에도 성공적으로 적용될 수 있는가? 내담자와 문제, 치료자가 다름에도 불구하고 치료효과를 극대화시킬 수 있는 구체적인 조건을 확인할 수 있는가? 이런 질문 외에도 앞으로 탐색해 보아야 할 질문들이 많다.

EBI를 실천 가능하게 만드는 것은 도전적인 일이다. 학교에서 서비스를 제공하는 일선에 있는 사람들은 대학과 실험실 기반의 연구에서 나온 권고 사항에 대해 회의적일 때가 많다. 서비스가 전달되는 장면과는 다른 곳에서 개입방법이 개발되는 경우가 많기 때문이다. 연구를 실제에 연결시키는 문제는 『변화를 위한 청사진: 아동 · 청소년 정신건강에 대한 연구(*Blueprint for Change: Research on Child and Adolescent Mental Health*)』에서 언급되고 있다(National Advisory Mental Health Council's Workgroup on Child and Adolescent Mental Health Intervention Development and Deployment, 2001). 이 책은 "개입의 설계와 개발, 정교화 및 실행과정에 최종 지점과 맥락에 대한 관심이 포함되어야 한다."(p. 84)고 권고하고 있다. Kratochwill과 Shernoff(2004) 역시 EBI를 개발하는 것이 공동 책임임을 강조했다. 미래에는 연구자와 훈련가, 전문가가 함께 EBI 개발과정에 함께 참여해야 할 것이다.

이론과 적용을 통합하는 쟁점에 관하여 정신건강 임상가를 양성하는 많은 대학원들은 과학자-전문가(scientist-practitioner) 모델을 지지한다. 이 모델을 유지하려면 정신건강 전문가를 참여시켜야 한다. 전문가는 연구에 기반을 둔 개입방법을 실행하는 것뿐만 아니라, 개입의 성과를 모니터하고 자신만의 자료를 수집하는 데도 전념해야 한다. NCLB의 책무성에 관한 규정은 학교심리학자 같은 전문가들이 그러한 연구를 수행해야 할 필요성을 보여 주고 있다(Charvat, 2004). Hoagwood, Hibbs, Brent와 Jensen(1995)은 과학자-전문가들이 함께 연구를 수행해야 한다는 관점을 지지했다. 그들은 효능(efficacy)과 효과성(effectiveness) 간의 관계가 양방향적으로 개념화되어야 한다고 주장했다. 따라서 학교에서는 연구자들의 결론을 기다리기보다 인지행동 개입 혹은 다른 기법을 먼저 시도하고 나중에 보다 통제된 조건에서 정교화할 수도 있을 것이다.

미래의 전문가를 양성할 때 고려해야 할 점은 연구와 프로그램 평가능력이 더욱 요구된다는 것이다. 미래의 전문가는 단순히 학술지에 실린 논문을 이해하는 것만이 아니라 양적 · 질적 연구설계를 이해할 필요가 있을 것이다. 전문가들은 자신이 수행한 개입에 대해 연구하고 성과를 측정하는 데 익숙해져야 한다. 전문가 양성 프로그램은 필수적인 연구기법을 적용할 수 있도록 관심을 확대해야 한다.

교육에 대한 재정지원이 계속해서 어려울 것이라는 점을 고려할 때, 책무성에 대한 요구는 EBI의 선택을 넘어서 확대될 것이다. 비용 효과성(cost effectiveness)과 효율성(efficiency)도 중요한 고려 사항이 될 것이다. 인지행동 전략은 단기적, 목표 지향적 활동에 대한 관심과 더불어 미래에 선호되는 대안으로 자리 잡을 것이다. 인지행동 접근의 '지금-여기(here-and-now)'에 대한 직접적인 관심은 현재의 문제를 다룰 때 효율적인 수단이다. 인지행동 개입은 재정에 일차적 관심을 갖고 있는 사람들에게 매력적으로 보일 수 있다. 그러나 인지행동 개입은 질을 희생시킴으로써 내담자에게 손해를 보게 하지는 않는다. 인지행동 개입의 기법은 개인의 고유성과 치료적 관계의 가치를 강조한다. 인지행동 접근은 효과적이며, 경제적으로 감당할 만하며, 전문가와 내담자, 행정가 등의 마음에 들 수 있는 치료적 선택이라 할 수 있다.

정신건강 요구와 공중보건 모형

오늘날 학령기 아동의 정신건강 요구가 제대로 충족되지 못하고 있다는 것을 보여 주는 증거가 있다. 약 10%의 미국 아동들이 기능손상과 관련된 증상과 더불어 정신장애 진단기준에 해당되는 것으로 추정된다(Burns, Costello, Agnold, Tweed, Stangl, & Framer, 1995). 그들 가운데 대부분은 전문적인 도움을 받지 못하고 있다. 정신건강은 아동의 전반적 건강과 학습능력에 관련된 중요한 요소로 고려되어야 한다. 미국 보건복지부(2002)에서 발표한 『아동기 정신건강에 관한 공중위생국장 협의회 보고서: 국가 실행계획(*Report of the Surgeon General's Conference on Children's Mental Health: A National Action Agenda*)』은 미래를 위한 몇 가지 실행 단계를 권고하고 있다. 여기에는 학교수준에서 과학적으로 검증된 개입을 이용할 것을 지지하는 권고와 미래를 내다보고 비용 효과성이 높은 행동지원 방법을 촉진하는 권고가 포함되어 있다.

학교장면에 시사점을 주는 한 가지 정신건강 프로그램 접근은 서비스 제공에 대한 공중보건 모형이다. 공중보건 모형은 예방과 조기개입, 자료에 근거한 의사결정을 강조하며 개인수준보다는 사회수준에서 요구를 다룬다(Strein, Hoagwood, & Cohn, 2003). 공중보건 모형에서는 EBI를 적용함으로써 앞으로 발생할 수 있는 문제를 가능한 한 조기에 제거하거나 감소시킴으로써 아동의 삶에 미치는 영향을 최소화하려고 노력한다. 이와 같은 철학은 특수교육에서의 수월성에 관한 미국 대통령위원회의 보고서에도 반영되어 있다. 이 위원회는 아동이 실패할 때까지 기다리고 나서야 서비스를 제공하는 현재의 정책 대신 EBI를 활용하는 예방모델을 권고하고 있다(U.S. Department of Education, 2002).

공중보건 관점에서 예방은 3단모형으로 볼 수 있다(Institute of Medicine, 1994). 보편적 예방은 전체 집단에 적용되며, 선택적 예방은 위험한 상태에 놓여 있는 집단에 적용되고, 집중적 예방은 고위험 집단에 적용된다. Durlak과 Wells(1997, 1998)는 메타분석을 통해 아동과 청소년의 정신건강을 위한 1차 및 2차 예방 프로그램의 성과를 검토했다. 1차(보편적) 예방의 경우, 행동주의 혹은 CBT 형태의 개입을 적용한 프로그램들이 다른 기법들을 사용한 프로그램들에 비해 2배 이상 더 효과적인 것으로 나타났다(Durlak & Wells, 1997). 2차 예방으로 간주된 프로그램을 평가한 결과, CBT 접근이 행동치료보다 문제 감소에 더 효과적이었으며 행동치료는 다른 치료적 접근보다 더 효과적인 것으로 나타났다(Durlak & Wells, 1998). 이 연구에서 검토된 프로그램들 중 72.9%의 1차 예방 프로그램들과 93.4%의 2차 예방 프로그램들이 학교에서 이루어졌다는 사실은 주목할 만하다.

공중보건 서비스 모형은 예방과 조기개입을 강조한다. 학령기 아동의 요구에 대응할 때 공중보건 모형에서는 사회적 · 정서적 기능에 대한 관심을 전반적 건강 증진에 통합한다. 학교에서 근무하는 전문가들에게 이러한 접근은 전통적인 역할을 감소시켜야 하는 기대와 맞물려 있다. 예를 들어 보자. 지금까지 대부분의 시간을 심리검사 실시에 할애하며 특수교육을 위한 문지기 역할을 해 온 학교심리학자들은 이제 직접적 서비스를 제공하는 데 더 많은 관심을 기울이게 되었다. 전장애아교육법(IDEA)이 2004년에 장애인교육향상법으로 개정되었을 때, 학교심리학자의 역할은 드러나지 않게 수정되었다. 개정된 법은 특수 학습장애를 진단할 때 IQ와 성취 간의 불일치를 입증해야 할 필요성을 제거함으로써 검사 실시에 대한 기존의 요구를 감소시켰다. 이미 여러 해에 걸쳐 지속되어 온 문제를 보이는 학생을 대상으로 전통적인 평가를 실시하는 대신, 학교심리학자는 이제 예방 및 조기개입 서비스에 더 많은 시간을 할애할 수 있게 되었다.

강조점과 역할이 달라짐에 따라 학교의 정신건강 전문가들은 앞으로 인지행동 전략을 개입과 치료에 더 많이 활용하게 될 것이다. 정신건강 서비스를 받는 아동과 청소년의 절반 이상이 교육장면을 최초 진입점으로 활용하고 있다(Farmer, Burns, Phillips, Angold, & Gostello, 2003). 학교에서 제공되고 있는 정신건강 서비스는 앞으로 더욱 확대될 것이다. 미국의 경우 앞으로 아동 정신건강 서비스에 대한 접근성을 증가시키는 목표를 선택하게 된다면 학교는 필연적인 장면이 될 것이다. 미국 보건복지부(1999)에서 발표한 『정신건강에 관한 공중위생국장 보고서(*Mental Health: A Report of the Surgeon General*)』에서 학교는 문제 파악과 치료에서 중요한 장면으로 확인되었다. 학교는 익숙한 장소이기 때문에 학생과 부모는 잘 알지 못하는 기관보다는 지역의 학교에서 제공되는 서비스를 가까이하기 쉽다고 생각할 것이다. 학교라는 장소는 편리한 접근성 때문에 의도적으로 선택되어 왔으며, 이제는 전국적으로 널리 퍼져 있다.

학교가 정신건강 서비스 전달을 위해 선호되는 장소를 대표하는 것과 마찬가지로, CBT는 가장 선호되는 치료적 접근의 하나로 대표되고 있다. CBT는 경험적으로 지지를 받은 방법이기 때문에 여러 유형의 호소문제에 적합하다 할 수 있다. 그러나 CBT 기법이 상대적으로 널리 퍼져 있고 빈번하게 사용되고 있다는 사실에도 불구하고, 학교심리학자나 학교 사회복지사 및 상담교사 훈련과정에서 CBT가 눈에 잘 띄지 않는 경우가 많아서 앞으로 증가될 필요가 있다. 표준화된 치료 매뉴얼의 사용은 학교 정신건강 전문가들의 실무에 CBT가 적용될 가능성을 높여 준다. 공중위생국장의 보고서에서는 정신건강 분야에서 전문가가 축소될 것을 고려하면서 CBT 전문가를 늘려 나갈 것을 구체적으로 권고하고 있다(U.S. Department of Health and Human Services, 1999).

학교에서의 CBT 적용: 또 다른 미래

CBT의 전통적 적용이 학교장면으로 옮겨 온 것에 덧붙여, 앞으로 CBT의 기법과 이론은 새로운 영역으로 확대될 것이다. IDEA는 심한 훈육문제를 보이는 학생들을 위해 기능적 행동분석(FBA)를 개발할 것을 지시하고 있다. FBA는 전형적으로 문제행동의 선행조건을 검토하는데, 그렇게 함으로써 그 문제행동이 일어날 가능성을 증가시키는 환경적 상황을 강조한다. 즉, FBA는 표적행동을 촉발하는 인지에 대해서는 최소한의 관심만을 갖는다. FBA가 CBT 이론의 요소들을 통합한다면 행동에 영향을 미치는 자동적 사고와 인지왜곡 등이 선행조건에 포함될 것이다.

미래에 CBT 기법이 적용될 가능성이 있는 또 다른 예는 특수교육 수혜 자격의 평가다. IDEA가 가장 최근에 개정된 이유에는 전통적인 심리측정 원리에 기초한 검사 및 기타 규준참조 검사를 축소시키는 경향성이 반영되어 있다. 이러한 맥락에서 CBT에서 사용되는 사례개념화 모델은 특수교육 수혜 자격을 결정하는 데 유용한 평가접근을 제공할 수 있다. 사례개념화는 CBT에서 내담자가 세계를 어떻게 바라보며 상호작용하는지를 이해하기 위해 널리 활용되고 있다. 특히 정서적 · 행동적 어려움을 나타내는 학생들을 도울 때 사례개념화는 특수한 서비스에 대한 필요성을 확인해 주고 요구되는 개입의 방향성을 제공해 줄 수 있다.

CBT 교직원의 확대

미국의 여러 주에서는 현재 자격증을 지닌 교직원이 지속적으로 '계속교육(continuing education)'을 받을 것을 요구하고 있다. 전문가들이 주어진 기간 내에 일정 시간 또는 일정 단위의 훈련을 받도록 하는 능력개발 요구 사항과 유사하다. 추가의 훈련은 필수적인 사항이기 때문에, 많은 학교심리학자, 학교 사회복지사 및 상담교사는 자신의 전문적 능력개발 의무를 충족시키는 방법으로서 CBT 기법을 배우고자 선택한다. 이미 여러 워크숍과 프로그램들에서 CBT가 제공되고 있다. 앞으로 이러한 기회를 누리는 기존의 학교 정신건강 전문가 수가 더욱 늘어날 것이다.

학교심리학 분야에서는 앞으로 현장에서 실무를 담당하는 전문가 수의 감소가 예상된다(Curtis, Grier, & Hunley, 2004). 동시에 임상심리학자들은 건강보험이 부과하는 제약 때문에 점점 더 힘들어하게 될 것이다. 일부 임상심리학자는 학교심리학자로 진로 방향을 바꾸고 있다. 앞으로 더 많은 전문가들이 이러한 변화를 추구한다면 그들은 자신이 갖고 있는 기존의 기술과 방법들을 가지고 학교로 가게 될 것이다. 그들 중에는 CBT와 관련된 기술과 방법들을 갖춘 전문가들이 많다. 학교심리학 프로그램을 갓 졸업한 졸업생들이 훨씬 더 많은 수의 퇴직자를 대신하기 위해 학교현장에 진출할 때, 그들도 CBT 접근을 가지고 갈 것이다. 학교심리학을 실천하는 전문가들 안에 임상심리학 배경을 가진 사람들이 늘어나게 됨에 따라, 그리고 최근에 훈련을 받은 초심자들이 학교심리학자로서 일하게 됨에 따라 CBT의 적용은 증가할 것이다.

문화적 고려 사항

미국의 인구분포가 달라지고 있다. 앞으로 학령기 인구의 문화적 구성은 지속적으로 변화할 것이다. 미국은 문화적, 인종적, 언어적으로 점점 더 다양한 국가가 되어 가고 있다. 1980년과 2000년 사이에 미국의 소수자 인구는 백인이면서 스페인계 사람들이 다른 배경의 사람들보다 11배나 더 빨리 증가해 왔다(Hobbs & Stoops, 2002). 학교는 이렇듯 변화하고 있는 문화적 구성에 적응해야 한다.

학령기 아동집단의 다양성이 확장되는 것에 비해 교직원 집단의 다양성은 비율면에서 일치하지 않는다. 정신건강 서비스 제공자의 다양성은 가까운 미래에 유의하게 달라지지 않을 것으로 보인다. 학생들의 문화적 다양성이 증가함에도 불구하고 학교심리학 분야는 여전히 다수집단 문화 배경을 가진 사람들로 구성된 채 남아있을 것으로 예상된다(Curtis, Grier, & Hunley, 2004). 또한 소수집단 출신의 전문가를 모집할 필요성이 늘어나고 있지만 이것이 가까운 미래에 유의한 영향을 미치지는 못할 것이다. 따라서 정신건강 분야는 다른 수단을 통해 이 문제를 해결해야 할 것이다. 한 가지 가능한 반응은 문화적 유능성에 대한 지속적 강조다. 전문가들은 다문화적 상황에서 기능할 수 있도록 훈련을 받아야 한다. CBT는 하나의 개입 접근 방법으로서 문화적 유능감과 잘 맞는다. 내담자의 가치관을 이해하고 수용하는 치료적 관계로부터 비롯되는 협력적 과정은 다문화 상황에서도 잘 기능한다. CBT 전문가들은 내담자와의 관계에 존재하는 문화적 차이를 존중하고 수용하며 인정하면서, 내담자가 문화적 맥락 안에서 자신의 신념이 미치는 영향을 검토해야 한다.

결론

학교장면에서 인지행동 개입의 미래는 급속한 전환보다는 느리게 확장되는 양상이 될 것으로 예상된다. 대중이 재정의 출처와 책무성과 결과를 더 많이 요구하게 됨에 따라, 교육 및 정신건강 전문가들은 CBT와 같은 증거기반 개입을 확장하여 사용할 것이다. 학교는 점점 더 정신건강 서비스 제공의 일차적 장소로 간주될 것이며, 서비스 제공자들은 CBT를 치료 선택의 중요한 한 부분으로 포함시켜 사용하게 될 것이다. 공중보건의 관점이 더 큰 영향력을 발휘하게 됨에 따라 예방과 조기 개입에 대한 관심도 늘어나게 될 것이다. 문제가 드러날 때까지 개입을 미루는 시스템 대신에 사회적 유능감과 정서적 안녕감을 증진시키는 프로그램이 늘어날 것이다. 현재 가능한 치료적 접근방법 중에서 CBT는 다양한 문제를 치료하기 위해 단독으로 실시될 수도 있고 다른 치료와 병행 실시될 수도 있다. 이처럼 CBT는 놀라울 정도로 다용도로 쓰일 수 있는 다양한 기법들을 제공한다. 통합적인 이론과 나날이 증가하는 연구결과들이 CBT를 뒷받침하고 있다. 따라서 학교장면에서 CBT는 학령기 아동의 정신건강 요구를 다루는 중요한 한 가지 방법이 될 것이다.

참고문헌

Burns, B. J., Costello, E. J., Angold, A., Tweed, D., Stangl, D., Farmer, E. M. Z., Erkanli, A. (1995). Children's mental health service use across service sectors. *Health Affairs, 14,* 147-159.

Charvat, J. L. (2004). Strengthening research-policy connections. *NASP* Communiqué, 33. Retrieved January 15, 2005, from http://nasponline.org/publications/cg332research.html

Curtis, M. J., Grier, J. E. C., & Hunley, S. A. (2004). The changing face of school psychology: Trends in data and projections for the future. *School Psychology Review, 33,* 49-66.

Durlak, J. A., & Wells, A. M. (1997). Primary prevention mental health programs for children and adolescents: A meta-analytic review. *American Journal of Community Psychology, 25,* 115-152.

Durlak, J. A., & Wells, A. M. (1998). Evaluation of indicated preventive intervention (secondary prevention) mental health programs for children and adolescents. *American Journal of Community Psychology, 26,* 775-802.

Farmer, E. M. Z., Burns, B. J., Phillips, S. D., Angold, A., & Costello, E. J. (2003). Pathways into and through mental health services for children and adolescents. *Psychiatric Services, 54,* 60-66.

Hoagwood, K., Hibbs, E., Brent, D., & Jensen, P. (1995). Introduction to the special section: Efficacy and effectiveness in studies of child and adolescent psychotherapy. *Journal of Consulting and Clinical Psychology, 63,* 683-687.

Hobbs, F., & Stoops, N. (2002). Demographic trends in the 20th century. U.S. Census Bureau. Retrieved January 15, 2005, from http://www.census.gov/pod/2002pubs/censr_4.pdf

Individuals with Disabilities Education ACT Amendments of 1997, P.L. 105-17 (1997).

Individuals with Disabilities Education Improvement Act of 2004, H.R. 1350 (2004).

Institute of Medicine. (1994). *Reducing risks for mental disorders: Frontiers for preventive intervention research.* Washington, DC: National Academy Press.

Kratochwill, T. R., & Shernoff, E. S. (2004). Evidence-based practice: Promoting evidence-based interventions in school psychology. *School Psychology Review, 33,* 34-48.

National Advisory Mental Health Council's Workgroup on Child and Adolescent

Mental Health Intervention Development and Deployment. (2001). *Blueprint for change: Research on child and adolescent mental health.* Washington, DC: U.S. Department of Health and Human Services, Public Health Service, National Institutes of Health, National Institute of Mental Health.

No Child Left Behind Act of 2001, P.L. 107-110 (2001).

Strein, W., Hoagwood, K., & Cohn, A. (2003). School psychology: A public health perspective. *Journal of School Psychology, 41,* 23-38.

U.S. Department of Education Office of Special Education and Rehabilitative Services. (2002). *A new era: Revitalizing special education for children and their families.* Washington, DC: U.S. Department of Education.

U.S. Department of Health and Human Services. (1999). *Mental Health: A report of the Surgeon General.* Rockville, MD: U.S. Department of Health and Human Services, Substance Abuse and Mental Health Services Administration, Center for Mental Health Services, National Institutes of Health, National Institute of Mental Health.

U.S. Department of Health and Human Services. (2000). *Report of the Surgeon General's conference on children's mental health: A national action agenda.* Washington, DC: U.S. Department of Health and Human Services.

Walker, H. M. (2004). Commentary: Use of evidence-based interventions in schools: Where we've been, where we are, and where we need to go. *School Psychology Review, 33,* 398-407.

Chapter 24
맺음말

학교장면에서 학생에게 인지행동 접근을 적용할 때, 전문가는 학생을 대상으로 정신건강 서비스를 제공하는 일이 성인을 대상으로 할 때와 달리 매우 독특하다는 점을 가장 먼저 주지해야 한다. 아동 · 청소년을 돕기 위해서 그들의 사고와 언어, 기억, 사회기술, 정서적 성숙, 동기수준 등 다방면의 발달수준을 파악해야 한다. 또한 우리가 학교환경 맥락 안에서 활동하고 있다는 것도 명심해야 하며, 가족과 가정의 맥락도 파악해야 한다.

학교심리학자는 특히 아동 · 청소년을 위한 개입과정에서 매우 귀중한 자원이다. 학교심리학자와 아동 · 청소년의 관계는 그들의 성장과 변화에 필요한 활동을 위한 기반이다. 아동 · 청소년은 언제 다른 사람들이 자신을 도우려고 하는지를 알고 있다. 그들은 전문용어와 복잡한 이론에는 관심이 없다. 아동 · 청소년은 있는 그대로의 전문가들에게 관심을 보이며, 자신이 알려지는 위험도 기꺼이 감수한다. 그러므로 우리는 진정성을 가지고 아동 · 청소년을 만나야 한다. 또한 그들에 대한 지식과 더불어 효과적인 개입을 위해 필요한 지식으로 완벽하게 무장해야 한다. 우리는 아

Ray W. Christner & Rosemary B. Mennuti

동 · 청소년과의 협력적 노력을 통해 개입해야 할 시점과 변화와 치유를 증진시키기 위해 사용할 전략을 파악함으로써 우리의 지식을 성공적으로 실행할 수 있게 된다.

이 책에서 우리는 수많은 주제를 논의거리로 선택할 수 있었다. 관련 문헌에 대한 종합적인 이해를 통해서 그리고 우리가 이해한 것을 아동 · 청소년들이 흔히 겪는 정서적 · 행동적 문제를 위한 직접 · 간접 서비스 전달에 적용하면서 이론과 실제를 통합하려고 노력했다. 이런 노력이 아동 · 청소년과 가족의 치유와 건강을 증진하는 데 헌신해 온 학교전문가들에게 하나의 자원이 되기를 희망한다.

찾아보기

인명 ……

내용 ……

이 책의 저자들

Stuart B. Badner, Psy.D., Colonial Intermediate Unit 20, Easton, Pennsylvania, and Department of Psychology, Philadelphia College of Osteopathic Medicine, Philadelphia, Pennsylvania.

Andrea Bloomgarden, Ph.D., Department of Psychology, Philadelphia College of Osteopathic Medicine, Philadelphia, Pennsylvania.

Jill K. Carey-Melton, Ed.S., Moorestown Public Schools Moorestown, New Jersey, and Department of Psychology, Philadelphia College of Osteopathic Medicine, Philadelphia, Pennsylvania.

Victoria B. Damiani, Ed.D., NCSP, Education and School Psychology Department and Center for Rural Gifted Education, Indiana University of Pennsylvania, Indiana, Pennsylvania.

Beth Doll, Ph.D., Department of Educational Psychology, University of Nebraska-Lincoln, Lincoln, Nebraska.

A. Renee Donoghue, Psy.D., CSP, Widener University, Institute for Graduate Clinical Psychology, Chester, Pennsylvania.

Jason M. Duff, MSN, CRNP, BC, Department of Psychology, Philadelphia College of Osteopathic Medicine, Philadelphia, Pennsylvania.

George J. DuPaul, Ph.D., Lehigh University, College of Education, Bethlehem, Pennsylvania.

Lizette Marie Flammer, M.Ed., Lehigh University, College of Education, Bethlehem, Pennsylvania.

Ellen Flannery-Schroeder, Ph.D., ABPP, University of Rhode Island, Kingston, Rhode Island.

Susan G. Forman, Ph.D., Rutgers University, New Brunswick, New Jersey.

Robert D. Friedberg, Ph.D., Penn State College of Medicine, Milton S. Hershey Medical Center, Hershey, Pennsylvania.

Nicole Gabriel, Psy.D., Delaware Country Professional Services, Newtown Square, Pennsylvania.

Elizabeth A. Gosch, Ph.D., ABPP, Department of Psychology, Philadelphia College of Osteopathic Medicine, Philadelphia, Pennsylvania.

Daniel H. Ingram, Psy.D., NCSP, Lincoln Intermediate Unit No. 12, New Oxford, Pennsylvania, and Department of Psychology, Philadelphia College of Osteopathic Medicine, Philadelphia, Pennsylvania.

Christopher A. Kearney, Ph.D., Department of Psychology, University of Nevada, Las Vegas, Nevada.

Amie Lemos, M.A., Department of Psychology, University of Nevada, Las Vegas, Nevada.

Lori Lennon, M.S., NCSP, Central Bucks School District, Doylestown, Pennsylvania, and Department of Psychology, Philadelphia College of Osteopathic Medicine, Philadelphia, Pennsylvania.

Dawn M. McDonald, M.A., Department of Psychology, Philadelphia College of Osteopathic Medicine, Philadelphia, Pennsylvania.

Terry M. Molony, Ed.S., M.S.W., NCSP, Cherry Hill School District, Cherry Hill, New Jersey, and Department of Psychology, Philadelphia College of Osteopathic Medicine, Philadelphia, Pennsylvania.

Christy A. Mulligan, M.S., West Chester Area School District, West Chester, Pennsylvania, and Department of Psychology, Philadelphia College of Osteopathic Medicine, Philadelphia, Pennsylvania.

Virginia B. Murphy, Psy.D., Milton Hershey School, Hershey, Pennsylvania.

Samuel O. Ortiz, Ph.D., Department of Psychology, St. John's University, Jamaica, New York.

Michael R. Petronko, Ph.D., Rutgers University, Graduate School of professional Psychology, Piscataway, New Jersey.

David M. Poponi, M.S.W., Ed.S., Department of Psychology, Philadelphia College of Osteopathic Medicine, Philadelphia, Pennsylvania.

Thomas J. Power, Ph.D., The Children's Hospital of Philadelphia, Philadelphia, Pennsylvania.

Maurice F. Prout, Ph.D., ABPP, Widener University, Institute for Graduate Clinical Psychology, Chester, Pennsylvania.

Mark A. Reinecke, Ph.D., ABPP, ACT, Northwestern University, Division of Psychology, Abbott Hall, Suite 1205, Chicago, Illinois.

Laura Sharp, Psy.D., Department of Psychology, Philadelphia College of Osteopathic Medicine, Philadelphia, Pennsylvania.

Jenna Silverman, M.A., Department of Psychology, University of Nevada, Las Vegas, Nevada.

Diane L. Smallwood, Psy.D., NCSP, Department of Psychology, Philadelphia College of Osteopathic Medicine, Philadelphia, Pennsylvania.

Susan M. Swearer, Ph.D., Department of Educational Psychology, University of Nebraska-Lincoln, Lincoln, Nebraska.

Jessica L. Stewart, Psy.D., Lincoln Intermediate Unit No. 12. New Oxford, Pennsylvania.

Rosemary E. Vile Junod, M.Ed., Lehigh University, College of Education, Bethlehem, Pennsylvania.

Erica M. Weiler, Ph.D., NCSP, ABPP, Milton Hershey School, Hershey, Pennsylvania.

Branlyn E. Werba, M.S., The Children's Hospital of Philadelphia, Philadelphia, Pennsylvania.

Aaron R. Wheeler, B.S., Widener University, Institute for Graduate Clinical Psychology, Chester, Pennsylvania.

Barbara Bole Williams, Ph.D., NCSP, Rowan University, Department of Special Education, Glassboro, New Jersey.

Helen W. Wilson, Ph.D., Yale University, Child Study Center, New Haven, Connecticut.

편저자 소개

Rosemary B. Mennuti 박사는 필라델피아 오스티오패틱 의과대학의 심리학과 교수이며, 학교심리학 프로그램의 책임을 맡고 있다. 대학교수가 되기 전에는 25년 이상 공립학교의 학교심리학자로 일하면서 많은 아동과 그 가족을 돕는 활동을 하였다. Mennuti 박사는 섭식장애, 여자 청소년의 발달 이슈, 치료자의 자기개방, 전문가 훈련 등의 영역에 관심을 갖고 연구 및 임상 활동을 하고 있다.

Arthur Freeman 박사는 필라델피아 오스티오패틱 의과대학의 심리학과 교수와 학과장을 역임하였다. 현재는 인디애나 주 포트웨인에 있는 세인트 프랜시스 대학교의 심리학과 교수로 근무하면서 임상심리학과 학교심리학 프로그램의 학생들을 가르치고 있다. Freeman 박사는 Albert Ellis 박사와 Aaron Beck 박사로부터 훈련을 받았다.

Ray W. Christner 박사는 필라델피아 오스티오패틱 의과대학의 심리학과 조교수이며 교육전문가 프로그램의 책임을 맡고 있다. Christner 박사는 교수로 활동하면서 동시에 지속적으로 아동과 청소년, 가족, 학교를 대상으로 서비스를 제공하고 있다. Christner 박사는 Arthur Freeman 박사 밑에서 인지행동치료 훈련을 받았으며, CBT와 학교기반의 정신건강, 자문, 변화의 과정 등에 관심을 갖고 연구하고 있다.

역자 소개

▶ **정현희**

이화여자대학교 교육심리학과 졸업
이화여자대학교 대학원 석사(교육심리학 전공)
미국 Rutgers University 박사(학교심리학 전공)
현재 계명대학교 교육학과 교수

▶ **신현숙**

한양대학교 교육학과 졸업
Ohio State University 석사(특수교육학 전공)
University of Minnesota 박사(학교심리학 전공)
현재 전남대학교 교육학과 교수

학교에서의 인지행동치료

Cognitive-Behavioral Interventions in Educational Settings

2011년 7월 30일 1판 1쇄 발행
2023년 1월 20일 1판 5쇄 발행

지은이 • Rosemary B. Mennuti · Arthur Freeman · Ray W. Christner
옮긴이 • 정현희 · 신현숙
펴낸이 • 김 진 환
펴낸곳 • (주) 학지사
04031 서울특별시 마포구 양화로 15길 20 마인드윌드빌딩 5층
대표전화 • 02) 330-5114 팩스 • 02) 324-2345
등록번호 • 제313-2006-000265호

홈페이지 • http://www.hakjisa.co.kr
페이스북 • https://www.facebook.com/hakjisabook

ISBN 978-89-6330-713-8 93180

정가 **23,000원**

저자와의 협약으로 인지는 생략합니다.
파본은 구입처에서 교환하여 드립니다.